LOS DÍAS DE GLORIA

MARIO CONDE

LOS DÍAS DE GLORIA

mr ediciones martínez roca

El papel utilizado para la impresión de este libro
es cien por cien libre de cloro
y está calificado como **papel ecológico**

No se permite la reproducción total o parcial de este libro, ni su incorporación a un sistema informático, ni su transmisión en cualquier forma o por cualquier medio, sea éste electrónico, mecánico, por fotocopia, por grabación u otros métodos, sin el permiso previo y por escrito del editor. La infracción de los derechos mencionados puede ser constitutiva de delito contra la propiedad intelectual (Art. 270 y siguientes del Código Penal)
Diríjase a CEDRO (Centro Español de Derechos Reprográficos) si necesita fotocopiar o escanear algún fragmento de esta obra. Puede contactar con CEDRO a través de la web www.conlicencia.com o por teléfono en el 91 702 19 70 / 93 272 04 47

© 2010, Mario Conde
© 2010, Barnacla, S. L.
© 2010, Ediciones Planeta Madrid, S. A.
Ediciones Martínez Roca es un sello editorial de Ediciones Planeta Madrid, S. A.
Paseo de Recoletos, 4. 28001 Madrid
www.mrediciones.com
Primera edición: noviembre de 2010
ISBN: 978-84-270-3675-8
Depósito legal: M. 42.740-2010
Preimpresión: J. A. Diseño Editorial, S. L.
Impresión: Rotapapel, S. L.

Impreso en España-Printed in Spain

ÍNDICE

Introducción 11

Capítulo 1. 19
Capítulo 2. 41
Capítulo 3. 63
Capítulo 4. 107
Capítulo 5. 131
Capítulo 6. 195
Capítulo 7. 225
Capítulo 8. 275
Capítulo 9. 311
Capítulo 10. 345
Capítulo 11. 387
Capítulo 12. 431
Capítulo 13. 457
Capítulo 14. 481
Capítulo 15. 517
Capítulo 16. 553
Capítulo 17. 577
Capítulo 18. 603
Capítulo 19. 633
Capítulo 20. 673
Capítulo 21. 711
Capítulo 22. 753

Capítulo 23. 777
Capítulo 24. 795

Epílogo 831

Índice onomástico 849

*A Lourdes, que siempre estuvo a mi lado
en este sendero vital*

A mis hijos, Mario y Alejandra

*A todos los que me ayudaron
sin arrendar su dignidad*

*A María, que me ayuda a encontrar la serenidad
necesaria para escribir este libro*

INTRODUCCIÓN

—Por favor, venid a mi despacho César, Vicente y tú porque tengo que deciros algo importante.

—De acuerdo, iremos —contestó Enrique Lasarte.

La llamada de Juan Sánchez-Calero, mi abogado en el proceso Banesto, a Enrique Lasarte revestía un cierto tono lastimero que se percibía con nitidez al escuchar el arrastre de sus palabras. Y no era para menos. Los elegidos para esa misteriosa reunión eran tres personas capitales. Enrique Lasarte, con independencia de ser mi amigo desde la época universitaria en Deusto, era consejero delegado de Banesto el día en el que el Gobierno de González y la oposición de Aznar decidieron intervenir Banesto a través del Banco de España. César Mora, consejero y miembro de la Comisión Ejecutiva del banco, era la tercera generación al frente de la institución y su influencia en la casa era notoria. Vicente Figaredo, perteneciente a las familias Figaredo/Sela, accionistas de importancia en Banesto, también formaba parte del Consejo y de la misma Comisión Ejecutiva. En este último concurría, además, la circunstancia de ser primo carnal de Rodrigo Rato, número dos del PP y portavoz de asuntos económicos. Cuando se produjo esa llamada telefónica habían transcurrido algunos meses desde el 28 de diciembre de 1993, día de la intervención del banco, pero no se vislumbraba en el horizonte una actuación penal contra nosotros.

—Lo que quiero deciros me produce cierta..., no sé cómo llamarlo, no sé si vergüenza, congoja... En fin...

Enrique, César y Vicente escuchaban con alguna inquietud esas palabras del abogado sin ser capaces de descifrar las razones ocultas que le provocaban la perceptible angustia.

—He tenido un encuentro con Fanjul Alcocer, el secretario general y responsable de asuntos jurídicos del Banco de España. Me llamó para que fuera a verle y acudí. Supongo que sabéis que es quien lleva la responsabilidad jurídica de todo el tema de la intervención, ¿no?

Claro que lo sabían. Era el hombre que entregó aquellos papeles redactados de urgencia el día 28 de diciembre a Mario Conde, en el despacho de un atribulado gobernador Rojo, escondido en una esquina fumando sin parar, y en presencia de un sonriente Miguel Martín, teórico subgobernador y efectivo ejecutor material de las decisiones adoptadas. Pero en ese momento lo que importaba era el mensaje, recibir la buena o mala nueva, así que los tres afirmaron el conocimiento del sujeto en cuestión con un movimiento de cabeza. Sobraban las palabras.

—Bueno, pues me ha dicho... Quiero deciros que os lo transmito porque tengo obligación de hacerlo, aunque me resulta más que incómodo... Lo hago para cumplir con mi responsabilidad de abogado...

Tanta zozobra al hablar, tanta introducción exculpatoria en una persona directa, seria e inteligente como Juan Sánchez-Calero, presagiaba que el contenido del mensaje revestiría una carga de profundidad, pero ¿en qué dirección?

—Bueno... pues me ha dicho que os transmita..., que os diga que... que si hacéis una declaración pública manifestando que el banco, que Banesto estaba muy mal, que la intervención estaba justificada y que el culpable de todo es Mario Conde, en ese caso no tenéis que preocuparos de nada y que seréis debidamente recompensados.

Silencio.

Un manto de silencio denso en el que casi costaba respirar.

El abogado trató de observar los rostros de los tres afectados por el mensaje, con aroma de coacción, que les acababa de transmitir en nombre y por cuenta de una institución como el Banco de España.

En cualquier otro momento los tres habrían pensado que Juan Sánchez-Calero, hombre cabal donde los haya y prudente discípulo de Baltasar Gracián, había sufrido algún tipo de trastorno mental de origen desconocido. Pero ya habían vivido los desperfectos causados por la intervención del banco. Conocían algunas actitudes no demasiado edificantes de ex consejeros de Banesto... Percibían con claridad que la opinión pública no encajaba la artificial construcción que los medios de comunicación pregonaban al dictado ad náuseam. En ese escenario algo así era comprensible, aunque el fondo tenía tal carga de brutalidad que con todo y eso dejaba anonadado a cualquiera con un mínimo de sensibilidad.

Inevitable formularse para el interior de cada uno alguna pregunta de un tenor parecido a ¿en qué país vivimos? ¿Cómo es posible semejante mensaje procedente del Banco de España? ¿Quién gobierna esa institución?

Ahora el manto de silencio que cubría la sala de juntas del despacho del abogado tenía mayor intensidad incluso que al comienzo, pero su estructura molecular sufrió una mutación cualitativa. Ninguno de los tres pronunció palabra alguna durante segundos que parecieron extenderse por minutos de un tiempo emocional.

—¿Es todo, Juan?

César tomó la palabra después de un cruce de miradas con Vicente y Enrique en el que se percibió el acuerdo entre los tres, acuerdo que no necesitaba de verbalismos para expresarse.

—Sí..., es todo... Es un mensaje oficial, pero sí, eso es todo...

—Gracias, Juan.

Los tres se levantaron y abandonaron el despacho del abogado. Creyeron percibir en sus ojos un brillo diferente. Cuando comenzó a hablar transmitían estupefacción y zozobra. Ahora parecían verter al exterior algún sentimiento muy parecido a la alegría.

Poco tiempo después, Lasarte, Mora y Figaredo fueron incluidos en una querella criminal que confeccionó el Banco de España. Otros consejeros fueron excluidos de ella. El 29 de julio de 2002, Enrique Lasarte ingresaba conmigo en la cárcel de Alcalá-Meco. Su mujer, María José de Launet, le visitó en prisión con la dignidad de quien conoce la verdad. La Audiencia Nacional le absolvió de cometer «artificios contables», pero el Tribunal Supremo revocó la sentencia y le condenó a cuatro años de prisión. Algunos dicen que el Banco de España consiguió convencer al magistrado suplente, Martín Pallín, de que esa condena resultaba imprescindible para dar apariencia de legitimidad a la intervención de Banesto.

En agosto de 2010, primero con César Mora y después con Enrique Lasarte, recordaba este momento. No pude hacerlo con Vicente Figaredo porque falleció en agosto de 2008 víctima de un tumor pulmonar. Su muerte me causó un gran dolor.

—Era la prueba del nueve de la atrocidad de la intervención —decía Enrique Lasarte—. Si hubieran tenido razón, ¿para qué habrían necesitado semejante cosa? Precisamente porque aquello fue un atropello es por lo que reclamaron declaraciones públicas nuestras justificando su brutalidad. Y decían estar dispuestos a retribuirnos... En fin...

César, que en esos días se encontraba en Santander, me añadía por teléfono:

—Tenías que ser el malo a cualquier precio. Necesitaban un banco en malas condiciones y un único responsable, como si un banco como Banesto dependiera de la voluntad de una persona sola... Pero así querían que fuera la cosa de cara a la opinión pública...

He querido dar comienzo a este libro con ese brutal momento porque a lo largo de sus páginas pueden comprobarse comportamientos muy poco edificantes que seguramente dejarán un sabor amargo sobre algunos trozos de la sociedad española y ciertos protagonistas de estos largos y en gran medida dolorosos años.

He meditado mucho acerca de su publicación. He esperado paciente el momento en el que su contenido causara un ínfimo daño. Los acontecimientos que aquí se relatan tienen antigüedades que, como mínimo, superan los quince años y algunos sobrepasan los treinta. Es tiempo que permite incluso ver la luz a los mejores secretos de Estado, que no es el caso de este libro, por cierto.

Creo que tengo no solo el derecho, sino el deber moral de escribirlo. Lo primero, porque si otros han relatado sin pudor alguno lo que decían ser mi vida, ¿por qué yo he de ser de peor condición para contar con detalle los hechos como sucedieron? Carece de sentido.

Pero, además de ese derecho, entiendo que me asiste una obligación moral.

Vivimos un momento crucial en la sociedad española. Me atrevo a decir que en todo Occidente y hasta en el mundo como globalidad. La crisis que nos asola es descomunal. No se trata, por supuesto, de un episodio cíclico propio del ritmo evolutivo de la economía. Va mucho más allá. No es un tópico, sino una afirmación incontestable, que en el fondo de nuestra situación lo que late es una verdadera crisis de valores. El andamiaje valorativo con el que hemos edificado nuestra convivencia es lo que en realidad ha fracasado, y el fracaso se mide no solo en términos de paro, quiebras, concursos, desempleo, sino, sobre todo, en la percepción del tipo de hombre que surge como resultado de los esquemas educativos, valorativos y convivenciales de estos años.

En muchas ocasiones he dicho que no creo en las palabras de los hombres. Ni siquiera en sus hechos aislados porque cualquiera es capaz de una heroicidad en un momento dado. Solo creo en las conductas. Y de eso trata este libro, de las conductas de una serie de personas que protagonizamos, con mayor o menor medida y alcance, un momento decisivo de la vida española. Y esas conductas se ejecutan en ámbitos financieros, económicos, políticos y mediáticos, pero asumiendo que esta disección es más conceptual que otra cosa, porque lo que evidencia este libro —al menos eso espero— es que en nuestra sociedad el poder funciona como un todo en el que las disecciones conceptuales tienen solo un valor referencial, de forma si se quiere, pero no de verdadera sustancia.

Y la conducta evidencia un fracaso. Quien analice dónde estamos comprenderá que no es un abuso calificar la situación como un fracaso. Se mire por donde se mire. ¿Que hemos progresado en algunos aspectos? Solo faltaba... En lo material y en determinados ámbitos la mejora es evidente, pero ¿se trata solo de eso? ¿Hablamos solo de euros per cápita?

No, no creo que tengamos una sociedad mejor. Al contrario. Los problemas de 2010 son en una enorme medida los mismos que ya nos asediaban en 1993, solo que agravados, más acentuados en sus costados de mayor dolor. Y si eso es así, como así creo que es, es debido a eso que llamo el fracaso colectivo. Entre todos, unos más y otros menos, pero entre todos hemos construido, por acción u omisión, lo que ahora tenemos. No supimos, creo, estar a la altura de las circunstancias que definían la época que nos tocó vivir. Algunos de los que aquí cito han fallecido. Otros han perdido su poder, el que entonces ejercían. Algunos imperios, como el caso de Prisa, pelean por intentar subsistir. Instituciones como la Judicatura y los partidos políticos alcanzan cuotas valorativas negativas entre los españoles. La clase política genera rechazo..., en fin, lo que todos sabemos. Pero lo que no sabemos es cómo y en qué manera hemos contribuido los que allí estábamos a este resultado.

El objetivo de este libro es ayudar a entendernos a nosotros mismos. La vieja frase de que los pueblos que ignoran su historia se ven obligados a vivirla de nuevo es real como la vida misma, y en ese noray atenazo la decisión de publicar estas páginas, cuando el tiempo transcurrido y los acontecimientos que evidencian dónde estamos nos permiten sin acritud, ni venganza, ni odio, ni ninguno de esos venenos del alma, asomarnos a aquellos años de los que traen causa algunos de nuestros desperfectos sociales. Ojalá que sirva para entendernos y tratar de mejorar nuestra convivencia.

En algunas ocasiones he escrito y sentido por dentro que el individuo, ese producto al que llamamos hombre, dejaba mucho, pero mucho que desear. Al fin y al cabo, somos los valores con los que edificamos nuestro interior, y por ello una vez ajustados a lo conveniente como principio rector de nuestra conducta, el surco que trazamos sobre nuestras vidas es capaz de producir espanto en demasiados casos.

Pero son comportamientos como los de Enrique Lasarte, César Mora y Vicente Figaredo los que permiten seguir creyendo en el ser humano. No pensaron en fidelidades personales, ni siquiera institucionales. Simplemente, no aceptaron aquella vergonzosa propuesta por ser fieles consigo mismos, con su propia dignidad, con su historia, su pasado, su presente y su futuro. Querían en ese momento seguir siendo ellos sin arrendar dignidades, por alto que fuera el precio que tuvieran que pagar. No era conveniente, desde luego, decir que no a la propuesta de Fanjul Alcocer. Conveniente no era, pero rechazarla era simple, sencilla y llanamente un ejercicio de dignidad.

A ellos mi agradecimiento, como consejeros, como amigos, pero sobre todo como personas, por ayudarme a seguir creyendo que el ser humano es capaz de albergar comportamientos dignos incluso en circunstancias en las que sientes que la presión de todo un Estado, que tiene que justificar lo injustificable, se extiende sobre tu vida, libertad, hacienda y la de tus familias.

Gracias a Paloma Aliende, que no quiso aceptar aquella propuesta de seguir en el banco porque disponía de mucha información, según le dijeron... Pidió su cuenta y se fue sin siquiera una indemnización.

Gracias, también, a aquellos otros que vivieron conmigo estos años sin arrendar su dignidad.

Mis padres, hermanas, mis hijos, Lourdes Arroyo, mi primera mujer, y demás familia de sangre han tenido un comportamiento verdaderamente ejemplar, demostrando que ser familia es algo más, mucho más, que compartir una documentación oficial en un Registro Civil.

Otras personas que no vivieron en Banesto durante el periodo en el que fui presidente, que nunca recibieron ni una sola prebenda, ni siquiera un favor, han mostrado estos años comportamientos ejemplares que, en el mejor de los casos, les han traído costes personales sin más beneficio —si es que eso puede llamarse así— que mi amistad incondicional y mi cariño sincero. Años en los que con Gonzalo Ozores y Mercedes, con Iván Mora y Elena, con Gabriel Domenech y María, con Fernando Chillón y Maricarmen, con Jaime Alonso y Arantxa, hemos recorrido en innumerables conversaciones episodios que aquí relato. Ellos me ayudaron mucho a vivir en paz durante estos largos años, y, como digo, a seguir creyendo en el ser humano. Gracias a ellos he construido el concepto de familia de afectos que no desmerece en intensidad de la tradicional basada en la sangre. Y no solo me ayudaron en el terreno afectivo y espiritual, sino que, además, aportaron dinero para mis fianzas carcelarias, como hizo José Alonso, o, como en el caso de Luis Oliver, se ocuparon a su costa y de manera desinteresada de mis problemas de seguridad personal. En fin, la lista no es muy larga, pero muy intensa en calidad, y mi agradecimiento se hace extensivo a todos los que en este sentido aparecen citados en estas páginas.

I

«Lo del Rey parece grave, Mario. No tiene sentido tanta urgencia en operarle en Barcelona, casi con nocturnidad. Parece ser que llegó a la clínica a las siete y media de la mañana... Pueden ocurrir muchas cosas. Hay que pensar y prepararse.»

El sonido característico de un mensaje de texto que acababa de entrar en mi móvil, ese ruido que parece formar parte de nuestro equipaje ordinario del diario vivir moderno, me pilló totalmente concentrado en mis propios pensamientos, con ese grado superior de atención que proporciona el sentir asombro y tristeza mientras cavilas sobre los acontecimientos que te rodean. Sentí pereza. Decidí esperar para leerlo. Aquella mañana había amanecido claro en A Cerca.

Desde el vestidor de nuestro dormitorio contemplaba la silueta silente de la torre convertida en frontera y protección de ese mi mundo reciente en tierras gallegas. Un sueño, el de retornar, que dicen ser tan característico de los que traemos sangre confeccionada con los materiales genéticos que habitan más allá de las Portillas de Padornelo y A Canda. Almas gallegas que aseguran preñadas de nostalgia, pero, al menos para mí, no solo de nostalgia nacida del retornar por el retorno, que no es poco, sino por volver a vivir en una tierra de la que no quisimos salir. Nostalgia compuesta de futuro, que no de pasado. Nostalgia nacida del deseo de recuperar la libertad perdida de no poder habitar plenamente en tu propia tierra. Por ello, en ese sentido profundo de libertad, se alberga la que llaman natural tristeza del alma gallega. Tal vez en esta ansia de libertad de vivir allí de donde vienes, se encuentre el origen de la resignación de la vieja frase que pronuncian los ancianos cansados de vivir: «El cuerpo pide tierra, paisano». «Morir donde viviste, paisano.»

Durante el invierno, todos los días, o casi todos, apenas si podía vislumbrar la silueta de la torre, envuelta en la capa gris de las nubes bajas a las que llaman niebla. En cada amanecer invernal, el patio de A Cerca se convertía en un entorno fantasmal confeccionado a golpe de paredes de piedra gallega, suelos adoquinados, columnas silentes, hierros viejos y sobre todo un agua de suave cadencia, y niebla, mucha niebla. Uno siente en presencia de ese marco de existencia la vida real de nuestras fantasmales meigas. Pero aquella mañana, la del mensaje de texto, por alguna extraña razón, porque lo extraño es lo no corriente, amaneció claro por el naciente, el que viene desde O Penedo dos Tres Reinos, el que nos trae a estos lares de mil metros de altura, preñados de centenarios castaños, una luz sin estridencias, que ilumina piedras, hierros, suelos, tejas y casas siguiendo un singular compás de una música lejana. O no tan lejana, porque arriba, en lo más alto del cerro en el que se edificó la casa que domina el pueblo de Chaguazoso, allí, cuentan, hubo un castro, de esos que inundan la geografía gallega. Pero parece como si este castro, el de ahora, el que mira silente a Castilla, Galicia y Portugal, testimoniando el artificio llamado frontera, fuera un castro habitado por músicos capaces de atraer luces y aguas, sin violencia, envueltos en el compás de una música calma. Niebla suave, lluvia calma, piedra quieta... Parecería que por aquí los dioses de Paracelso no gustaran de la violencia.

Pero en Europa un tipo de violencia se instalaba: la financiera. El diseño de los burócratas que se autoasignaron el calificativo de inteligencia ortodoxa parecía no resistir los vientos de la realidad. Grecia agonizaba financieramente. Y Europa parecía no creer en sí misma. No en la Europa del Camino de Santiago, sino en la de los edificios metálicos de Bruselas. No en el tejido cultural confeccionado con la diversidad de sus pueblos y culturas, sino en la voluntad de equipararnos con los fórceps de un intelecto que parecía ser cliente predilecto de la cultura de papel dedicada a ningunear la realidad de la historia. La soberbia del poder, de cualquier forma de poder, pero sobre todo el poder político que se siente ungido de inteligencia, es realmente enciclopédica.

Me sentí mal. Era evidente que algo de esto tenía que suceder. Hace muchos, casi dieciséis años, allá por 1994, en el momento en que me encarcelaron por vez primera, ya había dejado constancia escrita de esta vocación de posible naufragio de un barco financiero confeccionado sobre todo con materiales genéticos nacidos de la soberbia. Llegaba la hora del lamento y, curiosamente, yo soñaba con que arribara a este puerto la esperanza. Leía en la prensa que los de Bruselas, a disgusto, decidieron decir al mercado, a esa entelequia a la que atribuyen males o bienes según la conveniencia política del momento, que se gastaría el dinero que fuera, incluso la monstruosa cantidad de 750 000 millones de euros, en defender el euro como moneda... El mercado no les creía. No es cuestión de dinero, de fiducias monetarias, sino de realidad. A pesar de los tonos épicos de los políticos anunciantes de esa buena nueva, en aquella mañana clara en A Cerca pensaba que viviríamos un nuevo episodio, otro y otro, hasta que decidieran asumir lo real como presupuesto de convivencia. Porque todo se puede confeccionar con la única condición de edificarlo sobre un suelo de realidad. De eso que, con sentido profundo, los budistas llaman Maya.

Aparqué como pude mis pensamientos sobre estas materias. Tomé el teléfono en mi mano y accioné el botón que libera los mensajes recibidos. Era de Jesús Santaella, el abogado. Se hacía eco de la noticia de la mañana: el Rey estaba siendo operado de una mancha en el pulmón. Ciertamente, como decía de forma lacónica en su texto, eso de que a don Juan Carlos lo ingresen de urgencia, llegue a un hospital a horas intempestivas de la mañana, con parte de su familia oficial fuera de España, asistido en exclusiva de cargos oficiales de su Casa, no presagiaba nada bueno.

Desde primera hora de la mañana leía en internet las referencias de prensa. Cautelosas al máximo. Parecía como si de repente todos se percataran de la importancia del Rey. Y no era para menos. Con lo que sucedía por Europa, con una crisis financiera de consecuencias imprevisibles, con un sistema que se desmoronaba ante la mezcla de impotencia y rabia de sus arquitectos intelectuales, con una España insolidaria, endeudada hasta las cejas, con cifras de paro más allá de lo humanamente tolerable, con una discusión larvada —o no tanto— sobre la forma de nuestro Estado, que ahora nos cayera encima la muerte de don Juan Carlos, anunciada a través de un diagnóstico casi mortal de necesidad como es el cáncer de pulmón, nos llevaría por un sendero que amenazaba con incertidumbres de grueso calado nuestra inmediata convivencia. La muerte del Rey parecía preocuparnos mucho, pero no por él, sino por nosotros... Como casi siempre.

¿Tendría cáncer el Rey? No había forma de adivinarlo. Por pura prudencia las noticias referidas a su salud se confeccionaban con palabras preñadas de cautela. Y de una esperanza temblorosa, la nacida del miedo secular a lo inmediato desconocido, porque se teme lo que se ignora, si se presume negativo. Busqué información escondida entre las líneas de quienes se atrevían a escribir algo. Encontré dos palabras. Una, muy técnica: PET. Otra igualmente propia del metalenguaje médico: captación.

Imposible evitar el recuerdo. Inútil intentar alejarlo. Cuando el recuerdo conduce a emociones ancladas en el alma con la fuerza del sufrimiento, la pelea racional por alejarlo, por fagocitar el estímulo potente que lo trae a la superficie del consciente, es tan inútil como devastadora. Y demoledora fue mi pelea con el tumor cerebral que se instaló en Lourdes Arroyo en el verano de 2006 y que acabó con su vida, y con más de treinta años de matrimonio, la madrugada del 13 de octubre de 2007. También fue un día claro y limpio. También ese día el Rey ocupó un espacio de mi vida.

No sé si las personas que oficialmente se encuentran en el llamado coma irreversible carecen, como afirma la ciencia oficial, de comunicación con el exterior. Aparentemente su consciente ya no refleja conexión con el mundo externo. Pero lo cierto y verdad es que no sabemos qué sucede en sus adentros. Es más que probable, al contrario de lo que asegura la ortodoxia, que puedan percibir informaciones y vivencias aunque el cuerpo físico carezca de posibilidades de reconocerlo externamente. No tiene el individuo en tal estado plenitud de lenguaje corporal, en ninguna de sus manifestaciones usuales. Pero eso no equivale necesariamente a que se produzca ruptura total de comunicación.

Lo cierto es que cuando los niveles de oxígeno que marcaba la máquina que medía el acontecer físico de Lourdes se situaron por debajo de los umbrales del vivir, convirtiéndose en señal inequívoca del caminar hacia la muerte, le pedí con voz compuesta de susurro mientras pegaba mis labios a su oído derecho que resistiera, que aguantara, que esperara al alba, porque se presagiaba limpia. No sé si me oyó, pero para sorpresa de los médicos, casi para su estupor, el corazón de Lourdes, poco después de concluida mi súplica, comenzó a latir a una velocidad inusitada. Llegó casi a las ciento sesenta pulsaciones. El esfuerzo interior resultaba descomunal. Al agitar la víscera a la que llamamos corazón con tanta intensidad, conseguía introducir mayor carga de oxígeno en el cuerpo, así que elevaba los niveles, los umbrales necesarios para la subsistencia. Llegó al indicador del 60 por ciento.

La enfermera del Ruber penetró en la habitación con ojos que evidenciaban una sorpresa ya casi pariente del temor puro. No necesitó hablar. Sabíamos que venía en ese estado porque algo no le cuadraba en los terminales de la máquina que controlaba desde su puesto de mando. No encajaba que el corazón de Lourdes pudiera alcanzar semejante ritmo. Sobre todo porque llevaban varios días, casi una semana, anunciándome, con toda clase de explicaciones técnicas, la inmediatez irreversible de su muerte.

Ni una palabra. La máquina se encontraba en el costado izquierdo de la cama. Se aproximó cautelosa a ella. Miró a Lourdes, inmóvil, gesto sereno, sensación de plenitud, de calma, mientras, curiosamente, el ritmo de su corazón físico se aceleraba. Salió de la habitación con el rostro casi del mismo color que su bata blanca, envuelta en silencio, preñada de asombro, asustada. Nos dejó sin recomendarnos nada. Eran más o menos las tres de la mañana. Así transcurrió la noche. Cuando el nivel de oxigenación descendía de nuevo al umbral irreversible, yo pasaba la mano suavemente sobre su brazo derecho y de nuevo en su oído le susurraba: «Aguanta, Lourdes, aguanta...».

Y el corazón se agitaba con fuerza y el nivel de nuevo aumentaba. Ignoro si me oía, si podía entender mi lenguaje, si captaba mi vibración sonora en ese oír de los que permanecemos por aquí fuera, pero lo evidente, lo innegable, lo para muchos sorprendente, es que reaccionaba.

Llegó el alba. Las primeras luces penetraron en la habitación. Eran luces como las del alba de A Cerca, luces cálidas, serenas, que confeccionaban una atmósfera limpia, clara. No tuve necesidad de hablar. Me acerqué a su oído y con un susurro compuesto con una voz inundada de tristeza, de dolor y de nostalgia, dejé caer las palabras: «Ya llegó el alba, Lourdes, ya llegó el alba». Imposible entender racionalmente lo que costó pronunciar semejante frase. Una despedida sin retorno, un jamás, un nunca, un adiós eterno en el que ni siquiera podría caber nostalgia, una renuncia obligadamente repleta de un agradecimiento de densidad casi inhumana nacido del esfuerzo por alargar la vida una noche, por esperar a golpe de latidos forzados a entregarla con las luces de una mañana clara.

En ese instante algo extraño inundó la habitación. El corazón de Lourdes se calmó. Dejó el latir agitado para caminar hacia un silencio pausado. Tan calmo, y tan silente, tan suave y sin aristas de especie alguna que entendí la esencial fragilidad de la frontera entre lo que llamamos vivir y morir.

Cuando salí del hospital con destino a mi casa, mientras conducían a otra morada el cuerpo físico de Lourdes abandonado del postulado llamado vida, miré arriba en un gesto instintivo. En efecto, la mañana era clara.

Llegué a Triana, mi casa de Madrid. Caminaba como un autómata. Entré en mi despacho. Sin propósito ni criterio. Podría haber irrumpido en cualquier otro lugar, porque no hay lugares físicos cuando el alma se inunda de un dolor absoluto, total, un dolor frío compuesto de una eterna humedad. El sonido de mi móvil me devolvió a una realidad de la que deseaba huir con todas mis fuerzas. Miré en la pequeña pantalla situada en la parte superior del aparato, allí donde aparecen los números o los nombres de las personas que nos llaman.

Era el móvil del Rey. Lo tomé casi sin fuerzas, con la indiferencia existencial propia de un alma agotada. En ese instante me daba igual rey que plebeyo, gobernante o súbdito, nada me importaba. Lo acerqué mecánicamente a mi oído izquierdo. Creo que la palabra «señor», con la que inicié la contestación a la llamada, nació endeble, casi inaudible. La voz de don Juan Carlos sonó sincera, doliente, preñada de una pena compuesta de recuerdos y afectos y hasta con algo de rebelión.

—Lo siento mucho, Mario. ¡Esto ya no! ¡Esto ya no! ¡Esto ya es demasiado!

¿Qué se puede decir en un momento así? Nada. No hay lugar ni para el recuerdo, ni para la pena, ni para el agradecimiento. No existe espacio para ningún sentimiento diferente del dolor en estado puro. No existía en ese instante ni pasado, ni presente, ni siquiera futuro, ni Rey, ni no Rey, ni yo, ni Banesto, ni Europa, ni España... Nada. Un silencio que abruma en su propia intensidad, una oscuridad interior, dioses lejanos, voces que no suenan, almas reventadas...

—Muchas gracias, señor.

No supe decir más. No era instante de sentir agradecimiento. Eran momentos de convivir como pudiera con lo insoportable compuesto de incomprensibles inevitables. Así me dije a mí mismo en los días y noches de mi experiencia carcelaria. Me tocaba afrontar la más dura de las evidencias de la convicción interna en aquellas palabras.

Y ahora, casi a punto de cumplirse los tres años de aquella mañana, leía una noticia que me apenaba. Las palabras de la medicina oficial me golpeaban. Llamé al abogado, al que me mandó el SMS. No tenía más información que la que la prensa le proporcionaba y su capacidad de reflexión, mucho más que notable de ordinario. No quise pronunciarme más que con un «ya veremos, Jesús, ya veremos». Era cuestión de esperar. A esa hora, en A Cerca, ya consumida el alba, se instalaba con fuerza la mañana.

—Don Mario, ha venido su primo don Alfredo.

La voz de Alfonso me alejó de mis ensoñaciones. Envueltos en recuerdos, el tiempo circuló quieto, con la quietud del movimiento eterno. Ni siquiera me había duchado. Así que ahora tocaba ejecutar esas tareas a toda velocidad.

—Alfonso, dile por favor a don Alfredo que me espere. Le das un café y lo que quiera. Pero dile de mi parte que intente saber algo del Rey y que piense un poco qué pasaría si algo sucediera.

Alfredo Conde, natural de Allariz, algo, pero no mucho, mayor que yo, escritor reconocido con el Premio Nadal y el Nacional de Literatura en su currículum, entre otras condecoraciones literarias, consejero de Cultura de la Xunta de Galicia con González Laxe —moderado PSOE— como presidente, con una novela como *Xa vai o griffon no vento* en su capítulo de creaciones, que ha sido traducida a muchos idiomas y con muchos cientos de miles, seguramente más del millón, de ejemplares vendidos. En estos días, ahora, en el tiempo de A Cerca, su mirada y su hablar son serenos, su pelo lacio sigue vivo y en su sitio, aunque inevitablemente orientado al gris el tono de fondo, y una barba blanca, extremadamente blanca y cuidadosamente cincelada, perfilando como resultado global una madurez no irritada, ni con el mero hecho de acumular años, ni con los aspectos más amargos de una experiencia, propiciados estos últimos, claro, por la estulticia de ciertos ejemplares que constituyen una especie de jauría política, aficionada a la cacería y enloquecidos con el derramamiento de sangre.

Le conocí en 1988, tal vez en 1989. Desde luego, en mis primeras andaduras en Banesto. Un día de aquellos, los periodistas gallegos decidieron darme una comida, lo que no era de extrañar porque desde siempre, nosotros, los de esas tierras que Castelao llamaba Galiza, sentimos admiración y respeto por los que son capaces de triunfar fuera de ellas. El alma del emigrante a flor de piel, sin duda. Y yo representaba un tipo de triunfador muy característico, no solo por juventud, porte y demás atributos físicos, que siempre ayudan, sino, sobre todo y por encima de todo, por encaramarme en todo lo alto del más emblemático de los grandes bancos españoles. Así que, como digo, que nadie se sorprenda de ese homenaje, y eso que los gallegos somos cortos de lisonjas, cuidadosos con el vecino y respetuosos con sus vidas privadas. Seguramente porque no queremos que entren a saco en las nuestras. Allí, en aquella mesa, en un lugar de Madrid, estaba Alfredo como conselleiro. Alguien preguntó por nuestro posible parentesco. Contesté que yo no tenía información de esa naturaleza, pero Alfredo, tomando la palabra, afirmó:

—Algo de parentesco tenemos, porque tú eres nieto de Remigio Conde, de Vilaboa.

No le concedí excesiva importancia a un aserto pronunciado con ciertas dosis de solemnidad. La familia de mi padre, la gallega, la proveniente de Vilaboa (Allariz) carecía de presencia real en nuestras vidas, así que claro que sabía quién era mi abuelo, pero como la familia no se edifica a golpe de sangre, sino, sobre todo, de convivencia, y como los antecedentes históricos me han interesado lo justo, la admonición de Alfredo, aun efectuada con cierto empaque y proviniendo de un consejero y escritor ilustre, no recibió una entusiasmada respuesta de mi parte.

Así quedó la cosa. Alfredo, con el paso del tiempo y el correr de la vida, dejó de ser consejero de la Xunta, pero no cesó en su misión de escribir. Y yo dejé el banco, por lo que el reencuentro de nuestras vidas se produjo en circunstancias bien diferentes de aquellas en las que nació. Maduras las almas, sosegados los impulsos, fermentadas las convicciones, recompuestas las ilusiones, nació una amistad sincera en la que los antecedentes genealógicos no pasan de la dimensión de lo anecdótico.

Cuando concluí la ducha y el afeitado de urgencia, que me costó un corte pequeño de esos que no consigues que dejen de sangrar ni con la Guardia Civil, me dirigí al encuentro de Alfredo. Atravesé la galería del poniente, llegué al primer descansillo, seguí descendiendo en el casi iniciático diseño de nuestra casa gallega y me encontré en el lugar en el que Alfredo solía sentarse desde que comenzamos en A Cerca una convivencia intensa de fines de semana. Rodeado de cristales por los lados norte y poniente, con una visión del patio interior, adoquinado, empedrado, cuadrado, cercado con macetas de color caldero y vegetación de tonos verdes, «recoleto», que dicen algunos, Alfredo, auxiliado de una mesa camilla a la vieja usanza, en cuyo interior vivía un brasero eléctrico, ya había conectado su ordenador y se encontraba en plena pelea con la escasa señal wifi que se captaba en ese lugar.

—¡Qué! ¿Conseguiste saber algo del Monarca? ¿Tienes mejor información que la oficial?

—No, no sé nada, porque a los que pregunto me dicen lo mismo, que tiene mala pinta pero que confían en que se arregle con la operación que le están haciendo.

—Si es un tumor, un cáncer de pulmón, tiene arreglo complicado pero posible si es en uno solo de los pulmones. En otro caso, la noticia es auténticamente mala.

—Sí, claro. Con la que está cayendo esto puede complicar mucho las cosas. Pero supongo que te habrá traído recuerdos tristes...

Me imagino que por la expresión de mi cara y por la lógica de los acontecimientos Alfredo supuso que de un modo u otro las noticias del posible tumor del Rey me habrían conducido —como así fue— a renovar pensamientos sobre la enfermedad de Lourdes.

—Sí... claro... Alfredo, sin duda..., pero en la vida hay que no pertenecer a ese grupo de personas que se sienten cómodas instaladas en el sufrimiento. Con esa actitud reclaman la compasión de los demás y se transforman en inspiradores de lástima ajena y en ese papel se sienten cómodos y felices... Mucha más gente de la que pensamos practica este vicio. Es mucho más difícil superar el dolor y seguir viviendo, pero eso es exactamente lo que tenemos que hacer.

Alfredo prefirió no contestar de modo inmediato. Dedicó unos segundos de silencio al propósito de que estos pensamientos se desvanecieran de nuestra atmósfera mental. Pero conocía mi cariño por don Juan Carlos y la pregunta se convirtió en un inevitable lógico:

—Entiendo, pero al margen de las consecuencias políticas, supongo que te dará pena, porque siempre has dicho que tienes afecto por el Rey y por su padre...

—Y es verdad, Alfredo, así es.

Contesté de modo que evidenciaba mi deseo de profundizar con cierta soledad en los pensamientos que en ese momento me embargaban. Alfredo, rápido y atento al lenguaje corporal de quienes con él comparten tertulia, fingió prisa por confeccionar, por concluir unos artículos que tenía que entregar a los medios en los que colabora, y en darle una vuelta más a su novela en ciernes de impresión. Aproveché el capote que me tendió para caminar por la galería de A Cerca. El suelo, entarimado en castaño viejo y colocado sobre gruesas vigas procedentes del mismo árbol, provocaba una sonoridad especial a cada paso. Sonoridad y vibración, porque además del ruido, el suelo gemía, como si se sintiera agudamente lastimado por el peso que sobre él se desplazaba. Me recordó la casa de mis abuelos en Covelo. Sonidos y olores son, en mi experiencia personal, los vehículos más eficientes para viajar al mundo de recuerdos de la niñez.

Ahora se trataba de descender en la memoria al almacén de mis primeras vivencias con el Rey y su padre. Al iniciar el viaje no pude evitar una sonrisa. Algunos periodistas especializados en eso que llaman periodismo de «investigación» aseguraban sin el menor rubor que mi relación con don Juan Carlos nació en los pantalanes del club náutico de Mallorca, adonde según ellos acudí para conseguir proximidad al Monarca, siendo yo presidente de Banesto. No es que presuma mucho del poder del presidente del entonces gran banco español, pero siéndolo no necesitas, ni mucho menos, andar con bermudas blancas paseando rodeado de barcos de regatas por ningún club del mundo. Basta con pedir audiencia y te será concedida, como es lógico, natural y consustancial al poder que desempeñas. Porque el Rey es el Rey, pero ser presidente de uno de los siete grandes de entonces era mucho, medido, claro, en términos de influencia y poderío social, algo perfectamente compatible con ser endeble en calidad humana.

Conocí a don Juan Carlos mucho antes, al poco de llegar a Antibióticos, allá por 1984, más o menos. Es verdad que fue con ocasión de una regata en la que participábamos ambos, aunque en clases diferentes. El Rey en regata pura. Yo en regata crucero. Son las regatas frías porque tienen lugar en las proximidades de Semana Santa, y en esas fechas en Mallorca es normal que llueva, para desespero de los que decidieron pasar vacaciones en la isla buscando sol y calor. Se van —claro— despotricando, porque se gastaron su dinero y no recibieron la compensación que esperaban. Lo curioso, que al tiempo explicaba la gregarización humana, es que, impasible el ademán, retornaban año tras año a repetir la misma ceremonia.

El armador del barco que utilizaba el Rey para esas competiciones de vela en aguas de la bahía mallorquina de Palma, un industrial catalán apellidado Cusí, dueño de unos laboratorios farmacéuticos famosos por sus productos oftálmicos, me vino a decir que su majestad quería conocerme. Allí mismo, a unos pocos metros de distancia, situado junto a la barra del viejo club náutico mallorquín, se encontraba don Juan Carlos. Me acerqué aparentando tranquilidad lo mejor que pude. Me saludó con su simpatía habitual. Supongo que me conocería de algo, y ese algo debía de ser Juan Abelló, con quien el Rey compartía aficiones cinegéticas, y como Juan y yo entonces éramos ya amigos y socios, pues supongo que en algunos de esos saraos, después de matar algunas perdices de más, envueltos en alguna copa, comentarían jugadas financieras, porque de dinero y mujeres, por este orden, es de lo que hablan ciertas capas sociales españolas. No sé si de todo el mundo, pero desde luego es afición de vieja raigambre hispana.

Lo más curioso es que ese mismo día, quizá al siguiente, tal vez aquel en el que concluía la regata, don Juan Carlos me dijo que subiera a Marivent a desayunar con él. Me quedé algo acojonado porque no esperaba semejante invitación y, además, no tenía ni la menor idea de qué podía querer el Monarca de mí, un consejero delegado de Antibióticos, S. A. Un tipo listo y rico, pero eso era todo. Bueno, todo no, porque era, además y por encima de cualquier otra consideración, abogado del Estado, que eso en este país era mucho. Pero, en cualquier caso, no suficiente para ser invitado real en Marivent, el palacio de verano de los Reyes españoles, enclavado en un lugar de belleza increíble, desde el que de un solo golpe de visión dominas la bahía de Palma en dirección sureste.

Entonces ya éramos dueños de una preciosa casa mallorquina, de nombre Can Poleta, enclavada en la zona para mí de mayor belleza y contenido simbólico de la isla: Pollensa. Esa noche dormí en mi casa, no sin antes dedicar algunos minutos a pensar en el encuentro del siguiente día, aunque, a decir verdad, siempre he sido algo fatalista, en el sentido de que no problematizaba en exceso los acontecimientos, aunque, como este, resultaran algo insólitos. Es como si tuviera la certeza de que lo que sucede ocurre por alguna razón y que los humanos carecemos de la capacidad de penetrar en los designios divinos, cósmicos, kármicos o como cada uno quiera llamarlos. Pero curiosamente, antes de comenzar el ascenso a Marivent, me vino a la memoria mi única actividad política en el Colegio Mayor de Deusto, en Bilbao, en donde me licencié en Derecho.

A pesar de que no sentía especial afición por parlamentar de materias políticas, no dejé de estimular la protesta de nuestros compañeros de estancia en la residencia de los jesuitas contra el proyecto de Ley Orgánica del Estado que preparaba Franco para someter a referéndum, y el motivo sustancial de mi enfrentamiento con el texto legal residía, precisamente, en que reinstauraba la Monarquía en España, y yo no sentía siquiera simpatía por esa forma de Estado. Me parecía que reflejaba el pasado y que carecía de sentido volver a instaurarla en un país que abandonó don Alfonso XIII empujado y estimulado por el resultado de unas elecciones municipales. Recuerdo bien que entonces formulé mi arquitectura intelectual contra el modelo tradicional de régimen monárquico porque nunca creí que el primogénito fuera necesariamente mejor que los siguientes, el hombre necesariamente superior a la mujer y que la inteligencia se transmitiera vía código genético.

Pensar en aquellos momentos de mis diecinueve años me producía una sonrisa que alcanzó su esplendor cuando penetré en el palacio. Me recibió uno de los hombres de servicio. Pasé a una salita a la izquierda del vestíbulo. Enorme, frío, con una gigantesca cristalera al fondo a cuyo través se veía el mar. Esto de enorme puede ser una exageración, porque los estereotipos funcionan y si vas a ver al Rey la mente imagina que tiene que vivir en un palacio de tamaño extremadamente superior a cualquier habitación humana, de humanos ordinarios, que para eso es rey. Quizá si vuelvo otro día y lo habita un empresario de la construcción especializado en promociones inmobiliarias, o un especulador de derivados financieros o *swaps* contra futuros de tipos de interés, que parece menos ordinario, la impresión sea distinta. Por eso advierto, no vaya a ser que quede mal por dejarme llevar por estas emociones de juventud. Republicana de ideas, si se quiere, pero juventud temprana en cualquier caso.

Una mesa redonda con mantel blanco, y un montón de esas cosas que te suelen poner para desayunar vayas donde vayas: bollos, cruasanes, mermelada, mantequilla, tostadas, zumo de naranja... En fin, lo típico, que tampoco la sangre azul tiene por qué desayunar de manera radicalmente distinta a los mortales de a pie. ¿Me esperaba yo algo diferente? No habría estado mal, por ejemplo, huevos de codorniz cazada en alguna posesión austriaca de la familia real inglesa. Pues no. Mejor, porque no me gusta desayunar y menos cosas de esas raras.

No recuerdo en absoluto de lo que hablamos. Quizá algunos consideren esto una irreverencia y se atrevan a exclamar elevando el tono que ¡cómo es posible que me olvidara de mi desayuno con el Rey! Pues me olvidé. Del desayuno no, claro. Solo de la conversación. La forma, el hecho de acudir a su casa con él a solas, era más potente que el fondo. Si me hubiera propuesto ser presidente del Gobierno, por ejemplo, o siquiera subsecretario de Justicia, me acordaría. Pero como nada de eso sucedió, como la conversación, por amable que fuera, no superó a la media de la normalidad, me quedé con lo menos corriente, y esto era, precisamente, el hecho de estar allí, en aquel lugar, sentado a aquella mesa, a solas con el Rey. Y eso es lo que recuerdo. Poco más. ¡Ah, sí! Al concluir, un tipo alto, de buena facha, vestido con bermuda y camiseta con inscripción marina, creo que con alguna corona por algún lado de la indumentaria, nos saludó, con mucha mayor efusividad al Rey que a mí, claro. Me lo presentó el Monarca y pronunció su nombre, pero no lo retuve porque era bastante raro para los estándares hispanos. Al cabo de unos años supe que le llamaban Príncipe Chocotua, una persona que no sé dónde tenía el Principado, pero que gozó de cierta notoriedad hasta que lo implicaron en relaciones con el Rey de corte económico, y eso, junto con los amoríos, son caldos en los que fermenta el escándalo con velocidad y voracidad inigualables...

No me di cuenta, absorto en esos recuerdos reales, de realidad física y dinástica, pero el tiempo circuló a toda velocidad. Me encontré con Alfredo, que acababa de concluir el trabajo que se asignó, en parte para cumplir sus deberes y en parte porque percibió mi deseo de consumir soledad. Caía la tarde pero el sol se mantenía en lo alto. En Galicia siempre anochece una hora más tarde que en Madrid y casi dos que en Mallorca. Cosas de los meridianos. A pesar de la altura de Chaguazoso, unos mil metros sobre Alicante, que es lo mismo que sobre el nivel del mar, la tarde no era fría. Salimos al patio exterior y comenzamos a caminar dejando a nuestra derecha los castaños —retoñados y sin florecer en esa época del año— y a mi izquierda, a nuestra izquierda, porque paseábamos los dos, el inmenso valle por el que circula el sendero que conduce a una de las fronteras con Portugal, dejando atrás O Penedo dos Tres Reinos. Muy al fondo, las colinas que fronterizan Castilla, aniquilada su belleza por unos horrendos artefactos de esos que tienen aspas monstruosas y que giran al compás del viento para aprovechar la energía eólica, que será, quizá, más barata que otras, pero desde luego el impacto medioambiental en lo estético me tiene abrumado. En una de aquellas mañanas, encerrado en la clausura del monasterio cisterciense de Sobrado, me asombró la capacidad de romper la paz interior que tenían esas torres con aspas al ser contempladas a lo lejos, desde el claustro. Galicia ha sufrido la plaga. No se me va de la cabeza que algún día habrá un accidente. Quizá llegue el tiempo en el que se desmonten y las colinas gallegas recuperen su belleza original. Pero me temo que no estaré ya por aquí, en esta encarnadura vital, cuando eso suceda. ¿Quizá en otra? Eso dicen los que avalan la reencarnación.

—¿Qué, sigues dándole vueltas al tema del Rey? ¿Alguna noticia más?

—No, ninguna. Todos parecen conjurados en el silencio y es que es lo lógico. Si yo tuviera la responsabilidad de decir algo sobre la salud del Rey con la que está cayendo, negaría la mayor, sobre todo si no hay nada que hacer —contesté.

—Sí, claro. Oye, por cierto, ¿es verdad eso que cuenta Luis

María Anson de que te acercaste al padre del Rey para conseguir proximidad con el Monarca?

Me extrañó que surgiera el nombre de Luis María, pero al instante recordé que en un vídeo que compuso Carlos Moro sobre mi vida —que se proyectó en Intereconomía con muchos millones de audiencia, por cierto— Anson decía precisamente eso que me preguntaba Alfredo, así que de ahí venía el interés por mi respuesta.

—Es una tontería. Luis María a veces parece pensar que don Juan, el padre del Rey, era algo casi de su propiedad, como si fuera el único que le conociera, sintiera cariño por él, le respetara.

Por eso, en el fondo, creo que sintió algo parecido a celos del afecto que don Juan sintió por mí, y del profundo cariño que mantuve para con él, hasta que el 1 de abril de 1993 falleció en Navarra.

Esa obsesión de Luis María Anson contribuyó a crear ciertas dificultades entre el Rey y su padre, entre otras cosas por el empeño de llamarle Rey a don Juan cuando, aunque le molestara en lo profundo, nunca tuvo la posibilidad de ostentar propiamente ese título. Anson se refería a don Juan como Juan III, un invento afectivo, sin duda, pero peligroso porque contribuía a crear una tensión nada confortable entre padre e hijo.

A don Juan le conocí al poco de mi ingreso en Banesto en casa de José Antonio Martín Alonso-Martínez, en Mirasierra. José Antonio, marino mercante en excedencia que montó una exitosa empresa de imagen, de nombre Gesmagen, junto con otros profesionales de la comunicación españoles, entre los que destacaban Chelala y Lalo Azcona, que había sido un rompedor presentador de TVE, entró en mi vida a raíz del escándalo organizado por el diario *El País* con el producto estrella de Abelló, S. A.: el Frenadol.

José Antonio mantenía relación con don Juan. El padre del Rey manifestó interés en conocerme, seguramente por la violenta irrupción que protagonizamos Juan Abelló y yo, sobre todo yo porque era más desconocido en la sociedad española, con la llegada a Banesto después de la brillante operación Antibióticos con el grupo italiano Montedison. José nos invitó a cenar, y allí fuimos Lourdes y yo, con

José y Charo, y Juan Abelló, que vino solo, sin Ana Gamazo. Fue una cena agradable en la que dijimos sobre todo tonterías, pero don Juan se rió y lo pasó bien.

Tan bien que a partir de ese día comenzó a nacer entre nosotros una relación profunda que acabó convirtiéndose en afecto sincero. Era obvio que yo no pretendía nada con don Juan. Entre otras cosas, porque al Rey ya le conocía. Y no solo de aquel desayuno, sino de varios momentos posteriores que se intensificaron a raíz de mi presencia en la presidencia de Banesto. Disponía de una confianza distante, y digo distante porque cuando te mueves en esas alturas —por llamarlas de algún modo al uso— las aficiones náuticas ceden su puesto a las consideraciones de poder, entre las que las propiamente económicas no son las más alejadas del escenario. Y mi intermediario en esas relaciones con don Juan Carlos era, como dije y repito, Juan Abelló. Ignoro si el Rey le concedía el atributo de amigo, pero desde luego a mí seguro que no, porque carecía del más mínimo motivo para ello. Entre otras razones, porque salvo las cosas del mar, brillaban por su ausencia las aficiones comunes a ambos.

Pues a pesar de que no mantenía amistad o confianza excesiva, recuerdo que al poco de ser nombrado presidente sonó mi teléfono. Todavía mi despacho se encontraba en Castellana 7, en el viejo edificio de Banesto. Tan viejo como horrendo, por cierto, desprovisto del glamur del de la calle Alcalá, al que, final y felizmente, acabé trasladándome, aunque lo habité por poco tiempo.

Decía que sonó mi teléfono y al otro lado de la línea estaba su majestad el Rey. Ni siquiera me pregunté cómo había conseguido esa línea directa, pero supongo que le proporcionaría el número Juan Abelló. Su tono efusivo y casi festivo transmitía cordialidad. El objetivo consistía en recomendarme a Paco Sitges para el cargo de presidente de Asturiana del Zinc, una empresa controlada mayoritariamente por Banesto.

—Parece, Mario, que Jaime Argüelles deja la presidencia. Dicen que su hijo Pedro quiere sustituirle. Pero quizá el profesional que domina la empresa es Paco Sitges. No sé si deberías plantearte nombrarle presidente de Asturiana.

El Rey ejecutó la recomendación con extraordinaria delicadeza, sin presionarme lo más mínimo, simplemente transmitiéndome el conocimiento del personaje y avalando su integridad moral y su pericia en la empresa, pero insistiendo en que si teníamos otro candidato debíamos nombrar a quien nos pareciera más adecuado para el puesto.

No conocía a Paco Sitges. Mi única referencia consistía en que se trataba de un buen aficionado al mar y propietario de unos barcos preciosos que llevaban el nombre de *Xargo,* con el número ordinal correspondiente a continuación. Tiempo atrás en Ibiza admiré uno de ellos, creo que era el VI, un precioso sloop regatero tamaño maxi, pero de su dueño, de sus actividades, de su forma de ser, carecía de la menor información. La presentación del Rey caía sobre un terreno sin asperezas de tipo alguno. Además no tenía in mente ningún candidato para sustituir a Jaime Argüelles, así que le di buenas palabras al Rey y, a continuación, hablé con Arturo Romaní para decirle que nombrara a Francisco Sitges en sustitución de Argüelles en la presidencia de Asturiana. Arturo cumplió mis órdenes y Paco alcanzó su sueño. Francisco Sitges, asturiano, enamorado del mar, de los barcos, de la industria, de la construcción naval y buen conocedor del mundo de la minería, era, además, persona de confianza del Rey.

He empezado asegurando que el tono del Rey en esa conversación sobre Sitges y Asturiana rezumaba cordialidad. Y puede llamar la atención que enfatice ese extremo. Pues lo explico. Como relataba, la relación con don Juan fue creciendo en intensidad, frecuencia y afecto desde aquella cena inicial. ¿Qué nos unía? La afición al mar como único punto de encuentro en los primeros pasos de nuestro caminar juntos. Debo reconocer que no sentía especial interés por desentrañar la verdad de las discusiones dinásticas en las que parecía envuelta la Monarquía española, con don Juan, jefe de la Casa Real, sin poder alcanzar el título de Rey, y don Juan Carlos, rey de España, inaugurando el título de príncipe de España, absolutamente ajeno a la tradición monárquica española, por decisión de Franco. Ciertamente un galimatías histórico pero que a mí me cogía muy de lejos, al menos en aquellos pasos iniciales de la singladura de mis relaciones con don Juan de Borbón.

Pero, al mismo tiempo, la personalidad de don Juan me impactó, me atrajo, me resultó interesante, y tal vez naciera en el fondo de algún lugar secreto de mis almacenes internos la sensación de que vivir con ese hombre, estar a su lado, sentir su compañía, podría constituir un privilegio histórico porque, al fin y al cabo, fuera yo monárquico o republicano, era un pozo de historia, y, además, de presente, porque su hijo ejercía de rey de España.

Claro que tal posibilidad dependía sustancialmente de que yo le cayera bien, cosa que, sin duda, fue lo que sucedió. Cuando Juan Abelló se percató de que don Juan comenzaba a sentir una cierta simpatía por mí y que mis contactos con él se sucedían cada vez con mayor frecuencia, no dudó en exponerme sus ideas.

—Ten cuidado, Mario. Don Juan representa un conflicto para el Rey, porque es padre del Rey y tiene el depósito de la legitimidad monárquica.

—Ya, ¿y de dónde nace el conflicto?

—Pues de que, por decirlo claro, al Rey le gusta que la gente sea particularmente cuidadosa en las relaciones con su padre.

—¿Qué quieres decir?

—El asunto son esos derechos históricos. Tú, como eres un iconoclasta, no le das importancia a...

—Coño, es que la paternidad tiene más valor que esos supuestos derechos históricos.

—Para ti sí, pero la Monarquía funciona de acuerdo con ese tipo de parámetros. Vamos a terminar este asunto y toma nota de lo que te he dicho.

—Tomo nota.

Por supuesto que Juan no esperaba que me ajustara a sus prevenciones y, efectivamente, no lo hice. El padre del Rey me seguía llamando, interesándose por mí. Nuestra relación siguió aumentando en frecuencia de encuentros y en ascensos de afectos, intimando cada vez más. Al mismo tiempo crecía mi presencia en determinados círculos influyentes de la sociedad española.

No preveía hasta qué punto Juan podía tener razón. Tampoco era demasiado consciente, a decir verdad, de la fuerza de mi presencia social, del desarrollo del que acabaría siendo una especie de mito en la sociedad española. Yo seguía fiel a mis costumbres en muchos aspectos y por eso no acudía a ninguna de las cacerías de perdices que Juan y sus amigos organizaban por distintas partes de la geografía española. Un día de aquellos, Juan, conocedor de que no tiraba jamás a esos pájaros, insistió en que fuera a su finca de El Lobillo, en plena Mancha manchega y que, según los expertos, Juan consiguió convertir, invirtiendo mucho dinero, en uno de los mejores cotos para esos afanes cinegéticos.

Ante mi negativa Juan insistió en que no se trataba de cazar, sino de cenar con el Rey la noche anterior en su casa. Además de nosotros dos estaría presente Miguel Primo de Rivera, duque de ese nombre. Al día siguiente se celebraba la cacería y, aunque yo no participaba en ella, debía acudir a la cena de la noche anterior. Supuse por la insistencia que el objetivo de Juan al invitarme, seguramente a petición del Monarca, consistía en propiciar un encuentro y una conversación entre nosotros.

Allí nos encontramos los cuatro. Era el mes de octubre del año 1987, en plena negociación de nuestra entrada en el Consejo de Banesto. Estampamos nuestras firmas de rigor en el libro de la casa que Juan custodia con ese esmero que pone en las cosas que tienen proyección social. Cenamos los cuatro, supongo que bien, pero no recuerdo, jugamos al mus, seguramente gané porque no suelo ser condescendiente en ese juego ni con el Rey ni con mi padre, a quien también arrasé en su día en ese deporte de cartas, y consumimos algunas copas en mitad de una conversación intrascendente, como corresponde al tipo de reunión que confeccionábamos.

Avanzada la noche, entrada la madrugada, el Rey me pidió que saliéramos al jardín de El Lobillo, que todavía se encontraba en fase de construcción. Despidió en la forma real a Juan y Miguel Primo, señalándoles el camino de sus dormitorios, tomó entre sus manos una copa de güisqui escocés, me entregó otra y salimos al jardín. La noche era clara y el frío no resultaba excesivo y eso que, como digo, nos encontrábamos en octubre, que no suele ser demasiado generoso por los páramos de Castilla-La Mancha.

Por dentro el calor me parecía casi sofocante, suponiendo que las cosas circularían entre el Rey y yo por los derroteros de mi relación con don Juan. Lo suponía porque a la vista de que el Rey no quería nada y Juan insistía en mi presencia, solo quedaba ese espinoso y puñetero asunto de los derechos dinásticos.

No me equivoqué. Con cuidado, con tremenda delicadeza, don Juan Carlos fue aproximándose paso a paso, despacio, cuidadoso a pesar de la noche y las copas, hacia el asunto que le embargaba, explicándome con suavidad el problema derivado de que su padre fuera hijo de rey y padre de rey sin, al mismo tiempo, poder ser rey. Comprendía que vista con ojos críticos la situación reflejaba una patología posiblemente única en la historia, pero que en ocasiones la vida nos conduce por senderos que no diseñamos nosotros.

Procuré la suavidad de formas, relajé los tonos, emití más sonidos que palabras, en un intento de que el Rey se alejara de unos terrenos pantanosos para refugiarnos en las copas y hablar de cualquier otra materia menos comprometida. Se hacía tarde, casi las cuatro de la mañana, y una nueva copa alargó la noche. Agradecí al Rey su tremenda confianza para conmigo por hablarme con sinceridad de un asunto tan delicado y con voz que pretendía ser respetuosa y al mismo tiempo convincente le dije:

—Lo entiendo, señor. Lo que está claro es que hay solo un Rey y solo un padre del Rey y mi lealtad al Rey nada tiene que ver con el cariño que sienta por su padre y así seguirá siendo. Por cierto, señor. A diferencia de otros, jamás me refiero a vuestro padre como «el Rey». Le llamo señor y más propiamente don Juan. Porque una cosa es una cosa y otra, otra.

Quedaba poco espacio para la admonición; ni siquiera para la duda. El Rey cerró la noche. Nos fuimos a la cama. Eran más de las cinco de la madrugada cuando llegué a mi dormitorio.

A la siete y media la voz agitada, profundamente excitada, de Ana Abelló me despertó:

—El Rey ya está en la mesa y al Rey no se le puede hacer esperar.

Me vestí a toda velocidad y bajé dando saltos. El Rey, sentado en la cabecera de la mesa del comedor, me recibió con una sonrisa en los labios y un aspecto que en nada delataba ni las dos horas de sueño ni las copas de la noche anterior. Me disculpé como pude ante una aparente comprensión real y una reprimenda escondida en el brillo de los ojos de Juan y Ana.

Terminó el desayuno y comenzaron los preparativos para la cacería ante mi alivio personal porque en ese instante pensaba salir con destino a Madrid. La voz del Rey quebró mis esperanzas:

—Mario viene conmigo al puesto —dijo don Juan Carlos sin conceder la más mínima oportunidad a una alternativa diferente.

Así lo hice y asistí al espectáculo de ver caer a las perdices una tras otra y a un Rey excitado cada vez que acertaba y cabreado sin disimulo por cada fallo que cometía. De idéntica manera se sucedieron los ojeos, con el consabido taco de por medio.

No tuve ninguna conversación ni medio seria con el Rey y mucho menos referencia alguna a las relaciones con su padre que centraron la noche anterior. Todo transcurrió en mitad de una aparente placidez.

Pocos meses después, por avatares del destino, yo alcanzaría la presidencia de Banesto; Paco Sitges, como relaté, la de Asturiana del Zinc. Pero los modos de ser propios de la sociedad española acechaban agazapados, esperando su turno, preparados para cortocircuitar cualquier aventura de advenedizos, cualquier intento de adentrarse, de ocupar un espacio allí donde se cuece, se cocina y condimenta el verdadero poder. Allí donde las pasiones sustituyen a los afectos y la red tejida con intereses desconoce lealtades y agradecimientos. Allí contemplé cómo el Rey era utilizado, aunque fuera simbólicamente, en operaciones financieras. Quizá no tan simbólicamente. Por eso mi relación se enfrió. Y asistí desilusionado a espectáculos que quizá hubiera preferido no vivir.

2

Volví solo, por vez primera desde que me instalé por estas tierras, a los dominios de A Cerca. Solo y con un tormento interior de envergadura. De nuevo la muerte incomprensible se convertía en protagonista indeseado del rumbo de mi vida, al menos del sufrimiento como academia de aprendizaje del difícil oficio del verdadero vivir. Nada nos cuesta a los humanos más esfuerzo emocional que admitir sin estridencias interiores, sin rebeliones profundas, alejados de erupciones violentas en las zonas inferiores del llamado espíritu, la muerte incomprensible. Y digo incomprensible, califico como tal, a aquella desaparición física que se produce al margen de los tiempos biológicos.

Educados en el pensamiento y en su inexorable espacio tiempo, asignamos a todo lo que nos rodea una dimensión espacial y temporal al unísono. Es ridículo, desde luego, como evidencian los avances en física cuántica, pero no sabemos más que «pensar como los hombres», por decirlo en palabras bíblicas. Y la vida se desarrolla de esa manera. La muerte es un final lógico asociado a una dimensión temporal cuyo barómetro más evidente es la propia degradación carnal y sus derivadas mentales. La materia se descompone para transformarse, así que la muerte, la desaparición del anciano, es comprensible. Seguramente la constatación de la ausencia puede provocar pena, pero en cualquier caso encaja en la lógica lineal de nuestro intelecto. Y eso calma, reconforta, tranquiliza.

La muerte fuera de esa dimensión genera una turbulencia brutal. La palabra «jamás», mejor dicho la dimensión o, incluso por ser más preciso, la ausencia de dimensión alguna que el término implica, rechina con toda violencia contra nuestro modelo mental. Nada puede existir para ese esquema, nada puede vivir dentro de ese sistema que carezca de límites definidos, de fronteras, de contornos precisos. Y cuando el evento sucede fuera de la lógica física de semejantes definiciones, el espíritu, al menos la mente, sufre. ¿Soberbia? Es posible. Seguramente la rebelión ante lo incomprensible fermente en caldos de soberbia, de una estúpida soberbia nacida del no menos erróneo «razono luego existo» cartesiano. Hay que ser superficial en grado superlativo para escribir que los humanos se explican en clave de razón. ¡Por Dios! ¿Dónde vivió este sujeto, en qué mundo de relaciones obtuvo semejante conclusión?

Pero así somos los humanos. Las emociones explican más y mejor nuestra conducta que cualquier postulado de una fría razón. Y ninguno escapamos plenamente a esa regla. Por muchos esfuerzos de meditación, rezos, plegarias, relajaciones y demás técnicas al servicio de la quietud mental. Porque la mente consume pensamientos, y las emociones son pensamientos y en ocasiones de muy escasa calidad. Y soy humano, así que las reglas me afectan. No podía ser de otro modo.

Y me afectaron. Esta vez fue la muerte de un profesor universitario, treinta y nueve años, lleno de vida, simpático, buena gente, deportista que encontró la muerte precisamente practicando deporte. Ridículo semejante morir. Incomprensible, como digo. Y vivir los exteriores de esa muerte provoca la turbación que relato. Y, lo que es todavía más delicado, una muerte incomprensible trae a la luz todas las muertes incomprensibles vividas con anterioridad. Porque la muerte incomprensible no se extingue nunca. Permanece por mucho tiempo agazapada, escondida, en ocasiones cubierta con alguna capa de material emocional, en lugares recónditos de la memoria. Pero ahí vive. Silente, pero existente. Dispuesta a aparecer de nuevo en la superficie de nuestro mundo físico y mental, de nuestro territorio emocional, cuando alguna circunstancia superior a nuestra capacidad de reflexión la libera de su encierro. Y otra muerte de similares características es un liberador de máxima potencia. Así que mi aturdimiento se debía al destrozo interior provocado por la muerte de Álvaro Pérez-Ugena. Con su hermana, María Pérez-Ugena, contraería matrimonio pocos días después del terrible accidente. Esa muerte y el descomunal desconsuelo que viví en sus hermanos y madre, me trajo, adicionalmente, de nuevo la de Lourdes, la de su hermana Carmen, la de mi cuñado Miguel, que se produjeron una detrás de otra en un espacio temporal de pocos meses, no más de cinco. Y todas ellas fuera de los parámetros de la lógica humana del tiempo biológico.

En el patio adoquinado de A Cerca los albañiles recogían los trastos con los que habían trabajado durante el día. Junio de 2010 acababa de comenzar. La tarde era calma, la temperatura soportable, el sol no hería. Alguna nube de color gris oscuro que asomaba por el poniente recordaba que vivimos en Galicia y que permanecer en alerta es una obligación derivada de la prudencia elemental. Galicia es maestra de vida, pensé. Dirigí mi mirada y pensamientos anejos al gigantesco castaño que dicen los expertos podría ser más que centenario. Casi milenario. Su tiempo biológico es diferente del nuestro, del humano. Curiosa la vida, que reparte tiempos y espacios en sus distintas manifestaciones sin que lo de más categoría, supuestamente lo humano, reciba la máxima dimensión cuantitativa. Solo en lo más alto se produce la Lógica final. Solo el Cosmos, manifiesto y no manifiesto, es eterno de toda eternidad.

¿Por qué las muertes incomprensibles tenían que marcar el compás y el ritmo de mi vida? Ya sé que debemos acostumbrarnos a que nunca sucede lo previsible y casi siempre ocurre lo inesperado. Es una enseñanza que debería formar parte del catecismo humano de bachillerato. Nosotros los humanos y nuestra obsesión por dominar el futuro... No solo es soberbia; es sencillamente estupidez. La Vida nos enseña, un día y otro, una vida y otra, que el Futuro es cosa suya, no nuestra. Que a nosotros nos deja exclusivamente el presente. Y no lo entendemos, y por eso nos empecinamos en la patética actividad de desperdiciar nuestro presente en el altar de un inexistente futuro, que solo será nuestro si conseguimos convertirlo en el presente de cada día.

Cierto es que algunas personas son cruciales en el cambio, en el rumbo, en la orientación de nuestras vidas. Pero la clave es cómo se produce su aparición en nuestro recorrido existencial. Y curiosamente en mi caso, los giros dramáticos, en el sentido anglosajón y castellano del término, van asociados a muertes incomprensibles. No tengo la menor duda de que una de las personas capitales de mi vida es Juan Abelló, y sería ridículo escribir sobre mí sin consumir los turnos imprescindibles sobre él. Pero ¿acaso una muerte incomprensible me llevó a sus recintos vitales? Pues sí. La primera que me tocó sufrir. La de mi amigo Paco Linde.

Muy cerca de la calle Basílica, en Madrid, en donde vivían mis padres y yo preparé mi oposición a abogados del Estado, en un edificio de apartamentos pequeños en régimen de alquiler, vivía una persona muy especial. Paco Linde era un hombre bueno, inteligente, serio, de izquierdas, hijo de un funcionario de Castellón, perteneciente a la burguesía provinciana española. Nos hicimos íntimos amigos y salíamos a pasear casi todas las tardes, a la vuelta de la academia, cuando ya habíamos vomitado, si nos tocaba, los temas de civil, mercantil, procesal o lo que fuera que componía el trabajo de ese día. Discutíamos mucho de política y manteníamos posiciones divergentes, a pesar de lo cual entre nosotros se cimentó una sincera amistad.

Yo sentía una gran admiración por Paco porque era uno de esos escasos ejemplares humanos que son capaces de combinar una profunda inteligencia con una gran bondad. Paco disponía de un enorme corazón y, al mismo tiempo, de una capacidad de abstracción que nos llevaba a ambos, mientras paseábamos cerca de Bravo Murillo, o cuando consumíamos un café en los domingos de asueto relativo, a discutir sobre problemas en los que la abstracción se convertía en la regla de medir, como, por ejemplo, el concepto curvo de la línea de infinito. No sé por qué pero en una especie de cafetería de la calle Rosales, en Madrid, en uno de aquellos lejanos domingos, mientras miraba absorto un teleférico de esos que unen dos puntos de un paisaje para regocijo de turistas internos y foráneos, no sé por qué pero me dio por decir:

—Paco, está claro. El infinito solo puede ser curvo. Lo lineal es finito, tiene límites. Y si es curvo, debería ser elíptico, y si es elíptico, ¿cómo diferenciar futuro y pasado?

Lourdes y Pilar, la mujer de Paco, nos miraban entre asombradas, comprensivas y... Me ahorro más calificativos por la cosa del Ministerio de Igualdad y el lenguaje llamado sexista...

En nuestros paseos de las tardes Paco siempre mostraba una especial obsesión por los accidentes de coche hasta el punto de que llevaba una especie de estadística del número de muertos en relación con el de accidentes. Un día le noté especialmente preocupado, le pregunté qué le ocurría y me contestó:

—Es que hoy el periódico publica una noticia terrible. Ya estamos saliendo a un muerto por accidente.

Yo no sabía de qué recóndito lugar de su interior nacía esa obsesión tan intensa por los muertos en accidente de tráfico, pero Paco me insistía en que él no quería sacarse el carné de conducir. Es más, dentro de su permanente referencia a la seguridad, me contó que su vehículo ideal era una especie de camioneta forrada interiormente de gomaespuma muy gruesa para que, en caso de accidente, se amortiguaran los golpes. Ese día empecé a pensar que estaba llevando las cosas demasiado lejos y decidí no volver a hablar con él del asunto.

Semana Santa. Paco Linde ingresó en el Cuerpo de Abogados del Estado en la oposición siguiente a la mía y me relevó en el destino toledano. Aquella Semana Santa se convertía en sus primeras vacaciones después de muchos años de estudio. Y de dolor, porque Paco, injustamente, suspendió en mis oposiciones. Yo ingresé; él, suspendido... Yo como el número uno, y él no pudo alcanzar siquiera la última plaza... Injusto de solemnidad, pero cierto. Y en esos casos lo más fácil, incluso lo más probable, es que desaparezca la amistad, porque la convivencia se convierte en testigo existencial de un enorme fracaso, tan enorme como incomprensible, tan injusto como inaceptable.

Pero peleé porque así no fuera. Lourdes y yo, recién casados, vivíamos en Toledo, en un pequeño piso en las cercanías de la muralla porque dentro de sus contornos los precios resultaban inabordables para nosotros, incluso siendo jefe de la Abogacía del Estado.

Invité a Paco y Pilar a venir con nosotros unos días. Aceptó algo a regañadientes. Me llevé varios expedientes de la Abogacía del Estado, y cuando nos encontrábamos en el cuarto de estar de aquella pequeña casa toledana, le dije a Paco que tenía mucho trabajo y que por favor me ayudara con un dictamen pendiente.

Se puso manos a la obra. Lo terminó. Le pedí que lo pasara a limpio en papel de la Abogacía del Estado, con membrete oficial. Así lo hizo y me lo entregó. Sin leerlo lo firmé. Paco se quedó asombrado.

—¿No quieres leerlo? —me preguntó con tono emocionado.

Mi respuesta fue rotunda:

—No lo necesito, Paco. Lo que hayas hecho tú lo suscribo en su totalidad sin cambiar una coma.

Paco había suspendido precisamente en los ejercicios prácticos, consistentes en elaborar un dictamen como si fueras abogado del Estado. Por ello mismo, mi firma en barbecho, sin leer una línea, tenía especial valor para él. Sus ojos no pudieron reprimir el brillo de una ilusión nacida de improviso en lo más profundo de los adentros. Extendió su brazo. Nos dimos un apretón de manos. Cuando soltamos una de la otra, Paco, con voz temblorosa y tenue por efecto de la emoción sentida, dijo:

—Entendido, Mario. Voy a intentarlo de nuevo.

Al cabo de un año y medio Paco ingresaba en el Cuerpo de Abogados del Estado con el número dos de su promoción. Yo me sentí feliz. Más aún cuando me sustituyó en Toledo. Ahora, Paco, mi amigo Paco, ese hombre inteligente y bueno, comenzaba a disfrutar de una vida diferente una vez que su posición como abogado del Estado le permitía una tranquilidad existencial de la que no disfrutó en el pasado. Parecía que la vida decidía sembrar justicia en torno a un enorme corazón como el suyo.

Me encontraba en casa de mis suegros, en los Arroyos, la urbanización que habían construido en la maravillosa finca que la familia tenía cerca de Galapagar. Alguien llamó y me dio la noticia. Paco, Pilar, su hijo Francisco y su tía volvían de vacaciones hacia Toledo para reincorporarse al trabajo. A la altura de Villarejo de Salvanes, ya relativamente cerca de Madrid, un camión tráiler tomó una curva demasiado rápido y tuvo que frenar, con lo que el eje del tráiler cedió y se cruzó en mitad de la carretera. Pilar conducía el coche y se encontró, de repente, con una especie de pared metálica. No había nada que hacer. Se estrellaron contra el camión. Todos murieron. Paco, Pilar, Francisco y la tía, aunque esta última unos días después.

Primero recogieron a Pilar, que estaba destrozada. Luego a Paco, que se encontraba íntegro porque la esquina final del tráiler le había rozado la sien, pero con la suficiente profundidad como para provocarle la muerte. Luego retiraron a la tía de Pilar y la grúa se dispuso a cargar los restos del coche. Lo levantaron por la parte delantera y al inclinarse notaron un golpe seco. Miraron a ver qué era y se encontraron con el cadáver de Francisco, que contaba apenas tres años. Era un niño precioso, grande, rubio, de mirada abierta. Un gran ejemplar humano. Todos ellos están enterrados en Villarejo de Salvanes. Cuando a finales de julio de cada año pasaba cerca de ese pueblo camino de Valencia para tomar el barco que me llevaba a Mallorca, siempre hablaba unos segundos con Paco. Era una conversación mental, imaginaria, fruto de la rabia profunda que sentía. Nunca entendí aquella muerte y nunca han dejado de impresionarme las frases premonitorias de Paco sobre los accidentes de tráfico. En alguna de esas visitas mentales a la tumba de Paco me venía a la memoria aquella frase pronunciada mientras miraba el teleférico de Rosales:

—Paco, ¿cómo diferenciar futuro y pasado?

Aparte de afectarme vivamente, además de romperme por dentro, con independencia de los interrogantes vitales que trajo a la superficie el dolor profundo, provocando un sentimiento de rebelión pariente de una concepción caótica de lo inexplicado, aquella muerte provocó un cambio en mi vida, hasta el punto de que aparqué todas mis inquietudes políticas, que eran entonces particularmente intensas. Con Paco murió también un sendero posible de mi vida. Por eso, cuando Enrique Medina, un abogado del Estado que estaba trabajando en el Grupo March y que había sido profesor mío de la academia, me propuso colaborar con Juan Abelló, yo acepté estudiar la oferta. La muerte de Paco me llevó a Juan Abelló. Sin la menor ilusión, destrozado interiormente por la incapacidad de asimilar la lógica escondida detrás de la muerte de un hombre bueno, serio, inteligente, que a nadie causó daño, que hubiera aportado con su inteligencia y capacidad de trabajo obras singulares al mundo del Derecho y, quién sabe, tal vez al de la Política con mayúsculas.

La mañana del Corpus de 2010 quiso no dejar mal al refranero español que reclama para tan señalado día un sol de justicia, como decían los clásicos hispanos. Pues así fue. Ni siquiera esas nubes negras que suelen andar por estos lares quisieron estropear el festín climático y cromático de ese día cristiano, tan señalado, sobre todo en Toledo, mi primer destino como abogado del Estado. En Madrid era fiesta, pero aquí, en Chaguazoso, no, y no es que los gallegos no seamos cristianos, que lo somos a nuestra manera con perfiles prisciliáneos, sino que el calendario laboral no siempre sigue el eclesiástico, por aquello de al César lo que es del César y a Dios lo que es de Dios. Y como quería escribir y descansar un poco de las tensiones emocionales del fin de semana anterior, tomé el coche una vez finalizado el Consejo de nuestras empresas de cosmética y me vine a A Cerca a rumiar en soledad.

Pero debía cumplir mi compromiso de los jueves con Eduardo García Serrano —culto, serio, de ideas y convicciones profundas, inasequible a cualquier precio—, porque desde algunas semanas atrás, a eso de las siete y media de la mañana, entraba en el programa *Buenos días, España,* que él entonces conducía y dirigía en Intereconomía Radio, con el fin de mantener entre nosotros una charla sobre los temas principales de la actualidad. Esta vez, ante la imposibilidad de asistir físicamente al estudio, nos aprovechamos de la tecnología, que para muchas cosas es útil, aunque devastadora para otras, y nos conectamos a través del móvil. Me levanté a mi hora, las cinco de la mañana. Comprobé por internet el estado de nuestros medios de comunicación social y las principales noticias que reflejaban, porque lo que traducen esos medios no solo son hechos, sino estados emocionales que en ocasiones —no pocas— se encuentran tejidos con lazos de intereses. Esperé la llamada de Madrid y Eduardo y yo charlamos.

El panorama seguía siendo desolador. En España y en Europa. Posiblemente debería decir en el mundo, porque la penuria, la crisis y sus consecuencias son productos contagiosos. Al contrario de lo que sucede con la abundancia, que parece quedarse circunscrita a círculos privilegiados. Como no podía ser de otro modo, la crisis financiera seguía asomando la cara, un día sí y otro también. Y eso que el Gobierno español presidido por Zapatero se había visto obligado a atender los requerimientos procedentes de otros países para adoptar urgentes medidas de contención del déficit público que nos asolaba.

Que nadie se llame a engaño: esos requerimientos no derivan de que nos quieran mucho por ahí fuera, o de que se sientan solidarios, o de que llevados por un instinto de compasión budista o cristiana —que a estos efectos me da igual— deseen para nosotros un horizonte de prosperidad. Lo que sucede es que estamos endeudados hasta las cejas, y, claro, nos prestan dinero quienes lo tienen, que son los ricos, porque los pobres no suelen ser banqueros de nadie por falta de materia prima. Y esos ricos tienen miedo de que no podamos pagarles lo que nos prestaron, que es mucho, pero mucho, tanto que si nosotros quebramos ellos se verían obligados a recorrer la misma senda. Y hasta ahí podían llegar las bromas. Una cosa es hablar de Unión Europea adornando el discurso con todos los productos de un metalenguaje político, que suele oscilar entre lo cursi y lo incomprensible, y otra cosa es jugar con su dinero y con su estabilidad. Por eso Zapatero se vio obligado a decir Diego donde antes pronunciaba digo, y a comprobar en sus carnes que cuando el refranero español garantiza que donde hay patrón no manda marinero, no es una mera frase ocurrente para consumo de mentes menores, sino una realidad operativa en el matrimonio, en la política, en la economía y en la vida en general.

A la fuerza ahorcan; cuando menos las supuestas convicciones ideológicas, porque el recorte de dinero afectaba a pensionistas, funcionarios... Eso que llaman bienestar social, política social o como se prefiera. Lo peor es que se trata de colectivos numerosos muy sensibles y uno puede pensar que las cosas debían de estar fatal de toda fatalidad cuando el presidente se veía obligado a adoptar medidas que podrían costarle el poder, y eso sí que es serio para quienes únicamente disponen de ese horizonte en sus vidas.

Pero con esto no hacían sino seguir el modelo de comportamiento de la industria farmacéutica, que ante la aparición del dolor fabrica calmantes. No se pregunta la razón del dolor, la causa del sufrimiento. Simplemente lo adormece. Pero la causa sigue viva, claro, y más tarde o más temprano, si tenía consistencia, volverá a manifestarse, y cada vez peor. Pues esto es lo que nos puede pasar con nuestro modo de vida, pensaba para mí.

El problema es el Sistema en su conjunto. Lo que entre todos, por acción u omisión, hemos fabricado o consentido. No funciona. Así lo dije en antena con la complacencia y complicidad de Eduardo, que se manifestaba absolutamente de acuerdo con estas ideas. Un mensaje un poco revolucionario para los tiempos blandos que corren. Pero si queremos salir de esta debemos analizar el fallo del Sistema en su conjunto.

Y eso, eso es peligroso de toda peligrosidad, porque el Sistema es el verdadero poder, y el poder, como digo, admite pocas bromas. Las verdaderas revoluciones nunca han sido pacíficas. Seguramente porque los inquilinos del poder no se prestaban con facilidad a desalojarlo. *El Sistema*. Así se llamó mi primer libro. Leerlo ahora produce escalofríos. ¿Por qué nos hemos empecinado en el error? Solo por mantener el poder, nada más...

¡Cuántas veces comenté con Juan Abelló acerca de este asunto! Entonces, en aquellos días, utilizábamos otros términos, pero en el fondo eso da igual, que da lo mismo. La palabra, como dice Krishnamurti, no es la cosa.

Juan Abelló... Imposible escribir sin sentir cuando menos una brizna de nostalgia. Aun a pesar de los pesares que vivimos. Aun asumiendo que llegué a sus círculos vitales en el estado en el que me dejó la muerte de Paco Linde. Fueron años de gran aprendizaje.

Cuando le conocí Juan Abelló era un tipo alto, más bien delgado, de complexión atlética, de grandes ojos verdes, y, aunque su calvicie ya era muy pronunciada, la pérdida del pelo no le sentaba mal. En conjunto su aspecto físico merecía un sobresaliente. Era, además, inteligente, más culto de la media y, desde luego, que muchos de sus llamados amigos, amante de la Historia, temeroso de Dios, más que supersticioso en ocasiones, creyente en el Diablo y en las Fuerzas del Mal, agarrado con el dinero a extremos excesivos en ocasiones, obsesionado con la riqueza y la estabilidad económica, anclado en una vida interior en cuyas últimas profundidades no llegué a penetrar. En aquellos momentos de su vida transmitía al exterior —la procesión iba por dentro— la imagen de un hombre bastante feliz; sus negocios, centrados en el laboratorio farmacéutico que llevaba su nombre, marchaban razonablemente bien; su posición social se edificó sobre su matrimonio con Ana Gamazo Hohenlohe.

La familia de Juan, los Abelló, provenían de Reus. Su padre, por quien yo sentí mucho afecto —estoy seguro de que recíproco—, consiguió abrirse un camino en la sociedad madrileña, pero sin excesivos vuelos, desde luego muy lejos de lo que Juan consideraba como mínimos aceptables para subsistir en la jungla de la sociedad española. El propio Juan me contó que el matrimonio de su padre se debió, entre otras razones, al deseo de expandir una farmacia que comenzaba incipiente en aquellos días. Juan Abelló Pascual —así se llamaba— se casó con una hija de los almacenistas de medicinas denominados Gallo, de origen asturiano. De esta forma y a través del matrimonio, sin restar un milímetro de validez a la gran persona humana que fue el padre de Juan, se consiguió facilitar el tránsito desde la pequeña farmacia de barrio al desarrollo de una industria farmacéutica.

Pero en esta sociedad española nuestra, aunque más propiamente debería decirse en esta sociedad castellana, una cosa es la riqueza y otra el prestigio social. Seguramente la primera es conditio sine qua non —como dicen los abogados— para la segunda, pero no la provoca de manera instantánea. España, a diferencia de la sociedad anglosajona, ha acuñado la expresión de «nuevo rico» para designar al hombre que accede a los bienes sin tener tradiciones a sus espaldas. Esta búsqueda de la longevidad se aplica, incluso, a los propios títulos nobiliarios, distinguiendo los «nuevos», los que proceden de Alfonso XIII —y no digamos de los concedidos por Franco—, de los títulos de Castilla, de los que llaman «de toda la vida». No debe escandalizar, ni mucho menos, esta pretensión diferenciadora. Es una constante del ser humano. Busca como sea salirse de la uniformidad, afirmar su superioridad frente al resto, excitar su yo. Nada nuevo. Ni excesivamente peligroso si se comprende bien.

Puede incluso provocar situaciones de comicidad. En ese sentirse diferentes se generan linajes a los que se pretende atribuir unas características determinadas, siempre, como digo, en la pretensión diferenciadora. Por eso se suele decir «es un Fulánez» o «es una Menganez», y al situarlo en ese colectivo le convierten en partícipes de ciertas cualidades. Incluso si son negativas siguen siendo válidas porque son diferenciadoras, y, en todo caso, su negatividad tiene tintes diferentes, alejados de lo vulgar. Lo malo es que eso se construye sobre filiaciones de registro civil, que no siempre coinciden con lo real.

Francia, tiempo atrás, inició una prueba muy peligrosa. Quiso —ni más ni menos— analizar los ADN de los hijos y compararlos con los de los padres, todo dentro del esquema de la Seguridad Social. La práctica debió ser suspendida ante el escándalo evidenciado por la ciencia, porque un número muy elevado de hijos llevaban el apellido de un padre y la sangre de otro diferente. Y eso podría traer consecuencias dolorosas, incluso políticas, porque no faltaría quien asegurara que se trataba de una maniobra machista para desprestigiar a las mujeres cuestionando su fidelidad y honestidad. Por eso, cuando se sitúa a uno en una estirpe a base de registro civil, puede suceder que el ridículo sea estrepitoso en términos de realidad. ¿Es extrapolable lo de Francia a España? Pues no voy a pronunciarme, no vaya a ser que acumule disgustos innecesarios.

En todo caso no deja de llamarme la atención cómo el ser humano busca al precio que sea la diferenciación, la individualidad, pero no basada en la sustancia individuo propiamente dicha, sino en lo externo, en lo formal, en lo accesorio. Nombre y apellidos no son sino una convención para poder manejarnos con el lenguaje diario. Una especie de *nick* que en vez de usarlo en internet lo empleamos en el resto de nuestras vidas. No son más que un mecanismo formal de diferenciación, de clasificación, de control, si se prefiere. Si así lo entendemos, no pasa nada. El problema reside en que en aras de esa impenitente búsqueda por individualidad diferenciadora nos acabamos creyendo que eso va en serio, no sabemos trascender de un formalismo lingüístico y lo elevamos al plano de la categoría. Y, claro, situaciones de ridículo se encuentran al alcance de la mano. Pero es que, además, ese tipo de actitudes impide percibir con nitidez la verdadera esencia del ser humano, de ser y participar de la noción Humanidad, de alcanzar el verdadero sentido trascendente del hombre. Si queremos que lo que trasciendan sean *nicks,* por usar terminología moderna, nos olvidaremos hasta de la esencia de nosotros mismos.

Juan era consciente de que su dinero no tenía contrapartida de peso real en la sociedad española, y eso, de alguna manera, tenía que adquirirlo por otros procedimientos, porque no era cosa de ponerse a esperar un par de generaciones, que es lo que suele ser considerado como admisible... Juan tenía prisa y en ese terreno su iconoclastia resulta para muchos lacerante. Disponía de físico adecuado y dinero suficiente para lograr su asentamiento social. Lo consiguió en su matrimonio. Fundamentalmente a través del apellido Gamazo y en menor medida del alemán Hohenlohe. Este tipo de apellidos alemanes, independientemente de que atribuyan o no estatus social en Alemania, en nuestro país, en la tosca España, en la recia Castilla, no imprimían excesivo carácter de fondo. Gamazo disponía de «poco tiempo» entre la nobleza porque venía de Alfonso XIII, pero en cualquier caso, a pesar de su modernidad, creo que pesaba más que las importaciones teutónicas. Es posible que el comportamiento un tanto singular de algunos portadores de esos apellidos difíciles de pronunciar correctamente en zonas del sur de España fuera motivo para no atribuirles excesiva consistencia. También lo es que, según cuentan, aunque sea tema que me interese más bien poco, en Alemania todo el mundo es príncipe o conde o lo que sea. Dicen que los hijos del que lleva el título tienen el derecho a usarlo. Eso los convierte en prolíficos siguiendo las reglas de Fibonacci. En Castilla, en España, no. Y como se es diferente, hay que potenciar esa individualidad, y la mejor manera es devaluando lo que sufre de exceso de reproducción automática.

Ni mucho menos me escandaliza este comportamiento. Al contrario, solo demuestra conocimiento profundo del modo de ser de nuestra sociedad española. Otra cosa es que atribuyas o no importancia al encumbramiento social, pero si es eso lo que se busca, España tiene muy claras sus reglas de juego. Juan, como los viejos filósofos, no solo las entendió, sino que hizo todo lo necesario para ponerlas en práctica. No me cabe la menor duda de que si solo hubiese dispuesto del apellido Abelló y de los dineros de un pequeño laboratorio, Juan jamás habría penetrado tan rápidamente en la llamada clase alta española, al menos del modo y con la intensidad que se derivó de su matrimonio. Luego, una vez dentro, sus propias cualidades personales le asentaron. Cobró independencia. Hoy Juan es Abelló, no el yerno de Gamazo, pero años atrás no fue así.

El dinero que Juan ganaba —y gastaba— procedente de la venta de las especialidades farmacéuticas del laboratorio que fundó su padre y el nombre importado de su familia política, contando con el indudable valor de sus cualidades personales, le abrieron paso en la sociedad española. Juan se percató de la necesidad de poseer los símbolos de clase social acuñados en España. Y uno de ellos, quizá de lo más sustancial, es precisamente ser poseedor de campo. Y saber cazar. Estoy convencido de que, con independencia del sabor ancestral de la caza, de la pasión irrefrenable por matar ciervos, perdices, jabalíes o cualquier cosa que se mueva, muchos de los que pagan cantidades nada despreciables de dinero por asistir a una montería en una casa de los «ricos» que las venden, por disfrazarse, con mayor o menor gusto, con ropas verdes, no solo se estimulan con los cochinos o venados que van a abatir, ni con el valor social del trofeo, sino con imitar, con vivir aunque solo sea por un día conforme a un estilo de vida que en nuestro país ha sido patrimonio exclusivo de la clase alta. Algo así como elegante por un día. Porque la cacería, con toda su parafernalia, no es solo cuestión de matar bichos. Es que se trata de una actividad elegante, siempre, claro, que se ejecute conforme a los parámetros definidos por quienes ostentan el título correspondiente. Por eso a los que no tienen fincas, a los que compran puestos y pagan, se les llama «paganinis», en un tono que encierra, una vez más, la exclusión del otro por atribución de inferioridad, que es lo más «reconfortante» que se despacha en esas habitaciones. Por eso el vestido, la indumentaria, es capital. A los paganinis se les suele reconocer porque imitan la vestimenta del elegante por definición, pero, claro, sin el toque de distinción necesario. Y esto no sucede solo en la cacería o montería. También en el golf o en el polo. Y hasta en el esquí, aunque aquí no pesa tanto la indumentaria como el lugar y día de práctica. Esquiar en España, al menos en ciertas zonas y en ciertas épocas, empieza a ser una ordinariez... A un analista de la calidad de Juan Abelló algo tan notorio no podía escapársele.

Así que consiguió de su padre que le comprara una finca, Las Navas, en los montes de Toledo, de unas dos mil y pico hectáreas más o menos. A partir de ese instante —tal vez incluso antes— se aplicó, con una paciencia espartana, al duro deporte de aprender a disparar, demostrando una constancia tan eremítica que solo se comprende si se tiene en cuenta que no buscaba solo abatir perdices o venados, faisanes o cochinos, sino otros ejemplares humanos en la lucha por la supremacía social en su estrecho círculo. Por si fuera poco, sus atributos físicos, unidos a sus condiciones económicas y su penetración social, le convertían en un ejemplar muy deseado para las señoras españolas, solteras, casadas, separadas o divorciadas. Otro tipo de cacería, desde luego, pero que también participa de las reglas eternas del rececho. Juan, aficionado a tal deporte —me refiero a la cacería y rececho de damas—, lo practicaba con indisimulada afición. Debo reconocer que el exceso de práctica, la amplitud de su mercado, me resultaba llamativo y presentía que el abuso podría obedecer a alguna patología interior. Quizá algunos varones buscan poseer por encima de disfrutar. Mejor dicho, el disfrute que proporciona la posesión de otro, el dominio sobre otro humano, sea incluso superior al mero orgasmo sexual. En mi opinión, el deseo de poseer por encima de cualquier otro sentimiento es cal viva arrojada sobre el amor; incluso sobre formas suaves de afecto.

A algunos puede parecerles superficial el sujeto descrito en las líneas anteriores. Sería un error. La inteligencia se aplica a saber navegar según las aguas, y para ello hay que conocer las corrientes y la longitud e intensidad de los trenes de olas. Juan se aplicó a la disección y análisis de las aguas de la sociedad española, y lo hizo con una inteligencia y tesón dignos de mención. Otra cosa es que a uno le pueden parecer importantes o superfluas este tipo de navegaciones, pero eso tiene que ver con los valores, con las prioridades, no con la inteligencia. Juan es y siempre fue un hombre inteligente y dotado de una capacidad de análisis para los asuntos sociales muy elevada.

Y ya que analizo la sociedad española, o, mejor dicho, un trozo significativo de su composición, me gustaría referirme a algunas de sus facetas más exóticas. Una de ellas, que no es, ni mucho menos, anecdótica, es lo que yo llamaba en aquellos días el «complejo de la casa March». Cuando comencé a caminar de su mano por los salones españoles me percaté del efecto embrujo que la casa March imprimía en muchos de los asiduos asistentes a sus encuentros sociales. Juan no se escabullía de la norma. Al contrario: profesaba una admiración incontenida sobre el modo y manera en que los March organizaban sus dineros, sus negocios, sus bienes, sus vidas. Juan admiraba el dinero; no solo ganarlo, sino sobre todo conservarlo y multiplicarlo; en muchas ocasiones, con un brillo en sus ojos que reflejaba un estado de ánimo preñado de excitación, me explicó lo bien que organizaban los March semejante cometido, cómo se repartían los papeles entre Juan, el mayor, el calmo y sereno, y Carlos, el pequeño, más inquieto, con el legítimo deseo de ser por sí mismo algo más que el nieto de Juan March.

Es curioso, pero estoy convencido de que la razón básica por la que Juan deseaba tener a su lado a un abogado del Estado era, básicamente, porque en el Grupo March trabajan varios compañeros míos. En el fondo «poseer» un abogado del Estado atribuía estatus social y económico elevado, porque solo quienes disponen de unos ingresos más que notables pueden permitirse el lujo de incluir en su estructura de gastos algo tan serio como un abogado del Estado en excedencia. Por tanto, mi primer contacto y mi vida con Juan se debió en sus inicios a ese intento de emulación de la familia creada por un hombre pequeño de estatura, pero seguramente grande como potencia energética, que había nacido a finales del siglo diecinueve en un pequeño pueblo mallorquín, sobre cuyas actividades se ha cernido una leyenda cuyos perfiles de mito y realidad no siempre son precisos, como ocurre sin excepción notable con quienes hacen cosas grandes aunque no sean grandes cosas.

En más de una ocasión, después de contemplar ejemplos notorios de pleitesía sobre los March, me preguntaba las razones profundas de esa fascinación que ejercían sobre la vieja y tradicional Castilla, sobre la pudorosa España, que era capaz de soslayar sin rubor alguno los trozos de realidad y leyenda en torno al origen del capital de la familia. Comprendí que no se trataba de los March. Juan y Carlos, Carlos y Juan resultaban total y absolutamente indiferentes en este plano. Lo importante era su dinero, su capacidad de compra. No eran ellos, sino el oro que atesoraban. El poder del metal es capaz de reblandecer e, incluso, de mandar al puro olvido prejuicios nacidos de compromisos con valores morales que se dejan de lado fascinados por el brillo que desprende el poder económico. Quienes despreciaban, con mayor o menor educación y soltura, a títulos nobiliarios por ser recientes, o a empresarios que «se habían hecho a sí mismos», precisamente por carecer de antigüedad, no vacilaban un segundo ante el poder del capital cuando la cantidad acumulada se transformaba en calidad, en capacidad de imponerse, de superar esas supuestas barreras sociales que se disolvían ante su brillo. Los March, aquí, son un ejemplo especial, no el único, por supuesto, pero sí el más significativo por ser la primera fortuna de España, pero salones hispanos se abrían igualmente para aventureros de América Latina con tal de que fueran capaces de evidenciar una capacidad de compra suficiente para provocar la admiración en los rancios rincones de una España pretendidamente hidalga, que solo cuando fue rica se manifestó capaz de convertir a la hidalguía en algo más que una palabra.

Así es España, permanentemente instalada en el juego de la doble moral. Seguramente el mundo se rige por idénticos parámetros, pero llama la atención la facilidad con la que en nuestra sociedad española sus mejores ejemplares, después de discursear sin mesura sobre los valores propios de la hidalguía, arrinconan escrúpulos morales sobre el origen de una fortuna siempre que la cantidad amasada sea suficientemente grande como para merecer el sacrificio. Los inmuebles, las casas, las fincas, los bancos, el dinero, el poder que transmiten, constituyen la única realidad apreciable en la que se sacrifica dulcemente cualquier memoria histórica. Es un ejemplo, uno más, de eso que René Guénon, el gran filósofo convertido al sufismo en los últimos compases de su sinfonía vital, llama la dinámica de lo cuantitativo, y seguramente tiene razón el pensador francés cuando vaticina que constituye uno de los rasgos que define el ocaso de una época.

Y este era Juan en aquellos días. ¿Y yo? Pues un abogado del Estado número uno de su promoción, lo que en mi mundo constituía un indudable valor. Además, a la vista de las notas que obtuve en mi oposición —que serían las más altas de la historia del Cuerpo desde su fundación, según dicen—, ya era consciente de que mis capacidades intelectuales se situaban por encima de la media, sirviera para lo que sirviera, que, con independencia del estudio y la abstracción intelectual, no lo tenía demasiado claro.

Después de consumir poco menos de un año como abogado del Estado jefe en la Abogacía del Estado de Toledo, me trajeron a Madrid, al servicio de Estudios de la Dirección General de lo Contencioso, en un tiempo récord, porque mi fama se extendió por todas las instancias de nuestro prestigioso Cuerpo. Era sencillo: los números uno del Cuerpo siempre lo tienen más fácil en materia de destinos. Sin embargo, confieso que en aquellos días no sentía soberbia interior. Bueno, eso creo. Mi matrimonio con Lourdes Arroyo, hija de familia rica, me proporcionó algo de valor innegable: mi suegro nos regaló un magnífico piso en la calle Pío XII de Madrid, un dúplex de 350 metros cuadrados, algo incluso exagerado para un abogado del Estado con varios años de profesión. Eso me permitía vivir sin problemas, máxime cuando, y esto lo confieso con absoluta rotundidad, no sentía la menor ambición de dinero. Mucho menos de atesorar. Todo ello, junto a la conciencia de que mi suegro era un hombre de fortuna, me proporcionaba una dosis adicional de eso que llaman libertad real.

Interiormente no creo que fuera excesivamente singular. Sentía una inquietud muy fuerte en el plano espiritual, pero que en aquellos días dormitaba a consecuencia de lo infructuoso de la búsqueda. Mis inquietudes políticas vacilaban, sin sujetarse a un corsé riguroso, ni de izquierdas ni de derechas. Mi proyecto vital caminaba más por el placer de estudiar y de escribir que por la búsqueda de la acción en cualquier terreno. Aunque parezca mentira, en aquellos días, con apenas dos años de ejercicio de la abogacía del Estado, soñaba con jubilarme, con retirarme a leer y escribir a la mayor brevedad posible; desde luego, mucho más que con escalar escaños del poder político o económico. Sencillamente no me interesaba. Además, mi interior se quedó fortísimamente golpeado por la muerte en accidente de coche de mi entrañable amigo, Paco Linde.

Los primeros compases de mi sinfonía vital con Juan resultaron más que interesantes. Ante todo porque yo me situé en una plataforma que te permite observar con cierta distancia: Juan y yo sabíamos que no le consideraba propiamente mi jefe porque siendo abogado del Estado disponía en cualquier momento de la posibilidad de retornar a mi trabajo en la Administración Pública, lo que me dotaba de una libertad de la que carecían el resto de sus empleados. Nunca tuvimos necesidad de explicitarlo; vivía entre nosotros. A Juan no le importaba demasiado. Para mí constituía un activo indudable. Cuanto más reducida es la libertad de movimientos del sujeto sobre el que ejerces el poder, mayor es la intensidad de este último. Precisamente por ello es tan intenso, tan inmediato, tan necesitado de control externo el que se ejerce sobre los presos recluidos en un centro penitenciario. No disponen de libertad física más que en grado extremadamente atenuado y, por si fuera poco, su condición de delincuentes les resta cualquier credibilidad, de forma que, en un encontronazo preso-funcionario, este último gozará de la presunción de verdad y el primero, de la opuesta. Cuando el poder percibe en ti la libertad, cuando de verdad concluye que eres un hombre libre, ejemplar extraño donde los haya en la sociedad de nuestros días, como paso imprescindiblemente previo para dominarte en plenitud buscará por todos los medios cercenarla.

Aprendí muchas cosas con Juan. No solo en el terreno profesional, sino, además, en el humano. Su comportamiento, su forma de tratar a la gente —diferenciando cuidadosamente en función del estatus particular de cada uno—, su modo de vestirse, su manejo del tiempo, la facilidad con la que jerarquizaba a los humanos de acuerdo con su posición social, constituyeron para mí un verdadero instituto académico sobre algunos aspectos, quizá los más epidérmicos en apariencia, de la sociedad española. Asistía fascinado, y en ocasiones escandalizado, a los modos de Juan, a sus excentricidades, a sus caprichos de niño mimado por la fortuna. Sin embargo, en mitad de tanto boato y de felicidad de bote, percibí que en el interior de Juan habitaba algo mucho más serio, profundo y complejo que un estúpido niño rico, guapo y de derechas de toda la vida de la moderna sociedad española. Su inquietud intelectual, supersticiones aparte, no nacía del mero deseo de impresionar a las señoras o a la concurrencia de una cena social con unas cuantas citas brillantes de fechas, autores o acontecimientos pasados. Ciertamente le gustaba la erudición, porque constituye un medio idóneo para «ofender al personal», en terminología de Juan, para dejarlo en evidencia, para que no le quede más remedio que rendirse ante la cultura del dato de su interlocutor, pero, además, buscaba en la Historia una lección, un aprendizaje, una fuente de experiencias destinada a traducirse en enseñanzas útiles para vivir entre los humanos. Vivir a su modo, desde luego, pero enseñanza al fin y al cabo.

Poco a poco comencé a sentir afecto por él, quizá porque presentía que en el fondo de aquella armadura que quería aparentar construida con el mejor acero, edificada sobre valores sociales inatacables, residía un mundo de soledad no compartida. Algo oculto en Juan inspiraba ternura, ese tipo de ternura que provoca la conciencia de que frente a la fortaleza de la apariencia se esconde el miedo a cierta verdad.

Creo que uno de los aspectos que más me llamaban la atención de Juan consistía en sus «prontos» de hereje. De vez en cuando, en vez de ajustarse al patrón del Sistema, parecía disfrutar con ofender a algunos de sus consolidados personajes, sobre todo si pertenecían a la rancia nobleza española. Juan construyó una frase que le definía bien, porque cuando los viejos de siempre le acusaban de ser un nuevo rico, Juan, esbozando una sonrisa de oreja a oreja y con un énfasis de intensidad, decía:

—Claro, es que en España el que no es nuevo no es rico.

¿De dónde le provenía esta faceta? Quizá por la sangre física de Juan corrieran algunos hematíes espirituales de los herejes maragatos y tal vez algunos gramos de larvado revanchismo que sirvieran para explicar ciertos aspectos llamativos de su comportamiento para con lo establecido. Ciertamente buscar pureza de sangre en un pueblo mestizo como el nuestro no deja de ser un delicioso sinsentido. Pero para una personalidad como la de Juan, asumirlo interiormente supondría un cierto coste. Y, tal vez por ello, un mérito.

3

Alfredo Conde, mi pariente, me había prometido una mastina, un ejemplar de la misma raza que el suyo, el que custodia su casa de Santiago, A Casa da Pedra Aguda, como reza su nombre. Pero no pudo ser. Y no porque me dijera que la perrita que le mostraron mantuviera trazas de ser hija de muchas leches, como dicen por el campo, lo que a mí no me importaba. Curiosamente, sin embargo, Alfredo, antirracista donde los haya, me dijo algo así como que con los animales de custodia era con lo único vivo que mantenía un clasismo depurado. Lo dijo con sonrisa abierta, consciente de su broma, aunque al final me quedé sin perra como me había quedado sin *Ámbar*, mi primera muerte inexplicable. Os diré algo de *Ámbar*, mi primer contacto con la muerte y con la maldad humana.

Nací en Tui, una preciosa ciudad del sur de Galicia desembocadura del Miño, frontera con Portugal, sede de obispado y residencia histórica de la reina doña Urraca. A pesar de que carecíamos de puerto de mar, entre los recuerdos limpios de mi niñez almaceno la Comandancia de Marina y la fragata *Cabo Fradera*. Cada vez que dejando atrás la Corredera —calle principal de mi ciudad natal— bajaba corriendo la cuesta pronunciada y empedrada de adoquines que conducía al río, me preguntaba a qué podría dedicarse aquel barco feo, de color gris oscuro, inconfundiblemente militar, a pesar de que sus cañones de combate, cortos, rechonchos, con aspecto de no haber disparado ni un solo proyectil en toda su vida, le restaban agresividad y casi le convertían en un objeto entrañable, un viejo venerable que esperaba la llegada de su desembocadura existencial a pocas millas del mar abierto. Los contrabandistas gallegos que comerciaban entre Portugal y España, para los que el río constituía un camino vital, le contemplaban y saludaban afectuosamente cuando dejaban al viejo trasto por babor o estribor en sus barcas cargadas con enormes fardos llenos de tabaco americano. Al fin y al cabo, el contrabando, un medio de vida para muchas familias gallegas en los difíciles años de la posguerra, pasó a convertirse en una parte sustancial del paisaje social del sur de Galicia. Mi padre tenía entre sus atribuciones tratar de reprimirlo porque llegó a esa ciudad para ocupar su plaza de inspector de Aduanas.

Un 14 de septiembre de 1948 —fiesta de la Exaltación de la Santa Cruz, una de las pocas obligatorias para los Caballeros del Templo— mi madre corría dando gritos por el largo pasillo de nuestra casa pidiendo auxilio mientras con su mano derecha trataba de empujar hacia dentro la cabeza morena de un niño que nació porque le dio la gana. Mi madre alcanzó a duras penas su dormitorio y se tumbó en la cama; la gente del servicio localizó a Jurado —médico, falangista, alcalde de Tui, amigo de la familia—, que acudió en cuanto pudo a atender el parto. Demasiado tarde. Cuando llegó, mi madre me había parido, limpiado, vestido y aseado, y, con esa ternura que solo existe en un momento que —como todos los buenos— dura tan poco, me tenía con ella apretándome contra su pecho con una expresión de indescriptible felicidad en sus ojos. El médico certificó sanitariamente el nacimiento. Así llegué a la vida, saltándome las reglas, organizando un poco de ruido en la tranquila ciudad de Tui, que asistía impasible al nacimiento del primer hijo varón de aquel hombre joven, moreno, alto, guapo, simpático, que gozaba de gran popularidad entre los habitantes de la ciudad del Miño. Mi padre llegó a casa tranquilo, sin el menor síntoma de excitación, para contemplar los atributos del recién nacido. Después, como mandaban los cánones de aquellas épocas, se fue con sus amigos a celebrarlo.

Vivíamos en una preciosa casa situada casi en el centro geométrico de la Corredera, cuyo primer piso se dedicó a los locales del casino de Tui y en cuya parte trasera teníamos un pequeño jardín en el que mi padre quiso criar gallinas, cerdos y pollos, y, por si fuera poco, cultivar parra, tomates y otras hortalizas, en fin, un desastre económico y casi ecológico. Allí, en mis primeros andares de uso de razón, conocí a Avelino, un criado que mi padre trajo del valle de Covelo, de donde es originaria toda la familia de mi madre. Eso de tener servicio y criados no debe llamar a engaño a nadie. En aquellos años de la posguerra en Galicia campaba por sus respetos la pobreza. Y el hambre. Los salarios que se pagaban a los criados eran una miseria, pero les proporcionaban un sustento que de otra manera se veían imposibilitados de obtener. Por eso, a pesar de no ser ricos en el sentido monetario de la palabra, podíamos tener servicio y hasta un criado. Avelino, moreno, bajo, delgado, casi enjuto, que hablaba un gallego rabiosamente cerrado, me enseñó a cazar gatos en la parra de mi padre.

Mi perro se llamaba *Ámbar*. Era un precioso dogo alemán traído desde Madeira de color crema claro y morro negro zahíno contra el que brillaban amenazadores unos colmillos potentes capaces de aterrorizar a cualquiera. Mi padre, caprichoso como buen hijo único, se lo trajo de Portugal, en concreto de la isla de Madeira, y para que no sufriera el animal le alquiló un compartimento de dormir en el tren que unía la capital lusitana con la ciudad de Vigo. Así era mi padre. Capaz de regalar a un pobre la primera gabardina nueva que tuvo en su vida porque el hombre parecía aterido de frío, e igualmente dispuesto a traerse un perro de nuestros vecinos lisboetas nada menos que en un coche cama.

Avelino enseñó al nuevo inquilino de nuestro huerto a contemplar los gatos que se movían sigilosos por la parte alta de la parra. El perro permanecía inmóvil, con el cuerpo tenso y la mirada fija en el animal, que, envuelto en las hojas verdes y las uvas negras de la parra, vivía sin percatarse de que alguien le contemplaba como presa. Creo que es en lo único que pueden parecerse esos gatos a los humanos: en que no se percatan de que pueden ser contemplados como presa a ser cazada.

De repente, sin aviso previo, *Ámbar* saltaba impulsado por la fuerza de sus patas traseras y de un bocado certero alcanzaba el cuerpo del felino, que, cuando el perro volvía a tocar tierra, ya era cadáver. Avelino sacaba de su bolsillo trasero un cuchillo de monte, lo afilaba contra una piedra blancuzca que guardaba en un rincón del gallinero y en apenas segundos, con una habilidad que me fascinaba, le quitaba limpiamente la piel a la pieza cobrada y le cortaba la cabeza por el cuello ante la atenta mirada de *Ámbar,* que se agitaba nervioso sabiendo que, una vez más, Avelino le entregaría su trofeo para que lo devorara en pocos minutos.

Nunca sentí la menor pena por un gato. Mi abuela Luisa, la madre de mi padre, me contó que los gatos llevan maldad dentro, y que ella sabía que a un recién nacido, el gato de sus padres, presa de un ataque de celos, le arrancó los ojos con sus uñas y le llenó el cuerpo de cortes y mordiscos. Desde entonces comencé a cultivar una especie de odio irracional contra los gatos que sin saber muy bien por qué extendí a toda la familia de los felinos, lo que comprobé muchos años después en una espera del leopardo en mitad de África, en territorio de Tanzania.

Avelino no solo me enseñó a cazar gatos. Una mañana gris, de esas que constituyen el casi perenne decorado de mi tierra gallega, mientras nos refugiábamos en el gallinero de la fina lluvia que caía impasible sobre el huerto, mi criado sacó de su bolsillo un pequeño librillo de color marrón oscuro, con aspecto de haber sido manoseado cientos de veces. Me advirtió que como ya era un hombrecito —apenas si contaba siete años— tenía que enseñarme cosas de la vida, y resultó que ese atributo se lo asignaba a unas fotografías amarillentas, con los bordes ondulados, pegadas toscamente a las tapas de cartón para dar la impresión de un libro de rezos, en las que se veía a unas señoras más bien rellenas —gordas de solemnidad para los cánones actuales— en plena faena sexual —en todas sus variadas posibilidades— con unos varones que tenían todo el aspecto de estar pasándolo más que bien. Miré estupefacto a Avelino, quien me aclaró que aquellas individuas eran putas (era la primera vez que escuchaba esa palabra), esto es, mujeres que se dedican por dinero a complacer a los hombres, y que ese oficio era necesario para que los machos pudieran vivir tranquilos, y que no solo no debía escandalizarme por el espectáculo que me mostraba, sino, más bien al contrario, asumir que seguramente algún día yo sería un cliente de sus servicios. Volví a pedirle las fotografías y las contemplé una a una con el ansia de un ciego que recupera la vista. Allí, mientras el agua seguía cayendo, las gallinas dormitando, *Ámbar* caminando bajo la parra buscando más presas y Avelino guardando de nuevo en su bolsillo las instantáneas, tomé mi primer contacto con el sexo y con el oficio más antiguo del mundo. Esa tarde lo comenté con Choni, mi amigo, el hijo del dueño de los almacenes Pipo, quien casi se rió de mí porque él, un año mayor que yo, decía conocer todos los secretos de ese valle al que yo acababa de llegar y en el que me portaba como un cándido novato.

También me inicié en la Religión Católica, Apostólica y Romana, gracias a los buenos oficios de las monjas doroteas, primero, y de los hermanos maristas después. El obispo de Tui, monseñor López Ortiz, era pariente de mi abuela. Casó a mis padres y ofició la primera comunión de todos los hermanos. Por cierto, que en la mía la ceremonia se tuvo que repetir dos veces, una en el palacio del obispo, situado en un edificio anexo a la catedral románica de Tui, palacio y residencia de doña Urraca, y otra en el colegio de las hermanas doroteas, que aun a riesgo de importunar al todopoderoso Ordinario del lugar se empeñaron en que debía recibir el sacramento en sus dependencias eclesiásticas. Concluida la ceremonia religiosa en el colegio de mis monjitas, salí corriendo a la calle a toda velocidad para reunirme con Manrique, un amigo de juegos de infancia, con la mala suerte de que caí al suelo en plena carretera que conduce hacia el puente internacional que nos une con Portugal, y ante la mirada aterrorizada de las monjas y de mi madre, una bicicleta que descendía la cuesta a toda velocidad no tuvo tiempo de frenar ante el cuerpo tendido de un niño vestido de blanco con la cruz roja de Santiago en su pechera, y la rueda delantera, primero, y la trasera, después, cruzaron limpiamente sobre mi cuello.

Sentí que se me cortaba la respiración y perdí el sentido. Cuando me desperté me encontraba en el mismo cuarto en el que nací, cubierto con una colcha fina, la garganta ardiendo, la cabeza dando vueltas como un tiovivo desmadejado y mi madre, abuela, y personal de servicio llorando desconsoladamente. Al final no crucé el umbral de esta vida. Sobreviví a mi bicicleta y acrecenté con ello las creencias de mi madre, a quien resulta imposible discutir —ni siquiera insinuar de contrario— que mi salvación la debo a la gracia de Dios que se encontraba en mi cuerpo esa mañana después de haber tomado la Sagrada Comunión en la iglesia de mis monjitas. Lo cierto es que si en aquellos momentos la presión de las ruedas sobre mi cuello hubiera sido algo más intensa, el Sistema imperante en las postrimerías del siglo XX en la política, las finanzas y los medios de comunicación social españoles se habría evitado unos cuantos dolores de cabeza especialmente intensos y prolongados. Pero no. Sobreviví. Al abrir los ojos vi a Choni a mi lado, con una mirada llena de tristeza y, aunque ignoro por qué, me acordé, durante un brevísimo segundo, de nuestro comentario sobre las fotos de Avelino. Se ve que la vuelta a la vida se produjo con toda su plenitud.

Poco tiempo después, en Playa América, nuestro lugar de veraneo, al regresar a mi casa noté un extraño ambiente. Me llamó la atención que *Ámbar* no saliera a mi encuentro. En Villa José —así se llamaba la casa— reinaba un silencio especial que solo se rompía de vez en cuando por el esbozo de un sollozo contenido. A la izquierda de la puerta trasera de entrada, en un pequeño cuarto multioficio, se había habilitado el lugar en el que ponían la comida y bebida de mi perro. Me dirigí allí a toda velocidad, sin saber qué esperaba encontrarme pero presagiando que algo raro sucedía. Abrí la puerta sin el menor miramiento y allí estaba *Ámbar,* en el suelo, rígido, con la respiración pausada, pero lenta, muy lenta, con un espacio cada vez mayor en segundos entre uno y otro movimiento.

Casi no pudo mover la cabeza. Sentí que sus ojos querían mirarme, pero no podía moverse. Los ojos de un perro en casi todas las ocasiones transmiten mucha mayor dosis de ternura que la de la generalidad de los humanos. Lo que contemplé, la escena que veía, provocó que mi corazón comenzara a latir con fuerza, rápido, casi violento. No entendía nada pero el presagio no podía ser peor.

—¿Qué pasa? ¿Por qué no se mueve *Ámbar*?

—Lo siento, hijo, es que... se está muriendo.

No entendía esa palabra.

—¿Qué es morir? —pregunté con un grito preñado de violencia que supongo oyeron los vecinos de nuestros dos costados.

Mi padre no dijo nada. Guardó un silencio resignado mientras su mano derecha acariciaba mi cabeza buscando mi consuelo. Me pareció ver que en su mejilla derecha rodaba algo parecido a una lágrima. En ese instante *Ámbar* dejó de vivir. Recuerdo la rigidez de su cuerpo inmóvil. Me dejé caer sobre él casi desvencijado, en una respuesta instintiva, casi inconsciente. No sabía qué hacer. Era mi primera experiencia con la muerte. No sabía si llorar, gritar, reír, acariciar o huir. La escena me petrificó. Mi padre se acercó y con cuidado me despegó del cuerpo sin vida de mi perro. Yo no lloraba. No sabía por qué había de hacerlo. La muerte era conceptualmente imprecisa, sin contornos delimitados para mi mente de entonces. ¿Qué significaba morir?

Entre varios tomaron en volandas el cuerpo de *Ámbar*. Pesaría unos setenta kilos, dado su enorme tamaño. Tenían que enterrarlo. Eran otros tiempos. La playa apenas si recibía visitantes. Cavaron en la arena, frente a nuestra casa. Hondo, muy hondo fue el hueco que serviría de tumba a *Ámbar*. Allí lo dejaron caer. El descenso a la tierra de un cuerpo sin vida lo volvería a contemplar cuando el leopardo cayó desde el árbol en cuya rama comía un trozo de antílope en Tanzania en 1993. Parecieron minutos los dos segundos que tardó en alcanzar el fondo de su tumba abierta a golpe de pala. Encima del cuerpo de *Ámbar* amasaron arena mojada, bien apretada, apelmazada, como si quisieran evitar que en caso de despertar se escapara. Después otra capa, igualmente de arena, pero menos húmeda. Finalmente unas piedras. Encima de ellas, arena, más arena. Removieron la superficie. Nadie podría percatarse del enterramiento de mi perro contemplando el lugar desde la superficie de los vivos. Pero yo sabía que allí estaba *Ámbar*, porque entonces cuerpo y vida eran para mí lo mismo. No entendía la muerte. No comprendía el vivir. Ignoraba las fronteras. Vivía ajeno a las diferencias. Por eso no lloraba.

Pregunté a mi padre qué había sucedido con mi perro.

—Alguien lo envenenó, hijo. Le dieron a comer una bola de carne repleta de trozos de cristal. Lo reventaron interiormente.

No dije nada. Seguía sin llorar. Pero entendí algo acerca de la maldad humana. ¿Qué les había hecho *Ámbar*? Quizá lo mataron por su porte esbelto, por su belleza, por sus andares, por su nobleza... No entendía de vida/muerte pero comencé a comprender algunos desperfectos del alma humana.

Tiempo después, muchos años más tarde, me encontraba en el almacén de Ingresos de la cárcel de Alcalá-Meco. Me llegó una carta de un hombre de Las Hurdes. Contenía una poesía. Su parte final me impresionó:

> Tenía ilusiones inconclusas
> y noches de dormires agitados.
> Tenía sueños no vividos
> y un silencio de silencios rejuntados.
> Tenía dos esperanzas en una urna
> y dos anhelos, con romero, en un tarro.
> También tenía un perro... y a mi perro me lo mataron.

Recuerdo la impresión que me produjo su lectura. En ese instante, una vez concluida y la carta depositada suavemente en la mesa que utilizaba para menesteres de mi oficio de preso, los ruidos y olores carcelarios desaparecieron al completo. El almacén de Ingresos, atiborrado de objetos retenidos a los internos, desapareció de mi horizonte visual. Reviví la escena de la muerte de *Ámbar,* porque yo tenía un perro, y a mi perro me lo mataron.

Todavía hoy, casi cincuenta años después de la muerte de *Ámbar* y más de treinta desde que tomé la decisión, soy incapaz de proporcionar una respuesta solvente a una pregunta existencial. ¿Por qué acepté irme a trabajar con Juan Abelló? ¿Por qué abandoné mi carrera de abogado del Estado, brillante y ascendente en flecha, para integrarme en un pequeño laboratorio de proyección más que limitada? ¿Por qué no atendí las opiniones de mi mujer, de mi padre, de algunos amigos míos dentro y fuera de la profesión de la abogacía del

Estado? ¿Qué clase de impulso me llevaba hacia esas tierras? ¿Acaso el dinero? Desde luego, si algo tengo claro, es que los motivos económicos en nada influyeron. Ante todo, porque gracias a la ayuda de mis suegros mi vida se desenvolvía con absoluta comodidad, y utilizando sus propiedades (casas, barcos, etcétera) podía llevar y mantener un nivel de vida más que aceptable. Sobre todo teniendo en cuenta mi edad. Además, porque las perspectivas económicas de Abelló no aventuraban nadar en la abundancia. No conviene perder de vista la perspectiva: Abelló era una pequeña empresa, rentable, pero pequeña, y, precisamente por su tamaño, con unas posibilidades de futuro que no eran, ni mucho menos, faraónicas.

Sinceramente no lo sé. Bien es verdad que me encontraba golpeado por la muerte de Paco Linde. Es posible que la vida funcionarial no me llenara, pero, al mismo tiempo, me permitía tiempo libre, que es lo que deseaba para cumplir mis aficiones, sobre todo en el terreno intelectual. Pero todo ello no satisface la solución del interrogante, sobre todo si se admite que la empresa me quedaba pequeña. Poco tiempo antes de decidir la marcha con Juan Abelló había respondido negativamente a la oferta que me formularon de ocuparme de la secretaría general de una empresa concesionaria de autopistas, mucho mayor económicamente hablando que el laboratorio de Juan.

¿Entonces? La única explicación reside en lo atrayente de la dimensión internacional de ese mundo tan complejo como es el de la industria farmacéutica. Recuerdo haber escuchado tiempo atrás en el telediario de las cinco y media que el Vaticano acababa de lanzar un fortísimo ataque contra esta industria, llamándola genocida, por no bajar el precio de los medicamentos destinados a la curación (¿?) del sida. Desde mucho tiempo vengo sospechando que algo así, más tarde o más temprano, tendría que ocurrir, porque barruntaba, como dicen por el campo toledano, que el comercio con la salud humana estaba llamado a generar conflictos de indudable envergadura. De momento los temporales mundiales se siguen capeando con soltura, porque las tormentas tienen corta duración, pero...

Tal vez en esa dimensión internacional se encontró una cierta satisfacción a mi instinto aventurero. En el almuerzo con Alfonso

Martínez, el hombre de confianza de Juan Abelló con quien comí en el restaurante El Bodegón como paso previo a mi incorporación a la empresa, me contó que los laboratorios farmacéuticos españoles disponían de muchas licencias concedidas por otros grandes extranjeros que, mediante tal mecanismo, comercializaban sus productos en España. Se trataba de una manifestación más del viejo principio «que inventen ellos». Como consecuencia de tal práctica económica, resultaban obligados viajes más o menos constantes a diversas partes de Europa y Asia, en donde se encontraban los principales licenciadores de Abelló, S. A. Tal vez fuera eso lo que me atrajo. No lo sé. En el fondo, ¡qué más da! El hecho es que dejé la abogacía del Estado, no escuché las recomendaciones de mi padre y me puse en marcha.

En 1995, recién salido de mi encierro carcelario, me fui con mi padre a comer juntos al restaurante Ponteareas, aquel en el que Daniel Movilla Cid-Rumbao me hizo la confidencia de cómo «estimularon» a García-Castellón, el juez de Valladolid, para que me encarcelara. Mi padre era un gran tipo. Su arquitectura física era elegante. Alto para la época, porque medía 1,82 y nació en 1921. Moreno de piel y pelo, este último rizado, con ondas que se extendían desde la frente hacia la coronilla. Pelo fuerte, potente, abundante, que fue perdiendo densidad con el paso del tiempo. Sus piernas largas disponían de una peculiar característica: casi no tenía pelo en ellas. Parecían las de un niño. Confieso con humildad que ese rasgo lo heredé de él, hasta tal extremo que algunos compañeros en Deusto y en el servicio militar, al verme en la ducha, pensaban que me depilaba.

Las manos de mi padre. Largas, de dedos finos que se extendían sobre el plano horizontal con la armonía de una talla de orfebre aventajado. Unas manos que contemplé admirándolas muchas veces. Las mías no tenían esa belleza, ni de lejos. Sin embargo, recuerdo que en el tercer encierro, quizá el segundo, que no preciso bien, la imagen de mi padre, su recuerdo gozó de una presencia abrumadora. Sí, manejo creo que bien la palabra «presencia», incluso la adjetivaría de física de no ser porque tengo miedo a ser malentendido. La materia es vibración, como lo es el sonido. Algunos sonidos son audibles para los perros y no para nosotros. Suenan, pero no los oímos. Algunas vibraciones de la materia no son visibles para los ojos humanos, pero tal vez sí sean perceptibles para el corazón. En alguna ocasión me sorprendí a mí mismo hablando con él, con mi padre, en alta voz en la soledad de una celda. Era tarde y los presos, concluido su ritual de griterío nocturno, dormían. Era tarde para ellos. Para mí, una nueva madrugada carcelaria.

En aquel almuerzo debíamos abordar mi futuro inmediato y nuestro común pasado. Los ojos de mi padre destellaban un punto de tristeza. Una tristeza extraña, sin causa, o con causa tan genérica que se resistía a ser concretada. Pero ahí estaba, sin la menor duda. Por eso a mi padre siempre le gustó pintar payasos. Buen dibujante y gran paletista en el color, se especializó en esas figuras. Me aseguraba que el payaso representa la vida en su más profunda dimensión: tienes que provocar sonrisas y hasta carcajadas en los demás cuando por dentro sientes la fuerza ácida de una tristeza que arranca incluso del mero hecho de haber nacido. La tristeza de los ojos de mi padre no era local, sino globalizada.

—Nunca quise, hijo, que dejaras la abogacía del Estado. Lourdes y yo estábamos de acuerdo. No queríamos el mundo de la empresa y menos el de la banca. Sospechaba que pasaría algo así. Y veo que no tienen más remedio que continuar su obra. Precisamente porque eres fuerte, porque no te rindes, porque resistes. No puedo aconsejarte nada. Daría igual. Seguirías tu camino.

La voz de mi padre sonaba doliente y resignada. La tristeza de sus ojos, la originaria, la que derivaba de su mundo interior, se vio sustituida por otra tristeza, más evidente, con más brillo, de mayor plástica, pero, a fuer de sinceridad, menos potente, porque por un lado se alimentaba del dolor de verme encarcelado por el poder y de presentir que esa situación se repetiría una y otra vez, y, al tiempo, se compensaba con el orgullo de padre al ver que no cedía, que aguantaba.

Le miré fijamente. El silencio pasó a formar parte de nuestra conversación. Mi padre se refugió en sus recuerdos. Yo hice lo propio con los míos. Repasé mi vida para con él.

Estudié Derecho porque me lo sugirió mi padre y acudí sin rechistar a la Universidad de Deusto porque era la que le gustaba. Mi padre era mi amigo y como tal me educó. Jamás me forzó a nada. Nunca sentí ni sobre mis carnes ni sobre mi libertad las señales inequívocas de un modo de entender la patria potestad que contemplaba a diario en mis amigos. Cuando me comunicó su decisión de que el mejor lugar que podría encontrar para formarme como universitario era la Universidad de Deusto, en el País Vasco, no dudé en seguir su sugerencia con absoluta fidelidad personal. Llegué a Bilbao con cierto susto en el cuerpo y sin todavía haber cumplido los diecisiete años. Me instalé en un piso del barrio de Deusto porque en mi primer envite no conseguí encontrar plaza en el Colegio Mayor.

En mis años universitarios carecía de proyecto profesional definido para el momento en que cruzara el umbral de salida con el título de abogado economista bajo el brazo. Estudié mucho, siguiendo un patrón regular diario, y obtuve las mejores notas de la universidad en cada uno de los cursos de Derecho, y me comporté de tal manera porque entendía que mi obligación, para conmigo y con mi padre, consistía precisamente en eso, en no desperdiciar ni el tiempo ni el dinero que se consumía en mi educación. En casa no disponíamos de patrimonio del que poder vivir. Mis libros serían las armas con las que me abriría camino al andar por los senderos vitales.

Muy poco antes de terminar mis estudios en Deusto mi padre decidió que yo tenía que ser abogado del Estado. ¿Por qué abogado del Estado? Mi padre ha sido un funcionario puro de Hacienda y hay que reconocer que el prestigio máximo en ese ministerio lo disfrutaban los abogados del Estado. Quizá también el máximo de poder, aunque este extremo es más discutible, porque el Cuerpo de Técnicos Comerciales ha ocupado muchos de los puestos de la inteligencia económica del país, aunque en algunos sonoros y lamentables casos no necesariamente para el bien común de los españoles.

Mi padre me decía que, además, los bancos privados se peleaban por incluir en sus Consejos de Administración a miembros de ese prestigioso Cuerpo de Abogados del Estado, lo cual era, obviamente, una idea falsa, fruto de la ignorancia que tenía sobre el funcionamiento del mundo de las finanzas. Además, tal estímulo constituía una indudable contradicción porque si lo brillante de ser abogado del Estado consistía en dedicarte a defender intereses privados, parece que la lógica no era la esencia de tal razonamiento. En fin, mi padre era mi padre y punto final.

Por tanto, concluida la carrera, finalizado el verano en el que conocí a Lourdes en Playa América, en donde consumí todos los de mi existencia hasta que un sacerdote me colocó un anillo en la mano derecha como señal de mi nuevo estado de casado, terminada la universidad y cumplido el trámite de mis prácticas de alférez en el CIR número 2 de Alcalá de Henares —casi una premonición—, una mañana de un frío mes de enero del año 1971, con veintitrés años de edad, atravesé el umbral de un viejo despacho del que el Ministerio de Hacienda disponía en las cercanías de la Puerta del Sol de Madrid. Allí contemplé la imagen de un hombre pequeño de estatura, de mirada inquisitiva que podía adivinarse a través de unos gruesos lentes que casi se perdían en una cabeza de tamaño más que considerable. El hombre era abogado del Estado y, al mismo tiempo, inspector de los Servicios del Ministerio de Hacienda, es decir, el no va más de una carrera funcionarial en aquel entonces, lo cual a mi padre le producía un especial respeto y una singular fascinación. Además de tales menesteres, aquel hombre revestido de tan impresionantes atributos funcionariales, ejercía como profesor-director de la academia de Sánchez Cortés, una de las que en aquellos momentos se dedicaban a preparar el ingreso en el Cuerpo de Abogados del Estado, al que, siguiendo los deseos de mi progenitor, debería pertenecer.

Mi padre llevaba mi currículum universitario —ciertamente impresionante y perdón por la inmodestia— custodiado como una especie de tesoro. Con voz suave y gesto tranquilo, tan propio de los instantes en los que la relación entre sujetos bordea la sumisión, le explicaba con mucho detenimiento a aquel hombre por qué su hijo podía ser un buen opositor. Yo asistía a la escena con cierta emoción porque comprendía que para mi padre el momento que vivía en aquel viejo despacho del caserón de Hacienda constituía una especie de síntesis de su propia vida, o mejor dicho, el comienzo, la antesala de lo que, si salía bien, podía haber colmado todos sus deseos, sus aspiraciones más íntimas, porque un inspector de Aduanas sabía perfectamente que los abogados del Estado eran «más» y, por consiguiente, el que su hijo consiguiera ingresar en ese prestigioso Cuerpo colmaría las aspiraciones de un funcionario puro. Supongo que será una ley de vida que el comienzo de la percepción de la trascendencia se sitúa en el deseo de realizar nuestras aspiraciones inconclusas a través del cuerpo y alma de nuestros hijos. Es, seguramente, un síntoma de inmadurez personal, incluso una falta de consistencia en las adivinanzas de la genética; pero, al mismo tiempo, es una costumbre muy extendida, sobre todo cuando de ascender en la escala social o profesional imperante se trata. Mi padre no se sustrajo a ella; yo me sabía sujeto y objeto al tiempo, lo cual no me causaba ningún trauma especial; ni siquiera inquietud.

Juan Manuel Ruigómez Iza, así se llamaba aquel hombre simpático y con don de gentes, me miraba un tanto a hurtadillas, como tratando de obtener en mis movimientos y en mi comportamiento información sobre los rasgos característicos de mi personalidad. Me dejaba ser contemplado sin más gestos que una incipiente e incolora sonrisa de amabilidad. Salí de aquel despacho «admitido» para ser opositor, lo cual suena un poco irónico, pero así era. Mi padre estaba encantado. Pocos días después iniciaba mi asistencia a la academia. Realmente, lo que había que hacer era muy fácil: estudiar, aprenderse los temas y saber explicarlos en el tiempo adecuado porque en las oposiciones «el saber» tiene que estar «enlatado», es decir, tus conocimientos no deben sobrepasar los minutos concedidos para exponerlos. No deja de ser un tanto aberrante, pero por el momento aquel modelo constituía el método al que debía ajustar mi patrón de estudio. Pregunté cuánto tiempo se tardaba en sacar las oposiciones y la respuesta fue: cuatro años, como mínimo. Insistí con una nueva pregunta: cuántas horas estudia al día un opositor. La información que obtuve fue la siguiente: seis o siete. Los datos precisos me los proporcionó Rodrigo Echenique, un gallego que veraneaba en Samil, cerca de Playa América, mayor que yo y que de alguna manera pertenecía a la pandilla de mi hermana Pilar. Echenique llevaba tiempo opositando, creo que un par de años. A la vista de la información obtenida, mi razonamiento siguió utilizando la elemental regla de cálculo de la aritmética: si en vez de seis horas estudio doce, tardaré dos años en lugar de cuatro. Así de sencillo. Lo complicado, obviamente, residía en aguantar el ritmo de doce horas de estudio diarias, pero me lo propuse y lo ejecuté con la perseverancia de un monje del monasterio de Silos. Dos años después era abogado del Estado con el número uno de mi promoción.

Muy poco tiempo, apenas dos años y medio, duró mi trayectoria como abogado del Estado.

—Sí, papá, tienes razón ahora. Pero he tenido experiencias importantes que me han formado, incluyendo la propia prisión.

Convencer a un convencido... Mi padre no dudaba de que mi vida se encontrara repleta de experiencias. Por supuesto que no. Lo que sucede es que hubiera preferido otras bien distintas a las que me tocó vivir.

Lo cierto y verdad es que en aquella etapa en el pequeño laboratorio de Abelló conocí mucho mundo. Dinamarca, Suecia, Noruega, Japón, Francia, Italia y otros lugares dentro y fuera de Europa comenzaron a convertirse en destinos a los que acudía con cierta habitualidad. Y eso, debo decirlo, me gustaba. Seguramente debido a esa faceta de herejía que me caracteriza, mi deseo de aventura, de vivir un mundo algo más fascinante que los rancios despachos del Ministerio de Hacienda. Siempre he dicho que lamentaba mucho haber nacido en esta época tan huérfana de aventura. Nos queda únicamente —es un decir— por delante la conquista del espacio y eso me encantaría vivirlo, pero llego tarde. No será mi mundo. Desgraciadamente. Por eso siento nostalgia cuando veo los avances en la conquista del cosmos y sorbo emocionado cualquier información sobre Marte, que es el objetivo de estos tiempos. Contemplo las películas del cosmos, veo su inmensidad y me formulo tantas preguntas de golpe que llego a sentirme mal, a marearme, incapaz de deglutir tanta inmensidad sintiendo nuestra gigantesca pequeñez. Tal vez, en circulación existencial, en el desarrollo de mi corriente de conciencia particular, en alguna de las vidas venideras pueda desplazarme por ese espacio infinito. Lo malo es que la individualidad no se reencarna, se reintegra al Absoluto, aunque otros piensan de diferente manera.

Tenía razón Lourdes: me entusiasman las fantasías. Claro que quien no consume algunos gramos de utopía se ve obligado a deglutir kilos de miserable certeza. ¿Quién es capaz de establecer una rígida frontera entre el sueño con imágenes y lo que llaman el estado de vigilia? Uno de los padres del taoísmo, el filósofo Zhuangzi, soñó un día que era una mariposa. Al despertar, al retornar a la vigilia, se preguntó: ¿qué soy verdaderamente yo: una mariposa que sueña con ser Zhuangzi, o Zhuangzi que sueña con ser mariposa? Una de las preguntas más profundas de la más profunda de las metafísicas conocidas.

Me habría encantado nacer en la Edad Media, en la época de las cruzadas, de la construcción de las catedrales, de los grandes arrobamientos místicos, allí donde los hombres eran capaces de dar la vida por un ideal. Cierto que detrás de las andanzas caballerescas se esconde la sangre, el poder y el dinero. Pero por lo menos lo disimulaban, lo escondían, lo tapaban, lo endulzaban con esos valores más o menos trascendentes. Incluso habría aceptado la época de los descubrimientos de nuevos mundos, la conquista del Oeste americano... Cualquier cosa que destile aventura humana. En fin, como buen amante de la épica y de la lírica, la pastosa cotidianidad me lastraba.

Por ello sentí cierta emoción interior cuando penetré en ese mundo misterioso de los paraísos ocultos del dinero, de la riqueza escondida: los paraísos fiscales. Fue precisamente en esos años cuando viví personalmente lo que se esconde tras esos lugares misteriosos. Ciertamente es una emoción de otra calidad, pero, al fin y al cabo, en esos lugares se alberga algo de lo que llamaría la metafísica del capitalismo, la esencia del dinero. Y para penetrar en ellos se necesitan, ciertamente, especiales ceremoniales de iniciación. No es, al menos no era entonces, un mundo al alcance de cualquiera, sino solo de algunos escogidos iniciados.

¿Qué tiene que ver la pequeña industria farmacéutica con los sofisticados paraísos fiscales? Directamente nada. Indirectamente... Los laboratorios farmacéuticos españoles —como tantas empresas de nuestro país—, y Abelló, S. A., no constituía una excepción en este terreno, solían facturar una parte de sus ventas de manera opaca para Hacienda. No hay que escandalizarse ni rasgarse las vestiduras por ello. La defraudación fiscal formaba parte de la cultura oficial de entonces, no solo en España, sino, seguramente, en todo Occidente, aunque tal vez nosotros, como en tantas otras cosas, tuviéramos un temperamento más proclive a enfatizar estas conductas. Eso de la solidaridad no va demasiado con la mente hispana, y la solidaridad tributaria nos parece una estupidez elevada a la enésima potencia. Sobre todo en épocas de vacas flacas, en las que repartir cuesta el triple.

En todo caso, jurídicamente no constituía delito y ni siquiera se consideraba digno de reproche moral. Otra cuestión bien distinta era sacar dinero de España. Aquí sí se instaló un cinismo superlativo. Pero en materia fiscal se funcionaba con una especie de bienentendido de que se defrauda en «cuantías razonables», y mientras no sobrepasaras la inmoralidad media del Sistema, nadie arremetería contra ti. Cuando estudié Derecho Penal en la Universidad de Deusto, me llamó la atención la definición de delito de un autor cuyo nombre no recuerdo pero que sin duda fue un hombre inteligente. Decía que delinquir es superar los niveles de inmoralidad media aceptada en una sociedad, y, además, ser descubierto. El problema de definir consiste en que siempre te dejas algo fuera de la definición; bueno, pues esta idea de la inmoralidad media como barrera para el delito tiene la virtud de que casi todo se queda dentro.

Precisamente por ello, por esta aceptación implícita del fraude fiscal, el sistema elegido para conseguirlo no pasaba de ser muy rudimentario, porque lo burdo nunca ha reclamado sutilezas. Entre los laboratorios y la farmacia se interponen los llamados mayoristas, los comerciantes a granel, para entendernos, de manera que un acuerdo con los principales de este gremio referente a qué cantidad de productos se enviaban con lo que se llamaba una «factura blanca» permitía al laboratorio no declarar esas ventas como tales, de manera que, como los gastos sí aparecían en su integridad, al reducirse las ventas se disminuían los beneficios oficiales, se pagaban menos impuestos y se generaba todos los años una importante cantidad de dinero llamado B que con exquisita pulcritud administraba Alfonso Martínez. Así surgieron en el capitalismo español más rancio los llamados «hombres de confianza», que lo eran en tanto en cuanto se destinaban a administrar, manejar y silenciar los sótanos financieros de la empresa. Tenían una consideración diferente a la propia de los empleados normales. Y eso, en ocasiones, se traducía en premios en metálico.

El «hombre de confianza» es un producto típico de la socioeconomía española. Unas veces recibe el nombre de administrador, pero eso tiene una connotación menos dinámica, menos empresarial. Hombre de confianza es propiamente el sujeto que ocupando un cargo de cierto nivel en la empresa familiar, siempre relacionado con las cuentas y las finanzas, es depositario de secretos que afectan a «la otra cara de la luna empresarial», a los movimientos de dinero que no pueden exponerse a la luz pública, y mucho menos a las lámparas de la voracidad del fisco. En Abelló conocí a dos: uno, un contable de los antiguos, de los clásicos de manguito, llamado Salcedo, y otro, de mayor nivel, que era Alfonso Martínez Marín, un hombre inteligente y trabajador, al cual Juan sometió a una de las pruebas más terribles: tener que asumir la responsabilidad por algo que no había hecho. Salió bien, pero podría haber terminado fatal. La historia está llena de desastres ocasionados por la verborrea de los hombres de confianza cuando, impulsados por el miedo, el resentimiento, la impericia o la fragilidad, deciden contar esos secretos que les fueron confiados. Dice el Tao: si acumulas grandes tesoros, ¿cómo evitarás en otros la tentación de robarlos?

Pero un mecanismo defraudatorio tan simple no podía pervivir en un entorno en el que la lucha contra el fraude fiscal, elevada a paradigma de la nueva «ética», se dotaba de técnicas algo más sofisticadas. Se entreveía en el ambiente que más tarde o más temprano el delito fiscal acabaría instaurándose. Franco ya no vivía. UCD, aquel magmático producto político hijo de la circunstancia, reflejaba un indudable complejo con la izquierda. Los socialistas, cuando consiguieran el poder, lo que se advertía inevitable en algún momento, podían solicitar revisión retroactiva de tales tipos de prácticas contables y financieras, al menos eso se temía en los salones españoles en los que habitó el dinero y su derivada defraudatoria. En fin, que el ambiente se tornaba cada día más incómodo y había que buscar soluciones alternativas. El socio Estado, con su famoso 35 por ciento de los beneficios empresariales, más el impuesto sobre el patrimonio y los elevados tipos del Impuesto sobre la Renta, se convertía, de facto, en un instrumento casi confiscador. En todo caso muy caro, y la búsqueda de soluciones alternativas a pagar por la realidad del beneficio se presentaba como una de las actividades más lucrativas para concentrar una potente inteligencia.

Insisto en que no es conveniente escandalizarse. Esta actitud frente a Hacienda no constituía una rara avis en nuestro sistema; al contrario: con mayor o menor énfasis y alcance es localizable en ciertas áreas de la economía mundial. Si alguien no está de acuerdo, que tire la primera piedra. Las diferencias no consisten en un código moral distinto, sino una actitud defraudatoria más o menos sofisticada en función de las consecuencias de ser descubierto. ¿Qué ética nacida de un modelo de pensar como el propio de aquellos días —quizá hoy también— puede ser algo diferente a un envoltorio de intereses subyacentes? Investigar en las vidas reales de muchos profetas de la Nueva Ética no deja de ser un paseo entre el esperpento y la inmundicia.

Lo que se estudiaba era copiar técnicas utilizadas con éxito en otros países, lo cual se ajustaba maravillosamente a la filosofía de la industria, a ese «que inventen ellos». Se necesitaba, desde luego, contactar con expertos en esta materia en la que, en aquellos días, los españoles, portadores de una cultura de fraude fiscal pueblerina, conservaban una ignorancia enciclopédica. Así fue como una de aquellas tardes con este propósito indagatorio acudí a una reunión en un despacho de la calle Almagro de Madrid. Su titular era Luis Carlos Rodrigo, un abogado peruano que algún tiempo atrás tuvo que salir de Perú a toda prisa y a escondidas, cruzando valles y montañas utilizando en ocasiones la tracción animal de un burro de carga, a consecuencia de la llegada al poder de Velasco, un individuo que

—seguramente por resentimiento— arremetió contra las clases dirigentes peruanas, y la primera mujer de Luis Carlos pertenecía a una de las familias más importantes de aquel país.

Luis Carlos, huyendo de aquella quema, vino a España y montó un despacho de abogados con otros de su misma nacionalidad, copiando el modelo que hasta la llegada del revolucionario coronel peruano implantaron en su tierra y con mucho éxito, y se especializó en esta particular internacionalización de las empresas españolas que buscaran modelos de «tratamiento fiscal» más acordes con la naturaleza de los tiempos nuevos.

Luis Carlos me explicó que son muchos los que creen que los distintos territorios que existen en el mundo de los llamados paraísos fiscales tienen solo la misión de ser depositarios del dinero oculto de particulares y empresas. Desde luego, pueden ser utilizados para esta misión porque sus legislaciones garantizan la opacidad de los propietarios, pero en ocasiones su función consiste en ser instrumentos para generar dinero de coste fiscal más reducido, mucho más reducido. La técnica más común es el *transfer pricing*, como dicen los anglosajones.

Confieso que en aquellos días era un novato absoluto en estos campos y mi atención, subyugada por el encanto que emanaba de esa internacionalización, se manifestaba casi embelesada con las explicaciones del letrado peruano:

—El sistema es relativamente sencillo: se puede constituir una sociedad en Hong Kong o en Panamá o en las Antillas Holandesas solo con ponerse en contacto con uno de los despachos de abogados existentes en cualesquiera de estos lugares, con los que nosotros tenemos relación casi diaria. Las sociedades están prefabricadas y eliges las que quieras, sin que tengas que ocuparte de nada puesto que ellos, los abogados, se encargan de la administración de los negocios a que se vaya a dedicar. En Panamá, como en Curaçao y Hong Kong, las acciones de tales «empresas» son al portador, con lo que para ser dueño basta con recoger esos papeles de color rojo-anaranjado, tamaño folio, impresos de antemano, en los que figura el nombre de la sociedad que acabas de comprar y guardarlos en una caja fuerte.

Al principio casi no entendía nada. Hoy en día muchos despachos de abogados son expertos en esta materia, y lo que aquí relato es pan nuestro de cada día, tostado o sin tostar, con o sin aceite, pero de consumo diario. Ahora me estoy refiriendo al siglo pasado y en concreto a los años 1978-1979, y el clima de entonces era diferente. En realidad, más que no entender lo que ocurría, es que esos modelos de comportamiento tropezaban de manera tan frontal con lo que yo había estudiado en nuestra vieja Ley de Sociedades Anónimas que me costaba asimilar cada una de las «novedades» que me transmitía. Pero en el fondo lo que me interesaba era el verdadero funcionamiento del invento, esto es, cómo servía para ahorrar impuestos.

El modelo que diseñaba Luis Carlos era limpio y claro. Se crearía una empresa en Hong Kong que sería la compradora de las materias primas que la empresa española importara de laboratorios japoneses, singularmente de uno muy importante denominado Takeda. Este, el japonés, vendía a esa empresa de Hong Kong. La transacción entre Takeda y la empresa de Hong Kong se efectuaba a precios reales. Luego, desde España se compraba a la empresa de Hong Kong esa misma materia prima, pero a un precio muy superior. Así que la diferencia entre el precio verdadero a pagar a Takeda por la empresa de Hong Kong y el precio que desde España se pagaba a la empresa china, esa diferencia figuraba como coste en los libros de la empresa española, reducía los impuestos en España, y, además, situaba directamente esa cantidad de dinero en las cuentas de la empresa extranjera.

La teoría no podía ser más limpia, tanto que me extrañaba mucho que algo así pudiera resultar aceptable.

—Ya, Luis Carlos, pero para que algo así funcione necesitas el consentimiento de los japoneses. Además, la materia prima se importa de otros países como, por ejemplo, Suecia. ¿Crees tú que algo como lo que propones será aceptable para esos países supuestamente serios?

Luis Carlos no contestó. Se limitó a sonreír. No era la primera vez en su vida que diseñaba algo así, pero lo importante es que disponía de experiencia acerca de su funcionamiento.

—Ya veo que sonríes en señal de aprobación, pero dime una cosa. ¿Qué se hace con los suecos? ¿También hay que enviar mercancía a Hong Kong?

—No, hombre. Dentro de Europa se utiliza a Holanda.

—¿Holanda? Pero ¿Holanda puede funcionar para este tipo de cosas?

—Claro, claro que sí. Los holandeses siempre han sido muy prácticos...

—No me lo imaginaba, la verdad.

—Yo creo —me dijo sin perder la sonrisa— que lo mejor es que estudies el modelo, lo compruebes y luego ya se decidirá si se pone en marcha o no. El primer paso es el país madre de las empresas al portador. Me refiero a Panamá.

Comenzó el periplo. Un viaje dedicado a conocer el fondo del funcionamiento de las transacciones internacionales en búsqueda de una reducción de los impuestos diseñados por los países occidentales. Y la primera escala fue Panamá.

Llegamos de madrugada. Mi primer encuentro con un extraño calor, húmedo, pegajoso, a pesar de que el reloj local marcaba poco más de las seis de la mañana. Mi primera visita al trópico. La ciudad de Panamá se sitúa en el lado del istmo que da al Pacífico. La segunda impresión se produjo al subir al taxi, y no porque el color del vehículo fuera amarillo chillón plagado de letras negras, ni porque el conductor se manifestara hacia nosotros con una indiferencia grosera, sino porque nada más arrancar, una vez sentado frente al volante, accionó la radio, subió el volumen y una música de salsa, merengue o lo que sea, comenzó a ocupar todo el espacio interior, mientras el taxista se agitaba, se movía al compás y de vez en cuando recitaba la canción, que parecía conocer de memoria. Con intervalos más o menos regulares, para seguir el ritmo golpeaba con ambas manos sobre el volante de aquel coche americano, viejo, sin duda, pero enorme. En más de una ocasión sentí preocupación por si nos la pegábamos contra alguno de los vehículos que circulaban a esas horas tempranas, a la vista del entusiasmo del hombre convertido en batería en marcha... Pero afortunadamente nada sucedió. Nos dejó en el hotel y conseguimos una habitación después de esperar unas seis horas, más o menos, a que se desalojara la que habíamos reservado. El hotel estaba completo. Se ve que lo de los viajeros fiscales y financieros cundía como la espuma en el mundo.

Me encerré en mi cuarto y traté de poner sobre unas gruesas cartulinas los esquemas mentales con el fin de facilitar cualquier conversación. De la mano de Luis Carlos Rodrigo conocí a Steven Samos, un húngaro de raza judía que mucho tiempo atrás llegó exiliado al país del más famoso canal del mundo y consiguió abrirse paso utilizando, como me explicó personalmente, dos herramientas básicas: la primera, el aire acondicionado, antídoto contra un calor y una humedad difícilmente soportables. La segunda, emplear solo a mujeres. Lo cierto y verdad es que su despacho, aparte de contar con una presencia femenina abultada en número y en formas cárnicas, prestaba servicios de fiducia y casi siempre los testaferros eran mujeres panameñas. Y la temperatura física de la estancia se agradecía casi tanto como los extractos bancarios que te entregaban como pequeños mapas de tu tesoro financiero.

Casualmente el despacho de Samos se situaba en el último piso de uno de esos horrendos edificios que asolan la parte nueva de la ciudad de Panamá, y en la planta inferior, la inmediatamente contigua, la ocupaba el banco suizo Swiss Bank Corporation, lo que contribuía a hacer todo más fácil.

Un día, en las oficinas del Swiss Bank Corporation, en ese país ribereño con el Caribe y el Pacífico, nos contaron que dos empleados habían cometido un desfalco llevándose el dinero de unos clientes del banco, quien, curiosamente, había reaccionado reponiendo su capital a los afectados, lo cual, en cierta medida, me sorprendió porque no esperaba un comportamiento tan generoso de una entidad bancaria. Cuando pregunté qué sucedería con esos empleados, alguien me contestó:

—De eso no se habla. La organización internacional funciona.

Nunca más volví a oír hablar de ellos. Desaparecieron como si la tierra se los hubiera tragado. Bueno, lo más probable es que se los tragara de verdad por obra y gracia de la «organización internacional» y todavía hoy, cuando recuerdo la fría mirada de aquel funcionario bancario pronunciando unas palabras de indudable contenido

85

amenazador, siento una especie de escalofrío, aunque mucho menos intenso que el que se produjo en aquellos años tempranos de mi juventud en los que comenzaba mi «iniciación» en el esoterismo de las finanzas internacionales.

Panamá, a pesar de ser el primer destino del viaje, en el modelo ocupaba la fase final del circuito que diseñaba el abogado peruano. Las sociedades allí constituidas se utilizarían, en su caso, para ser dueñas de las llamadas sociedades operativas, las que desde Hong Kong comprarían a los laboratorios japoneses, y las que desde Holanda harían lo propio con los laboratorios nórdicos. ¿Por qué utilizar a sociedades panameñas para ser dueñas formales de sociedades chinas o centroeuropeas? Pues para hacer más compleja la cosa, más sofisticado el circuito, nada más. Ciertamente en aquellos primeros pasos por semejantes mundos no iba a ponerme a discutir la viabilidad o incluso la complejidad de un modelo tributario (es un decir) que me enseñaba un verdadero experto en la materia. Mi misión era conocer el funcionamiento, no necesariamente ponerlo en práctica. Cuentan que en la escuela pitagórica de Samos, los iniciados aprendices debían guardar un periodo de obligatorio silencio. Bueno, pues en esta especial iniciación financiero-tributaria, la regla de oro era la misma: aprender en silencio. En algo tenían que parecerse los místicos y los banqueros: en la capital importancia que para ellos tiene el silencio. Claro que son dos tipos muy distintos de silencio, pero eso ahora es lo de menos.

Desde Panamá volamos hacia Curaçao, Antillas Holandesas, en pleno Caribe, para que un individuo llamado Carlos D'Abreu Da Paulo nos enseñara la documentación de una serie de sociedades constituidas en esa isla caribeña que podrían servir, al igual que las panameñas, como propietarias formales, pero en este caso para las sociedades operativas holandesas.

Curaçao... Nombre exótico donde los haya, famoso por su licor, que, por cierto, no probé en mi vida. Admito y reconozco algo parecido a la emoción cuando me asomé a la habitación que me correspondió en el Curaçao Hilton. Enclavado en un rincón de la isla provisto de una pequeña playa, lo más llamativo era la gruesa, muy gruesa, red metálica enclavada entre los puntales del estrecho canal por el que el mar penetraba en la minúscula rada en la que se encontraba la playa. La red se sujetaba entre esos dos extremos y se clavaba firmemente en el fondo. La razón para ese dispendio era clara: impedir la entrada de tiburones. ¡Fantástico! Saber que te bañas en una playa en la que puede haber tiburones es una experiencia que te transporta a un territorio de realidad, a un mundo hasta ese preciso instante únicamente vivido en la imaginación. Es como descubrir un tipo especial de América. Los tiburones me sacaban de la monotonía de manera abrupta y por ello mismo emocionante. Es verdad que cuando vi la capital de la isla y me sorprendió comprobar cómo habían levantado una pequeña Ámsterdam en el Caribe, las imágenes me aportaron satisfacción, aunque solo fuera por preguntarme qué motivos les llevaron a este resultado arquitectónico, pero lo de los tiburones era mucho más real, inmediato, tangible... Sin duda, mucho más emocionante.

Después de Panamá y Antillas Holandesas, a Asia.

Mi primer encuentro con Hong Kong me fascinó. Su propio nombre me traía pinceladas de magia. Cuando casi envuelto en una maraña de edificios, el avión de Swiss Air aterrizó en Hong Kong y yo pisé ese suelo por primera vez en mi vida, sentí un curioso punto de emoción. Entonces casi no hablaba inglés, y a consecuencia de todo este nuevo mundo para mí tuve que aplicarme, con la disciplina y tesón de que fui capaz, a aprender la jerga anglosajona. Curioso, pero mi padre, amante sincero de la cultura, jamás le dio importancia a las lenguas, al conocimiento de las foráneas, en una especie de nacionalismo irredento de corte hispano que chocaba frontalmente con su personalidad. Era capaz de defenderme en francés, no solo porque lo estudié en el bachillerato, en el colegio de los maristas, sino porque, además, en Alicante, en aquellos años mozos de mi juventud, comenzaba la explosión del turismo, y con él la llegada de las francesas, que constituían un ejemplar humano ansiosamente buscado por los españolitos de entonces, seguramente porque tenían fama de defender su intimidad con mucho menos ahínco que las inalcanzables españolas. Eran, desde luego, otros tiempos. Al menos aquellos tiempos me trajeron un dominio del francés hablado nada despreciable.

Pero ni siquiera las dificultades del idioma me cercenaban un ápice la emoción que sentía cada vez que tenía que viajar a mi nuevo destino asiático. El hotel Mandarin, en plena bahía de Hong Kong y que competía con el hotel Peninsula por la supremacía hotelera de la colonia inglesa, sencillamente llegó a fascinarme. Cada paso que daba, cada segundo que vivía, nuevas emociones, nuevos descubrimientos se arrojaban sobre mí a borbotones, todo un mundo nuevo lleno de nuevos colores y sabores que no siempre, por cierto, permitían una digestión placentera.

En mi primera arribada me perdieron la maleta... Casi sin saber inglés tenía que explicar el suceso. Nada fácil. Tuve que esperar pacientemente a que me la encontraran y remitieran a mi habitación del hotel Mandarin. Allí me instalé sin equipaje que llevarme al cuerpo. Dormí en calzoncillos una breves horas. A eso de las ocho llamaron a la puerta. Me cubrí con una toalla y me calcé con los zapatos de vestir. Abrí. Era un empleado del hotel. Un chino, claro, que, por cierto, contuvo la sorpresa de verme con semejante indumentaria, porque no dijo nada. Bueno, en realidad, dos o tres segundos después, pronunció en inglés, con ese imposible acento oriental, alguna frase que no entendí. La repitió un par de veces sin inmutarse. Un español a la tercera habría proferido un grito, como mínimo. El chino no. Simplemente, la repitió monocorde. Como no entendía lo que me decía, opté por el camino de en medio y respondí con un *yes*. En ese instante el hombre se arrodilló. Yo me asusté. Sacó un cepillo y un pequeño bote de crema de una bolsita que tenía detrás de él y se puso... ¡a limpiarme los zapatos! Allí mismo, en el pasillo, con medio cuerpo desnudo, el otro medio cubierto con una toalla, los pies sin calcetines cubiertos con unos zapatos negros de vestir y un chino arrodillado limpiándolos... Como experiencia no estuvo mal. En ese instante me dije: «Mario, tienes que aprender inglés como sea».

En una de las primeras visitas, un español casado con una china que trabajaba como director del banco de inversiones Searson Lehman Brothers me invitó a sus instalaciones. Acepté y lo que vi todavía resuena en mi memoria: detrás de un número ingente de pantallas de ordenador, exquisitamente alineadas una al costado de la otra sin desplazarse ni un milímetro sobre la imaginaria línea recta que las ordenaba, decenas de chinos operaban las teclas del ordenador con un grado de excitación tan intenso que, en ocasiones, se volcaban inconscientes en gritos de alegría o de desesperación. Ver gritar y casi llorar a decenas de chinos enloquecidos con sus máquinas en medio del estruendo de lujo y cristal de uno de los edificios emblemáticos del paraíso chino es algo capaz de golpear el espíritu de cualquiera que alimente un alma compuesta de cualquier material diferente al puro granito norteño. Para un ignorante como yo, ajeno a todo ese apabullante mundo, mucho más. Sorprendido, casi aturdido por el espectáculo, pregunté:

—¿Qué sucede? ¿Qué hacen estos tipos?

—Son inversores que están dando órdenes de compra y venta de oro y plata —contestó mi anfitrión.

Contemplé aquella escena por unos minutos, absorto en la visión directa, inmediata, del funcionamiento vivo del capitalismo especulador, y me sorprendió comprobar cómo en apenas segundos se ganaban y perdían auténticas fortunas, simplemente acertando o equivocándote en el movimiento ascendente o descendente que seguirían los precios del oro, plata, platino o cualquier otro metal cotizado. El mundo de la especulación vive a su aire, tiene sus normas propias, se rige por sus propios códigos. La velocidad en decidir, la agilidad mental para procesar información, el tráfico de los datos confidenciales o privilegiados, la capacidad de apalancarse, de asumir incluso más riesgo que el propio del dinero real del que dispones, todo ello conforma un magma, un conjunto no escrito de prescripciones que deben constituir una cierta droga para los espíritus que, devotos de la especulación, acólitos del juego, consagran su vida como monjes cistercienses a su servicio.

La especulación es la otra cara de la libertad de mercado. Unos crean riqueza. Otros especulan con la creada. El gran invento de la modernidad reside, precisamente, en la especulación pura, absolutamente ajena a la economía real. Siempre ha existido, sin la menor duda, pero la cantidad de dinero que en ella se invierte y la tecnología a su servicio encuentran en tiempos modernos dimensiones incomparablemente superiores. Enormes fortunas se juegan a diario especulando sobre qué harán los tipos de interés, o el café o el azúcar, o los principales valores de Bolsa o, más esotérico todavía, el índice bursátil de un país concreto o una media de los más activos. El empresario que tenía que aprovisionarse de materias primas para su negocio quería evitar que las alzas incontroladas de precios pudieran afectar a su cuenta de resultados de manera imprevista. Su misión consistía en trabajar ordenadamente, en producir eficientemente. Para ello necesitaba una seguridad en los precios de aquellos bienes que utilizaba como materia prima para fabricar sus productos finales. Por eso surgió el mercado de futuros, para que los verdaderos empresarios no sufrieran alteraciones involuntarias de los precios que afectaran a producciones eficientes. Pero al instante aparecieron en escena los especuladores, los apostadores.

La especulación capitalista moderna muestra el código genético propio del puro y duro juego. No hay diferencia sustancial con entrar en un casino e invertir dinero en cualquiera de los juegos permitidos. Se apuesta sin un previo análisis de los datos propios de la economía real. Se acude a fórmulas casi esotéricas, mágicas, buscando conclusiones en gráficos históricos, en líneas de tendencia. También los profesionales del casino disponen de sus propios métodos, surgidos —dicen— de años de paciente observación del tablero de juego. Se consumen horas elaborando la teoría de que la Bolsa responde a un pulso, a un ciclo vital y, por tanto, sus movimientos siguen un patrón regular, una cadencia rítmica que permite a los iniciados en el arte descubrir los movimientos futuros.

Confieso que durante años, después de contemplar el modo y manera en que en el mundo se ejercita la especulación, consumía noches enteras en mi casa de Pío XII de Madrid confeccionando gráficos en un papel cuadriculado para someter sus movimientos a un análisis matemático, tratando de descubrir cadencias en sus desplazamientos, alguna regla aritmética que explicara el porqué y el cuánto de las alzas y bajas, algo así como la piedra filosofal, la regla de oro de las oscilaciones de los valores bursátiles, tipos de interés y metales preciosos. Colocaba las grandes cartulinas en la pared del cuarto de estar sujetas con chinchetas, me sentaba en el sofá a una distancia de tres o cuatro metros y clavaba mi vista sobre sus líneas, dibujadas primorosamente con distintos colores. Hablaba con el gráfico, le pedía que me dijera cuál era su patrón interno, a qué regla matemática obedecía, en cuáles operaciones se encontraba agazapado y oculto su ADN, como si se tratara de un símbolo propio del ocultismo en el que encuentras silentes respuestas a tus interrogantes más acuciantes.

En ocasiones, posiblemente agotado por la vela nocturna, llegaba a creer que el gráfico me transmitía alguna información, que se desnudaba ante mí enseñándome sus partes íntimas, las reglas ocultas que marcaban su existencia pasada y, por tanto, futura. Lleno de gozo por el descubrimiento, dejaba al gráfico disfrutando de su soledad y me encaminaba al dormitorio. Lourdes, ajena a semejantes esoterismos, dormía plácidamente. La miraba antes de apoyar mi cabeza en la almohada y me decía para mis adentros: «¡Si supieras lo que he descubierto esta noche!». Lo malo es que a la mañana siguiente las partes íntimas del gráfico mostradas en los efluvios nocturnos carecían de cualquier consistencia matemática. Así que a volver a empezar.

Detrás de este mundo habita la pasión del hombre por su gran interrogante: conocer el futuro, lo que el devenir le asigna en su espacio tiempo. Descubierto el espacio, nació su otro yo: el tiempo, y con él, las nociones de pasado, presente, futuro, ideas metafísicamente imposibles, pero de consumo ordinario en los patrones convencionales del pensamiento humano. Lo ignoto es, de esta manera, el futuro. Poco importa que algunos sepamos que el futuro no es sino una proyección imaginaria del pasado, que, a su vez, solo existe en cuanto se recuerda en el presente, por lo que tampoco existe sin el ahora, pero, desde luego, este tipo de consideraciones no pertenecen a las «prioridades» de los cofrades de la especulación. El futuro les interesa como oportunidad de negocio. Así que con su adivinación se pretende algo tan concreto como la otra gran pasión: el dinero, la acumulación, la avaricia. Unidos entre sí, futuro y dinero componen una mezcla explosiva: conocer el futuro, poder dictaminarlo, controlarlo, y ganar con ello dinero, mucho dinero, es tan exquisitamente lujurioso para el producto humano que muy pocos pueden sustraerse al embrujo que provoca. Es así como cada día nuevas fórmulas de especulación aparecen en los mercados financieros mundiales. Mentes altamente dotadas diseñan constantemente programas para pedir a los ordenadores actuales, cada vez capaces de mayor memoria de almacenamiento, que les descubran esas reglas sagradas para poder ganar dinero, mucho dinero, eliminando, si es posible, o reduciendo a su mínima expresión el riesgo de especular. Porque —aceptémoslo— todos coinciden en la teoría de que es el riesgo lo que legitima el beneficio, pero a la hora de la verdad todos asumen encantados el segundo y buscan neutralizar el primero. Nuevamente el cinismo inundando el patio del modelo.

De ahí el éxito de la llamada Onda de Elliot. Debe su nombre a un funcionario de correos americano que, debido a una real o supuesta anemia, consumió mucho tiempo sentado en una mecedora del porche de una vieja casa californiana, por lo que se dedicó al noble arte de pensar, y de esta manera surgió la celebridad conocida con el nombre de Onda de Elliot, un método predictivo que sigue vivo hoy en muchos analistas de inversiones.

Al final Elliot abandonó el territorio de las finanzas para adentrarse en la filosofía y fue así como su Onda se transmutó en un escenario superior: Elliot escribió *La ley de la naturaleza* y en esa obra introduce la magia de los números de Fibonacci, además de determinadas proporciones esotéricas que, según él, ratifican sin grieta su propia teoría. La filosofía básica de la Onda de Elliot se aplicaba a otras esferas de la vida humana, de forma tal que, según él, «el mercado de valores, siempre cambiante, tiende a reflejar la armonía básica contenida en la naturaleza». Ni más ni menos.

Me inicié en el estudio de la teoría de Elliot, pero lo que menos me interesaba es que los números mágicos de Fibonacci, el gran matemático que descubrió la secuencia oculta de la naturaleza, su regla de desarrollo, sean o no aplicables a la predicción del comportamiento de la Bolsa de valores mundial.

Creo que toda la manifestación, esto es, la producción externa de formas de vida, responde necesariamente a patrones matemáticos, e inevitablemente a medida que profundicemos en el ADN se pondrán de manifiesto. Lo importante reside en descubrir las reglas, las secuencias. Algunos, los pitagóricos, las llamaban Armonía, Música... Reglas, al fin y al cabo. Seguro que las leyes de Fibonacci servirán para explicar el comportamiento de los mercados, porque dicho comportamiento no es más que el agregado de millones de comportamientos individuales. Pero, eso sí, debemos concederle el tiempo suficiente, no comprimir en exceso la constante transformada en variable.

Ciertamente en aquellos tempranos años de mi vida no tenía ni la menor idea de que mi destino me llevaría a consumir años enteros en la presidencia de uno de los bancos más importantes de España, desde cuya plataforma vería reproducidas y aumentadas aquellas experiencias de juventud, vestidas quizá con diferentes nombres, como, por ejemplo, los derivados financieros, pero preservando, en el fondo, la misma esencia que latía en el corazón de los enloquecidos chinos que contemplé aquella tarde en Hong Kong.

Recuerdo que al poco de concluir el periplo mantuve una conversación con Juan Abelló sobre los aspectos más «exteriores», por así decir, de ese modelo de Luis Carlos. Le conté mi experiencia viajera y Juan, apegado a sus reglas de medir, sonriendo abiertamente me dijo:

—¿Ves? Eso no te lo proporciona la abogacía del Estado.

Una buena frase para resumir con ella todo un modo de pensar. Sonreí por dentro y no contesté a esa admonición, sino que derivé hacia los terrenos que me gustan más.

—Ya, Juan, pero lo que veo es peligroso. Todas esas especulaciones nada aportan a la economía real. En nada contribuyen a mejorar las condiciones de vida de la población mundial. En absoluto estimulan verdaderas vocaciones o actitudes empresariales.

Juan me escuchó con atención y, con esa impenitente sonrisa con la que se pronuncian frases de contenido político y financiero, me dijo:

—Sí, la verdad es que siempre he pensado que eras algo rojillo...

Años más tarde, siendo ya presidente de Banesto, en una de las comisiones ejecutivas del banco, salió este tema, el de la especulación y la llamada riqueza financiera. Mi opinión la expuse sin miramientos.

—Se trata de jugar en la otra cara de la moneda del capitalismo. No se puede evitar. Pero se podría controlar su expansión enloquecida. Sin embargo, el mundo vive envuelto en el glamur de los derivados financieros, fórmula exquisita de la especulación por la especulación. La economía mundial es en nuestros días un gran casino de juego cuyos crupieres reciben nombres de ejecutivos de cuentas, ejecutivos de finanzas, y otros parecidos. Es indiferente la literatura porque la realidad asoma su cabeza peluda: juego al margen de la economía real. No podrá acabar bien. Las burbujas financieras se deshilacharán con estrépito. El mundo volverá su mirada al lugar del que nunca debió alejarse: en la vida económica, como en la vida en general, lo que cuenta es ese trozo de realidad del que podemos disponer. Jugar a considerar real lo virtual es atractivo, constituye una forma sublime de alineación, pero precisamente por ello es gigantescamente peligroso.

Aquella tarde, además de los chinos y sus ordenadores, desde la inmensa cristalera de las oficinas del banco miré hacia fuera, a la bahía de Hong Kong. A esa hora podían distinguirse todavía muchos de los barcos que transportan a los chinos y visitantes entre la isla y la península, que en ocasiones aparecían ante mí de forma repentina, por detrás de los grandes edificios, magníficos, ostentosamente caros, que bordean la bahía. El espectáculo estaba siendo fascinante, pero también agotador para una mente relativamente virgen en estas cuestiones, por lo que decidí despedirme de mi anfitrión sin aceptarle su invitación a cenar, darle las gracias por su acogida y salir a la calle. Con la luz que les proporcionaba una instalación eléctrica, cientos, quizá miles de chinos trabajaban toda la noche en la construcción de nuevos edificios. En Hong Kong, como en la vieja Inglaterra, se trabaja las veinticuatro horas del día. No falta mano de obra porque la inmigración ilegal desde la China comunista era, en aquellos tiempos, muy voluminosa.

Tomé un taxi y me fui a Aberdeen, en la otra cara de la isla, a cenar en un restaurante flotante. Me habían hablado de esos lugares y aunque suelo ser enemigo de consumir productos excesivamente tópicos en mis lugares de arribada, en aquella ocasión pudo más la curiosidad. Tal vez el cansancio, no lo sé, pero acabé contratando los servicios de unos barqueros que, por cientos, quizá miles, viven en sus juncos, apiñados en las cercanías del embarcadero, encargados de transportar clientes a los restaurantes flotantes. Allí habitan familias enteras, padres, hijos, nietos y abuelos, casi hacinados en condiciones infrahumanas. Su círculo vital dispone de un radio muy limitado: en los juncos nacen, viven y mueren, siempre con el mismo cielo azul metálico adornado con las grandes nubes de los climas del trópico, y con un mar sucio, de aguas semiestancadas, llenas de excrementos humanos, en las que subsisten los peces que se alimentan de nuestras miserias. Cuando volvía de cenar y recorría la escasa distancia que separaba el lugar de mi cena y la tierra firme, en mitad de aquel espectáculo de hacinamiento humano, de miradas preñadas de miedo y lástima, de ejemplares humanos encerrados en su prisión existencial, en su trampa mortal, me acordé de las operaciones de compra y venta de oro que, tan intensamente, había vivido horas antes.

Mientras trataba de conciliar el sueño en mi habitación del hotel Mandarin, algo no demasiado fácil por los costes de las diferencias horarias, las imágenes del día circulaban en mi mente a toda velocidad, desordenadas, sin criterio, mezclando la especulación del oro con los hacinamientos de los juncos, los gritos de los chinos al perder o ganar dinero con el sepulcral silencio de los habitantes de las embarcaciones mientras dejaban consumir sus vidas envueltas en un maloliente sinsentido. No pude razonar: me di cuenta, mientras mi mirada se perdía en la silenciosa bahía a través del ventanal de mi habitación, de que en aquellos momentos la magia de los entusiasmos de lo novedoso silenciaba el sonido de las convicciones de fondo. Había que esperar.

Y la vida continuaba. Para algo me había desplazado a tierras tan lejanas en un avión de la que decían era la mejor compañía del mundo, la suiza Swiss Air, con billete de Gran Clase.

Al día siguiente me reunía en un destartalado despacho de un indiferente edificio del barrio de oficinas de la ciudad con un chino alto, de ojos despiertos, de andares enérgicos, rebosante de actividad, auditor de profesión, propietario de una empresa de esas que se dedican a crear sociedades instrumentales para la finalidad que antes describía: aprovecharse de los beneficios tributarios de Hong Kong, por un lado, y de la opacidad que las leyes del Trust vigentes en la colonia ofrecían para preservar el anonimato de las propiedades, una mezcla perfecta para los peregrinos del capital.

No fue demasiado difícil entendernos, a pesar de mi escaso conocimiento de la lengua inglesa y de que el estudio concienzudo de la misma se encontraba en sus compases iniciales, porque el hombre administraba cientos de sociedades —quizá miles— dedicadas a este negocio. En todas ellas el señor Young, o su hijo o hija, porque los chinos mantienen la tradición familiar en los negocios, tenía poder de firma y disponía del dinero por cuenta de sus verdaderos propietarios. Fue fascinante. Nunca me olvidaré de aquel hombre, aunque solo fuera porque en una de nuestras discusiones, ante una propuesta mía que no puedo recordar, pronunció en inglés la frase «no possibility», acentuando con tal énfasis la última sílaba que al concluirla su dentadura postiza salió expulsada de su boca y se depositó con algún estrépito encima de la pequeña mesa de formica repleta de papeles a cuyos lados nos encontrábamos los dos. La escena hubiera sido altamente embarazosa, como mínimo, para cualquiera. Sin embargo, K. K. Young, sin darle la menor importancia y sin ningún gesto o aspaviento que demostrara vergüenza o algún sentimiento parecido, recogió dulcemente sus dientes, que habían caído justo al lado del cenicero, los sacudió con un gesto casi mecánico y los introdujo de nuevo en su boca como si nada hubiera ocurrido.

Puse encima de su mesa unos gráficos elaborados a mano y con diferentes colores que confeccioné a trozos en el avión y el hotel. Lo comprendió a la perfección. Seguramente porque habría visto algo muy similar cientos de veces. Lo que para mí constituía una novedad excitante, para ese chino no pasaba de ser una vulgaridad cuyo único aspecto atractivo residía en los honorarios que percibía por ejecutarla.

El chino tomó algunas notas, más bien pocas, descolgó el teléfono, susurró algo en su jerga, volvió a colgar, me miró con aire de indiferencia y forzada amabilidad, se abrió la puerta, apareció un ejemplar humano de su raza gesticulando con las manos al tiempo que flexionaba casi sin descanso el tronco hacia delante en señal de respeto, recibió las instrucciones de su amo, se despidió manteniendo idéntica gesticulación, permanecí con el silencio pastoso de una espera sin nada que comentar, hasta que, por fin, volvió a sonar la puerta y otro chino distinto, pero de gestos idénticos, penetró en la estancia.

Tiempo después, con ocasión de un viaje a Japón, un ejecutivo de Abelló y yo nos detuvimos en Hong Kong. El hombre quería como fuera conseguir una cita en algún lugar dedicado a la prostitución. Se supone que China debía ser especialmente sofisticada en este territorio. Yo carecía de experiencia porque nunca he sido un aficionado a semejantes materias. Pero el hombre insistía. Al final, en su inglés un tanto especial, porque lo hablaba con acento estruendosamente madrileño, consiguió del encargado de recepción del hotel una dirección, una cita concreta y me pidió que fuera con él. Acepté.

Tomamos un taxi y nos desplazamos a la península, dejando la isla de Hong Kong. Atravesamos barrios repletos de carteles en letras rojas y caracteres chinos que inundaban la geografía urbana. Debajo de esos carteles, en las calles, y encima de ellos, en balcones y terrazas, reinaba la pobreza. Casi la miseria. Por fin llegamos a un edificio con aspecto pobre. El ejecutivo me dijo que eso suele ser normal, que casas lujosas de prostitución se alojan en edificios de apariencia pobre para no llamar la atención. Si él lo decía...

No tenía siquiera ascensor y la nota del hombre de recepción decía piso tercero, así que por unas escaleras metálicas bastante peculiares subimos a la planta señalada. Una encrucijada se nos presentó al alcanzarla porque frente a nosotros se abría un abanico de posibilidades y no teníamos ni idea de por cuál de ellas optar. Menos mal que un chino de edad madura, extremadamente delgado, con el cuerpo inclinado hacia adelante, como si la reverencia hubiera pasado a formar parte de su vida de modo inalterable, se acercó a nosotros.

Dijo algo en un idioma irreconocible para mí que posiblemente fuera inglés con acento chino y nos ordenó gestualmente seguirle.

Recorrimos el largo pasillo dejando puertas a nuestra derecha e izquierda. Todas ellas estaban entreabiertas y podía verse con claridad que se trataba de viviendas de familia. Allí residían familias chinas, así que no veía por dónde se podía localizar un piso dedicado a la prostitución. El chino, por fin, se detuvo.

Nos hizo entrar en una de esas casas de familia. Un hombre, una mujer, ambos de cierta edad, y dos chicas muy jóvenes. Bueno, no soy capaz de precisar la edad porque con los chinos cometo errores de bulto. Parecían muy jóvenes, pero a lo mejor no lo eran tanto. El chino hizo un gesto para que nos acercáramos al hombre mayor. Las dos chicas permanecían inmóviles con su mirada fija en el suelo. El ejecutivo de Abelló entregó la cantidad, en dólares de Hong Kong, que le había dicho el hombre de recepción en el hotel, que fue quien avisó al chino que nos recogió al llegar al piso tercero. Pagó por dos servicios.

Las dos jóvenes se levantaron sin dejar de mirar al suelo. El ejecutivo se desplazó a una habitación con una de ellas. Yo me fui a otra contigua. Ni siquiera puertas. Una cortina corrida sobre una barra de aluminio era lo que permitía sustraerse a la mirada del hombre y la mujer mayores que permanecieron impasibles en sus puestos. La chica comenzó a quitarse la ropa. Con un gesto le dije que no lo hiciera. Me miró sorprendida, casi estupefacta. Insistí en que no se desvistiera. Se sentó con un gesto chocante, entre resignado y triste, sobre la cama. Más que cama era una especie de catre singular, con unas patas muy bajas, de apenas veinte centímetros sobre el suelo y una especie de colchón muy voluminoso, como un edredón nórdico. Allí permaneció en silencio, sin sonrisas ni lágrimas, con la mirada siempre fija en el suelo. Un pastoso silencio inundó la estancia.

Al cabo de unos minutos el ruido inconfundible de que el ejecutivo de Abelló había culminado la tarea. Esperamos un poco más. Nuevos ruidos evidenciaron que ahora había regresado al salón, por decir algo, en el que seguían instalados, sin ruidos ni gestos, sin palabras ni voces, el hombre y la mujer mayores, dejando que la vida resbalara sobre sus cuerpos. Con un gesto indiqué a la chica que saliéramos, que regresáramos al punto de encuentro.

La sonrisa del ejecutivo contrastó violentamente con el gesto de la chica que estuvo sentada en la cama. Corrió a decir algo al hombre mayor mientras de modo visible lloraba. No esbozaba un llanto, sino que abiertamente lloraba. Era un llanto sincero, compungido, doliente. No tenía la menor idea de a qué era debido. El hombre llamó al intermediario que nos recibió y masculló algo a su oído en idioma chino. El «agente» puso cara de extrañeza, exagerando el gesto, algo a lo que son muy aficionados los chinos y más aún los japoneses. Se acercó al ejecutivo de Abelló, S. A., y le reprodujo el mensaje. Este me lo trasladó envuelto en sonrisa cómplice. Era algo así como «sentimos que no le haya gustado la chica. Ella está triste por eso. Ahora no tenemos otra, pero si quiere puede volver...».

Ni siquiera contesté. Sentí una punzada de dolor interior. Nos fuimos.

Después de comprobar con K. K. Young que el modelo podía funcionar, quedaba lo teóricamente más duro: exponer el modelo a los japoneses, uno de los laboratorios más importantes del mundo. Comprobar si ese modelo les parecía aceptable.

Nos presentamos en Osaka, la sede central de Takeda, y todavía aturdidos por un viaje interminable, penetramos en una de esas salas de reunión japonesas decoradas de manera tan absolutamente anodina que perdías la noción del lugar exacto en el que te encontrabas. La noche anterior, a pesar del agotamiento, no había conseguido dormir excesivamente bien. Me preocupaba que el asunto que iba a consultar tenía una textura algo especial y me inquietaba que los hijos del sol naciente, teóricamente serios de toda seriedad, máxime tratándose de una empresa farmacéutica de talla mundial, nos dijeran que esas cosas no encajaban bien con sus modos de pensar.

Ganar dinero con los medicamentos es algo que se presta con facilidad a la demagogia porque podrían sostener que, al fin y al cabo, la salud es un bien público y, en consecuencia, el beneficio a costa de ella carece de legitimidad. Sería un campo típico para la nacionalización. Lo cierto, sin embargo, es que las empresas farmacéuticas propiedad del Estado no habían funcionado en la práctica mejor que las privadas, es decir, que no conseguían innovar más y mejor, y mucho menos más barato. De ello tuve plena constancia con ocasión de varios viajes a Moscú. Pero una cosa es que no sea preciso nacionalizar la industria y otra… En fin, mantenía ciertas inquietudes acerca de la posición de los japoneses. Ya digo que me costaba aceptar que a cada paso que daba el cinismo se convertía en la única constante de un mundo plagado de aparentes variables.

Con la mejor de las delicadezas que supe utilizar y un pésimo inglés, arropado por unos orientales que, o no hablaban en absoluto esa lengua, o lo hacían con un vocabulario muy corto y un acento más bien cómico, expuse el modelo, mirando en ocasiones más hacia el tablero de la mesa que a los ojos de mis interlocutores japoneses, que, por cierto, siempre parecen estar ausentes, no solo del asunto a tratar, sino casi, incluso, de la propia reunión. Pero es solo un espejismo. El oriental escucha con exquisita atención. Tanto que yo creo que alguno de los asistentes a esas reuniones tiene como misión exclusiva aumentar el número de oídos, tal vez por eso de que a partir de un punto dado la cantidad se convierte en calidad.

Oyeron bien, desde luego. Comprendieron a la perfección, sin la menor duda. Y, además, con gestos inequívocos los japoneses nos indicaron que a ellos solo les importaba vender. No entraban en consideraciones ni tributarias, ni financieras, ni mucho menos morales. Les bastaba con que se les dijera a quién vender, además del pequeño detalle de disponer de una confirmación bancaria que acreditara la solvencia de la empresa intermediaria. Pragmatismo nipón. No solo nipón. Pronto comprobé que por otros territorios más gélidos y en los que vivía una llamada socialdemocracia avanzada, países que constituían el ejemplo vivo de toda una progresía de salón que comenzaba a causar efectos y desperfectos en Occidente, países del impuesto progresivo sobre la renta llevado a sus consecuencias últimas, los patrones de comportamiento se ajustarían a los japoneses como los guantes a la mano.

Volé a Madrid y descansé unos días mientras por dentro trataba de poner en orden los acontecimientos vividos. Realmente descubrir ese mundo era a la vez fascinante. Estaba convencido de que más tarde o más temprano esas reglas de juego se acabarían volviendo contra el propio sistema que las impulsaba, pero en aquellos días mi misión era entender, conocer, ver, contemplar el funcionamiento, al menos teórico, de esos comportamientos que no reflejaban sino el cinismo estructural del Sistema. Me quedaba lo peor.

¿Qué pasaría con las materias primas fabricadas en Suecia? ¿Aceptarían los suecos el modelo? La respuesta no tardó en llegar: más o menos lo mismo, solo que en lugar de una empresa de Asia los suecos preferirían trabajar, en el caso de que algo se hiciera, con la más próxima Holanda, donde, como diré, los fenicios diseñaron un modelo fiscal muy peculiar. Se ve que, como digo, el asunto no es propio de una picaresca latina, sino uniforme en el modelo occidental y en el oriental japonés. Empecé a darme cuenta de que el cinismo moral es sustancia de vida: los países llamados avanzados, los nórdicos, dueños de una supuesta democracia idílica en la que los impuestos se utilizaban como instrumento al servicio de una cacareada igualdad humana, se comportaban de idéntica manera a unos truhanes latinos, a unos voluptuosos panameños, a unos gélidos japoneses y a unos inteligentes chinos. Todos oficiaban en la hermandad del cinismo al servicio del dinero. Doble moral con el dinero, con el sexo, con la familia, con el trabajo. Si algo define a las sociedades modernas, es la absoluta necesidad de la doble moral para soportarse a sí mismas. Cioran lo dijo: lo malo de un pensamiento conceptualmente estructurado es que más tarde o más temprano tendrá necesidad de mentir para seguir instalado.

Bueno, pues a Ámsterdam. Me encantó la ciudad, a pesar de que llegué a los canales impulsado por la misma prosaica finalidad de investigar la viabilidad de un nuevo y teórico circuito de tráfico de mercancías. En un precioso despacho de abogados holandeses nos informaron del modelo propio del país de los tulipanes. Se constituiría una sociedad holandesa cuyo dueño sería otra compañía, esta vez creada en las Antillas Holandesas, en Curaçao para ser más precisos, gracias a los buenos oficios del tal Carlos D'Abreu Da Paulo, un Steven Samos en versión de la famosa isla caribeña.

Había oído hablar de Curaçao algunas veces en mi vida, aunque no conseguiría localizarla a la primera. Su nombre, como dije, me sonaba a licor exótico y poco más. Lo de las Antillas Holandesas es ya un poco para nota. Pero lo que no sospechaba es que la razón de ser de estas islas, con independencia de que las morenas de Bonaire dicen que son extraordinariamente guapas —no pude comprobarlo in situ—, no es, desde luego, el turismo, ni la pesca, sino el trato fiscal que se les dispensa, y para que nadie se llame a engaño, hay que saber que Estados Unidos, los americanos, tan absolutamente intransigentes con temas que afecten al fisco, resulta que admitían la existencia privilegiada de dichas islas como instrumentos al servicio, legal o paralegal, de la evasión de impuestos. Eso sí, de otros Estados soberanos distintos al suyo. Por ello, precisamente por ello —me decía—, en esa isla se encontraba construida, instalada y funcionando ni más ni menos que la refinería de la Shell. En fin, cosas del Sistema.

El esquema holandés, como decía, me llamó mucho la atención porque se podía negociar con el fisco de ese país el volumen de impuestos a pagar, antes siquiera de establecer la propia empresa. A mi formación de abogado del Estado, acostumbrada a que los impuestos son algo a pagar por voluntad exclusiva del Estado, una manifestación esencial de su poder público, absolutamente ajeno a cualquier espíritu negociador con el contribuyente, el hecho de que unos señores pudieran llegar al despacho de los inspectores de Hacienda a negociar el volumen de dinero a satisfacer por los impuestos le resultaba asombroso. Pero así era: se plantea al Estado holandés en qué consiste la actividad de la empresa que quieres montar, que en el modelo de Luis Carlos era algo tan sencillo como comprar materia prima a Suecia y vendérsela a España, sin que las mercancías pasaran siquiera por Holanda. Por tanto, la «contribución» del Estado holandés a los beneficios de la empresa es prácticamente nula. Sobre esta base, negocias el volumen de impuestos a pagar, consiguiendo una resolución que se denomina *tax ruling*, que es una especie de pacto entre la empresa y el fisco de Holanda.

Así que ni a los nórdicos les interesaba quién compraba finalmente, ni a los holandeses unos beneficios construidos de manera tan rudimentaria. En ambos casos solo subyacía un motivo: los suecos, cobrar su precio; el fisco holandés, su dinero. Este tipo de descubrimientos eran mucho más emocionantes que los propios circuitos del dinero. Descubrir al hombre, al hombre verdadero, no al autor de palabras y frases vacías, sino de hechos llenos de contenido, es mucho más emocionante que cualquier otra cosa.

Compré algunos libros destinados a profundizar en la estructura jurídica y tributaria de estos países peculiares. En esos momentos me planteé con crudeza la pregunta: ¿qué hago yo, abogado del Estado, estudiando estructuras jurídicas y financieras destinadas a conseguir reducir impuestos? Responderme que me encontraba en excedencia voluntaria y que había renunciado a ser abogado del Estado no es más que resbalar por la epidermis. Al comienzo sentía algo parecido a la incomodidad, para no dramatizar en exceso. Pero pronto me di cuenta de que esas son las reglas del modelo mundial. Los paraísos fiscales los crean y los consienten los propios Estados que implantan sistemas tributarios cercanos a lo confiscatorio. Lo cierto es que Holanda disponía de las Antillas Holandesas, Inglaterra de Hong Kong y de las islas del Canal, entre otras, y así sucesivamente. Por tanto, parecía existir un paralelismo entre la aprobación por un Estado «moderno» de leyes tributarias «modernas» y, al propio tiempo, crear un mecanismo jurídico a través del establecimiento de paraísos fiscales en territorios pertenecientes o vinculados a ese Estado «moderno» para permitir «dulcificar» el rigor de la nueva «modernidad tributaria». Descubrir lo que se esconde detrás de la llamada «modernidad» no siempre resulta especialmente reconfortante.

Si a los individuos y a las empresas se les somete a un régimen de impuestos excesivo, es lógico que traten de buscar los mecanismos adecuados para reducir el pago por sus beneficios. Siendo conceptualmente generoso, su comportamiento podría aproximarse a una legítima defensa imperfecta. Pero lo más curioso es que son los propios Estados que aprueban esas leyes tributarias los que crean regímenes especiales en determinados territorios. Así funcionan las cosas. Ya he dicho que el cinismo moral es la norma por excelencia. Claro que el acceso a este tipo de mecanismos tan sofisticados queda limitado a quienes tienen dinero y conocimientos para poderlos utilizar, con lo que las grandes fortunas pueden subsistir como tales, al menos en parte, mientras que la inmensa mayoría de los ciudadanos del país de que se trate tienen que soportar la carga tributaria íntegramente, o, al menos, las posibilidades de que disponen para reducirla son mucho más limitadas. Por ello no me extrañé cuando en un libro elaborado por un inspector de finanzas belga pude leer que desde la implantación del sistema fiscal progresivo con tipos marginales del orden del 90 por ciento se había producido el efecto contrario al pretendido, al menos en Suecia: los ricos controlaban una parte alícuota del Producto Interior Bruto de ese país superior a la que tenían cuando se implantó el nuevo modelo impositivo. Una de las razones de ello era, precisamente, el desarrollo de esos paraísos fiscales que constituían el mundo en el que me estaba moviendo en aquellos momentos. Bueno, a los espectadores siempre les quedará el consuelo de los budistas: todo es impermanente, así que ninguna fortuna será eterna. Claro que —pensarán sus dueños— mientras tanto...

Comprendo que el modelo es, como decía, exquisitamente cínico, pero surge como una especie de consecuencia de sí mismo. Por ello, cuando Arturo Romaní era subsecretario de Hacienda y yo ya tenía alguna experiencia en este tipo de asuntos, le propuse que estudiaran la posibilidad de convertir a Canarias en una especie de paraíso fiscal, porque otros Estados tenían los suyos y nosotros no. Jugar a eremitas en un burdel no tiene ni sentido ni porvenir. Esas islas reunían todas las condiciones adecuadas: buen clima, situación estratégica en el Atlántico, desarrollo turístico, posibilidad de que los «ejecutivos» de esas sociedades encuentren diversiones adicionales... Porque este aspecto resulta nada desdeñable: un paraíso fiscal que se precie debe disponer de un contexto más o menos exótico y de una infraestructura externa adaptable a las demandas de los «ejecutivos de cuentas». ¿Se imagina alguien el porvenir de un paraíso fiscal en plena Mancha castellana? ¿Serviría para esa finalidad un pueblo como, por ejemplo, Burriana o Retuerta del Bullaque? Creo que no, y eso, desde luego, nada tiene que ver con la belleza de esos parajes, sino, precisamente, con la necesidad de los consumidores de los paraísos fiscales.

Mi intento con Romaní ciertamente fracasó. Gobernaba UCD, que siempre sintió una especie de complejo curioso con la izquierda y que nunca entendió su verdadero papel, y, por ello, resultó imposible el proyecto. Pero no por eso dejó de funcionar el modelo en el mundo. Y sigue, claro. Mejor dicho, supongo.

4

Un cúmulo de circunstancias provocaron el que a pesar de la fascinación de los viajes, de los paraísos fiscales, de una vida profesional aparentemente interesante, el germen de la insatisfacción volviera a renacer en mí. Parezco un condenado a recorrer sin descanso diferentes estratos vitales, sin que ninguno de ellos retenga el suficiente atractivo como para anclarme en él. Será por mi nefasta manía de pensar, de analizar, de tratar de entender, de descubrir ese lado oculto de las cosas en el que suele residir la verdad. O tal vez porque cuando no me gusta algo procuro alejarme de su territorio.

Comencé a entender. Me di cuenta de la jerarquización real que domina la vida social española: la distinción entre propietarios y no propietarios. No es algo, desde luego, exclusivo de nuestra sociedad, sino seguramente pertenece a la esencia del modelo capitalista, aunque tal vez en aquellos países en los que se encuentra en sus primeras fases de desarrollo la distinción sea más rígida, de perfiles tan notorios que rechinan de evidencia.

Esa es la clave. Lo demás, perfumes virtuales de la vida humana. Es una línea que marca diferencias y al propio tiempo jerarquiza. Por ejemplo: yo era abogado del Estado y el jefe de mi Cuerpo era mi jefe y mandaba, en ese sentido, sobre mí, pero entre él y yo no existía diferencia cualitativa alguna. Algún día yo podría ocupar su sillón, ser el director de los abogados del Estado. Para ello no necesitaba aditamentos especiales, aparte de trabajar bien, manejarte con inteligencia y saber estar en el sitio adecuado en el momento preciso.

Pero en la empresa privada las cosas no funcionan así. Por muy inteligente que seas, por loables que parezcan tus opiniones, por intenso tu esfuerzo y trabajo, por sólida tu lealtad, con todo ello jamás conseguirás traspasar el umbral de la propiedad, nunca «ascenderás» a la categoría de propietario del medio de producción. Esa es la gran barrera, la que separa a unos de otros. Y los separa económica, social y hasta existencialmente. En Juan Abelló ese concepto vivía anclado con cadenas de hierro. Era la esencia de su comportamiento. La diferenciación básica, la jerarquización definitiva. El pilar sobre el que pivotaba su modelo de convivencia.

Pero no era una cuestión de dinero, de modo y manera de ganarlo, sino que ello se traducía en la diferenciación cualitativa con la que se estructuraba la sociedad. Escuchaba a Juan hablar de los empresarios profesionales, esos señores que disponiendo de una profesión loable, como por ejemplo abogado del Estado, llegaban por sus méritos a ocupar puestos de presidentes de las empresas públicas, o de algunas organizaciones privadas. Para Juan y los que como él piensan, jamás se trataba de verdaderos empresarios, sino de puestos profesionales elevados. Por decirlo de una manera más clara: de empleados distinguidos. No se trataba de negarles valor, inteligencia, iniciativa, capacidad, sino de algo más prosaico y al tiempo más sustancial: no eran propietarios de los medios de producción. Punto y final.

Claro que la evolución propia del sistema de mercado iría cercenando paso a paso, pero inflexible e inexorablemente, esa rígida separación que servía de plataforma existencial para Juan. Las grandes corporaciones tenían a su frente a personas que no eran propietarios, a profesionales, en el sentir de Juan, que acumulaban mucho más poder que el de la inmensa mayoría de los llamados propietarios. Y no solo poder, sino además dinero. El fundamento conceptual de Juan comenzaba a perder sentido.

Tanto que el mundo del año 2009 se vio invadido por gigantescos abusos cometidos precisamente por esos profesionales no propietarios. Sus retribuciones superaban anualmente lo que muchos empresarios reales podían ganar en toda una vida. Sus fondos de pensiones resultaban escandalosos, financieramente y moralmente inaceptables. Cifras de cientos de millones de euros... Un enloquecimiento general que traspasaba los límites de la lógica, de la moral y yo creo que hasta del Derecho entendido en su sentido más amplio. Los banqueros americanos, y no americanos, pero sobre todo los primeros, ofrecieron al mundo un espectáculo miserable. Se fijaron a sí mismos unos *bonus,* esto es, gratificaciones por actividad que fijaban discrecionalmente de acuerdo con un volumen de negocio por ellos mismos articulado y que la experiencia demostró que, al final de la película, había de convertirse en unas pérdidas tan ingentes que condujeron a la quiebra real de las entidades por ellos dirigidas. De modo que el Estado, es decir, todos nosotros, tuvimos que salir en ayuda financiera con nuestro dinero para evitar un desastre. Ellos no devolvieron las gigantescas cantidades inmoral y antijurídicamente percibidas. Estaba claro que la avaricia y la desmesura humana volvían a causar estragos. El mercado podía funcionar, pero a condición de que personas limpias estuvieran al frente de sus instituciones esenciales.

Nos encontrábamos en los finales de la década de los años setenta del siglo pasado. Produce vértigo esto de escribir siglo pasado, pero hay que continuar. Y la separación tajante de roles que formaba parte inextinguible del esquema mental de Juan Abelló impedía una verdadera comunicación entre individuos situados en distintos planos. Juan me tenía respeto y afecto; sin la menor duda. Creía en mi inteligencia y en mi capacidad de trabajo; sin la menor duda. Se lo pasaba bien conmigo y le gustaban aquellos comentarios, algo ácidos, sobre la vida que siempre me han caracterizado; sin la menor duda. Pero la raya del propietario/no propietario impedía que una relación humana fructificara más allá, que se convirtiera en más densa, en más real. Imposible. La vida es como los palos de un gallinero: se puede mantener amistad con los que habitan en tu mismo palo, pero no con los del palo superior, por arbitraria y sin sentido aparente que sea la ubicación de uno y otro ejemplar.

Una de mis obsesiones en el terreno de la metafísica es tratar de entender los diferentes niveles de conciencia que se vislumbran en los individuos, niveles que se referencian, por ejemplo, en sus aptitudes para entender eso que llamamos Realidad. En alguna ocasión he comenzado a esbozar un concepto: raza espiritual, previsiblemente porque tratar de establecer jerarquías sobre la base del código genético corporal de las diferentes razas humanas tropieza con la más elemental verdad científica. Asumiendo que sea así, ¿de dónde proviene esa diferencia? ¿Por qué la estratificación en las capacidades de acceso a la Realidad? El asunto es complejo y a día de hoy sigo sin construir una respuesta definitiva. En realidad, nada tiene que ver con la herencia, en el sentido de que semejantes aptitudes, por llamarlas de alguna manera, no se transmiten necesariamente por vía hereditaria, porque, como ya dijo Platón, un padre de oro puede producir un hijo de plata, y un padre de plata un hijo de oro.

Pero en el territorio banal de ciertos humanos, la diferenciación se construye, como digo, de acuerdo con el hecho de la propiedad, con independencia de su origen, incluso de la calificación moral de los medios de obtenerla. Y para quienes así piensan —Juan entre ellos— tal diferenciación separa a los demás humanos, los clasifica.

La única alternativa residía en vivir fuera de ese círculo; una cosa es no ser propietario en abstracto y otra diferente, obtener tus medios de vida de un propietario con nombres y apellidos. Esto, en la sociedad española, al menos para la sociedad compuesta de personas con el modo-de-pensar de Juan, te situaba en un rol inamovible, insisto, con independencia de tus cualidades humanas y profesionales. Si yo volvía a la abogacía del Estado y, por ejemplo, montaba un despacho, no por ello engrosaría de manera inmediata el capítulo de iniciados en la Orden de la Propiedad, pero al situarme en independencia económica me permitiría crear y sostener un tipo de relación humana con Juan cualitativamente distinta de la que tendría si seguía en su órbita de ingresos. Además, el tiempo jugaba en mi contra. Y al decir Juan Abelló digo los que en nuestra sociedad pensaban como él.

Comencé a sentir la inquietud derivada de la claridad de mis conclusiones. Observé a mi alrededor y cada gesto social me demostraba la lucidez de mis postulados. Tenía que salir de ese círculo. ¿Cómo? No podía convertirme en propietario de una empresa familiar, porque, por definición, ese capítulo se encontraba cerrado a cal y canto. Así que tenía que irme, salirme del círculo, respirar aire, y desde la nueva posición de independencia real, asumiendo los nuevos roles, intentar reconstruir mi relación humana. No se trataba de que me cansé profesionalmente; no es cierto; me cansé vitalmente de actuar como propietario sin serlo, y no asumí esa rigidez de los roles sociales derivada de la distinción que señalo. Luché por mi libertad. Es bonito decirlo; pero es que, además, es cierto. Me fui porque soy así, por afirmar mi propia individualidad. Si se me permite un recurso existencialista de corte algo ramplón, diré: ser-en-mí y no ser-en-otro.

No obstante, algo me decía con claridad que si la empresa constituía la raíz del problema, si algún día Juan la vendía, entonces tal vez fuera posible reanudar la relación entre nosotros desde otras bases. La pregunta entonces era muy clara: ¿qué expectativas de venta tengo por delante? Dependía de muchos factores, pero uno resultaba esencial: ¿había razones profundas para vender una empresa de las características de la que poseía Juan? Utilizando la experiencia del mercado mundial de especialidades farmacéuticas, las características propias de Abelló, S. A., las tendencias previsibles de futuro, elaboré un muy buen estudio —perdón por la inmodestia— en el que demostraba, sin la menor duda, que si Juan quería conservar su patrimonio y multiplicarlo en el futuro —y no me cabía duda alguna de que esa era la apetencia mayor de todas las que sentía—, debería vender Abelló, S. A., antes de que fuera demasiado tarde. Cierto es que nadie puede desarrollar trabajo alguno con absoluta objetividad, máxime cuando sus conclusiones pueden afectar, como era el caso, al desarrollo de una vida. Pero yo lo intenté lo mejor que pude y le entregué a Juan el producto.

—Juan, mira, he estado pensando a fondo en tu laboratorio, en tu empresa, que es tu vida en muchos aspectos. Y por su tamaño y condiciones de fondo siento preocupación. He confeccionado este estudio. Lo llamo «Abelló, S. A.: razones de una decisión». Me parece importante que lo leas con calma para que podamos comentarlo en profundidad.

Juan lo leyó, lo comentó conmigo, lo entendió, pero su anclaje vital en el modelo de vida que llevaba, y su nula afición a la aventura existencial, le llevó a concluir que no quería vender. Pero, a pesar de su resistencia a modificar su rentable modelo vital, Juan concedió importancia seria a mi documento y decidió que nos fuéramos a su finca Las Navas, en plenos montes de Toledo, con el exclusivo propósito de analizarlo con detalle.

Poco antes de cenar charlábamos en un pequeño despacho que Juan utilizaba para llevar sus cuentas del campo. Se sentó en un sillón próximo a la chimenea en cuya pared frontal colgaba medio cuerpo de un sable, un bicho africano precioso, de tamaño considerable, con capa negra manchada de rojo anaranjado en el pecho, de un solo cuerno de gran dimensión que forma una curva vertida hacia atrás, como si de un alfanje moro se tratara. Dado su peso se atornilló fuertemente a la pared de la chimenea. En tal situación comentábamos la conveniencia de vender, idea que Juan rechazaba de forma sistemática y vehemente. Decidimos llegada la hora de cenar y nos desplazamos al comedor.

Concluida la cena, con el estómago lleno y algunos grados de alcohol recorriendo sin piedad nuestro cuerpo, volvimos al despacho para continuar con nuestras elucubraciones. La escena que contemplamos al abrir la puerta resultó excitante: el sable se había descolgado de la pared de la chimenea y su cuerno estaba clavado exactamente sobre el sillón en el que estaba sentado Juan antes de movernos para cenar. Este, que era tremendamente supersticioso, se quedó aterrado, con la mirada fija en el lugar en el que aparecían clavados más de veinte centímetros del afilado y negro cuerno del animal africano. Parecía que no iba a pronunciar palabra alguna hasta que con un brillo muy intenso en los ojos, mezcla de excitación y vino, me miró y dijo:

—¿Te das cuenta? Es una señal inequívoca.

—¿De qué? —pregunté algo sorprendido, sin saber exactamente de qué debía percatarme.

—¡Por Dios, Mario! El sable ha caído en el sitio exacto en el que yo me encontraba, de forma que si no nos hubiéramos ido a cenar me habría matado.

—Bueno..., sí..., pero ¿qué conclusión quieres sacar?

—Pero ¿es que no lo entiendes? —preguntó Juan algo molesto con mi necedad, con mi incapacidad de percatarme de lo evidente—. Es un mensaje de «arriba», una señal clara como el agua: significa que si no me muevo, es decir, si no vendo, moriré patrimonialmente.

Nunca en mi vida he sido particularmente despreciativo con determinados acontecimientos más o menos sorprendentes que pueden interpretarse en clave de «señales». Incluso mi concepto de la circularidad de los acontecimientos me permite comprender que nada sucede sin causa. No obstante, en aquella época mis conocimientos o intuiciones en ese territorio se encontraban en fase muy prematura, de forma que en la actitud de Juan contemplé más una frivolidad propia de un carácter algo excéntrico como el suyo que una señal de «arriba», como decía él. Ciertamente el sable había clavado su cuerno en el sillón que ocupaba Juan antes de cenar, de tal forma que si hubiera seguido en él le habría atravesado el pecho, más o menos a la altura del corazón, provocándole, sin duda, la muerte. Pero de ahí a llegar hasta el extremo de convertir la historia en una señal de la divinidad destinada al prosaico asunto de la venta de su empresa familiar existía una distancia excesiva. Quizá el vino de la cena contribuyera a visionar la realidad con unos tintes más épicos de los cotidianos.

No obstante, con el paso del tiempo fui comprobando ese modelo de obsesiones vitales en Juan, no solo del «arriba», esto es, de la divinidad, sino de la existencia de órdenes ocultos que mandan en el mundo y que son responsables de todos los acontecimientos, incluso los más livianos y cotidianos. Sobre todo si le afectaban a él. Claro que esto hay que entenderlo porque si te sucede alguna desgracia y es debida a la acción de fuerzas ocultas, es más reconfortante que si se trata de una mera desgracia vulgar, de las que pueden sucederle, y de hecho ocurren, a casi todo el mundo casi todos los días de nuestro vivir. Y una de sus obsesiones —en esto hay que reconocer que no es demasiado original como hispano de derechas— es la masonería.

En aquellos días —como dicen los evangelios— Juan y su familia tuvieron un serio, pero serio problema legal. Tenían que nombrar un abogado en uno de los asuntos más escabrosos que podían despacharse en la España de entonces. Después de pensarlo mucho se decidieron por uno en concreto y es así como conocí a Rafael Pérez Escolar, que había montado un despacho con Matías Cortés y Paco Fernández Ordóñez en la calle Juan de Mena, justo enfrente del Instituto de Profesiones Jurídicas, en el que yo había invertido un tiempo de mi vida como preparador de oposiciones al Cuerpo de Abogados del Estado.

Juan tenía un gran respeto por la capacidad de Rafael Pérez Escolar. Una de sus obsesiones, como decía, ha sido la fuerza de la masonería, a quien consideraba culpable de casi todo lo importante que sucedía en España y hasta en el mundo, y Rafael Pérez Escolar, según Juan, era uno de sus máximos dirigentes. Una de las pruebas de la pertenencia de Rafael a la orden masónica era —según Juan— que estaba restaurando un monasterio en Burgos, en el que había invertido mil millones de pesetas, y semejante gasto constituía un homenaje a los templarios, antecesores de los modernos masones. Posiblemente por esto le encargó su defensa en este vidrioso asunto. Confiaba más en la fuerza oculta del poder masónico que en la Ley, seguramente porque a la vista de la «pillada», como dicen hoy en día los jóvenes, lo de la Ley por sí sola no daba para mucho. La verdad es que la historia resultaba un tanto rocambolesca y, desde luego, mucho más que rebuscada, pero en los momentos de tensión, la mente, sometida a un exceso de revoluciones, suele abandonarse en el placer de la imaginación.

Entramos juntos en el despacho de la calle Juan de Mena y nos recibió Rafael. Yo, como digo, no le conocía. Es un hombre que transmite fuerza desde el mismo instante que lo ves por primera vez. Alto, con gafas, de complexión atlética, camina de manera que rezuma seguridad en sí mismo. Yo no sabía nada de su vida pero Juan me contó que era juez, había trabajado en Banesto, en la Asesoría Jurídica, y que había abandonado el banco por discrepancias con Pablo Garnica padre, que no solo eran bancarias sino, además, políticas, porque Rafael siempre ha tenido ese tipo de inquietudes muy profundamente enraizadas y, por supuesto, lejos de la admiración a Franco que se profesaba en las altas esferas de la dirección de Banesto, uno de los principales bancos españoles en aquellos momentos. Nos sentamos juntos alrededor de una mesa redonda en el despacho privado de Rafael y expusimos la situación.

Yo notaba que Juan estaba pendiente de algo distinto a nuestra conversación sobre los aspectos jurídicos del caso, pero no sabía de qué se trataba. Aquella actitud de Juan, que parecía concentrarse en un enigma que consideraba más importante que el verdadero objeto de nuestro encuentro con el abogado buscado de propósito, me exasperaba.

Nada más cerrar la puerta del despacho, incluso antes de tomar el ascensor, en un tono un tanto misterioso, como con miedo de que alguien nos escuchara, me dijo bajando sensiblemente el tono de voz:

—¿Te has fijado? Hay dos columnas en su despacho personal. Es un síntoma definitivo.

—¿Definitivo de qué?

—De su pertenencia a la masonería —me contestó con alguna irritación—. No sé cómo no sabes —añadió— que la masonería se basa en dos columnas, y por eso Rafael ha elegido un despacho en el que se demuestra ostensiblemente, con estas dos columnas, su condición de masón.

—Juan, no me jodas, que esto va en serio. Déjate de coñas de columnitas, de masones y de cosas raras y vamos a ver cómo le metemos el diente a esta mierda que puede acabar contigo y con tu laboratorio. Y yo me he metido en este lío solo por amistad contigo, así que déjate de coñas de masones, rosacruces, templarios y otros similares.

El tono de voz no permitía hueco para insistir, así que lo dejamos de semejante guisa y Rafael se ocupó del caso. Pero Juan siguió pensando lo mismo.

Años después, en 2007, recibí una llamada en mi móvil mientras paseaba solitario por el campo de golf de Layos.

—Mario, siento tener que darte una pésima noticia: Rafael Pérez Escolar ha muerto.

En Juan latía el convencimiento acerca de los poderes conspirativos de la masonería española, y todavía más enraizada se encontraba su creencia acerca de la biológica enemistad con la Iglesia católica, de la que Juan se declara seguidor incondicional y ferviente súbdito. Creía que la misión esencial de la masonería era, precisamente, destruir esa Iglesia de la que él se consideraba hijo. Se trata, en esto conviene disculparle, de una ignorancia esencial derivada del martilleo con el asunto en época del general Franco. Poco importa ahora si el odio de Franco a la masonería tiene orígenes políticos o meramente personales. Franco sabía que la masonería española tuvo mucho que ver con la Constitución de 1812, en la que, por cierto, se declaraba a la Iglesia católica como la religión oficial del Estado, añadiéndose, si mal no recuerdo, la explícita mención de que era la única religión verdadera, lo que constituye, seguramente, una declaración más que excesiva para un texto constitucional.

Pero el pensamiento humano funciona por clichés y cuando con fórceps repetitivos han conseguido introducirte en tu mecanismo un patrón de pensamiento, el efecto es demoledor porque los patrones de pensamiento resultan muy duraderos. Eso lo saben bien los políticos que manejan a la opinión mediante la técnica de la inducción. Por ello escribí en uno de mis libros, *Cosas del camino,* que «cuando la democracia descubrió el poder de la inducción, se convirtió en Sistema». Lo cierto es que, además de ser la causante de todos los males del mundo, de representar una versión del averno, de ser agente de Belcebú y otras lindezas, la masonería, por si fuera poco, se dedicaba a publicar noticias sobre el Frenadol en el diario *El País* con el propósito de arruinar a Juan. Un poco paranoico, sin duda, pero es de disculpar porque el impacto emocional que provocó el asunto en Juan fue de tamaño más que considerable. Para Juan visualizar, solo visualizar, la hipótesis de ruina económica era algo que resistía mal, francamente mal.

Sucedió en Bruselas. Teníamos allí una sociedad dedicada a productos de alergia que nunca acabó de convertirse en un negocio rentable. La montamos de la mano de un ejecutivo del sector financiero, un belga llamado Marcel Collet, un hombre algo premioso de voces y gestos, exagerado en el vestir, quizá blando de formas, pero inteligente. Había prestado sus servicios en una de las multinacionales de farmacia. De vez en cuando me encontraba con él en Madrid y Bruselas para debatir sobre la marcha de esa pequeña sociedad. Como digo, era algo lento en la exposición y premioso en las formas. Pero me pareció siempre una buena persona.

Cenábamos en algún lugar de la capital belga. No sé por qué pero comentábamos acerca de asuntos propiamente encajables en el mundo del esoterismo. No pegaba demasiado, visto su aspecto, que a Marcel le interesaran estas cosas tan aparentemente raras, pero así fue. Y como yo he sido siempre un aficionado a estas materias desde mi tierna juventud, expuse mis ideas. Percibí que los ojos de Marcel se cubrían de un brillo especial a medida que avanzaba en mi parlamento. Por fin, al cabo de un largo rato de esta singular conversación, se acercó a mí algo más de lo habitual, se inclinó hacia adelante y reduciendo el tono de voz, con ese volumen tan característico de quienes desean transmitir algo que de ser escuchado por los demás mortales provocaría un caos mundial, me dijo:

—¿Te gustaría ingresar en la masonería?

Me quedé de piedra, aunque una de mis características —ya sé que está mal que yo lo diga— es saber controlar el lenguaje corporal de los choques emocionales intensos. Por eso no gesticulé en exceso, me eché algo para atrás reclinándome con mayor ángulo en mi silla, puse una cara de circunstancias y sin la menor emoción en mi tono, una vez transcurridos los imprescindibles segundos de silencio que dotan al instante de una arquitectura de seriedad, dije:

—Pues no se me había ocurrido nunca, la verdad. ¿Puedes decirme algo al respecto?

Y resulta que aquel hombre blando de formas tenía unos conocimientos masónicos realmente importantes. Me ilustró el resto de la velada. Tomé nota de cuanto dijo, no me comprometí en absoluto, le dije que estaríamos en contacto y esa noche pasó a ser la única que recuerdo bien de las muchas que tuve que compartir con aquel hombre cuya pista perdí hace mucho tiempo.

Al regresar a Madrid comenté con Juan la anécdota. Lo hice

deliberadamente en tono jocoso, para evitar que Juan se escandalizara con el relato y se sintiera atacado en la profundidad de sus convicciones. Se quedó pensativo y curiosamente no pronunció ninguna sentencia contra la masonería ni una admonición grave contra la mera ocurrencia de mi ingreso en la orden. Pero al día siguiente, a eso de las doce de la mañana, charlamos en su despacho de Julián Camarillo, y para mi sorpresa, quizá relativa sorpresa, todo hay que decirlo, Juan esbozó un discurso que sobre el papel encajaba mal con la fuerza de las convicciones que me transmitía con anterioridad.

—He estado pensando en eso que me comentaste de la masonería... A mí, claro, no me pega, pero a ti sí. No sé si en mi familia hemos tenido alguien que era masón, pero es muy posible. Y como a ti te pega, quizá no estaría mal que entraras. Así cubrimos más flancos...

Sonreí. ¿Qué se puede hacer ante un discurso que constituye una gigantesca ponderación de lo conveniente por encima de cualquier convicción profunda? Lo dejamos en ese momento y seguimos con nuestros asuntos.

Concluida la historia del sable clavado en el sillón de Juan, nos fuimos a dormir y al día siguiente la historia del animal africano era ya agua pasada, la señal no tan clara y su voluntad de retener Abelló, S. A., se mantenía firme. Es curioso, pero los factores emocionales se sobreponen en muchas ocasiones por encima de eso que llaman racionales. La decisión técnica, por llamarla de alguna manera, consistía en la prudencia de vender. La emocional, en la imprudencia de apegarse a un modo de vida ya existente. ¿Cómo es que un hombre racional se deja influir por la emoción en algo tan vital como el dinero? Juan no constituía un ejemplo extraño. Ni mucho menos. Entre el deseo de continuar y el miedo al futuro, la decisión de no vender se presentaba pétrea. Y es comprensible porque todos, de alguna manera, construimos nuestra personalidad fijándola en cosas, tangibles o intangibles, pero cosas al fin y al cabo, de tal manera que si nos privan de ellas sentimos el vértigo del vacío, y aunque no lleguemos a cuestionarnos qué o quiénes somos sin ellas, la verdad es que la sensación resulta extremadamente desagradable, y buscamos como sea algún motivo preñado de racionalidad epidérmica para justificar nuestros miedos, para permitirnos seguir siendo como somos sin arrojarnos a un precipicio desconocido: el abismo de una personalidad sin puntos materiales de referencia.

En todo caso, la realidad es que el camino de la venta de Abelló se cerró ante mis ojos.

Pues no me quedaba otra que hablar claro con él y decirle algo tan concreto como que me marchaba a iniciar otra vida. Acudí a su despacho, me senté frente a él con cierta parsimonia y me lancé:

—Mira, Juan —comencé con un tono delicadamente suave—. El tiempo que hemos pasado juntos ha sido muy interesante y son muchas las cosas que he aprendido, pero necesito buscar nuevos horizontes, hacer algo por mí mismo, porque me estoy encontrando envuelto en una contradicción grave: actúo como si fuera propietario de los laboratorios y sé que no lo soy, lo cual me está creando una incomodidad personal importante.

Deseaba transmitirle la decisión tomada. Busqué la mejor manera de decírselo sin herir excesivamente su susceptibilidad y por eso utilicé un lenguaje para él perfectamente comprensible: actuar como accionista sin serlo. Es obvio que, siendo Abelló, S. A., una empresa familiar, ni era accionista, ni podía serlo, ni tenía la menor intención de conseguirlo, aunque solo fuera porque se trataba de una empresa cuyas escasas expectativas de futuro diseñé con tanto cuidado. Era, insisto, una manera de hablar que se correspondía con el afecto que sentía por Juan. Sin embargo, creo que no me entendió.

Me miró aparentando serenidad, se recostó un poco en el sillón de su despacho en una especie de impulso para abarcar más terreno, lo que suele ser equivalente, en una conversación de este tipo, a ganar autoridad, y me dijo:

—Esa es una reflexión inteligente pero muy poco pragmática.

Lo que me quería trasladar es que comprendía perfectamente mis inquietudes, pero que era muy poco realista invertir tiempo en pensar que no era accionista, sencillamente porque no tenía ninguna posibilidad de serlo. Cada uno, venían a decir esas palabras, tiene que aceptarse como lo que es. Yo era un abogado del Estado, pero no un propietario capitalista y, por consiguiente, reflexionar de esa manera, en la opinión de Juan, no me llevaba a ningún sitio. Sus palabras eran un reflejo de su consciente interno, esa división estructural de la sociedad a la que antes me refería. Juan no necesitaba reflexionar su respuesta antes de traducirla en palabras, porque la explicitaba gestualmente todos y cada uno de los días de su vida.

La respuesta, aparentemente fría, preñada de distancia humana, me pareció congruente, porque mi discurso afectaba a la esencia del Sistema y nadie podría haber respondido de otra manera. Aguanté el silencio que se produjo detrás de aquellas palabras, un silencio denso, de textura múltiple, porque desde mi costado se trataba de una percepción vital, y desde el de Juan de una asunción de roles inamovibles. ¿Qué hacer? ¿Cómo responder? Reconozco que en ese momento cedí un poco al ímpetu algo agresivo que todo el proceso provocó en mi interior y respondí:

—Entonces, de acuerdo. Vamos a concedernos un plazo de unos meses para que yo termine los trabajos que tengo pendientes, aunque a partir de este momento me considero desligado profesionalmente de los laboratorios, sin perjuicio, como te digo, de que todo lo que tengo entre manos quedará terminado, pero te ruego que los nuevos temas se los encargues a otro.

Salí del despacho envuelto en silencio. Juan no pareció inmutarse demasiado. Tal vez pensó que se trataba solo de una estrategia negociadora, de que todo es reconducible, de que volvería... Estaba tan convencido de que la vida real que me aportaba mi estancia en la empresa de farmacia distaba tanto de la que se correspondería a un brillante abogado del Estado, por muy jefe de Servicios que fuera, que no tardaría en visualizarla, y lo que se presentó como una repuesta emocional se reconduciría a eso que Juan llamaba «lo pragmático», lo que equivaldría a que en un corto espacio de tiempo todo volvería a ser como antes y cada uno en su lugar.

Cuando crucé la puerta de su despacho pensaba para mis adentros que quizá había sido demasiado frío en mis palabras, pero no latía dentro de mí ningún sentimiento de culpabilidad, porque la auténtica frialdad había emanado de Juan, con esa frase de «inteligente pero no pragmática». De todas formas, una despedida tan cruda no casaba con el afecto que en aquellos momentos sentía por Juan, que era mucho en cantidad y calidad, pero en ocasiones desparramamos frialdad con aquellos por quienes sentimos más cariño. Es una de tantas contradicciones que adornan nuestra peculiar naturaleza humana. Lo que ignoraba en aquellos momentos es que todavía tenía un largo trecho por delante, especialmente complicado y difícil, en mis relaciones con Juan Abelló.

El 23 de diciembre de ese año tuvimos Juan y yo una cena muy emotiva en el restaurante Colony de Madrid, en la calle de Alberto Alcocer. Cuando nos sentamos en la mesa todavía Juan albergaba alguna esperanza de que reconsiderara mi postura, ofreciéndome una participación en los beneficios del laboratorio. Pero todo estaba decidido. No le expliqué a Juan mi razonamiento interior. Le contesté con una sonrisa afectuosa y un sincero «no puede ser».

En una especie de intento final de que nuestra relación continuara, me propuso que estableciéramos un contacto permanente, diario, a través de un sistema de radio que uniera nuestros despachos. También decidió que yo fuera consejero de Antibióticos, empresa en la que su familia tenía una participación significativa. Pero la decisión estaba tomada.

Retengo vivo el recuerdo de esa cena posiblemente porque al ver a Juan humanizado, desprovisto de esa corteza de la que se rodeaba en la mayoría de sus relaciones sociales, al percibir que al margen de sus necesidades profesionales comenzaba a destilar algunos trozos de afecto para conmigo, me di cuenta de hasta dónde llegaba el cariño que yo ya sentía por él.

Reunimos al Consejo de Administración de Abelló, S. A., y le trasladamos mi decisión. Juan fue informando al Consejo con voz suave y exposición deliberadamente lenta, dejando casi resbalar las palabras, sin especial dramatismo pero queriendo dar importancia al suceso. Sin embargo, los ojos y hasta los gestos del padre de Juan transmitían de forma inequívoca la tremenda preocupación que le causaba lo que estaba oyendo y ello no solo era debido a la simpatía que sentía por mí. Todas las mañanas, cuando yo estaba en Abelló, S. A., venía a mi despacho, abría la puerta, me miraba, yo le hacía un gesto expresivo de una broma que manteníamos entre nosotros, se reía con esa risa infantil que suelen tener las personas mayores, como expresando alegría y complicidad en alguna «trastada», y se iba.

Murió antes de que culminara la venta de los laboratorios, por lo que nunca conoció el destino final de la empresa que había creado, y precisamente el día en que cerramos esa operación fuimos Juan y yo a visitar el lugar en donde estaba enterrado; cuando miraba la piedra en la que estaba grabado el nombre de Juan Abelló Pascual, recordé que poco después de aquel Consejo vino a mi despacho y con las tremendas dificultades que tenía para poder hablar, porque había sufrido una operación de cáncer de laringe, me pidió, en un tono un tanto patético, que por favor siguiera ayudando a Juan.

Pero nada es definitivo. Al final, curiosamente, Juan cedió. Fueron varias las razones que llevaron a decidir la venta de su empresa a los americanos de Merck. Tuvo que deglutir las razones que en su día le expuse y me encargó, esta vez absolutamente en serio, que me pusiera al frente de la operación. No se trató solo de una venta. Fue algo mucho más profundo. No solo por los factores que concurrieron en ella, que ahora relato porque tienen importancia, sino porque marcó para Juan un momento decisivo de su vida al encontrarse por primera vez sin-sus-cosas, y su personalidad se encontraba vertida en ellas.

Pero por avatares del destino, una vez decidida la venta, todo se pudo haber ido al garete a consecuencia, precisamente, de una falsa información de prensa suministrada por el diario *El País*. Juan y yo ya vivíamos separados profesionalmente cuando aquella mañana del año 1983 el diario *El País* sacó en portada una noticia terrible: «El Frenadol puede causar un grave riesgo para la salud». Era una auténtica estupidez médica porque se trataba de un producto absolutamente inofensivo, combinación de paracetamol, cafeína, vitamina C y un antihistamínico, pero ya se sabe que este tipo de noticias crean una alarma general y acaban con la vida de cualquier especialidad farmacéutica. En el caso de Abelló, S. A., el tema resultaba sencillamente vital, puesto que el Frenadol era clave en los beneficios del laboratorio. Y Merck, comprador americano, lo conocía a la perfección. Pero no es que fracasara esa posible venta, sino que, además, el laboratorio se iría a pique y con él todo lo que Juan había soñado en su vida.

Juan me llamó consternado, hundido, destrozado. La noticia no podía venir en peor momento. En ese preciso instante, el diario de la llamada izquierda española se atrevía a publicar una estupidez científica de tamaño cósmico, pero que podría provocar no solo la ruina del producto, sino, además, el fracaso estrepitoso de unas negociaciones de venta cuya decisión había costado sangre, sudor, lágrimas y la caída de un sable sobre un cómodo sillón del despacho de Las Navas.

Cuando nos reunimos, Juan me contó que había recibido una llamada de Pablo Garnica hijo, a quien yo no conocía, que en aquel entonces era algo así como director comercial de Banesto y que, aparte de una muy buena amistad con Juan, creo que era padrino de uno de sus hijos o viceversa. En fin, una relación muy intensa. Pablo le dijo:

—Si quieres puedes pedirnos un crédito para financiar el stock que tengas porque estas cosas no tienen remedio y el Frenadol está muerto.

Esa frase suscitó las iras de Juan, no solo porque era tanto como decirle que estaba en la ruina, sino, además, por venir de una persona como Pablo.

Almorzamos en el Club Siglo XXI y Juan, histérico, no paraba de buscar explicaciones esotéricas a lo sucedido. Apelaba, una vez más, a la conjura contra él desde los poderes ocultos conectados con las oscuridades del averno. La verdad, lamentablemente, se teñía de caracteres más prosaicos.

—Mira, Juan, comprenderás que la masonería internacional tiene otras cosas más serias de las que ocuparse que un pequeño laboratorio de un señorito español llamado Juan Abelló. Comprendo que en España eso tiene importancia, pero en términos mundiales es ridículo. La verdad, desgraciadamente, es mucho más prosaica.

Un médico de tercera o cuarta fila, de nombre Castejón, expulsado por incompetente de la nómina de Abelló, preparó un dosier con apariencias de cientificidad y lo fue vendiendo por las redacciones madrileñas. Juan, contra mi criterio, abortó su publicación en una revista absolutamente marginal. Fue un error. El médico pudo alardear de que el poder de Juan Abelló consiguió evitar que se publicara su dosier y, de esta manera, le dotó de una credibilidad añadida. De todas formas, aún hoy sigo preguntándome por las razones que llevaron a *El País* a publicar semejante estupidez con caracteres tipográficos de catástrofe nuclear. No lo entiendo. No quiero compartir la mesa y el mantel de Juan en sus apelaciones al averno como motor de sus desgracias, pero sin duda algo extraño sucedió.

En cualquier caso teníamos que reaccionar y, puesto que el problema lo había creado la prensa, en ese terreno debíamos proporcionar la respuesta, y decidimos contratar los servicios de una agencia especializada para que nos ayudara en el tratamiento informativo del asunto. Es así como conocí a José Antonio Martín Alonso-Martínez. De estatura mediana, nariz aguileña, ojos vivos que escondía normalmente detrás de unas gafas Ray-Ban montadas en oro de cristales algo oscurecidos, práctico, resolutivo, enérgico. Conversamos muchas horas acerca de lo que debíamos hacer para tratar de reducir al máximo las consecuencias perjudiciales de las noticias sobre el Frenadol y ese fue el comienzo de una larga relación que llegó a convertirse, con el paso del tiempo, en una amistad sincera.

Llegamos a la conclusión de que resultaba imprescindible, entre otras cosas, convocar una rueda de prensa para tratar de ofrecer una versión de la inocuidad del producto. Teniendo en cuenta que, aparte de ser el representante de la familia que ejercía con más intensidad funciones ejecutivas en el laboratorio, tenía el título de doctor en Farmacia, lo lógico era que fuera el propio Juan quien explicara la postura de su empresa. Sin embargo, no se atrevió a hacerlo, no sé si porque desconfiaba de sus capacidades en este terreno o porque el asunto le había producido una alteración nerviosa más que considerable. Por ello me pidió que asistiera yo, lo cual sonaba indudablemente raro porque cualquiera podía preguntarse qué hacía un abogado del Estado en una convocatoria informativa de naturaleza fundamentalmente médica. Pero es que el asunto era particularmente grave.

Accedí a la petición de Juan y de esta manera, acompañado del doctor Baixeras, un médico inteligente, aunque altivo y distante, poseído de sí mismo, que trabajaba en la empresa de Juan y que había sido el «padre» del producto, comparecí ante los medios informativos en lo que constituyó mi primer encuentro con la prensa que tantas y tantas veces iba a repetirse, si bien en otro entorno y con características distintas, a lo largo de mi vida. En definitiva, conseguimos recuperar el producto, situarlo en un nivel de ventas parecido al que tenía antes del desgraciado suceso y la operación de venta del laboratorio se cerró. Además de ello, como antes explicaba, empezó a cimentarse la amistad entre José Antonio Martín y yo. Recuerdo que al entrar en su despacho reconocí un tipo de decoración inequívocamente marina. Pregunté a José Antonio si era aficionado al mar y me respondió que había sido capitán de la Marina Mercante y dirigido barcos de muchas toneladas. En aquellos momentos no tenía afición por el mar porque sostenía que ya había consumido muchas horas de su vida navegando. Sin embargo, algunos años más tarde, en compañía de su mujer, Charo, atravesó el Atlántico en un barco de vela y se recorrió durante muchos meses el Caribe.

José Antonio siguió después vinculado a mí en razón sustancialmente de amistad. Me enseñó muchas cosas acerca del funcionamiento de los fondos del periodismo español. Fue el inventor de algo que llamó «la operación voz». Consistía en tener más o menos estimulados a una serie de periodistas, no con el principal propósito de que escribieran artículos sobre tal o cual persona, sino sobre todo de que en los cenáculos madrileños, cuando salieran a almorzar o cenar, o cuando se encontraran en reuniones sociales, dejaran caer, viniendo a cuento más o menos, los nombres de las personas incluidas en esa operación voz, y añadieran a esos nombres calificativos en la dirección marcada por la empresa. Es claro que algo así resulta de una eficacia demoledora. No en vano siempre se ha dicho que el boca a boca funciona de maravilla, sea para ofender, para descalificar, o para alabar o ponderar, aunque nuestra peculiar idiosincrasia hispana provoca que sus resultados sean más tangibles y demoledores cuando de destruir se trata. Los españoles quizá no seamos excelentes arquitectos, pero nuestra habilidad para tirar abajo los mejores edificios y monumentos es primordial y reconocida en el mundo entero, como decía aquel anuncio publicitario de los sesenta.

Es muy posible que a raíz de ese acontecimiento y de las enseñanzas de José Antonio aprendiera a calibrar en su justa medida la importancia de los medios de comunicación social, sobre todo, como digo, en lo que a destruir se refiere. No tenía ni idea en aquellos días de que iba a ser uno de sus objetivos favoritos, quizá el más favorito de todos, con el paso del tiempo. Pero cuando decidí abordar la participación en medios desde mi puesto de presidente de Banesto, estoy convencido de que ese asunto del Frenadol flotaba en mi subconsciente transmitiendo de manera impenitente constantes señales de alarma.

Una de ellas dejó de ser señal de alarma para enviarme a la realidad más obscena. Sucedió en Valdemorillo, la casa que Jesús Polanco y Mari Luz Barreiros tenían en esa población de la comunidad madrileña. En aquellos días, como luego diré, debido a los oficios de Matías Cortés y las aspiraciones secretas de Jesús Polanco, manteníamos entre nosotros una relación buena de fondo. Pasamos la noche allí, en su casa, en calidad de invitados distinguidos, Lourdes y yo. Amanecí más o menos temprano, teniendo en cuenta las copas de la noche anterior, y me dirigí en directo al pequeño comedor —lo de pequeño es relativo— situado al fondo del salón principal. Además de lo que suele formar parte de la parafernalia elegante de los desayunos caseros cuando se tiene invitados, me refiero a huevos, jamón, cruasanes y un etcétera nada despreciable, en la parte final de la mesa en cuya cabecera trasera se sentaba Jesús, se desplegaban todos los periódicos de España. Si no todos los de España, sí, desde luego, todos los de Madrid y algunos de provincias que llegaban por algún conducto extraño, dada la hora, que no pasarían de las nueve y media de aquella inolvidable mañana.

Quizá por deferencia para con el anfitrión, muy posiblemente porque estoy habituado a ese diario, tomé *El País*. Me llamó inmediatamente la atención una llamada en portada sobre un editorial acerca de la economía española. Mejor dicho, sobre la política económica dirigida por Solchaga, con quien yo sostenía discrepancias sustanciales. Era un hombre inteligente, tenaz, capaz, formado intelectualmente, pero al tiempo equivocado. Lo malo de un inteligente en el error es que te puede producir daños de envergadura. Jesús Polanco, por cierto, criticaba mi enfrentamiento con el ministro diciéndome, sin el menor pudor, que en mi sueldo de banquero se encontraba llevarme bien con el ministro de Economía y con el gobernador del Banco de España. Yo siempre le contestaba que en realidad se trataba de llevarme bien con mis accionistas, que era algo bien distinto. Y que, por tanto, si sentía que esos personajes persistían en su error y eso podía costarnos dinero, tenía la obligación de decirlo alto y claro, asumiendo los riesgos que fuera menester. A los del Sistema, a quienes tejen el entramado de intereses que lo integra, hay que reconocer que les gusta entre muy poco y nada en absoluto asumir ningún tipo de riesgo de semejante naturaleza.

Abrí el periódico por la página indicada en la llamada de portada y leí el editorial con indiferencia porque suponía que seguiría la línea de alabanza empalagosa de siempre. Pues no. Comenzó el asombro. *El País*, defensor a muerte de esa política económica que yo criticaba, *El País*, que aseguraba un día sí y otro también que era la única ortodoxa, algo en lo que, curiosamente, coincidía con la CEOE y con la inmensa mayoría de los empresarios españoles enclavados en el Sistema, *El País*, después de todo eso, se arreaba ahora un editorial poniendo a Solchaga a caer de un burro, con tal fuerza que parecía más un mulo percherón —suponiendo que algo así tenga vida— que un burro chiquito, como dicen por el sur.

Me quedé estupefacto. La crítica a Solchaga era demoledora y casualmente utilizaba algunos de mis argumentos. No digo que fuera copia literal de mi discurso, pero se parecía bastante. Jesús leía sus prensas sin prestar la menor atención a mis indudables y casi forzados gestos de sorpresa. Como no me miraba siquiera, me decidí a hablar en alta voz.

—¡Joder, Jesús! Acabo de leer esto... Parece que ya os habéis convencido de que Solchaga nos conduce al desastre, ¿no?

Jesús levantó la cabeza, apartó los ojos del periódico que ojeaba, me miró con gesto indiferente sin siquiera esbozar sonrisa alguna y casi sin concederle importancia, como quien recomienda una película de cine de calidad media, volviendo al tiempo que hablaba a fijar su mirada en el periódico que tenía entre manos, sin énfasis alguno en la voz, me dijo:

—¡Qué va! Es que estamos tratando de comprar el resto de las acciones que nos quedan de la Ser. Le hemos hecho a Solchaga una oferta, pero quiere más pasta y hay que ablandarle. Con dos editoriales así se ablanda fijo y luego volveremos a lo nuestro.

Me quedé clavado. Una cosa es sospechar algo así y otra, que el dueño o cuando menos el principal accionista y presidente del periódico te lo reconozca sin cortarse un pelo, como asumiendo que ese es el mundo en el que vivimos, que así son las cosas y que nadie debe escandalizarse porque sean como son.

Una cosa es la vinculación ideológica de un medio con un partido; otra, la vinculación de intereses mutuos. Pero otra bien distinta es utilizar la línea de opinión de un medio para conseguir la rebaja en el precio de unas acciones...

Pero me quedaba un resquicio a la esperanza, que se tratara de un farol, de una frase de esas que se dicen en los salones para impresionar al personal, una muestra ridícula de fatuo poder. Un tiempo después, a la vista de que nada me comentaba Jesús, me atreví a preguntarle:

—¿Qué? ¿Habéis comprado las acciones esas de la Ser?

—Sí, ayer o antes de ayer firmamos.

—Y... ¿te bajó el precio Solchaga?

—¡Claro! ¡No tenía otro remedio!

No me atreví a preguntarle si eso implicaba la vuelta a la alabanza en editoriales sobre la política económica del ministro. Me pregunté cómo podrían dar un salto en el vacío de semejante envergadura. A los dos o tres días volvieron por sus fueros.

Mi intervención en la venta de Abelló, S. A., a Merck fue muy importante, aunque esté mal que yo lo cuente así, pero es la verdad. Juan se ocupaba muy poco, lo cual en cierta medida es comprensible porque se trataba de la empresa de su familia y le costaba involucrarse en el proceso. Tuve que recorrer de nuevo el mundo para explicar a los extranjeros cuyos productos Abelló comercializaba en España la nueva de la venta del laboratorio español a un gigante americano.

Llegó el gran día, que, casualmente, fue el 29 de septiembre de 1983, diez años exactos desde que me casé con Lourdes. En tal fecha se vendía Abelló. Entre Juan y yo nos dividimos los papeles. Él se quedaría en Madrid con sus hermanas y firmaría los «vendís» de las acciones ante el agente de Cambio y Bolsa, que resultó ser Francisco González, hoy presidente del BBVA.

Solo en Ámsterdam, recluido en el hotel, comencé a sentir un cierto agobio. Asumía una gran responsabilidad, en muchos terrenos. Repasé una y otra vez el esquema financiero. Teóricamente todo funcionaba a la perfección, pero a pesar de ello esa noche concilié muy mal el sueño.

A las seis de la mañana del día de mi aniversario de boda, mientras me tomaba un enésimo café de esos tan blandos que circulaban más allá de los Pirineos, volvía sobre mi circuito. Cerré la maleta y me fui al despacho de los abogados. A las siete y media, sentado en la sala de reuniones, pensaba sobre el estado de ánimo de Juan.

Los documentos se ordenaban sobre la mesa de los abogados. Todo listo a la espera de la señal de Madrid. Por fin conecté con Juan, me dijo que firmaron y cobraron. Luz verde. Firmé. Apreté las manos de los letrados y me fui a poner en marcha el circuito financiero.

Mi avión con destino a Madrid despegaba a primeras horas de la tarde. No pude probar bocado alguno hasta que me confirmaron que el circuito había funcionado. Llegué a Madrid, busqué a Juan, le localicé con una cara de inmensa alegría y le di un fuerte y sentido abrazo. Juan se encontraba con una de sus hermanas, creo que la mujer de Juan Herrero.

Vendido Abelló, S. A., Juan ya tenía su dinero y yo, mi vida profesional encauzada a través del despacho profesional con Enrique

Lasarte y Arturo Romaní. Todo, sobre el papel, rezumaba tranquilidad. Sin embargo, el horizonte de las relaciones humanas entre nosotros se vislumbraba complejo. Tenía la intuición de que necesitaba alejarme de Juan —o él de mí— a pesar del afecto que sentía por él, si deseaba evitar aspectos conflictivos entre nosotros. Cualquier cosa que abordáramos juntos podría verse empañada si los aspectos humanos se enturbiaban. Es algo que he aprendido con mucho dolor en mi vida: cualquiera que sea la grandeza de un proyecto, los aspectos personales, incluso los del bajo vientre, pueden tener tal grado de importancia que son capaces de arrastrar al caos construcciones que merecían la pena. Rodearse de personas cultas e inteligentes es importante. Pero sobre todo lo es que quienes colaboren contigo, cualquiera que sea el plano o la condición en la que lo hagan, sean personas equilibradas emocionalmente. Un sujeto desequilibrado, con tormentos interiores sobre sí mismo, portador de complejos del tipo que sean, u obligado a convivir con aspectos emocionales de su vida individual o familiar que le repugnen, es un conflicto en potencia que solo necesita tiempo para convertirse en realidad. Huir de esos personajes es capital para el éxito en la vida. No es que yo pensara que Juan podría ser encuadrado en alguno de estos estereotipos, sino que algo raro ocurría, algo que yo no controlaba de manera totalmente nítida. Algo potencialmente peligroso.

Juan, sin embargo, se resistía. No quería quedarse solo con su dinero y su participación en Antibióticos, S. A. Esta era una empresa distinta, diferente, con mucha más potencia que Abelló, S. A., con una estructura accionarial diversa porque cinco grupos farmacéuticos tenían una participación más o menos igual en su capital. Yo le había escrito a Juan en el estudio «Abelló, S. A.: razones de una decisión» que lo que sí sería importante para él era tratar de controlar Antibióticos, S. A., pero en ningún momento pensé que esa empresa farmacéutica cambiaría mi vida.

5

Ayer, 5 de mayo de 2010, fui a Ourense para firmar ejemplares de mi libro *Memorias de un preso*. Sorprendente un acto multitudinario de firma de libros después de diez meses de su salida al mercado, sobre todo asumiendo que la décima edición se encontraba en fase de impresión. La presidenta de los Libreros Ourensanos montó, dentro del recinto en el que se homenajea al libro con el nombre de Feria, una carpa de paredes confeccionadas con tela plástica, abierta —afortunadamente— por el costado situado frente a los establecimientos montados en la Feria y encargados de exhibir y despachar los libros. El día por Chaguazoso amaneció con sol de justicia, pero al poco de dejar atrás A Gudiña comenzó a nublarse, y en Ourense se mantenía esa textura de nubes y calor pesado. No es infrecuente. Ourense es de las ciudades que marcan temperaturas más altas de España. Situada en el fondo de un profundo valle, regada por el Miño, recuerdo que, cuando la atravesábamos en el coche que conducía mi madre y que debía llevarnos a Playa América para las vacaciones de verano, todos sentíamos el bochorno. Y eso que cuando eres niño resistes calor y frío con mucha mayor resignación que a medida que echas años atrás —como dicen por el sur— en la cuenta de tu vida. Mi madre nos consolaba diciendo que Ourense era un bocho, supongo que en referencia a un agujero, pero no lo sé bien.

Lo cierto es que ese día hizo calor. Unas cincuenta personas se sentaban en las sillas que primorosamente habían situado dentro del recinto de la carpa. Otras tantas, cuando me vieron y oyeron hablar, permanecían en pie, en dos o tres filas después de la última compuesta de sillas, escuchando con cara de sorpresa y cierta expectación. En todo caso, los rostros evidenciaban una simpatía llamativa por aquello de que nadie suele ser profeta en su tierra. Hablaba de mi libro, claro, y de las experiencias vividas en esa etapa de mi vida, la transcurrida en los recintos de Alcalá-Meco, la llamada cárcel de alta seguridad del Estado. El mundo de la cárcel tiene suficiente morbo para atraer lectores. Si lo combinamos con el juego del poder y cosas así, se comprende que el libro tenga atractivo y se evidencie en ventas y en episodios como el que viví esa mañana.

Todos se preguntan, y me trasladan su interrogante, cómo controlar las emociones negativas que provoca la estancia en prisión, máxime viniendo como venía yo desde las llamadas alturas sociales y financieras, de las que me desalojaron a la fuerza por la ley del Sistema. En ese tipo de preguntas andábamos cuando un hombre más o menos joven, que esto, como el comedor de Polanco, también es relativo, sentado a mi costado izquierdo, que escuchó mi alocución con indisimulado interés, pidió la palabra, tomó el micrófono y me dijo que el libro le había gustado mucho porque, entre otras cosas, lo consideraba un libro de autoayuda. Me impresionó esa calificación. Es, sin duda, el mejor piropo que podría ofrecerme. Me quedé por unos segundos absorto, mirándole a los ojos. Los suyos transmitían la sensación de ser una buena persona.

Quizá animada por esa descripción del libro, una mujer de pelo rubio, ojos claros, luminosos y expresivos, muy expresivos, que evidenciaba una simpatía por mí de corte admirativo, tomó la palabra y quiso hacer elogios sobre mi persona, no tanto por el libro, sino por lo que ella llamó *anima forte*.

Imposible evitarlo: ya me había sucedido el día anterior, en un encuentro con empresarios en Lalín, otra ciudad gallega a la que acudí a la clausura de la II Xuntanza Empresarial. En el turno de preguntas alguien esbozó una idea acerca de las consecuencias del sufrimiento. Quizá no sea tema que se supone típico de un encuentro empresarial, pero es que en la España de hoy muchas personas sufren, pero sufren de verdad, y eso tiene costes emocionales evidentes, y por ello mismo me preguntaban sobre las consecuencias derivadas de esas alteraciones profundas de los estados emocionales de una persona.

Arduo asunto el de la conexión entre lo emocional y lo orgánico, es decir, los impactos traducidos en lesiones orgánicas derivadas de estados emocionales de profunda alteración. La ciencia oficial no tiene respuesta positiva. Más bien se inclina por seguir negando... Un asunto que llevó a la cárcel al médico que quizá con más ahínco ha defendido la tesis, el alemán doctor Hamer. ¿Choca con la ciencia médica oficial o con la industria farmacéutica? Dicen que la industria farmacéutica es tremendamente poderosa, y lo es, sin la menor duda. Los intereses en juego que subyacen son de dimensión sideral. Traspasan el umbral de la empresa para penetrar de cabeza en la política, y hasta en la geopolítica. El tema del sida y África merecería una conversación aparte.

Con ocasión de la enfermedad de Lourdes, su tumor cerebral, libré una batalla interna con las tesis oficiales protagonizadas por los médicos que con buena voluntad, con tan buena voluntad como impotencia efectiva, peleaban con sus armas oficiales contra el desarrollo de su dolencia. A día de hoy siento todavía mucho reparo en publicar mis conclusiones. No tanto porque tenga miedo a la industria farmacéutica, porque, a decir verdad, miedo, lo que se dice miedo, no le tengo a nada en concreto. Quizá a la vida, que en cualquier momento puede enviarnos al dolor, al profundo sufrimiento, alterando alguno de los puntos de la red de afectos en la que nos sostenemos de pie y a diario. Pero ni a personas ni a empresas les dejo que provoquen en mí este sentimiento.

Sin embargo, no deja de ser una ironía del destino que en mi vida haya sido precisamente propietario, accionista y gestor de una industria farmacéutica de dimensión española más que considerable. Recuerdo que mi padre, en aquella inolvidable conversación del restaurante Ponteareas, cuando ya casi todos los convecinos de almuerzo, los de las mesas de la planta principal, habían concluido el festín, como punto final a una crítica sobre mi actuación empresarial, me dijo:

—¡La verdad, hijo, es que te encanta vivir en los límites! Una cosa es dedicarte al mundo de la empresa y otra, haber estado de lleno ni más ni menos que en la industria farmacéutica y en la banca. Siempre pensé que esos dos sectores tendrían que estar nacionalizados, y ahora resulta que mi hijo se metió de lleno en ellos...

Sí, la verdad es que a las ideas de izquierda de mi padre —al menos eso decía— el destino les jugaba unas pésimas pasadas, porque no solo la farmacia y la banca, sino que, además, los socialistas a los que defendía en vida de Franco, y a los que dejó de defender después de su muerte, fueron los que dieron la orden de mi primer ingreso en prisión, aunque, claro, no fue cosa solo de ellos, y me temo que ni siquiera preferentemente de sus huestes dirigentes. Pero en todo caso resultaba muy molesto semejante contraste entre la teoría y la realidad.

Pero no solo para mi padre. También para mí. Porque en la etapa de Abelló, del pequeño laboratorio, al fin y al cabo, era asesor o como se le quiera llamar. Pero en el caso de Antibióticos, S. A., se produjo una mutación cualitativa, precisamente aquella a la que me refería, porque en esa etapa me convertí en propietario de capital, en millonario de verdad y en poseedor de una experiencia nada despreciable de semejante sector que sin la menor de las dudas sufrirá cambios profundos en el futuro.

Días atrás, antes de volver por Ourense para esta finalidad literaria, tuve que cumplir con una misión dolorosa: el funeral de Nieves Abelló, la hermana mayor de Juan. Le tenía mucho cariño y ella a mí. Enrique Quiralte, su marido, murió mientras yo estaba en prisión. Consumí una de mis llamadas carcelarias en conectar con Nieves para explicarle la consternación que me había producido esa muerte. En 2004, cuando me liberaron cinco días para asistir a la boda de mi hija Alejandra, me encontré con toda la familia Quiralte/Abelló, a la que con mucho afecto habíamos invitado. Allí estaban Nieves y todos sus hijos. También María Teresa, otra hermana de Juan, y Juan Herrero, su marido, hoy igualmente fallecido.

La iglesia en la que se celebraba el funeral de Nieves se encontraba inundada de gente. Avanzar hacia el lugar en donde se situaba la familia para recibir el pésame resultaba penoso. Finalmente, rodeado de apretones, conseguí llegar a las cercanías de Juan Abelló y estrechar su mano. No vi a Ana Gamazo. La última ocasión de encuentro ocurrió en el funeral de Lourdes, mejor dicho, en el tanatorio, porque el día del funeral Juan y su familia tenían visita concertada con el papa en Roma.

Saludé uno a uno a los hijos y yernos de Nieves. Iba emocionado por dentro. No solo por el hecho de la muerte, sino porque inevitablemente en ese trayecto, enclaustrado en ese tumulto, envuelto en ese gentío, mi mente voló atrás, a aquellos años de Antibióticos en los que me convertí en un hombre muy rico al tiempo que desilusionado con ciertas enseñanzas derivadas de las experiencias de lo que me tocaba vivir.

A Enrique Quiralte, manchego, estructura y complexión media, piel clara adornada de unas pecas inconfundibles, casado con Nieves, la mayor de las hermanas de Juan Abelló, le nombraron, años antes de la venta de los laboratorios Abelló, consejero delegado de Antibióticos, S. A. Sustituyó a Federico Mayor, una verdadera institución en aquella casa, padre de Federico Mayor Zaragoza, que llegó a ser ministro con UCD.

Enrique era un hombre inteligente. Sus relaciones con Juan Abelló, formalmente buenas, vivían preñadas de un enfrentamiento soterrado porque al carácter austero y recio de Enrique, muy acorde con sus ancestros manchegos y muy poco dado a los pavoneos sociales, le rechinaban ciertos excesos frívolos que provocaban las delicias de su cuñado.

Antibióticos, S. A., una empresa farmacéutica de tamaño más bien grande para las dimensiones españolas, atravesó por momentos particularmente difíciles a pesar de que Enrique Quiralte supo introducir cambios positivos, aunque, en un determinado punto, su capacidad empresarial sufrió las consecuencias de un exceso de conservadurismo, lo cual no siempre es malo, pero, en algunas ocasiones, sobre todo en negocios que tienen que vivir con la tecnología más avanzada, puede ser perjudicial.

En el Consejo de la empresa existían diferencias profundas sobre la gestión de Enrique, que, como siempre suele ocurrir, acabaron en cuestiones más personales que otra cosa. Las discusiones cada vez arrojaban más carga de agresividad sobre la mesa de reuniones. El enfrentamiento entre Enrique y Arcadio Arienza, el presidente en representación de las acciones del Grupo Zeltia, accionistas gallegos, evidente de toda evidencia, resultaba claramente perjudicial para el negocio. La tensión convertía en insoportables, además de estériles, las discusiones del Consejo. Todos sabíamos que así no se podía continuar y que alguna decisión dramática resultaba imprescindible. Juan y yo lo comentamos en multitud de ocasiones. El problema, como siempre, eran los equilibrios de poder.

Los cinco accionistas de Antibióticos querían ocupar su cuota de poder y Quiralte representaba la correspondiente a la familia Abelló, de forma que sustituir al cuñado de Juan por alguien que proviniera de otros grupos, independientemente de que Juan no sintiera especial devoción por Enrique, alteraría de forma notoria el difícil equilibrio en el que nos veíamos obligados a convivir.

Por fin, Arcadio Arienza, el presidente, se decidió a dar el paso y nos invitó a almorzar en Galicia. Después de meditarlo, Juan y yo nos fuimos a Vigo. Sabíamos que íbamos a asistir a un movimiento de corte conspirativo, pero en los juegos del poder ese tipo de actividades constituye la esencia y la sustancia juntas.

Eran ya muchos años los que llevaba sin aparecer por mis tierras gallegas, por lo que sentí una ilusión especial en aquel viaje aunque su duración programada era de un solo día. Al descender del avión olí mi infancia. Recuerdos de mi niñez conducidos por el olfato. La sensación se repitió al llegar al pequeño restaurante de la playa de Samil, en las cercanías de Vigo.

Arcadio nos ofreció el tradicional marisco gallego. Al tomar entre mis manos una de las nécoras que nos situaron en la mesa encima de unas bandejas de acero inoxidable comencé a revivir en mi interior aquellas pescantinas gallegas vestidas de negro, con andares de un compás prototípicamente femenino, con sus enormes cestos de mimbre sobre sus cabezas, en cuya parte superior colocaban un pañuelo convenientemente enroscado formando un círculo en el que apoyaban los cestos para poder moverse a su manera, libres las manos, que, de vez en cuando, dejaban aproximarse a su cintura, ajustándolas sobre sus caderas, que, por fruto de la carga y de la inevitable coquetería femenina, se balanceaban de un lado a otro con suave intensidad, acentuando el aroma sensual de sus andares. Los cestos rebosaban de pescado y marisco deliciosamente fresco que aquellas mujeres ofrecían en cada una de las casas de los veraneantes a precios escandalosamente ridículos para los que se practican hoy en día.

La voz seca de Arcadio Arienza me devolvió a nuestro prosaico mundo:

—Quiero señalaros que la situación es insostenible. Hay que sustituir a Enrique. No podemos continuar así. Está afectando a la marcha de la empresa.

El tono de Arcadio, aunque seco, quería resultar delicado debido a que penetraba en el centro del poder de Antibióticos y se encontraba hablando con alguien que, en principio, no se mostraría muy dispuesto a ceder su parte. Casi sin dar tiempo a que Juan esbozara siquiera una objeción, Arcadio continuó:

—La decisión no es solo nuestra, del Grupo Zeltia, sino de todos. Lo he consultado con los compañeros del Consejo y la posición es unánime. Por eso quería que habláramos nosotros tres, para que podamos cerrar este desagradable asunto cuanto antes.

Arcadio quiso marcar el terreno: no es una cuestión mía, sino de quienes representamos la mayoría del capital social de la empresa. Con ello, el espacio de maniobra quedaba reducido de forma sensible. Juan, al percatarse de ello, se tomó unos segundos antes de contestar. Se secó cuidadosamente las manos y los labios con la servilleta de cuadros rojos y blancos, y mirando a Arcadio a los ojos, sin querer dar excesiva importancia a sus palabras, aparentando la más absoluta naturalidad, respondió:

—En caso de que aceptáramos, ¿en quién habéis pensado para sustituir a Enrique?

Juan quiso comenzar su discurso poniendo de manifiesto que, aunque el afectado era el marido de su hermana, no situaba el problema en un entorno personal, sino de negocios y poder, y, por tanto, la decisión de sustituir a su cuñado dependía, en lo que a su consentimiento afectaba, del nombre del sustituto, es decir, de cómo quedara el reparto del poder en la casa con el nuevo consejero delegado. Era evidente que Arcadio y el resto de los accionistas habrían meditado la decisión con extremo cuidado. Conocían a Juan. Sabían de antemano que su actitud frente al planteamiento de Enrique Quiralte sería precisamente preguntar por el sustituto, calibrar la calidad del cambio medido en términos de situación resultante para la familia Abelló. Sentí cierta curiosidad.

Arcadio contestó a renglón seguido, como un colegial que domina la pregunta y la respuesta, que lleva una lección aprendida y recitada durante el desayuno y el camino a la clase.

—Todos los miembros del Consejo consultados creen que la persona adecuada es Mario —fue la respuesta de Arcadio, en un tono de voz que expresaba indisimulada satisfacción.

Arcadio se consideraba a sí mismo un profesional independiente, a pesar de que trabajara a tiempo completo para el grupo de los gallegos de Zeltia. Sabía que yo fui nombrado consejero de Antibióticos en representación de las acciones de la familia Abelló, pero mi condición de abogado del Estado le llevó a pensar que en ningún momento me subordinaría a hipotéticos deseos de Juan que pudieran ser contrarios a los intereses de la sociedad. Pero en el fondo lo que ocurría es que le encantaba la idea de que una empresa como Antibióticos, dominada por capital perteneciente a pocas familias, estuviera dirigida por dos profesionales como él y yo. Mi propia designación potenciaría su figura, la convertiría en más independiente. Y la percepción de uno sobre sí mismo tiene mucha importancia.

El mundo de los negocios no se mueve por parámetros singulares. Sus personajes, sus actores, por inaccesibles que aparezcan en los medios de comunicación, por complejas que aparenten ser las operaciones en las que intervienen, no son más que individuos en ocasiones mucho menos inteligentes y cultos de lo que sería imaginable, y sus pautas de conducta no difieren de cualquier otro ámbito en el que las pasiones y las emociones condicionan los planteamientos llamados de razón. Lo malo es que la mediocridad inunda las plazas de las instituciones capitales del Estado con las que he tenido que lidiar a lo largo de mi vida. Pero, en fin, lo iremos viendo.

Estoy seguro de que Arcadio jamás habría propuesto a otro cuñado de Juan Abelló. Mario Conde era muy distinto. Para la empresa y para él.

Juan reaccionó con sorpresa. No esperaba una proposición tan rotunda avalada por todos los miembros del Consejo. Al mismo tiempo, no cabe duda de que le produjo satisfacción, incluso en el plano más egoísta: todos reconocían la capacidad y competencia de *su* abogado del Estado, porque aunque trabajara en un despacho independiente, Mario Conde era su descubrimiento y ahora los consejeros de Antibióticos avalaban su sagacidad. Al mismo tiempo pude percibir en Juan una cierta inquietud. Nuestras relaciones eran inmejorables, pero él, que es hombre largo, debió de convivir por unos segundos con la sombra de la duda de cómo se desenvolverían las cosas cuando yo asumiera el mando ejecutivo de Antibióticos apoyado por otros accionistas distintos de él, que en conjunto suponían la inmensa mayoría del capital de la empresa. No necesitaba mirarle para darme cuenta de que en su interior se cocía la duda entre estos dos ingredientes.

¿Y yo? Tengo que reconocer que el asunto no me hacía excesiva gracia, entre otras cosas porque había transcurrido muy poco tiempo desde mi incorporación al Consejo de aquella casa y prefería que mi vida siguiera los derroteros del despacho profesional que ya funcionaba y no me hacía ilusión abandonar, aunque algo en mi interior me aseguraba que mi proyecto existencial no consistiría en un gran despacho de abogados de Madrid. La decisión a la que me enfrentaba era, de nuevo, otra encrucijada en mi vida. Antibióticos y el despacho con Enrique Lasarte y Arturo Romaní se convertían en proyectos incompatibles. Uno de los dos marcaría el camino a seguir. Tenía que consultarlo con ellos.

En el fondo, eso de consultar con terceros nuestras decisiones capitales no deja de ser un eufemismo. Muchas veces, el ser humano adopta decisiones basadas en impulsos. Cierto que como el cerebro humano se ha desarrollado a lo largo de un millón de años y el pensamiento forma una estructura suficientemente estable, dichos impulsos tienen por lo general componentes de razón nada despreciables.

Pero funcionan automáticamente. Al menos en el mundo occidental. Quizá entre los orientales las cosas caminen de distinta manera, pero en la sociedad moderna occidental de nuestros días la decisión responde a impulsos, de manera que eso que llamamos pensar, meditar sobre una decisión, suele consistir en construir un razonamiento para justificar una decisión previamente tomada. Pues lo de consultar a otros, más o menos actúa de similar manera.

El impulso nos lleva a decidir. Las formas, a consultar. No necesitamos mucho tiempo. Los tres llegamos a la conclusión de que no existía alternativa real distinta a aceptar la designación. Las presiones de Juan para que aceptara el ofrecimiento del Consejo se convirtieron en insoportables. Si Enrique salía de Antibióticos, S. A., la capacidad de influencia de Juan se reduciría tanto que el destino final de sus acciones se convertía en incierto. La encrucijada me producía cierto vértigo. En muy poco tiempo había tomado decisiones vitales para mí: pedir la excedencia de mi Cuerpo de Abogados del Estado, renunciar a seguir una carrera político-administrativa, abandonar Abelló, S. A., abrir un despacho profesional y ahora meterme de lleno en el marasmo de la gestión empresarial. Por mucho que me atormentara en mi interior, el problema seguía ahí, frente a mí, esperando una respuesta.

De esta manera, con muy pocos años, sin quererlo ni desearlo, me convertí en el consejero delegado de la principal empresa española de productos químico-farmacéuticos. Si el destino está escrito en las estrellas, mis habilidades de astrólogo no son demasiado potentes.

Antibióticos, ordenada su gestión, profesionalizados algunos métodos, amparada en la creciente demanda mundial de productos penicilínicos, se convirtió en poco tiempo en una verdadera máquina de ganar dinero. Dinero en serio. Dinero que se acumulaba en las cuentas corrientes de la sociedad. Y en el cajón izquierdo de la mesa de Salvador Salort, el director financiero, en forma de letras sin descontar, lo que yo llamaba la sangre, la capacidad de sangrar a la empresa sin que se afectara su negocio. En ese tipo especial de sangre disponíamos de miles de millones. Aquel negocio valía una fortuna. Cada día más. Desde que comencé a gestionarlo el valor de Antibióticos se multiplicó. Sería ridículo creer que introduje alguna fórmula mágica. Tuve frente a mí una buena coyuntura económica, acertamos en unos productos que mejoraron nuestra productividad, subieron los precios de la penicilina, ordenamos algo más las cuentas..., en fin, una gestión ordenada y con criterio. De magia, nada; ni blanca ni negra.

La vida en el Consejo se pacificó, mis relaciones con Arcadio Arienza y el resto de los consejeros eran excelentes. Hasta que rompimos la paz accionarial y estalló la guerra.

Entre los accionistas de aquella empresa se encontraban Francisco Cano y Arturo Díaz Casariego, aunque en realidad las verdaderas dueñas de las acciones eran sus mujeres, y ellos las representaban en el Consejo de Administración. Paco Cano, alto, grande, pelo blanco peinado hacia atrás con cuidado esmero, camisas a medida planchadas de una forma especialmente elegante, entre atusadas y arrugadas, intentando aparentar indiferencia por su aspecto externo —la mejor forma de elegancia—, era un hombre inteligente y prudente. Pronto adquirí confianza con él. Era perfectamente consciente de que la empresa marchaba bien y de que en cuanto negocio no existía el menor problema. Pero, al mismo tiempo, reflexionaba sobre sí mismo, sobre su familia, sobre la composición de su patrimonio, sobre lo que debería esperar del futuro, del peso relativo que la inversión de Antibióticos tenía en su fortuna. Había vivido en el pasado momentos difíciles en los que parecía que la empresa que ahora brillaba por los cuatro costados podría quebrar en cualquier instante. Por ello reflexionaba conmigo sobre la conveniencia de vender su paquete de acciones.

En cierta medida el tipo de reflexiones de Paco Cano me resultaban familiares porque Juan repasaba casi a diario la estructura, composición y perspectivas de su patrimonio, en un ejercicio que me llamaba la atención al comienzo para provocarme cierto asombro después ante la intensidad con la que lo practicaba. Claro que yo no era rico, carecía de patrimonio y, por tanto, no podía dedicarme a ese deporte. Juan decía que eres rico de verdad si no eres capaz de precisar cuánto dinero tienes. Será así, pero para saberlo es imprescindible hacer un esfuerzo diario para controlar mentalmente tu fortuna; así que ser rico es esforzarse a diario en recontar tus dineros aunque te equivoques en algunas cifras.

Sucedió como siempre ocurren estas cosas, de repente, sin programar anticipadamente. En un momento dado vino a mi mente la idea de que lo que resultaba cierto para Paco Cano no lo era para mí. Su edad y circunstancias familiares aconsejaban vender. La mía y mis perspectivas existenciales llamaban a comprar.

Jamás programé convertirme en accionista de Antibióticos. Ese terreno pertenecía a otros. Yo era un abogado del Estado, un profesional. La hipótesis de convertirme en dueño parcial del negocio me resultaba extraña, casi incómoda, incluso me provocaba cierto temor ante la ignorancia de cuál debería ser mi comportamiento en el caso de que lo alcanzara. Poco a poco, a medida que avanzaba en las conversaciones con Paco Cano, me fui acostumbrando a la idea, deglutiéndola, metabolizándola, asumiéndola como una parte esencial de mi estancia en Antibióticos, hasta que llegó un momento en el que tomé una decisión: o compraba a Paco Cano y me convertía en accionista, o daría por cumplida mi misión y volvería a mi despacho profesional. Así entendí el verdadero fondo del asunto: eres profesional porque no puedes ser dueño. Eso es todo. Por tanto, a intentarlo o abandonarlo. De nuevo las reflexiones inteligentes pero no pragmáticas de mi conversación con Juan en su laboratorio tiempo atrás.

Ahora, sin embargo, me enfrentaba a una empresa no estrictamente familiar, con distintos accionistas no vinculados entre sí, y algunos de ellos podían tener interés en vender. Construir algo por mí mismo se convirtió en una necesidad vital. Casi un agobio. La decisión, una vez más, estaba tomada.

Llegó el momento de planteárselo a Juan. De nuevo el vértigo, el temor ante las reacciones de los demás, ante la modificación cualitativa de estatus que representaba el hecho de que a partir de ese momento yo, Mario Conde, ya no solo sería un profesional cualificado, un tipo brillante e inteligente, sino, además, un dueño, un accionista del negocio, lo que nada tiene que ver, en la estructura de pensamiento de las personas como Juan, con la brillantez, la capacidad y los conocimientos intelectuales. No tenía alternativa: o aceptaba que yo debía ser accionista o tenía que lidiar con un futuro de soledad en la empresa. Entre los vértigos que le producían las dos situaciones, eligió el que estimó menor.

Tal vez soy excesivamente rígido y hasta algo injusto por plantear la elección de Juan como una opción entre dos males, eliminando cualquier brizna de afecto, ilusión o siquiera agradecimiento por mis actuaciones pasadas. Creo, no obstante, que sucedió como lo describo, que este tipo de sentimientos convivían en el corazón de Juan en aquellos días, al menos en los compases iniciales, cuando la sinfonía que le presentaba volvía a recordarle la conversación de Abelló, S. A., a propósito del inteligente pero no pragmático. Juan es así, con ese cemento se construyó su modo y manera de comprender las relaciones en el mundo de los negocios. Los afectos son independientes de las acciones, los sentimientos, de los beneficios, y mezclarlos raramente lleva a puerto seguro y calmo. Más bien presagia tormentas, con fuertes vientos, copiosas lluvias y aparatosas descargas eléctricas.

Lo malo es que Juan tenía razón. Su modelo es el más seguro para caminar por los áridos mundos del dinero. Los cambios repentinos de estatus provocan alteraciones de la personalidad de los individuos. O, tal vez, impulsan la salida al exterior de su verdadera arquitectura. Dura la lección, pero útil, conveniente y necesaria. Siempre he dicho que el ser humano es un mal producto, que a Dios se le escapó el departamento de control de calidad. Cuando a ese ser imperfecto le sitúas en la cercanía del dinero, en la frontera de la acumulación, lo peor de sí mismo sale a la luz envuelto en un insoportable olor a azufre.

Entre Juan y yo compramos las acciones de Paco Cano y de Arturo Díaz Casariego. No sería justo si pasara por alto un detalle: dado que Juan era mucho más rico que yo, se comprometió a financiarme, esto es, prestarme el dinero para que pudiera invertir en la compra de esas acciones. Yo se lo devolvería, como así fue, con los beneficios del negocio.

Instalado en mi nueva posición de accionista, me preparé para comunicárselo al resto de los dueños del negocio. Estaba absolutamente persuadido de que encajarían la noticia como lo que era en mi concepto: el consejero delegado de la empresa creía en su futuro hasta tal extremo que arriesgó su dinero para convertirse en accionista. Para quienes me designaron como primer ejecutivo de la casa no podía existir una noticia mejor.

Nunca formulé una predicción tan errónea.

La violencia contra Juan y contra mí por parte del resto de los accionistas superó cualquier imaginación calenturienta. No entendía nada. ¿Qué podía molestarles? ¿No era acaso una prueba elemental de mi convencimiento en el futuro del negocio? ¿No significaba eso que mi destino profesional en la casa dejaba de tener el tinte de lo coyuntural para convertirse en mucho más definitivo? ¿En qué pudo consistir mi pecado? Visto con la perspectiva del tiempo, mis razonamientos de entonces adolecen de una ingenuidad tan candorosa que apetece acariciarla. No se trata de que sea bueno o malo que el consejero delegado compre acciones de la empresa. En estructuras empresariales cerradas, como el caso de Antibióticos, funcionan dos elementos: la cantidad de acciones que posees y la cantidad de poder que ejercitas. La alteración de la primera que suponga modificación en la segunda conduce, necesaria e inexorablemente, a un casus belli.

Cuando una empresa cotiza en Bolsa y se encuentra controlada —es un decir— por una cantidad ingente de accionistas —en realidad inversores—, el montante de acciones, dentro de un orden, es un dato de menor interés, salvo que sea muy importante, como el que llegamos a adquirir Juan y yo en Banesto. Lo importante, lo que realmente cuenta, es la cantidad de poder. Cómo acceder a ese poder es harina de costal diferente. Pero si el núcleo del poder es cerrado, si algunos pocos lo controlan de manera exclusiva, y el reparto del mismo se efectúa internamente con exquisito cuidado, una alteración, por leve que sea, provoca o puede provocar terremotos impredecibles. Ahora lo comprendo a la perfección. Entonces, a pesar de mi experiencia, la candidez de mis esquemas mentales parecía digna de otra causa.

Los gallegos del Grupo Zeltia asumieron la dirección de la batalla. Convocaron un Consejo extraordinario.

Nada más comenzar la reunión me di cuenta de la gran tensión acumulada entre sus componentes, no solo por la expresión de sus ojos, que más que preocupación transmitían una ira profunda, sino además por el tono y contenido de sus parlamentos. El primero en tomar la palabra fue José María Fernández Sousa, un hombre joven, de origen gallego, hijo del fundador de los Laboratorios Zeltia, más bien alto, con unos lentes de cristal de esos que parecen no llevar montura y que proporcionan a su usuario un aspecto de investigador distraído, lo cual, en el caso de José María, era absolutamente correcto, porque había orientado su vida hacia la investigación farmacéutica y trabajaba, precisamente, en los laboratorios de Antibióticos, S. A. José María era un hombre inteligente y bien formado. Aquel día parecía como si su personalidad hubiera sufrido una transformación mágica, de forma que, dejando a un lado la bata blanca de grandes bolsillos que constituía su uniforme de investigador y sustituyéndola por traje, camisa y corbata, se decidió a penetrar en el excitante mundo de los negocios, posiblemente en un intento comprensible de emular a su padre y reconciliarse con su conciencia de hijo mayor de un hombre que había sabido salir de la nada.

José María pareció, como decía, iniciarse en la batalla financiera, en la lucha por el poder económico, al margen de sus investigaciones sobre ingeniería genética. Su gesto cambió. Su rostro se tensó gravemente. Su voz tomó el aplomo de quien va a pronunciar un discurso de consecuencias vitales para el mundo occidental. Lo eran, quizá, aunque solo fuera para su mundo particular, que no es poco, desde luego, sobre todo para cada uno.

—Lo ocurrido es intolerable porque Mario y Juan han roto el tradicional equilibrio de poder accionarial en el seno de esta casa, por lo que no puedo seguir teniendo confianza en un consejero delegado que se decide a comprar acciones sin consultarlo con el resto de los accionistas, lo que me lleva a pedir su dimisión inmediata.

No podía creer que aquel hombre que se presentaba como un profesional de la investigación cayera tan profundamente en las garras existenciales del capitalismo de pueblo hasta el extremo de negar a un profesional cualificado el derecho a arriesgar su dinero para comprar acciones de la empresa que dirigía. Así de candorosamente románticos eran mis pensamientos en aquel Consejo.

El tono era firme y las palabras sonaban muy duras en medio de aquel silencio brumoso, sobre todo cuando, mirando de reojo, pude comprobar cómo el resto de los asistentes, aunque con cierto miedo, expresaban gestualmente su aprobación al discurso de José María. Era obvio que se habían puesto de acuerdo previamente, para actuar de consuno en el proceso de nuestra ejecución.

Comencé a darme cuenta de que nuestra situación era particularmente peligrosa y de que, si las cosas seguían por el rumbo que llevaban, podíamos haber hecho una desastrosa inversión. Mi posición como accionista solo tenía sentido si seguía al mismo tiempo como consejero delegado. O las cosas cambiaban de manera dramática o el cese en tal condición era cuestión de minutos. Recuperar el poder de Antibióticos sería prácticamente imposible. Frente a mí se alzaba el desastre, fruto de una concepción de la empresa que no entendía, pero carecía de tiempo para filosofar sobre el modelo empresarial, el sistema capitalista, la sociedad anónima o la economía de mercado. Tenía que reaccionar. Y eso solo podía hacerlo confiando en mis reflejos.

En ese preciso instante decidí algo que nunca pasó por mi imaginación con anterioridad: pelear contra ellos y tratar de hacernos con el pleno control de la empresa. Era lo que se merecían. Rechazaron una oferta absolutamente digna, sensata y merecedora de respeto y hasta de elogio. Probarían la medicina de su propia fórmula. Pero había que actuar con enorme prudencia y con astucia. La guerra la teníamos perdida, totalmente perdida. Solo alguna jugada maestra podía salvarnos. Pero ¿dónde encontrar esa magia? La intención de pelear estaba muy bien; el deseo de controlar el poder en la empresa, magnífico. El asunto era muy simple: ¿cómo? Eso, precisamente eso, era mi tormento en aquellos dramáticos momentos.

Necesitaba tiempo. No estaba preparado para un guión como el que improvisadamente tenía que vivir. Juan sudaba sentado a mi lado. Vislumbraba, olía el olor de la ruina, de su ruina, porque la de otros le importaba bastante menos. Enrique Quiralte permanecía en silencio. Paco Cano intentó protestar pero le silenciaron de inmediato. Necesitaba tiempo. Esa era la mercancía más preciada para mí. Claro de toda claridad.

—Bien, si esa es la posición del Consejo, creo que debemos reconsiderar la decisión de compra de acciones, pero para ello tenemos que hablar con los vendedores y necesitamos un plazo, por lo que pido que se nos concedan unos días y no se tome ninguna decisión hasta ese momento.

¿Tenía verdaderamente la intención de revender a Cano y Casariego? Hombre, se trataba de una solución alternativa. Lo peor era que te echaran del Consejo y quedarte con el paquete de estos dos señores que no te servía absolutamente para nada, porque quedarías en manos de una mayoría que te haría la vida imposible y el dinero improductivo. Por tanto, si conseguía encontrar la fórmula para comprar el poder, pues muy bien, pero en otro caso tenía que cubrirme las espaldas consiguiendo que Cano y Casariego se comprometieran a deshacer su negocio. Y las dos cosas se me antojaban extremadamente difíciles. En todo caso, eran productos que consumían ingentes cantidades de tiempo.

—Ni hablar —respondió tajante José María—. No necesitamos ninguna aclaración más. Como mucho estaría dispuesto a admitir que ahora mismo, en presencia del Consejo, con constancia en acta, tanto los compradores, Juan y Mario, como los vendedores, Cano y Díaz Casariego, den marcha atrás a la operación y se comprometan formalmente a restaurar la situación inicial.

La posición fue inteligente. Por un segundo pensé en las consecuencias de un documento de esa naturaleza. ¿Bastaría para anular la venta de Cano y Casariego? Tal vez sí, tal vez no. En cualquier caso, un lío muy importante y un retraso sustancial en la idea que en aquellos instantes ya acariciaba en mi interior. Claro que poco podía hacer. Juan me miraba angustiado y yo carecía de respuesta válida. El silencio se convertía en más y más incómodo cada segundo, casi cada décima de segundo. No había solución. Tenía que aceptar la propuesta de José María. Otra cosa sería el final. Pensé en la alternativa de pedir al menos unos minutos para debatir el tema en privado con Juan, Cano y Casariego. Respiré hondo, me armé de valor y decidí presentar mi oferta. La voz de Arcadio Arienza lo evitó:

—Como presidente del Consejo de Administración, creo que lo que dice Mario es sensato y, por tanto, debemos concederle el plazo que nos solicita.

Casi me da un vuelco el corazón. Arcadio Arienza me estaba proporcionando gratuitamente aquello que no sabía cómo conseguir. ¿Por qué? Mi cabeza giraba a toda velocidad. La conversación de la playa de Samil se reproducía en mi interior buscando una respuesta a la actitud del presidente. José María me interrumpió.

—¡Bajo ningún concepto y en ningún caso! —gritó—. Nosotros somos los accionistas. El problema es de accionistas, de dueños y no de empleados, así que el presidente no tiene nada que decir sobre un problema de dueños. Aquí solo hablo yo en nombre del Grupo Zeltia.

Su fervor por la causa de los dueños contra los profesionales mostraba tintes casi religiosos. El dramatismo que expuso delante de todos los demás fue el mejor de los favores que podría regalarme en aquella dramática mañana. José María ofendió a Arcadio en lo más profundo. Por ello le concedió la oportunidad de ser Arcadio Arienza. Estimuló su dignidad profesional y sobre todo humana. Se dio cuenta de que frente a todos los demás, incluso frente a mí, las palabras de José María necesitaban una respuesta. Si acataba, Arcadio Arienza se autodefiniría como un asalariado de Zeltia, no solo del padre, el viejo Fernández, el hombre hecho a sí mismo, sino también del hijo mayor, del investigador, de alguien cuyo título para mandarle, para hablarle con la dureza que lo hizo delante de los restantes consejeros, era solo la herencia, incluso en vida del todavía no difunto fundador del grupo. Si, por el contrario, se afirmaba frente a José María, Arcadio Arienza sería el presidente, el profesional y, sobre todo, se liberaría en su interior de una cadena psicológica. Mi ansiedad aumentó exponencialmente. Estaba contemplando en vivo y en directo, con cara y ojos, dos ejemplos de mis reflexiones sobre el funcionamiento del sistema capitalista. Cualquiera que fuera el resultado, el espectáculo estaba siendo apasionante. El hombre frente a sí mismo. ¿Cuánto daría de sí Arcadio Arienza? Esa era la clave: el tamaño interior de Arcadio. En pocas ocasiones de mi vida he dispuesto de una concentración mayor de todas mis facultades mentales.

Arcadio, sin mover un solo músculo de su rostro, con un tono de voz tan bajo que resultaba difícil oír sus palabras, en mitad de la tensión acumulada en el ambiente, sentenció:

—El presidente soy yo y si tú quieres, José María, mañana mismo me cesas como representante de tus empresas, pero en estos momentos cumplo con mi obligación de presidente y ella me lleva a decir que lo que Mario propone es sensato y, consiguientemente, debemos aceptarlo. Doy por concluida la sesión y dentro de unos días nos volveremos a reunir para hablar de nuevo del asunto.

Los ojos de José María rezumaban una ira incontenible, no tanto por la sensación de haber perdido una batalla, sino por la afrenta que supone para el dueño la rebelión inesperada. Cano y Casariego, inquietos por mi decisión, por si quisiera volver atrás, deshacer el trato, pero en cualquier caso mucho más relajados que minutos antes. Juan no reaccionaba. Aquello le había superado. Estoy seguro de que se estaría preguntando unas mil veces por qué había vendido su empresa, el pequeño laboratorio, con lo cómodo que se encontraba en ella... Enrique Quiralte permanecía en silencio, como buen manchego, prefería observar a comentar. Los demás consejeros comenzaron a levantarse de sus asientos. Nos envolvía una gruesa capa de un silencio denso, una sensación extraña. Habían intentado una operación de textura complicada y no les había salido bien. Por lo menos no habían rematado la pieza. Ellos me atribuían mucha inteligencia, pero, claro, en ocasiones la inteligencia no sirve para derribar un muro de hormigón. ¿Era hormigón lo que se alzaba frente a nosotros?

Aparentando una calma que para nada existía en mi interior, fui recogiendo los papeles de la mesa con movimientos deliberadamente lentos, con gesto serio, intentando transmitir un estado de ánimo en el que el profundo disgusto por lo sucedido se viera atemperado por la generosidad de Arcadio Arienza. Juan, casi fuera de control, se dirigió a mí.

—¿Qué has hecho? ¿Qué tienes en la cabeza? ¿Qué vamos a hacer? ¿No te das cuenta de que esto es el desastre? ¿Cómo vamos a salir de esto?

—No tengo ni la menor idea, Juan. Ni la menor idea. Pero de momento estamos vivos. Hace diez minutos, muertos. Así que déjame que siga peleando por sobrevivir.

Era total y absolutamente cierto. Sabía que en mis manos tenía algo de tiempo. No mucho, pero algo. Se trataba de convertir ese algo en un activo que nos permitiera seguir vivos. Tenía claro una cosa: una vez llegado a ese extremo, la convivencia entre nosotros resultaría imposible. No cabía tregua. O ganar o perder. Así que la única manera de no perder consistía en ganar. Sí, claro, pero ¿cómo? No podía construir razonamientos brillantes con los que componer una estrategia pausada, porque en estas circunstancias extremas no abunda el razonamiento, ni el tiempo para alimentarlo. Entonces, ¿cuál es la guía? El pronto, el impulso, la intuición... Que cada uno designe el atributo como quiera. Me vale también la expresión reflejos. Tenía que actuar conforme me dictara mi intuición, casi mi instinto. Como un animal en peligro de muerte. El objetivo estaba claro. El problema residía en la estrategia, en el método para conseguirlo. Y eso tenía un aspecto fatal. Esperaba un golpe de esos de la fortuna, una iluminación, un algo que me hiciera ver claro en una noche oscura, pero oscura de casi toda oscuridad.

Nos fuimos a almorzar, que a pesar de la tensión vivida hay que preservar las formas. Durante el almuerzo no podía concentrarme en nada distinto de tratar de encontrar una solución. Sentía la angustia de funcionar contra el reloj. De repente mis ojos se detuvieron en Gonzalo Urgoiti y un destello de intuición me mostró que ese hombre era el camino que debía seguir. Sin saber por qué, sin meditarlo a fondo, aquel hombre tenía todo el aspecto de solución.

IBYS, S. A., una empresa farmacéutica dedicada preferentemente al sector hospitalario, cotizada en Bolsa y tradicionalmente vinculada a la familia Urgoiti, poseía un paquete muy importante de Antibióticos, creo que algo así como el 23 por ciento. Juan Manuel Urgoiti, bilbaíno clásico, de modales educados y tranquilos, se sentaba en el Consejo con nosotros en representación de su sociedad, lo cual le provocaba cierta intranquilidad porque sabía que IBYS no marchaba bien, que generaba pérdidas y que la vida de la empresa dependía de los dividendos de Antibióticos. Su preocupación no derivaba tanto de su condición de accionista de IBYS como de su convencimiento de que un traspié de la empresa podría afectarle en su carrera bancaria. Juan Manuel se perfilaba como el número dos de Pedro de Toledo, el curioso banquero profesional presidente del Banco de Vizcaya. Por nada del mundo Juan Manuel querría ver ni una sola mota de polvo en el camino que con el paso del tiempo debería conducirle a la presidencia de uno de los grandes bancos del país. Sacrificaría cualquier cosa a ese objetivo. He aquí cómo la banca iba a cruzarse en mi destino, es decir, cómo la ambición de ser un máximo ejecutivo bancario iba a facilitarme la solución a mi dilema de Antibióticos cuando la banca, en mi horizonte personal, ni estaba programada ni se la esperaba. Para que luego no se crea en las sincronías.

Su primo, Gonzalo, era distinto. No se le conocía oficio concreto, y, sin embargo, su apariencia exterior transmitía la sensación de alguien que necesita dinero para vivir y mantener el nivel que exigía su posición social. Al menos la que él se atribuía a sí mismo, que es la que, en el fondo, determina el nivel de gasto. Inquieto, nervioso, Gonzalo, sin duda, era el hombre. La idea comenzó a obsesionarme: si compramos IBYS habremos ganado la partida porque dominaremos más del 50 por ciento de Antibióticos. No es que sea una magnífica solución, es que no existe otra. Hay que actuar a la máxima urgencia, ahora mismo. Comencé a notar los síntomas de que el bombeo de sangre se aceleraba en mi interior cuando Gonzalo se levantó de la mesa con dirección al cuarto de baño. Un impulso repentino me obligó a seguirle. No llevaba preparado ningún plan, ni siquiera sabía qué decir. El cuarto de baño no es un lugar apropiado para cerrar negocios, ni siquiera para iniciarlos, pero seguí a Gonzalo movido, una vez más, por mi intuición.

Nos encontramos ambos en esa postura tan poco elegante en la que de pie, con las piernas ligeramente abiertas y las manos en la zona adecuada, te dispones a hacer un tipo concreto de necesidades biológicas. A pesar del escaso contenido estético de la escena le abordé.

—La verdad es que sois unos tipos listos en vuestra familia, porque vuestra postura ha dejado muy claro que lo que queréis es vender IBYS y, después de lo sucedido, nosotros estamos dispuestos a comprarla, o, mejor dicho, no nos queda más remedio que hacerlo. Ha sido una magnífica estrategia para aumentar vuestro precio.

Sin mover las manos de la zona en la que se encontraban, giró levemente la cabeza hacia su izquierda para encontrarse con mi mirada. Se daba cuenta de que en realidad no pretendieron eso cuando votaron contra nosotros en el Consejo, pero lo que le estaba contando constituía realmente un plan inteligente y nadie te desmiente si le atribuyes una opinión o idea inteligente, así que me contestó:

—Si estáis dispuestos a hablar, de acuerdo por nuestra parte siempre que el precio que aceptéis sea de cinco mil millones de pesetas —dijo con el tono de quien ha resuelto multitud de negocios de tal envergadura en otros tantos cuartos de baño de los mejores restaurantes del mundo.

¡Acojonante! Había entrado al trapo. Fijar un precio equivalía en ese mismo instante a marginar, dejar de lado, los acuerdos que fijaron entre todos antes del Consejo en contra nuestra. La fisura era irreversible. Está claro que el poder corrosivo del dinero no tiene precio. Lo de menos es que pidiera semejante barbaridad. Lo de más es que ya teníamos al hombre y al plato de lentejas. Ahora se trataba solo de ajustar el contenido del plato, el peso concreto y el condimento. No necesitaba más.

—Hombre, eso me parece una exageración indudable, pero no será muy complicado que lleguemos a un pacto en el entorno de los tres mil millones —le contesté.

—Poco me parece, pero seguimos en contacto.

—De acuerdo, mañana mismo.

Así se terminó la conversación y regresamos a la mesa, lo cual me produjo cierto temor por si el resto de los asistentes sintieran curiosidad por saber si había habido algún tipo de connivencia entre nosotros. Supuse que no porque confiaban en que el pacto previo al Consejo funcionaría, que para eso todos los miembros eran personas respetables. Me encontré de nuevo con la mirada de Juan, que seguía expresando una preocupación cercana al terror, tratando de adivinar en mí alguna respuesta que le llevara algo de paz interior a su deteriorado estado de ánimo. Tomé un papel y escribí las siguientes palabras: «Creo que podemos estar tranquilos, acabo de comprar IBYS, S. A.».

Juan pensó que me había vuelto loco. Sus ojos transmitieron la sensación de quien duda profundamente, de quien comienza a convencerse de que yo no era en realidad un tipo listo e inteligente, sino un insensato de dimensión cósmica. ¡Comprar IBYS! ¿De dónde sacaríamos el dinero? Sentí que en su interior comenzaba a pensar que Mario Conde, después de haberle convencido de que tenía que vender su empresa familiar, sus queridos laboratorios Abelló, S. A., estaba ahora a punto de hacerle perder Antibióticos, endeudarle y conducirle directamente a la más espantosa de las ruinas, y si Juan sentía temor por algo, era, precisamente, por la condición de arruinado.

A pesar de que sobre el papel las negociaciones con los Urgoiti podían ser complejas, en el fondo no sentía la menor preocupación porque un trato siempre acaba cerrándose cuando el comprador necesita comprar y el vendedor tiene que vender, y exactamente así se presentaba el escenario. A ellos les eliminaba un problema y les proporcionaba dinero fresco. Juan Manuel respiraría tranquilo y podría seguir su carrera bancaria. Gonzalo cogería algo de dinero para seguir haciendo más de lo mismo, que no era poco. Me refiero a que no era barato. A nosotros nos entregaba el control de Antibióticos, con todo lo que significaba. Yo sabía lo que valía esa empresa, el dinero que tenía en caja. Claro que para eso, como digo, tenían que darle la espalda a los de Zeltia, que hasta ese preciso instante eran sus aliados. Pero ya tenía suficiente experiencia en este mundo para darme cuenta de que una fidelidad no soporta tres mil millones. No solo es que dejaron tirados a los de Zeltia, es que ni en un solo instante mencionaron el asunto. Sabían que les estaban triturando con su trato con nosotros, pero ese no era su problema. Nada personal. Cuestión de negocios.

Acudimos a un despacho de un abogado madrileño conocido en Madrid: Zarraluqui. Poco más de dos días necesitamos para dar remate a esa subasta peculiar porque cuando el tiempo apremia los abogados corren. Por eso se cerró y en la cifra que en su día le proporcioné a Gonzalo en el cuarto de baño: tres mil millones de pesetas. En cuanto negocio, IBYS no valía eso ni muchísimo menos, pero el control de Antibióticos, S. A., sí. Y mucho más. Una empresa capaz de ganar cinco mil millones de pesetas valía una gigantesca fortuna. El problema era de dónde sacar el dinero, porque yo, aparte del dinero que gané en la venta de Abelló, S. A., no tenía prácticamente ni una peseta y a Juan esa cifra le quedaba extraordinariamente grande. Teníamos que buscar un financiador. Es así como apareció en nuestras vidas, al menos en la mía, la familia Botín.

En los primeros días de agosto del año 1985, el *Pitágoras,* un precioso swan 61 que sustituyó al *Silencio,* otro barco de la misma casa finlandesa pero de 51 pies, hizo su travesía inaugural. A bordo nos encontrábamos Juan Abelló, Jaime Botín, Lourdes, Cucho y yo, además de un italiano simpático, algo caradura, de nombre Massimo, que había contratado para que nos ayudara en las labores del barco, porque la mayor eslora en el mar siempre produce un efecto multiplicador de las complicaciones propias de la navegación a vela. Nos fuimos a Menorca, en donde pasamos unos días agradables hasta que, ya entrada la noche, dejamos cabo Nati con rumbo a Formentor impulsados por ese viento del Sur que nunca monta en exceso, cálido, sereno, que permite una navegación agradable, por lo que decidimos subir arriba el spi y, con doce delfines en las amuras del barco navegando con nosotros a diez nudos de velocidad, bañados con la luz que producía una luna casi llena, en medio de un silencio profundo, nos entregamos en cuerpo y alma a disfrutar de la navegación. Jaime Botín pidió un fino frío para recordar aquellos momentos. Pero ¿qué hacía Jaime con nosotros? Celebrar su operación con Antibióticos.

Nunca había tenido contactos con la familia Botín. Se decía que eran propietarios del Banco de Santander y que entre sus obsesiones ocupaba un lugar preferente conseguir el control de Banesto, lo que, por cierto, conseguirían en el año 1994. Jaime, el hermano menor, es un hombre de carácter difícil y algo extraño, quizá debido a que sus vicisitudes personales han tenido, en algunos puntos, un indudable contenido trágico. Es muy complicado definir la personalidad de Jaime, pero yo creo que es un hombre inteligente, intelectualmente curioso, independiente y, sobre todo, amante de su propia libertad personal, aficionado al mar y a la caza, desentendido de su familia, como si no creyera en eso de la continuidad del poder económico por vía hereditaria. Yo había conversado con él en alguna ocasión, pero mis conocimientos sobre su estructura humana y la de su familia no pasaban de la epidermis, lo que convertía en más penoso de lo habitual mi encuentro con él para explicarle la operación Antibióticos. Me había comprometido con Urgoiti, el trato estaba cerrado y el dominio de Antibióticos, al alcance de la mano. Todo ello pesaba en mi ánimo como una piedra granítica. Juan Abelló concertó un almuerzo a tres en Zalacaín. Me preparé lo mejor que pude para convencer a Jaime de que nos financiara el negocio. Nunca me pongo nervioso, pero aquel día...

Aquel almuerzo lo retengo muy bien. Comencé hablando despacio, desgranando ideas, precisando cifras, midiendo todo lo posible mis gestos, con el fin de no conmocionar, siquiera asustar al banquero, porque suelen ser gente muy cuidadosa y sacan conclusiones de cualquier gesto, de cualquier metedura de pata, y no era cuestión de ponérselo fácil, porque en ello nos iba la vida. Los banqueros son recelosos y para negar un crédito no necesitan razones, porque le son suficientes las excusas. Lo malo es que a partir de un momento dejé de controlarme y me pudo la pasión. En ese momento mi discurso sobre la operación se transformó en mucho más apasionado. Jaime escuchaba. Pero no hablaba, como si fuera seguidor de uno de los dichos más conocidos, aquel que proclama que uno es esclavo de sus palabras y dueño de sus silencios. Eso es muy bonito, claro, pero cuando no hay más narices que hablar, pues tendrás que ser esclavo.

Si los Botín no nos concedían el dinero, todo se derrumbaría. Y no les iba a pedir trescientos millones, sino una cifra realmente importante: tres mil millones de pesetas. Me sorprendió la velocidad con la que Jaime captó mi discurso y entendió la propuesta. Creo que distingo la frase amable acompañada de una decisión interior de que no se hará la operación, de un convencimiento serio en la explicación y en una determinación positiva inicialmente adoptada. De alguna manera Jaime olió el dinero a ganar. No me garantizó la financiación, pero abrió la puerta a la esperanza.

Dos días después desayunaba con él en el Bankinter, el banco del que Jaime era presidente. Confieso de nuevo mi nerviosismo. Era la primera vez en mi vida que iba a pisar el despacho de un presidente de un banco de importancia. Bankinter no era uno de los grandes, pero su familia sí gestionaba uno de ellos. En todo caso, Botín, el apellido Botín imponía en cuestiones de dinero y yo no pasaba de ser un chico listo en busca de dinero para una operación aparentemente muy buena. Allí fui, y, por cierto, sin ninguna compañía.

No consigo recordar por qué asistí solo a una reunión en la que la lógica reclamaba que acudiéramos juntos Juan y yo. ¿Lo exigió Jaime? ¿Se durmió Juan? No lo sé. Al meditar sobre el tono de la conversación quizá lo más sensato es pensar que se trató de una imposición de la familia. Es decir: los Botín querían hablar conmigo sin la presencia de Juan.

La salita donde desayunamos tampoco era cosa del otro mundo, como casi nada. La imaginación calenturienta nos lleva a pensar que vamos a penetrar en un mundo diferente, en donde las formas y los colores son diversos de los que consumimos de ordinario los humanos del montón, o de la parte alta del montón, que para el caso es lo mismo. Las mismas cosas que vi en el desayuno con el Rey en Marivent y que he contemplado en todos aquellos en los que he participado en mi vida. Al final yo siempre pido lo mismo: café.

Nada más servirnos el café, sin demostrar un amor excesivo por el circunloquio, Jaime abordó de manera directa, casi abrupta, el asunto.

—He consultado el tema con la familia y me dicen que adelante. La verdad es que yo estoy haciendo un acto de fe en ti, pero hay dos asuntos que necesitamos concretar previamente.

Intentaba que Jaime no se diera cuenta de la excitación que sentía en mi interior. Por si fuera poco, la conversación no podía comenzar mejor. Antibióticos cobraba más y más cuerpo real. ¿Qué querría Jaime? No importaba. Fuera lo que fuese, no tendría más remedio que ceder. Carecía de alternativa. Pero esa referencia a la familia, a la consulta en familia...

—De acuerdo, empecemos.

—Mira, no se trata de dos cosas independientes, sino entrelazadas. Ante todo, quiero que sepas que Juan es amigo, me parece un tipo divertido y ocurrente, pero no entra en nuestros planes invertir con él en un negocio, no es nuestro propósito tener a Juan de socio.

—Ya —fue todo lo que acerté a balbucear, porque en modo alguno me imaginaba un introito de tal naturaleza.

No entendía nada. Yo había contactado con los Botín por Juan Abelló. Eran teóricamente sus amigos y no míos. Yo no les conocía y ahora, cuando se trataba de dinero, lo primero que se planteaba era casi una exclusión de Juan del negocio... ¡Joder!

—Por eso —continuó Jaime—, en el fondo, lo que estamos haciendo es un acto de fe en ti, curiosamente, en alguien a quien no conocemos, y nosotros no nos distinguimos precisamente por ser aventureros.

—Gracias, Jaime.

Aquella fe en mi humilde persona teñida de tintes tan intensos no me cuadraba en exceso. Una cosa es que tuvieran la idea de que yo era un abogado del Estado muy listo, rápido, ocurrente, trabajador y cualquier otra serie de atributos laudatorios, y otra bien distinta que, aun con tales postulados, los Botín se dispusieran a convertirse en aventureros descubridores de nuevos Mares del Sur en materia económica. No, tanta entrega ciega a mis supuestas capacidades no me cuadraba en absoluto, por lo que mi inquietud comenzó a subir de tono. No me chirría que su familia se manifestara dispuesta a creer a pie juntillas en dogmas religiosos, pero actos de fe cuando en juego se encuentran cantidades significativas de vil metal no es algo que, según los que dicen conocerlos bien, pertenezca al código genético de esa familia cántabra. Por ello mi inquietud comenzó a subir de tono. Trataba por todos los medios de que Jaime no se percatara de ello, pero cada vez me resultaba más difícil el autocontrol. Comencé a desear que aquella conversación concluyera cuanto antes.

—Claro que si Juan después del trato conserva la mayoría de Antibióticos —prosiguió Jaime—, entonces, por importantes que sean vuestros pactos, nosotros nos sentiríamos muy intranquilos.

Aquello sí que me descuadró. Una cosa es que no tuvieran especial interés en ser socios de Abelló y otra, bien distinta, que se pusieran a determinar las participaciones relativas de cada uno; mejor dicho, a exigir que Juan no fuera mayoritario. ¿Qué pasaba?

—Pero, Jaime, ¿por qué intranquilos? Yo creo que el dinero os lo devolveríamos enseguida. Está, como te expliqué, en la mesa de Salort. Tenemos más de cinco mil millones de pesetas que no resultan imprescindibles para el negocio. En el fondo son ganancias acumuladas y no distribuidas, así que un préstamo de tres mil millones lo devolvemos sin el menor problema.

Jaime, poco dado a los movimientos teatrales, dejó que transcurrieran algunos segundos de silencio intencionado; intentó transmitir una fuerza diferente en su mirada, como más inquisitiva, tal vez más trascendente, una mezcla entre indulgente y autoritaria, al tiempo que modificaba ligeramente el tono de voz para dotarlo de mayor profundidad.

—El asunto, Mario, consiste en que no creo que podamos concederos una cantidad tan importante si nosotros no participamos también en el negocio. Nos gusta el asunto y estar dentro nos proporciona tranquilidad.

Se detuvo. Volvió a consumir dos o tres segundos de ese tipo de silencio. No me miró. Sentía que algo por dentro de mí estaba a punto de estallar. Jaime continuó.

—Es decir, creo que resulta necesario que nosotros, mi hermano y yo, nos convirtamos en accionistas de Antibióticos, lo mismo que Juan y tú. En ese caso, si lo estimáis adecuado, podríamos asegurarte que dispones del dinero.

El planteamiento me pilló de sorpresa. No esperaba algo así. No es que me escandalizara el fondo, sino la forma. Pensaba que en las alturas se manejan las cosas con mucha mayor sutileza. Un planteamiento de este tipo entre el presidente de Bankinter y un chaval abogado del Estado en el despacho del primero debería revestir mayor circunloquio, menor evidencia. Tal vez su origen cántabro influyera en la forma y manera en la que los Botín interpretan la estética de los planteamientos. Bueno, la realidad era que quien no disponía de tiempo para sutilezas era yo. Así que lo deglutí. En el fondo, se trataba de un negocio. Con ellos podría tener parte de Antibióticos. Sin ellos, nada. Claro que la estética era más bien discutible, porque daba la sensación de que el grueso del dinero lo ponía el banco, es decir, Bankinter, y, sin embargo, las acciones las adquirirían Jaime y Emilio a título personal. Pero, bien mirado, el banco estaba claramente garantizado por esos dineros que se agolpaban en la mesa de Salort. Y ellos, los hermanos, iban a poner dinero de su bolsillo, independiente del bancario, así que era una de esas operaciones que se habrán hecho miles de veces en el escenario financiero español, o en algunos de sus teatros, cuando menos. Aun así la cosa me dejó perplejo, pero carecía de tiempo para discursos internos.

Por otro lado, tener a los Botín de socios serviría para dulcificar las posibles complicaciones en las relaciones entre Juan y yo derivadas de la nueva situación. Cada segundo transcurrido sumido en mis pensamientos me alejaba de los aspectos éticos y estéticos de la propuesta para darme cuenta de que, además de inevitable, poseía perfiles interesantes. Me armé de valor y como si hubiera tratado de estos asuntos cientos de veces en mi vida, pregunté a Jaime:

—¿De qué participación me hablas?

—Bueno, hemos pensado que deberíamos repartirnos la cosa en tres partes iguales, una para ti, otra para Juan y otra para nosotros.

Aquello era pasarse unos cuantos pueblos de un solo golpe. No podía aceptarlo.

—Eso me parece demasiado y además no es factible. Ten en cuenta que la familia de Juan ya controla cerca del 20 por ciento, así que en tal caso Juan no ganaría casi nada.

—Tienes razón —contestó Jaime.

—La idea podría ser que Juan tuviera el 50 por ciento y nosotros el resto.

—No. Eso no me gusta. Es imprescindible que Juan tenga menos del 50 por ciento. Entre nosotros debemos tener la mayoría del capital social. No para actuar contra Juan, sin duda, sino como garantía de que Juan se percate de que ya no se encuentra en Abelló, que no se trata de una empresa en la que tenga mayoría absoluta del capital social y a sus hermanas por socios.

Jaime se manifestaba con una rotundidad en este punto que me llamaba la atención. Yo jamás dudé de que Juan asumiera la mayoría del capital, aunque solo fuera porque mi relación con él era muy buena, y no tenía la menor duda de su honestidad personal, en general y para conmigo. ¿Que Juan cometía algunas excentricidades? Bien, de acuerdo, pero sin Juan y su familia jamás habríamos podido hacer la operación Antibióticos, es decir, no existiría negocio ni para los Botín ni para mí. Pero Jaime no permitía ni la más liviana fisura en este terreno. Supuse que lo comentaron en familia y decidieron situarlo como una conditio sine qua non. Así que no tuve más alternativa que asentir.

—Bien, acepto, a reservas de lo que diga Juan, por supuesto. ¿Entonces?

—Diseña el resultado final, pero la idea es tú igual que nosotros, que mi hermano y yo, y Juan menos del 50 por ciento.

Juan aceptó el planteamiento de la familia Botín porque no le quedó otro remedio, aunque siempre sintió en su interior la condición exigida como una verdadera afrenta. No se trataba exclusivamente de un asunto de dinero, sino de fuero. Lo admitió porque carecía de alternativa diferente. Lo curioso es que me imputó a mí la afrenta, como si yo hubiera sido el responsable de su minoría en el capital social de Antibióticos. Falso. Yo me sentía cómodo con Juan. Jamás habría puesto la menor dificultad.

Al día siguiente, Juan y yo abandonábamos Bankinter con un aval de tres mil millones de pesetas en el bolsillo. Acudimos a la sede central, empezamos a firmar documentos y documentos sin mirar, uno detrás del otro, como suele ser norma habitual en los bancos, sobre todo si prestan dinero. Pero firmábamos como autómatas porque la gloria, la supuesta gloria, nos esperaba. Salimos a la calle y llevábamos con nosotros tres mil millones de pesetas en aval. ¿Cómo explicar una mezcla entre alegría indescriptible y susto monumental? Alegría por poder comprar IBYS. Susto porque si algo salía mal... Sobre todo el gran perjudicado sería Juan porque a mí no conseguirían sacarme tres mil millones ni con la Guardia Civil, sencillamente porque no tenía esa cifra me miraran por donde me miraran. Bueno, ni esa cifra ni su décima parte.

El pacto para repartir las acciones de Antibióticos se cerró previamente: Jaime y su hermano Emilio, el presidente del Santander, el 23 por ciento; yo tendría la misma cantidad de acciones; el resto para Juan y su cuñado Enrique Quiralte, porque Juan decidió que sus hermanas no tendrían ni una sola acción de Antibióticos. Tampoco quería a Enrique en el capital, pero yo me empeñé, por un sentido de justicia. Además Enrique cumpliría el papel de tercero que situaría a Juan en mayoría no absoluta, lo que no dejaba de ser una quimera porque Enrique atendería a Juan antes que a los Botín, a pesar de las notorias distancias y diferencias que mantenía con su cuñado y del agravio que sentía por el reparto de la herencia familiar entre Juan y sus hermanas.

La compra de IBYS, S. A., dado que cotizaba en Bolsa, exigió una opa. La formulamos, aunque con precio aplazado. No tenía en ese instante la menor idea de la importancia que iba a tomar para mí esa palabra, la opa. También me encontré con un dato curioso: entre los accionistas de IBYS a los que compramos en esa ocasión se encontraba don Juan de Borbón.

Bien, pues con IBYS comprada ya no había nada que hacer: teníamos la mayoría del capital de Antibióticos, S. A. El plan diseñado en los servicios del restaurante Jockey, en aquella poco estética postura, convenciendo a Gonzalo Urgoiti, había sido culminado con éxito. Alucinante pero cierto. Así es la vida. Nosotros, que unos días atrás habíamos sido expulsados del Consejo con toda suerte de improperios, ahora, por virtud de diferentes concausas, como diría un budista, resulta que nos habíamos convertido en los dueños del cotarro. Y dueños de tal manera que a los demás minoritarios no les quedaba más remedio que vender. Bueno, vender o aguantarse. Por cierto, Juan se empeñó en que vendieran sus hermanas. A mí me resultaba exagerado, pero cuando se penetra en esos mundos de las relaciones familiares en combinación con el dinero, mejor mantenerse apartado porque no sabes por dónde puede salir y cómo puede acabar la cosa. Pero lo cierto es que cuando las hermanas de Juan tuvieron que vender sus acciones percibí que no entendían nada, que para ellas se trataba de una expulsión del seno familiar. Jamás le pusieron una sola pega a Juan, que hacía y deshacía a su antojo, sin que le cuestionaran ni un solo dato. Al revés, se sentían encantadas de su hermano. Así que estoy seguro de que cuando Juan les exigió vender, en sus mentes se instalaría una única pregunta: ¿por qué?

Juan insistía en que quería ser libre, liberarse de la carga familiar, caminar solo, a sus anchas. Cierto y falso a la vez, porque se trataba de disponer de nuevos socios, los Botín, en el lugar de las hermanas. Ese era el verdadero fondo del asunto: prefería a los Botín que a sus hermanas.

El momento culminante fue mi conversación con José María Fernández. Los Fernández como familia y José María como líder eran los grandes perdedores. Fue él quien nos expulsó del Consejo. Fue él quien convenció a los demás socios. Fue él quien no quiso darnos tiempo para reaccionar. Ahora había perdido y no tenía más remedio que hablar.

Le cité en Can Poleta, Pollensa, Mallorca, la casa que compré a mis suegros en 1982 situada debajo de un viejo monasterio dedicado a María y anclada en uno de los parajes más bellos y mejor conservados de la isla de Mallorca, acompañada de un trozo de terreno de tamaño nada despreciable para las dimensiones mallorquinas. Originariamente fue una tafona, como llaman por estas tierras a los molinos de aceite, y los olivos milenarios que la circundaban, llenos de una belleza inigualable en la increíble tozudez de sus troncos rebosantes de tormento, son testigos elocuentes del destino legendario de aquellas tierras. Un suizo por cuyas venas corría sangre judía, conocedor del arte y respetuoso con las tradiciones isleñas, transformó la vieja tafona en una preciosa casa en la que supo conservar e integrar la arquitectura típica del viejo molino de aceite.

Acudió José María Fernández con la idea de intentar quedarse con nosotros y participar en la gestión de Antibióticos, aun a sabiendas de que se trataba de un imposible vital. Tuve la delicadeza de recibirle con exquisita atención, sin formular ni siquiera un reproche, ni un mísero recuerdo de su intervención tan desabrida en aquel Consejo en el que quiso expulsarnos a la calle. Pero pronto se dio cuenta de que mi tono era el de alguien que tiene perfectamente claro que en ningún caso podríamos ser socios, esto es, que tenían que abandonar Antibióticos. Quedamos en que venderían, que nos pondríamos de acuerdo en la valoración de su paquete y se marcharían de la empresa. José María aceptó con dignidad la conciencia de haber perdido.

Cuando abandonó Can Poleta me quedé meditando en la bóveda de cuatro brazos mientras la chimenea crepitaba en una fría tarde mallorquina. La vida es decididamente circular. La misma persona que embravecida nos arrojaba del paraíso días atrás acudía ahora cabizbaja, desnuda de poder, a solicitar que le compráramos sus acciones. Es una magnífica experiencia. El poder circula elevando al ascender y desnudando en su ocaso. Su característica esencial es, como diría un budista, la impermanencia. Ocurre que mientras se disfruta de él, casi todo el mundo manifiesta una tendencia a la perpetuidad. De ahí el tremendo coste de su pérdida.

Las cosas marchaban espléndidamente bien en lo que a las cuentas de la sociedad se refiere. Sin embargo, subterráneamente, los temas personales cobraban una dimensión cada día más compleja. Mi papel de consejero delegado de Antibióticos se veía ahora tremendamente reforzado como consecuencia de mi posición accionarial. Tengo que reconocer que empecé a sentir una especie de vértigo personal muy fuerte. El crédito concedido por Bankinter se había pagado sin dificultad, mediante un mecanismo que diseñé personalmente para la tenencia de la propiedad de las acciones de Antibióticos, S. A. La empresa ganaba tres mil, cuatro mil, cinco mil millones de pesetas y, por tanto, me encontraba dueño de un paquete accionarial muy importante de una empresa cuyos beneficios eran del tenor que acabo de explicar. De la noche a la mañana me había convertido en un hombre rico y un cambio tan brusco afecta a cualquier persona que tenga un mínimo de sensibilidad. Mi economía personal y mi vida habían sufrido una transformación muy profunda. Supongo yo que las cosas suceden así en la vida, pero la verdad es que la rapidez del cambio me producía, como decía antes, ciertos vértigos personales.

Mi sueldo de abogado del Estado proporcionaba limitaciones obvias a mi capacidad de consumo, incluso con los complementos de la asesoría en el Ministerio de Industria o cuando pedí la excedencia para integrarme plenamente en Abelló, S. A. De repente, no tenía que preocuparme de preguntar si podía o no hacer un viaje, o comprarme una cosa, o salir a cenar cuando quisiera, porque todo eso estaba a mi alcance, dado que era dueño de un porcentaje de acciones de una empresa que ganaba una fortuna. Lejos quedaban aquellos tiempos en los que Arturo Romaní me llamaba de vez en cuando para decirme, siempre a finales de mes:

—Me han sobrado cinco mil pelas. Te invito a cenar.

Aprendí lo que significa ser rico: no preguntar si puedes hacer una cosa o comprarte algo, sino, sencillamente, hacerlo. Es evidente que todo tiene un límite, pero, superadas determinadas barreras cuantitativas, la riqueza proporciona ese tipo de libertad. Eso me preocupó. Temía un cambio profundo en mi carácter, perderme a mí mismo en la vorágine de un mundo que no era el mío. Decidí defenderme. Mis amigos pasaron a formar parte conmigo del Consejo de Administración de Antibióticos. Nombré a Enrique, a Arturo, a Garro, a Ramiro Núñez. Empecé con ello a cometer errores de bulto. No sabía entonces hasta qué punto era acertado el planteamiento de Juan de no mezclar sentimientos y negocios, amistades y acciones, cariños y beneficios. Al hacerlo es solo cuestión de tiempo que acabes perdiendo de las dos cosas.

Las relaciones con Juan empezaron a deteriorarse, no solo por el conflicto surgido a raíz de la distribución de acciones, sino, además, por su papel en el Consejo de Administración. Como era lógico, Juan asumió la presidencia de la empresa y yo la vicepresidencia y la consejería delegada, de forma que todo el poder ejecutivo estaba concentrado en mis manos, por lo que Juan pasó una época de gran sufrimiento personal que se traducía en una serie de comportamientos extraños: venía muy poco por la oficina y cuando lo hacía siempre llegaba tarde, permanecía como ausente en los Consejos de Administración dando una impresión no muy buena al resto de los consejeros, entre los que se encontraba un representante de los Botín que seguramente, como era su obligación, transmitiría a Jaime y quizá a Emilio lo que estaba viendo. La dinámica en la que se encontraba Juan fue en aumento. Mis relaciones con Jaime contribuían a ello.

La verdad es que Jaime me caía muy bien y creo que me entendía en muchos de los razonamientos que hacíamos juntos sobre la estructura de la sociedad española. Pasábamos algunos momentos juntos charlando de estas cosas y hasta consumíamos ciertas excentricidades. Un día, en la avioneta de Jaime, sobrevolamos el Ebro, para aterrizar en algún paraje de Cataluña con un destino inusitado: cenar y oír un concierto de chelo en una preciosa masía catalana de una amiga de Jaime y luego visitar a Racionero, que estaba escribiendo un libro sobre Ramon Llull. A pesar de este acercamiento con Jaime, la relación de amistad entre Juan y yo era todavía sólida y bien fundamentada.

Más o menos entendía lo que le sucedía, si bien lo expresaba de manera en exceso grandilocuente, fruto de mi excesiva tendencia a intelectualizarlo todo. Decía que Juan se fundía con Abelló, S. A. No solo era su empresa, sino que su personalidad era inescindible de ella. Por eso, al venderla sufrió de orfandad: su personalidad necesitaba adaptarse a la nueva situación, a un Juan que ya no era el dueño de Abelló. Y eso creaba en él una carencia profunda. Precisamente para eliminarla quería ser el dueño de Antibióticos, porque sustituir una cosa por otra, sobre todo si es más grande, haría desaparecer la inestabilidad emocional. Pero Juan no era el dueño de Antibióticos. Ante todo, tenía a los Botín, que a estos efectos resultaban muy diferentes de sus hermanas. Además, me tenía a mí en una posición muy distinta de nuestra época en Abelló. Resultaba que los hechos demostraron que aquella visión que él consideraba inteligente pero no pragmática se transformó en una realidad que vivía a su lado. Juan percibía una forma de vacío, una carencia capital en su personalidad, y mientras se adaptaba a la nueva vestimenta, a sus nuevos ropajes, deglutía una forma de sufrimiento psicológico nada despreciable. Pero no tenía más alternativa que purgar ese cáliz y yo ayudarle en el vía crucis.

Al margen de que estuviera de acuerdo con Juan en sus apreciaciones sobre el valor estético de la familia, independientemente de sustentarlas en el afecto real, comencé a vislumbrar las raíces de su sufrimiento y mi cariño por él aumentó en aquellos días, a pesar de que el lado racional de mi cerebro me indicaba que algo funcionaba mal, que resultaba imprescindible un nuevo diseño de convivencia entre nosotros porque, de no conseguirlo, no me quedaría más alternativa real que vender Antibióticos.

Parecía como si no pudiera disfrutar de un mínimo de estabilidad existencial, como si mi destino fuera el salto continuo, el movimiento incesante. Al menos —pensaba— se trata de saltos hacia delante, siempre, eso sí, que el adelante lo configurara conforme a los parámetros sociales. En fin, ya veríamos.

En septiembre de 1986 sentía en mis propias carnes que la situación existencial en la que me encontraba no se podía mantener.

Antibióticos había alcanzado su punto álgido. El futuro de nuestra empresa me preocupaba desde hacía más de un año. A pesar de que seguíamos ganando mucho dinero y en apariencia la situación se presentaba inmejorable, determinados nubarrones ensombrecían el horizonte. IBYS, S. A., la empresa que compramos a los Urgoiti y que resultó decisiva en nuestra estrategia, no conseguía encontrar un hueco de mercado suficiente como para convertirse en una empresa rentable. La división de farmacia de Antibióticos, es decir, las especialidades farmacéuticas propiamente dichas, adolecía exactamente de las mismas carencias que Abelló, S. A. Mientras en España existiera una legislación que permitía copiar los nuevos productos farmacéuticos que los laboratorios extranjeros investigaban, no había que preocuparse en exceso, porque bastaba con disponer de un departamento médico que siguiera meticulosamente la evolución del mercado para que cuando una novedad estuviera a punto de aparecer contactase con la casa que había desarrollado el producto y negociase la licencia correspondiente para comercializarlo en España. Incluso más directo:

conseguir una copia pura y dura y vender el producto con el truco de la entonces llamada patente de procedimiento. Claro que cualquier persona sensata llegaría fácilmente a la conclusión de que un esquema de este tipo no podría perpetuarse. No tenía el menor sentido que las multinacionales invirtieran ingentes cantidades de dinero en desarrollar nuevos productos para que en un país europeo como España se permitiera al amparo de una legislación obsoleta que terceros miniempresarios se aprovecharan de los esfuerzos de otros sin correr con los costes de investigación. Todo ello conllevaría en un futuro más o menos inmediato a un proceso gradual de concentración de la industria farmacéutica mundial.

En ese cuadro, un proyecto empresarial con la dimensión de la división de farmacia de Antibióticos, S. A., carecía de la menor posibilidad real de triunfar. Nuestra planta de fermentación de antibióticos adolecía igualmente de debilidades estructurales. Conseguimos llevarla al óptimo de producción, pero la pregunta seguía siendo la misma: ¿qué debíamos prever para el futuro? Cada vez resultaba más complicado penetrar en nuevos mercados. Nuestros productos eran viejos y sus ventas se concentraban en países del Tercer Mundo cuyos gobiernos limitaban la capacidad de compra por la vía de los impuestos a la importación. Las circunstancias nos imponían la estrategia: instalar plantas de fermentación o plantas químicas en esos territorios. Una cosa es el diseño y otra, la realidad. Lo intenté en Brasil, Argentina e India. En ningún caso tuve éxito.

Mi primer viaje a Argentina sucedió al poco de llegar a los laboratorios Abelló y guardo de él un recuerdo que en cierta medida me atormenta un poco. Habíamos recibido una información, que resultó ser falsa, acerca de que una persona de la organización de Abelló, S. A., un hombre de confianza que no era Alfonso Martínez, podía estar realizando una maniobra para quedarse con la propiedad de la filial de productos alérgicos que estábamos implantando en ese país. Tomé el avión de urgencia y me presenté en Buenos Aires. No recuerdo bien el nombre del hotel, pero sí mi agotamiento físico. Los documentos que podían servirme para comprobar el intento de estafa los llevaba en un maletín de esos que tienen una clave a ambos lados, confeccionada con una rueda pequeña de tres números que es la que impide o permite la acción de los disparadores de abertura.

El cansancio era tal que decidí meterme directamente en la cama y levantarme algo temprano para estudiar antes de la reunión. Cerré cuidadosamente la maleta, en la que, además de los documentos, llevaba el dinero en dólares para el viaje. Y la cantidad era nada despreciable porque se acercaba al millón de pesetas en efectivo, por aquello de si fuera necesario hacer pagos urgentes. Ya se sabe que la fama de Argentina, junto con México y en general América Latina, en el cobro de mordidas y similares aconsejaba encontrarse bien pertrechado para eventos inoportunos.

Me desperté de golpe. La luz de la habitación estaba encendida. No sabía bien dónde me encontraba. Miré la hora: apenas si tenía tiempo porque debía salir a la reunión en menos de treinta minutos. Pero lo que me extrañó y puso a latir mi corazón a toda velocidad fue comprobar que en la mesa de trabajo de la habitación se encontraban los papeles que venían en mi maleta que sellé cuidadosamente antes de dormir. Mi reacción fue lógica: alguien ha entrado, ha abierto la maleta forzando las claves y se ha llevado el dinero.

Pues no. Allí estaban los dólares, tal y como los dejé, en el mismo sitio. Curiosamente, los papeles se encontraban en la mesa perfectamente ordenados y hasta ¡subrayados! No faltaba nada.

El alivio al comprobar que no se trataba de un robo evitó que me pusiera a pensar en lo sucedido, así que me duché a toda velocidad, me vestí, tomé un café y salí con destino a un número de esos altísimos, creo que el 1234 o algo así, de la calle Salta, lugar en el que tendríamos la reunión dedicada a ese menester tan desagradable de saber si te están robando. Lo malo es que no había tenido tiempo de estudiarme los papeles, pero, en fin, ya saldría como pudiera.

La reunión comenzó con la presencia de un argentino contador, experto en balances, de apellido originalmente vasco. Un tipo inteligente de verdad. Me hizo algunas preguntas que yo no habría podido responder sin haberme estudiado los papeles, pero me quedé tan estupefacto como casi asustado: ¡sabía las respuestas! En ese instante me di cuenta de que conocía a la perfección el contenido de los documentos. Pero ¿cómo era posible si no los había estudiado? Me concentré en la reunión contento de tener esos conocimientos y dejé para un momento posterior averiguar lo sucedido. Ese momento posterior llegó y ocurrió que uno de nuestros socios argentinos era un psicólogo de profesión. No es que tuviera mucho que ver con el tema, pero se lo pregunté. La respuesta tenía toda la lógica del mundo: aquella noche me había despertado sonámbulo, había abierto la maleta, había sacado los papeles, los había estudiado y había vuelto a meterme en la cama.

Aquel hombre, al que cariñosamente llamábamos el Frutilla, me inspiraba respeto por sus conocimientos. Pero no solo por eso. Era homosexual y durante mucho tiempo vivió reprimido, ocultando, tratando de zafarse de esa condición por la vía más dolorosa: negarse a sí mismo. Para entenderse, con la finalidad de disponer de herramientas para aceptarse, estudió Psicología. Finalmente se aceptó. No se negó. Mucho tiempo después nos invitó a cenar en su casa de Madrid a Lourdes y a mí. Lourdes y yo escuchamos con mucha atención sus admoniciones y advertencias derivadas de sus conocimientos de Psicología. Pues bien, antes de ir a su casa nos llamó por teléfono para decirnos que si teníamos inconveniente en que cenara con nosotros un joven de nacionalidad argentina. Ni Lourdes ni yo pusimos reparo. Se sintió liberado.

El problema del suceso con mi maleta, papeles y hotel es que si no tienes conciencia de lo sucedido no puedes certificar nada. Pero, claro, no disponía de otra explicación mejor para dos hechos comprobados: la maleta abierta, los papeles subrayados y el dinero intacto, de un lado, y mi conocimiento del contenido de los papeles de otro. No le di mayor importancia, pero lo cierto es que hoy, muchos años después, sigo interesado en el suceso, aunque a fuer de verdad no ha vuelto a ocurrirme nada parecido, y he tenido muchos, pero muchos viajes en mi vida.

Argentina me fascinó. Y sigo fascinado a pesar de sus pesares, que en muchos casos he sentido como mis pesares, porque me duele lo ocurrido con un país semejante. Por cierto, conseguí un permiso de residencia que años después me concedió el derecho a la doble nacionalidad. Me encontraba en Banesto y por una estupidez renuncié a ello. Pero volvía casi todos los años. Hasta que me impidieron hacerlo. Desde 1993 no he vuelto a pisar esas tierras. Tengo un proyecto de viaje en mente, pero ya veremos qué pasa.

En aquellos días era presidente de Argentina Raúl Alfonsín, el entonces presidente por el Partido Radical. Pedí cita con él y me recibió en la Casa Rosada. Reconozco que me hizo mucha ilusión. Mi puesto en Antibióticos me permitía contacto con un jefe de Estado, algo que, confieso humildemente, estimuló un poco mi ego. El presidente se mostró muy amable, todo he de decirlo, y también añado que yo sentía cierta fascinación por el renacer del Partido Radical argentino, que se presentaba con un mensaje de limpieza ética en un país que, como tantos otros, parecía asolado por la corrupción. Por otro lado, yo pensaba que iba a solucionar dos tipos de problemas con nuestro proyecto, el que le sometía al presidente. De un costado, la producción en Argentina de una primera materia muy importante para fabricar un antibiótico tan conocido como la amoxicilina. Nosotros lo producíamos en las instalaciones de León, en España, y ahora planeábamos hacerlo directamente en Argentina. Pensaba que era una buena noticia.

Pero la mejor era financiera. Los laboratorios B, con apellido de origen catalán, importaban esta primera materia de nosotros, es decir, nos compraban a España. Pero no directamente, sino a través de una empresa suya de Panamá. Supongo que suya, claro, porque con eso de las acciones al portador... A esa empresa panameña le vendíamos la primera materia al precio real, al nuestro, pero luego ellos se la compraban a un precio muy superior. Obviamente, esa empresa panameña tenía que ser propiedad de los laboratorios argentinos, así que todo parecía indicar que encarecían la primera materia como medio para dejar dinero fuera de Argentina. Es curioso, pero el sentido de patria de algunos argentinos, al menos en lo que a cuestión de dinero se refiere, brilla por su ausencia de un modo casi incomprensible. Pero así era. Por tanto, si además de fabricar en el país, conseguía un ahorro de divisas, y que ese dinero se quedara en las arcas argentinas, pues mucho mejor. ¿Cómo podría salirme mal algo así? Pues me salió mal.

En los primeros compases de la entrevista, Alfonsín estuvo particularmente amable, y con una sonrisa de lado a lado me preguntó si podía instalar la planta en su pueblo. Uno, que era algo impertinente por efecto de los impulsos de la juventud, le proporcionó una respuesta un tanto desabrida:

—Si no nos altera demasiado la estructura de costes y las condiciones climáticas son buenas, lo veremos, señor presidente.

Demasiado concreto, excesivamente conciso. A esas cosas se responde mucho más vagamente, con un «por supuesto, señor presidente, lo estudiaremos con todo entusiasmo» o cualquier otra frase por el estilo y luego ya se verá. Pero la conversación continuó y me quedé algo de piedra cuando de modo directo me preguntó:

—¿Está usted de acuerdo y en contacto con los laboratorios B?

Superé el impacto que me causó la pregunta con un ligero movimiento en la silla situada a la derecha del presidente en la que yo tomaba asiento. La pregunta no tenía sentido. Si esos laboratorios eran los importadores de esa primera materia y estaban realizando el negocio de dejar dinero fuera de Argentina..., ¿cómo iban a ponerse de acuerdo conmigo? Por eso contesté con cierto tono de desagrado. Respetuoso, claro, pero casi ofendido.

—Pues no, señor presidente. No, porque ellos son importadores...

No me dejó terminar. Me interrumpió con suavidad y al tiempo con firmeza. La suavidad habitaba en el acento argentino. La firmeza, en el tono presidencial.

—Pues hágalo, por favor. Para mí es muy importante. Los B son amigos míos. Usted lo tiene que entender. Si no están de acuerdo, veo muy difícil que podamos autorizar el proyecto.

Alfonsín pertenecía al Partido Radical y predicaba honestidad. No tengo la menor idea de si detrás de esa amistad con los B se encontraría algún tipo de relación financiera de corte espurio. Ni idea. Tampoco tengo certeza de que supiera el precio al que los B importaban el 6 APA, que así se llamaba la materia en cuestión. Pero es que no me dejó explicar nada. La amistad con B se antepuso a esas otras consideraciones. Me sentí mal, desilusionado, fracasado, pero no solo como vicepresidente de Antibióticos, S. A. Mi desilusión iba más allá.

Todavía tenía una oportunidad de internacionalizar nuestra empresa.

India, repleta de seres humanos hasta la saciedad, incapaz de regular su demografía, impotente ante el control de la natalidad y, al mismo tiempo, estéril en el proyecto de proporcionar a todos ellos una vida digna, era nuestro destino natural. Mientras los humanos civilizados de Europa, Japón o Estados Unidos invertían cantidades gigantescas de dinero en desarrollar cefalosporinas de tercera o cuarta generación —que tampoco aportaban nada sustancial—, muchos habitantes de aquel país de Oriente subsistían privados de la grosera, elemental, pero terriblemente eficaz, penicilina. Lo lógico, en consecuencia, era acudir allí donde el producto constituía una necesidad primaria, y nada hay más primario que la propia vida humana.

Fracasamos. Tenía entonces algo menos de treinta y ocho años, por lo que los fríos de la experiencia todavía no habían congelado todas mis ilusiones de juventud. Era incapaz de comprender cómo unos políticos ponían tantas trabas a un proyecto que contribuiría a solventarles el que, sobre el papel, habría debido ser el primer y principal de sus objetivos: la vida de sus votantes o administrados.

La escena me impresionó. Me concertaron una cita con el ministro de Sanidad indio. En una lujosa habitación de un hotel de Nueva Delhi, lejos del olor pastoso, mezcla de curry y azúcar, que se respira cada vez que abandonas los recintos del aire acondicionado, un indio de buen aspecto, piel oscura, ojos almendrados, como los de mi perra negra, después de escuchar atentamente mi exposición acerca de la instalación de una planta de fermentación de penicilina en India, con exquisito cuidado, tratando de no herir mi sensibilidad, casi de pasada, con apariencia de no conceder la menor importancia a sus palabras, sentenció, con ese acento característico de los hindúes cuando pronuncian en inglés:

—Mire, míster Conde. El Gobierno tiene un problema. India es incapaz de soportar a su población. Ya no hay guerras. La natalidad crece. El único instrumento es la mortalidad. Así que no podemos dispensar todos los antibióticos que necesitan. Es algo que iría en contra de la seguridad nacional.

Razón de Estado. Vida humana. Territorios incompatibles, según parece.

Un poco antes de esa entrevista, Lourdes, que me acompañaba en el viaje, me dijo que había visto un anuncio en el hotel referido a un vidente indio que prestaba sus servicios a las más altas personalidades de la nación y que, casualmente, se encontraba ese día en un lugar del hotel que habían acondicionado especialmente para él, por si alguno de los visitantes distinguidos quería reclamar sus servicios. La verdad es que yo siento cierta atracción por estas cosas del futuro, como tantos humanos, y aunque Lourdes era mucho más escéptica, allí nos dirigimos.

Su aspecto se encuentra casi borrado de mi disco duro. Recuerdo que tomó mi mano y la observó cuidadosamente, meticulosamente, enfatizando el análisis, con cierto apoyo en unos gestos expresivos, a medida que profundizaba en los surcos y líneas. Finalizado este trabajo, me miró fijamente y comenzó a pedirme datos referentes al nacimiento, padres, hermanos... Percibí que el interés de Lourdes aumentó algunos enteros al comprobar que el hombre se aplicaba con un esmero que daba la sensación de ser muy superior al ordinario. Cuando ya creía más o menos concluido su trabajo, me preguntó:

—¿A qué se dedica usted?

—Soy empresario del sector farmacéutico —respondí con un esbozo de sonrisa amable.

El hombre se detuvo en todo movimiento. Cerró los ojos. A duras penas podía percibir su respiración. Sinceramente, creo que no respiraba. En el pequeño cuarto de consultas se instaló un profundo silencio. Lourdes y yo nos miramos con un gesto de interrogación, ignorantes de la esencia del momento, pero no nos atrevíamos a formular palabra alguna. Ni siquiera a movernos para no interrumpir lo que parecía un estado de trance meditativo.

Unos minutos después abrió los ojos. Sus movimientos corporales eran extremadamente lentos, como si regresara de algún extraño viaje. Percibí cómo comenzaba a salivar en el interior de su boca como paso previo a recuperar la palabra. Al final habló.

—Le veo a usted dirigiendo muchas empresas, cientos, quizá miles. Le veo a usted como una persona muy importante empresarialmente en su país.

Lo curioso es que no tuvo el menor interés en saber cuál era ese país en el que supuestamente yo iba a aparecer como una persona tan decisiva. En fin, pagamos y nos fuimos. Crucé la puerta que me depositaba de nuevo en el pasillo del hotel cuando el hombre alzó la voz para reclamar a Lourdes. No a mí, sino a ella.

Lourdes, con cierta intriga, y eso que era muy poco dada a esas cosas, accedió. Regresó sobre sus pasos y se sentó con él. La entrevista no duró más allá de un minuto. De nuevo se abrió la puerta y apareció Lourdes en el pasillo en el que yo esperaba su regreso. La miré fijamente a los ojos por si me anticipaban alguna información, pero no identifiqué ninguna expresión singular, así que no me quedaba más recurso que la palabra.

—¿Qué te ha dicho?

—Pues que tiene mucho interés en seguirte. Dice que vas a ser muy importante pero que vas a tener mucho sufrimiento en tu vida.

—¡Joder! Pues vaya con el hombre este.

—Sí... La verdad es que parecía afectado... Me ha impresionado un poco, la verdad... Insistía mucho en que le diera nuestra dirección y que le mantuviera informado...

—¿Y se la has dado?

—No. Ya sabes que estas cosas no me gustan. Prefiero no saber nada. Lo que está de Dios, está de Dios.

En fin, parecía que las dificultades del negocio no convertían a ese país en el más idóneo para cuatro o cinco socios españoles cuyo objetivo era ganar dinero con la menor reinversión posible. El sueño de Antibióticos como la primera multinacional farmacéutica española era tan bonito sobre el papel como imposible en la vida real.

Pero no solo fue por eso por lo que decidí vender Antibióticos.

El ambiente interno entre los accionistas, como en los fumaderos de opio de Tailandia, se convertía, segundo a segundo, en irrespirable. O aceptabas sucumbir ante la droga o buscabas aire limpio. Juan Abelló, cada día que pasaba, se parecía más a una bomba de proporciones incontrolables. Comprendía su sufrimiento, pero al tiempo percibía que mientras continuáramos en Antibióticos no tendría solución. La venta de la empresa, al margen de las consideraciones de pura estrategia empresarial, comenzó a transformarse en un presupuesto de estabilidad emocional para Juan y en algo imprescindible para diseñar un modelo de convivencia pacífica entre nosotros. Vender Antibióticos se convirtió en algo absolutamente imprescindible, no ya para recuperar el dinero invertido con su plusvalía, sino, además, para que la amistad y el cariño existentes entre Juan y yo no se dilapidara estúpidamente.

La suerte estaba echada. Pero ¿quién compraría una empresa de estas características?

Encontré la respuesta en la prensa inglesa, en una noticia del *Financial Times*. En Suecia, curiosamente, un egipcio había conseguido convertir en un *best seller* del negocio farmacéutico a una pequeña empresa en quiebra denominada Fermenta. Ganaba mucho dinero, pero, la Ley es la Ley, llegó a un acuerdo con un grupo químico-farmacéutico italiano llamado Montedison, del que había oído hablar pocas veces en mi vida. El acuerdo estaba cerrado y el presidente de Montedison, un señor llamado Schimberni, pidió a los accionistas que suscribieran una ampliación de capital de quinientos millones de dólares destinada a la compra de esa empresa sueco-egipcia, que, según sus palabras, resultaba vital para el desarrollo del grupo.

He aquí que —y esta era la noticia— el egipcio, demostrando el carácter incontrolable de los nacidos en África, decidió por las buenas salirse del negocio y el presidente de la empresa italiana se quedó con el dinero y con la definición estratégica, pero sin la posibilidad de materializarlo, al menos de la forma en que presentó el proyecto a sus accionistas.

«Me parece que este hombre lo tiene mal», pensé para mí. «No va a tener más remedio que buscar una alternativa, y no hay nadie en Europa capaz de sustituir a Fermenta distinto de nosotros. No sé por qué, pero presiento que pronto tendremos alguna noticia suya.»

Poco, muy poco tiempo después, almorzaba en Zalacaín con un individuo americano, de nombre Steve Epply, de marcado acento de Nueva York, representante de un banco de negocios que había sido encargado por Schimberni de contactar con nosotros con un propósito tan concreto como comprar Antibióticos. En su llamada inicial, cuyo intermediario no consigo recordar, teóricamente solo quería charlar conmigo de asuntos generales, sin ningún tema concreto en su agenda. Aquello sonaba a chino, no solo porque esta gente, este tipo de ejecutivos de bancos de negocios, no suelen tener en sus agendas más que operaciones financieras concretas, sino porque, además, la situación de Montedison en Italia no dejaba espacio para excesivas conjeturas. Pero, en fin, si tenía que jugar a ese juego, pues a participar, que tampoco pasaba nada grave. Por eso acepté el almuerzo y me fui con él a Zalacaín.

Hablaba perfectamente español, pero prefería desenvolverse en inglés. Creo que la comida transcurrió mezclando sin concierto ambos idiomas según el tema. Divagábamos hablando de los mares y los peces, asuntos que, como digo, a esta gente les aburre mucho, lo mismo que a mí escucharlos y comprobar que no tienen la menor idea de los temas que me interesan. Cansado de estos circunloquios, tomé la cosa por derecho y le dije:

—Bueno, vamos a ver. Tú has venido a comprar Antibióticos. En principio no estoy en contra. Será cuestión de precio y forma de pago.

Steve se quedó de piedra. No podía esperar algo así de un hispano que teóricamente rechazaría ir al grano de un asunto económico con semejante crudeza, por eso que dicen que hablar de dinero es ordinario. Pero se repuso pronto de su sorpresa, quizá porque ese era precisamente su terreno favorito, aquel en el que se desenvolvía con mayor soltura.

—Bueno, algo de eso tengo en mi cartera —reconoció.

Mientras me explicaba el asunto de la manera más delicada que pudo, yo sorbía un poco de vino tinto sin prestar demasiada atención a sus palabras, percibiendo en mi interior la autosatisfacción que supone comprobar que una intuición puramente emocional estaba cobrando vida en las palabras, los gestos, los movimientos de aquel hombre, buena gente, agresivo como corresponde a todo buen ejecutivo americano, que, además, intentaba acomodarse a nuestro mundo latino, lleno de incoherencias, atento al detalle, sensible por excelencia, sarcástico y cruel, pero nuestro, al fin y al cabo.

Cuando terminó su parlamento, lleno de cifras, de números, de consideraciones estratégicas, de valoraciones, *cash flow, net income, price earning ratio,* y de otras expresiones anglosajonas por el estilo, le miré con la mayor dulzura de la que soy capaz, y como si entroncara directamente con su discurso, le pregunté:

—Steve, ¿has oído a Albinoni? A mí me gusta la música barroca italiana, y siento pasión por el *Adagio*. ¿Crees tú que si vendemos Antibióticos podré escucharlo en directo algún día en Milán?

El americano ni siquiera escuchó mi pregunta, que, en el mejor de los casos, le habría parecido una frivolidad típica de los latinos.

Nunca sentí preocupación por la negociación. Yo quería vender, pero Schimberni, el presidente de Montedison, necesitaba comprar. Ahí estaba la clave. Nuevamente el esquema de IBYS/Antibióticos. Con empresas más grandes, con mucho más dinero de por medio, pero esencialmente lo mismo. Por eso hice toda la negociación solo. Bueno, solo no. Me ayudó, y muy eficazmente, un personaje enigmático: Carlo Gritti.

Steve me dio la pista. Aquel hombre, según el americano, podría ser absolutamente esencial para el buen fin de la operación. Sus relaciones con Schimberni, que era quien tendría que decidir, tenían una naturaleza especial, hasta el extremo de que podía convertirse en un verdadero embajador del proyecto, en su avalista más cualificado. ¿Solo eso o algo más? ¿Solo algo más o mucho más? Cuestión de tiempo descubrirlo. Pero lo cierto y verdad es que a cualquier latino, eso de que aparezca en escena un individuo singular, cuya empresa tenía sede en Suiza, que quería pasar totalmente desapercibido, que deseaba ocultar su nombre y papel, y que, como todo cometido, resultaba ser gran amigo y hombre de influencia cerca de la persona que tenía que decidir, parecía raro. Aquello olía a dinero, a mucho dinero. Pero en ese instante yo no tenía la menor confirmación de semejante ordinariez.

Carlo Gritti vivía obsesionado con la discreción, hasta extremos lindantes con la paranoia. Una cosa es valorar la discreción y otra, convertirla en obsesión enfermiza. Tiempo después supe que en su momento fue un hombre conocido en Italia y que, precisamente por ello, tuvo que sufrir de manera brutal. Debía haber tomado más y mejor nota de que en países como Italia y España eso de ser muy conocido es un pasaporte hacia una vida llena de problemas, porque la gente aspira a ser eso, conocido por los demás, famoso que se dice ahora, y si no lo es y comprueba que otros tienen ese atributo, se despierta en ellos la envidia, que siempre permanece agazapada en las almas hispánicas hasta el momento en que algo la despierta y se pone en marcha. Y una vez iniciados sus movimientos, es capaz de causar más estragos que un ciclón. No tardaría en descubrirlo en mis propias carnes.

Me invitó a Venecia, para charlar, sin más propósito —decía— que el de conocernos algo mejor. Vivimos en el palacio de los Gritti, uno de los mejores hoteles venecianos, cuyos precios espeluznaban entonces, así que hoy... Carlo decía que descendía de esa famosa familia, pero como no me interesaba demasiado, no profundicé en cuestiones de genealogía, porque mi cometido era mucho más pegado a la tierra.

Carlo era el dueño de un pequeño establecimiento financiero con sede en Ginebra y de nombre Pilar. Sí, como suena, Pilar. Además tenía un gigantesco barco de motor de más de cincuenta metros de eslora que bautizó precisamente con ese nombre tan hispano. En el asunto Antibióticos, Steve Epply me contó que tenían un acuerdo de colaboración, lo que quiere decir que la comisión que percibirían ellos, los americanos, el banco de negocios de Epply, la repartirían con Pilar Corp. ¿Era Gritti socio de Schimberni? A eso me refería cuando me preguntaba si «algo más» o «mucho más». Lo ignoro, pero no me extrañaría en absoluto, a pesar de que el presidente de Montedison, ya fallecido, procedía de las filas del Partido Socialista Italiano y formulaba discursos de honestidad. Está claro que ni una cosa ni la otra son garantía de nada en absoluto. A estas alturas de la vida la pertenencia a ningún tipo de organización sea o no política, ni mucho menos pronunciar discursos en cualquier colegio o academia o universidad, es garantía de nada. Mucho menos de honestidad.

En aquel viaje a Venecia Carlo Gritti me explicó su misión en el negocio que llevábamos entre manos.

—Mire, señor Conde. Usted va a ser consejero de Montedison. Convivirá con el doctor Schimberni, que será su presidente. Entre ustedes dos las relaciones tienen que ser muy fluidas. Nada debe enturbiarlas. En una negociación siempre pueden existir roces. Así que yo transmitiré al doctor Schimberni sus propuestas y a usted las respuestas del doctor. De esta manera todo será perfecto.

Me encantó la *finezza* italiana, sobre todo comparada con la hosquedad brusca del planteamiento de los Botín. Entre Cantabria y Venecia existe una diferencia notable de kilómetros, pero, tratándose de algunos personajes, en lo que a delicadeza se refiere los territorios son antípodas.

La verdadera negociación se cuajó entre Carlo Gritti y yo. Fue a él a quien expuse mi idea de participar en el capital de Montedison. Además del fracaso de Montedison con Fermenta un nuevo suceso vino a ayudarnos en la venta de Antibióticos, y es que Gardini, el líder del Grupo Ferruzzi, se había marcado como objetivo comprar el gigante químico y ya disponía de un paquete accionarial suficiente como para enredar en el poder absoluto que en ese grupo de empresas ejercía Schimberni. Curioso, pero en aquellos días empezaba en Italia el conflicto entre propiedad de referencia y gestión en las empresas cotizadas, algo que inmediatamente ocurriría en España, y casualmente nosotros desencadenaríamos el proceso con la compra de un paquete significativo de Banesto. Los Albertos, los empresarios de construcción, en aquellos días vinculados económicamente al PSOE, se convertirían en objeto de fama y repulsa como consecuencia, precisamente, de adquirir otro paquete, mayor aún, del Banco Central de Escámez, si bien con dinero procedente del Grupo Kio y con una finalidad indisimulada de poner el banco a disposición de quien dijera o dijese el Gobierno del PSOE.

Era consciente de que, como digo, Raul Gardini había adquirido un paquete de acciones de bastante importancia en la empresa italiana, de forma que comenzaban a extenderse por Italia los rumores de que el jefe de la familia Ferruzzi podría llegar a transformarse en el *padrone* del gigante químico-farmacéutico, lo cual, como es lógico, no le hacía ninguna gracia a Schimberni, que gobernaba la empresa a su voluntad, hasta el punto de que en el mundillo económico italiano, tan aficionado a poner adjetivos a sus líderes, se le conocía como el «emperador».

En principio no parecía sensato invertir dinero en una empresa que desconocíamos, pero había dos razones que avalaban esta idea: la primera, de imagen. Yo sabía que íbamos a ser criticados por vender una empresa que se consideraba —desde luego erróneamente— como la única multinacional farmacéutica española, por lo cual había que dar la sensación de que no se trataba de una venta pura y dura, sino de una asociación con otra empresa europea, y aparecer como accionistas de un gigante italiano proporcionaba una visión algo distinta del asunto, sobre todo si podíamos acceder a un puesto en el Consejo de Administración de Montedison.

Además, Raul Gardini, precisamente por el paquete accionarial que controlaba, representaba un peligro para la posición de Schimberni, acostumbrado, como decía, a mandar en esa empresa sin tener que dar cuenta a ningún accionista importante. Por ello, si nosotros nos hacíamos con un paquete de acciones de cierta entidad y lo poníamos a disposición de Schimberni, ello reforzaría la posición de este último frente a Gardini, lo cual era un estímulo adicional para llevarle a comprar Antibióticos, por lo que decidí comentarle la idea a Gritti, que la recibió con mucho agrado.

En estas operaciones, como en casi todas con independencia de su tamaño, las consideraciones de estrategia son decisivas. Al fin y al cabo, son personas las que deciden comprar y vender. Y esas personas responden a estímulos emocionales. Para mí era claro que Schimberni no deseaba retirarse como un empleado del propietario Gardini. Me acordé de aquella vieja distinción que protagonizaba de modo especialmente candente el pensamiento de Juan Abelló. Schimberni, mientras no tuviera un *padrone,* era un hombre propio. Si Montedison pasaba a tener dueño, Schimberni engrosaría la lista de empleados de postín de la familia Ferruzzi. Procuraría evitarlo. Haría lo que fuera. Y ese lo que fuera encajaba muy bien con la idea de comprar Antibióticos si los que recibían dinero de Montedison estaban dispuestos a invertir una parte de lo percibido precisamente en comprar acciones y ponerlas a su disposición.

Era, ciertamente, algo más simbólico que otra cosa, porque nosotros podríamos llegar como máximo a un 3 por ciento y Gardini ya rondaba el 40 por ciento, así que... Pero también en esas alturas las pasiones y las emociones llevan a esos hombres a agarrarse a clavos ardiendo. Como lo tenía más claro que el agua, lo propuse. Por la expresión de Gritti comprendí que había pinchado en carne magra.

El 30 o 31 de diciembre de ese año, estaba concluida una negociación que comenzó en septiembre. Antibióticos valió 450 millones de dólares. La negociación la ultimé personalmente. Me desplacé solo a Milán y me alojé en el hotel Duca di Milano. Gritti me decía que no podían pasar de los 400 millones. Le dije que en esa cifra no había negocio.

Por supuesto que en Madrid todos trabajaban como bárbaros expurgando cifras, datos, expectativas, proyecciones, costes tributarios... Todo eso eran cuestiones técnicas. Muy importantes, claro, pero la verdadera negociación se libraba ese día en Milán. Y los protagonistas éramos dos personas en directo y otras dos en retaguardia. Los directos, Schimberni y yo. Los indirectos, Gritti y Gardini. Así son las cosas en esta vida con independencia del volumen de la transacción.

Era tarde. Gritti vino a verme. Me dijo que por fin había arrancado de Schimberni el precio de 450 millones de dólares. Al día siguiente me reuniría con él. Iniciaríamos la conversación en idioma español de mi costado e italiano del suyo. No usaríamos el inglés. El doctor —así le llamaba— me diría que el precio que me ofrecía eran 400 millones. Yo le contestaría con educación que pedía 450 millones. Él haría como que pensaba un rato y finalmente diría que aceptaba. Trato hecho. No había que hablar más.

—Muy bien, Carlo —contesté.

Dormí muy poco. La cita se pospuso para la tarde, a eso de las cuatro. Entré en las dependencias de Montedison y seguí el ritual que me marcó Gritti. Me depositaron en una sala de consejos enorme, decorada a la antigua usanza. Mi mente no tenía espacio ese día para ocuparse, para prestar atención a motivos ornamentales. Mis pensamientos se concentraban en una negociación que podría cambiar mi vida. Bueno, para ser más preciso debería decir para volver a cambiarla otra vez en ese peregrinar existencial en el que se había convertido mi trozo de espacio tiempo. Y en esa fecha no sabía lo que quedaba...

Apareció Schimberni. Se sentó en la presidencia y yo a su izquierda. De estatura media, delgado, con el pelo cortado al cero, nariz aguileña y ojos que escudriñaban el canto de una hoja de afeitar, me produjo una cierta sensación de susto. Un tipo muy poderoso y notable dentro de Italia y yo un hombre de treinta y siete años muy poco ducho en esas conversaciones de altura. Pero siempre me he dejado llevar por el atrevimiento, por la ausencia de miedo. Así que traté de situarme respetuosamente a su altura con el corazón latiendo a todo latir, nervioso por comprobar in situ si el guión teatral de Carlo Gritti iba a funcionar en la práctica. En esa estaba cuando el doctor dijo en un italiano cadencioso, suave, con voz dulce y propósito definido:

—Bueno, doctor Conde —decidió llamarme también doctor—, nuestra oferta es de 400 millones de dólares por el cien por cien de Antibióticos.

Funcionaba. Era exactamente lo que me dijo Gritti. Ahora llegaba mi turno. La verdad es que rechazar una oferta semejante implicaba asumir un valor impresionante, pero tenía que acoplarme a la obra que debía representar. Schimberni cumplió su cometido. Ahora yo era el dueño de la escena. Tragué saliva y dije en mi español suave intentando imitar sin que se notara en exceso la música italiana:

—Doctor, perdone, nuestro precio son 450 millones de dólares.

Nada más pronunciar esta frase, inmediatamente después de haber rechazado semejante oferta, los latidos del corazón aumentaron exponencialmente. Por un segundo tuve miedo de que me dijera: pues nada, *dottore*, muchas gracias, ya nos veremos, o algo parecido.

Aprendí el valor del tiempo. No necesité, a partir de ese día, estudiar la relatividad del espacio tiempo, porque Schimberni, conforme al guión, se inclinó hacia atrás, situó su mirada en algún punto del horizonte, con un mano se mesó la barbilla, luego se frotó la cabeza pasando la mano sobre su pelo rapado al cero, tratando de indicarme que su cerebro buscaba cómo complacerme, y finalmente se reclinó en posición de ponerse de nuevo a dialogar. No habría empleado más de treinta segundos. Quizá sesenta. Diferenciar en ese instante entre segundos y años era imposible. Un tiempo ridículo que cobraba valores emocionales de eternidad.

—Bien, señor Conde. Acepto. Ustedes van a invertir en la compra de acciones de nuestra empresa, ¿es así?

—Sí, doctor.

Me quedé paralizado. Acababa de vender nuestra empresa con el ritual italiano ejecutado a la perfección. No sabía ni qué decir, ni qué hacer, ni qué añadir. Envueltos en ese silencio de circunstancias nos pusimos en pie. Al día siguiente firmaríamos el documento. Podía irme. Y me fui encantado, claro.

¡Cuatrocientos cincuenta millones de dólares! Una barbaridad de dinero. No sé si su precio real era o no esa cifra, pero para Schimberni sí que constituía un precio adecuado, y no, evidentemente, porque fuera a percibir una sola peseta del mismo, sino porque la compra de nuestra empresa se convirtió, por mor de esa concurrencia de circunstancias subjetivas, en un problema existencial.

En el fondo una vez más el factor suerte presidió una operación de semejante envergadura. Si el famoso egipcio de Fermenta no hubiera decidido dar marcha atrás en su operación proyectada con Montedison, nunca hubiéramos vendido Antibióticos. Si, además, Raul Gardini no hubiera tomado la decisión de ir a por el control accionarial de Montedison, seguramente las dificultades para alcanzar el precio de 450 millones de dólares habrían sido tremendas. La combinación de ambos factores nos proporcionó el hombre adecuado en el momento adecuado. La sabiduría de incentivarle mediante la propuesta de adquirir acciones de Montedison para ponerlas a su servicio contribuyó definitivamente a impulsar el negocio. Así son las cosas: mezcla de tiempo justo, persona justa, sabiduría negociadora y una enorme cantidad de suerte.

Cerrado el trato con un apretón de manos, volví al hotel y llamé a Juan Abelló. Él sabía que estaba negociando la venta de la empresa y, aunque sentía cierto vértigo por el futuro, era demasiado dinero el que estaba en juego. Su voz sonaba algo intranquila al otro lado de la línea, pero hay que tener en cuenta que las cifras generan inquietud.

—Bueno, Juan, pues ya está. Hemos cerrado en 350 millones de dólares. Creo que es un precio magnífico, aunque todavía no te lo puedo dar por absolutamente seguro. Voy a continuar con las negociaciones esta noche y luego te llamaré.

Mis «negociaciones» consistieron en bajar al comedor del hotel, pedir un vino de Cerdeña —entonces no había descubierto el Brunello di Montalchino—, un plato de pasta y, sobre todo y por encima de todo, una espléndida ración de gorgonzola. Comí lento, muy lento, yo que nunca suelo hacerlo así. Cada trozo de queso que llevaba a la boca, cada gota del vino tinto que saboreaba, me traían recuerdos, vivencias, emociones de los tiempos vividos, pero, al margen de ello, la crema del gorgonzola, el olor del caldo, la textura de la pasta, reflejaban una sensación de íntima satisfacción: había convertido en realidad lo que intuí al leer una noticia del *Financial Times*. Es posiblemente estúpido, pero la percepción de ser rico sucumbió, con mucho, ante la emoción de conocer al hombre.

Despacio, muy despacio, sintiendo cada movimiento, percibiendo el desplazamiento de los cables de acero sobre las ruedas que controlan el movimiento del ascensor, dejando que mis pies disfrutaran al pisar la alfombra, larga, inmensa, llena de colores y figuras que mi retina se negaba a reflejar en sus perfiles exactos, conseguí abrir la puerta de mi habitación. Me senté en la cama y encendí un pitillo. No podía evitar que mi alegría interior se transformara en una sonrisa en soledad. Cuando ríes para ti mismo, sin vigilantes externos, o tienes copas, o es que de verdad sientes alegría interior. Marqué Madrid, casa de Juan Abelló. Eran las once y media de la noche.

—Oye, Juan, lo que te dije no ha podido ser. Ha habido un cambio en el precio.

—Ya me lo imaginaba. En fin, en todo caso estamos en cifras muy importantes. ¿Eran 350 millones de dólares lo que me dijiste? Bueno, qué más da: ¿en cuánto has cerrado? ¿Doscientos cincuenta o trescientos?

—En 450 millones de dólares. Mañana me voy a Mallorca.

No sé qué ocurrió al otro lado de la línea porque prácticamente colgué el teléfono. Abrí la ventana de mi habitación. Hacía frío en Milán, mucho frío, aunque yo apenas podía sentirlo. Mi pregunta a Steve Epply en Zalacaín tuvo su respuesta: mientras contemplaba en silencio las calles inmensamente llenas de nada, pude escuchar, con total nitidez, una música deliciosa que nacía desde lo más profundo de mí y que llenaba la ciudad de la Padania: era el *Adagio* de Albinoni.

El primer trimestre de 1987 se dedicó a ultimar detalles de la venta. El primer punto de fricción entre nosotros, en lo que a esta operación se refiere, surgió como consecuencia de identificar quién debía ser nombrado consejero de Montedison en representación de nuestro paquete accionarial. Obviamente, Schimberni quería que fuera yo, pero a Juan le atormentaba la idea de quedarse fuera, sobre todo porque no quería dar la sensación de que el protagonismo se decantaba más de mi lado que del suyo, lo que es absolutamente comprensible. Llegamos a pensar en la posibilidad de pedir a Schimberni que en vez de una plaza nos concediera dos, pero el intento acabó en fracaso, como me temía antes de plantearlo. En ese instante Juan esbozó la posibilidad de que ninguno de los dos aceptara pertenecer al Consejo de la multinacional italiana.

La idea carecía de sentido empresarial y económico. Solo se comprendería en el plano de lo psicológico. Obviamente, lo razonable era que uno de nosotros siguiera de cerca la evolución del negocio en el que habíamos invertido tanto dinero. Por ello, esa propuesta de Juan de los dos o ninguno contribuyó a seguir cimentando en mi mente la idea del conflicto que latía en el interior de Juan. No quise contarle que cuando le expuse a Gritti la posibilidad de dos plazas en el Consejo, no solo me dijo que la petición era impensable, sino que, además, una condición para la venta exigida por Schimberni consistía, precisamente, en que yo formara parte del máximo órgano de administración del grupo italiano. Juan, en todo caso, aceptó finalmente mi postura. La verdad es que 450 millones de dólares tienen un efecto enormemente flexibilizador de posturas emocionales.

Pero lo importante no consistía en que finalmente lo aceptara, sino que inicialmente planteara que los dos o ninguno, precisamente porque tal planteamiento, al ser huérfano de razón, se preñaba de sentimiento, y de un sentimiento negativo que jamás desaparecería por el mero hecho de aceptar lo razonable. Aquí reside una clave: cuando los sentimientos laten en el fondo, aunque se disfracen de razón, siguen viviendo por sí mismos, y si han tenido que sacrificarse en ese altar de lo racional, cobran una dinámica de mucha mayor fuerza interior.

El trato concluido, las cifras pactadas, el Consejo de Administración concretado. En ese preciso instante la crisis entre Gardini y Schimberni toma un giro peligroso para nuestros intereses: el patrón de Ferruzzi consigue el control del 50 por ciento de Montedison. La guerra se decanta de manera definitiva del lado de Gardini y la prensa italiana, que publicó con todo lujo de detalles el importe de 450 millones de dólares como precio de la transacción Antibióticos, comienza a especular con la actitud de Gardini frente al negocio con nosotros. En el fondo, todo el mundo consideraba que el precio resultaba excesivo y que Schimberni lo aceptó como instrumento en la guerra contra el nuevo *padrone*. Una vez que este conseguía hacerse con el control de la empresa, la especulación periodística se dirigía hacia la ruptura del trato ordenada por Gardini como primera demostración de su nuevo poder.

Debo reconocer que me preocupó sobremanera el ambiente creado en Italia. No conocía a Raul Gardini. Ni siquiera podía formarme un juicio aproximado de cuáles serían sus intenciones respecto de nuestro negocio. No tenía más opción que tomar el toro por los cuernos e intentar contactar con él. Conseguí su teléfono en Milán y, armándome de un valor que rozaba la osadía pura y dura, marqué su número y pregunté por él. No tenía mayores esperanzas de que atendiera mi llamada, sobre todo en un momento en el que el éxito posiblemente se le habría subido algo a la cabeza, pero lo cierto es que la secretaria, después de un educado «espere un momento, por favor», me pasó al nuevo emperador industrial de Italia.

La conversación fue breve.

—Doctor Gardini, deseo exponerle todo lo que usted precise sobre el negocio concluido con Antibióticos.

Más o menos eso fue lo que acerté a decir desde el teléfono del locutorio de Alcudia, en Mallorca, en el que conecté con Italia. De nuevo momentos de incertidumbre, de espera, de comprobar reacciones de un hombre que en ese instante pasaba por ser el empresario más potente de Italia y uno de los mayores de Europa.

Me respondió una voz dulce, suave, imprevista.

—Con mucho gusto, señor Conde. Nos vemos en París. Le hago saber el día en que podemos encontrarnos por si le viene bien a usted.

Esa frase pronunciada, como digo, con suavidad de tono y en un idioma tan dulce como el italiano me supo de maravilla. Sonó a música de Albinoni nuevamente. Me sentía feliz después del aparente éxito inicial de mi decisión. No obstante, quedaba París.

Allí me desplacé el día concertado. Desayunamos juntos. Esta vez el desayuno me parecía mucho más importante que aquel que en su día mantuve con el Rey porque aquí me jugaba un montón de dinero. No tomé nada sólido. Café y más café, para no variar mis costumbres. Raul Gardini era un hombre de aspecto extraordinariamente agradable. Cráneo romano, ojos oscuros que transmitían una mirada llena de profunda inteligencia, pelo blanco, estatura algo superior a la media, manos gruesas de campesino y gestos nada delicados. De hecho, en Italia se le conocía con el nombre de El Campesino por referencia a las enormes posesiones de tierras agrícolas que figuraban en el patrimonio de los Ferruzzi. La química entre nosotros funcionó. Raul no tenía la menor intención de anular el pacto de Antibióticos y se mostró encantado de que yo formara parte de su Consejo de Administración. En ese momento nació un tipo de relación especial entre nosotros que duraría hasta el momento de su muerte. Encantado de la vida regresé a Madrid. Ya solo quedaba un escollo para convertir en realidad el sueño.

Una vez cerrado el trato con los italianos, nuestras preocupaciones se dirigían hacia el Gobierno español. Teóricamente, la venta de Antibióticos necesitaba ser expresamente autorizada por las autoridades españolas y temíamos que el espejismo de constituir una multinacional española alrededor de nuestra empresa se tradujera en una negativa rotunda a aceptar la venta a Montedison. En muchas ocasiones comenté este asunto con Carlo Gritti y, curiosamente, no le concedía la menor importancia. Aseguraba de manera rotunda que ese aspecto de la negociación era algo de tono menor, un mero trámite. Nosotros, sin embargo, nos temíamos algún componente de demagogia superior que, al menos, nos complicara mucho el negocio, como, por ejemplo, exigirnos reinvertir en algún sector que le interesara al Gobierno o algo parecido. Pero, en fin, continuamos con las negociaciones de dinero y apartamos ese tema.

Pero llegó el día. No quedaba más remedio que comunicarlo a las autoridades españolas. Comenzamos, como es lógico, con el ministro de Industria, puesto que ocupaba entonces Luis Carlos Croissier, que acogió la idea con frialdad pero no con una negativa rotunda. El momento de obtener la aprobación final del Gobierno se acercaba y yo veía que, al margen de reuniones más o menos cordiales con las autoridades españolas, en el fondo estábamos avanzando muy poco, por lo que me decidí a hablar con Carlo de forma seria.

—Siempre me has dicho que no me preocupara por la aprobación del Gobierno español, Carlo. Ha llegado el momento de actuar.

—Déjalo de mi mano.

Poco después me citó en el hotel Duca di Milano, e intensificando el gesto y el tono de voz para atribuir a su postura el mayor grado de discreción que imaginarse pueda, me dijo:

—He contactado con el Partido Socialista Italiano para pedirle que negocie con el Gobierno español la compra de Antibióticos por Montedison.

—Ya —contesté.

—Para este negocio tenemos que usar a Ferdinando March di Palmstein, una persona de total y absoluta confianza de Bettino Craxi.

—Si tú lo dices, será así.

—Por supuesto. Este es el hombre. Ya he trabado contacto con él y el partido se muestra favorable a lo que le pedimos, pero quiere una compensación.

—¿Cuánto?

—Dos millones de dólares —contestó Carlo sin inmutarse lo más mínimo.

Momento clave. Era obvio que Carlo Gritti pretendía que nosotros corriéramos con el coste de tal cantidad. Era igualmente evidente que yo no estaba dispuesto a pagar ni un duro. La verdad es que no se trataba de que tuviera miedo a las posibles consecuencias judiciales si algún día se descubría el pago. En aquellos momentos ni siquiera me planteé semejante posibilidad. No. La cosa era más simple: no estaba dispuesto a detraer dos millones de dólares del precio pactado por Antibióticos, aunque solo fuera porque en ese caso a mí personalmente me costaría la nada despreciable suma de 460 000 dólares americanos. Así que aparentando la mayor firmeza del mundo contesté:

—Bien, lo que ocurre es que nosotros no nos hacemos cargo de ese pago. Siempre dijimos que se trataba de un asunto vuestro conseguir la aprobación del Gobierno español. Nosotros permanecemos al margen. Ni siquiera hemos tenido esta conversación.

Carlo no tuvo más remedio que beber ese cáliz.

¿Se pagó esa cantidad? Admito que no fui testigo de ningún pago. Nunca nadie me volvió a hablar del tema, ni para decirme que sí ni para negarlo. Incluso más: tiempo después conocí personalmente a Ferdinando e incluso mantuvimos una cierta relación amistosa, hasta el extremo de que nos acompañó en un Rocío, porque entonces su novia era María Trujillo, que previamente estuvo casada con Jaime Oriol. Pero en ningún momento, ni en el Rocío ni en Ibiza, quise preguntarle sobre el pago para carecer de la certeza.

Curiosamente años después, coincidiendo con el movimiento de la judicatura italiana de «limpieza» de la vida política en su país, Ferdinando fue procesado e incluso encarcelado en Francia por su supuesto papel de recaudador de comisiones para el Partido Socialista Italiano en general y para Craxi en particular. El líder socialista italiano tuvo que huir a Túnez para evitar caer en una prisión italiana.

En España se recibió una comisión rogatoria destinada a averiguar los posibles movimientos de Ferdinando en relación con empresas españolas, y de manera muy especial, con Antibióticos, S. A. Tuve que acudir en calidad de testigo a la Plaza de Castilla, en una de cuyas dependencias judiciales un magistrado italiano de magnífico aspecto, que contrastaba con intenso chirrido con el que lucía su homónimo patrio, me formuló una serie de preguntas destinadas a saber si nosotros dimos orden de pagar cantidad alguna al Partido Socialista Italiano, si me constaba que otros hubieran efectuado el pago.

—Yo, desde luego —aseguré al magistrado—, no pagué un dólar ni di órdenes a nadie para que lo hiciera en nuestro nombre o por nuestra cuenta.

—Pero usted conocía a Ferdinando March di Palmstein porque en la agenda de este señor hemos localizado su número de teléfono.

—Sí, señoría, lo conocía. He coincidido con él en Ibiza, en algunas ocasiones, y en otras reuniones festivas, pero no crucé una sola palabra con él referente a Antibióticos. Puedo decirle que nosotros, con nuestro dinero, no pagamos a nadie del Partido Socialista Italiano.

—¿Pero usted sabe si se pagó?

—No. No me consta.

Y era verdad. Yo no tuve nunca constancia de que se pagara. Me alegré ese día de no haber preguntado a Ferdinando en ningún momento ningún detalle.

El magistrado italiano no se quedó nada convencido con mi respuesta, pero no podía ir más allá, debiendo limitarse a transcribir mis palabras en acta y volver a su país con un trámite judicial fallido en lo incriminatorio para Ferdinando.

Bueno, pues el trato estaba cerrado a reserva de la posición de la Administración española y, dada la envergadura económica y política del asunto, decidimos solicitar una entrevista con Felipe González, pero a pesar de nuestra insistencia no conseguíamos que nadie nos fijara la fecha para su celebración.

Pocos días después de esa conversación con Gritti, Juan y yo habíamos quedado a desayunar en la Embajada italiana. El embajador, Raniero Vanni, alto, delgado, de contextura craneal típicamente italiana, esa mañana nos explicó que tenía información oficial de que Felipe González nos iba a recibir con Schimberni ese mismo día. Juan y yo nos quedamos extrañados porque a nosotros nadie nos había dicho una palabra al respecto. Por otro lado, en esa fecha Brandt, el líder socialista alemán, visitaba oficialmente Madrid y parecía raro que en un día de estas complicaciones se nos concediera la entrevista.

Pero la realidad es que oficialmente se confirmó.

Vino Schimberni, visitamos a Felipe González en un tono de gran cordialidad y la operación quedó autorizada.

No sé cuáles fueron las conexiones entre el Partido Socialista Español y el Italiano. Lo único que conozco es que Carlo Gritti me dijo desde siempre que no debía preocuparme por la autorización del Gobierno español porque sus conexiones políticas solucionarían el asunto. Y así fue. Si pagó o no, no es de mi incumbencia.

La operación se cerró y cobramos nuestro dinero. Como siempre sucede con este tipo de tratos —y con los más pequeños—, a pesar de que una nube de abogados, financieros, analistas y otros profesionales consumieron días en preparar la documentación para la firma, tuvimos que trabajar toda una noche en vela para que el notario, Félix Pastor, pudiera autorizar el documento definitivo sobre las doce de la mañana del siguiente día. Reconozco que en ese instante un punto de emoción ascendió con fuerza y necesité de un ahínco especial para controlarlo.

Apareció Salort, nuestro director financiero, asegurándome que el dinero, los cincuenta mil millones de pesetas, se encontraba en nuestras cuentas, en las designadas para recibir semejante suma.

Al día siguiente Emilio Botín nos invitó a almorzar en el Santander. En aquella mesa cuadrada en cuyos costados nos sentábamos, Jaime, Juan, Emilio y yo, el verdadero protagonista era un trozo de papel rectangular en el que escribí de puño y letra la cantidad de trece mil millones de pesetas, cifra que correspondía a la familia por sus acciones. Jaime y Emilio esbozaron unos tímidos elogios hacia la gestión de quien les proporcionaba semejante suma. Los Botín habían ganado más de diez mil millones de pesetas netos en un negocio en el que pusieron poco y para el que resultó clave el aval de tres mil millones concedido por Bankinter.

Años después me dijeron que en una reunión de Barcelona, ante un grupo de empresarios, Emilio Botín aseguró que para que España estuviera en calma era imprescindible meterme en la cárcel durante al menos cinco años. No sé si es verdad o mentira que dijo eso, pero lo cierto es que el resultado perseguido por quien fuera o fuese se consiguió. Incluso se superó, entre cárcel y derivadas. Pero España, al menos en mi opinión, sigue sin estar en calma.

Juan era ahora un hombre verdaderamente rico. Yo también. Mi vida, personal y patrimonialmente, había sufrido un cambio muy cualitativo, puesto que, además de ganar una verdadera fortuna, la historia se cerró con un tratamiento de prensa ciertamente favorable. Recuerdo que un semanario español calificó pomposamente la venta como «operación Europa».

Un asunto de cincuenta mil millones de pesetas no podía pasar desapercibido para la prensa española, y no solo para la económica, sino también para los diarios de información general. Todos ellos dedicaron una gran cantidad de espacio a cubrir la noticia, relatando sus pormenores, incluidos los más diminutos detalles. Mucha gente se quedó maravillada con una operación en la que se obtuvieron cincuenta mil millones de pesetas por una industria farmacéutica.

Otros, los más iniciados en el mundo de las finanzas, comenzaron a especular sobre nuestras intenciones futuras, el qué hacer con tal cantidad de dinero. Entre este grupo y de manera muy destacada se encontraba Jacobo Argüelles, uno de los príncipes de Banesto y consejero delegado in péctore de la institución financiera con la prevista nominación presidencial de López de Letona. Un día cualquiera de aquellos, mientras almorzaba en Casa Lucio, le manifestó a su interlocutor y comensal, con síntomas evidentes de inquietud:

—Con esa cantidad de dinero, lo mismo les da a estos dos por comprar acciones de Banesto y se ponen a enredar. Eso sería un problema. Tenemos que enterarnos de qué piensan hacer.

6

Al poco de que me concedieran el tercer grado, allá por el mes de septiembre de 2005, disponía como uno de mis mejores activos de la posibilidad de almorzar donde me viniera en gana, porque mi compromiso con el Estado, con el sistema penitenciario atenuado, consistía en presentarme a dormir en el CIS, Centro de Inserción Social, que llevaba el nombre y apellidos de Victoria Kent, pero durante el día era libre, eso sí, con la obligación de trabajar. Para no romper mis viejas costumbres —rompo más bien pocas— solía ir por El Cacique, y eso que desde tiempo atrás la carne roja quedó suprimida de mi mundo alimenticio.

—Esta botella se la envía aquel señor del fondo.

Manolito era portador de una botella de champán. Pronunció esa frase con una sonrisa en la que podía apreciarse cierto desconcierto, por eso de que no era frecuente en su cometido de maître del restaurante andar entregando botellas de ese producto a otros comensales, y menos cuando se trataba de Mario Conde. Levantó las cejas en un gesto de cierta incertidumbre, o entre incertidumbre y sorpresa, para ser más exactos, al tiempo que yo, obligado por el detalle, giraba sobre mi derecha y contemplaba al fondo un matrimonio que saludaba con sonrisa abierta en ambos, marido y mujer. Digo marido y mujer porque es lo que me parecieron en ese momento, no porque hicieran gala de ninguna credencial acreditativa de su estado. Levanté la mano, la agité un poco en el aire, diseñé la mejor de las sonrisas mientras por dentro me preguntaba quiénes podían ser ese hombre y aquella mujer que me enviaban semejante regalo. La respuesta me la proporcionó una nota de emergencia que venía junto con la botella y que Manolo depositó directamente en la mesa. Leí: «¡Enhorabuena! Igor Ivanov».

No me esperaba ese encuentro en un día como aquel, recién estrenado mi nuevo estado penitenciario. ¿Casualidad? Pues claro, porque no podía ser de otro modo, dado que ni siquiera yo tenía decidido dónde almorzaría ese día. Pero se trataba de una pregunta obligada, y no solo por aficiones conspirativas tipo Abelló, sino porque ese nombre correspondía a un hombre extremadamente poderoso que había ocupado la cartera de ministro de Asuntos Exteriores del Gobierno de Putin y, como tal, conocía con profundidad lo sucedido, lo brutalmente ocurrido, en las guerras balcánicas.

Mi primer encuentro con él no fue menos sorprendente. En los últimos momentos de mi presidencia de Banesto, el entonces embajador de Rusia en Madrid, Igor Ivanov, me pidió audiencia y se la concedí, claro. Era el 14 de octubre de 1993. Le recibí en mi despacho. Nos sentamos en las dos butacas situadas a la izquierda de la chimenea afrancesada, separadas por una mesa de proporciones adecuadas para que a la intimidad de dos asientos colocados frente a frente le corresponda un toque de cierta distancia física, que siempre conviene, sobre todo porque un embajador de Moscú, por mucha apertura de que presumiera Gorbachov, siempre es un embajador de un país algo especial.

Moscú. Imposible olvidarme del encuentro que un año antes habíamos organizado para teóricamente enseñar a los habitantes de aquellas tierras la nada despreciable técnica para transitar de una economía intervenida, sin teórica propiedad alguna, con medios de producción nacionalizados, al nuevo paraíso de la llamada economía de mercado, aunque el tiempo demostraría que se trataba más bien de una economía de ciertos mercaderes político-financieros. Creo que la idea fue de Gustavo Villapalos, el rector de la Complutense, hombre inquieto de mucha inquietud, no sé si de contenido filosófico o metafísico, pero desde luego de raigambre política de corte clásico. Sobre el papel la cosa resultaba atractiva porque viajar a esas tierras a enseñar nuestra doctrina siempre aporta un grado de superioridad. Era una especie de ¿lo veis? ¿Os dais cuenta ahora de que nosotros teníamos razón? Claro que el mensaje por esa misma simplicidad encerraba un contenido agresivo porque fueron millones los muertos, los asesinados en esa tiara del modelo marxista-leninista, y cuando se han perdido muchas vidas humanas, los errores dejan de ser puramente político-teóricos para teñirse de un dramatismo brutal. Cierto, y precisamente por eso teníamos que ser prudentes en la exposición de nuestras ideas.

El plantel asistente no podía ser de mejor calidad: Felipe González y su mujer, Alfonso Guerra, Santiago Carrillo, Gustavo Villapalos y Mario Conde, entre otros, adornada la puesta en escena por el dato, nada irrelevante, de que las sesiones estarían presididas por Raisa Gorbachov, la mujer del hombre que teóricamente el destino había convertido en el corregidor del dislate soviético-comunista. Un hombre en aquellos días extremadamente poderoso, y ya se sabe que detrás de un hombre con poder, hay una mujer que es quien verdaderamente lo ejerce.

Mi discurso más que prudente fue sincero. Insistí en que era necesario tener mucho cuidado con una aceptación del mercado como la gran panacea, elevar a los altares a la liberalización a ultranza, porque los hombres son claves en todo modelo de implantación social, y muy posiblemente los cuadros dirigentes soviéticos carecían de la tecnología necesaria para abordar un tránsito tranquilo y con los menores riesgos posibles. Pero, y aquí comenzó lo bueno, debían tener claro que el mercado no solventa todos los problemas, que el ánimo de lucro no debe ser el único motor social, y que en el fondo se trata del progreso social y no solo del progreso técnico o económico, porque este tiene un mero valor instrumental al servicio del primero. Lo que no aclaré fue que por mi experiencia quienes dirigen la economía de Occidente, cuando menos los que se dedican a elaborar y propagar lo que llamaban «ortodoxia», me parecían muy, pero que muy peligrosos para nuestra salud económica real. Podía haber insistido en que en el fondo todo modelo económico-político reclama hombres limpios y con sincera vocación de servicio. Pero no quise liarla más. Con lo que aclaré acerca del progreso social y el progreso técnico fue más que suficiente para aquellos días.

La mirada de Santiago Carrillo cuando a sus oídos llegaron estas palabras fue un retrato expresionista con paleta puntillista. No daba crédito. Luego me enteré de que comentó que dudaba mucho que mi discurso fuera sincero. Reconozco que a esas alturas de mi vida lo que pensara Santiago Carrillo —el líder comunista— sobre mis convicciones no formaba parte de mis preocupaciones más perentorias. Pero en cualquier caso se sorprendió. Recibí enormes críticas del *Abc*, aunque no formuladas directamente contra mí, sino escudándose en la figura del rector Villapalos.

La noche anterior a la inauguración del seminario cenamos en alguno de esos lugares horribles en los que la grandiosidad se convierte en desperfecto estético por su exceso de abundancia; fue una cena algo oficiosa. Asistimos Alfonso Guerra y yo y algunos otros más. Entre ellos un científico de nombre y renombre en Rusia, una especie de director de un Centro Superior de Investigación, para entendernos. El hombre, claro, no hablaba inglés, por lo que a su costado derecho situó un intérprete. No recuerdo demasiado lo que se dijo esa noche, lo que tampoco debe extrañar porque para ese tipo de fiestas sociales, por llamarlas de algún modo, mi memoria es muy mala, quizá porque no suelen ser demasiado generosas en asuntos importantes tratados en ellas. Pero sí que, picado por la curiosidad, me dirigí a ese hombre, al científico, con una pregunta de gran contenido impertinente.

—Usted, que ha sido un adalid del modelo soviético, ahora que ve cómo se desmorona, cómo se transita hacia lo que consideraron ustedes el horror occidental, me gustaría saber qué piensa de usted mismo cada mañana cuando al mirar hacia atrás comprueba que, según los nuevos tiempos, todo su aparato ideológico fue sencillamente un error.

No quise añadir que además de un error teórico supuso la muerte para muchas personas y el sacrificio estéril de dos generaciones cuando menos. Con lo que formulé como pregunta me parecía más que suficiente, para que el intérprete pudiera hacer su trabajo con enjundia aceptable.

Así lo hizo. Cuando concluyó, el científico no contestó de inmediato. Pareció concentrarse en su plato. Se quedó absorto por unos segundos mientras el sonido de los cubiertos sobre los platos proporcionaba una fuente adicional de tensión a la propia de la impertinencia de la pregunta. Al final, con un gesto compungido, impropio de quien ha ejercido poder en proporciones elevadas, el hombre, respirando con muecas de suspiro, dijo:

—Yo prefiero irme a mi pueblo. Allí hay iglesias y recuerdos de los cosacos. Allí tengo familiares. Allí tengo amigos. Prefiero irme allí.

Me quedé pensando envuelto en el mismo silencio de circunstancias que inundó a todos los comensales cuando concluyó el científico su respuesta. Al fin y al cabo, somos un producto cultural y necesitamos de unas coordenadas de espacio y tiempo para encajarnos en este mundo, para contemplarnos en él. Cuando el territorio intelectual en el que hemos sido educados se nos desmorona de manera abrupta, para poder encontrarnos a nosotros mismos buscamos el regreso a puntos de anclaje más sólidos. El pueblo, la iglesia, los cosacos y los familiares constituían esos lugares a los que agarrarse para aquel hombre que vio cómo todo su modo de pensar y hasta de comportarse quedaba sin refrendo intelectual y social de la noche a la mañana.

En aquella ocasión conocí a Gorbachov. Se desmoronaba felizmente el férreo modelo marxista soviético y quien teóricamente debía conducir tan colosal tarea era un hombre proveniente, como no podía ser de otra manera, del aparato del Partido Comunista, un personaje algo blando en sus formas, de mirada bonancible, casi piadosa, de gestos educados, dotado de una arquitectura física que no parecía capaz de acumular la energía necesaria para la hercúlea tarea que el destino le deparaba.

Concluyó el seminario con una majestuosa cena en un faraónico salón muy del horrendo gusto de los artistas del marxismo. Un vigilante de seguridad, con auriculares en sus oídos, pistolas rodeando su cuerpo y más de un metro noventa de estatura, pronunció unas palabras que, traducidas por el intérprete, resultaron significar que Gorbachov me recibiría en unos momentos. Atravesé pasillos, crucé espacios vacíos, descendí escaleras y finalmente penetré en una sala inconfundiblemente soviética en la que, sentados tras una mesa insulsa, sin diseño ni calidad, se encontraban el político de moda, Gorbachov, y su mujer, Raisa, vestida y peinada como una burguesa de provincia española de los años cincuenta. En un extremo de la mesa, distante un par de metros de Gorbachov, un sujeto cortado por un patrón idéntico al de muchos de los soviéticos que conocí en los despachos oficiales y contemplé mientras paseaba por la Plaza Roja, provisto de un bloc de papel cuadriculado y un bolígrafo de la posguerra civil española, se disponía a cumplir su misión de traductor.

Generalidades, introducciones sin encanto, conversaciones biotípicas de estas circunstancias constituyeron el prólogo de la entrevista. Por fin, Gorbachov, a través del intérprete, me preguntó dónde residía la mayor preocupación de un empresario o banquero para invertir en la URSS. Aquello ya tenía más enjundia. No sé si realmente le preocupaba o si se trataba de justificar la entrevista con algo más de carne magra de la consumida hasta el momento.

—Solo puedo hablar de mí mismo, no de los demás. Mi máxima preocupación reside en el Tratado de la Unión.

Era consciente de lo que estaba diciendo porque acababa de tocar un asunto en extremo conflictivo. Cuando el intérprete tradujo mis palabras, noté en el líder soviético un gesto mezcla de extrañeza y disgusto, al tiempo que Raisa, que parecía concentrada en una especie de calceta ibérica, giró la cabeza despacio, alzó sus ojos y me dirigió una inquisitiva mirada, mitad sorprendida y mitad interesada, seguramente confundida por un banquero que opinaba sobre un asunto tan esencialmente político como el Tratado de la Unión.

No necesité que nadie me concediera nuevamente la palabra porque gestualmente el trámite se había cumplido.

—Mire. Ustedes representan un producto artificial, una mezcla de razas, culturas, historias muy diversas. El arquetipo de la URSS, la violencia expresada a lo largo de tantos años, no habrá sido capaz de diluir las identidades de cada uno de sus pueblos. Al contrario, seguro que viven escondidas con la fuerza de la clandestinidad y la resolución de una conciencia histórica. Por mucho que usted quiera, el Tratado de la Unión no solucionará satisfactoriamente el problema. Las identidades saldrán a la luz. Brotarán con la fuerza de los tallos tiernos sobre troncos viejos. A la Unión Soviética le queda poco tiempo. Si se acepta este principio, las cosas pueden funcionar adecuadamente. En caso contrario, tendremos espectáculo de algún tipo de violencia. A mí, como inversor, me preocupa mucho el clima que se generará.

El traductor escribía sobre el bloc como un autómata. Supongo que encontraría algunas dificultades en mis devaneos poéticos. Comenzó a hablar. Gorbachov le escuchaba con la mirada depositada sobre la mesa. Raisa le contemplaba con gesto inerte. Concluyó. El líder soviético me tendió la mano en un amable gesto de despedida. Raisa me dedicó una postrera mirada. Poco tiempo después la URSS estalló con violencia. Afloraron las identidades. Se independizaron los pueblos. Se derramó sangre. Gorbachov dimitió. Un nuevo ejemplar de otro corte humano apareció en escena: un hombre llamado Yeltsin, de humanidad violenta, mirada torpe, gestos primarios, incapaz, seguramente, de esconder ideas profundas en su interior. Se subió a un tanque y ganó unas elecciones. ¿Qué otra cosa cabría esperar de un pueblo masacrado por el dominio comunista durante tantos años?

Desde entonces, desde aquella admonición referida a los problemas de nacionalidades diferentes, de pueblos subyugados, de ideologías con componentes religiosos, no hemos cesado de leer —a menos quienes tengan estómago para ello— las consecuencias medidas en términos de vidas humanas de cuanto le dije aquella tarde al líder soviético.

Pues bien, el 14 de octubre de 1993, Igor Ivanov se sentaba en mi despacho de presidente de Banesto. El motivo formal de la entrevista consistía en encontrar fórmulas para intensificar los intercambios comerciales entre nuestros países. Frente a mí un hombre de estructura física potente, con una calvicie ya cruzando la parte superior de su cabeza, ojos oscuros y piel morena, con una mirada que rezumaba determinación e inteligencia. Se movió con cautela en lo físico y en lo verbal en los primeros compases de nuestro encuentro. Pero en un determinado momento me sorprendió porque comenzó a exponer ideas sobre la situación política española. Seguramente debido a mi gesto de cierta sorpresa, Igor quiso evidenciar credenciales.

—Durante años, señor Conde, yo he sido responsable de información política sobre España. Yo pertenezco al Partido Comunista y en concreto a sus servicios de inteligencia. Por eso conozco bien la sociedad española y sus líderes. En particular a Felipe González y a Alfonso Guerra. Por eso le hablo con conocimiento de causa.

—Ya, claro, pero ¿cómo ve usted las cosas por nuestro país?

—Pues, sinceramente, veo a Felipe González cansado, agotado, sin ganas de enfrentarse con la nueva situación que se nos viene encima.

—Puede ser, pero acaba de ganar unas elecciones generales...

—Sí, pero aun así le digo que no le veo con ganas. La sociedad española necesita algo nuevo. Pero no solo en ideas, sino en personas, algo diferente de lo que se ofrece en la clase política actual.

Sorprendido, claro, por estas declaraciones que venían de una persona importante, embajador de un país en proceso de transformación, pero, además, miembro de su servicio de inteligencia, lo que ya es mucho decir, y que alguien así insistiera ante un banquero del que se decía que tenía claras aspiraciones políticas acerca del agotamiento de Felipe González, de la necesidad de sustituirlo recién ganadas unas elecciones y que esa sustitución se materializara en personas nuevas y diferentes de la tal clase política... Pues eso, contemplado en la distancia del tiempo, era más bien trilita.

Nos despedimos sin otras palabras y otros compromisos que los meramente formales de rigor. Nada más regresar a mi mesa de despacho, Paloma Aliende, mi secretaria, me anunciaba que Miguel Roca deseaba hablar conmigo por teléfono. Le atendí.

Estos recuerdos venían a mi memoria mientras deglutía el hecho de que Igor Ivanov estuviera allí en El Cacique y me enviara una botella de champán. El matrimonio concluyó su almuerzo antes que yo, y como mi mesa se sitúa en el camino de salida a la calle de Padre Damián se detuvieron los dos. Me levanté y fui a su encuentro. Tuvimos allí un breve parlamento en el que me explicó que venía con cierta frecuencia por España y poco más. Deseaba verme. Tiró de agenda y señaló una fecha, lejana en el tiempo, casi con un mes de anticipación. La anoté y a continuación me dijo:

—Le dejo este número de teléfono. Es oficial. Actualmente en Moscú desempeño un puesto oficial. Quedamos en esta fecha y para cualquier cosa me llama a ese número. Me alegro mucho del reencuentro, señor Conde.

Volví a mi casa con la cabeza algo agitada. A pesar de que mi tiempo en prisión me había proporcionado mucha serenidad interior, este tipo de cosas, la mezcla de vivencias de hoy y recuerdos del ayer aunados como si la barrera del tiempo desapareciera entre ellos, a pesar de que habían transcurrido doce años, te genera una inquietud considerable. La calmé como pude, pensando en que al fin y al cabo era un encuentro casual, que Igor volvería a Moscú y que no se acordaría de esa cita, porque yo en esos momentos tenía poco que ofrecerle y los políticos suelen consumir su tiempo en función de conveniencia. Es verdad que su mujer al despedirse me dijo con un tono amable y cargado de profunda sinceridad que los españoles se habían perdido una gran persona para dirigirles, porque yo, según ella, habría sido un magnífico presidente. Es verdad, pero incluso el «habría» abundaba en mi tesis de que tal hubiera sido, pero no tenía posibilidades de serlo, así que mejor, como digo, dedicarse a otra cosa, porque con una botella de champán y unas amables palabras se queda muy bien, suficientemente bien.

Pasó el tiempo y llegó el día previsto. Como se trataba simplemente de confirmar una cita, pedí en mi casa a un amigo mío, mientras me dedicaba a otros menesteres, que llamara a ese número, al que me dio Igor, para confirmar que en efecto al día siguiente llegaría, como estaba convenido, a mi casa de Madrid. Al cabo de dos horas me llama mi amigo.

—¡Joder, tío! Pero ¿adónde me has dicho que llame? Me han preguntado que cómo tenía ese teléfono, que es de alta seguridad, que quién era, dónde vivía, a qué me dedicaba, con quién había hablado, quién me dio el número... No sé, mogollón de cosas. Un examen de locos. Me quedé acojonado. Pero ¿de quién se trata? ¡Joder! Debe de ser la leche porque...

Sonreí, porque me imaginaba algo así, pero no tanto. Al fin y al cabo, era solo confirmar la cita.

—Pero ¿te han confirmado la cita?

—Sí, claro, viene mañana en avión especial y a las dos y media estará en tu casa. No me hagas más putadas de estas.

La calle Triana tenía un aspecto singular a esa hora, a las dos y media del día de la cita. Nadie visible en ninguno de los dos costados de la calle en la que vivo desde 1984. En dos ocasiones, mientras era presidente del banco, la cambiaron de dirección por razones de seguridad. Ese día, como digo, un extraño ambiente parecía instalarse en las cercanías de mi domicilio. Quizá fuera sugestión derivada de lo que me contó mi amigo, pero eso es lo que sentí.

Puntualidad espartana. Llegó Igor. Almorzamos juntos. Me contó que en ese instante era secretario del Comité de Seguridad de Rusia y que sus salidas tenían que ser expresamente autorizadas por el presidente Putin. En ese caso, su almuerzo conmigo había recibido la aprobación oficial. Igualmente me puso en antecedentes de que, mientras yo estuve en prisión, él fue ministro de Asuntos Exteriores y como tal vivió las guerras balcánicas. No quiso ser demasiado explícito en los horrores de esas barbaridades. Ahora entendía bien el susto de mi amigo cuando llamó a ese teléfono...

La conversación se centró en la Unión Europea, en el papel de Francia, en las dificultades que atravesaríamos a corto plazo todos por el modelo de Unión elegido, para concluir centrándose en los problemas de su país. No tenía dudas de que el mercado como instrumento perfecto había fracasado. Me dijo que las fuerzas de regreso a posiciones anteriores no eran despreciables. Hablamos del crecimiento de las mafias, que, según Igor, constituían el verdadero poder que amenazaba el del Estado y que la decisión de luchar contra ellas era total y absoluta. Perseguirían a los mafiosos que poseían ingentes cantidades de dinero y trataban de comprar a los políticos. Me puso el ejemplo de los pocos dólares que se necesitarían para comprar al Parlamento entero, poco, claro, en relación con las siderales fortunas que conseguían los individuos en cuestión.

Interesante todo ello, sin la menor duda, aunque no entendía por qué un viaje desde Moscú para almorzar conmigo si ese era todo el tema de conversación, si no existían otros asuntos que pudieran motivar semejante movimiento. Pese a ello, Igor no daba la sensación de querer transmitirme secreto alguno, ni preguntarme cosas que ignorara, cuando, en verdad, es mucho más lógico que estuviera en posesión de secretos que yo desconociera que lo contrario. Pero no, nada salía de su boca y observándole con cuidado no fui capaz de percibir ninguna muestra de un lenguaje corporal que me indicara incomodidad, tensión o algo parecido.

Concluido el almuerzo, continuamos en el salón de casa tomando café y la tónica no varió en cuanto a los asuntos manejados. Poco antes de despedirse, cuando ya era claro que en breves instantes tendría que dejarme, Igor me dijo:

—Bueno, señor Conde. Usted sabe que nosotros sabemos todo. Tenemos información de todo lo sucedido. Si algún día nos necesita, no deje de llamarnos. De igual modo, si algún día le necesitamos, le llamaré. Aquí tiene el teléfono de contacto para garantía de privacidad.

Escribió en un papel el número y un nombre. Me lo entregó con gesto de extrema cautela. Iba a preguntarle de quién se trataba, quién era el contacto. No hizo falta porque se anticipó y me lo dijo. Al escucharlo entendí que quisiera la máxima discreción. Salí a despedirle a la calle, que seguía conservando el aroma de soledad densa y tensa. No vi nada especial. Nos dimos un fuerte apretón de manos. Se fue.

Desde entonces ni he usado el teléfono que me dio ni he vuelto a tener noticias suyas. No sé qué habrá sido de su vida. Pero no dejó de intrigarme la conversación porque cuadraba poco que un hombre de su importancia pidiera permiso a Putin, usara un avión especial y viniera a verme para hablar de esa materia. ¿Alguien cortocircuitó la conversación antes de que se produjera? No lo sé. No tengo manera de averiguarlo de modo fehaciente. Pero como estaba intrigado hablé con un amigo que había sido ministro de Exteriores de otro país europeo al tiempo que lo fue Igor. Le relaté el encuentro con ocasión de un viaje suyo a Andalucía, una vez abandonadas sus responsabilidades ministeriales. Fue muy claro.

—Por mucha que sea la amistad que puedas tener con Igor —me dijo—, no es normal lo que me cuentas. Puedes tener por seguro que quiere algo de ti. No sé qué es, ni siquiera si algún día te lo planteará. Es persona seria. Pero es persona de los servicios de inteligencia y seguridad.

Seguramente mi amigo tenía razón, pero en cualquier caso el suceso revestía hechos, insisto, hechos, lo suficientemente interesantes como para alimentar una mínima intriga. Pero apenas si tuve tiempo de dedicarme a esas labores porque la verdad es que nada más salir de prisión comenzaron a producirse algunas peculiares citas en las que se me hacían confidencias de contenido más que interesante. Igor se limitó a decirme que ellos sabían lo que había pasado, y es evidente que con esa frase me transmitía un mensaje político acerca de todo cuanto me rodeó. No tiene el menor sentido que un señor dedicado a la seguridad de un país como Rusia venga a almorzar con alguien que, según la versión oficial del Sistema, ha arruinado un banco y ha sido condenado por delitos económicos. No tiene lógica, de no ser, precisamente, porque ellos sabían «todo». ¿Y qué era ese todo? Como mínimo, el contenido de ese «todo» residía en que aquello no fue una operación financiera ni judicial, sino pura y duramente política. Pero había que concretar más, tendría que poner nombres y apellidos concretos a los sujetos de la trama. Lo iría averiguando con el paso del tiempo porque se habían roto ciertas previsiones.

Según mi amigo, el que actúa ahora de confidente, Pedro J. Ramírez jugaba al pádel con una mujer, al parecer muy, pero que muy experta en tales lides. El lugar en cuestión era el gimnasio Abasota. El director de *El Mundo* ignoraba que de manera indirecta lo que hablara con ella acabaría llegándome a mí, lo cual es bastante ingenuo de su parte, de un hombre que no practica precisamente la ingenuidad, que no es miembro de esa cofradía, sino más bien de la contraria. Pero lo cierto es que lo dijo nada más concluir su partido como alumno de ese deporte. Su confesión fue sincera: «La verdad es que pensábamos que, o se moría, o se volvía loco, o se suicidaba. Lo que no estaba en el guión es que volviera más o menos bien». La persona a la que se refería el director de *El Mundo* era obviamente yo. El empleo de «pensábamos» en lugar de «pensaron» situaba al alumno de pádel entre los que planificaron esa muerte, locura o deterioro irreversible. Quizá fue solo un modo de hablar. No puedo ir más allá porque no es testimonio directo, y con estas cosas se puede jugar más bien poco.

Pero quien murió por aquellos días, dos años antes de mi segundo encierro y dos después del primero, fue mi padre. Falleció el 25 de febrero de 1996, el mes de su nacimiento. Ese día, dos años más tarde, me encarcelaron de urgencia por Argentia Trust y tuve que dejar a mi madre sola en la misa que ella encarga regularmente por el alma de su marido.

Después de un primer amago de muerte en el año 1995, precisamente el día en el que Serra ordenó, violentando la justicia militar, el encarcelamiento del coronel Perote, la vida de mi padre comenzó a languidecer de modo irreversible. Sus grandes ojos de color marrón perdían expresión de vida, su cuerpo disminuía en volumen, su andar se volvía cada vez más cansino y su sonrisa, aquella cálida sonrisa que nos donó durante tantos años de su vida, franca y serena, en la que, sin embargo, nunca pude dejar de percibir un cierto rictus de tristeza, su sonrisa —decía— perdió la espontaneidad, se convirtió en mecánica, forzada, sin la esencia interior que la dibujaba en su boca. Me acostumbré poco a poco a la idea de la muerte de mi padre. A consecuencia del primer envite me desplacé a Tui para ordenar la construcción de un pequeño panteón en el que descansaría su cuerpo, al tiempo que pensaba en mí mismo como futuro inquilino de semejante morada.

El viernes 23 de febrero de 1996, cuando caminaba con dirección a La Salceda, no albergaba duda de que la vida de mi padre no traspasaría el umbral del fin de semana. Y ciertamente carecía de cualquier síntoma especialmente conducente a esa conclusión. Le dejé en el cuarto de estar de su casa de Madrid, acompañado de mi madre, cubiertas las piernas con una manta. Se despidió de mí con una sonrisa y esa fue la señal definitiva: su modo de sonreír. Desde entonces tengo miedo de volver a contemplarla en alguien que quiero. No es superstición, que no soy aficionado a esos lances. Es que lo viví una vez.

El domingo 25 llamé a Fernando Garro para comunicarle que mi padre moriría en esa jornada. Mi padre quería mucho a Garro. Le estaba muy agradecido. Me alegro de que muriera sin conocer la descomunal traición que llevó a cabo conmigo. Mi padre, si hubiera tenido que vivirlo, habría alcanzado cotas de sufrimiento insoportables para él. Desde La Salceda llamé a mi hermana Carmen para decirle que estaba seguro de que el fallecimiento de nuestro padre era inminente. Carmen dudaba de mi pronóstico, y con razón, porque, como digo, ningún síntoma especial me obligaba a semejante conclusión. Solo la sonrisa, exclusivamente la sonrisa, pero eso es muy difícil de explicar y de creer.

No quise apurar el tiempo de estancia en nuestro campo de Ciudad Real abrumado por la idea de la muerte de mi padre. A primeras horas de la tarde visité su domicilio, sito en la calle Serrano de Madrid. Cuanto más contemplaba lo que quedaba de mi padre, mayor resultaba mi convencimiento de que su espacio tiempo había concluido. Lamentablemente, tuve que abandonar su casa para desplazarme a la mía en la calle Triana, 63, relativamente cerca del lugar en el que se encontraba moribundo. La razón que me obligaba a abandonarle en tal trance resultaba poderosa.

Un hombre conocido en el mundo de la Guardia Civil quiso entrevistarse conmigo porque, según me decía el que actuó de intermediario en la entrevista, un ex piloto de Iberia necesitaba transmitirme algo realmente importante. Cercado por la angustia de dejar a mi padre en tales condiciones, sintiendo la impotencia de no poder ayudarle, llegué a Triana, recibí a los dos sujetos en cuestión y nos sentamos en el salón de mi casa. Mi teléfono móvil permanecía abierto a la espera de cualquier noticia que pudiera afectar a la vida de mi padre.

Les expliqué las especiales circunstancias en las que me encontraba por si necesitaba salir de urgencia. No quería, después de acceder a la entrevista, que pensaran que los trataba con desprecio. Uno de ellos, el personaje clave, me sonaba de nombre. Jugó —al parecer— un papel de cierta importancia en el golpe de Estado del 23 de febrero. En aquellos días, según me contó con cierto tono de tristeza, se encontraba fuera del juego oficial, retirado, más bien confinado, en tierras albaceteñas. Su mirada, sus movimientos, su lenguaje corporal transmitían la sensación de que aquel personaje conocía el funcionamiento de los bajos fondos, de las cañerías ocultas por las que circulan, al margen de la Ley, las acciones en defensa de la llamada seguridad del Estado.

—Le agradezco que nos haya recibido y lamento mucho lo de su padre.

Su voz sonaba seca, rotunda, ajena a énfasis emocionales, fría como aquella noche de febrero, típica de quien se mueve en lugares tan inhóspitos. Continuó.

—Lo que le tengo que decir es grave. Posiblemente no lo crea usted, pero debe conocer que en el Estado, dependiendo del Ministerio del Interior, funciona una red de agentes libres, pagados con cargo al presupuesto del Estado, que no son propiamente funcionarios ni figuran en ningún estadillo, pero que son personas al servicio del ministro, dispuestas a lo que sea necesario en defensa de la seguridad del Estado.

Asistía sin una mueca al discurso de aquel hombre. Desde que conocí al coronel Juan Alberto Perote y comenzó a desvelarme algunas de las interioridades del funcionamiento del Cesid, mi capacidad de asombro respecto del mecanismo instaurado por Narcís Serra en los servicios de espionaje y de seguridad del Estado español disminuyó de forma exponencial. Todo me resultaba creíble. Para ellos no existía límite. Ni siquiera la vida humana constituía una barrera infranqueable. Le dejé que siguiera con su parlamento, pero sin cesar de preguntarme si sería cierto eso que contaba y qué relación podría tener conmigo.

—Quiero que sepa que el ministro Belloch, a finales del pasado año, en previsión de las elecciones generales que se celebran este año, encargó a ese grupo de agentes que estudiaran el modo y manera de controlar, por así decir, a su hija Alejandra Conde con el fin de tenerle controlado a usted.

Se detuvo después de pronunciar aquellas palabras. No se trataba de añadir teatralidad al encuentro ni siquiera explotar el dramatismo de lo pronunciado. Lo que acababa de decir era sencillamente monstruoso. Increíble de toda incredulidad. Pero el hombre no tenía aspecto de mentir. Además no ganaba nada con la mentira. Su pausa surgió espontánea, como un reflejo inconsciente de la gravedad de la información que transmitía.

—Ya —fue mi respuesta. Ni una mueca en mi rostro.

—Seguramente le costará creerlo, pero sucedió como le digo. Averiguaron que su hija estudiaba en el IEB, situaron en su misma clase al hijo de un coronel «afecto» para que transmitiera las informaciones necesarias. Conocían todos sus movimientos a la perfección. Saben que la acompaña un chico joven que utiliza un coche rojo matrícula de Palma de Mallorca.

En ese preciso momento sonó mi móvil. Era mi hermana reclamando mi presencia porque mi padre agonizaba. Llamaron a un médico de urgencia, pero el ataque parecía constituir el último movimiento de la sinfonía vital de mi padre.

—Lo siento, tengo que irme. Mi padre se muere.

—Lo comprendo. Sabe quién soy. Ya hablaremos.

Les acompañé personalmente a la puerta de nuestra casa. Un segundo antes de que pisaran la acera de la calle Triana, le pregunté:

—¿Por qué no siguió eso que llama «control»?

—Porque alguien superior lo impidió.

—¿El presidente del Gobierno?

—No se lo puedo asegurar.

—Ya. Muchas gracias.

Cuando llegué a casa de mis padres fui directo y a toda velocidad a su dormitorio. Mi padre vivía pero sus ojos se habían llenado de una expresión que jamás había contemplado con anterioridad. Su mirada parecía ir más allá de la materia, penetrar en los objetos corpóreos, como si la masa no la detuviera y pudiera, atravesándola, superar la ecuación del espacio tiempo.

—Prepárame el traje oscuro.

La voz de mi padre sonó llena de melodía. Transmitía una orden, pero impregnada de una extraña dulzura.

—¿Para qué quieres el traje oscuro, papá?

—Porque mañana nos vamos de viaje a Tui. Veremos a toda la familia, que llegará por la tarde. Así que tengo que estar presentable. Ponme la camisa blanca, los calcetines y elige tú la corbata, que de eso entiendes más que yo.

Repasé mentalmente lo que mi padre me pedía y le dije, con ánimo de disminuir el dramatismo que intuía en sus palabras:

—Te has olvidado de la ropa interior, papá.

Mi padre, con voz serena y suave, replicó:

—Allí a donde voy no la necesito, hijo.

Llamaron a la puerta. Un chico joven se presentó como el médico de urgencia. Al comprobar que penetraba en la morada de Mario Conde asomó en sus gestos un indudable nerviosismo. Entró al dormitorio. Le dejé solo. Me senté junto a mi madre y hermana. Pocos minutos después salió el médico y se puso a escribir algo en uno de esos papeles que utilizan para recomendar medicinas. Con suavidad le pregunté qué hacía y me respondió que recetar unos medicamentos para mi padre.

—Pero ¿no se da cuenta de que se muere?

—No. Está muy mal, pero no como para morirse enseguida.

—Se equivoca. Mi padre se muere. No pasará de esta tarde.

En ese instante la mujer que cuidaba a mi padre profirió un grito y entró de sopetón en el comedor. Sus ojos transmitían la información con total nitidez. Los del médico joven dibujaron un punto de pánico. Salí despacio por la puerta, crucé el pasillo, entré en el dormitorio, me quedé un segundo de pie, giré la cabeza hacia mi izquierda y miré a la cama.

Allí estaba el cuerpo de mi padre. Llevaba apenas un minuto muerto y la estética mortal comenzaba a dar muestras de su existencia. Descendió todavía más en volumen. Su cara se afiló sobremanera. Su nariz perdió grosor. Todo él disminuía como si el espíritu que se fue ocupara un espacio corpóreo que se contraía con su marcha.

Su boca no reflejaba mueca de dolor, ni de espanto, ni miedo. Tal vez una serenidad fría. Una despedida sin ilusión, un punto de amargura por conocer el sufrimiento que viviría en nosotros tras su muerte. Tal vez conoció, en esa visión capaz de traspasar la masa corpórea, los años que vendrían sobre mi vida. Tal vez aquel gesto duro de sus labios muertos reflejaran el último de sus pensamientos vitales. Bueno, el penúltimo, porque el postrero, sin la menor de las dudas, habría sido para mi madre.

Tuve que ocuparme de los pormenores del entierro y traslado. Llamé a la funeraria y el dueño y su hijo se desplazaron a mi casa al saber de quién se trataba. Ellos personalmente se ocuparon de todo. Colocaron el cuerpo de mi padre en una caja de madera. Cada vez disminuía más su volumen. Su gesto permanecía estático. A primeras horas de la mañana del siguiente día acudí a verle y a despedirme de él. Los empleados de la funeraria cerraron con zinc su cuerpo dentro de su última envoltura. Sellaron la caja. Acaricié la madera que contenía a mi padre. Lloré sobre ella.

Diez años más tarde volvería a encontrarme con ese hombre y su hijo con ocasión del fallecimiento de Lourdes. Una muerte siempre evoca otra anterior formando una cadena de evocaciones que genera un suplemento de dolor en el conjunto.

Salimos con destino a Tui. Por la tarde de ese día llegó a la ciudad de la desembocadura del Miño la familia. Dejamos a mi padre en el panteón. Al día siguiente, en la capilla románica de San Telmo, se celebraría su funeral. Por la noche, solo y en primera línea vital, pensaba en que mi padre entrevió su último viaje, definió con precisión matemática que el lunes viajaríamos a Tui, que llegaría la familia y que, en efecto, en el lugar al que iba no necesitaba ropa interior del cuerpo. El concepto curvo, elíptico, de la existencia y la fusión espacio tiempo se percibían nítidos en el último relato de mi padre, aunque ya no era él quien me habló.

Volví a Madrid y enlutado tuve que acudir a declarar ante un Juzgado de la Plaza de Castilla por algún asunto relacionado con el caso Banesto. Llamó el Rey para transmitirme su pésame. Su voz sonaba sinceramente triste. Aquella tarde, al ver a mi hija Alejandra, volvieron a mi memoria los recuerdos de la conversación con los hombres a los que recibí en casa. Sin darle la menor importancia, le pregunté:

—Ese chico que sale contigo ¿tiene un coche rojo?
—Sí, papá.
—¿Qué matrícula tiene?
—De Palma de Mallorca. ¿Por qué lo preguntas?
—Por nada, hija, por nada.

No quise siquiera llevar un miligramo de inquietud a mi querida hija. Además no tenía certeza. Podría tratarse de una casualidad. O tal vez no. No importaba demasiado porque la actuación sobre ella, según me contaron aquellas gentes, había sido cortocircuitada por órdenes superiores. Y, claro, disponía de suficiente información en aquellos días como para creer que en los bajos fondos del Estado suceden estas cosas y seguramente otras mucho peores. Pero no quería vivir instalado en la cloaca.

En diciembre de 1994, poco antes de ser enviado a Alcalá-Meco, recibí en mi casa una carta muy extraña de un tipo que pedía ponerse en contacto conmigo y me proporcionaba unos números de teléfono. La verdad es que me llamó la atención el asunto y, después de debatirlo con mi seguridad privada, decidimos telefonear para ver qué ocurría. Previamente comprobamos los números de teléfono suministrados, que se correspondían con una barriada militar que existe en el polígono de Tres Cantos de Madrid. La cita se acordó y asistió Juan Carlos, una de las personas de mi confianza. Su interlocutor era un tipo alto, fuerte, con el pelo muy corto que lucía unas gafas azules colgadas del bolsillo de su chaqueta, lo cual, al parecer, es un distintivo o señal de la gente que pertenece al Mosad, o cuando menos un truco identificador que utilizan en ocasiones contadas. Se encontraron en un bar y con un gesto el hombre alto le indicó a Juan Carlos que le siguiera. La entrevista se celebró en un parque, en plena soledad. La mirada del hombre furtiveaba el entorno de cuando en cuando, pensando que incluso en espacios abiertos es posible que fueran espiados y grabados. El mensaje que este hombre transmitía es que yo me había convertido en una pieza a batir, pero que no se trataba de que fuera a la cárcel, lo cual indefectiblemente iba a suceder, sino de quitarme de en medio. El plazo, según aquel tipo, era de dos meses. A partir de ese momento un día se me acercaría una vieja, un viejo o una mujer y todo terminaría. Él insistía en que podían ayudarme y querían, además, hacerlo, aunque no aclaró por qué. No pudimos volver a contactar con él. Lo intentamos con insistencia pero no lo conseguimos. Se lo tragó la tierra y quizá no solo metafóricamente.

Prefería ignorar, aunque solo fuera porque lo que ya conocía resultaba más que suficiente. Como bien dijo en aquellos días Luis María Anson, para conseguir que Felipe González perdiera las elecciones en favor de Aznar se superaron todos los límites y se sometió al Estado a un tratamiento de radio y quimioterapia capaz de destrozarlo. Y cierto que sufrió mucho. Pero es que de otro modo muchos pensábamos que Aznar jamás habría ganado.

Luis María Anson me llamó poco después de mi encuentro con Igor Ivanov. Me invitó a comer en su casa, situada en la salida de Madrid hacia la carretera de La Coruña, en la que no había estado con anterioridad.

Imposible olvidarme de una reunión que sucedió tiempo atrás a la que asistí como mero espectador. Rafael Pérez Escolar la había organizado con personas de importante nivel económico de este país. El asunto era muy concreto: el *Abc*, el diario de los Luca de Tena, agonizaba financieramente. Se necesitaban cuarenta millones de pesetas. Se iba a nombrar director a Luis María Anson, que sin duda podría salvar el periódico. Ahora lo que reclamaba Rafael era el vil metal, el dinero. Y no les decía que aquello podía ser negocio, sino que apelaba a sus creencias, a su ideología, a su modo de pensar. El *Abc* defendía los ideales que ellos, los reclamados, decían poseer en sus adentros. Por eso, tenían la obligación moral y hasta ideológica de aportar ese dinero, que tampoco era tanto. Allí estaban, entre otros, los Albertos y Juan Abelló. Por eso, por este último, me encontraba yo.

Pues nada. Que no querían darle el dinero. Ni siquiera sé si finalmente lo aportaron, pero certifico que en ese momento el metal pesó más que las convicciones y los ideales. Protesté ante Juan con toda la fuerza que pude. Pero no le di al asunto la verdadera dimensión que tenía: para algunos en este país los ideales pesan mucho menos que las monedas de curso legal.

Almorzamos en un pequeño comedor que conectaba, creo recordar, directamente con el hall de entrada. Luis María me habló de la herencia de Puñoenrostro, me enseñó algunos muebles que le habían tocado en el reparto hereditario a su mujer, y durante el almuerzo comentamos, como era inevitable, la situación de aquellos días, referida, claro, no solo a la política en general, sino a lo que constituye el motivo de especial preocupación para el académico y ex director de *Abc* y *La Razón,* esto es, la Monarquía. Su posición era rotunda: en aquellos momentos en los que estaba en negociación el proceso de los Estatutos de Autonomía en sus nuevas versiones, el optimismo no era exagerado en cuanto a la pervivencia de la jefatura del Estado en versión monárquica. Llegó a decirme que los nacionalistas, más tarde o más temprano, exigirían el retorno a la República y que en esos momentos el porcentaje de posibilidades de que triunfaran se situaba más o menos en el 50 por ciento.

Es curioso. Durante los años en que tuve mucha confianza con su majestad le dije a don Juan Carlos que la mejor, quizá la única manera de garantizar el futuro de la Monarquía española consistía, precisamente, en convertirse en punto de unión de las diferentes regiones o nacionalidades. La pluralidad de la España estructurada conforme a la Constitución de 1978 podría ser, curiosamente, un activo al servicio de la Monarquía, porque si tuviéramos forma republicana, el presidente elegido tendría que ser de alguna región o nacionalidad en concreto, y ello podría lastimar su independencia para gestionar el Estado en su conjunto, mientras que la Monarquía, al regirse por el principio sucesorio, carece de semejante problema. Pero para eso tenía que mantenerse con absoluta equidistancia de los diferentes partidos. Y Aznar evidenciaba poco respeto por el Monarca. Creo honestamente que obligó al Rey a escorarse en exceso en el asunto autonómico y eso provocó que el modelo que yo diseñaba fuera muy difícil, por no decir imposible, que pudiera ser llevado a la práctica, aun sin necesidad de traducirlo en normas constitucionales, simplemente a base de un entendimiento de los partidos nacionales y nacionalistas. Pero esto es solo una apreciación personal.

Terminado el almuerzo, Luis María quiso enseñarme una gigantesca biblioteca que había construido en los bajos de la casa, y cuando digo bajos lo escribo en sentido estricto porque se trataba de una biblioteca subterránea. Una preciosidad. No solo la estética, sino, además y seguramente sobre todo, los libros, clasificados, ordenados, guardados y preservados con meticulosidad extrema. Al fondo, un verdadero teatro, es decir, un escenario en el que, según me contó Luis María, se efectuaban representaciones privadas con los mejores autores españoles. En la derecha, un gigantesco busto de don Juan de Borbón evidenciaba el respeto y cariño que mi anfitrión sentía por el padre de don Juan Carlos.

Nos sentamos en el sofá situado a la izquierda, una vez superado el escenario. Pedí café. Percibí que Luis María se encontraba algo agitado y no es estado habitual en él. Seguramente un asunto de fondo, algo que me quisiera contar. Comenzó por decirme que estaba pensando escribir un libro sobre el Rey, a lo que le respondí que eso era materia inflamable, debido a que cuando se escribe con una firma como la suya no caben eufemismos ni medias verdades, porque después aparece el juicio de la historia, que suele ser implacable. Porque la verdad se acaba sabiendo, más tarde o más temprano.

—Por cierto, Mario, lo que me he planteado es algún día contar la verdad de lo sucedido en Banesto, bueno, mejor dicho, contigo, porque Banesto no era sino una excusa.

—Sí, algo de eso me dijo Alejandra que le comentaste en su boda, y Paloma también me explicó que hablaste con ella de este mismo asunto.

—Sí, lo hice. Se trata de desvelar la trama, el acuerdo de Aznar y González para descabalgarte y encarcelarte. Yo conozco bien este tema.

—Sí, claro, Luis María. Todos los que sufrimos esta bestialidad conocemos algo, pero...

—Yo dispongo de datos diferentes, Mario.

Me cortó en seco y eso me extrañó. Luis María habla acelerado cuando coge carrerilla en un discurso y como tiene enorme facilidad de palabra, muy buena dicción, enorme cultura y gran facilidad para construir, sus exposiciones resultan siempre interesantes. Pero esta vez me sorprendió porque no parecía que iba a alzar la voz, a incrementar un poco el volumen de su parlamento, que suele ser lo habitual en él en tales ocasiones. Por eso le contesté de modo impreciso y sin enfatizar:

—Ya, sí, pero...

—Es que yo estaba comiendo con Narcís Serra el día 28 de diciembre, el día en el que intervinieron Banesto y pude oír exactamente todo lo que se dijo, quiénes llamaron, lo que se comentaba... Por eso tengo datos diferentes a los demás.

Aquella confesión me dejó de piedra. ¿Cómo era posible que Luis María Anson almorzara con el vicepresidente del Gobierno ese día, cuando Narcís Serra era, precisamente, la persona que había sido encargada de la operación política? No tenía sentido que ese hombre quisiera dejar testigos, ni mucho menos un testigo del mundo de la prensa y comunicación como Luis María Anson. No. Narcís Serra ese día no comería con un testigo.

En ese instante me asoló la pregunta que se formó en mi interior, como se forman los tornados en el campo, girando sobre un eje ideal a toda velocidad, provocando una energía altamente poderosa. ¿Acaso Luis María Anson no era testigo? Si no lo era, no quedaba más remedio que concluir que ese día almorzó con Narcís Serra porque Luis María estaba al tanto de la operación... La conclusión era brutal, pero la confesión conducía a ella de modo irreversible. Además, de esta forma podía entenderse la posición adoptada por el *Abc,* que en muchas ocasiones fue incluso más agria y demoledora que la de *El País.*

Me quedé impresionado interiormente al tiempo que consumía un ruidoso silencio externo, tan ruidoso que Luis María debió de captar mi pensamiento porque en tono entre comprensivo y doliente me dijo:

—Es que tienes que entender que si un solo medio de comunicación hubiera contado la verdad, la operación no podría haberse ejecutado. Y el *Abc* era determinante en el PP. Si el *Abc* se pone en contra, habría sido imposible.

No quise profundizar. Me encontraba incluso aturdido. Una cosa es creer que conoces al hombre y otra, no parar de llevarte sorpresas una detrás de otra. Entendía lo que decía Anson. Claro que lo entendía: con el *Abc* contando la verdad la operación no habría resultado posible. Pero ¿por qué renunciar a la verdad? ¿Cuál fue el precio? ¿Qué le ofrecieron a cambio? ¿Quién más en el periódico de los Luca de Tena se encontraba al tanto de la necesidad de mentir?

Envuelto en mis pensamientos me fui alejando del escenario físico procurando que no se diera cuenta de mi turbación interior. Pero las preguntas del ¿por qué?, ¿a cambio de qué?, ¿en qué consistió el precio?, no dejaban de resonar por mis adentros. Nos despedimos. Me fui con mi inquietud, almacenando turbación.

Tiempo después Luis María volvió a insistir en que almorzáramos. Yo tenía mal la agenda porque tomaba un Ave a Sevilla a las cuatro. Paloma, mi secretaria, le sugirió a la suya que mejor otro día, pero Luis María insistió en que no le importaba comenzar a la una. Daba la sensación de que tenía urgencia en hablar. Quedamos en el Café de Oriente, un clásico de toda la vida. Creo recordar que en aquel enorme restaurante solo dos mesas, incluyendo la nuestra, estaban ocupadas. Luis María no se anduvo con rodeos.

—Acabo de comer hace unos días con González y ya tengo el eslabón que me faltaba para que tengas todos los datos sobre la intervención de Banesto.

Esas palabras fueron pronunciadas con cierta solemnidad. Teóricamente deberíamos haber comenzado esa conversación conectando con la admonición de su casa meses atrás en la que me reconoció su almuerzo con Serra precisamente el día de autos. Pero Luis María prefería dejar aquello en su lugar e ir directamente al grano y de ahí la solemnidad de quien dispone de algo trascendente para conocer la historia de un país. Y, a fuer de sinceridad, algo de eso tenía en sus manos.

—Pues dime, que, como es normal, me interesa.

—Felipe me contó que un día se presentó Serra a decirle que el Rey hacía demasiados comentarios sobre la necesidad de un Gobierno de coalición debido a la penuria económica y política de finales del 93. Y que lo comentaba incluso en presencia de militares, que acabaron en el despacho de Serra para informarle de ello.

—Ya. ¿Tú te lo crees?

—Bueno... Es lo que me dijo Felipe... La verdad es que no sé si con tanto detalle, pero el Rey en ocasiones no mide mucho el interlocutor...

—Yo creo que es totalmente cierto, conociendo como conozco a don Juan Carlos y la forma de expresarse que suele utilizar en ocasiones. El Rey considera que todo lo que te cuenta es secreto, que no puedes compartirlo con nadie, pero lo que le cuentes a él tiene derecho a reproducirlo, lo cual es un modo peculiar de entender las cosas.

—No entro en eso... La verdad es que se preocuparon de que pudiera darse un intento de conseguir el Gobierno al margen de los partidos políticos y que si eso implicaba a la Corona de un modo u otro, podríamos estar ante un caos nacional.

—Ya.

—Por eso tomaron la decisión, pero necesitaban de Aznar.

—Eso, supongo, no les sería demasiado difícil, a la vista de cómo Aznar se ha portado conmigo.

—No, desde luego que no.

—Recuerdo que en diciembre de ese año, charlando un día en la Moncloa, Felipe me dijo que era consciente de que Aznar le odiaba, pero que a quien no podía resistir, quien era verdaderamente su bestia negra era yo. Le pregunté por qué y con esa mala uva que los andaluces utilizan de vez en cuando me dijo que Aznar quería su sitio, su puesto de presidente del Gobierno, y que eso con suerte un día podría llegar a conseguirlo, pero que lo que realmente deseaba, lo que quería era ser Mario Conde y eso no lo podría conseguir nunca...

—Pues sí..., no es que te quisiera mucho. Pero aun así necesitaban el contacto y utilizaron a Juan Abelló.

—¿A Juan?

—No te puedo garantizar que sea cierto, pero es lo que me dijeron. Prefiero no desvelar el nombre.

—¿Qué papel cumplía Juan?

—Pues primero el acercamiento a Aznar. Era notorio que Aznar estaba obnubilado con la riqueza y los cuadros de Juan Abelló. Todo Madrid lo sabía. Además tienes que entender que en ese momento Juan era creíble respecto de tus últimas intenciones, y si garantizaba que querías dedicarte a la política, su testimonio tendría peso.

—Sobre todo si querían creerle, si necesitaban creerle para ejecutar sus planes.

—Sí, claro, así es, pero tienes que entender que todo cuadra. Por eso no informaron a nadie en sus respectivos partidos, ni Aznar ni Felipe. Ni siquiera a Solbes y mucho menos al gobernador del Banco de España.

—Fíjate, Luis María. Pocos días después de la intervención bajaba a Sevilla en el Ave. En el mismo vagón se encontraba Alfonso Guerra. Pasado Córdoba, vino a sentarse frente a mí. Charlamos de muchas cosas que no hacen al caso ahora, pero tocó el tema de la intervención asegurándome que habían sido «ellos», y con esa palabra designaba los entornos de Rubio, Solchaga, Solbes...

—Pues no, en eso no estuvo fino, y Guerra suele equivocarse muy poco.

—Es que visto desde fuera es lógico pensar así, porque encajaría como venganza de todo lo que sucedió con el caso Ibercorp, que marcó el declive del socialismo, al menos de cierta rama del socialismo.

—Sí, pero la cuestión fue exterminarte, eliminarte de la vida política. Y tú fuiste muy ingenuo en tu comportamiento al no entender que estabas sentenciado desde el primer momento.

No quise seguir. No era necesario. Estaba claro que le plantearon a Anson la necesidad de que colaborara porque de otro modo la Monarquía podría estar en peligro. Ese argumento es muy efectivo con Luis María. Poco importa que uno de los promotores de un Gobierno de coalición fuera el propio Luis María. A veces la historia hay que reescribirla en detalles que encajen con nuestra conveniencia. Pero lo que me contaba era perfectamente creíble. Además absolutamente lógico. Lo sucedido se acoplaba como un guante a la explicación que me dio Luis María.

Salimos a la calle y nos despedimos porque comenzaba a ser urgente llegar a la estación. En ese momento Luis María me dijo:

—Te he contado todo esto porque tienes la obligación moral de relatarlo. Los que siempre hemos creído en ti tenemos el derecho a pedírtelo.

—Ya, Luis María, pero quienes tienen que contarlo son los protagonistas directos de esa conspiración y me temo que eso no lo harán nunca.

—Aznar desde luego que no. Felipe también estoy convencido de que no, pero con menos énfasis.

—En lo que me has dejado de piedra es en lo de Juan.

—Pues es lo que me dijeron, pero...

En el Ave, mientras el tren recorría a toda velocidad los kilómetros que separan Madrid de Sevilla, di vueltas y más vueltas a la conversación con Luis María. ¿Sería cierto su almuerzo con Felipe? No tengo la menor duda. ¿Por qué iba a inventarse esa historia? ¿Qué ganaba con ella? Su admiración por Felipe era una de sus constantes vitales y seguía en plena efervescencia. Poco sospecha Luis María que en el año 1993 una de las obsesiones del entonces presidente del Gobierno era, precisamente, Luis María Anson y quería como fuera acabar con él como periodista en la campaña para las elecciones generales de ese año. ¡Cosas de la vida!

Tiempo después, en el primer semestre de 2010, en un programa de Intereconomía, Luis María Anson reconoció este almuerzo con Narcís Serra el día en que intervenían Banesto. Eduardo García Serrano, que participaba en el programa debate, le preguntó cómo fue que Narcís Serra consintió en comer con él en un día tan importante.

—Es que el almuerzo estaba convocado con mucho tiempo.

La respuesta fue tan evasiva como elocuente. Eduardo no insistió porque era a todas luces innecesario. La propia respuesta de Luis María lo había dejado todo claro. Solo quien estaba en la operación podía estar en ese almuerzo.

Llegó el Ave a Sevilla y yo a Los Carrizos. Venía todavía turbado por la conversación con Luis María.

En ese instante en mi móvil una llamada de Ignacio Peláez.

—Oye, que he hablado con Choclán y dice que le gustaría verte y comer contigo.

—¡No me jodas, Ignacio! ¿Cómo va a ser eso?

Ignacio Peláez era fiscal de la Audiencia Nacional mientras se celebraba el juicio Banesto. Amigo del profesor García de Pablos, que llevó el recurso ante el Supremo en el caso Banesto y en Argentia Trust, se mostró siempre simpático conmigo. Recuerdo que a través de García de Pablos me envió unos CD de música brasileña a prisión. Después pasó a encargarse de mis asuntos penitenciarios, tal y como he relatado en *Memorias de un preso*. Pero lo de Choclán...

José Antonio Choclán es juez. Joven y jurídicamente bien formado, se encargó de la ponencia de la sentencia del caso Banesto. Fue, ni más ni menos, el juez que redactó la propuesta de sentencia a ser sometida a los demás miembros de la Sala que me condenaría a diez años de cárcel, que luego el Supremo, con la ponencia de Martín Pallín, elevaría a veinte. ¿Cómo iba a ser posible que el juez que me había condenado quisiera verse conmigo? ¿Qué sentido tenía? ¿Acaso para recriminarme más? ¿Acaso para explicarme lo obvio? La verdad es que esos acontecimientos sucesivos me estaban dejando aturdido.

—Mira, Ignacio, no sé, pero es muy duro. Déjame que lo consulte con Lourdes y mis hijos porque no es una estupidez recibir a un juez que redactó tu sentencia.

—Bueno, ten en cuenta que ahora está en excedencia voluntaria y ya no ejerce de juez.

—¡Joder! Pero ejerció y me condenó. Es responsable, o corresponsable de mis años de prisión. ¿Cómo es posible que quiera verme? ¿Para qué, Ignacio, para qué?

—Pues no sé..., pero me lo imagino. No hace falta ser muy listo..., ¿no?

—Déjame que lo consulte con Lourdes y mis hijos y te digo algo.

Al regreso de Sevilla me reuní en casa con Lourdes, Alejandra y Mario y se lo conté. Lourdes era reticente, muy reticente. No porque desconfiara, sino porque ya le importaba tres pepinos saber la verdad de cómo confeccionaron mi primera sentencia. Nadie nos podía devolver el tiempo perdido y las explicaciones en ese caso carecían de fruto tangible. Lourdes aseguraba que a ella no le correspondía la misión de perdonar, que eso quedaba reservado para Dios.

Pero Mario y Alejandra deseaban que el juez atravesara ese vía crucis, aunque solo fuera para tener una información de cara al futuro.

—¿Qué crees que quiere? —preguntó Alejandra.

—¡Qué va a querer! —dijo Lourdes elevando el tono de voz.

—Cuando alguien viene a dar explicaciones... El mero hecho de venir habla por sí solo —señaló Mario.

Y tenía razón porque, una vez decidido que aceptaba el almuerzo, puse dos condiciones: que fuera en mi domicilio de la calle Triana y que estuviera presente un testigo, y que ese testigo fuera precisamente Ignacio Peláez, ex fiscal de la Audiencia Nacional.

Llamé a Ignacio y le transmití las condiciones. Además le entregué un libro que había confeccionado para lectura de mi mujer e hijos titulado *Mis condenas en el caso Banesto,* en donde relataba los absurdos jurídicos del proceso condenatorio. Era un libro de corte jurídico, claro, pero que evidenciaba la magnitud del despropósito jurídico cometido, precisamente por la sentencia en la que había actuado como ponente José Antonio Choclán. Le pedí que se lo diera y lo leyera el juez, ahora en excedencia, antes del almuerzo, porque quizá después de esa lectura no deseara venir.

Minutos después me dijo Peláez que Choclán había aceptado las condiciones y que el libro ya estaba en camino para que lo tuviera de inmediato en sus manos. Fijamos la fecha. Llegó el día. Siempre tuve la sospecha de que finalmente el almuerzo se cancelaría. Pero no. El 27 de septiembre de 2005 llegó a mi casa José Antonio Choclán. Ignacio Peláez y yo le esperábamos. Conversamos. Fue duro, claro, para todos, para los tres. Al fin y al cabo, somos juristas y creemos en el Derecho. Y sabemos lo que el poder es capaz de hacer con el ordenamiento jurídico. Pero oírlo de viva voz...

Siro García... Clemente Auger... ¡Qué diferencia tan brutal entre sospechar y saber!

Lourdes no quiso escuchar el resumen. Pragmática como era, me dijo:

—No quiero que me cuentes nada. Está todo claro. Si ha venido aquí con un testigo, es por algo y ese algo solo tiene una explicación, así que ahórrame, por favor, malos tragos.

Recuperaba la libertad, pero lo que sucedía fuera, lo que me ocurriría nada más volver, aunque fuera solo por el día, al mundo de los libres constituía un espectáculo excesivo. Menos mal que me preparé bien interiormente en mi época de prisión.

Días después del almuerzo en casa, hacía yo lo propio en un restaurante con Miguel Ángel Gil, el hijo de Jesús Gil y entonces presidente del Atlético de Madrid. Unas mesas más allá almorzaba Choclán con su mujer. A la salida cruzamos por delante de su mesa. Se levantó a saludar y me presentó a su mujer. Me di cuenta una vez más de que ningún odio ni rencor se almacenaba en mis adentros. Al contrario: respecto de ese hombre agradecí su sinceridad.

Todo lo que me relataban me producía ciertos vértigos, pero aquello que le dijo Felipe González a Luis María resonaba en mi interior. Lo de Abelló como intermediario me atormentaba. Era imaginable por cómo se resolvió lo nuestro. Me dicen que Juan se sintió realmente abatido cuando anunciaron mi condena a veinte años. Se estaba celebrando un Consejo de Sacyr, la empresa constructora presidida por Luis del Rivero. Juan no paraba de decir: «¡No puede ser! ¡No puede ser!», para referirse a la brutalidad de la condena. Quien me lo cuenta es persona de confianza. Siempre te queda la duda de si además del recuerdo y hasta del afecto en esa turbación pudo encontrar un hueco el sentimiento de haber colaborado en algo, aunque fuera de modo totalmente indirecto. ¿Es eso posible? ¿Hasta dónde podemos llegar los humanos? Imposible olvidarme de cómo sucedió.

7

—La vida te enseña que por encima de afectos y lealtades en demasiadas ocasiones se imponen los intereses.

Las palabras fueron pronunciadas por mi padre con un tono de resignación más que de ilustración. No le gustaba en absoluto tener que enlazarlas en esa frase, pero la experiencia vital le encaminaba a ello cuando acudí a relatarle uno de los momentos más dolorosos de mi vida: la ruptura con Juan Abelló.

—Sí, de acuerdo, papá, pero tampoco podemos descartar las emociones. Me refiero a que somos prisioneros de nuestras emociones, de nuestros egos, de nuestra percepción de cómo nos ven los demás. Y eso tiene una fuerza terrible.

—Sí, claro, así es. Pero no estoy seguro de que en eso que me cuentas de la ruptura con tu amigo y socio Juan se trate de emociones. Yo me inclino por intereses. Ten en cuenta que ejerces mucho, pero que mucho poder y tienes ideas distintas a las que tienen normalmente quienes ocupan esas plazas. Y... Bueno, tú me entiendes.

Claro que le entendía, pero en esta ocasión no quería darle la razón, no sé bien si debido a que pensaba que no le asistía o que, tratándose de Juan y dado mi afecto por él, prefería situarme en la plataforma de las emociones antes que en la habitación de los intereses puros y duros. Y el paso del tiempo, el correr de la vida, me ilustra que no estaba excesivamente equivocado en aquella ocasión, en ese conversar con mi padre. Las emociones tienen un poder excepcional. Los intereses también. Incluso me atrevería a decir que en determinados instantes las emociones acaban convirtiéndose en intereses puros y duros. Pero también funcionan y desmoronan relaciones humanas en soledad. Grandes episodios de la vida se explican, se fermentan y explotan en sus caldos de cultivo. La esclavitud emocional... Entonces no sospechaba algo que a día de hoy me atormenta: la posibilidad de que las emociones no solo condicionen nuestra conducta, sino que, además, afecten a nuestra salud, a nuestras vidas...

Sucedió en la berrea de 1988. Enrique Quiralte, casado con una de las hermanas de Juan, me había invitado a matar un venado de los suyos, que son pocos pero francamente buenos. Nunca sentí una profunda afición por la caza, posiblemente porque no la practiqué desde pequeño, al contrario de lo que le ha ocurrido a mi hijo Mario. Sin embargo, en algunas ocasiones no tenía más remedio que aceptar invitaciones para alguna montería o rececho de berrea, no tanto porque sintiera fuertes palpitaciones en el corazón cuando tenía a tiro a alguna pieza, sino porque el desaire podría ser, sería sin duda, mal interpretado. Por supuesto que ello no me obligaba a aceptar todas las ofertas cinegéticas que recibía, pero sí a acudir a las más cualificadas, no tanto por la calidad de los bichos, sino por las circunstancias del propietario. Con Enrique Quiralte nunca había mantenido una verdadera amistad. Juan me aseguraba que su cuñado, como buen manchego, era persona difícil y complicada.

Enrique era propietario de una finca llamada La Nava. Sus ejemplares de venado solían ser muy buenos. Acepté no por la caza, sino por él y Nieves, su mujer, a quien tenía mucho aprecio porque me parecía una persona buena, lo que es para mí mucho decir. El 7 de octubre de 1988, casi un año después de que Juan y yo entráramos en el Consejo de Banesto y diez meses después de que yo asumiera la presidencia, me dirigía en el coche blindado hacia mi casa en Madrid con el propósito de cambiarme de ropa para salir con destino a las propiedades de Quiralte. Sonó el teléfono de mi coche, que entonces era un artilugio enorme, pesado y de funcionamiento más bien regular en comparación con los modernos que inundan hoy nuestras vidas. Era Juan Abelló. Me llevé una sorpresa mayúscula. Fue una conversación sencillamente alucinante. Juan estaba en medio de una excitación terrible. No hablaba, gritaba, con expresiones en las que me indicaba que yo había puesto a mis amigos en el banco, que él no, que estaba harto... En fin, cosas de ese tipo, imposibles de comprender en una relación como la nuestra.

Estaba lanzado, no se detenía, daba la sensación de estar ejecutando una conversación previamente ensayada. Parecía tomar fuerzas antes de iniciar cada nueva frase. La irritación era más que patente. Casi forzada. Nunca, jamás en nuestras vidas habíamos tenido una conversación en ese tono y de ese porte. Juan era colérico en ocasiones pero jamás conmigo. Nunca nos alzamos mutuamente la voz y juntos habíamos atravesado situaciones extremadamente difíciles. Y no solo en España. Por ello, el tono confeccionado con grito y la agitación vestida de cólera que se percibía en su voz me dejaron helado. No tenía la menor idea de lo que podía estar sucediendo en su interior. Intenté calmarlo y le dije:

—Pero, Juan, ¿qué te pasa? ¿Qué sucede? ¿Qué te han contado?

Juan titubeó por unos segundos, como si estuviera dispuesto a admitir un mínimo de razonamiento en una conversación que comenzó a miles de millas de distancia de cualquier cosa que recibiera ese nombre. Tuve la sensación de que giró su vista hacia alguien que estuviera junto a él, actuando como una especie de notario de que, ¡por fin!, Juan se atrevía a hablarme así, alguien que estaría paladeando una especie de victoria corporeizada en el griterío de Juan. ¿Quién podría obtener algún beneficio directo/indirecto de la ruptura entre Juan y yo? Esa era la clave. ¿Otra vez pura imaginación mía? No era momento de elucubraciones, sino de intentar detener esa tormenta interior que agitaba a mi amigo.

No había nada que hacer. Tuve la sensación de que Juan hubo de elegir entre algo y algo y uno de los dos «algos» era yo. Lo decidió en el mismo instante en que marcó mi número de teléfono. Sus vacilaciones en ese instante supremo no formaban parte del guion, sino de su propia personalidad, en ese momento inundada seguramente entre polos contradictorios, entre el afecto que estoy absolutamente seguro me tenía y un «algo» especial que le empujaba a actuar en esa dirección confusa. Pero al tiempo estaba convencido de que tendría batalla, de que esa posición de ruptura implicaría costes. Por alguna razón ese «algo» le garantizó la victoria sobre mí. Juan jamás se habría tirado a una piscina sin agua, y no solo sin ese elemento, sino sin antes comprobar profundidad y temperatura si resultara necesario.

—Mira, mejor dejarlo ahora. Voy a casa de Enrique, tu cuñado. Si quieres mañana me paso por Las Navas y charlamos tranquilamente —le dije con el fin de que aquello no alcanzara telefónicamente un punto de no retorno.

—No, mejor voy yo a La Salceda —contestó seco Juan.

—Muy bien. Te espero. Sobre las dos de la tarde.

Mientras el coche blindado consumía kilómetros con dirección a la finca de Enrique, permanecí en silencio meditando. A pesar de su actitud respecto del trato con los Albertos en el proceso de fusión, no sospeché que la ruptura en su interior se hubiera consumado. Y eso que, como me dijo Lourdes, resultó raro que en el verano del 88 Juan no me llamara ni apareciera por Mallorca para navegar juntos algunos días, como venía siendo habitual en él desde algunos años atrás. Aquel verano no tuvimos noticia alguna, a pesar de que, según nos contaron, Juan pasó algunos días por las Baleares. Yo quité importancia al comentario de Lourdes, diciendo que seguramente tendría otros compromisos o cualquier otra excusa por el estilo. Pero no dejé volar la imaginación más allá. Son demasiadas las ocasiones en las que los humanos nos resistimos a pensar en lo que nos disgusta, en lo que nos incomoda, y despreciamos señales evidentes de que algo raro sucede, porque no queremos recorrer el sendero. Ocultamos la cabeza bajo tierra, nos cubrimos con mantas mentales, pero con eso no conseguimos evitar que lo real suceda. Y sucedió.

Aquel día, transcurrido septiembre, próximas las Juntas de fusión, los hechos parecían demostrar que definitivamente tomaban cuerpo de realidad mis conjeturas acerca de la tormenta interior de Juan. Los acontecimientos se sucedían en una dirección irreversible: la ruptura. Sin embargo, su tono violento superaba todas mis previsiones. Pero una idea me atormentaba: ¿por qué tantas vivencias juntos, tantos sufrimientos y alegrías, podrían desvanecerse en una pira en la que ardían emociones extrañas?

Llegué a casa de Quiralte. Nos recibieron encantadores Nieves y Enrique a Lourdes y a mí. Nada dije durante la cena y procuré por todos los medios que nadie notara mi estado de ánimo, mi intranquilidad interior, mi desazón por un desenlace que no por sospechado tiempo atrás, no por temido, me resultaba menos doloroso. Dormí mal. Muy mal. Ni siquiera mi primera noche en prisión resultó de tanta agitación interior, y eso que sucedió en la víspera de Nochebuena, y nuestras emociones también son tributarias de la artificialidad de ciertas fechas.

Antes del alba, vestido de campo, consumida una taza de café negro zahíno, salimos al rececho. Un venado de larga cuerna, de grosor aceptable, aunque de estética menguada por la edad, fue el blanco al que disparé pocos minutos después. Cayó fulminado. La foto de rigor tiene para mí un valor entrañable. Cuando Lourdes se acercó para que Enrique disparara su cámara, ignoraba que en mi interior latía la sensación de que esa era la fotografía del venado muerto el día en el que se oficializaría la ruptura con Juan. Es curioso, pero a pesar de mi escasa afición y del indudable parecido de todas las cuernas de venado disecadas, al menos cuando alcanzan un determinado tamaño, sería capaz de reconocer ese bicho entre cientos que colgaran de una pared. Desde aquel día he contemplado la fotografía en muchas ocasiones y siempre percibo en mi mirada, en el brillo de mis ojos captados por la cámara, un tono de indudable tristeza. Ese venado se encuentra en La Salceda, en mi biblioteca, en el costado izquierdo de la chimenea. Han pasado muchos años desde entonces. Más de veinte. No transcurrió un solo día en el que me encontrara en mi biblioteca envuelto en soledad y no echara una mirada furtiva a esa cuerna, a ese trofeo, sin que una sensación interior de tristeza, de sincera tristeza, se asomara a alguno de los rincones de mi alma.

Cuando Enrique contempló en el suelo la calidad del trofeo pensó que no era de mi «categoría», que deseaba quedar mejor conmigo y por ello quiso por todos los medios que siguiéramos buscando, moviéndonos por el campo, escuchando los berridos que sonaban de vez en cuando a aquella hora temprana. Pretendía que volviera a matar, pero esta vez algún ejemplar que pudiera lucir debajo de la tabla de madera oscura en la que colgaría la cuerna, una medalla de oro, bronce o plata, un trofeo en sentido estricto como dicen los cazadores. Su insistencia tropezaba con mi intranquilidad. No solo no deseaba seguir matando, sino que ardía por regresar a La Salceda cuanto antes. No disponía del estado interior que se reclama para seguir practicando ese tipo de lances. Mi mente se encontraba en otro lugar. Así que con toda la delicadeza que pude me despedí de Enrique Quiralte y Nieves sin decirles una sola palabra acerca de lo ocurrido con su hermano y cuñado.

Mientras conducía hacia La Salceda se lo conté a Lourdes, a quien le costaba trabajo creer que fuera cierta la historia y le cuadraba más que se tratara de una reacción debida a las copas. Yo estaba seguro de que no era así. Poco tiempo atrás, los dos solos, en una escena extraordinariamente emotiva, habíamos conversado a calzón quitado en un restaurante de Aranjuez. Juan se enfrentó consigo mismo con toda claridad por una vez en su vida. Aquella conversación llegó demasiado lejos. Obligué a Juan a elegir entre dos opciones. La primera le producía, y con razón, mucho vértigo. En la segunda se había instalado demasiados años de su vida.

Una vez en La Salceda, mi misión consistía en esperar a que dieran las dos de la tarde. Juan es impenitentemente impuntual pero rompió su norma aquel día. Llegó solo. Hablamos muy poco rato. Ni siquiera entró en casa. Nos encontramos en pleno campo, en las inmediaciones del cortijo. Parecía tener prisa. Venía con la lección aprendida y vomitó su contenido:

—Lo que te voy a decir es definitivo y no tiene marcha atrás. Nuestros acuerdos no valen para nada y es necesario que cada uno tenga sus acciones. Yo quiero exigir mis derechos y nombrar a mis consejeros, porque tú has puesto a tus amigos y yo no. Por tanto, esta situación no la tolero ni un minuto más. Si no quieres por las buenas, nombraré a un abogado.

No había nada que hacer. No existía espacio para el diálogo, para el razonamiento, para un análisis sereno de la situación y sus consecuencias. La pasión, un tipo muy especial de pasión, se apoderó de su alma y eliminaba su capacidad de discernir algo que no fuera la ruptura inmediata. Ante todo la estética de plantearlo de una manera tan rotunda. Quien acudió a Mallorca para conseguir de mí que siguiera con él, que me ocupara de Antibióticos, quien me insistía en la necesidad de que camináramos juntos, quien mostraba su felicidad cuando concebimos el Grupo ABCON, con el que resumíamos nuestros dos apellidos, necesitaba ahora como requisito existencial advertirme de la imperiosidad de nuestra ruptura, liberarse de algún tormento interior suyo, no de mí en cuanto persona, sino de los efectos nocivos que mi presencia en su vida le provocaba en órdenes demasiado variados, excesivamente complejos, como para poder ser ignorados sin una decisión brutal. Y la había adoptado. Tal vez se rompiera algo en su interior. Quizá no. Pero su aspecto demostraba a cualquier observador medianamente atento que no fue resolución interiorizada sin sufrimiento.

—Querido Juan, haz lo que te pida el cuerpo, lo que creas que es mejor para ti.

Cuando Juan, en tono más bien amenazante, utilizó la expresión «abogados» como instrumento para solventar el conflicto, no me dejó más alternativa que señalarme un camino: haz lo que creas conveniente. Además admito que soy particularmente poco receptivo a cualquier cosa que me suene a amenaza; reacciono mal; no es el camino para conmigo.

No sé si la brusquedad de mi respuesta le sorprendió, pero en cualquier caso ya no tenía alternativa. Cuando a un ultimátum le responde otro, la solución es el cierre, la terminación. Se dirigió en silencio hacia su coche. No pude contemplar su rostro porque caminaba de espaldas hacia mí, pero sí guardo en mi retina, en esa memoria emocional que todos albergamos en algún reducto secreto de los llamados adentros, la mirada compungida de los miembros de la seguridad que le acompañaban. Subieron todos al coche. Arrancó y salió a toda prisa por el camino todavía de tierra levantando una polvareda agitada que escenificaba nuestro tormento interior. Se fue.

Me quedé solo, pensando. Miraba a la sierra de La Salceda desde el porche del cortijo de los Ozores. Todavía no habían llegado los tonos del otoño, verdadero espectáculo de la naturaleza en estos campos de los montes de Toledo. Los áceres y los quejigos tiñen de color amarillo, anaranjado y ocre las laderas de la sierra, en un conglomerado de colorido inconfundible que dura en su esplendor pocas semanas. A lo lejos se escuchaba algún berrido de un venado tempranero. Nadie había sido testigo fonético de nuestra conversación, aunque creo que Lucinio, entonces mi encargado, que había sido perrero con Juan, «barruntaba», como dicen en el campo, que algo muy grave había sucedido.

Siempre he sentido curiosidad por el comportamiento de las reses. A veces, en un día claro, sin ningún presagio especial, no bajan a los llanos y sin justificación lógica aparente para los humanos permanecen quietas en sus encames de la sierra. Pregunté a Lucinio qué explicación tenían estos comportamientos. Aquel hombre de pelo rubio, algo más de cincuenta años, producto típico del campo con el que mantenía un cierto mimetismo, me respondió:

—Don Mario, las reses barruntan el cambio.

Me encanta la palabra «barruntar». Significa algo cercano a presentir, pero como con más contenido, más interiorizado, con mayor carga de subjetividad. En mi experiencia simbólica, cuando trataba de alejar la razón de la contemplación de un objeto, percibía que unas pocas líneas con cierta disposición geométrica contenían un cierto mensaje. El vehículo para penetrar en mi interior no era la razón, sino la intuición. «Barruntaba» la existencia de una cierta verdad, como las reses la tormenta por un simple movimiento de las hojas de un árbol, el cambio de viento o cualquier otra señal. ¡Qué pena que los hombres hayamos perdido esta capacidad de barruntar!

Curioso. Mi afecto por Juan fue el principal responsable de que aquella finca pasara a formar parte de nuestro patrimonio. En mi casa, de sangre gallega, no teníamos tradición de grandes fincas, ni mucho menos. En Galicia una hectárea es una enormidad. Sin embargo, por Ciudad Real, y en el magnífico enclave conocido como los montes de Toledo, se contaban por cientos y miles. A Lourdes le encantaba el campo. Quería una finca. En abril de 1987, una vez en nuestras cuentas corrientes el dinero que ganamos en la operación Montedison, nos pusimos manos a la obra. Y mi maestro, en estas como en otras cosas del mundo social, fue Juan Abelló. Juntos recorrimos los campos de la provincia de Ciudad Real.

Un día de aquellos, al regresar de estudiar —es un decir— una finca en venta cuyo nombre no recuerdo, algo me llamó la atención. Pedí a Juan que se detuviera. A lo lejos se dibujaba la silueta de una especie de cañón entre dos terminales de montañas de cierta envergadura, en cuyo centro un cerro parecía convertirse en un guardián de un paso entre dos valles, el del Milagro, plagado de un excepcional verdor para aquellos parajes, y el que conducía más al sur, con dirección a Ciudad Real. De este costado, desde el que yo contemplaba la escena, una gran mancha de agua: el embalse de la Torre de Abrahaam. Y es que en ese cerro guardián se alzaba en estado de semirruina una torre que precisamente llevaba el nombre que le dieron al pantano. Fue aduana, establecimiento morisco para el cobro de tributos. El paisaje me estremeció.

—Juan, esto es lo que quiero.

—¡Nos ha jodido! —exclamó Juan—. ¡Como que es lo mejor de los montes de Toledo! También lo querría yo.

El tono de Juan era sincero. Me explicó que se trataba de la tierra de un torero famoso, Marcial Lalanda, el del pasodoble *Marcial, eres el más grande*. Lo cruzaba un arroyo al que llamaban el arroyo del Milagro, y es que verdaderamente aquello, un verdor de agua, fresnos y chopos, era un milagro a la vista del secarral que nos rodeaba. Eran tierras de ganado bravo, del hierro Veragua. Cuando me paseaba por las lindes con El Molinillo, pude comprobar como algunos mojones de piedra llevaban grabados a cincel la divisa de esa casa. Un milagro de escenario, sin duda, como lo fue conseguir comprar tres fincas a la vez, la del torero, la de los Guío y la de Pepe de Diego. Cuando concluí aquella faena en el Banco de Progreso, cuando después de una operación extremadamente compleja, porque nada más complejo que comprar y vender campo, cuando menos en esos parajes, me di cuenta de que el afecto por Juan provocó la tendencia a estar cerca de Las Navas, a comprar tierra lo más próxima posible a la suya, así que uno de los activos decisivos de La Salceda fue, precisamente, esa proximidad.

Cuando el 13 de octubre de 2007 Juan acudió al tanatorio por la muerte de Lourdes, independientemente de mi agradecimiento por el gesto —me dijeron que dejó plantados a unos alemanes amigos para venir de urgencia a verme—, pensé para mis adentros si en algo fui yo responsable de aquella ruptura entre nosotros. Visto con la perspectiva del tiempo, aprendiendo lecciones del difícil existir en el que los factores humanos cobran dimensión capital, las cosas son muy diferentes a como las contemplas envuelto en el éxito de una trayectoria casi inconcebible. Y ahora lo tengo claro: no fui delicado en mi trato con él, no supe percatarme de su tormento interior, no alcancé a comprender la magnitud del conflicto que le asolaba. Debía haber tenido más cuidado, más tacto, ejercer menos mi presidencia con él, haber hecho otro tipo de declaraciones públicas, haberle concedido más sitio, más espacio, un trozo de mayor amplitud en el que desarrollar su ego, y no solo el suyo, sino también el de quienes le rodeaban y no siempre de afecto sincero y desinteresado.

Es cierto, y no me engaño, que mi afecto y cariño eran grandes y sentidos. Es cierto que además de cariño sentía agradecimiento. Sí, es cierto, pero también lo es que no fui lo suficientemente cuidadoso en las formas. ¿Por formas se puede romper algo tan sólido, tan fundamentado, con raíces tan profundas como lo nuestro? Sin la menor de las dudas. Las formas son capitales, pero cuando se trata de una sociedad como la española, mucho más. Y lo son porque las emociones habitan en las formas. Los gestos de la epidermis agitan los interiores de ciertas almas.

Los roles sociales están asignados con una rigidez extrema. Era muy difícil aceptar sin congoja lo que sucedía. Era muy complicado ver silentes y calmos cómo de Abelló se pasaba a Abelló y Conde y casi sin solución de continuidad a Conde y Abelló. Y eso en aquellos días era injusto porque el papel de Juan en nuestra llegada a Banesto fue determinante. El mío, al menos hasta la famosa opa que conmocionó al mundo financiero y a la sociedad española, resultó mucho más pasivo. Casi fui a Banesto a regañadientes. Pero para Juan era su sueño. Más que desearlo entendí que llegó a necesitarlo para afirmarse a sí mismo como Juan Abelló. Quizá, no sé, llegara a la conclusión de que ese día dejaría de ser el yerno de Gamazo. Entre otras cosas porque Gamazo había sido consejero de esa casa por derecho propio. De ahí su empeño en convencerme para ejecutar esa operación.

Y no fue nada fácil, porque a pesar del indudable éxito en la venta de Antibióticos, mi preocupación por la evolución de las relaciones con Juan continuó aumentando de manera constante. El fantasma de una separación definitiva, que comenzó a aparecerse, a tomar perfiles algo más densos en los últimos meses de estancia conjunta en Antibióticos, resurgía con empecinada periodicidad. Los acontecimientos que rodearon a Juan desde 1982 provocaron en él un clima muy complejo en el que desenvolver su vida conmigo. La ruptura del tradicional esquema de abogado-empresario para transitar sin solución de continuidad al de socio-amigo le resultaba difícil de metabolizar. Al mismo tiempo, desde que le solucioné el problema de Suiza, el del Frenadol, la venta de Abelló, la compra y venta de Antibióticos, decidir cualquier asunto sin mi consejo, pensar en un modelo vital en el que no estuviera allí-cerca-de-él, al menos para las materias de corte patrimonial, le provocaba una sensación de inseguridad.

Yo, mientras tanto, comenzaba a sentir una gran angustia interior. El esquema de convivencia que explicitaba sistemáticamente en su comportamiento constituía un mecanismo psicológico que yo no dominaba pero que intuitivamente percibía como un conflicto potencial de dimensiones muy considerables. Porque Juan no era solo Juan, sino un tándem integrado, como es normal, por Juan y Ana Gamazo, su mujer. El Frutilla, el psicólogo argentino, nos había ilustrado sobre ciertos componentes de la conducta humana. Atormentado por estas ideas, decidí que en cuanto cobráramos el dinero de Antibióticos cada uno seguiría por su lado. De nuevo una decisión basada en mi deseo de evitar tensiones con Juan que pudieran acabar con nuestra amistad. En los primeros meses de 1987 tomé la decisión: cada uno seguiría por su lado.

Éramos ricos, muy ricos, más, muchísimo más de lo que hubiera pensado. Podíamos disponer de nuestras vidas y haciendas con entera libertad. Si separábamos nuestros dineros, la posibilidad de mantener una relación de amistad y afecto se vislumbraba mucho más favorable que con los patrimonios entremezclados. A mí me hubiera encantado, y no solo por las bases de afecto, sino, además, porque percibía que con Juan aprendía muchas cosas.

Pero de nuevo fracasé, como sucedió en 1982. Juan se negó a un planteamiento tan tajante. En tal caso —me dije— tengo que diseñar un esquema abordable. Es así como surgió ABCON.

Esta palabra, como ya expliqué anteriormente, es la síntesis de Abelló-Conde y pretendía convertirse en el nombre de la sociedad anónima en la que volcaríamos los activos que conseguimos con la operación Antibióticos. Obviamente, yo no tenía el menor inconveniente en que Juan fuera socio mayoritario de tal compañía. Al contrario: lo dictaba la lógica del pasado. Yo no sentía ni los temores, ni las angustias ni los juicios preconcebidos de la familia Botín.

Por muy abogado del Estado que fuera, por muy dotada que hubiera nacido mi inteligencia, por profundos que se manifestaran mis conocimientos jurídicos, era elemental que sin las acciones de la familia de Juan, sin la petición a su padre de que abandonara el Consejo de Antibióticos para que entrara yo, la operación Antibióticos no habría pasado de un fantástico sueño en una cálida tarde veraniega.

Sin Juan es posible que hubiera ganado dinero en mi vida. También lo es —y más probable— que mi discurrir existencial navegara por mares distintos a los de las finanzas. En todo caso, lo que sin Juan nunca hubiera existido era la operación Antibióticos.

Pero, a pesar de que elegimos un magnífico edificio de cristal en la Castellana, cerca de la Embajada americana, para instalar la sede de ABCON, el modelo no satisfacía las aspiraciones vitales de Juan. Quería llegar más lejos, caminar rápidamente hacia una nueva tierra de promisión, penetrar en el Gran Santuario de la banca española y, en consecuencia, de la economía nacional. Su mirada permanecía fija, impasible, absorta en un banco que reunía —al parecer— valores muy superiores a los meros activos económicos y financieros. Así surgió la idea de Banesto.

No podía borrar el deber moral de acompañarle. De nuevo tenía que posponer mis planes personales, mucho más modestos y prosaicos, para acompañar a Juan en una nueva aventura, esta vez de envergadura desconocida pero, sin duda, descomunal. El Atlántico y el Pacífico tenían que esperar.

Porque era mi sueño, uno de los que no habré conseguido realizar, casi con total seguridad, en mi trozo de tiempo vital: navegar el Atlántico y el Pacífico. Antes de llegar a Banesto ya tenía en mi propiedad el precioso swan *Pitágoras* y en camino se encontraba uno de los veleros más bonitos del mundo, el *Whitefeen*, diseñado por Bruce King y construido por unos astilleros de Maine, Estados Unidos, que acabé comprando una vez que mi economía me convirtió en un hombre rico a raíz de la venta de Antibióticos. Con Steve McLaren soñaba con la travesía del Atlántico, con pasar una larga temporada recorriendo el Caribe, atravesar el Canal, cruzar al Pacífico y poner rumbo a ese mar eterno plagado de lugares que la imaginación almacena como sueños.

El empeño de tozudez máxima de Juan de estar-en-Banesto teóricamente limitaba, pero no impedía mi sueño. Me habría costado una fortuna porque si finalmente nos nombraban consejeros debería retornar con frecuencia casi mensual y eso significaba pagar el avión desde lugares lejanos y, por tanto, dinero, pero no era esa la materia prima que más escaseaba en mi economía existencial en aquellos días. Siempre se ha dicho que cuando no tienes dinero lo que sobra es tiempo y cuando dispones de exceso de dinero andas corto, muy corto, de tiempo libre. Comprobé que eso de ser rico y desempeñar puestos importantes en empresas o entidades financieras tiene muchos costes, pero uno es evidente de toda evidencia: tiempo.

¿Y por qué ese empeño de Juan en Banesto? ¿De dónde esa necesidad de ser banquero para tener un puesto de relevancia real en la sociedad española? Pues deriva de algo realmente singular: la fascinación de los españoles por el sistema financiero, por el dinero. No sé si nuestra sangre hebrea puede tener algo que ver con este sentimiento profundo, pero lo cierto y verdad es que resulta difícilmente cuestionable que los banqueros fascinaban a los españoles mucho más que cualquier gran empresario del sector real.

El poder que los bancos tienen en España posiblemente no tenga parangón en cualquier otra economía occidental. Ni en Francia, ni en Italia ni en Inglaterra. El modelo que se aproxima algo es el alemán, en el que los grandes bancos mantienen paquetes muy significativos en el capital de las empresas industriales. En España todo empresario del llamado sector real se sentía fascinado por la imagen de los siete grandes bancos españoles. Me he preguntado muchas veces el porqué de esta situación, de esta admiración por lo financiero. Quizá sea porque los bancos eran los verdaderos protagonistas de la vida económica española. Con ellos a tu lado se podía hacer casi de todo. Contra ellos, casi nada. Esa percepción de poder, pero de poder real, de poder de verdad, es seguramente lo que se encontraba en la base de esa admiración.

Quizá también la penuria empresarial. Tal vez los empresarios españoles pensaran que en España mandaban los bancos y los políticos. En México dicen que vivir contra el presupuesto del Estado es un suicidio. Pues en España los empresarios entendían que era básico llevarse bien con los bancos y el Estado. Quizá por ello nuestro tejido empresarial sea tan singular, cuando menos en lo personal. Cuando en 2009-2010 la gran mayoría de los empresarios aseguraban en privado que los culpables de sus ruinas eran, precisamente, los políticos y los banqueros, no dejaba de preguntarme por qué no se habían percatado antes, por qué habían renunciado a gestar sus empresas con independencia de unos y otros... Preguntas un tanto estúpidas porque no se trataba solo de los empresarios, sino de una sociedad civil adormecida y silente. Por eso la fascinación por ser amigo de los políticos y de los banqueros. Cualquiera que triunfase en el mundo de los negocios consideraba un sueño ser nominado para el Consejo de una de esas entidades bancarias. Juan no constituía una excepción a la regla. Con un matiz: su obsesión era el viejo y rancio Banesto, propietario al mismo tiempo de un carisma especial.

Originariamente ese banco de sus amores fue una entidad de crédito constituida con capital francés y destinada a financiar las grandes obras públicas, en particular los ferrocarriles, que se acometían en aquellos momentos históricos. Así que francés. Pocos saben esto. Uno de los bancos más conocidos y más emblemáticos de la vida financiera, industrial y económica española tuvo un origen francés... Supongo que algunos sufrirán una desilusión profunda, pero la vida es así de dura en ocasiones y hay que saber aceptarla como viene...

Pero en cualquier caso se trataba de banca pura y dura: ahorro al servicio de la inversión en economía real. Como debería ser. Como dejó de ser y de ahí los grandes problemas que nos toca vivir. Instalaron la llamada riqueza financiera que nunca supe bien lo que era hasta que lo hemos comprobado todos: pobreza real y dinero artificial. Por eso no es de extrañar que en 2009 dos premios Nobel americanos dijeran que para salir de la crisis era imprescindible que la banca volviera a su misión, esto es, a prestar a empresas. Lo malo es que para decir algo así haga falta ser premio Nobel, pero fue tan alucinantemente increíble el modo-de-pensar que se instaló en el sector financiero en España y en el mundo que al final ha resultado imprescindible. ¡Cosas de esta vida!

En 1993, como no sabían ni qué decir ni qué hacer ante la caída del 1 por ciento del PIB y España en una situación muy lamentable, se puso de manifiesto, con esa claridad que daña, el pensamiento financiero del Banco de España. Yo fui testigo de una afirmación de esas que te dejan desolado. Y no porque sea una estupidez de tamaño sideral, sino porque algo así se convierta en dogma de trabajo de una instancia tan importante como el Banco de España. Alguien, a su máximo nivel, creo recordar que Miguel Martín, llegó a decir que lo que ellos querían no eran empresas sanas, sino bancos sanos. Quizá no fuera Miguel Martín, sino un hombre llamado Pérez, que sustituyó a Martín como director de Inspección y que luego, después de la intervención, fue fichado en BBVA para algún puesto, del que finalmente tuvieron que cesarle porque parece que no estaban demasiado contentos con su rendimiento. Quizá no fuera Martín, pero en 2009, convertido por un salto mortal en presidente de la AEB, compareció en el Congreso de los Diputados para explicar a sus señorías su particular visión, y fue en verdad particular porque dijo que la culpa del desastre la tenían los empresarios, que los bancos no habían hecho nada malo y que, al contrario, menos mal que los empresarios tenían a la banca para ayudarles, porque de otro modo... Que Martín diga esas cosas es incluso comprensible porque cada uno estira sus capacidades hasta donde puede, pero que los diputados, que sus señorías, no movieran un músculo, ni siquiera para preguntarle si había pasado una mala noche, si tenía problemas de insomnio, algún fracaso familiar..., en fin, cualquier cosa que les aclarara el fondo del dislate. Pues no. Nada. ¡Qué le vamos a hacer!

Así que bancos sanos y no empresas sanas... Eso demuestra a las claras de claridad matutina mediterránea que creen que es posible una riqueza financiera sin que exista riqueza real. Pues bien, esas gentes nos acusaban entonces de un enorme delito: estábamos prestando dinero a empresas con problemas. ¡Pues claro! Porque esa es nuestra misión. Ellos querían que las dejáramos caer. Nosotros, lo contrario. Y al final aquellas empresas a las que ayudamos cumpliendo nuestro deber siguieron vivas y coleando mucho tiempo. A día de hoy ahí siguen. Pero desgraciadamente en 2010, precisamente por aplicar esas singulares y patéticas teorías, más de 350 000 pequeñas y medianas empresas desaparecieron. Y con ello aumentó el paro. A veces solo se fijan en los trabajadores en paro, pero hay que recordar que detrás de ellos o delante de ellos, que eso poco importa, siempre existen empresarios quebrados, con sus patrimonios liquidados, sus casas ejecutadas y sin subsidio de desempleo.

Pues bien, en el año 1902 un grupo de españoles, con dinero suficiente para ello, se hicieron con el control del capital del banco, se lo compraron a los franceses, usando como arma para esa guerra el dinero puro y duro, que suele ser muy efectivo si, además de franceses, algo de sangre judía corre por las venas de los accionistas galos. De manera que pasó a ser español y precisamente por ello en algunas zonas de Andalucía a Banesto se le conoce como el «español». Me gustaba mucho ese nombre, Banco Español de Crédito, porque evidenciaba lo mejor de los mundos: crédito al servicio de la financiación del crecimiento de España. Se ve que el romanticismo, al menos en aquellos tiempos, no estaba demasiado reñido con la ordinariez de los dineros.

Consiguieron estos señores perdurar durante casi un siglo, navegando con éxito en los mares embravecidos de la República y la Guerra Civil. Demostraron un encomiable pragmatismo. Cuando los vientos se pusieron a soplar desde el cuadrante izquierdo, el tradicional y monárquico banco optó por una solución de compromiso: se trajo a su Consejo de Administración a un soriano de pro, republicano, bien visto por el nuevo poder, con experiencia en un pequeño banco familiar denominado Banca Ridruejo. El hombre, que debió de ser listo como una rata, rápido como una centella, con afición incontrolada por las mujeres y original como él solo, ayudó a que Banesto se convirtiera en una nave capaz de navegar con las olas republicanas de proa y los temporales desmadejados de la Guerra Civil. Cuando mejoró el tiempo y de nuevo brilló la calma, Banesto volvió por sus fueros y Ridruejo se marchó con dirección al Banco de España.

Un cúmulo de circunstancias tan peculiares e intensas debió de provocar una cierta hermandad entre los miembros de las distintas familias. Sin embargo, a pesar de que existían algunos matrimonios cruzados entre ellas, pude percibir antes de mi llegada a Banesto que las relaciones entre los miembros de algunas de estas familias no solo no eran amistosas o cordiales, sino que en un par de casos concretos, como los Argüelles y Garnica, parecían alimentarse de hostilidad. Se decía que en Banesto había dos «príncipes»: Pablo Garnica y Jacobo Argüelles. Después de dos generaciones de dominio ejecutivo del banco por la familia Garnica, parecía que, por fin, ahora volvía a sonar la hora de los Argüelles, aunque para conseguirlo necesitaron el apoyo autoritario del Banco de España y la intermediación de un personaje muy peculiar: José María López de Letona, ministro con Franco y ex gobernador del Banco de España.

Banesto se convirtió en aquellos tiempos en un escenario de tormentas de poderosa carga eléctrica. Durante décadas, más de medio siglo, se percibía como una verdadera fortaleza inexpugnable. Y en realidad lo era. El control de las familias era férreo, sin fisuras por las que penetrar una palanca capaz de resquebrajar los muros de contención de la presa del poder. Sin embargo, en 1986 las cosas cambiaron dramáticamente debido a una serie sucesiva y cumulativa de circunstancias adversas de diferente signo y alcance.

Ante todo, la compra obligada del Banco de Madrid, impuesta por el Banco de España, que se saldó con pérdidas importantes para Banesto. Además, la absorción del Banco Coca, que, igualmente, supuso un quebranto patrimonial significativo para el banco. El fin de una familia, los Coca, que acabó en tragedia con suicidio incluido y problemas de evasión de capitales. El tono se elevó debido a un personaje llamado Javier de la Rosa, un hombre que ocuparía portadas, comentarios, revistas y desgraciadamente celdas carcelarias con condenas millonarias en años y en responsabilidades civiles. Una persona que ejerció una más que notable influencia en la vida política, económica, social y financiera española hasta que comenzó a transitar por penales catalanes. Por alguna extraña razón, Javier de la Rosa apareció como gestor de un banco filial de Banesto llamado la Banca Garriga Nogués. Aseguran que el lenguaje genético de los catalanes los habilita especialmente para ejercer el comercio, quizá por eso del Mediterráneo y los viajes de los fenicios, pero que no tienen especial habilidad para la banca, lo que me resulta curioso porque los Médicis fueron súbditos de la cultura mediterránea. Pero, bueno, eso cuentan. Lo cierto es que, según me dicen, la gestión de Javier de la Rosa en esa banca filial de Banesto se caracterizó por el desastre, y, como suele ocurrir en tales casos, por una permanente huida hacia adelante, engordando cada vez más el problema para convertirlo en un monstruo de difícil digestión. Es así como Banesto, además de sufrir cuantiosas pérdidas bancarias, se vio involucrado en un proyecto increíble: una explotación de tierras de regadío en Almería en las que se cultivaban frutos y verduras fuera de temporada. Cualquiera que fuera la bondad tecnológica, económica, empresarial y financiera del proyecto, la realidad es que causaba espanto ver al viejo Banesto metido a agricultor tecnológico de vanguardia. Casi tanto espanto como asomarse hoy a tierras almerienses y ver esos miles de invernaderos cubriendo la tierra arenosa y desértica proporcionando un paisaje tan fantasmal como demoledor.

A pesar de todos los pesares las arcas del banco se encontraban tan repletas de doblones procedentes de los años de vacas gordas que ni siquiera ejemplos como los citados le colocaron en situación irreversible. Porque hay que reconocer que los bancos se han forrado a ganar dinero en determinadas épocas de nuestra historia. Algún irredento enemigo de los financieros del mundo dirá que ganan abusivamente en todo momento y lugar, y no es fácil negarle la mayor a tal aserto, a la vista de lo que ganan en mitad de la peor crisis que hemos conocido en nuestra historia. Y, encima, si pierden debido a su pésima gestión, como son muy importantes, pues se les da dinero para que no caigan y no pasa nada. Así que Banesto tenía tanto dinero ahorrado en sus arcas que esos desperfectos del Madrid y el Garriga le hicieron tambalear un rato, pero como se tambalea uno por dos copas de más: en un par de horas recupera perfectamente el sentido de la vertical. Económicamente hablando, porque políticamente sucedió lo contrario.

En efecto, al margen de la solvencia económica, el banco transmitió, seguramente debido a las informaciones sesgadas preparadas para el acceso a su control vía Banco de España, una imagen de pésima gestión, de descontrol en manos de unos octogenarios que carecían de acciones suficientes para dominar el banco en la forma en que lo hacían. Tendrían títulos nobiliarios y tradición histórica, pero con eso no se custodian doblones ni se financian adecuadas inversiones. Era la excusa que necesitaban. ¿Quién necesitaba esa excusa? Muy claro: el socialismo emergente.

Desde 1982 el socialismo mandaba en España soportado por una mayoría abrumadora. Ejercían el poder de manera inmisericorde, como se evidenció con la confiscación de Rumasa, propiedad de Ruiz-Mateos. El país se quedó aterrado ante semejante muestra de poder y el viejo don Emilio Botín, siempre al lado del poder, lo ejerza Dios o el diablo, acudió a la televisión española para aplaudir la decisión del Gobierno de Felipe González.

Desde el Banco de España, gerenciado por un hombre más que singular llamado Mariano Rubio, se aprovechó la ocasión para transmitir interesadamente la imagen de que la octogenaria dirección del banco se manifestaba incapaz de llevar el buque a puerto seguro, y ello —decían— afectaba de manera singular a la «estabilidad del sistema financiero y del mecanismo de pagos». Cientos de veces en mi vida he escuchado la frase de marras. Siempre he percibido que transmite un intenso y vívido peligro. No es más que un eufemismo en el que, protegidos por la apariencia de objetividad que transmiten conceptos tan etéreos, se envuelven decisiones nacidas en otros lugares, alimentadas con otros sentimientos y mecidas en cunas más bajas. Es verdad que la quiebra de un banco no es como la de una fábrica de juguetes porque afecta al crédito de familias y empresas y es capaz de provocar una espiral de destrozos económicos. Es cierto, pero lo es también que cuando los bancos tienen cierta entidad el Estado no los deja quebrar. La experiencia americana de 2008 de Lehman fue demoledora en esa dirección. Los bancos no quiebran. Punto y final. Por eso quizá sean todavía más apetecibles para ser controlados por los amantes del poder.

Los socialistas españoles, algunos de cuyos cuadros económicos hablaban inglés, fueron educados en el FMI, manejaban palabritas tales como «eficiencia» y «rentabilidad» incluso con mayor soltura que los viejos financieros de siempre nacidos en las tierras hispanas, renunciando por puro pragmatismo a expropiar el capital de los bancos privados españoles, decidieron, para no concitar demasiados rechazos internacionales, operar de manera más sutil. Situaron a sus hombres, por uno u otro procedimiento, al frente de las estructuras bancarias. Teniendo en cuenta que los bancos españoles carecían de dueños concretos, el poder se desplazaba a los ejecutivos, de forma tal que si los designaban los socialistas tendrían el poder de las instituciones financieras sin tener que desembolsar una peseta y sin asumir costes internacionales. Vamos, que es muy claro: si podemos nombrar a los que mandan, para qué vamos a gastar dinero público en comprar a los accionistas. Es mucho más barato, menos traumático y más efectivo el procedimiento de operar en las cúpulas bancarias. Pero ¿podían hacerlo? Una cosa es que los bancos no tuvieran dueño y otra, que se plegaran sus Consejos tan fácilmente a ser «intervenidos» de manera tan poco elegante. Pues sí. Pudieron. Sin la menor duda.

En el Banco de Bilbao situaron con cierta sutileza a Sánchez Asiaín. En el Vizcaya consiguieron lo propio con Pedro de Toledo. En esos dos bancos mandaban las familias vascas. La característica de ambos, Asiaín y Toledo, es que respondían a una palabra dual: profesionalización y modernidad. El poder de la palabra... Se consiguen milagros cuando instalas un nuevo lenguaje, así que conducidos por la modernidad y la profesionalidad, comenzaron a ocupar asientos que desde sus orígenes estaban reservados a algo tan poco sutil como el capital.

En el Hispano, otro de los grandes, colocaron al sobreviviente Claudio Boada. Hombre de principios rotundamente pragmáticos, Boada constituía el ejemplo perfecto del diseño reclamado por la estrategia de ocupación. Constituía el biotipo perfecto del hombre de poder. No en vano había sido presidente del INI, el conglomerado industrial del Estado, y con esas credenciales, cuando decidieron quitar a Usera y a sus sucesores efímeros de emergencia, colocaron al frente a Boada y a mi amigo y compañero Amusátegui. Reconozco que a Lourdes y a mí Claudio Boada nos caía bien.

La vida es siempre sorpresiva. El día en el que por mi decisión pedía la excedencia del Cuerpo de Abogados del Estado, coincidí en idéntica tarea con otro abogado del Estado, con fama entre nosotros, los miembros de ese Cuerpo, de hombre inteligente, formado, listo, rápido y de tendencias más bien «progresistas», como se decía entonces: José María —Pepe— Amusátegui. No podía sospechar, siquiera intuir, por fértil que fuera mi supuesta capacidad para adivinar el futuro, que coincidiríamos en un oficio tan poco amado por los progresistas de salón como el de banquero.

Sin embargo, dos bancos permanecían inertes a sus deseos: el Central y el Banesto. Casualmente los dos mayores. El primero controlado por un ejemplar humano más que curioso: Alfonso Escámez. Cuando en 2010 leí su muerte me produjo pena porque cerraba una época de mi vida, además, claro, de concluir la suya con más de noventa años de existencia, lo que siempre produce algo de envidia al recordar que otras muertes de personas grandes se produjeron en plena vida.

El segundo, Banesto, lo mantenía con puño de hierro un hombre mayor llamado Garnica, soportado por el poder de las familias tradicionales de la historia del banco. Precisamente por ello los invasores modernos que ejercían el poder político tenían que actuar con exquisita prudencia, sin precipitarse, esperando pacientes la ocasión. Un buen rececho, sea africano o toledano, húngaro o andaluz, consume cantidades ingentes de la mejor paciencia.

Llegó de la mano de De la Rosa y sus supuestos quebrantos. Mariano Rubio presionó a muerte. ¿Y cómo se presiona a un banquero? Entonces no tenía ni idea del inconcebible poder del Banco de España. Sus funcionarios controlan las normas contables de los bancos. Son capaces, con solo aplicarlas, de situar a una entidad en la quiebra o en beneficios. Entonces ignoraba que se trata de una policía financiera al servicio del poder de turno. Entonces no tenía constancia de la red de intereses internacionales entre las personas que forman parte de los cuadros de todos los bancos centrales de Occidente. Me tocaría descubrirlo de la manera más dolorosa, y no lo digo como presidente de banco, sino como español. Nunca antes pude imaginar hasta dónde el Banco de España cumple un papel capital en esa estructura de poder a la que yo llamo el Sistema.

Garnica cedió bajo las amenazas que emanaban desde esa entidad. Cedió porque se asustó y aceptó que pasara a formar parte del Consejo de Banesto, con todo el poder ejecutivo asumido en calidad de vicepresidente y consejero delegado, el pariente del gobernador, José María López de Letona.

La estrategia era clara como el agua. Al progresismo de salón de entonces le daba exactamente igual que López de Letona hubiera sido ministro con Franco. Eso se utilizaba como arma si convenía para quitar poder a otros pero importaba un pepino si se trataba de asumir el poder ellos mismos. López de Letona era un enviado de esa estrategia. ¿Por qué se plegó a ello? Porque los humanos somos expertos en confeccionar excusas que disfrazamos de razones cuando conviene a nuestros intereses y/o emociones. Y eso de ser presidente de Banesto es mucho en el capítulo de intereses y desde luego en la alimentación de los egos personales, sobre todo si significa incorporarte al progresismo de la modernidad desde la antesala de ministro de Franco. Así que, como de poder se trataba, no solo le nombraron vicepresidente y consejero delegado, sino que además alcanzaría el máximo grado de modo inmediato porque sería nombrado presidente de Banesto el 16 de diciembre de 1987. Claro que López de Letona duraría más bien poco. A partir de ese instante tendrían que ir preparando la sucesión y esta vez sería para uno de los suyos-suyos. La operación de cirugía fue en verdad modélica.

Esta era la situación existente en el momento en el que Juan, y yo a su rebufo, decidimos comenzar a entablar negociaciones para nuestra llegada a la santa casa.

Juan Abelló era amigo de Pablo Garnica, a pesar de su desafortunada frase sobre la crisis del Frenadol, pero sobre todo y por encima de todo se manifestaba declarado, irreconciliable e invencible enemigo de Jacobo Argüelles.

Al margen de amistades y enemistades, de fobias y filias, a Juan le atraía de manera insaciable el «rancio abolengo» de Banesto. ¿Por qué? Seguramente porque percibía la importancia de pertenecer a su Consejo de Administración en una sociedad política, social y económicamente estructurada como la española. Juan no ignoraba el significado de formar parte del centro del poder en Banesto. Al contrario: lo conocía a la perfección. Por muy ricos que fueran los March, por muchos activos ocultos o expresos que se acumularan en las arcas de los Botín, ninguno de ellos pertenecía a Banesto, y para Juan, Banesto, como la tonsura canónica, imprimía carácter.

Al margen de consideraciones tan metafísicas, otro impulso y no de tono menor se convertía en viento para las velas de Juan: quería comprar acciones con su dinero, imponerse en ese territorio de blasones con base en el vil metal. Creo que percibir que las viejas familias, entre las que de alguna manera se encontraba la de su mujer, tuvieran que soportar y admitirle por obra y gracia del dinero que había sido capaz de ganar en su vida era algo que excitaba de manera sublime e incontenible el morbo de Juan.

Tal vez a muchos resulte difícil creer que, por una cuestión de odios personales, venganzas familiares, agravios ancestrales, puede tomarse una decisión tan importante como invertir una gran cantidad de dinero en comprar acciones de un banco para dedicarse profesionalmente a él. A fuer de sinceridad, esos sentimientos son incapaces de monopolizar un espíritu como el de Juan Abelló. Funcionaba, como decía, la fascinación provocada por los bancos en general y por Banesto en particular. Pero estoy absolutamente convencido de que sin esos componentes psicológicos tan singulares, sin esas peculiaridades, por llamarlas de alguna manera cariñosa, sin el odio «fraternal» que suele alimentar las relaciones entre miembros de algunas de las familias que han dominado parte de la historia de España, tal vez nunca nos hubiéramos sentado en la mesa de aquel banco.

Obsoleto en lo tecnológico, con fama de carca, símbolo de la oligarquía familiar, conservador hasta sus últimas consecuencias en el terreno de lo político, con sospechas, incluso, de haber aportado fondos al fallido golpe de Estado de Tejero, alejado de eso que llamaban las ideas modernas sobre banca, la verdad es que esta imagen de Banesto, que era la que yo percibía desde fuera, seguramente fabricada o como mínimo distorsionada al efecto de controlarlo, no era, sin duda, la más atractiva para mí. Sin embargo, había algo que no sé muy bien cómo definir. Desde luego, Banesto era mucho más «elegante» que otros bancos españoles, por lo que pertenecer a su Consejo —eso decía Juan— atribuía un valor social además del económico. Juan lo convirtió en una obsesión, más que en un objetivo. A pesar de mi escepticismo, si tenía que seguir con él debía imbuirme al máximo posible del entusiasmo que sentía por aquella vieja casa. En cualquier caso, aspiraciones sociales y familiares aparte, me puse a trabajar y comprobé que la situación del poder real en el banco fruto de las luchas intestinas entre las familias y la «intermediación» de Mariano Rubio, el gobernador del Banco de España, convertía el control de Banesto en un objetivo alcanzable.

Pero cuestiones de elegancia social, de blasones ancestrales y de juegos de poder aparte, el asunto implicaba invertir una muy sustancial cantidad del dinero que ganamos en la operación Antibióticos, por lo que el tratamiento tenía que ser acordemente riguroso. ¿Quién podría llevar a cabo, con la suficiente solvencia y discreción, un análisis del tipo del que demandábamos?

De la mano de Salvador Salort, nuestro director financiero en Antibióticos, entramos en contacto con Antonio Torrero, un catedrático de Estructura Económica, que junto con José Ferrín creó una sociedad, denominada Reit, S. A., dedicada al asesoramiento financiero y bursátil. Antonio era un hombre con inquietudes y tesis próximas al socialismo, aunque decididamente lejanas de las ideas y personas de los dos grandes protagonistas económicos de la época: Solchaga y Mariano Rubio. Poco a poco fui descubriendo en Antonio a un hombre de convicciones sinceras, de honestidad probada en todos los terrenos que nos depara la existencia. Era, además, una gran persona.

Elaboró un concienzudo trabajo comparativo entre los grandes bancos españoles. Sus ratios técnicos le conducían a una conclusión inexorable: el mejor banco era el Popular de Luis Valls. Al margen de las simpatías que uno sienta por el Opus Dei, muy vinculado a ese banco, lo cierto es que sus ratios de negocio financiero provocaban la más insana de las envidias. A Juan, embelesado con Banesto, enamorado en cuerpo y alma de su presencia en la institución, la asepsia de los ratios de Antonio no le provocaron estertores de sufrimiento. Juan, que es hombre serio, riguroso e implacable con los dineros, percibía las críticas con mayor distancia de lo habitual, a pesar de que el análisis sugería que Banesto parecía anclado en el tiempo, como si respirara por unos pulmones propios de otras épocas históricas.

Lo cierto es que Banesto escondía en sus balances una riqueza muy considerable en forma de participaciones en empresas del llamado sector real, en las que enterraron buena parte de los ahorros acumulados a lo largo de mucho tiempo, además de hacer honor a la verdadera misión de la banca: servir de instrumento de financiación asequible para la economía real.

—Ya, Antonio, así que Banesto es rico, pero no gana dinero. ¿Cómo se entiende eso?

—Fácil. Si tu dinero lo pones en empresas industriales, lo que obtienes como ingresos son los dividendos que te paguen.

—Sí, claro.

—Y esos dividendos son siempre inferiores a la rentabilidad del dinero puro y duro.

—¿Cómo es eso?

—Pues que si tengo depósitos del 1 o 2 por ciento y los vendo en créditos al 16 por ciento, pues gano mucho más que si compro acciones y solo me dan el 5 por ciento de dividendos.

—Está claro, pero siempre tienes las plusvalías que con el dinero no tocas.

—Eso es. Al final hay que ver la rentabilidad en el tiempo. Ganas menos en el plazo inmediato y quizá más en el largo plazo.

—Entonces, ¿por qué dices que Banesto tiene peores ratios o como se llame?

—Porque los análisis financieros se hacen pensando en la rentabilidad inmediata y no en plusvalía de cartera de valores.

—Entonces, si vendo todas las empresas y pongo el dinero al crédito sin más, ¿Banesto sería más rentable?

—Sí, claro, los analistas dirían que es mejor banco.

—Pero menos rico, digo yo.

—Sí, eso es otro modo de verlo.

Entendí la diferencia entre ganar dinero y ser rico. No es lo mismo. Quizá por eso se dijera aquello de que hay más cosas en la casa de un rico venido a menos que de un nuevo miembro de la cofradía. La acumulación... Esa es la clave. Así que Banesto no sería demasiado bueno financieramente hablando, pero era rico y eso cuenta y mucho. Al final, el estudio de Antonio Torrero demostraba que, con independencia de otros factores de corte menos económico, si comprábamos bien, si no se producía un recalentón artificial del título en Bolsa al detectarse nuestra presencia compradora, podríamos enfrentarnos con una inversión razonable.

Con el esquema diseñado nos pusimos manos a la obra de comprar acciones, porque debíamos presentarnos ante el Consejo de Banesto con un cierto número de títulos en nuestro bolsillo que demostrara, con la incontestabilidad de los hechos, nuestras verdaderas intenciones.

—Mira, Mario, una cosa es hablar con las gentes y desgranarles un abanico de buenas palabras, de consideraciones geniales sobre estrategia, de nuevos modelos de gestión o cosas por el estilo. Eso está bien y se recibe con agrado, siempre que la exposición no se alargue demasiado, sobre todo si es después de comer. Pero lo que cuenta, lo que atrae la atención y algo más que la atención, reside en el dinero: si aparte de palabras bonitas o técnicas o ambas inclusive, uno se gasta su dinero, invierte, compra, se arriesga, eso vale mucho más que el mejor de los discursos sobre escuelas de management importadas a España. Así que a comprar.

La lógica de Juan era implacable. Con dinero se llega. A veces con palabras también, pero no siempre. Y para esa labor era necesario tener una estrategia clara.

Salvador Salort se quedó encargado de la operación en conexión directa con Reit, S. A. Se constituyeron un sinfín de sociedades, algunas con nombres particularmente curiosos, cuya única y exclusiva misión consistía en ser compradoras en Bolsa de acciones de nuestro banco.

—¿Por qué tantas sociedades? ¿Es que no vale con una?

—Bueno, es solo una estrategia de ocultación de comprador —nos dijo Salort—. Si se percibe que es comprador único desde el banco pueden calentar el título y subir artificialmente el precio.

—¿Eso se puede hacer?

—Pues claro que sí.

La verdad es que en la Bolsa española de entonces se podía hacer casi de todo. Sería interesante un libro que contara cómo y de qué manera se hicieron grandes o pequeñas fortunas, se ganó dinero con inversiones en Bolsa muy «orientadas» de antemano.

Además de acciones necesitábamos un embajador, alguien que transmitiera a quienes verdaderamente decidían en Banesto, los miembros de su Consejo, nuestros propósitos e intenciones. No tengo la menor idea de por qué pero Juan Abelló eligió para una misión tan delicada a Juan Herrera Fernández, casado con Lolín Martínez Campos, que ocupaba en Banesto la plaza de consejero que correspondía a su suegro. Juan Herrera se ofreció gustoso y solícito para el oficio de embajador de nuestras pretensiones. Yo, como digo, carecía de la menor idea de si la elección la llevó a cabo Abelló adecuadamente, pero Juan Herrera se presentaba con una ingente seguridad en sí mismo, transmitiendo constantemente una implacable sensación de dominio de los pasillos, despachos y demás recovecos del banco en los que se alojaba el poder real, un hombre dotado de una capacidad de sugestión tal que me pareció la persona adecuada en el momento justo.

Nuestros contactos con Juan Herrera se multiplicaban en la bombonera —así la llamaban los críticos con Juan—, que se construyó en el despacho de Petromed, en el edificio colindante con La Unión y el Fénix. Casi a diario nos relataba, con la parsimonia de quien desea transmitir que su relato reviste importancia capital para la vida de sus interlocutores, lo magníficamente bien que caminaban nuestros deseos en las alturas bancarias, cómo, gracias a él, se percibían llenos de sentido común y que, por tanto, no dudaba en absoluto del éxito de la empresa que con tanto primor le encomendamos. Nada de que extrañarse. El embajador siempre actúa así. Aunque en ocasiones te presenta las cosas con mayor dificultad de la real con el propósito elemental de valorar su gestión. Pero Juan no actuó así. Todo parecía un camino de rosas, y de esas rosas tan curiosas que no tienen espinas. Así que...

Con un esquema de trabajo tan sólido me fui a Mallorca a veranear y a preparar el *Pitágoras* para las regatas de Puerto Sherry que se celebrarían ese año a finales de agosto. Mientras ajustábamos la escota de génova, trimábamos la mayor y apurábamos el ángulo de ceñida al límite de lo que permitía el barco, sobre la mesa de cartas se encontraba el parte diario enviado por Salort indicando el número de acciones de Banesto compradas, el importe total, el precio medio y el porcentaje alcanzado hasta ese día.

Me sentía tranquilo porque las manifestaciones de Juan Herrera lo permitían. En aquellos días ignorábamos lo que verdaderamente ocurría en el interior del banco, que, según me contó César Mora, carecía de ese tono idílico que relataba Juan.

Mis planes interiores caminaban a la perfección: si todo salía bien, pronto estaríamos en el Consejo del banco y podría, alcanzado el sueño de Juan, dedicarme a mi verdadera aspiración de aquellos días: atravesar el Atlántico, llegar a Panamá, cruzar su canal y encarar el Pacífico con destino a las islas Marquesas.

Concluido el verano de 1987, retomamos el asunto Banesto. Juan Herrera daba la impresión de flaquear en su misión. Parecía que su eficiencia se reducía cada día. César Mora me relató años después que aquel verano, siguiendo la costumbre de la casa, los consejeros se reunieron en Noja, lugar de veraneo de Pablo Garnica, el presidente, y comentaron entre ellos las incidencias de la actuación de Abelló y Conde. Tomando en consideración la situación del banco, con la presión endemoniada de Mariano Rubio y el papel de Letona, llegaron a la conclusión de que tal vez podríamos resultar útiles al banco, así que la solución consistía en dialogar con nosotros una vez llegado septiembre. De esta manera comenzaron los contactos directos con el presidente del banco, eliminando a Juan Herrera, lo que ya se imagina fácilmente que no le gustó demasiado. Pero como hay que ser realistas, si los que mandaban decían que era con ellos y no con Herrera con quien teníamos que hablar, pues por lo del patrón y el marinero nos pusimos al habla.

¿Cómo se estructuraba en personas el campo de batalla, por llamarlo de algún modo? ¿Quiénes eran los hombres claves de ese territorio sagrado en el que Juan, sobre todo Juan, y derivadamente yo, queríamos ser admitidos? Pues, como digo, eran dos familias las que, al menos desde fuera, parecían claves.

Pablo Garnica padre estaba de nuestro lado. Era hijo de Pablo Garnica Echevarría —que debió de ser un gran hombre— y había heredado de su padre la posición en el banco. Los Garnica no eran accionistas significativos de Banesto, ni siquiera reuniendo las acciones de todos los miembros de la familia, pero el padre, el verdadero don Pablo, tenía una enorme influencia en Banesto. Su hijo, Pablo Garnica Mansi, el «don Pablo» de mi llegada al banco, era un hombre terriblemente tosco en el trato, poco amante de la cultura, anclado en ideas políticas y vitales tremendamente romas, pero que dominaba el aparato de poder de la casa. Argüelles padre era un hombre exquisito en el trato, educado, pulcro, siempre bien vestido, con un punto, a veces, de extravagancia, embajador de España, presidente de La Unión y el Fénix, puesto que ejercía solo nominalmente, y muy aficionado a las mujeres, según se comentaba por Madrid en tono claramente elogioso. En la última planta del edificio negro, que siempre me fascinó, en el que tenía su sede central la aseguradora vinculada a Banesto, existían dos dormitorios permanentemente a punto. La explicación oficial consistía en que, dado que los socios franceses acudían a Madrid con ocasión de la celebración de los consejos, resultaba más cómodo que se alojaran en el Fénix que en un hotel de la capital, lo cual, sinceramente, me parecía una justificación más que pintoresca. Por cierto, coincidí un tiempo con consejeros de nacionalidad francesa y ninguno de ellos pensó siquiera en utilizar las estancias de don Jaime.

Estas eran las dos familias que en aquellos momentos se disputaban el dominio ejecutivo en el banco. Cada una de ellas tenía su príncipe: los Garnica, a Pablo Garnica, yo creo que buena persona, no excesivamente brillante, simple de planteamientos, amigo de Juan Abelló, quien creía que su posición en el banco era algo que formaba parte de la herencia de su padre, algo así como un mueble, un cuadro o una finca. Jacobo Argüelles, el otro príncipe, bajito, rubio, decían que era mucho más listo que Pablo y buscaba siempre los favores del Banco de España, con lo que había conseguido granjearse la fama de ser un buen técnico, lo cual nunca pude comprobar. Los Argüelles habían pasado una temporada «en baja», en cuanto a su influencia se refiere. Sin embargo, con la llegada de López de Letona su cotización ascendió muchos enteros.

El resto de las familias eran fundamentalmente fieles a don Pablo, aunque con algunos matices, sobre todo por parte de Pedro Masaveu y Juan Herrera. Quizá el punto común de ambos residía en que eran fieles, pero sobre todo cada uno de ellos a sí mismo. El primero era un hombre ciertamente atípico. Alto, grande, gordo, casi pelirrojo, de origen asturiano pero con mezcla de sangre irlandesa, que a veces reía como un niño, permanecía casi siempre en paradero desconocido. Dueño de una gran fortuna, vivía a mitad de camino entre sus residencias de Asturias y Marbella. Su vida estaba marcada por una enfermedad muy grave que le produjo la muerte poco después de abandonar el Consejo de Banesto, cuando todavía yo era presidente.

El más singular de todos era, sin duda, Juan Herrera. Inteligente, hábil, buen negociador, flexible de planteamientos. Un día, en su casa de Madrid, vi una foto suya de cuando era joven. Me dio la sensación de ser un hombre guapo y, como podía ser simpático cuando quería, estos atributos físicos debieron de pesar mucho en su mujer, Lolín Martínez Campos, para casarse con él.

Pues bien, tanto Argüelles como Herrera se situaban sin duda en baja, en lo que a poder e influencia en el banco se refiere, antes de la llegada de López de Letona. Este era un hombre alto, con el pelo alisado a base de fijador, de ese antiguo de color verde que se vendía en latas de cristal, de voz muy fina, excesivamente fina, de gestos educados, que, a la mínima, se transformaban en histéricos, primo o pariente de Mariano Rubio, el gobernador en aquellos momentos, que había sido ministro de Industria y también gobernador, después presidente del Banco de Madrid y, como expliqué más atrás, cuando Banesto sufrió los problemas terribles de una de sus filiales, la Banca Garriga Nogués, que operaba fundamentalmente en Cataluña bajo la dirección de Javier de la Rosa, Mariano Rubio lo impuso como vicepresidente ejecutivo de Banesto, con todos los poderes y con un propósito inequívoco: llegar a presidente de Banesto el 16 de diciembre de 1987. Las «familias» no tuvieron más remedio que aceptarlo, pero desde el mismo momento de su llegada, Pablo Garnica se fijó como objetivo único boicotearle. Por el contrario, los Argüelles le apoyaban, porque Letona quería nombrar consejero delegado a Jacobo en cuanto fuera presidente.

En esta situación, el primer paso era tratar de convencer a los miembros del Consejo de Administración de Banesto de que aceptaran nuestra entrada.

—¿Y por qué tendríamos que hablar con los miembros del Consejo? —pregunté a Juan Abelló.

—Pues es evidente: porque en el Consejo reside el poder del banco. Si ellos deciden nombrarnos consejeros, seríamos consejeros.

La lógica de Juan volvía a ser implacable. Si teníamos acciones, mejor que mejor, porque serviría para justificar la decisión, pero en la banca española, no solo en Banesto, ni siquiera fundamentalmente en Banesto, existían muchos consejeros que tenían muy pocas, pero que muy pocas acciones. Y lo cierto es que los Consejos bancarios retribuían bien, muy bien. En el terreno económico era mucho más rentable ser consejero de un gran banco que abogado del Estado o ingeniero de Caminos, por citar dos de las profesiones más difíciles. Claro que para eso, para ser consejero de banco, no se convocan oposiciones ni se cursan estudios en ninguna Universidad. Las cosas circulan por otros derroteros. Si tienes contactos y te nombran, pues bien. Si no los tienes, mejor dedicarte a otra cosa.

Teóricamente al menos, las familias se enfrentaban a un dilema: por un lado, nosotros podíamos ser la tabla de salvación frente a Letona, que es lo mismo que garantizar su subsistencia, puesto que el primo del gobernador, como me reconoció en privado, tenía el propósito, una vez que hubiera accedido a la presidencia de Banesto, de provocar una profunda remodelación del Consejo, lo que es equivalente a cesar a todos o algunos miembros de las familias y sustituirlos por personas del entorno del Banco de España. No podía ser de otra manera: si digo que el poder lo tiene el Consejo, es obvio que el presidente nombrado con fórceps tiene que fabricarse un Consejo a su medida si quiere subsistir. Lo tenían claro como el agua. Los que iban a ser cesados y los encargados del cese.

Pero, por otro, nuestra entrada representaba una profunda alteración del esquema de poder tradicional, puesto que éramos accionistas significativos que invertíamos nuestro dinero y, en consecuencia, el modo de organizarse el poder en el banco sufriría una transformación cualitativa. Es claro que no éramos dueños del banco. Pero el Consejo tampoco. Y si teníamos muchas más acciones que todo el Consejo y una personalidad fuerte en el seno de la sociedad española, al menos en la rama económica, la entrada de dos sujetos así no cabe duda que implicaba un movimiento sísmico nada despreciable. Pero, claro, la situación, sin embargo, no permitía excesivas vacilaciones. Nos encontrábamos en septiembre y si alguien no lo remediaba, en el mes de diciembre se cumpliría el diseño y Letona sería presidente de Banesto. El tiempo apremiaba, al igual que sucedió con Montedison, en donde la necesidad de comprar antes de fin de año se convirtió en un requerimiento vital para Schimberni. Ahora, en este momento de mi vida, de las vidas de Juan y mía, de nuevo el tiempo volvía a convertirse en aliado. Ya llegaría el momento en que actuara como enemigo, suponía, porque nada sucede para siempre, y el aliado de hoy es enemigo de mañana. Pero de momento hoy es hoy y lo de mañana lo dejamos para un rato más tarde. Por eso Juan y yo teníamos absolutamente claro que había llegado la hora de sentarse cara a cara con las familias y decidir, de una vez por todas, la operación en un sentido u otro, aunque para Juan no cabía más que uno.

Como Abelló conocía a todos, o casi todos los consejeros, organizamos un almuerzo en su casa con aquellos que considerábamos más próximos a nuestra causa, o que, al menos, podrían entender nuestros planteamientos.

La nueva casa de Juan en Serrano transpiraba riqueza ostensible por todos sus poros. Los picasso, modigliani, juan gris, braque y muchos otros componentes de una magnífica colección de arte transmitían con fulgor la fuerza del poder del dinero. Juan invertía ingentes cantidades de dinero en obras de arte. Le gustaba hacerlo y no solo porque estaba convencido de que el tiempo revaloriza lo bueno, sino porque, además, eso de exhibir en tu casa cuadros y piezas de muchos millones de pesetas o euros es gratificante, estimula tu ego, justifica tus esfuerzos, evidencia tu poderío. Los invitados se quedan atenazados ante el poder económico que destilan. Es de mal gusto, creo, poner en el plato de cada comensal invitado a la cena una copia autenticada de la cuenta corriente, o de la declaración de patrimonio, o de las escrituras que acreditan el tamaño de las fincas. Y si no puedes enseñar el dinero la cosa reduce su atractivo en muchos enteros. Y de ahí lo de las obras de arte. Cuelgas en la pared un picasso, un juan gris, un modigliani o algo de nivel parecido y la gente ya sabe que tienes un montón de dinero. No puede precisar cuánto, pero da igual porque eso significa mucho, pero mucho dinero de verdad. Por eso se quedan impactados. Sobre todo los políticos. Cuentan que cuando Juan Abelló llevó a Aznar a su casa por vez primera, el hombre político se rindió a los encantos cuantitativos del hombre económico, o, lo que es lo mismo, que Aznar se quedó mudo ante el despliegue de poderío financiero de Juan. A partir de ese instante, y no sé si solo por los efectos de ese instante, se hicieron amigos. Está claro que si quieres andar con tiento, eso del dinero tienes que tomártelo en serio.

Ahora, llegado el turno de la reunión con los consejeros de Banesto, a ellos les impactarían mucho menos que a Aznar las obras de arte de Juan, aunque solo fuera porque en su mayoría pertenecían a familias más viejas que la de Abelló y en sus casas tendrían obras de factura importante. Quizá no como las de Juan, pero tal vez más clásicas, menos modernas, pero no por ello necesariamente menos valiosas. Eran familias ricas las que visitaban el comedor de Juan y eso tiene importancia para calibrar el efecto impacto de la exhibición de poder financiero mediante la exposición de obras de arte.

Llegaron los consejeros. Nos saludamos de modo convencional, sin alharacas, muy medidos los apretones de mano, las sonrisas en su nivel freático adecuado, los movimientos acompasados, en fin, todo muy convencional, *comme il faut* que dicen los franceses. El almuerzo se desarrolló en el nuevo comedor de Juan. El clima, como digo, confeccionado con educación en las formas, se percibía un punto tenso en el fondo, dominado el aire que respirábamos por una expectativa mutua. Lo de los cuadros y obras de arte les importaba en ese momento lo justo, y lo justo aquí quiere decir más bien poco tirando a casi nada. Juan cumplió a la perfección su papel de introductor de embajadores. Conocía a todo el mundo. Y, lo más importante, todo el mundo le conocía a él. Su personalidad no revestía lugares de sombras para el resto de los comensales. El desconocido era yo, lo que me obligaba a ser el encargado de explicar nuestros planes. Cualquier cosa que hubiera dicho Juan habría sido colocada dentro del concepto ya formado de él. Por tanto, la novedad residía en la mentalidad de aquel joven abogado del Estado que, según se decía, ganó e hizo ganar mucho dinero a Juan Abelló. Me tocaba a mí, así que me puse manos a la obra. Tenía que hablar, que exponer delante de personas a las que no conocía, y les tenía que decir delicadamente que su situación no era muy buena y que si querían podíamos encontrar soluciones juntos, pero, claro, eso tenía un coste, y ese coste residía en que Juan y yo entraríamos en el Consejo desde la calle con una cierta posición de preeminencia. Y esto lo tenía que explicar un chico de treinta y ocho años que venía desde unos sitios rarísimos de Galicia, aunque imagino que en aquellos momentos a los consejeros les importaba un comino si yo era de Galicia, Cuenca, Salamanca o Salvatierra do Miño. Pero como tenía que hablar, llegado el momento, sin demostrar especiales muestras de dramatismo, tomé la palabra:

—Yo no os conozco pero quiero deciros cuáles son nuestras intenciones. Queremos llegar al banco y mantener lo que son sus esencias, si bien es verdad que tendremos que introducir los cambios de gestión que sean necesarios para ganar más dinero y poner el banco en vanguardia. No conocemos a López de Letona ni tenemos con él ningún tipo de compromisos. Ahora bien, nuestra presencia, sin duda, servirá para frenar al Banco de España en su intento de apropiarse de Banesto.

Un discurso convencional, sin gran énfasis, exento de cualquier emoción respecto al hecho de llegar a ser miembros del Consejo de tan prestigiosa casa, muy aséptico en las ideas, frío en contenido y exposición, típico de un recién llegado inteligente y algo poseído por el éxito de su vida. Los consejeros de Banesto lo soportaron sin el menor entusiasmo. En el fondo no estaban allí para entusiasmarse con nadie, sino para decidir qué hacer con el banco y con sus vidas. Conocían a Juan y tenían muy claro lo que podían esperar de él. Las palabras de aquel muchacho no pasaban de ser una mera convención.

El ataque de Mariano Rubio iba en serio. Pero tampoco deseaban precipitarse. Banesto había capeado temporales muy duros y, al final, había conseguido continuar navegando con la misma sangre en las venas de los miembros de la tripulación de altura. Claro que en ese año de 1987 la situación tenía tintes especialmente dramáticos. Desde sus orígenes nunca un extraño había alcanzado la presidencia de Banesto. En diciembre de ese año, si alguien no lo remediaba, López de Letona lo conseguiría. ¿Tendría poder suficiente para echarles a ellos? No a todos. Pactaría con algunos. Argüelles y Herrera colaborarían con entusiasmo. El poder del Banco de España era excesivo. Tal vez encontraran mecanismo de subsistir, pero el panorama inmediato se teñía de negro oscuro. Quedaban pocos meses hasta el 16 de diciembre de ese año, fecha en la que conforme a lo decidido por Mariano se produciría la sustitución de Pablo. El riesgo de Juan y su amigo el abogado del Estado no era desdeñable, desde luego, pero la situación ofrecía pocas opciones.

La reacción a mis palabras fueron sonrisas formales, gestos de asentimiento sin el menor entusiasmo, algunas descalificaciones educadas de los «traidores», sobre todo de Juan Herrera, ausente desde luego de aquella mesa, críticas al Banco de España en general y a Mariano Rubio en particular, cierto desprecio cariñoso para con la débil personalidad de José María López de Letona. Poco, muy poco más. Parecía que no se trataba de decidir entre dos bienes, sino, como tantas veces sucede en nuestras vidas, el dilema era la búsqueda del mal menor.

César Mora, el de menor edad de todos los asistentes, consejero relativamente reciente por el fallecimiento de su padre, una de las personas claves en la historia del Banesto, tomó la palabra para explicar, con el tono que suele adoptar cuando es consciente de que una situación es auténticamente importante, su posición sobre el asunto que presidía el almuerzo en el comedor de la nueva casa de Juan Abelló.

—A nosotros lo que realmente nos importa es el banco. Nuestras familias han estado siempre en esta casa y queremos cumplir con nuestro deber. No se trata solo de López de Letona ni del Banco de España, sino de mantener libre a Banesto. Si venís a ayudarnos en este punto, estamos de acuerdo con vuestra entrada. Si pretendéis otra cosa, mi posición será contraria.

—Por supuesto, César, eso es exactamente lo que pretendemos —contesté.

En el fondo de mis palabras existía algo de cinismo. ¿Qué podéis hacer distinto a darnos vuestro apoyo?, era la pregunta cuya respuesta tenía absolutamente clara en mi interior, pero que no necesitaba explicitar. Hubiera sido un gesto innecesario de mal gusto. Entonces no entendí que el discurso de César carecía de cualquier convencionalidad. Sentía, siempre sintió, el concepto Banesto, la idea de la responsabilidad, la dimensión familiar y humana que implicaba para todos ellos, herederos de una tradición positiva que debían conservar.

Con las familias de nuestro lado, la batalla con el Banco de España no tendría que ser excesivamente difícil. Se trataba de que nos nombraran consejeros y, dada nuestra inversión en acciones, que nos distinguieran con dos puestos de vicepresidentes. Toda una revolución en la casa, desde luego, pero de eso se trataba, de revolucionar el banco, en una u otra dirección: o en la de siempre, con las nuevas incorporaciones, o en la de Mariano Rubio. El objetivo: controlar aquella casa, dominarla, utilizar sus tremendas potencias. Era una atalaya clave en la estructura del poder financiero y social de España. Viejo, obsoleto, caduco, antiguo..., todo lo que se quiera. Pero Banesto era Banesto. Tanto que la lucha por él sería despiadada. Juan estaba a punto de acariciar su sueño: volver a casa siendo vicepresidente de Banesto. O, lo que era más importante, volver a casa siendo Juan Abelló y no el yerno de Gamazo.

Apenas concluida la amistosa despedida de los asistentes al almuerzo y sin darme prácticamente tiempo a comentar con Juan las incidencias del encuentro, Gamazo se acercó a mí, me cogió del brazo y utilizando ese tono que algunas mujeres creen que es el adecuado en las conspiraciones de salón, casi susurrándome palabras al oído, me dijo:

—No te fíes de mi primito.

Me habló alargando deliberadamente las sílabas finales de la última palabra, como queriendo introducir cierto barniz corrosivo.

—Y ¿quién es tu primito? —pregunté con alguna sorpresa en el tono de mi voz.

—César Mora.

—¿Por qué no debo fiarme de él?

—Porque le conozco y toda su vida ha sido un intrigante. Heredó de su papá el puesto en el Consejo y se cree que es el fin del mundo. Yo creo que es muy listo, pero no te fíes de él.

—Pues la verdad, Ana, es que la sensación que me ha dado es totalmente distinta, pero tomo en cuenta tu consejo y ya veremos.

Libre ya de las ataduras políticas de intriga familiar de Ana, me reuní con Juan y comentamos el almuerzo.

—¿Qué opinas?

—Bien, les conozco y ha funcionado. Creo que lo tienen claro.

—Por cierto, ¿qué pasa con César Mora? ¿Por qué me previene Ana contra él?

Juan dudó. La respuesta podía ser comprometida. Nunca se sabe por dónde van los tiros, y creo que acertó porque con el tiempo César y yo, que ese día no nos conocíamos, hemos llegado a mantener una auténtica y firme amistad.

—Nada especial, no le des demasiada importancia...

Se acercaba la hora. El clima de intrigas palaciegas comenzaba a aburrirme un poco. Mi proverbial impaciencia comenzaba a alborotarse en mi interior. Aquella noche, meditando en la cama los acontecimientos del día, me percaté de que algunas personas jamás renuncian a intrigar. Era algo así como la verdadera sal de su vida.

Pero lo importante, lo que cuenta, lo que podía servirnos en nuestros designios, sobre todo en los de Juan, era que pisábamos terreno firme. Banesto se encontraba al alcance de nuestras manos. Con el poder del dinero y la colaboración de los consejeros, nadie podría impedirnos llegar a consumar nuestra estrategia. Seguro que sentaría mal en los círculos próximos a Mariano Rubio, pero ese no era nuestro problema. Al menos eso era lo que pensaba con mi profundo desconocimiento de los reales circuitos del poder de la sociedad española. Nuestro objetivo no era cesar a López de Letona. Ni siquiera convertirnos en dique de contención de las ansias de dominio del aparato político que dirigían Mariano y Solchaga. Mi idea entonces carecía de semejante épica. Entendía que los socialistas quisieran dominar el mundo financiero. Ellos tendrían que entender que nosotros quisiéramos consolidarnos en Banesto. Si otros bancos se habían dejado o podían ser controlados en el futuro, pues peor o mejor para ellos, dependiendo de a quién te refieras, porque nunca nieva a gusto de todos. Pero nosotros, al menos yo, no teníamos un programa político al querer ascender a Banesto. Claro que si lo conseguíamos, si los dos, Juan y yo, alcanzábamos nuestros objetivos, habríamos frustrado sus designios. Eso podría ser peligroso, pero era su asunto.

Error. Pronto me daría cuenta de que sus asuntos son asuntos nuestros.

Una vez que sabíamos que quedaban escasos peldaños para llegar al final de la escalera, decidimos visitar al gobernador para «explicarle» nuestros planes. En el fondo era una puesta en conocimiento de que estábamos frustrando su diseño, que, nuevamente, el gran portaaviones Banesto se escurría como el agua entre las manos, precisamente en el instante en el que ya acariciaban su posesión.

Precisamente por ello, porque al margen de nuestros deseos y aspiraciones éramos perfectamente conscientes de todo ese cúmulo de sentimientos que vivían en los ostentadores del poder económico, nos sentíamos especialmente satisfechos aquella mañana en la que penetramos en el inmenso despacho del gobernador del Banco de España, el lugar en el que tantas y tantas decisiones capitales en la vida político-económica de nuestro país fueron ejecutadas, desde donde se introdujeron cambios decisivos en la composición del poder social y económico español, en fin, uno de los lugares capitales del Sistema político que dominaba España.

La verdad es que yo no era ni mucho menos consciente de hasta dónde podía llegar la capacidad real de Mariano Rubio, ni mucho menos la naturaleza e intensidad de los vínculos que le unían con el resto de los miembros de lo que vino en llamarse la *beautiful people*. No le conocía. Ni siquiera sabía bien por qué tenía que ir a rendir esa especie de tributo de informar al gobernador de que queríamos entrar en Banesto. Al fin y al cabo, un banco es una sociedad anónima y vivíamos, teóricamente cuando menos, en un libre mercado, aunque pronto aprendería que entre la palabra y la cosa, como dice Krishnamurti, existe una diferencia esencial. Pero aun así, en aquellos días, no quería acudir a ese despacho, al de aquel hombre que para mí tenía escaso atractivo intelectual, y una limitada capacidad de expresión oral. La verdad es que en sus movimientos exteriores, en su lenguaje corporal visto desde fuera, no me parecía adivinar las características propias del ostentador de tan potente poder. Y eso que, como digo, en tales instantes no tenía idea de hasta dónde podían llegar sus tentáculos, su capacidad de influencia.

Al final cedí a la visita al caserón de Cibeles, sede del Banco de España. Quizá pesó en mí para acabar aceptando eso de que visitar a gente importante te hace sentirte importante. Seguramente sí. La prueba es que lo estoy contando. En una sociedad que se alimenta de externalidades, como dicen los economistas, vivir unos momentos en lo meramente epidérmico alimenta el ego de la personalidad. Y eso de que a mis treinta y ocho años fuera lo suficientemente importante como para que el señor gobernador, ni más ni menos que el señor gobernador del Banco de España tuviera que recibirme, pues me sentaba bien.

La expresión de los ojos de Mariano Rubio cuando penetramos en su despacho era todo un poema. Ante todo transmitía desprecio, un profundo y visceral desprecio por aquellos dos imbéciles llamados Conde y Abelló, un frívolo social y un abogado del Estado que se creía el no va más. En el fondo dos tipos cuyo gran mérito consistía en haber ganado dinero vendiendo una empresa farmacéutica a los italianos. Con más dinero, méritos e historia que ellos existían muchas personas en España que, desde luego, ni siquiera soñaban con ser recibidas en el despacho del Banco de España. Admito que cuando pecibí esos sentimientos en el brillo de aquella mirada, me dije a mí mismo: «Mario, estás convirtiéndote en alguien importante. Mira cómo te desprecia ese señor...».

Nos invitó a pasar y se sentó en el sillón en el que tuve que contemplarle algunas veces a lo largo de mi vida, aunque en aquellos momentos ni siquiera podía imaginarlo. Además de desprecio, en el momento de ofrecernos un par de cafés, Mariano transmitía ira. Una ira incontenible nacida del insólito atrevimiento de ese par de idiotas ricos que venían a estropear una operación tan bien pensada, meditada, ejecutada y a punto de ser culminada. Ese par de imbéciles se cruzaban con su maldito dinero en un asunto de Estado: el control de Banesto. Claro que inmediatamente terminaría con su sueño. En cuanto él, el gobernador del Banco de España, les transmitiera que se estuvieran quietecitos, que no dieran el coñazo, que se abstuvieran de seguir metiendo sus narices en el asunto Banesto hasta que, como mínimo, él les diera su visto bueno, seguro que se vendrían abajo, que le obedecerían, conscientes, como deberían serlo, de quién era la persona con la que estaban hablando, cuya generosidad permitió que pisaran las alfombras de su despacho.

Juan, el mayor de los dos, el más ducho en este tipo de faenas de textura político-social, fue el encargado de tomar la palabra:

—Gobernador, ante todo muchas gracias por recibirnos. Para nosotros es un motivo de especial satisfacción encontrarnos aquí, en tu despacho oficial, y poder conversar unos minutos contigo.

Buen introito. Educado y ajustado a la textura vanidosa del poder, pensé para mis adentros sin transmitir al exterior ni el más leve de los gestos. Juan continuó.

—Te queremos informar de que es nuestro deseo comprar acciones de Banesto y entrar en el Consejo. No tenemos ninguna intención especial de ejercer funciones estrictamente bancarias, pero lógicamente pediremos una posición acorde con nuestras acciones.

Mariano percibió la suavidad del tono y del contenido. Se dejó caer sobre el respaldo de su sillón para ganar distancia sobre nosotros y de esa manera transmitir mayor autoridad a sus palabras. Con movimientos deliberadamente lentos encendió un pitillo rubio, aspiró con fuerza y dejó que el humo saliera de su boca con estudiada parsimonia, mientras en sus ojos podía adivinarse una brizna de satisfacción. Todo él se transformó en pura posesión de sí mismo.

—Quiero deciros a los dos que no hagáis nada en estos momentos. Lo que procede es esperar a que Letona sea el presidente. Después ya hablaremos. Estamos ante un asunto de gran importancia para el sistema financiero español y el sistema de pagos. Banesto es una entidad importante. Comprendo vuestros deseos, pero mis responsabilidades como gobernador me exigen deciros lo que os he transmitido: esperad. Ya os daré mi visto bueno en su momento.

Volvió a aspirar con ímpetu el cigarrillo mientras todo su cuerpo reflejaba la sensación de quien ha pronunciado un discurso magistral ante los alumnos de tercer curso de cualquier carrera universitaria. Se inclinó sobre el respaldo con parsimonia, esperando escuchar complacido nuestra sumisión a las órdenes que nos había indicado en sus palabras.

—Pues sinceramente lo sentimos, gobernador. Sinceramente, no vemos ninguna razón para ello. Primero, porque ya hemos comprado acciones. Segundo, porque nosotros no tenemos nada en contra de López de Letona. Sentimos contradecirte, pero estamos seguros de que nos comprendes.

El odio que expulsaban al exterior los ojos de Mariano cuando escuchó mis palabras solo podría describirlo quien manejara adecuadamente el concepto de infinito. Ese idiota de Mario Conde se atrevía no solo a hablar, sino, además, a contradecir al gobernador. Además, Abelló, que es menos ignorante que este imbécil, debería saber que no es de recibo que me contradigan en mi propio despacho en un asunto de Estado. ¡Hasta dónde pretenden que lleve mi paciencia! ¡Hasta dónde creen que voy a aguantar antes de echarles del despacho! ¿Es que este par de gilipollas no son conscientes de quién les está transmitiendo lo que deben hacer? ¿Es que no se dan cuenta de que en España no existe otro poder real en el sistema financiero que el que encarna quien se dirige a ellos?

—Insisto en que no me parece bien —replicó Mariano.

Empleó un tono deliberadamente cáustico. Elevó la intensidad sonora para incrementar autoridad. Pronunció una única frase y, además, corta, para que fuéramos conscientes de que se trataba de una orden, no de una sugerencia. Miró a Juan a los ojos. Ignoró mi presencia. Tensó el cuerpo irguiéndolo ligeramente. No expresó impaciencia en la mirada, sino seguridad en que esta vez la respuesta que obtendría sería la adecuada. El ambiente se espesó hasta lo indecible. El profundo silencio invadía el gigantesco despacho. Nuestros cuerpos inmovilizados percibían a flor de piel la tensión de aquellos instantes en los que la máquina de escribir de la secretaria de Mariano repiqueteaba a lo lejos, aunque su teclado parecía situado en el interior de nuestro aparato auditivo. Los ojos de Juan comenzaban a ponerse vidriosos. Los míos también. Noté la sequedad en la boca.

Ensayé en mi interior los sonidos, las palabras. Me costaba arrancar, hasta que casi me sorprendo cuando alcancé a escuchar el sonido de mi propia voz.

—No tenemos ningún interés ni propósito en contradecirte, gobernador. No es nuestro deseo ni molestarte, ni llevarte la contraria, ni poner en cuestión la solidez de cuanto nos explicas. Pero confiamos en que entiendas que si el banco quiere, si lo desea, nosotros vamos a seguir comprando acciones. Hemos ganado nuestro dinero legítimamente. Deseamos invertir en Banesto. No tenemos intención de ofender a nadie y menos al gobernador, pero no encontramos ninguna razón para no comprar, para renunciar a una trayectoria personal y profesional absolutamente legítima. López de Letona no es nuestro problema. Solo queremos ser accionistas y consejeros del banco.

Siempre existe una primera vez para casi todo en la vida. Desde luego, para el gobernador llegó aquel día. Nunca antes un par de imbéciles ricos se atrevían a desafiar sus órdenes. Mucho menos en su despacho. La ira, el odio, el desprecio, el insulto interior comenzaban a convertirse en armas perfectamente estériles ante aquellos insensatos. Resultaba obvio que su ignorancia les proporcionaba un atrevimiento sin límites. Eran un par de suicidas. Dos inconscientes. No podía, sin embargo, insistir en sus órdenes. Un tercer intento le desproveería totalmente de autoridad si sus interlocutores insistían en ignorarla. No tenía alternativa. En esos instantes solo podía tratar de averiguar hasta dónde querían llegar. Aparentar que no pelearía frontalmente contra ellos. Intentar llevarles a su terreno para rematarlos en el momento oportuno. Su posición, por tanto, tenía que ser conciliadora.

—Bueno..., vosotros veréis. Yo os he hablado claro: de vosotros depende entender bien lo que digo, pero en todo caso, ¿hasta qué porcentaje del banco queréis llegar? —preguntó cambiando sustancialmente su tono de voz.

—No lo sé, pero en principio sobre el 5 por ciento —contestó Juan.

—Sí, pero contamos con quienes estarían dispuestos a poner

dinero con nosotros en este negocio y, por tanto, podríamos llegar a controlar mucho más —apostillé.

Aquello fue excesivo. Mariano no pudo contenerse. Comenzó a agitarse nervioso, casi histérico. La tensión ascendió en flecha. Podía estallar en cualquier momento. Fue consciente de que no le convenía. Se puso de pie.

—Bien. Ya os he dicho cuál es la posición del Banco de España. Vosotros sabréis lo que hacéis. Os advierto que esta casa tiene mucho poder sobre los grandes bancos.

La conversación concluyó de esta manera tan abrupta. Mariano nos despidió con una amenaza en regla. Ni siquiera nos acompañó al ascensor. Juan y yo, escoltados por un ordenanza de la casa, recorrimos el largo pasillo en el más absoluto silencio. Dicen que existen aparatos capaces de captar a distancia la intensidad de las ondas cerebrales que componen el pensamiento humano. Nunca lo probé, pero, de existir, seguro que en ese pasillo habría conseguido una excepcional clientela, porque nuestras mentes, la de Juan y la mía, estaban en ebullición intensa. Para entendernos, la expresión «ebullición intensa» indica en ese instante una mezcla entre íntima satisfacción y acojone profundo, porque una cosa es sentirte bien contigo mismo y otra, ignorar los peligros del poder, sobre todo cuando te ha «alertado» de manera tan poco sutil. Cuando finalmente crucé la puerta de salida del caserón de Cibeles una imagen vino a mi mente: veía a Mariano Rubio hablando por teléfono. Su voz expresaba cabreo, pero al tiempo indicaba subordinación. Le explicaba a alguien que no había conseguido detenernos y le decía algo así como:

—Hay que usar otras armas, ser más expeditivos.

No hay que preocuparse demasiado. Mi imaginación siempre ha sido fértil.

El contacto con la calle de Alcalá calmó la sensación mezcla de angustia y autosatisfacción con que abandonamos el despacho del gobernador.

—¿Qué se ha creído este tío? ¿Es que son dueños del dinero que ganan los españoles? ¿Es que tienen patente de corso para decidir quién es consejero de banco y quién no? ¿Qué pasa, que son los amos de este país? —exclamé casi a voz en grito cuando los ruidos de la madrileña calle de Alcalá volvieron a nosotros.

—Ya te he explicado lo que es la *beautiful* —contestó Juan—. Esta gente lleva haciendo negocios enormes en España mucho tiempo y mandan, pero mandan de verdad, no tienen límites, y no es que se crean los amos del país, es que en verdad lo son. Mariano es el jefe de la banda y por eso no discute. Ordena.

—¿Y quién cojones son la *beautiful*?

En ese instante no sabía lo que preguntaba. Lo de menos es el nombre. Lo que cuenta es que el poder real se ejerce oligárquicamente por un grupo. En cada momento histórico su composición puede ser diferente. Pero sus características estructurales son las mismas. Estaba preguntando a Juan por el corazón del Sistema.

Letona, a pesar del intento frustrado de Mariano y siguiendo sus órdenes, trató por todos los medios de evitar nuestra entrada en el Consejo. Sus esfuerzos resultaban estériles, incluidas sus histéricas amenazas —falsas por cierto— de dimisión, tratando de provocar pánico en el resto de quienes debían decidir nuestro futuro en la casa. La suerte estaba echada. En el despacho de Pablo se celebró la reunión cumbre: Letona, Pablo, Abelló y yo. En el hall de la planta quince esperaban algunos consejeros. Duró poco tiempo: nosotros seríamos nombrados vicepresidentes y Letona, presidente. Anunciamos la *fumata bianca*. El *Abc* sacó una portada en la que aparecían tres fotos, una de Juan, otra de Letona y la tercera la mía, con un titular que decía: «Letona, presidente, Abelló y Conde, vicepresidentes». Pocas veces he visto una expresión de tanta satisfacción en Juan.

Ignoraba qué sucedería en el interior del Sistema, en los pasillos del poder. Supondría que rumiarían su propio fracaso, el aborto que se avecinaba de tantos años de esfuerzos persiguiendo la mejor de las presas financieras, la más codiciada por la calidad de su trofeo. Lo que no quise o supe ver fue que el Sistema no se rinde. Espera, diseña alternativas, por enloquecidas que parezcan, para implementarlas cuando los hados le resulten mínimamente propicios. Así sucedió en nuestro caso. Lo comprobamos poco después.

Concluidas las negociaciones, me fui a Saint-Tropez, a regatear con el *Pitágoras,* una vez modificada la quilla y ajustadas las nuevas velas. La regata de la magnífica bahía francesa suele ser espectacular porque es muy frecuente que el mistral se deje caer por aquellas aguas para entrenarse con vistas al invierno. Aparece racheado, intenso, violento, abrupto y poco amable con quienes nos dedicamos al deporte de la competición a vela.

Lourdes y yo nos alojamos en un hotel cercano al puerto, de esos típicos de verano que con la llegada del otoño se convierten en sitios agobiantemente desapacibles. Comenzaron las regatas y desde el primer día empezamos a ganar. Las nuevas velas, la quilla modificada y la labor de un italiano, un tal Marco, pequeño, simpático, cara de listo, pero, sobre todo, dotado de la cualidad extraordinaria de presentir por dónde iba a arrancar o hacia dónde rolaría el viento, todos estos factores nos convirtieron casi cada regata en los primeros de nuestra clase. El barco navegaba magníficamente bien, aunque lo forzábamos al máximo. Con treinta nudos de viento llevábamos izadas la mayor, el génova y el spi en un través-aleta en el que para controlar las continuas orzadas del *Pitágoras* necesitábamos la fuerza de tres personas sobre la rueda del timón. Apasionante. En cualquier momento podía venirse abajo el palo. No lo rompimos, aunque destrozamos el génova ligero, el número uno y el dos. Ganamos la regata. Llegué feliz al hotel y me tumbé en la cama unos instantes, antes de ducharme para salir a la cena de entrega de trofeos.

Sonó el teléfono. Era Fernando Garro. Se le notaba profundamente excitado. Algo grave tenía que haber ocurrido. Desde que vendimos Antibióticos, Fernando se dedicaba fundamentalmente a controlar las relaciones con la prensa del nuevo dúo Conde-Abelló, como lo bautizaron los periodistas.

—Las cosas se están complicando. Acabo de hablar con Juan Abelló y está como una hiena. Resulta que ha aparecido *El Nuevo Lunes* con tu foto en portada titulando algo así como «El largo camino de Mario Conde hacia la presidencia de Banesto».

—Y... ¿yo qué tengo que ver en todo eso? —le interrumpí, como queriendo cortar una conversación que no pasaba para mí de un puro cotilleo.

—Ya sé que nada —contestó Fernando—, pero es que Juan se ha puesto como un loco diciéndome que por qué tiene que salir en prensa que tú vas a ser presidente de Banesto y no él, que por qué se le excluye a él de esa posibilidad, y que todo eso es un montaje mío por orden tuya.

—Yo creo que alguien le está mareando demasiado —contesté—. Bueno, como no podemos hacer nada, dile que nosotros no tenemos nada que ver en ese asunto y que ya hablaremos cuando llegue a Madrid. Empiezo a estar un poco hasta los cojones de todas estas estupideces. Desde que apareció la prensa entre nosotros, las cosas se están liando de verdad.

—No son gilipolleces, Mario. El tema va en serio.

—Bueno, bueno, ya hablaremos en Madrid.

A pesar del tono con el que despedí la conversación con Fernando, me sentí preocupado. Las lesiones que produjo en Juan nuestra etapa de Antibióticos, su deseo de que los dos fuéramos consejeros de Montedison o que si eso no podía ser, entonces ninguno; ahora esta locura sobre la presidencia de Banesto, cuando él sabía a la perfección que mi idea era tan clara como largarme a navegar, que si estaba con él en este banco era debido a sus deseos y a mi conciencia de haber asumido un compromiso moral con él... En fin, la vanidad es la peor de las consejeras que imaginarse pueda. Sí, pero no solo se trataba de su problema individual de vanidad. El asunto era mucho más complejo. Mientras recorría el pantalán del puerto de Saint-Tropez con destino al restaurante que se encuentra en su extremo norte, desde cuyos ventanales se divisa la magnífica bahía, sentí un escalofrío que recorrió todo mi cuerpo. No era, desde luego, debido a la temperatura de aquella tarde.

El 27 de octubre de 1987, entramos en el Consejo de Banesto. La reunión comenzó a eso de la una del mediodía. Juan explotaba de felicidad. Se sentía unido a las familias. Pasaba a ser una de ellas. Alcanzó su meta: sentarse en el Consejo de Banesto, pero no solo como vicepresidente, sino con el aditivo sustancial de dueño de un enorme paquete de acciones. Yo, que enfoqué la aproximación a Banesto con absoluta frialdad y hasta con cierta displicencia, noté, debo reconocerlo, unos miligramos de emoción al agradecer mi nombramiento. En mi interior dibujé la escena con mucha mayor carga protocolaria que la que me mostró la realidad. Creía que un acto tan simbólico y cargado de tanta tensión acumulada se despacharía con discursos de cierto tono elevado, con intervenciones de varios miembros del Consejo, en fin, con un mínimo de boato y forma que envolvieran la sustancia de lo que sucedía aquella mañana en el viejo Banesto. Pero no. Claro que del carácter de Garnica no se podía esperar más que una tosquedad arisca.

Concluidos los agradecimientos, comenzó propiamente la sesión del Consejo y con ella apareció el profundo estupor que me provocó vivir en directo el desarrollo de la sesión del consejo de uno de los grandes bancos españoles.

No podía creerlo. Pablo Garnica, el presidente, comenzó informando a los consejeros de detalles absolutamente insólitos: obras en sucursales pequeñas pormenorizando en qué consistían las reparaciones correspondientes, apertura de algunas sucursales de provincias, cierre de otras, apoderamientos al personal del banco para que firmara operaciones de menor cuantía... No podía ser. Miré horrorizado a Juan, sentado a mi izquierda, intentando obtener alguna respuesta coherente a la pregunta que me formulaba en mi interior: ¿dónde coño nos hemos metido? ¿Esto es ese Banesto que añadía prestigio social? La expresión de infinita placidez que transmitía Juan contrastaba con mi estupor. Juan no escuchaba. Disfrutaba de su nuevo estatus. Lo demás, en esos maravillosos instantes de su vida, carecía de la menor importancia.

Pablo concluyó su informe sin proporcionar ni un solo dato acerca de la marcha de los depósitos, las inversiones crediticias, la estructura de balance, la cuenta de resultados, la previsión del año, la evolución del sector financiero, la comparación con otros grandes bancos, en fin, todo un conjunto de información que nosotros manejamos con Antonio Torrero cuando decidimos comprar acciones de Banesto. Nada de ello formaba parte del informe del presidente.

Noté que la sangre hervía en mi interior. ¡Si alguien supiera que esto es la gran banca, el sanctasanctórum de la vida económica española...! En ese instante, Pablo Garnica, después de cerrar cuidadosa y premiosamente el cuadernillo en el que había leído la jugosa información que había proporcionado al Consejo, sin mirarle ni siquiera de reojo, se dirigió a López de Letona, sentado a su izquierda y a mi derecha, y con ese tono que le caracteriza, entre seco y despectivo, pronunció en alta voz:

—¿Tú tienes algo de que hablar?

El primo del gobernador contestó con un gesto de cabeza moviéndola ligeramente hacia delante. Abrió su cuadernillo. Por fin comenzaba a informarse de algo que me interesaba. López de Letona comentó la cuenta de resultados del banco. Me calmé interiormente. Pensé que se trataba de un puro reparto de papeles entre el presidente y el consejero delegado, reparto, por otro lado, muy razonable. Supuse que a partir de ese instante la atención de los consejeros, bastante escasa en la primera parte de la sesión, aumentaría de manera notoria, puesto que lo que más les interesaría serían los beneficios del banco. López de Letona leía sin levantar la mirada, con los ojos fijos en el cuadernillo, anclados en cada una de sus páginas. Al comprobar mi atención a sus palabras, de vez en cuando alzaba los ojos para encontrarse con los míos con evidentes muestras de satisfacción. En ese instante volvió a mí el estupor. Recorrí con la mirada la mesa de Consejo. El espectáculo era dantesco. Pablo Garnica se mostraba absolutamente ajeno a las explicaciones de Letona. Argüelles perdió su mirada en un hipotético horizonte. Gabriel Garnica, el hermano de Pablo, dormitaba —al menos en apariencia—, y en los demás, en Sáinz de Vicuña, Federico Silva, Suñer, Inocencio Figaredo y alguno otro, apreciaba distancia, mucha distancia respecto del relato, como si estuviera mal visto escucharlo con atención. César Mora miraba a Letona con expresión indefinida, posiblemente atento a lo que estaría pasando por mi mente ante las visiones que contemplaba. Me costaba creer lo que estaba viendo. La voz seca de Pablo me sobresaltó:

—A ver, tú, Letona, termina, que nos tenemos que ir a comer.

Cada instante me asustaba más. Así que lo más importante del relato de la cuenta de resultados consistía en que terminara pronto, que teníamos que irnos a comer... ¡Madre de Dios!

Lo peor es que se cumplió su orden. Letona concluyó. Los consejeros se desperezaron. Todos nos movimos con dirección a Zalacaín. Allí, en un reservado se celebró el almuerzo inaugural de nuestra presencia en Banesto. La televisión se empeñó en filmarnos y lo consiguió. Las imágenes de unos viejitos comiendo con un par de advenedizos incorporados al Consejo del rancio Banesto penetraron en los hogares de los españolitos de a pie. Ninguno podíamos imaginar hasta qué punto iban a ser repetidas en los próximos días.

Tiempo después charlábamos sobre esta anécdota en Chaguazoso, en un día del verano galaico, que, sobre todo por aquellas tierras, es menos verano que los secos del sur o los húmedos mallorquines, por lo que incluso a horas altas del día puedes almorzar en un patio empedrado. César decía, al relatar aquel mi primer Consejo, que no eran así los normales. Que ese día de toma de posesión nuestra, Pablo Garnica extremó su celo anti-Letona y por eso tuvo ese desarrollo tan extraño. Yo viví tres Consejos: ese, mi primer día; el siguiente fue en noviembre y nada se puede decir porque estábamos en pleno tumulto de la opa del Bilbao, y el tercero, fue el de mi designación, mejor ratificación, como presidente. Y ya ese tercer Consejo abordó una renovación profunda de los consejeros. Así que esa es mi experiencia, pero no hay ninguna razón para no creer lo que dice César.

8

Ayer, 21 de junio de 2010, en pleno inicio del solsticio de verano, me dieron una buena noticia. Algunos andamos bastante revueltos con lo que sucede por nuestra sociedad española, en la que nada parece situarse en su natural acomodo, en su lugar adecuado. Todo proporciona la sensación de encontrarse desencajado, como piedras a medio tallar y a medio ajustar, incapaces en su desmesura, en su dislocación, de construir una imagen armónica del edificio al que pretenden servir. Quizá aguante carros y algunas carretas, pero estoy convencido de que la desarmonía se traduce a la larga en debilidad.

Precisamente por ese sentimiento que parece embargarnos, algunos hemos decidido pasar de la literatura a la acción. Nada parece querer funcionar bien. Una sociedad asolada, acostumbrada al adormecimiento, en el mejor de los casos. Casualmente hoy, 22 de junio, un diario nacional publica una entrevista con Craig Venter. Según la información que encabeza, este científico ha sido capaz de construir «la primera célula sintética, una bacteria con un genoma sintetizado en el tubo de ensayo de la primera a la última letra». Confieso humildemente que no sé muy bien en qué consiste eso que describen con tales palabras técnicas, pero me suena importante. Me proporciona cierta, ¿cómo decirlo?, inseguridad, tal vez. Afirmar que la vida ya no sigue patrones autónomos es algo que no puede dejar indiferente a cualquiera.

Curiosamente, el hombre anda navegando por el mare nóstrum y asegura que espera encontrar formas de vida adaptadas a la contaminación en el Mediterráneo, y puntualiza algo más profundo de lo que parece: «Algunos organismos mueren por la contaminación y otros se adaptan a ella». Evidentemente, está hablando de microorganismos. La cuestión es: ¿resulta aplicable a los humanos? ¿Nos adaptamos a vivir en la contaminación? No tengo duda.

Vivimos momentos de actualidad política corrosiva en este año. La corrupción asola. Ahora le toca el turno fundamentalmente al PP. Y lo que debería suceder no parece que ocurra: las gentes siguen dispuestas a votar a aquellos a los que consideran corruptos. Unos les exoneran por el procedimiento de negar lo evidente. Otros, los más, apelan a «ellos hacen lo mismo». Otros aseguran que su posición, su voto caiga lo que caiga, deriva del «tú más», referida, claro, al alternativo, al otro, al que gana si el otro pierde.

¿Solo eso? No lo creo. Hay más. En el fondo una prostitución de los esquemas de valores. En el fondo, a pesar de la protesta epidérmica, no existe un rechazo tan profundo como debiera. Es posible que algunos piensen en sus fondos: «Yo habría hecho lo mismo». Alguien me explicó que la inmensa mayoría de las personas honestas son tales porque no han tenido una posibilidad suficientemente atractiva para dejar de serlo. Es un concepto circunstancial y cuantitativo de la honestidad, pero no sé si se trata de un error en su totalidad. Al menos, si se instala el mero relativismo, si el valor primario es lo conveniente, ¿acaso ese sendero no conduce a conclusiones parecidas?

Creo que nos hemos acostumbrado a vivir en la contaminación, como los organismos del Mediterráneo. Además, el autor de la entrevista aclara que «el Mediterráneo se distingue del resto de los mares en que ha sido explotado por la humanidad durante mucho más tiempo, y también en que sus aguas tardan mucho más en renovarse, por no ser un mar enteramente abierto». Eso creo. Nuestra sociedad contaminada no es enteramente abierta. Más bien todo lo contrario. Quienes fomentan la contaminación se envuelven en un caparazón confeccionado con endogamia.

Ese es el estado de cosas, de nuestras cosas, una sociedad inerte acostumbrada, de grado o de fuerza, a vivir en la contaminación.

Bueno, pues la buena noticia consistía en que tenía el proyecto de crear una Fundación, a la que dimos el nombre de Fundación Civil. Eso de dar el nombre suena demasiado: la bautizamos de esa manera, pero necesitábamos la aprobación de los organismos competentes, como suele decirse, y casualmente un correo me trajo la nueva de que a nadie se le había ocurrido semejante denominación. Pues bien. Un paso. Solo uno. Con el objetivo de defender a la sociedad civil. ¡Ahí es nada! Dicen los sufís que un hombre dormido no puede despertar a un hombre dormido. Parece una perogrullada, pero es uno de los métodos de enseñanza preferidos de los iniciados en el sufismo. ¿Despertar a nuestra sociedad? Un sueño, poco más. Ya lo intenté con mi discurso en junio de 1993. Lo llamé precisamente «Sociedad civil y poder político». Ese discurso fue el principio del fin de mi estancia en Banesto y uno de los grandes pasaportes para penetrar en la ciudadela de Alcalá-Meco. O al menos eso creo viendo las cosas con la distancia del tiempo y la serenidad de quien no se siente mal consigo mismo, de quien no necesita de historias alternativas para explicarse en su coyuntura vital.

Imposible olvidarse de mi doctorado honoris causa por la Universidad Complutense de Madrid presidido por el Rey. Entre otras cosas porque tengo un libro editado, para consumo exclusivamente mío, que recoge el acto y mi discurso. Pero es que, además, y está mal que lo diga yo por la cosa de la modestia, conmocionó a la clase política española. ¿Conmocionó o asustó? Mirando atrás ya estaban asustados, porque nada más asustadizo que un político mediocre ante una inteligencia y capacidad de comunicación a la que considera superior. Una sociedad que fomenta descaradamente la mediocridad no puede pretender disponer de políticos que se salgan de semejante atributo.

Gustavo Villapalos ejercía con mando en plaza de rector de la Universidad Complutense de Madrid. Ágil de mente, rápido de ideas, con facilidad de expresión verbal, ambicioso compulsivo, dotado de una arquitectura física peculiar, reunía unos perfiles algo confusos para mí. Se decía que pertenecía al Opus Dei, pero creo que intentó el ingreso en la masonería. Me lo contó Di Bernardo. Seguramente trataba de que una u otra organización le sirvieran a sus planes de progresar en las alturas del mundo político. Pidió verme junto con Rafael Pérez Escolar y los invité a almorzar en Banesto.

La idea que me expusieron resultaba atractiva. La Universidad Complutense quería celebrar su quinientos aniversario de manera sonoramente sobresaliente. Tratando de buscar cualquier motivo que contribuyera a tal finalidad, se les ocurrió la brillante idea de proponerme para doctor honoris causa. La excusa para el nombramiento, aparte de mi condición de abogado del Estado y reconocida cabeza jurídica bien amueblada, consistía en que desde Banesto financiaríamos algún proyecto de la Complutense. Contaban, a estos fines, con el nada desdeñable precedente de idéntico tratamiento basado en similitud de fundamento otorgado al viejo Escámez, de quien se puede decir muchas cosas y reconocer innumerables habilidades, pero desconoce total y absolutamente cualquier rincón del mundo jurídico.

En el fondo Villapalos buscaba dos efectos: el indudable eco social y político que tendría mi persona en mitad del tumulto universitario y, además, que si yo acudía, las probabilidades de que el Rey se dignara sentarse en la presidencia del acto aumentarían de manera notoria. Contar conmigo y con el Rey en un solo acto provocaría un placer sin límites en el alma del rector Villapalos. Y tampoco conviene escandalizarse por eso porque a cualquiera le habría encantado y quien lo niegue seguramente no sería rector. Decía que según algunos, los honestos son aquellos que no han tenido una oportunidad suficientemente interesante para dejar de serlo. Es ácido el comentario, pero en demasiadas ocasiones arroja un porcentaje de verdad nada desdeñable. Por supuesto que a Villapalos le encantaba la idea. A Villapalos y muchos, muchos más.

Concluido el almuerzo, me quedé pensando. Por un lado, la idea me gustaba porque se trataba de un dulce de escaso amargor. Por otro, sin embargo, podría resultar prematuro. El momento, además, quizá no fuera adecuado en el tiempo político, después de unas elecciones que ganó Felipe sin ganarlas como antes, con una mayoría relativa, y que perdió Aznar sin perderlas de idéntica manera a las anteriores, es decir, perdidas pero sin estrépito, o sin más estrépito que el que se derivaba de volver a perder cuando hubiera debido ganar. Así las cosas, los dos contendientes quedaban en cierta medida tocados, lo que equivale a asegurar que se convertían en más peligrosos que si el triunfo les hubiera sonreído de manera más clara. La gente comenzaba a tener más que dudas acerca de la clase política. En este año de 2010 las encuestas evidencian que los políticos y sus partidos son un problema. Una cosa es desprestigio y otra, que te consideren un problema. Esto es más grave y más serio y traerá consecuencias. En aquellos días de 1993 no llegaba la cosa a tanto, no se veía tanta sangre en el río, pero lo cierto es que en medio de semejante ambiente, que un personaje defensor de la llamada sociedad civil recibiera el doctorado de la Universidad con la presencia de su majestad el Rey podría dar lugar, en un país en el que en grandes salones abundan individuos pequeños, como es nuestro caso, a multitud de comentarios que provocarían el renacer furibundo de algo a lo que llaman insano, porque lo es de toda insalubridad: la envidia.

Sin embargo, un lado del polígono convertía a la idea en financieramente útil. Nos encontrábamos en pleno proceso de ampliación de capital. Habíamos solicitado al mercado cien mil millones de pesetas en un año trágico para la economía española. Reunir tanto dinero como el que programamos en nuestra arriesgada decisión no resultaba fácil, y mucho menos, como he descrito, en el catastrófico ambiente económico que se respiraba a consecuencia de la equivocada política monetarista de Solchaga, Rojo y demás miembros de esa cofradía. Es curioso porque intelectualmente son todas ellas personas válidas. Inteligencia no es su principal carencia. Y sin embargo, sus planteamientos no podían ser más equivocados. Se ve que entre el laboratorio y la realidad hay un trecho muy, pero que muy denso y complicado.

Por otro lado, si se percibía en exceso un enfrentamiento larvado con el Sistema podría provocar cierta desconfianza entre los posibles suscriptores de nuestras acciones a cambio de sus dineros. El dinero es conservador por excelencia y entiende poco de cuestiones tales como madurez de la sociedad, régimen de libertades y otras por el estilo. Convenía no alarmarle en exceso, no andar proporcionándole excusas para que en esas circunstancias políticas y económicas dijeran que, por mucho que nos quisieran, por bueno que pudiera parecerles el negocio, mejor dejar los dineros quietos en casa. Así que si dibujaba un escenario adecuado, el acto podría servir, precisamente, para transmitir al exterior una imagen de éxito, que, entre otras cosas, cercenara de raíz las posibles desconfianzas y trajera, empujado por la aureola, el dinero del público hacia nuestras arcas.

Acepté, después de comentarlo personalmente con el Rey y de recibir su visto bueno.

—Está claro, señor, que quieren que vaya vuestra majestad. A mí me usan como estimulante. Pero hay que reconocer que como estímulo no estoy del todo mal...

Al Rey le hacían gracia estas coñas mías. En general la gente se asusta mucho cuando habla con los monarcas. Y eso que don Juan Carlos es campechano. Sí, pero una cosa es que lo sea el Rey contigo y otra, que te pongas a serlo con el Rey desde tu plataforma de supuesto súbdito. Como yo nunca me he sentido súbdito en ese sentido sino en el de mera convención, no dejaba de hablar con el Rey, con todos los respetos, pero con la persona humana que había detrás, que en mi opinión merecería mucho más la pena que el cargo en sí mismo considerado. Además ya nuestros afectos se encontraban más que cimentados, sobre todo desde los episodios que nos tocaron vivir juntos, dramáticamente juntos, en el verano/otoño/invierno de 1992...

Desde ese preciso instante mi objetivo consistió en que en los estrados del salón de actos de la Universidad se sentara lo mejor y más granado de las fuerzas reales de España. Eso sí: con la ausencia total y absoluta de políticos en activo. Pretendía ser un acto de la sociedad civil y, por tanto, los políticos nada aportaban. Tuvimos que aceptar la presencia de Joaquín Leguina como presidente de la Comunidad de Madrid, porque su lugar en la mesa derivaba de una obligación institucional insalvable. Pero nadie más. Bueno, el alcalde de Madrid, que sintió celos del acto y pidió que se le entregara una medalla a la Villa del oso y del madroño. Nadie más. Al menos en activo. ¿Quería una exhibición de fuerza? Pues ya puesto a organizar el acto, seguramente algo de eso latiría por aquí dentro. De ser así, la conseguí con pleno al nueve.

Poco a poco fui formulando las consultas de asistencia. No faltó nadie. Desde Polanco a Anson, desde Rojo a Fuentes Quintana. Provocaba un sentimiento agridulce comprobar cómo quienes en privado se declaraban encarnizados enemigos, protagonistas de incentivas sin piedad, detractores sublimados con prosa de la ortodoxia más incandescente, se sentaban complacientes en los sillones del magnífico salón de actos de la Complutense, como si se tratara de amigos de toda la vida, de gentes que en vez de tratar por todos los medios de derribarme de mi poltrona de Banesto, de descalificarme social, financiera y políticamente hablando, me hubieran empujado a semejante lugar del poder, me hubieran aupado a la tribuna desde la que leería el discurso, convencidos de mis aptitudes intelectuales y financieras. El mundo es así. El de los países pequeños, más. El de ciertos biotipos humanos, mucho más.

Elegí como «padrino» a Shlomo Ben Ami, el embajador de Israel en España, político activo en su país e historiador conocido y competente. La feliz idea surgió de la mente algo retorcida de Rafael Pérez Escolar. Realmente podría aportar cierta confusión magmática en la sociedad española el que yo eligiera para tan destacado momento de mi vida a un judío de raza, que no ortodoxo de religión, y que, además, pertenecía al ala izquierda del laborismo. Una mezcla algo explosiva, lo reconozco. Pero las confusiones me complacen sobremanera. Me gusta sorprender a las mentes cuadriculadas incapaces de imaginar cualquier escena novedosa por nimia que fuera. Por si fuera poco, entre los asistentes se encontraba alguien singular: Di Bernardo, el profesor italiano de Ética, el hombre que recibió el encargo de la masonería inglesa de destruir la versión putrefacta de la Orden en Italia y comenzar desde cero con un modelo de Arte que se ajustara a los patrones ortodoxos emanados desde las islas Británicas. Así que judíos y masones ocupando lugares destacados en mitad de un barullo de gentes de todo corte y pelaje que confeccionaron la más granada representación del Sistema, asistiendo, con aires de complacencia exterior y un ácido sentimiento de frustración interior, a una especie de entronización de quien consideraron primero un simple intruso y, algo después, un enemigo a batir sin un miligramo de piedad.

¿Cómo sería mi discurso? ¿A qué dedicaría mis palabras ante tan cualificada audiencia? De Rafael Ansón recibí la idea de encargar al historiador Javier Tusell un proyecto de texto para pronunciar en tan fantástico día. Le expliqué mi idea de la sociedad civil, la renovación de la democracia, la necesidad de nuevos modelos jurídico-constitucionales de convivencia. Cuando tuvo preparado el borrador, me lo entregó en un almuerzo en Lhardy, el restaurante del cocido madrileño por excelencia.

Lo leí en la tranquilidad de mi despacho. Me pareció un discurso lleno de citas pero sin un esqueleto de pensamiento sólidamente construido. Le dije a Mercedes, mi secretaria, que pagara las doscientas cincuenta mil pesetas en que consistieron los honorarios del autor y me puse a trabajar para construir algo que en mi opinión fuera más asequible, más comprensible, más acorde con lo íntimo de mi pensamiento serio. No tenía demasiado tiempo, así que escribí mientras pensaba. En realidad la escritura es un estímulo al pensamiento en muchas ocasiones. Pensar sobre un teclado es reconfortante. Tiene un valor adicional ver escritos tus pensamientos. Claro que para eso tus ideas tienen que estar claras, cuando menos en el caldo en el que fermentan. No hace falta que las tengas estructuradas en un discurso coherente, de la misma manera que las piedras sin tallar pueden servir para construir el muro siempre que dispongas de martillo y cincel para arrebatarles de sus aristas los excesos que impiden su ajuste. En aquellos días mis ideas ya habían fermentado suficientemente, y se encontraban avaladas por algo impagable: la experiencia. Los místicos dicen que la verdad es una experiencia y no puedo estar más de acuerdo. Solo es cierto lo que experimentas. De nuevo cito a los místicos sufíes, que aseguran que solo el que prueba sabe. En Castilla se decía aquello de los melones a cata. No es lo mismo, pero parecido.

Cuando lo concluí, a través de Manolo Prado se lo envié al Rey. Obviamente, no iba a atreverme a leer algo tan delicado delante de su majestad sin haber obtenido previamente su aprobación, su níhil óbstat, que para algo el Rey es Rey y yo plebeyo. Si al Rey le arrebatas estos actos protocolarios, no sé qué le queda de función real. La respuesta del Rey la recibí a través del propio Manolo con exquisitas muestras de entusiasmo. Le encantaba la idea de potenciar la sociedad civil. En el fondo es una idea capital para la Monarquía. Mi idea siempre fue conseguir anclar la legitimidad de la Corona en la propia sociedad, de manera directa, sin intermediación de partidos ni confesiones. De este modo echaría raíces en el suelo que puede soportar su altura. Pero ¿no quedamos en que yo ideológicamente no era monárquico? Sí, es verdad, quedamos en eso, pero nadie me ha dicho que mis afectos no pudieran afectar —perdón por la redundancia, que es muy explicativa— un poco a mi coherencia política. Sentía afecto, mucho afecto por don Juan Carlos, y seguramente por eso mi mente trabajaba.

El discurso, qué duda cabe, se encontraba preñado de sustancia política, pero no me iba a poner a aburrir al respetable con cualquier ordinariez referente a los activos totales medios, al papel de la banca, al diseño de un modelo tecnológico capaz de anticiparnos al futuro o cualquier otro árido material.

El día resultó memorable. El Rey se encontraba feliz. Yo también. Mis padres y hermanas, al igual que casi todos los que me querían bien, participaban del sentimiento. Tal vez ninguno de nosotros se percató de que a aquel éxito le correspondía la certeza en los políticos de que mi finalidad última nada tenía que ver con los gélidos números bancarios, con J. P. Morgan o con el banco americano, sino que mi trayectoria vital, la que diseñaba con cuidado en mi interior, consistía en penetrar de la manera más exitosa posible en el luctuoso mundo de la política. Un nuevo golpe al Sistema, a añadir al cese de Sabino Fernández Campo, el nombramiento de Fernando Almansa, el control de los medios de comunicación social. Poco a poco todos se convencían de que o ellos o yo, y, claro, ellos eran más, y sobre todo almacenaban mucho más poder en sus manos. Porque el miedo y el resentimiento proporcionan una crueldad excepcional en el ejercicio del poder. Visto ahora, con la perspectiva de los años, aquel acto y el discurso fueron una provocación.

Conservo, como dije, un libro especialmente dedicado al evento. Sus imágenes gráficas son altamente ilustrativas. El texto del discurso es ciertamente revolucionario y sobre todo constituye un documento muy importante en mi vida. Tal vez ese día se percataron de que actuar contra mí era una imperiosa necesidad para el Sistema dado que en su corta y endogámica visión todos no cabíamos en este pequeño trozo de tierra al que llaman España.

El Rey, días después, el 9 de julio, me encendió la primera alerta cuando me comentó que muchos le informaban de que en el PP existía mucha preocupación por mi salto a la política.

—¿Siguen con esas?

—Sí.

—Vuestra majestad sabe que en Banesto estoy bien y es desde donde puedo servir a la Monarquía con mayor eficacia.

El Rey no contestó. Guardó un elocuente silencio. Un silencio prudente, cauteloso, profundo, sonoro, porque tal vez comenzara a percatarse de la irreversibilidad de sustituir a Felipe algún día, y actuar como Rey con Aznar como presidente del Gobierno de España no le provocaba especial entusiasmo. Haría lo que tuviera que hacer porque —como me dijo literalmente un día— era su deber desde que le pusieron de Rey. Pero el cargo no elimina el corazón. El silencio del Rey me preocupó.

«En Banesto estoy bien», le dije al Rey. Y con sus matices era cierto. Otra cosa es que en aquellos días ya soñaba con jubilarme al frente de la Fundación Cultural Banesto, pero de momento tenía el compromiso asumido con J. P. Morgan, que me llevó a esa ampliación de capital gigantesca de la que hablaba. Sí, pero ¿cómo desde consejero llegué a presidente? ¿Es tan fácil conseguir ser presidente de uno de los siete grandes bancos españoles con treinta y nueve años? Pues no debe de serlo, aunque solo sea porque nunca antes había sucedido en España. Y mucho menos en el tiempo récord en el que se produjo semejante resultado en mi caso.

Uno puede escribir su historia orientándola hacia la épica. Funciona bastante bien si de vender libros se trata; incluso si se quiere leerse a uno mismo, cómodamente sentado en un sofá con respaldo alto, una buena música de fondo, una bebida en la mesa del costado derecho y un libro, a ser posible no demasiado profundo, entre las manos. Un libro cuya lectura haría esbozar, como dicen en mi tierra, esa sonrisa algo aparvada que consumen los que refocilan en su ego. Pues no. Nada de épica. Como tantas veces sucede en la vida, las grandes cosas se deben a pequeños acontecimientos, que, además, no están programados, no han sido previstos de antemano. Casi nunca sucede lo previsible. Casi siempre lo inesperado. Y en mi caso, entre el inicio de mi vida en el banco y el discurso honoris causa se interpusieron muchas cosas, pero sobre todo una: un hombre de Bilbao llamado José Ángel Sánchez Asiaín. Quién me iba a decir cuando paseaba por el barrio de Deusto dejando que la fina lluvia norteña cayera sobre mí que un hombre de Bilbao iba a tener semejante trascendencia en mi vida.

Nuestra vida en el banco, la de Juan y mía, transcurría plácidamente, convencidos de que Mariano, Solchaga y demás compañeros de fatigas habían aceptado la inevitabilidad de la ruptura de sus planes y deseos. Nosotros, Juan y yo, acudíamos diariamente al banco, a lo que se conocía como Comisión Abierta, una reunión informal a la que podían asistir cuantos consejeros quisieran sin protocolo alguno. De vez en cuando charlábamos con López de Letona, que, mal que bien, comenzaba a acostumbrarse a nuestra presencia.

Me encontraba acariciando en mi interior el sueño de atravesar el Atlántico con destino a Panamá cuando recibo una llamada de Javier de la Rosa enfatizadamente urgente. Prácticamente no le conocía y mis referencias no iban más allá de aquellas que constituían patrimonio común en el mundo financiero: el hombre de Kio en España, que gestionó la Banca Garriga Nogués, absorbió el seso a Pablo Garnica, el todavía presidente en esas fechas, que fue responsable, según contaban, de un agujero de decenas de miles de millones de pesetas.

Su currículum en aquellas fechas no me parecía especialmente atractivo. Juan, sin embargo, le consideraba un tipo muy bien informado y con relaciones subterráneas que podrían sernos de utilidad. Javier aseguraba que necesitaba transmitirnos a Juan y a mí un mensaje extremadamente urgente y superconfidencial. Mi escepticismo tropezó con la receptividad de Juan, hasta el extremo de que me forzó a cancelar un viaje a Suiza que iba a producirse apenas unas horas después. Quedamos citados en un pequeño restaurante de mariscos muy cercano al edificio de Banesto en el paseo de la Castellana y allí, en el cuarto de baño, mientras repetíamos la misma operación en la que planteé la compra de IBYS, S. A., a Urgoiti, aquel tipo raro, aquel Javier de la Rosa, más bien alto, gordo, de grandes ojos claros que abría ostensiblemente en una permanente expresión de susto, que hablaba con aceleración constante, siempre en una eterna prisa, amigo de informaciones confidenciales, indudablemente listo, me dijo algo así:

—El Gobierno está preparando un decreto ley para quitaros de Banesto. No hay nada que hacer y es irreversible, por lo que te informo para que tomes las medidas pertinentes.

Cuando terminó de hablar salió del cuarto de baño como un obús y yo me quedé con aquella información tan extraña a la que no concedí demasiada importancia, a pesar de que me decían que Javier era un hombre generalmente bien informado. Subí pensativo las escaleras que conducen al piso de arriba del restaurante O Xeito, en una de cuyas mesas me esperaba Juan. Le conté la conversación y le pregunté:

—¿Tú qué opinas?

—A mí me parece que es imposible que el Gobierno dicte un decreto ley con esos fines —contestó Juan.

—Yo pienso lo mismo, pero Javier lo daba por hecho, por lo que algo estará pasando que tú y yo no sabemos. Por cierto, ¿por qué crees que tiene interés en nosotros? ¿Por qué se molesta tanto en transmitirnos algo que es aparentemente tan confidencial con el fin de ayudarnos? No lo entiendo muy bien. Yo no lo conozco de nada. Creo que tú tampoco le debes ningún favor.

—No, desde luego. Quizá sea porque le preocupa la posibilidad de que Banesto interponga una querella por el asunto Garriga Nogués y supongo que nosotros podemos ser mucho más razonables que López de Letona, dado que este obedece a Mariano y el gobernador está obsesionado con ello.

En aquellos momentos no sabía hasta qué punto era cierto lo que estaba diciendo. Poco después de ser presidente de Banesto, Mariano Rubio me pidió encarecidamente que presentara una querella contra Javier de la Rosa. Tenía, según el gobernador, obligación moral de hacerlo si quería defender a mis accionistas. Nunca llegué a interponerla. Ante todo porque los dictámenes jurídicos que solicité para que me explicaran las garantías de éxito y las posibilidades de fracaso no fueron excesivamente elocuentes. Diseñaban un cuadro en el que las posibilidades de triunfar y de perder ocupaban el mismo espacio. En el mejor de los casos, añadían, aun en el supuesto de que consiguiéramos una condena de Javier, ello no significaría que pudiéramos obtener reparación económica de los hipotéticos daños causados a Banesto. Por si fuera poco, dado que Javier y don Pablo mantenían una relación profundamente estrecha, siendo un hecho que muchas de las cosas que se le imputaban se debían a autorizaciones expresas o tácitas del entonces presidente del banco, técnicamente parecía imposible proceder contra Javier sin que más tarde o más temprano involucráramos a la alta dirección de Banesto en el mismo asunto. No me parecía estético comenzar mi mandato en el banco llevando a los tribunales a unos señores gracias a cuyos votos pude sentarme en el Consejo. Sobre todo para nada útil de cara a mis accionistas.

A Juan y a mí nos pareció descabellada la información que nos había transmitido Javier, pero nos quedamos, como vulgarmente se dice, con la mosca detrás de la oreja.

—Es muy raro todo esto que cuenta Javier, pero conviene que nos mantengamos alerta. Hay que recordar las amenazas de Rubio.

—Trataba de evitar nuestra entrada, nada más —apostilló Juan.

—Ni nada menos. Yo creo que no van a parar o por lo menos tenemos la obligación de pensarlo.

Lo cierto es que un día determinado del mes de noviembre, muy poco tiempo después de nuestro acceso al Consejo, se recibió en Banesto una comunicación de Sánchez Asiaín, el presidente del Banco de Bilbao, dirigida a Pablo Garnica, quien se encontraba fuera de Madrid porque había viajado a Andalucía para visitar a una hija suya que había elegido el camino del convento.

—Bueno, pues ya tenemos aquí la guerra organizada. ¿Has visto lo que dice el Bilbao?

—No. ¿Qué proponen?

—Pues más o menos esto: una especie de fusión Banesto-Bilbao en la que ellos llevarían la dirección del banco fusionado, y nos amenazan con que, si no aceptamos la propuesta, plantearán una oferta pública de acciones para comprar la mayoría del capital de Banesto y convertir el proceso en irreversible.

—¡Joder! ¿Y qué podemos hacer? ¿Qué dice don Pablo?

—Anda por Córdoba, creo, a visitar a una hija. Ya se le ha mandado nota y vuelve de urgencia.

—Esto solo puede suceder con el apoyo del Gobierno.

—¡Hombre, claro! No se atreverían a algo así de otro modo. Es una barbaridad, pero una barbaridad políticamente soportada y hasta estimulada. No me creo que los del Bilbao hayan decidido esto sin tener las garantías de que van a triunfar, y en este país triunfar es tener apoyo político. La cosa en verdad está complicada.

Aquello fue un acontecimiento que conmocionó a España y el origen, aunque sería mejor decir causa, de mi acceso a la presidencia de Banesto. A mí no me cabía ninguna duda de que estábamos ante una operación claramente política para evitar nuestro acceso al poder en Banesto: dado que no habíamos hecho caso a Mariano Rubio en su «sugerencia» de esperar para comprar acciones del banco, habían decidido actuar de forma violenta.

Sinceramente, no esperaba ni mucho menos una reacción de tal visceralidad que rompía el tradicional statu quo de comportamiento entre los grandes de la banca española. Sin embargo, días atrás andaba algo escamado. Junto con José María López de Letona entrevistamos Juan y yo a un individuo que quería fichar Letona para el puesto de director de internacional o algo parecido. No recuerdo ni su nombre ni su aspecto físico, pero sí un detalle concreto: trabajaba en el Banco de Bilbao y lo dejaría para venirse con nosotros. Acordamos el sueldo, las condiciones y se programó su llegada a Banesto.

Días después le pregunté a Letona por el individuo en cuestión. Me respondió con un gesto chocante indefinido que finalmente no vendría a Banesto porque al plantear el tema en su casa le dijeron que debería quedarse allí. Me extrañó mucho. Una explicación tan simple no me encajaba, pero tampoco le dediqué mayor cantidad de mi tiempo a tratar de descubrir lo sucedido. Cuando comprobé que el Bilbao se dirigía a Banesto de esa manera tan abrupta y hostil, comprendí que la razón de que ese hombre se quedara en el banco de Sánchez Asiaín residía, precisamente, en el papel que teníamos en nuestras manos dirigido a Pablo Garnica. Ahora entendía mi inquietud por aquella noticia.

Al margen de que no se trataba de un decreto ley del Gobierno, no teníamos la menor duda de que nos encontrábamos ante un movimiento aparentemente privado pero auspiciado, soportado y seguramente pedido y hasta ordenado por el Gobierno de Felipe González. Por tanto, harina del costal más peligroso que se despachaba en España en aquellos tiempos. Sin embargo, con un Garnica ausente, una nota en los medios de comunicación y unas inversiones cuantiosas en acciones del banco, además de un prestigio por en medio, no nos quedaba más remedio que reaccionar y manejar la situación de la mejor manera posible.

Eso, claro, es mucho más fácil de decir y hasta de escribir que de llevar a la vida ordinaria.

Siempre me han cargado esas personas que te dicen, ante un asunto determinado, cuando les pides su opinión, algo tan profundo, serio, concreto y rotundo como: «Hay que hacer las cosas bien». ¡Hombre, claro! ¡Solo faltaba que su consejo consistiera en que hay que hacerlas mal! Eso y nada es lo mismo, pero productores y consumidores de naderías no hay pocos por el suelo patrio. Lo importante es que debíamos tener claro en qué habría de consistir nuestra reacción, porque tenía toda la pinta de que habíamos tocado la parte más sensible de la orografía corporal del poder y por ello mismo podíamos esperar cualquier cosa. Claro que la valentía en muchas ocasiones consiste en la falta de conciencia de la dimensión real del riesgo. Eso nos debió de suceder porque visto desde ahora, con la experiencia de los años, nuestro comportamiento fue de un legionario encelado con la temeridad.

Aquella misma tarde, casi al compás de la nota oficial enviada por el Banco de Bilbao, recibimos una invitación de Sánchez Asiaín para acudir con él a cenar en la sede del Bilbao en Castellana.

—¿Qué te parece, Juan?
—Nada, que tenemos que ir.
—Sí, claro, a ver qué coño nos cuenta esta gente.
—¿Por qué dices «esta gente»?
—Porque también viene a la cena Emilio Ybarra, el consejero delegado. Tú le conoces, ¿no?
—Sí, claro, mucho.
—Pues ya veremos.

No necesitamos más de quince segundos de conversación entre nosotros para concluir que acudiríamos a la cita. Mi segunda comida con un presidente de los siete grandes bancos españoles. La primera tuvo lugar con Emilio Botín. Ahora, con Sánchez Asiaín, en una de las últimas plantas del edificio de Castellana desde cuyos ventanales se divisa una gran parte de Madrid, el asunto revestía caracteres de tragedia griega.

Esperamos un largo rato hasta que apareció en el comedor Emilio Ybarra, entonces consejero delegado del banco, que llegaba en el avión particular del Bilbao procedente de Barcelona, en donde, anticipándose a los acontecimientos, había explicado a una serie de empresarios catalanes las ventajas, pormenores y detalles de la absorción de Banesto por el Bilbao. Emilio exageraba esa actitud tan típica de los ejecutivos, bancarios o no, cuando necesitan manifestar al exterior su cansancio con gestos que desean aparentar agotamiento.

Nos sentamos a cenar y Asiaín comenzó a deleitarnos con su discurso, cuando Juan y yo, con un cierto punto de ingenuidad, le preguntamos acerca de las razones por las que se había decidido a dar un paso tan importante y, al mismo tiempo, tan rupturista con los buenos modos de comportamiento entre los grandes de la banca en España.

Asiaín hablaba con la mirada perdida en el horizonte, como Jaime Argüelles en mi primer Consejo de Banesto. Yo tuve la sensación de que no solo disponía de una mirada perdida. Y con ello no quiero decir que no fuera hombre inteligente, formado, con conocimientos y experiencia bancaria. No. De eso cabían pocas dudas. Pero se pueden tener tales atributos y al tiempo andar un poco desvariado sobre la realidad de la sociedad en la que vives. Ya he dicho que algunos teóricos de la macroeconomía eran gente inteligente, a pesar de lo cual los desperfectos que ocasionaron fueron de tamaño sideral.

Pues en mi opinión José Ángel Sánchez Asiaín quizá fuera un hombre situado más allá de los confines de lo real. Tal vez se tratara de persona presionada por el poder para ejecutar los planes de desbancarnos de Banesto, pero no daba la sensación de sufrir un milímetro por semejante labor. Al contrario: todo indicaba que encajaba a la perfección con su diseño existencial. Confieso que mientras más le contemplaba, más se reducía en mi interior la imagen de un banquero poderoso al que se supone dotado de cualidades intelectuales radicalmente superiores a la de la triste media hispana.

El discurso de Asiaín era etéreo, inconcreto, abstracto, pero sobre todo y por encima de todo, banal. Lisa y llanamente banal visto desde la perspectiva de alguien como yo, criado en la gestión diaria de la empresa, en los tratos en los que te jugabas el dinero en márgenes, amortizaciones, inversiones en maquinaria, nóminas y demás elementos de coste. Acostumbrado a lo concreto, a lo rabiosamente concreto, un discurso de semejante porte no podía sino parecerme banal. Seguramente sería ignorancia y ausencia de verdadero cultivo por mi parte. Lo admito, pero escribo ahora lo que sentí en aquellos días.

En su discurso el presidente del Bilbao manejaba las economías de escala como única herramienta conceptual que permitiera comprender la fusión. Juan y yo queríamos más concreción, más precisiones. Suponíamos que antes de dar semejante paso dispondría de algún estudio pormenorizado de los activos y pasivos de Banesto y los propios del Bilbao, así como de un modelo de balance y cuenta de pérdidas y ganancias del banco resultante. Sería lo mínimo, lo elemental. Vamos, que si se trata de juntar meriendas, pues habría que saber el tamaño real de cada bocadillo y lo que llevaba en su interior, no fuera a ser que uno contuviera cien gramos de serrano y el otro, veintiuno de jamón de York. Y es que nosotros éramos accionistas, habíamos invertido nuestro dinero y eso y las referencias abstractas a las economías de escala no se llevan demasiado bien. Dinero pide concreción.

Nada de eso se nos puso encima de la mesa, a pesar de que reclamamos con insistencia una información que a nosotros, pobres recién llegados a la banca procedentes del hortera mundo de la economía real, nos resultaba escalofriantemente imprescindible. Nada. Seguía con la frase «economía de escala» sin despegarse de su boca.

A todo esto, Emilio comía y bebía sin dar excesiva importancia ni a lo que exponía su presidente, ni a la presencia de Abelló y Conde en el comedor del Bilbao. Emilio es bilbaíno y seguramente se le notaba en exceso tal condición, unida a la adicional de pertenecer a Neguri. Pensaría que la deferencia de explicarnos algo colmaba con creces nuestro ego, de forma que, expusiéramos lo que expusiéramos, dijéramos lo que dijéramos o pensáramos lo que pensáramos, la operación se llevaría a cabo. Punto y final. Con Conde y Abelló o sin Abelló y Conde. El Bilbao y el Gobierno juntos constituían un dúo invencible, sobre todo frente al octogenario Banesto y a dos *parvenus* financieros, que, encima, no habían nacido en Bilbao ni en sus alrededores, lo que para determinadas personas constituye un algo imperdonable de toda imperdonabilidad.

Que nadie se enfade demasiado, pero este escenario no se correspondía ni de lejos con lo que hubiera proyectado como un almuerzo de grandes banqueros y financieros de éxito en la España de la modernidad. En realidad tenía la escena perfiles de cierta comicidad, derivados, precisamente, del tinte de tragedia material y formal que encerraba. Porque estábamos hablando del intento de un banco de hacerse con otro mayor por seguir los dictados de un Gobierno socialista que no deseaba que dos indocumentados vinieran a interponerse en sus planes de dominio del sistema financiero español. Ese era el asunto. Lo demás, juegos florales y cánticos regionales. Y a la importancia, a la trascendencia de ese fondo le correspondía mal, bastante mal, el modelo de relación que se ejecutaba ante mi atónita mirada. Atónita al comienzo porque al cabo de un rato, cuando me familiaricé con el lenguaje corporal y gestual, aquello me pareció hasta divertido. Cuando le pierdes el miedo a la fiera, es agradable jugar con ella. Eso sí, atento a los zarpazos, que incluso te pueden caer encima derivados de una simple muestra de afecto. La noche comenzó a llenarme de confianza en nosotros. Un detalle adicional la acabó de fortalecer.

Un camarero se acercó a Sánchez Asiaín con un trozo de papel blanco, con la leyenda de «Secretaría del señor presidente», depositado en una bandeja de plata. La tomó con cuidado procurando de modo ostensible que mi mirada se dirigiera al papel con el fin de que leyera el contenido del mismo. En efecto, no dominando mi curiosidad, leí el texto. Decía: «Le llama el señor presidente del Gobierno». Una vez convencido de que yo había dado lectura de la misiva, se dirigió a nosotros:

—Perdonadme. Tengo que atender una llamada urgente y muy importante.

Sonreí para mis adentros. Trataba de intimidarnos, de demostrarnos que el Gobierno le respaldaba. No necesitaba explicitar lo obvio. Ese comportamiento es un síntoma inequívoco de debilidad. Aquello se estaba convirtiendo para mí en una universidad de curso acelerado en el mundo de las negociaciones político-financieras. Algo verdaderamente insólito e impagable.

De regreso a nuestra mesa, José Ángel expresaba con total claridad que la reunión no caminaba por los derroteros diseñados de antemano. No dijo nada acerca del contenido de esa llamada urgente e importante. Seguramente dedicaron algunos momentos a confeccionar cábalas acerca de nuestro comportamiento. Generalmente la mente funciona con estereotipos, de modo que el nuestro, el de Juan y mío, sería el de dos aventureros que sí, que habrían ganado mucho dinero, pero eso tiene muy poco que ver con las grandes alturas financieras. Ricos, lo que se dice ricos, habría muchos en España. Pero presidente y vicepresidente y consejero delegado del Bilbao solo dos. Y eso imprime carácter. Sin la menor duda estarían convencidos de que ese carácter actuaría sobre nosotros como una especie de losa que nos llevaría, quizá con algún forcejeo, a aceptar sus tesis. Pues parecía que no. Ni nos plegábamos a su discurso en el terreno intelectual ni nuestro semblante, palabras y gestos permitían concluir que estábamos dispuestos a comenzar a hablar de números, del valor de nuestras acciones. Percibí que se acentuaba su nerviosismo, como si ante una situación nueva no dispusiera de reflejos suficientes para abordar el tratamiento adecuado. Suele suceder: cuando has confiado tanto en los estereotipos, cuando has calibrado las conclusiones con una firmeza rotunda, el desvío de tu modelo suele traducirse en inseguridad y hasta en parálisis ante la acción. Pidió nuevamente disculpas, se levantó y volvió al cabo de unos minutos. Su cara parecía algo desencajada. Concentró la mirada en su plato y con gesto mecánico comenzó a comer porque hasta ese instante apenas si había consumido bocado.

Pasaron unos minutos de esos que, digan lo que digan y cuenten lo que cuenten, tienen más de sesenta segundos cada uno, en los que el silencio invadió el comedor del Bilbao, solo roto por los sonidos de algunos cubiertos al rozar los platos de la vajilla de lujo con la que quisieron honrarnos. De nuevo el ujier. De nuevo el papel. Esta vez lo tomó apresuradamente en las manos, leyó su contenido y se dirigió a nosotros:

—Os llama el gobernador del Banco de España.

Era evidente que tal llamada no se encontraba en el guion inicial y que había nacido como fruto de nuestra actitud distante respecto de sus pretensiones. Asiaín había comprobado que conocer su relación con el presidente del Gobierno no había alterado nuestro comportamiento. Tenía que pedir ayuda. Que alguien le meciera la silla a estos dos individuos. Nadie mejor que Mariano.

—¿Cómo sabe Mariano que estamos cenando aquí? —pregunté con una cara de ingenuidad que no se la habría creído nadie.

—No lo sé, la verdad —contestó José Ángel mientras Emilio,

levantando los ojos del plato, se tornó hacia él en un gesto de profunda incredulidad por lo que le tocaba vivir en una noche ya totalmente desprogramada.

—Si queréis os llevo a un sitio donde podáis hablar solos.

—Como quieras, a nosotros nos da lo mismo.

Sin esperar nuestra respuesta se levantó, le seguimos, atravesamos el pasillo y finalmente nos topamos con una cabina de teléfono. Sí, una cabina, no un despacho en el que sobre una mesa se encontrara un terminal telefónico. No. Una cabina, con puerta incluida.

Juan y yo penetramos en ella. Tomé el teléfono en mi mano derecha y lo situé de forma tal que Juan pudiera escuchar la conversación.

—Buenas noches, gobernador.

Casi se me cae el teléfono al suelo cuando la voz del gobernador Rubio comenzó a sonar al otro lado de la línea.

—¡Ya os lo advertí en mi despacho! ¡Os dije que no os metierais en un asunto de Estado! ¡Ahora ya sabéis lo que tenéis que hacer! En el Consejo de Banesto no hay más que un hatajo de delincuentes, y el Bilbao tiene la gente necesaria, ellos saben gestionar, los de Banesto, solo arruinar el banco...

Gritaba, aullaba, enfatizaba, exageraba. Claramente se percibía que, odios africanos aparte, algo de licor de pera en su cuerpo le ayudaba en aquel trance de sabor agridulce que estaba viviendo. No se detenía, seguía con sus improperios, insultos, descalificaciones, amenazas, en fin, un repertorio completo de su modo y manera de manejar el poder del Banco de España.

—Os repito que nada de esto habría pasado si me hubieseis escuchado en mi despacho, pero sois un par de insensatos. Ahora obedeced y haced lo que os mando.

Cualquier intento de mantener una conversación con aquel individuo en tal momento resultaba un imposible metafísico. En pleno ataque nadie consigue sujetar en la lógica un brote de esquizofrenia político-financiera. En realidad lo que arrojaba fuera de sí era alguna dosis del inmenso cabreo que le había ocasionado tener que aguantar a aquellos dos idiotas en su despacho oficial, que, encima, no paraban de contradecirle debido a su ignorancia, porque si supieran lo que es un gobernador... Así que opté por una solución de urgencia.

—Mariano, Mariano..., ¿me oyes? Juan, parece que le he perdido, no oigo nada.

Claro que oía, y perfectamente. Sentía a Mariano gritar al otro lado, cada vez más fuerte, más afónica la voz, pero gritando:

—¿Cómo que no me oyes? ¿Cómo que no me oyes? —aullaba Mariano con una voz que llegaba nítida al altavoz del teléfono.

—Juan, creo que le hemos perdido. ¿Mariano, Mariano, Mariano? Nada, se ha cortado la comunicación.

Colgué y antes de depositar el teléfono en su cuna seguían llegando los gritos histéricos de Mariano.

Le guiñé el ojo. Juan me miró aterrado, bueno, entre aterrado y complacido. Regresamos al comedor, en donde Asiaín e Ybarra comenzaban a ser conscientes de que su paseo militar podía transformarse en algo grave, aunque solo fuera por lo inesperado.

—¿Qué tal el gobernador?

—Bien, el hombre, claro, está preocupado porque como se ha hecho oficial lo de la amenaza de opa, si ahora no conseguimos un acuerdo, el Bilbao puede sufrir mucho... Y somos empresas cotizadas en Bolsa...

Dejé caer la frase mientras de reojo observaba la palidez progresiva que se apoderaba de sus rostros. Esto, claro, no formaba parte del guion que les habían confeccionado cuando les impulsaron a una operación como aquella. No, no formaba parte del cuadro de mandos. Pero no dio mucho más de sí la conversación. Nos retiramos sin llegar a ningún acuerdo, como no podía ser de otra manera.

Cuando descendimos en aquel ascensor y llegamos de nuevo a nuestros coches, le pregunté a Juan:

—¿Por qué Emilio Ybarra se mete en esto?

—¿Qué quieres decir?

—Pues hombre, que lo de Asiaín lo entiendo, pero lo de Emilio... No sé... Esas cosas que decís vosotros de que es un Ybarra y cosas así... Está claro que cada día consumimos más eufemismos.

Juan guardó silencio. Esas cosas —como las llamaba yo— le

afectaban en doble dirección, así que lo mejor era no pronunciarse, aunque solo fuera porque era perfectamente consciente de que tenía toda la razón del mundo.

El Consejo de Banesto se encontraba anonadado por la actuación del Bilbao. La capacidad de respuesta se mermó de manera sensible. No se disponía de un manual en el que consultar cómo moverse en tales aguas pantanosas, así que la improvisación, la intuición aparecían como armas imprescindibles en la batalla. Decidí que teníamos que poner tierra de por medio y largarme a La Salceda. Como habíamos quedado en la conversación telefónica interrumpida, me decidí a llamar al gobernador. Me encontré con otro hombre. Comprendía el lío en el que todos estaban metidos. Ya no valía con amenazas ni insultos. La técnica debía ser otra. Sus gritos de la noche anterior se tornaron en susurros. Sus insultos, en solicitud de favores.

—Por favor, Mario, el asunto es muy grave. Trata por todos los medios de ponerte de acuerdo con el Bilbao.

—Haré lo que podamos, gobernador, pero de momento me voy al campo porque tengo gente invitada y no lo puedo cancelar.

Naturalmente que las luces de Mariano le daban para darse cuenta de que me iba porque me daba la gana, porque por muy importantes que pudieran ser mis invitados y trascendente el asunto que fuéramos a tratar, nada comparable con una opa de un gran banco español sobre otro superior en tamaño, con un Gobierno volcado en favor de uno y en perjuicio de otro, y un Banco de España dirigido como acorazado mayor contra un par de individuos despreciables a los ojos de su comandante en jefe, Mariano, el gobernador.

Pero no podía moverse de manera distinta. Ya lo había intentado. No le quedaba más remedio que suplicar, mientras perfilaban la nueva estrategia. Estaba convencido de que durante la noche de la cena del Bilbao nos vendríamos al suelo y comenzaríamos a hablar del dinero que queríamos por nuestras acciones. Fallaba por segunda vez. La primera sucedió en su despacho. Nuevamente nuestro comportamiento se alejaba del patrón oficial.

Cuando Sánchez Asiaín entra en escena con su amenaza a Banesto con la presentación de una opa, acabo de llegar al Consejo del banco, no tengo vínculos especiales con aquella casa, no me interesa demasiado el mundo de las finanzas y, sin embargo, me toca defender a Banesto. Es una cierta ironía, pero así fue.

La carta del Bilbao se presentó un jueves y, como digo, al día siguiente me fui al campo, a La Salceda, adonde acudieron algunos de nuestros amigos, entre ellos Juan y Ana para tratar de decidir la estrategia a seguir. La prensa de aquel día daba por descontado que nos echaban de Banesto, sobre todo el diario económico *Expansión,* controlado por el propio Banco de Bilbao, que publicó una especie de chiste en el que se veía a Mariano Rubio caracterizado de Dios, y a nosotros, a Juan y a mí, vestidos como Adán y Eva, con una leyenda en su parte inferior en la que se decía: «Expulsados del paraíso». La verdad es que el chistecito me cabreó bastante, pero no hasta el extremo de llevarme a plantear una guerra por una coña de este estilo. Sin embargo, todo el mundo destilaba intensa excitación, en parte por los acontecimientos y en parte por el consumo de alcohol. Lourdes tomó la palabra y dijo:

—Yo creo que todos estáis un poco locos y no queréis daros cuenta de que es una operación del Gobierno y en España contra el Estado no se puede luchar. Además, ni Juan ni tú tenéis ningún tipo de vínculo con Banesto, por lo que yo creo que lo que tenéis que hacer es vender al Bilbao y dedicaros a otra cosa. Me voy a montar a caballo.

Las palabras de Lourdes rezumaban sensatez. Los ojos de Juan, tristeza. Los de Ana brillaban con fuego. En realidad Lourdes no era consciente de que detrás de nuestra llegada al banco no se localizaba en exclusiva un problema financiero, un montante de dinero, sino que, al menos para Juan, la operación traspasaba tales límites para enmarcarse en un proyecto vital, compartido, de modo singular, por Ana. Cuando le plantamos cara al gobernador del Banco de España en su despacho éramos conscientes, al menos en parte, del poder del grupo que capitaneaban Mariano y Solchaga. Pero la realidad distaba millas de nuestro nivel de creencia. La opa del Bilbao sobre Banesto constituía una manifestación de tal poder. Manifestación excesiva, abusiva, obscena si se quiere, pero nada más. El Sistema actuaba así.

La cuestión era si esos factores llamémoslos sentimentales se impondrían sobre la sensatez política, personal y financiera que expresaban las palabras de mi mujer.

No conseguía apartar de mí la tristeza de la mirada de Juan. El silencio después de que Lourdes concluyó su parlamento nos invadió en el pequeño salón de la casa del Cortijo viejo de La Salceda. Nadie se atrevía a pronunciar palabra. Todos éramos conscientes de que Lourdes había hablado con cordura y, al mismo tiempo, el mundo de promisión, la vida en Banesto, los planes concebidos, el éxito acumulado por nuestra llegada al banco, todo ello se disipaba en medio de nuestro abatimiento. Algo sacudió mi interior. Todavía ignoro qué sucedió pero rompí el silencio:

—Solo tenemos una oportunidad de ganar esta guerra: si la situamos donde se encuentra. Es un problema político, no económico, así que hay que ganar en su terreno, que es la opinión. La imagen de Banesto no nos ayuda en absoluto. Necesitamos transmitir a la gente que nos encontramos ante un proyecto de modernización del banco, de cambio de sus estructuras tradicionales. Para venderlo necesitamos que yo lidere la defensa, porque de esta manera palabras e imágenes caminan juntas. Si es así, podemos ganar. De otra manera la sentencia ya se escribió y solo queda ejecutarla.

—Ese es mi Mario —sentenció Ana.

Juan perdió la tristeza de su mirada. Los demás comenzaron a expresar incontenibles muestras de júbilo, aumentó la circulación de las copas y, viendo que estaban a punto de comenzar con los cánticos regionales, decidí salir fuera. Era de noche, no hacía demasiado frío y, de repente, sentí el impulso de irme a Madrid, por lo que, acompañado de Ramiro Núñez y sin despedirme de nadie, arrancamos el coche y nos fuimos. Cenamos en La Trainera y luego tomamos unas copas en un bar de Madrid.

La penetración del asunto entre la gente de la calle me sorprendió brutalmente. No podía imaginar que un episodio financiero, un caso de bancos en pelea, pudiera atraer la atención del público en general de manera tan intensa como la que se me presentaba ante mis ojos. El ambiente era formidable y los comentarios de chicos jóvenes a los que no conocía en absoluto me demostraron que no había ninguna otra alternativa distinta que la de pelear.

Plantar cara al Gobierno fue un acto de profunda inconsciencia. La prensa transmitía nítida la postura oficial: Banesto sería inexorablemente absorbido por el Bilbao, adornando la conclusión con una serie de datos de corte financiero con los que se pretendía explicar que la operación se encuadraba dentro de la estrategia que reclamaba el futuro de Europa, algo que, dicho sea de paso, en 1987 ni siquiera disponía de perfiles mínimamente sólidos.

Curiosamente, a pesar de tal esfuerzo mediático, la opinión percibía cada día con mayor claridad que tras ese lenguaje financiero, tras una verborrea técnica vomitada con insistencia machacona, se escondía una operación de raíz estrictamente política. Seguramente sería incapaz de definir un cuadro de dominio del sistema financiero por el poder felipista. Posiblemente se tratara de una abstracción excesiva, pero que el Gobierno se encontraba detrás del Bilbao, que a su presidente jamás se le habría ocurrido algo ni parecido de no contar con el beneplácito de Felipe González, de eso todo el mundo estaba convencido. Y cada día que pasaba más, precisamente por la propia obscenidad de las informaciones oficiales.

Recuerdo un telediario en el que, sin dar crédito a mis ojos y oídos, escuchaba cómo el locutor aseguraba que el Bilbao contaba con el apoyo del Gobierno y en tales condiciones a Banesto solo le quedaba rendirse con dignidad. En fin, después de semejante espectáculo informativo opté por no leer la prensa, ni oír la radio, ni ver la televisión.

Navegaba de oído, por intuición. No sabía ni el nombre ni las coordenadas del puerto al que nos dirigíamos. Juan y yo nos reuníamos en casa de una amiga suya que creo trabajaba en Telefónica envueltos en una especie de nube, rodeados de una percepción de la realidad mucho más etérea que la que a diario se dibujaba frente a nosotros. No teníamos experiencia en la lucha contra el poder. Ni siquiera sabíamos cómo luchar. Cierto que Escámez, el viejo banquero profesional, y José María Cuevas, el presidente de la CEOE, se manifestaron críticamente contra el Bilbao. Pero el Sistema en su conjunto acató la medida. No por racional, sino por venir políticamente impuesta. Nadie se atrevía a defender a los octogenarios de Banesto. Todo el mundo daba por descontado que nuestras horas en el banco habían comenzado su cuenta atrás. Días, como mucho, era el espacio de tiempo que necesitaban para imponer su decisión.

El activo volvía a ser nuevamente el tiempo. Teníamos que ganarlo a toda costa, porque la opinión pública se decantaría cada vez más a nuestro favor. El lunes, después del fin de semana en La Salceda, comprobé que Letona y Argüelles se habían dedicado a elaborar unos números para forzar la ecuación de canje con el Bilbao, es decir, aceptando la inevitabilidad de la absorción. No podían actuar de otra forma. Ambos tenían que obedecer.

El nerviosismo cundió en el Bilbao. Letona me dijo que Asiaín quería verme a solas.

—¿A solas? ¿Por qué no con Juan?

—No sé. El recado es que se trata de verte a solas.

Lo comenté con Juan y decidimos que debía asistir. Allí acudí, a su despacho oficial, para escuchar de sus propios labios una oferta por nuestro paquete de acciones. Realmente dar un pase en el que ganaríamos unos cuantos miles de millones no constituía un plato despreciable. Al revés. Estaba claro que el Bilbao necesitaba un golpe de efecto si quería ganar. En ese instante era notorio que yo lideraba la defensa de Banesto. Si pudieran publicar en prensa que yo había cedido, que había vendido mis acciones, el éxito estaba garantizado. La desaparición del líder de la defensa siempre tiene consecuencias mortales para los defendidos. Una de mis aficiones es leer sobre el drama cátaro. Creo que no exagero si empleo la palabra «genocidio». El papa y el rey de Francia decidieron que el modo más expeditivo de terminar con la herejía era matarlos a todos. Así, de paso, Francia se hacía con Occitania. La batalla fundamental fue la de Muret. Allí estaba Pedro II de Aragón, cumpliendo sus deberes feudales para con el conde de Tolosa. Aseguran que el rey era particularmente aficionado a las mujeres y que quizá se pasó de la raya en su tienda la noche antes de la batalla. La verdad es que cuando tomó su espada, una de aquellas gigantescas espadas de entonces, a duras penas podía levantarla. Se ve que en esto de la guerra con material pesado de uso individual el exceso de amor no proporciona fuerza, sino que, más bien, la arranca de las extremidades. Simón de Monfort se dio cuenta y de un plumazo se quitó de encima al rey. Se acabó la batalla. Murieron como moscas los aragoneses y aliados. Todo por un exceso de amor nocturno.

Pues sin que yo fuera Pedro II ni de lejos, lo cierto es que si conseguían mi retirada a cambio de dinero habrían ganado casi todo. A mayor abundamiento, lo lograrían si, como parte del trato, conseguían unas declaraciones mías en el sentido de que la fusión era imprescindible para abordar con garantías de éxito la integración europea y otras vulgaridades como esa. Ser consciente de que ese activo añadía un precio descomunal a tus acciones no era desagradable. Al revés: tentador, muy tentador. Para el Bilbao el asunto se medía en cientos de miles de millones de pesetas, así que unas decenas de miles más o menos era chocolate para el loro. Y en el fondo, si aceptábamos el trato, seríamos eso: un par de loros comiendo chocolate en las puertas del Olimpo.

Pero no lo aceptamos. Hoy por hoy sigo ignorando las razones profundas de tal decisión. Seguramente la inconsciencia, la sensación de irrealidad, la percepción de un protagonismo súbito y desmesurado en la sociedad española, algún instinto primario, la ignorancia de su verdadero poder, en fin, una mezcla de circunstancias que todas contienen algo de patología psicológica nos condujo a rechazar la oferta de Asiaín ante el desconcierto general de los amos del Sistema.

Decidí seguir ganando tiempo para que se cocieran en su propia salsa, para que cada día explicitaran con mayor fuerza la improvisación de sus planteamientos financieros, lo que dejaría desnudos y nítidamente visibles los propósitos políticos, y, por consiguiente, nos facilitaría la recepción de apoyo de accionistas y gente de la calle. Al tiempo decidimos encargar una encuesta entre los accionistas de Banesto para tener más o menos claro cómo reaccionarían en el caso de que finalmente el Bilbao, empujado por lo inevitable político, se decidiera a la barbaridad de plantear una opa hostil.

Mientras sucedían los acontecimientos a velocidad de vértigo, el poder se desplazaba cada minuto hacia quien asumía el protagonismo externo de defensa de Banesto, es decir, yo. Lo lógico, lo natural, habría sido que tanto Juan como yo recibiéramos identidad de trato, en lo que a «salvadores» de la opa se refiere. Pero yo acumulé, justa o injustamente, mayores dosis de tal elixir.

Desde el Banco de Bilbao se continuaba con las improvisaciones más insólitas, como, por ejemplo, pedir que una comisión de las familias de Banesto se reuniera conmigo y con representantes del banco vasco. Así lo hicimos y el espectáculo ni siquiera merece la pena ser contado, porque por lastimoso lo mejor es que descienda al olvido. La encrucijada para ellos aumentaba en espesor cada día. Alguien metió al Bilbao en un tremendo lío y ahora no sabían cómo salir. Mientras, los telediarios, en su intento de legitimar la victoria de Asiaín, relataban los acontecimientos del día provocando que mucha gente siguiera un suceso político-financiero con el mismo interés que esas telenovelas de producción suramericana que se emiten a la hora de la siesta.

Era tarde y estábamos cansados de tanto ajetreo diario con la historia de la opa y sus derivadas. Decidimos salir a cenar a un restaurante que conocía Arturo Romaní. Justo antes de abandonar mi casa de Triana un motorista traía un sobre voluminoso. Aseguró que era de don José Ángel Sánchez Asiaín para mí y que su contenido resultaba extremadamente urgente. Tomé el sobre en mi mano y me senté en el sofá del salón de mi casa. Solo. Pensando. ¿Qué podría ser? Lo tenía claro, así que decidí no abrirlo. Llamé a Lourdes y nos fuimos a cenar. El sobre quedó en el bargueño de la entrada. Juan Carlos, de mi seguridad, me preguntó si tenía algo que decirle al mensajero, que esperaba una respuesta.

—Dile, por favor, que lo he recibido, que le diga a su jefe que es tarde, que mañana hablamos.

No se trata de que dispusiera de dosis especiales de adivinación, sino que sucedía que aquel lío en el que se había metido el Bilbao tenía muy mala salida. Solo dos: o rendirse o presentar una opa. Como la rendición no necesitaba de sobre voluminoso, aquello solo podría ser la otra alternativa. Como era tarde, tenía hambre y no conseguiría nada abriendo el sobre, lo dejé estar. Cené tranquilo y al regresar a casa Lourdes me preguntó:

—Oye, ¿qué era ese sobre del Bilbao que trajeron antes de salir?

—Pues la opa que van a presentar mañana.

—¿Cómo lo sabes? ¿Lo has abierto?

—No, no hace falta. Es que no puede ser otra cosa.

—¿Lo vemos?

—No. Ahora a dormir. Mañana será otro día.

A la mañana siguiente tomé el sobre, desayuné, me subí en el coche y salí con destino a Castellana. Justo al llegar a mi despacho me encontré con Rafael Pérez Escolar. Me preguntó si pasaba algo porque notaba el ambiente tenso. Le dije que Asiaín había decidido presentar la opa.

—¿Qué dices? ¿Has visto las condiciones?

—No. Están en este sobre.

La cara de Rafael era un poema al comprobar que el sobre de marras no había sido abierto.

—Estúdialo y dinos algo, que el Consejo estará nervioso.

Al final, sin otra salida aparente y con muy escaso convencimiento, Asiaín presentó la oferta pública de adquisición de acciones de Banesto. Resultó ridícula. Ofertaban una cantidad pequeña en efectivo y el resto en acciones del Bilbao. La defensa fue muy fácil: quieren Banesto a cambio de papelitos. En esas condiciones y después de lo que había llovido sobre el suelo patrio, me parecía que caminaban hacia el desastre más grande del mundo, a pesar de que durante esos días buscaron como locos paquetes significativos de acciones de Banesto para poder ofrecer a la opinión un saldo relativamente consistente de su iniciativa. Como no pudieron comprar mis acciones ni las de Juan, andaban buscando a Coca y a otros para ver si podían presentarse ante la opinión diciendo que ya eran poseedores de una cifra del capital de Banesto que garantizaba que la operación tendría éxito. Pero no lo consiguieron.

Anunciada la opa formalmente, el Consejo de Banesto aceptó la dimisión de José María López de Letona, porque, según él —y no le faltaba razón—, había perdido la autoridad en el banco, que se había desplazado hacia mí. Me dio cierta pena porque siempre he pensado que no era una mala persona. El día 28 de noviembre, el Consejo de Banesto me nombró vicepresidente y consejero delegado, anunciando, además, que asumiría la presidencia el 16 de diciembre del mismo año, cuando se cumplieran las previsiones sucesorias de Pablo Garnica Mansi. Letona desaparecía de la escena político-económica. La estrategia de los usurpadores de Banesto sufrió un golpe casi letal porque su hombre, el destinado a ejecutar sus planes, se encontraba fuera del poder del banco y con nulas posibilidades de regresar a él. El clavo ardiendo era Asiaín, la última baza, y para ello tenía que conseguir el control de la mayoría del capital de Banesto, algo que se presentaba como extraordinariamente difícil. Cada segundo aumentaban nuestros enteros y disminuían los suyos. Optaron por una estrategia límite: acudir a la televisión. Asiaín apareció en el telediario explicando su punto de vista. La batalla de la opinión se encontraba servida.

Sin embargo, no valoraron en su justa medida la decisión que el Consejo de Banesto adoptó sobre mí, que supuso una verdadera conmoción en la opinión pública española, que veía a un chico de treinta y nueve años que en tres meses pasaba desde la calle a consejero de Banesto, consejero delegado, vicepresidente y futuro presidente. Era una baza que había que jugar y la única posibilidad que teníamos de salir vivos. Si ganábamos la batalla de la opinión pública, los accionistas de Banesto no atenderían la oferta del Bilbao. Así que tuve mi primera experiencia personal en la televisión, cuando decidí acudir al telediario de la noche para contestar las intervenciones del presidente del Bilbao.

Me temblaban las piernas y me sudaban las manos en el momento de comenzar, a pesar de que minutos antes el presentador había mantenido un breve encuentro conmigo para orientarme sobre las preguntas que me iba a hacer. Como soy confiado por naturaleza, siempre pensé que el señor De Benito —así se llamaba el locutor— no me iba a engañar y que su gesto de apuntarme por dónde iban a ir los tiros era sincero. Enseguida me di cuenta de que estaba equivocado. Las preguntas nada tenían que ver con las que me había dicho. Supuse que era una estrategia para distraer mi mente, para minar mi capacidad de concentración y para que, a consecuencia de todo ello, quedara fatal ante el auditorio. Me percaté y dejé la rabia para otro momento. Concentré mis fuerzas en las respuestas ignorando las prácticas de De Benito.

El resultado de imagen fue razonable. Vista con la experiencia de hoy, llevando sobre mis espaldas horas y horas, cientos, quizá miles, de televisión, resultó un tanto inexperta, pero en aquellos momentos esa sensación era equivalente a frescura, a un cierto aire nuevo, que era lo que buscaba una parte de la sociedad española. Cuando no entiende el fondo de los asuntos, la opinión pública se decanta por la novedad. El refrán de más vale malo conocido que bueno por conocer es aplicado a la inversa, con exquisita perseverancia, por un sector de la opinión configurado como masa opinante. Yo era nuevo. Asiaín no. Yo era joven. Asiaín no. Yo no pertenecía al statu quo bancario. Asiaín sí. Así que debía de inspirar una mezcla de sentimientos de diverso corte y linaje, pero que en su conjunto llevaron a mucha, muchísima gente a pensar que tenía razón en mi defensa de Banesto, un banco que pocos días antes habrían insultado públicamente si les hubieran pedido su opinión. La masa es un peligro andante porque responde a emociones muy primarias. Combinada con los medios de comunicación social, es una bomba de un número infinito de megatones.

Por si fuera poco, el modelo de opa presentado por Asiaín no cumplía las exigencias de la legislación financiera. Yo me acordaba de mis tiempos de IBYS, cuando tuvimos que hacer una oferta a plazos, lo que resultó una novedad en el viejo y rudimentario mapa financiero español. Pero siempre ofertamos dinero, nunca papelitos de Antibióticos, S. A. Asiaín no cayó en ese pequeño detalle. Si ofrecía acciones del Bilbao resultaba necesario tenerlas y era obvio que no las tenía porque lo contrario significaría disponer de una masa ingente de autocartera, así que ofertaba algo que no estaba en su ámbito de poder de disposición. Será una interpretación rigorista, pero era la que permitía la ley vigente entonces y se produjo el descalabro: la Bolsa de Madrid declaró improcedente la opa del Bilbao, lo cual era un duro golpe, pero no definitivo, puesto que estaba claro que tenía la posibilidad de recurrir ante el ministro de Hacienda, Carlos Solchaga, quien, de manera indudable, estaba a favor del Banco de Bilbao.

La verdad es que vista mi experiencia con el valor de lo jurídico en nuestro país, todavía me sigue maravillando que la Bolsa de Madrid adoptara aquella decisión. Tan escéptico y descreído me han vuelto los avatares de mi vida que casi creo que se trató de una salida pactada, una negociación entre Asiaín y los responsables de admitir o rechazar la opa para desplazar la responsabilidad del fracaso a una legislación obsoleta, frente a la que el Banco de Bilbao podría esgrimir, con mayor o menor éxito, el argumento de la modernidad.

De todas formas, como digo, no las tenía todas conmigo porque si el Bilbao recurría y Solchaga tenía que resolver, mis predicciones se inclinaban por la solución favorable —al menos en apariencia— al Banco de Bilbao. El ministro tuvo que estar en el origen del movimiento de Asiaín, así que ahora no debería dejarle tirado. Claro que la norma general de los políticos —al menos de muchos de ellos— consiste precisamente en dejar tiradas a las personas que les ayudan, en un ejercicio de falta de escrúpulos que no por llamativo deja de ser recurrente en su esquema de valores.

Mientras estos pensamientos ocupaban mi mente, recibí en mi casa de La Salceda la llamada de José Ángel Sánchez Asiaín. Era ya bien entrada la tarde cuando escuché sus palabras:

—Mario, quiero que sepas que acabamos de tomar la decisión de no recurrir y desistir definitivamente de este asunto.

—Creo que aciertas plenamente, José Ángel —contesté.

Muy poco más duró aquella conversación que constituía un auténtico triunfo personal.

Me resultaba a todas luces obvio que antes de decidir no presentar el recurso Asiaín había consultado con Solchaga y el ministro había aceptado la sugerencia del banquero. ¿Por qué? Seguramente porque percibió que políticamente el caso estaba cerrado y reabrirlo no tendría más que costes políticos para ellos. Por tanto, que Asiaín asumiera los costes y el Gobierno intentaría vender a la opinión pública que la guerra nunca fue con ellos.

Aparentemente la confrontación había terminado con una derrota en toda regla de las huestes del Sistema. Sin embargo, los próximos años me demostrarían hasta qué punto los depredadores del poder jamás se retiran de la escena. Se agazapan, se esconden, mienten, difaman, ofenden, pero siempre continúan, no cejan en su empeño, y si este es ni más ni menos que Banesto, la perseverancia alcanza cotas religiosas.

Dos frentes se abrían con esa aparentemente maravillosa victoria: el interno, en el que Juan sería destacado protagonista, y el externo, la persecución política y consecuentemente mediática desde el Ministerio de Economía y el Banco de España. No cejarían hasta verme liquidado. Tenían tiempo porque suya era la mayoría absoluta en el Parlamento y suyas las expectativas para muchas elecciones más. Hasta el momento habían fracasado por medir mal a las personas y los tiempos. Necesitaban aprender más de mí, entenderme, comprarme, asimilarme, deglutirme, y, si nada de eso se perfilaba posible, entonces no quedaría más remedio que aniquilarme. Lo peor de todo no residía en ellos, sino, precisamente, en mí. Ignoraba la radiografía real de España. Sospechaba, pero no conocía. Intuía, pero no constataba. Mi ingenuidad me llevó a creer que estarían dispuestos a aceptar nuestra victoria si demostrábamos que queríamos gestionar el banco ordenadamente y no provocar ningún tipo de desastre financiero. Que asimilarían el aire de modernidad que podíamos suponer para mucha gente en el mapa financiero español y se lo apuntarían políticamente como un tanto a su favor, algo que no era posible —dirían— mientras las fuerzas de la dictadura atenazaban sin remedio la capacidad creativa de los individuos.

Nada de eso. El único lenguaje válido del poder es el poder. Y el poder para ellos. Cualquier trozo de poder en manos de otros les convierte en enemigos, por razonable, justo, ecuánime, moderno o lo que se quiera que sea la persona o personas en cuestión. El sistema financiero debía ser para ellos. Nosotros no éramos ellos.

Ni nos querían entre ellos. Así que su único objetivo fue, desde siempre, el aniquilamiento personal. Vendría su tiempo. Esperarían pacientes.

El 9 de junio de 2010 en la sede de Sacyr almorzaba mano a mano con Luis del Rivero, su presidente, principal accionista y máximo impulsor de una empresa que había crecido exponencialmente. No le conocía personalmente. La cita surgió de manera espontánea en un almuerzo que el Grupo Intereconomía había organizado en homenaje a Álvaro Uribe, el presidente de Colombia, que en breve iba a pasar a ciudadano de a pie por cumplir con los límites constitucionales de su mandato. Allí quedamos en almorzar y ese almuerzo se celebró.

Sacyr había protagonizado una ofensiva en relación con el Banco de Bilbao. Sobre el papel he de reconocer que la operación estaba muy bien planteada porque merecía la pena arriesgarse a controlar los activos industriales en poder del Bilbao, como en su día sucedió con Banesto. Ningún accionista de referencia en el Bilbao. Los bancos en ese instante estaban sobrepasados por exceso de liquidez. Las grandes constructoras se habían convertido en los líderes del mundo empresarial español. Todo cuadraba. Pero cometieron dos fallos.

Luis me explicó sus contactos políticos con un detalle exquisito, punto a punto y paso a paso. Puesto que de bancos se trataba, no podía ser que el Banco de España permaneciera ausente. Ya no estaba Mariano Rubio. Su gobernador era otra persona. Pero el tipo, modo, contenido, alcance y estilo de conversación que «los nuevos» del Banco de España mantuvieron con Sacyr a propósito de esta operación sobre el Bilbao no diferían prácticamente en nada de los que en su día mantuve con el entonces gobernador. Cada vez que escuchaba algo así me percataba más y más de que lo del Sistema es una realidad como un castillo. Pero no era cuestión de ponerse a teorizar sobre semejante cosa, así que cuando concluyó le dije:

—Creo que eso fue un error. Las operaciones de este tipo que he conseguido sacar adelante en mi vida han sido siempre callando ante los políticos o actuando contra ellos. Cuando los políticos ven riesgo se retiran. Su palabra carece de fijeza. Depende solo de cómo vean el estado de la opinión.

Luis asintió en silencio, pero a continuación añadió:

—Creo que en este caso, como en el de Repsol, nos ha faltado algo esencial: la persona. No teníamos a nadie en quien corporeizar nuestra oferta, nuestra posición.

No quise responder más que con un gesto de cabeza. Tenía toda, absolutamente toda la razón.

9

En muchas ocasiones, y todas ellas sin asomo de nostalgia, rencor o cualquier otro sentimiento de ese tipo, me he preguntado qué habría sido de mi vida en el caso de que Aznar y González no hubieran tomado la decisión de intervenir Banesto. Es verdad que formularse preguntas para las que no existe más respuesta que la no respuesta no es un deporte conveniente. Si disfrutas de una salud emocional de envergadura notable, puedes practicarlo con asiduidad, pero en todo caso cuidado, porque es más frustrante que el golf o las inversiones en Bolsa. Si careces de esos atributos emocionales, es altamente recomendable practicar la abstinencia, salvo que se trate de metafísica o mística, o cuando vislumbras que la posible respuesta, siempre abstracta, puede alegrarte el cuerpo, el alma o ambos inclusive. Mi padre me formuló la pregunta en alguna ocasión, y desde luego en el almuerzo de Ponteareas, pero los verdaderos acontecimientos que pudieron causar desperfectos de difícil o imposible reparación, como dicen los juristas, suceden, precisamente, a partir de su muerte en 1996.

En 2005, una vez recuperado el tercer grado y nueve años después de la muerte de mi padre, caminaba con mi hijo Mario por uno de los hoyos del imposible campo del nuevo Club de Campo, el que alojaron cerca del RACE, en la carretera de Burgos. Y mientras veía a mi hijo tomar el palo adecuado para una aproximación difícil —como casi todas— me pregunté si habría sido posible jugar con mi hijo al golf en un día ordinario de haber seguido siendo presidente de Banesto. Pero debí de pensar en alta voz porque Mario me respondió:

—No, claro que no, porque entre otras cosas a lo mejor te habría dado un infarto.

Volvió a su tarea, como quien dice algo tan interiorizado que se reproduce de forma semiautomática. Ni siquiera me dijo que estaba contento por que eso no hubiera sucedido; era obvio. Lo que me importó es que lo hubiera pensado mucho antes, porque era más que posible que su admonición tuviera visos de realidad. Hoy, en plena crisis financiera, desastre que no solo no parece amainar, sino que en el mejor de los casos, como sigan por el camino que recorren, conseguirán adormecerla para, muy posiblemente, despertar de nuevo repleta de violencia, cada vez que miro a los banqueros me los imagino afligidos y asustados, aunque es incluso posible que en tales atalayas ni siquiera se almacenen esos sentimientos. A lo mejor el susto o el temor es cosa de pobres, no de ricos... Yo, desde luego, lo estaría. Frente a tal dibujo existencial me veo a mí mismo contemplando el increíble paisaje que se divisa desde A Cerca, en la llamada ruta de los castaños, con las Portillas de Padornelo y A Canda al fondo, dibujando una especie de frontera natural que en demasiadas ocasiones ha contribuido a un aislamiento gallego no siempre digno de alabanza. Una vez que entiendes, que interiorizas, que incluyes en tu torrente sanguíneo el verdadero alcance de la noción de impermanencia, imaginarte en los puestos de mando financieros te resulta tan privado de auténtica sustancia, tan edulcorado con artificios, que sonríes al agradecer no tener que dedicar tu vida a estar allí. Una cosa es que los trabajos sociales —y el financiero debería serlo— son imprescindibles para la vida ordenada en sociedad. Otra diferente es que eso sea la esencia del ser humano. Y otra, que jerarquicemos cualitativamente a los hombres en función de esos roles sociales instrumentales.

Pero ¿soy realmente sincero al sostener que no me importaba demasiado ser o no presidente de Banesto? ¿Cómo fue en realidad? ¿Cómo sucedió que un chico de treinta y nueve años se encaramara en semejante posición de máximo privilegio en la escena financiera española? Ya he dicho que gracias a la opa de Sánchez Asiaín inducida y seguramente provocada por el Gobierno. Pero hay más. Claro que cada uno cuenta las cosas a su manera y en aquellos días, y muchos otros más tarde, la pregunta de la sociedad española era muy clara; si Juan Abelló tenía más dinero, era más rico, de mayor edad, más conocido y más poderoso que Mario, ¿por qué no fue él elegido para ese puesto? ¿Acaso no quería ser presidente de Banesto? Si soñaba con ser consejero, y se alegró al llegar a vicepresidente, ¿cómo despreciar la presidencia?

A veces la vida nos lleva a construir lo que yo llamo la «historia alternativa», esto es, un modo de decirnos a nosotros mismos cómo ocurrieron las cosas para calmar nuestras angustias, para sentirnos mejor cuando tenemos que escucharnos en el ruido del silencio. Situaciones impensadas, no imaginadas pueden enfrentarnos de golpe con nuestras propias historias confeccionadas con emociones.

El 19 de septiembre de 1994, Juan Abelló acudía a declarar ante la llamada Comisión de Seguimiento de la Intervención del Banco Español de Crédito. Llevar la gestión de un banco privado a un Parlamento para ser sometido al conocimiento de sus señorías es, como mínimo, un adefesio, pero no deja de ilustrar sobre sus propósitos el dato de que fue Aznar quien propuso semejante producto parlamentario. En realidad no se trataba de conocer nada en concreto, sino de escenificar que el Estado se encontraba frente a nosotros, y que la soberanía popular, así llamada, iba a emitir veredictos a los que deberían ajustarse los jueces.

Es claro que Juan debía de ser consciente de que, dada la naturaleza y los objetivos políticos de la Comisión, no les interesaba realmente su persona, sino exclusivamente su capacidad de formular juicios negativos sobre mí, con los que añadir toda la carga posible al fuego de una hoguera en la que indefectiblemente yo tenía que ser abrasado. En esas condiciones el testimonio de Juan Abelló podría cobrar importancia. He consultado las actas de ese día, y creo que algunas de las respuestas de Juan Abelló a las preguntas de los parlamentarios son significativas, pero antes que nada, la frase con la que Juan inicia su actuación parlamentaria es interesante e ilustrativa: «Quiero agradecer a los miembros de la Comisión que hayan solicitado mi comparecencia, porque para mí supone la oportunidad de hacer algunas reflexiones con ustedes que, de paso, me sirven para recordar y para justificar más ante mí mismo la decisión que tomé en febrero de 1989».

Conozco lo suficientemente bien a Juan como para no albergar duda seria de que la opinión que le merecen muchos, cuando menos algunos de los parlamentarios no es extraordinariamente buena. En todo caso, no lo suficiente para ponerse a reflexionar con ellos en voz alta acerca de problemas que, de una manera u otra, afectan a su propia intimidad. Ni es el lugar el Parlamento, ni el sitio la sesión de la Comisión, ni las personas los parlamentarios, a quienes, por otro lado, no les interesaba para nada la decisión de Juan sino en la exclusiva óptica de su capacidad de dañarme. Pero lo cierto es que en el ambiente enloquecido de aquel diseño de Comisión todo era posible, incluso ponerse a penetrar en esferas de intimidad de personas privadas.

A lo largo de la sesión, y aun a pesar de las intervenciones de algún parlamentario destinadas a forzar una respuesta incriminatoria contra mí, la actitud de Juan no es agresiva, y, sustancialmente, al menos en lo que yo conozco, no falta a la verdad. Pero llega un momento en el que una diputada socialista, una tal señora Aroz, le pregunta acerca de mi acceso a la presidencia del banco:

—El señor Conde ha negado que tuviera planes para alcanzar la presidencia del banco y que se limitó a aceptar cuando se lo propusieron. Sin embargo, existen testimonios, evidencias publicadas de que hubo una estrategia y que se realizaron diversas gestiones para conseguir esa presidencia del banco en la última junta de diciembre de 1987. ¿Le pidió a usted colaboración para influir en los miembros del Consejo en ese objetivo?

La propia pregunta carece del menor sentido, porque lo normal, cuando se trata de la presidencia de un gran banco, es que exista algún tipo de estrategia y que lleven a cabo gestiones encaminadas a ese fin. Así sucede con cualquier cargo, desde la presidencia del Gobierno al más humilde empleado municipal, pero por lo visto para esa tal señora Aroz la cosa es de difícil comprensión... La respuesta de Juan es interesante:

—El 27 de octubre el señor Conde no tenía estrategia alguna para ser presidente. Cuando vino la opa del Bilbao, que es una cosa inusual, absolutamente inesperada y sin precedentes, y cuando vino el 16 de diciembre, día en el que don Pablo Garnica había hecho ya pública su decisión de abandonar la presidencia del Consejo de Administración, sí se pone en marcha una estrategia definida para hacerle presidente; estrategia en la que, sorprendentemente, intervine bastante poco, no porque me quisiera quitar de en medio, sino porque me puso de bastante mal humor, pero es evidente que fue así.

—Es decir, el señor Conde le pidió que colaborara para alcanzar la presidencia de Banesto.

—No, al revés.

Al margen de las precisiones sobre la estupidez de la pregunta, con independencia de que, como digo, resulta asombroso que una señora socialista se ponga a indagar cosas así en el Parlamento, Juan contesta con sinceridad, pero con sinceridad lacerante en una frase que cuando tuve que leerla me golpeó con fuerza, porque admitió en pleno Parlamento, ante aquellas gentes que nada tenían que ver con él ni con su vida, algo brutal: «Me puso de bastante mal humor».

Creo que es un reflejo del subconsciente. Juan reconoce que mi acceso a la presidencia de Banesto «le puso de bastante mal humor». ¿Por qué? Nadie se lo preguntó. ¿Es que acaso creía que yo no reunía las condiciones adecuadas para ello? ¿Es que le parecía ilegítima mi presidencia? ¿Es que no se reforzaba con ello nuestra propia posición en el seno del banco? Tratándose de dos personas que mantenían una profunda amistad, que ambos conjuntamente decidimos invertir en Banesto, que ambos conseguimos la condición de vicepresidentes, resulta doloroso que mi nombramiento le causara un profundo mal humor. Insisto en que nadie se atrevió a formular una pregunta tan elemental como ¿por qué, señor Abelló, por qué? Teóricamente podrían los parlamentarios haber obtenido una respuesta útil, porque Juan podría haber ideado que no le parecían adecuadas mis capacidades, o algo similar. Pero nadie preguntó.

Sin embargo, esa frase de Juan me revela mi ingenuidad de aquellos días. Nunca imaginé algo así. Mucho menos que haya tenido que esperar a leerlo en las actas de una comisión parlamentaria. Pero hoy, cuando escribo estas líneas, no puedo olvidarme de las palabras de Fernando Garro, una vez concluido el Consejo de Banesto en el que me designaron presidente:

—Mario, ten cuidado. He visto los ojos de Juan y no son los de una persona normal. Ten mucho cuidado.

Ciertamente, la trayectoria de Garro ha demostrado basarse en un concepto tan superlativamente etéreo de la moral y de la lealtad que convierte su testimonio sobre cualquier asunto en materia desechable. Pero en este caso, en ese momento crucial, acertó. A la vista está que fui yo quien se equivocó.

Lo curioso sucedió años más tarde, concretamente el 10 de mayo de 1999, cuando Juan vino como testigo al juicio oral sobre el caso Banesto. Primero desnudan nuestra intimidad en el Parlamento. Ahora en la Audiencia Nacional. Parece que para consumo de magistrados y parlamentarios. Quizá no haya que escandalizarse demasiado, sino admitir, con cierta pena, que nuestro país es así, se teje con esas materias primas.

La escena tenía su gracia, porque yo me encontraba en el banquillo de los acusados y él se disponía a testificar sobre sus conocimientos acerca de mí, a sabiendas, desde luego, de que volvería a repetirse el espíritu del Congreso, es decir, tratar de obtener al precio que fuera alguna confesión incriminatoria. La señora Aroz del juicio Banesto fue el ministerio fiscal, mi lejano pariente, quien aprovechó el trámite para efectuar un repaso de nuestra vida juntos, de los hombres que nos rodeaban, tales como Romaní, Garro, Lasarte, Ducasse, Mariano Gómez de Liaño... con el objetivo de demostrar que todos ellos eran personas que me debían sus vidas y que me obedecían siempre sin rechistar. Todo ello tenía una importancia menor, pero como los soportes de la acusación contra mí resultaban peor que endebles, había que sacar cera de cualquier sitio.

Nada significativo ni acusatorio en las palabras de Juan. Volvió, más o menos, a insistir en las ideas expresadas en el Congreso de los

Diputados en lo referente a la importancia de la opa del Bilbao y cosas parecidas. El momento culminante se presentó cuando, al igual que sucedió con Aroz, tuvo que responder a las preguntas del fiscal relativas a mi ascenso a la presidencia de Banesto. Conviene detenerse en ellas.

«Fiscal: ¿Hubo alguna razón por la que usted fuera vicepresidente de Banesto y no accediera a la presidencia teniendo una participación en el banco superior al que sí asumió la presidencia, don Mario Conde?

»Abelló: Bu... eno. Hubo una facilísima: que yo no quise. Pero a mí me lo ofreció don Pablo Garnica.

»Fiscal: ¿En qué fecha se produce esa oferta?

»Abelló: Pues el... a... principios de diciembre de 1987.

»Fiscal: ¿Y la razón de que finalmente a quien se lo propusieron fue a don Mario Conde, usted la conoce?

»Abelló: Bueno, Mario Conde había hecho una defensa brillante de la opa del Bilbao que era una opa hostil, si no se hubiera planteado como una opa hostil, pues hoy quizá hubiera sido un movimiento que habría triunfado; estamos viendo otros parecidos quizá con menos sentido. Aquel, pues, unía dos culturas muy complementarias y hubiera podido tener gran éxito, pero la forma en la que se planteó de opa hostil pues lo que mandaba la tabla en aquel momento era oponerse. Don Mario Conde defendió la postura de oponerse y por lo tanto, pues salió muy reforzado de esa crisis, y cuando me ofrecieron a mí la presidencia —yo creo que sin demasiado interés por otro lado— y yo dije que... que estaba ahí don Mario Conde y que había hecho una gran labor y que yo tenía... eh... confianza en él, bueno pues que podía ser un gran presidente de Banesto y así se le nombró.»

¿Por qué Juan cambia en la Audiencia Nacional la versión dada en el Parlamento? No tiene la menor importancia procesal, claro, porque a efectos de ambas instancias resulta total y absolutamente indiferente. Pero a mí no, porque Juan Abelló forma parte de mi vida, y de una parte tan intensa que debo obtener lecciones de ella, para entenderme mejor a mí mismo y para que los que nos sigan en estas trayectorias complejas puedan aprender algo más del alma humana, de nuestros íntimos deseos y pasiones.

La versión del Congreso de los Diputados se cambia ahora de manera total y absolutamente sustancial. Entonces, ante el Parlamento, expresó el sentimiento que le embargó y, además, aclaró que él no intervino, que fue algo que sucedió al margen suyo. Ahora, a preguntas del fiscal, las cosas sucedieron de manera radicalmente distinta... Ahora asegura que «yo no quise aceptar la oferta y dije que Mario Conde, en quien yo tenía confianza, podría ser un gran presidente de Banesto y así se le nombró».

Con todo, esa dualidad de versiones es comprensible porque al fin y al cabo todos queremos tener una oportunidad de una historia alternativa. Eso es humano, demasiado humano quizá, pero humano al fin y al cabo. No creo que nadie sea capaz de asegurar que en algún momento de su vida no ha sido humano de esa humanidad. Pero ni siquiera fue lo peor ese mal humor que le produjo mi designación como presidente. El rato de mayor acidez interior lo viví cuando, a preguntas de Juan Sánchez-Calero, mi abogado defensor en el juicio Banesto, no tuvo más remedio que reconocer su participación en la conspiración que en aquellos días se urdió contra mí.

«Letrado: Pero en concreto, ¿usted se ponía de acuerdo con los representantes de Cartera Central?

»Abelló: Sí, pero sobre todo, entre otras cosas, para... para preservar mi integridad en el Consejo.

»Letrado: ¿Usted estaba en una posición de oposición a don Mario Conde?

»Abelló: Estaba..., hombre, yo diría que en oposición pero con tendencia a la retirada.»

Cartera Central, léase Alberto Cortina y Alberto Alcocer como puntas de lanza y Mariano Rubio y Solchaga como soportes políticos, no planteaba una oposición sin más, sino una guerra de aniquilación. Esa guerra, en sí misma, no tiene por qué ser ilegítima, porque todo el mundo tiene derecho a aspirar a la presidencia de un banco. La ilegitimidad derivaba del apoyo político, es decir, de que una autoridad política de la envergadura del gobernador del Banco de España y del ministro de Economía se pusiera de un lado, apoyara a uno de los contendientes financieros, debido no ya a problemas de índole técnico-financiera, sino de conveniencia política. Cuando algo así aparece en el terreno económico, es claro que no se trata de una guerra de pactos, sino de aniquilación del contrario. Por ello el mismo Juan se situó en el lado opuesto. Difícil ver a Juan en ese territorio de los Solchagas, del socialismo imperante, pero la vida es una caja constante de sorpresas.

Son testimonios recogidos en documentos oficiales. Sí, de acuerdo, pero al margen de esos testimonios, la pregunta sigue siendo ¿qué sucedió? ¿Cómo es posible que por vez primera en la historia de España un hombre de treinta y nueve años recién cumplidos que entra como consejero en octubre sea elevado a presidente a comienzos de diciembre del mismo año en uno de los siete grandes bancos españoles, y seguramente el más emblemático de ellos? Pues, insisto, tengo que descargar de épica los acontecimientos, porque no entraba en mis planes ser presidente del banco. Confieso que para mi modelo de vida habría sido mejor que el presidente fuera Juan o cualquier otro.

Recuerdo la conversación en una cena entre Pablo Garnica, Juan Abelló, José María Cuevas, entonces presidente de la CEOE, y yo, en la que dejé absolutamente clara mi postura.

—Os digo con total claridad que si Juan quiere ser presidente de Banesto, eso es lo que yo considero lógico. Por mi parte no hay el menor inconveniente. Se trata de lo que creamos que puede decidir el Consejo.

Juan no se postuló. No entró a mi quite. Nunca jamás me dijo que alguien le había ofrecido ser presidente de Banesto, mucho menos Garnica. Pero una cosa es que no planteara su opción a la presidencia de Banesto y otra bien distinta es que le hubiera gustado serlo. Creo sinceramente que le habría encantado. Pero si, por las razones que fueran, no podía serlo, la peor de las soluciones para su estabilidad emocional quizá consistía en que lo fuera yo. El cambio que se había producido era demasiado brusco, excesivamente importante para ser asimilado con facilidad. Quizá no tanto por Juan como por su entorno. Se entiende la sinceridad de reconocer que mi nombramiento le puso de bastante mal humor.

La opa de Asiaín nos pilló tan de sorpresa, nos anonadó de tal manera, que no fuimos capaces de prever la dinámica de los acontecimientos. El día en que tuve que asumir la defensa de Banesto por encargo del Consejo, cualquier diseño anterior que pudiera existir en cualquier mente, en las nuestras y en las de quienes nos rodeaban, saltó roto en mil pedazos. Era obvio que, si ganábamos, el liderazgo absoluto sería asumido por mí porque cuando una institución es capaz de salir indemne de un acontecimiento trágico, de un proceso traumático, idolatra a aquel que, justa o injustamente, personifica como el responsable del éxito. Ese hombre se llamaría inevitablemente Mario Conde. Así sucedió. La tendencia al mito es constante de la sangre hispana. Los directores del banco elevaron a ese sujeto Mario Conde a la categoría de mito porque les había salvado de ser invadidos. Eso constituía un hecho irrefutable y las consecuencias derivadas tenían la misma característica. No había opción: tenía que ser presidente. Cualquier intento de elevar a Juan a ese nivel habría resultado imposible. No sé si también lo hubiera sido en otro caso. Responder a eso les corresponde a los consejeros de entonces, pero después de la opa y la victoria sobre el Bilbao y el Gobierno no había nada que hacer.

El 16 de diciembre de 1987, se celebró el Consejo en el que debería acceder a la presidencia. Comencé tomando la palabra:

—Señores, tiempo atrás acordasteis que asumiría la presidencia del banco en el día de hoy. Aquella fue una decisión adoptada bajo la presión de la opa del Bilbao y con el claro propósito de defendernos frente a su intento de absorción de Banesto. Todo ello ha concluido. A día de hoy, sin perjuicio del peligro del territorio en el que nos movemos, podemos encarar el futuro con más tranquilidad. Así que quiero deciros que no hay ningún problema. Podéis reconsiderar la decisión y decidir ahora, libremente, sin ataduras ni presión, si queréis que asuma la presidencia.

—Que sí, hombre, que sí.

Estas palabras de Pablo Garnica, pronunciadas en su estilo clásico, con el acento y tono de voz marcas de la casa, rompieron el abrumador silencio que acogía mi breve alegato. Nadie se atrevió a rechistar y algunas sonrisas leves se dibujaron en los rostros de los consejeros, de los cuales algunos pocos conocían de antemano que asistían a su última sesión del Consejo de Banesto.

¿Por qué dije eso de que volvieran a reconsiderar si querían que fuera presidente? ¿Es que acaso no sonaba un poco a impertinencia? ¿Necesitaba reafirmarme moralmente ante todos los consejeros? Creo que influyeron varias cosas. Primero, era lo que sinceramente sentía. Segundo, porque muy posiblemente no tuvieran respuesta diferente. Tercero, porque no cabe duda de que reafirmarse ante un planteamiento así reforzaba mi posición y a continuación iba a proponer un cambio brutal en la composición del Consejo.

—Bien, gracias, Pablo. En ese caso tenéis que comprender que quiero que el Consejo del banco sufra las transformaciones necesarias para que podamos salir fortalecidos de esta profunda crisis. No se va a entender que todo lo sucedido no traiga consigo cambios importantes. Si queremos ganar esta batalla debemos ir a una remodelación profunda del Consejo.

A partir de ese instante y en medio de un especial, casi espectral silencio, comencé a desgranar uno a uno los cambios que junto con Juan Abelló, e informando previamente a Pablo Garnica, acordamos en los días previos a la sesión de «investidura». Fue un momento realmente terrible. Nadie —salvo unos pocos— sabía si iba a ser cesado o mantenido, pero nada más dejar claro que salían del Consejo Pablo Garnica, su hermano Gabriel, Argüelles, Inocencio Figaredo, José Sela, Suñer, Sáinz de Vicuña, y hasta uno de los hombres mejor formados que he conocido en mi vida, Federico Silva Muñoz, abogado del Estado, la conmoción podía captarse en el ambiente. Tal vez más de uno pensó para sus adentros que vaya negocio malo habían hecho nombrando a Mario Conde presidente e, incluso, que quizá Juan Abelló no se habría atrevido a tanto, no hubiera llegado tan lejos, porque, al fin y al cabo, era amigo de aquellas familias. Por lo menos lo era si convenía que lo fuera, que esas cosas son así por aquellos lares. Pero como en muchos casos el cese iba acompañado por una sustitución dentro de la propia familia, la cosa quedó más dulcificada, aunque en el fondo el amargor de perder el puesto no creo que tuviera un consuelo demasiado fácil y rápido.

Juan Abelló, como era absolutamente necesario, se mantuvo como vicepresidente primero. La verdad es que, contemplado desde la atalaya de la experiencia, tal vez la solución de los copresidentes no hubiera funcionado mal y pudiera haber contribuido a calmar el espíritu de Juan. Tiempo después esa fórmula fue usada en empresas financieras y no financieras. Concretamente el primero en utilizarla fue Luis Valls, con su hermano Javier, en el Banco Popular. Pero ni en Banesto existía tal tradición, ni funcionaba en el mundo bancario español. Nació como un producto peculiar para satisfacer los egos de los presidentes de los bancos fusionados. Pero en aquellos días ni siquiera pasó por mi imaginación.

Pensé en crear una segunda vicepresidencia para que alguien de la casa, algún miembro de las familias del banco, se situara en una posición destacada y transmitiera al exterior una imagen de continuidad, de manera que nadie, sobre todo en el interior del banco, pudiera hacer cábalas con un planteamiento de corte esencialmente rupturista. Juan y yo decidimos quién asumiría la segunda vicepresidencia. El elegido fue Ricardo Gómez-Acebo, hijo y nieto de presidente de Banesto. Ricardo, marqués de Deleitosa, alto, de muy buen aspecto, era una persona enormemente original. Tenía fama de ser algo frívolo. También de nuestra mano entró en el Consejo Juan José Abaitua, casado con una hija de Suñer, un hombre de negocios catalán que era ya consejero de Banesto.

Las familias asturianas Figaredo y Sela tenían dos representantes en el Consejo, Inocencio Figaredo y Luis Sela, los dos ya muy mayores y, en el caso de Luis, con una enfermedad que le impedía asistir a las reuniones, por lo que resultaba imprescindible renovarlos. Apareció en escena Vicente Figaredo. Alto, gordo, un tanto desaliñado en el vestir, buena persona, con gran sentido práctico, que había desempeñado algunos puestos en la estructura del banco, sustituyó a su padre, Inocencio Figaredo. Luego, con el transcurrir de los años, descubrí en Vicente un conocimiento de la banca mucho mayor del que algunos imaginan. No siempre era muy diáfano en sus exposiciones, pero él sabe lo que dice y, sobre todo, lo que quiere decir. Yo me fiaba de sus juicios en materia de concesión de créditos. Siempre me ha llamado la atención la facilidad que tenía para hacer «los números» de un negocio, aplicando el sentido común, lo que, en ocasiones, le hacía desconfiar del verdadero interés que un exceso de formación teórica puede tener para el mundo de los negocios.

Poco tiempo después de morir Lourdes, almorzábamos en El Cacique seis amigos íntimos. Ese mismo día un diario nacional publicaba una noticia aterradora en la que aseguraba que el 70 por ciento de las familias españolas tienen algún miembro, directo o agnaticio, relacionado con el cáncer. A la vista de semejante información dije que a alguno de los que estábamos allí almorzando nos tendría que tocar, por pura estadística. En mi caso, la muerte de Lourdes se había cumplido ya. ¿Quién o qué familia sería la siguiente? Son frases que pronuncias sin quizá visualizar las consecuencias. Lo cierto es que unos pocos meses después, no más de ocho, Vicente Figaredo moría en Madrid. Un cáncer de próstata, primero, y de pulmón, a continuación, acabaron con su vida. La maldita estadística...

El nombramiento de Argüelles resultó un tanto sorpresivo para algunos, incluido Abelló, porque resultó obvio que había maniobrado en nuestra contra, preparando los papeles para aceptar la opa del Bilbao. Sin embargo, su padre me pidió que ya que no podía ser consejero delegado, le admitiese en el Consejo. Me reuní con él en su despacho de vicepresidente.

—Mario, conozco a mi hijo a la perfección. Sé cómo es y no quiero entrar a emitir valoraciones, precisamente porque se trata de mi hijo. Te pido por favor que lo nombres consejero.

Un cambio brutal. De los «viejos», por así decir, quedaban Antonio Sáez de Montagut, Juan Herrera, Masaveu y César Mora. Quizá pueda resultar chocante y hasta para algunos frustrante, pero así sucedieron las cosas en aquellos azarosos días. Y no en cualquier sitio, sino en uno de los pilares del sistema financiero, y por ende de la economía española.

César Mora sucedió a su padre, quien, a su vez, había sucedido al suyo, a César Mora y Abarca, el primero de la familia que fue nombrado consejero de Banesto en 1915. La familia Mora ha sido, sin duda, de las que más peso real y efectivo han tenido en el banco. Como antes explicaba, la vida de los Garnica se desarrolla en Banesto a través y como consecuencia de la familia Mora, puesto que es el abuelo de César el que trae a los Garnica y a Epifanio Ridruejo a la casa. Después del acto de intervención del día 28 de diciembre de 1993, César, siempre apoyado sin fisuras por su mujer, Silvia Piñeyro, ha sido de las personas que se han mantenido más firmes, más convencidas de la brutal injusticia cometida con nosotros.

Y para sustituir a los «viejos», a los que despejaban el horizonte de Banesto en esta nueva etapa, nombramos a otros. Juan y yo, claro, nos pusimos de acuerdo. Todos eran amigos míos, salvo en el caso de Luis Ducasse, pero Juan y yo, de mutuo acuerdo, los analizamos uno a uno y de mutuo acuerdo decidimos convertirlos en consejeros de Banesto.

El nombramiento de Juan Belloso fue rodeado de misterio por los medios de comunicación social. La verdad es, como casi siempre, más inocua. Necesitaba una persona para dirigir el día a día bancario, alguien que tuviera experiencia en este complejo mundo. Le pregunté a Antonio Torrero por posibles candidatos y me recomendó encarecidamente a Juan Belloso. Resultó que, además, le conocían Arturo Romaní y Pedro Meroño.

Pero antes de Belloso fueron Romaní y Ducasse, acompañados de Ramiro Núñez, quienes me propusieron otro posible nombre. Se trataba de Miguel Martín, que en ese momento ocupaba la dirección general de Inspección del Banco de España con Mariano Rubio. Martín fue subsecretario de Presupuestos y Gasto Público al tiempo que Romaní lo era de Hacienda, y Ducasse director general del Ministerio de Hacienda. Así que todos formaban parte del cuadro de máximas autoridades de ese ministerio con García Añoveros de ministro, un hombre que poco después sería consejero del Grupo Prisa. Si es que la vida... Por si faltara alguna guinda, resulta que Ramiro Núñez, a quien yo nombré secretario del Consejo, fue jefe de Gabinete de Miguel Martín. No podía tener mejor equipo de recomendadores.

Quedamos en una entrevista personal en el hotel Miguel Ángel. Allí acudí y allí me fue presentado. Pocas veces en mi vida he sentido un rechazo químico de tal porte. No se trataba de gestos, ni de miradas, ni de comentarios, ni de palabras, ni de frases. No. Era una unidad lo que me provocaba ese rechazo. Por dentro tuve la certeza de que estaba frente a alguien a quien no calificaría de buena persona, y, además, alguien con un nivel de tormento interior de proporciones considerables No. Por supuesto que no lo ficharía. Imposible para mí trabajar con alguien así. Afortunadamente pude escabullirme del compromiso recomendando que siguiera en el Banco de España, que sería mucho más útil y efectivo y que en el futuro ya hablaríamos. Tal vez lo tomó como ofensa.

A la vista de ese fracaso accedí a la entrevista con Juan Belloso. Le recibí en mi despacho. Me pareció un tipo particularmente feo y algo tosco de formas, a pesar de ser andaluz, pero, al parecer, conocía su oficio, entre otras razones porque comenzó siendo director de sucursal en el Banco Popular. Yo carecía de conocimientos suficientes para someterle a un examen técnico, por lo que opté por fiarme de Antonio Torrero y le propuse para consejero ejecutivo del área bancaria.

Sinceramente, creo que me equivoqué. Juan era un hombre inteligente y trabajador. Había conseguido logros importantes pero adolecía de algo que nunca supe definir bien. Tal vez sus contradicciones internas le impedían disponer del equilibrio emocional necesario para ser el primer ejecutivo, después de mí, de nuestra casa. Lo malo era que pertenecía al PSOE, a pesar de que, según parece, no tenía especial brillo en el partido, pero la llegada de un socialista de carné al conservador Banesto provocó algún estupor. No tenía la menor idea de que perteneciera al PSOE, y, además, me importaba tres pepinos. Sin embargo, resultó inevitable que la prensa especulara con una negociación subterránea con Felipe González para nombrar a Belloso.

La hipótesis se reforzaba con los otros dos nombramientos supuestamente pertenecientes a áreas próximas al PSOE, los de Antonio Torrero y Paulina Beato.

Antonio no revestía secretos para mí. Aparte de ser una excelente persona, tenía todos mis respetos personales, intelectuales y humanos. Lo nombramos porque pensamos que sería de una gran ayuda profesional en el banco dado que sí acumulaba conocimientos teóricos y experiencia bancaria directa.

Paulina Beato aportaba, además de inteligencia y conocimientos profundos, el morbo de ser mujer. La conocí gracias a Luis Ducasse en un almuerzo en Príncipe de Viana. En aquella comida no había decidido su nombramiento para el Consejo, pero me cayó muy bien desde el primer instante. Conocía, esta vez sí, que sus posiciones ideológicas eran relativamente próximas al pensamiento de Solchaga y compañía, pero Paula —como yo la llamaba— poseía una gran personalidad propia y además de ser técnico comercial y catedrática de Teoría Económica, tenía un par de ovarios muy bien puestos, y tras ese hablar pausado, lento, con marcado acento cordobés, se escondía un carácter capaz de asumir cualquier revés existencial y, desde luego, soportar sus propias ideas, valores y convicciones al margen de cuáles fueran los vientos del momento. Recuerdo perfectamente que consulté el nombramiento de Paulina con Jaime Botín y Jesús Polanco en un almuerzo en Horcher. A los dos les pareció una excelente idea. Juan, obviamente, se encontraba al corriente.

Aparte de su condición de mujer y sus planteamientos de izquierda moderada, Paula tenía el morbo de haber desempeñado puestos importantes en el mundo eléctrico y de alguna manera, al menos teóricamente, se encontraba enfrentada a Íñigo Oriol, presidente de Iberdrola. Casualmente su hermano José Luis, marqués de Casa Oriol y teórico jefe de la casa, se sentaba con nosotros en el Consejo de Banesto, así que la convivencia de Paula y Oriol dio mucho que hablar, hasta que, por fin, bailaron juntos en la boda de un hijo de Abaitua. Eso de dotar al baile de una dimensión político-financiera puede parecer exagerado, pero no es así. La vida, esta vida que nos toca vivir, sufrir, gozar y soportar, se explica demasiadas veces en clave de emociones desprovistas de épica. Si lo enseñaran bien en los colegios, en la enseñanza primaria, creo que las cosas marcharían mucho mejor para esta humanidad que parece abocada a un nuevo fracaso convivencial.

Quedaba un cargo esencial: el secretario del Consejo. Aparentemente no tiene el mismo rango que pertenecer de pleno derecho al Consejo. Sin embargo, para el presidente se trata de un puesto de mucha importancia, dado que el secretario levanta acta de las reuniones y firma, con el presidente, las certificaciones de los acuerdos adoptados por el Consejo. Por ello, debe tratarse de una persona de máxima confianza de quien asume la presidencia. En Banesto, Fernando Castromil ocupaba desde la llegada de López de Letona esa posición. Fernando era abogado del Estado de la promoción de Arturo Romaní y, aunque no puedo decir que mantenía amistad con él, le conocía y en más de una ocasión, junto con Pepe Amusátegui, salimos a cenar juntos. Sin embargo, no solo por venir de la mano de López de Letona, sino, además, porque no podía tener plena confianza en él, no me quedó más remedio que sustituirle por Ramiro Núñez.

No fue fácil la decisión. Fernando, además, se empeñó en conseguir un acercamiento entre Letona y nosotros. Aprovechando ese conocimiento mutuo me propuso cenar en su casa con Letona, a lo que accedimos encantados. Allí nos presentamos Juan y yo, y la mujer de Fernando, valenciana de origen, se empeñó en preparar para nosotros uno de sus arroces, y para la ocasión eligió el más sofisticado.

Una pena. Si hay algo que odio es el olor y sabor de los calamares en su tinta. Cuando era niño, al rechazarlos para la comida, mi madre, siguiendo las técnicas al uso entonces, me castigó sin comer nada. A la hora de cenar me plantó nuevamente el plato de calamares, y volví a rechazarlos. La historia se repitió durante el desayuno, comida y cena del día siguiente. Por fin mi madre se dio por vencida. Desde entonces el mero olor de ese plato me produce un rechazo visceral. Pues bien, la mujer de Castromil nos preparó arroz negro, es decir, arroz con tinta de calamares. Yo creí morir. No pude probar bocado y tuve que controlarme para no levantarme de la mesa. No recuerdo qué excusa presenté como razón para no cenar, pero pensé que el destino les había jugado una mala pasada y que ese arroz negro quería decir que los días de Fernando en Banesto estaban contados. Algo así como el sable de Abelló pero en versión culinaria.

La ausencia más significativa del Consejo fue la de Fernando Garro. Sinceramente consideré que su currículum no reunía los mínimos requeridos para, a su edad, ser consejero de Banesto. Conscientemente lo dejé fuera. Fernando lo consideró como una afrenta. Siempre lo llevó escondido en su interior, y, al margen de otras consideraciones, en ese tratamiento de mi decisión como afrenta personal hacia él se esconde una de las causas, quizá no la más importante, de su terrible comportamiento conmigo. Es una lección que todos deberíamos tener clara: una lesión emocional potente es capaz de arrasar con lealtades y agradecimientos. Es capaz de transformar el afecto en odio puro y duro, y es caldo en el que pueden fermentar las mayores barbaridades imaginables. Por eso cada día insisto a mis hijos con mayor énfasis en que cuiden por todos los medios de rodearse de personas equilibradas, con quienes tienen más o menos controlado su equipaje emocional. Ya sé que es difícil porque esta civilización nuestra no propicia semejante estabilidad, pero la experiencia aconseja que por encima de inteligencias y lealtades hay que contar con estabilidades emocionales.

Con los nombres de nuestros consejeros consensuados entre Juan y yo y, además, informado el anterior presidente, Pablo Garnica Mansi, teníamos que cumplir con una tradición inveterada en la banca española: consultar tales nombramientos con el gobernador del Banco de España, puesto que se trataba de uno de los siete grandes españoles. Humildemente confieso que no se me ocurrió bajar al despacho del gobernador del que fui despedido en la forma tan poco cordial que relaté. ¿Debí hacerlo? Tal vez, pero en todo caso resultaba indiferente porque la guerra es la guerra y los del poder no se andan con esas lindezas educativas. Así que Mariano se enteraría por la prensa o por las filtraciones de quien fuera pero no tenía sentido una hipócrita visita a su despacho como si nada hubiera sucedido. Luego, a fuer de verlos en acción, entendí que los mejores enemigos, los juramentados a muerte unos contra otros, realizan tales actos de hipocresía y otros de dimensión muy superior. Aunque no sirvan para nada...

Aquella tarde previa al Consejo del 16 de diciembre de 1987 asistí a una recepción en El Pardo. No soy capaz de recordar el motivo que nos reunía pero allí me encontré con Solchaga, el ministro de Economía, que con cara de muy pocos amigos ronroneaba por el patio del edificio en el que nos ofrecían una copa a los asistentes. Me acerqué a él y de manera muy sintética le conté las innovaciones en el Consejo del banco que introduciría al día siguiente. La cara del ministro se demudó. Nada más lejos de sus cálculos que Paulina, Belloso y Torrero pudieran ser, ni más ni menos, consejeros de Banesto. Balbuceó durante unos segundos y espetó:

—Es el cambio más importante que se ha producido en la estructura del poder económico en España.

La frase me sonó excesiva, pretenciosa, grandilocuente, pero, en fin, como venía del ministro de Economía lo mejor era no formular ningún aspaviento, mirarle a la cara con aspecto de cierta indiferencia adornada con un apunte de sonrisa sarcástica y darle un ligero apretón de manos de despedida. Ejecuté la ceremonia lo mejor que pude y me fui a mi casa.

Al día siguiente nacía el primer Consejo de la era de Mario Conde y Juan Abelló. La prensa recogió el estupor que provocó en ciertos sectores sociales y políticos una remodelación tan profunda y con tantos nombres nuevos alejados de los pedrigís originales de la banca, pero sobre todo provocó consternación que tres personas filosocialistas entraran en ese sanctasanctórum y que una de ellas, además, fuera el encargado de las labores ejecutivas del banco. Algunos artículos de prensa comenzaron a difundir la especie de que tales personas debían su llegada al banco a un pacto con Felipe González para concluir satisfactoriamente la opa del Bilbao. Falso de toda falsedad. Ni hablé con Felipe ni con ninguna persona en su nombre sobre tales nombramientos. No existió pacto alguno con el poder socialista. Pero comenzaba la leyenda.

Concluido el Consejo, antes de acudir a su cita con los medios de comunicación social para explicarles el nuevo organigrama y las designaciones aprobadas ese día, Fernando Garro pidió verme con insistencia. Supuse que se trataría de alguna cuestión relacionada con los medios y le recibí unos segundos en un día comprensiblemente muy movido.

—Mario, ten cuidado. He visto los ojos de Juan y no son los de una persona normal. Ten mucho cuidado.

—Fernando, no me des la murga. Juan está contento y no tiene ningún problema.

Contesté sin querer alargar la conversación a pesar de que era absolutamente consciente de que la tormenta interior de Juan iba en ascenso cada día. Sin embargo, reconozco que no concedí suficiente valor a las palabras, a la advertencia de Fernando.

—¿Recuerdas qué hiciste ese día, esa noche, cómo celebraste tu nombramiento?

—Pues no, papá, creo que no. Mis recuerdos son nítidos de mi boda, por ejemplo, o del día en el que nacieron mis hijos, o cuando aprobé la oposición de abogado del Estado, o cuando pedí la excedencia, o cuando firmé la venta de Antibióticos, y algunos más, pero de ese día de mi nombramiento como presidente de Banesto no me acuerdo de nada. Seguramente cenaríamos Juan y yo con Lourdes y Ana y alguien más, pero sinceramente no retengo ninguna imagen.

Por supuesto, retengo el Consejo, los pormenores de su desarrollo, las caras de los consejeros que abandonaban el banco, las palabras de algunos de ellos, la escena, el color, la música y algo de la letra, pero poco más. Soy capaz de entrever a Fernando Garro hablando con el encargado de economía en el telediario de la noche elaborando un diagrama para explicar los cambios introducidos en el Consejo. Almaceno con cierta nitidez los días siguientes, sobre todo el revuelo que se organizó cuando la prensa comenzó a explicar a los atónitos lectores —y sorprendidos directores del banco— los posicionamientos políticos de Belloso, Paulina y Torrero, amén de las especulaciones —sin el menor fundamento— acerca de hipotéticos pactos con el Gobierno, fruto de los cuales algunos «periodistas de investigación» encajaban el nombramiento de los tres consejeros «progresistas».

Al margen de mis emociones interiores, el acontecimiento se saldó con una verdadera conmoción. Objetivamente existían motivos para ello. Que al primer banco de España, al más, digamos, arcaico en el concepto popular y, al mismo tiempo, el dotado de mayor carisma, llegara a la presidencia un chico de treinta y nueve años que carecía de antecedentes familiares y profesionales en el mundo financiero revestía suficiente fuerza como para comenzar a construir un culebrón. Mi propia personalidad —añado por mi cuenta— cargaba las tintas de estos datos externos. Además, había ganado la batalla que nos planteó el Banco de Bilbao y en una sociedad tan aficionada al estereotipo la imagen transmitida era la de un pobre David venciendo con una pequeña honda a un gigantesco Goliat. Todo eso desató un interés terrible por parte de la prensa. Los medios de comunicación social, sin ninguna excepción, querían entrevistas conmigo. Curiosamente, desde el primer momento comenzó a plantearse la posibilidad de que mi intención última fuera dedicarme a la política. Recuerdo una entrevista, la primera, a la revista de talante conservador que dirigía Jaime Campmany llamada *Época* en la que el periodista, Ónega me parece recordar, tituló con una frase que yo había dicho de pasada, sin especial énfasis, en la que declaraba que mi pensamiento era próximo a lo que podría llamarse centro derecha. De la opa, el mundo financiero, los números de Banesto, las expectativas de resultados, las previsiones de dividendos, nada de nada. Como si no fuera con la banca mi ascensión a los cielos financieros.

Era raro el día en el que un medio de comunicación social no contuviera alguna noticia sobre mí. Perdí mi intimidad y penetré en el mundo de las llamadas «personas públicas». Sinceramente, yo no lo buscaba, pero tampoco podía evitarlo. La Junta General que presidí por primera vez el 9 de enero de 1988, a la que acudieron más de ocho mil personas, fue sencillamente apoteósica. Con aquel nombramiento comenzó a aparecer en la sociedad española el mito de Mario Conde. Yo trataba de ser igual que antes, de defenderme a mí mismo, de evitar que mi nueva situación pudiera provocar un cambio excesivo en mi personalidad, pero la fuerza de las cosas me llevó por el sendero de un cambio profundo en mi modo de vida.

A pesar de la aparente tranquilidad en el banco, las tormentas seguían gestándose, lenta pero inexorablemente. Y digo tormentas en plural porque la política caminaba de manera oculta, soterrada, agazapada, esperando la oportunidad que tardaría años en llegar. La otra, la de los factores propiamente humanos, las miserias, los celos, las envidias, los intentos desesperados de medrar, de subir a cualquier precio y a costa de quien fuera, continuaban implacables su camino como corresponde a la condición —pobre condición— humana. Y en esas tormentas humanas sin duda la que revestía mayor trascendencia para nuestra vida en el banco y fuera del banco era la que amenazaba las relaciones entre Juan y yo.

Los desperfectos emocionales derivados de mi nombramiento comenzaron a evidenciarse poco, muy poco tiempo después. Al cabo de unos días y en pleno triunfo social y financiero, Juan convocó una cena a la que invitó a Antonio Hernández Mancha. Antonio había sido alumno mío en la academia de abogados del Estado. Era un tipo listo, simpático, con fuerte acento extremeño, muy político, de derechas. Me caía muy bien. No me sorprendió nada verle en el Partido Popular. Cuando Manuel Fraga se fue, Antonio, después de desempeñar con éxito la jefatura del Partido Popular en Andalucía, tuvo que competir con Miguel Herrero y Rodríguez de Miñón para la sucesión en el liderazgo nacional del partido. Su oponente era un hombre dotado de prestigio intelectual, autor de algunos libros sobre asuntos constitucionales y políticos, poseedor de una indudable oratoria y erudición, aunque su voz, tal vez demasiado atimbrada, reducía la brillantez de sus exposiciones. Antonio probó sus cualidades aprobando con holgura la oposición de abogado del Estado. Sin embargo, no tenía la altura intelectual y la erudición que se le atribuía —seguramente con razón— a Miguel Herrero. Frente a ello aparecía dotado de un recurso dialéctico más populista, más inmediato, no exento de algunas dosis de demagogia, capaz de llegar a los votantes del Partido Popular con mayor penetración que el discurso técnico y culto de Herrero. Antonio testó sus aptitudes políticas con cierto éxito en Andalucía, tradicional feudo de los socialistas y, en general, de la izquierda española. Los políticos quieren poder, tocarlo, ostentarlo, utilizarlo, y por ello, al margen de su opinión sobre las cualidades intelectuales y humanas de uno y otro candidato, votarían a quien supusieran que podría conseguir mayores cuotas de poder real, y yo no tenía duda de que en ese dominio el propietario del cortijo sería Antonio.

Pidió verme. Nos reunimos escasos minutos frente a su casa, creo recordar que en el paseo de Rosales de Madrid. Me preguntó mi opinión.

—Mira, Antonio, si te presentas estoy seguro de que ganas. Lo que ya no sé es exactamente lo que vas a ganar. El PP se encuentra muy lejos del poder. Aunque seas un gran tipo y tus dotes excepcionales, no vas a conseguir poder a corto plazo y, por tanto, las posibilidades de quemarte en el intento son muy elevadas. Quizá sea más inteligente dejar que se consuma Herrero en esta etapa, reservarte tú para próximos envites cuando el poder se encuentre más al alcance de tu mano y, mientras tanto, forjarte una figura en Andalucía, en donde ya has conseguido algunos méritos indudables.

Antonio prefirió el pájaro en mano a los ciento volando. Se presentó y ganó. Los hechos han demostrado que yo tenía razón, porque al final perdió su puesto y eso ha condicionado mucho su vida. Claro que yo tengo alguna responsabilidad en ello.

Sucedió en el palacio de la Zarzuela con ocasión de una recepción que daba el Rey. Allí estuve charlando un rato largo de forma ostensible con Adolfo Suárez, de tal manera que todo el mundo pudo vernos juntos, lo que, como es lógico, desató todo tipo de comentarios. Comenzamos analizando la situación política del país en términos generales, sin profundidades, pero poco a poco iniciamos el descenso a terrenos mucho más peligrosos.

La figura de Adolfo Suárez no me inspiraba entonces un exceso de simpatía. Tenía claro que era el personaje perfecto para dinamitar un sistema político. Siempre sucede así: la voladura controlada se lleva a cabo desde dentro, se trate de la organización de que se trate.

Adolfo se ajustaba como un guante a la mano al biotipo perfecto para demoler el entramado institucional del franquismo.

Antonio tenía mis simpatías. Quizá por ello percibía que necesitaba tiempo antes de llegar a ser un serio candidato a la presidencia del Gobierno, por lo que una alianza circunstancial entre AP y el CDS de Suárez podía ser rentable para ambos. Un acuerdo entre Antonio y Adolfo me parecía lo más lógico del mundo. El primero sentía la urgencia del tiempo. El segundo, justamente lo contrario. Ambos podrían salir beneficiados de un entendimiento mutuo.

El acuerdo —pensaba— no necesitaría plantearse en el plano nacional, sino que podría construirse paulatinamente, poco a poco, comunidad autónoma a comunidad autónoma.

El caso más claro era, sin duda, Madrid. Un pacto entre AP y el CDS conseguiría el Gobierno de la Comunidad y con ello se desalojaría del poder a los socialistas. Joaquín Leguina tenía la presidencia por el PSOE, y se situaba lamentablemente en la trayectoria de la bala. Para Antonio un éxito de tal naturaleza representaría la consolidación de su liderazgo en AP. Insisto: los políticos comen poder, viven del poder, beben poder, degluten poder y si no se lo proporcionas su anemia les convierte en los personajes más peligrosos del universo. Antonio, en ese hipotético pacto, conseguiría poder para algunos de los suyos y trascendería desde el territorio de Andalucía a la política nacional.

No sabía qué motivos últimos impedían un hipotético pacto, por lo que decidí planteárselo de manera abierta a Adolfo Suárez.

—Adolfo, perdona que te pregunte algo que quizá no quieras contestar, pero si puedes, explícame, por favor, cuáles son las razones para que no consigas un pacto con Hernández Mancha, por ejemplo, para la Comunidad de Madrid. Tal vez fuera bueno para los dos. No se trata de Leguina, sino de vosotros dos. Al fin y al cabo, como políticos debéis aspirar al poder.

—Por mí no hay problema. Lo que ocurre es que a Antonio Hernández Mancha no le obedecen en su partido y si plantea un tema así a la hora de votar no va a existir disciplina y podemos hacer el ridículo.

La explicación no me pareció suficientemente seria. Antonio había ganado las elecciones en el partido y, por tanto, no podía sustentarse una negativa de esa naturaleza de acuerdo con una conjetura tan etérea. Entonces desconocía el carácter de Adolfo. En muchas ocasiones, cuando no desea hacer algo, desplaza la excusa hacia una supuesta debilidad de otros. Claro que el problema tenía una salida muy simple.

—Por tanto, si estuvieras seguro de que esa disciplina de voto existe, ¿aceptarías la alianza con el AP?

—Sin duda —respondió.

Dimos por finalizada la conversación. Demasiados ojos excesivamente atentos a nuestras evoluciones. Me reincorporé a la fila en la que uno tras otro consumíamos el turno de saludo a su majestad el Rey. Miguel Boyer se dirigió a mí.

—No es bueno que te metas en política.

—No tengo ninguna intención de hacerlo —contesté con la mayor sequedad que pude.

—Entonces, no pasees. No pasees.

La impertinencia de Boyer me irritó, aunque no excesivamente porque en el fondo constituía un halago al atribuirme la capacidad de influir en el desarrollo de la política nacional con mis paseos por el palacio de El Pardo. Le contesté con una sonrisa de circunstancias y, concluido el saludo al Rey, volví a encontrarme con Antonio para trasladarle lo más fielmente posible mi conversación con Adolfo, quien nos observaba con indudables muestras de inquietud a una prudente distancia en mitad de la algarabía que suele formarse en esta suerte de festejos reales.

Me aseguró que no existía problema alguno en controlar el voto del partido en la Asamblea de Madrid. Le expuse mi tesis de que todavía adolecía de exceso de juventud y que un pacto con Adolfo le vendría muy bien. Antonio no dudó demasiado y aceptó. Habló con sus gentes y consiguió la disciplina de voto. Yo mismo me encargué de transmitirle a Adolfo la buena nueva y quedamos en cenar juntos en su casa de la Florida, en Madrid.

Sin embargo, el mismo día de la prevista cena el supuesto pacto saltó a la prensa. Alguien quería de esta manera perjudicar a Antonio y, de paso, cargarse la alternancia de poder. La radio transmitía la noticia de que era inminente el pacto en la Comunidad de Madrid entre AP y CDS. Adolfo anuló la cena con un mensaje tan enigmático como: «Todo cancelado, ya te explicaré». Antonio llamó insistentemente a Adolfo pero solo obtuvo el silencio por respuesta. Visiblemente nervioso, se puso en contacto conmigo. No pude ofrecerle ninguna explicación distinta al «todo cancelado, ya te explicaré» de Adolfo. Antonio se vino abajo. Se dio cuenta de que aquel acontecimiento podía acabar con su carrera política. Adolfo Suárez dejó a Antonio Hernández Mancha en una posición fatal, hasta el punto de que yo creo que ese asunto tuvo su importancia en la decisión de Fraga de volver a ocupar transitoriamente la presidencia de AP para nombrar, más tarde, a José María Aznar. Es muy curioso, pero Aznar llega a la presidencia del Partido Popular y posteriormente a la presidencia del Gobierno entre otras razones debido a ese incidente que sigue siendo un gran desconocido. No tengo duda de que Adolfo se equivocó y perdió una clara oportunidad. Después de pactar rompió el pacto. ¿Por qué? Nunca más hablé con él en profundidad de este incidente pero la respuesta solo puede ser una: creyó que eso era lo que le convenía.

Pues bien, antes de que estos acontecimientos sucedieran, Juan Abelló convocó una cena en su casa a la que invitó como estrella a Antonio Hernández Mancha, en aquellos días oficialmente líder de la oposición. Algún otro banquero, como Pedro de Toledo, formaba parte de la lista de comensales. Juan deseaba una especie de nueva presentación en sociedad después de su indudable éxito. Sus ideas conservadoras eran bien conocidas, por lo que a nadie podría extrañar que invitara al líder del partido conservador. Aquella tarde, después de haber confirmado mi asistencia, medité sobre la conveniencia de acudir o poner alguna excusa.

Consciente de los problemas de protagonismo derivados de nuestro ascenso a Banesto, la opa y la presidencia del banco, pensé que debía dejarle a Juan un espacio en el que desenvolverse sin el coste de mi presencia. Se trataba de su cena, su casa, su éxito. Era la noche de Juan Abelló y no de Conde-Abelló. Mi presencia le restaría protagonismo porque muchas miradas y conversaciones, en lugar de dirigirse hacia él, vendrían a mi territorio. Al final lo que cuenta es la presidencia del banco y quien ostentaba esa posición era yo y no Juan. Preciosa la casa, magníficos los cuadros, maravilloso el entorno. De acuerdo, pero nada de eso tenía excesiva importancia en relación con el poder atribuido a la presidencia de Banesto, y sobre todo a una presidencia conseguida con el inicio de la creación de una mitología social, política y financiera como la que se estaba gestando. Por ello concluí que lo mejor que podía hacer era brindarle mi ausencia y que él se desenvolviera en la soledad de su indudable éxito de la manera en que inmejorablemente sabía hacerlo.

El resultado fue desastroso. Juan consideró mi ausencia como una afrenta terrible. Fernando Garro me contó que después de cenar se quedaron hablando hasta altísimas horas de la madrugada. Juan no paraba, según Fernando, de soltar improperios contra mí, fruto, claro, de las copas y del mal entendimiento de mi ausencia. Aunque, claro, cuidado con atribuir demasiado valor a las confidencias de Garro. A pesar de ello creo que no analicé las cosas con cuidado y cometí un error.

Yo formaba parte sustancial del éxito de Juan. Fuera cierto o no, lo que pensaba en su interior es que yo constituía una parcela de su éxito, un trozo de indudable calibre y la única manera de probarlo residía en que yo compareciera a su cena, que estuviera allí formando parte decisiva del decorado. Su protagonismo consistía en mi protagonismo. No se trataba de una cena a dúo, ni de una cena financiera a la que asistiera el presidente de Banesto. No. Se trataba de una cena a la que asistía una persona, Mario Conde, que, gracias a Juan, había alcanzado la posición de presidente de Banesto. Además mi presencia permitiría alimentar la hipótesis de que Juan había preferido no ser presidente del banco. Mi ausencia desmoronaba semejante edificio. Mi ausencia no solo lo destruyó, sino que alimentó la versión contraria.

Poco tiempo después de la Junta General de enero de 1988, Juan decidió que almorzáramos en el banco con Alberto Cortina y Alberto Alcocer. Juan me los había presentado tiempo atrás. Eran dos chicos educados que se habían casado con dos hermanas, Esther y Alicia Koplowitz, herederas de una constructora propiedad de una familia de origen judío. Lourdes sentía mucho afecto por las dos y yo creo que era correspondida. Me reía mucho con ellos y tengo que reconocer que les tenía respeto porque habían sido capaces de transformar una pequeña constructora en una de las empresas del sector más importantes del país. Sin duda, la ayuda de El Corte Inglés había sido muy importante, pero eso no restaba, en mi opinión, ningún tipo de mérito a la labor de los Albertos, como se les conocía en Madrid. Eran mucho más abiertos que Jaime Botín y, además, no tenían en absoluto el complejo de la casa March. Antes al contrario, Alcocer no se mordía la lengua hablando de las excentricidades personales de Carlos March. La verdad es que aparte de unos empresarios de éxito eran unos tipos muy divertidos y yo lo pasaba estupendamente con ellos. Alcocer, un poco basto y escasamente pulido, repetía frases hechas, algunas de las cuales tenían gracia y hasta cierta profundidad, como aquella, una de sus favoritas, en la que aseguraba: «No es lo mismo lo gordo que lo hinchado». Creo que nuestro ascenso al poder en Banesto les influyó negativamente, cuando, de haberse impuesto la sensatez, todos hubiéramos obtenido frutos de esa operación.

En aquellos momentos, 27 de febrero de 1988, todavía no se había planteado el tema de la fusión entre el Banesto y el Central y se trataba de una comida sin más pretensiones que charlar juntos un rato. Para Juan revestía, además, un fondo importante porque recibía a los Albertos en la planta de Presidencia de Banesto, y ante ellos Juan y yo conformábamos un solo ente, por decirlo de manera algo cursi, dado que no se trataba de almorzar con Juan Abelló vicepresidente y Mario Conde presidente, sino con Abelló y Conde, que se habían hecho con el control de Banesto. No cabe duda de que una posición de tanto privilegio añadía un morbo especial al almuerzo con los dos primos, que serían muy ricos por sus mujeres, que ganarían una enorme cantidad de dinero con sus empresas, incluidas, como decía Juan, las de las basuras (tratamientos de residuos urbanos), pero en aquellos días seguían en la calle, y la calle para Juan era cualquier sitio fuera de Banesto.

La comida se desarrollaría en el comedor de Presidencia en Castellana 7. Ese mismo día Juan, a través de su secretaria, la inolvidable Sole, me dijo que no podía asistir al almuerzo porque había tenido que salir urgentemente de viaje con destino a Ciudad Real para entrevistarse con Bono.

Me llamó la atención la información de Sole porque, al fin y al cabo, era a Juan a quien le apetecía almorzar en el banco con los Albertos y fue él quien organizó el encuentro, pero tampoco le di excesiva importancia porque Juan era así, capaz de cancelarte un almuerzo in extremis sin preocuparle demasiado si podría constituir una imperdonable falta de educación. Llamé a los Albertos para decirles que dado que Juan no podía asistir, si querían cancelábamos la comida o, si lo preferían, la manteníamos. Eligieron la última opción y la comida se celebró. Poco antes de almorzar recibí una llamada de Sole. Hablé con ella y le pregunté que cuándo volvía Juan a Madrid. La respuesta me llamó la atención:

—Don Juan está en Madrid, en el despacho —me dijo Sole.

No entendía nada. ¿Cómo que estaba en Madrid si me había asegurado que no podía asistir al almuerzo precisamente por estar en Toledo o Ciudad Real? Percibí un cierto temblor en la voz de Sole cuando le pedí urgentemente hablar con Juan. La verdad es que cuando le pregunté si ocurría algo, mis preocupaciones, mis elucubraciones de lo que sucedería, nada se aproximaban a la respuesta que recibí de su voz cansina y agotada al otro lado del auricular:

—He decidido irme de Banesto. No quiero seguir sufriendo así.

Mi sorpresa fue mayúscula. Todavía no habíamos consumido ni dos meses en Banesto y Juan, cansado de soportar por más tiempo la presión interior, optaba por la retirada. No podía consentirlo. No solo porque no me apetecía lo más mínimo quedarme en solitario en un banco que no busqué, ni siquiera en un lugar de tanto privilegio en el mundo financiero y en la sociedad española en general, sino porque, además, las razones que forzaban una posición tan extrema me soliviantaban en lo más profundo. Juan no merecía acabar su vida en Banesto de tan estúpida manera con la única finalidad de calmar las ansias de no sé qué demonios anímicos.

Intenté que diera marcha atrás, que asistiera a la comida, pero se mantenía firme. Por fin, conseguí convencerle de que debíamos vernos, que un asunto de esa envergadura no podía solventarse en una conversación telefónica. Le expliqué que almorzaría con los Albertos y que después acudiría a su casa. Al día siguiente, además, los dos teníamos una invitación para la montería que se celebraba en casa de Pablo Garnica.

Llegaron los primos. Mi estado de ánimo no era el mejor para responder a sus constantes cachondeos. Me notaron raro desde los primeros compases del almuerzo y cuando se dirigieron a mí para saber si me pasaba algo les expliqué lo ocurrido con Juan. No les afectó lo más mínimo. A pesar de que eran amigos suyos desde mucho tiempo atrás, no parecían evidenciar un excesivo respeto por Juan como hombre de negocios. Alcocer tomó la palabra, se puso serio y en el comedor de la última planta del edificio de Banesto del paseo de la Castellana, sin el menor recato, olvidándose del afecto que yo sentía por Juan, con ese tono propio de quien todavía no ha comenzado a sufrir seriamente en la vida, gozando del beneplácito y asentimiento pleno de Cortina, sentenció:

—Mira, Mario, lo mejor que puede ocurrirle a Juan es dedicarse a lo suyo, que es cazar, administrar su patrimonio y «perfumarse» un poco.

«Perfumarse» significaba en el lenguaje de Alcocer y Cortina dedicarse a tomar copas. Con esta expresión sentenciaron su punto de vista sobre Juan. Me dolió mucho. No quería ni siquiera analizar su razón para expresarse de esa manera. La crueldad entre todos ellos me resultaba excesiva.

Fue uno de los días que recuerdo con mayor claridad de toda mi vida porque en él se desarrolló posiblemente la conversación más intensa y sincera que Juan y yo hemos mantenido en nuestra vida, además de, probablemente, la peor de todas, porque fraguó la ruptura definitiva entre los dos.

Llegué a su nueva casa en la calle Serrano sobre las siete y media de la tarde. Me encontré con un hombre tremendamente abatido, con esos ojos brillantes y algo vidriosos típicos en él cuando se enfrenta con un problema gravísimo. Nos sentamos en su despacho. Algunos cuadros sin colgar proporcionaban un aspecto desordenado y al tiempo elegante.

—No puedo soportarlo más, Mario. Los problemas son diarios. No puedo seguir viviendo así. Tengo que irme. Tú ya eres presidente de Banesto y nada va a cambiar por el hecho de que yo me vaya. Venderé mis acciones poco a poco, de forma que no transcienda al mercado. Tengo que hacerlo. Necesito liberarme de este drama.

Hablaba con profunda tristeza. Yo diría que con cariño, con afecto sincero. No pude evitar que vinieran a mi memoria, con trazos precisos, nuestras conversaciones sobre el banco desde que vendimos Antibióticos. Banesto era un proyecto de Juan, mucho más que mío. Pero, si yo estaba convencido de que la ruptura entre nosotros, en el terreno económico, se presentaba inevitable, el momento para plantearla no podía ser mejor para mí porque como presidente del banco el coste sería mínimo. Incluso más: al irse Juan, mi posición personal de poder en Banesto si cabe aumentaría en influencia. Por tanto, nada tenía que perder admitiendo un hecho que desde hacía mucho tiempo consideraba inevitable. Al revés, tenía mucho que ganar, tal y como me habían explicado en el almuerzo los Albertos.

Solo existía un problema: yo quería mucho a Juan, sabía de sus ilusiones por el banco, de su proyecto de vida. Sentía que se encontraba ante una decisión que le arrastraría por un camino vital muy complicado, al margen de que tuviera o no éxito económico en el futuro. No se trataba de un problema de pesetas, sino de algo mucho más profundo.

Desplegué todos mis argumentos para tratar de modificar su decisión pero enfrente me encontraba a una roca granítica. No razonaba. No discutía. No presentaba contraargumentos. Sencillamente, sentía el dolor en su interior, un dolor profundo, seco, capaz de cortarle la expresión de sus ojos, los gestos de sus manos, el lenguaje de su cuerpo. Yo sufría al verlo así. No podía tolerar la situación. Juan no me dejaba un resquicio por el que introducir mis cargas de profundidad. Lo máximo que conseguí fue que decidiéramos dormir en El Lobillo, la finca de Ciudad Real dedicada básicamente a las perdices, la preferida de Juan, posiblemente porque la compró, decoró y amuebló solo. Constituía una especie de refugio, su cueva particular, su lugar iniciático. Juan no lo entendió. Si se hubiera preguntado acerca de la razón profunda de su cariño por ese trozo de tierra, tal vez las respuestas habrían dibujado un mapa existencial muy preciso. Quizá lo tenía tan decididamente claro en su interior que no necesitaba de aditamentos especiales.

Al día siguiente teníamos, como decía, una montería en casa de Pablo Garnica a la que íbamos a asistir los dos, y lo lógico —le dije— es que nos fuéramos en ese momento, cenáramos por el camino y charláramos en profundidad. Juan admitió mi sugerencia.

La cena se celebró en un restaurante de Aranjuez, en una mesa situada al fondo del local, pegada a una pared adornada profusamente con fotografías de toreros españoles. Durante el camino procuré consumir el tiempo con las cuestiones más banales posibles mientras mi mente se ocupaba de preparar lo que presentía como una conversación decisiva. Tenía lacerantemente claro que no cabían las medias tintas, las medias verdades, los entendidos no explicitados, los paños calientes, incluso hasta la educación que impone no penetrar en esferas excesivamente profundas de la intimidad personal. La única alternativa de recuperar a Juan era llegar a su verdadero yo, a la habitación escondida de su alma, por mucho que le doliera, por fuertes que resultaran las escoceduras que causarían los rasponazos de mis palabras, por ácido que pudiera resultar oír la verdad de mi pensamiento íntimo.

Consumimos el mínimo de alcohol imprescindible para enfrentarnos a un decorado como el que se avecinaba. Jamás mis palabras sonaron con semejante crudeza. Los ojos de Juan las recibieron con una expresión confusa, mezcla de dolor y esperanza, de acidez y dulzura, de ira y templanza. Tuvo en sus manos detener la conversación, cortar el asunto, evitar que penetráramos en lugares demasiado recónditos de las habitaciones del alma. Pero no lo hizo. Al contrario, parecía querer hablar, sincerarse, volcar al exterior las raíces de su sentimiento. Pareció respirar hondo, sacar fuerzas de algún lugar recóndito de su alma y, con una expresión distinta a todas las que le conocía, comenzó a hablar.

Fue muy duro. Dormí mal, muy mal, y, al mismo tiempo, con una placidez inusitada. Traspasamos un umbral en el que el retorno no existe. Nada podría volver a ser como antes. Me embargó un escalofrío.

10

Alfredo Conde acababa de regresar de México, contento y feliz porque en la Feria del Libro de Guadalajara había percibido el éxito de su producción literaria, de su dimensión como escritor. No solo allí, a la vista del éxito medido en lenguas a las que fueron traducidas algunas de sus novelas, pero en ese país, y en un momento crucial de nuestras vidas, parece como si las cosas se valoraran más. Iniciamos una conversación sentados en el patio de A Cerca. La mañana era plácida. El invierno quedaba atrás. El climatológico, me refiero, porque el otro, el político-social, seguía con nosotros, y en ese invierno no disponíamos del verdor de los castaños ancestrales que pueblan silentes y orgullosos el valle del encuentro en los Tres Reinos. El reino de España, el actual, el de hoy, el del momento de nuestra conversación, no brillaba precisamente por un verdor esperanzado, sino, más bien, por una tristeza contenida ante un exceso de interrogantes sin respuestas, o con respuestas poco placenteras para degustación del gran público.

—La verdad, Alfredo, es que siento envidia por vuestra capacidad de novelistas, por confeccionar una realidad inexistente, por definir personajes virtuales. Creo que no sería capaz de hacer algo semejante. No se trata de escribir bien o mal. Una novela es una producción imaginativa, ¿o no?

—Sí, claro, pero no construyes en el vacío. Si tienes que escribir sobre personajes reales, que existen o existieron, la obligación reside en documentarte. Estudiar un ambiente en el que se va a desarrollar la acción. Por ejemplo, yo, antes de ponerme a redactar el *Grifón,* estudié durante más de un año el contexto en el que se iba a vivir la trama y la historia.

—Claro, pero al final creas. Novelar es crear.

—Escribir es crear, como lo es cualquier forma de arte.

—Pero en arquitectura o pintura mi material de trabajo es la piedra, el cristal, la madera. Son materiales tangibles.

—La condición humana lo es, solo que de una tangibilidad más difusa, si quieres, pero no por ello menos real. ¿Acaso *Memorias de un preso* no es un libro que maneja material tangible?

—Sí, desde luego...

—Vuestra vida, la vida de los financieros, de los grandes empresarios es percibida en tonos épicos por el gran público, como si se tratara de sujetos diferentes, de personas confeccionadas con material diverso al común, quizá por esa tendencia a la búsqueda del héroe... Y héroe aquí es sinónimo de importante, no necesariamente de personaje admirado. Cabe una especie de heroicidad negativa, por así decir...

—Pero no somos diferentes. No son diferentes. En todo caso no somos héroes.

—Pues entonces hay que escribir sobre ello, relatando la realidad. Evidenciar que la épica es novela imaginativa pero que la vida es más directa, inmediata, tangible y no siempre de color y olor maravilloso.

—Tienes razón, Alfredo.

Nunca sabes si descubrir, romper un mito, corporeizar un sueño es reconfortante o entristecedor. Depende. Pero lo cierto es que en demasiadas ocasiones la realidad es más gris, más oscura, menos brillante, con menor contenido de valores intangibles, con más carga de sentimientos del bajo vientre, que los sueños de infancia, juventud, madurez o vejez, porque en todas las edades es lícito soñar, aunque la cromía del sueño, la carga sentimental puede ser —y es— diferente en cada una de las estaciones de nuestras vidas. Los viejos lloran con mayor facilidad. Quizá sea por una especie de pena derivada de la frustración del trágico encuentro con lo real.

Y con mis treinta y nueve años, recién nombrado presidente de Banesto, me tocaba descubrir, no solo la fuerza de las pasiones en el modelo social español, no solo el poder demoledor de las emociones, de los productos mentales para consumo de almas atormentadas, como las que casi todos nosotros nos empeñamos en confeccionar. Tenía que ver, comprobar, sentir y vivir cómo las grandes decisiones financieras, los grandes asuntos del mundo económico y empresarial, no se diferenciaban las más de las veces de las técnicas propias de un trato de feria. Y es que los humanos somos lo mismo vestidos de financieros, de políticos, de feriantes, de cómicos o de escritores. Lo que cuenta es la condición humana. La épica, de existir, habita en el alma. La vida es siempre mucho más burda, pasional y pequeña. Porque no por estar en las alturas empresariales o financieras se convierte uno en grande. Más bien, de suceder algo, el riesgo reside en lo contrario. Somos hombres pequeños tomando decisiones basadas en motivos pequeños que afectan a colectivos grandes. Esa es nuestra responsabilidad. Por eso siempre he dicho que de nada sirven las construcciones teóricas, las disquisiciones políticas, los modelos macroeconómicos o macropolíticos. Mientras no se cambie al hombre todo seguirá siendo un poco más de lo mismo. Avanzamos, claro, en lo de fuera, en lo externo. No creo que se pueda aplicar esa palabra a lo de dentro, al interior. ¿Acaso alguien duda de que la avaricia de los financieros mundiales se encuentra detrás y delante de la crisis que asola Occidente? El hombre, siempre el hombre.

Asistir al comportamiento real de los grandes financieros y empresarios españoles no siempre me dejaba un buen sabor de boca, precisamente por ese tropezar brusco con lo real que destrozaba mis imaginaciones de hombre todavía joven.

Pedro Toledo era un personaje bastante peculiar. Presidente profesional del Banco de Vizcaya, su aspecto físico, alejado de los estándares convencionales de la banca, su vestimenta, muy distante de los grises oscuros típicos de los presidentes de entidades financieras, su edad, más joven que la media, le convirtieron en la estrella del sector financiero español antes de que apareciera en escena Mario Conde. Ambicioso, inteligente y rápido, le conocí en una reunión a la que fuimos convocados por Jordi Pujol, presidente de la Generalitat catalana. En aquel entonces yo no tenía el menor contacto con Banesto. Cuando volvíamos de cenar en el avión privado de Carlos March, casi sin venir a cuento, Pedro, dirigiéndose a mí, en voz alta para ser oído por todo el mundo, dijo:

—Oye, tú que tienes buenas relaciones con Felipe González, dile que esas teorías de Asiaín relativas a las fusiones son una profunda estupidez.

Creo que ni siquiera contesté. Me preguntaba de dónde había obtenido el presidente de uno de los grandes bancos españoles la información de que mis relaciones con el presidente del Gobierno socialista tenían la suficiente cordialidad como para meterme en un asunto de fusiones bancarias, y, sobre todo, practicar las tesis de alguien a quien —esta vez sí— se suponía en muy buena sintonía con el poder socialista. En realidad mi encuentro con González se concretó en la entrevista en la que vendimos Antibióticos en presencia de Schimberni. Bien es verdad que, culminada la operación, en una fiesta de San Juan en la que se celebraba la onomástica del Rey, con asistencia de políticos, empresarios financieros, actores y en general de pedazos de la sociedad española en su conjunto, el Rey nos acercó a González, que estaba en compañía de Carmen Romero. Pocos pueden tener el privilegio de contar con don Juan Carlos como introductor de embajadores ante un presidente del Gobierno tan caracterizado como González. Me sorprendió su reacción porque le dijo al Rey, hablando para nosotros:

—Ya sé quiénes son, y gente así era necesaria para España.

Tal vez no fue literal la frase pero era la primera vez en mi vida que un presidente de Gobierno, en presencia de un rey, me dirigía un halago de este tipo. Por eso mentiría si dijera que ese piropo no nos causó mella a Juan y a mí. Supongo que al Rey también, por el éxito de su gestión, y la prueba fue la mirada de complacencia que nos dirigió. La realidad es que en ese momento estábamos ya comprando acciones de Banesto.

—¿Tú sabes si el presidente sabe que estamos comprando acciones?
—Ni idea —respondió Juan.

—Entonces, ¿a qué viene este piropo?
—Políticos..., supongo.

Así que solo disponíamos de imaginaciones, pero como eran favorables para nosotros, no teníamos inconveniente en creernos que lo sabía y que aquello era una especie de salvoconducto a nuestro deseo. Y es que además encajaba bien. No sería extraño que un presidente socialdemócrata que hablaba de modernizar España viera con buenos ojos una renovación en un banco según ellos anclado en el pasado. Lo que ignoraba es que esa renovación les parecía bien si la hacían ellos... Cosas del vivir.

Pasó el tiempo y nunca volví a hablar con Pedro Toledo, hasta que en uno de aquellos días tumultuosos en los que Asiaín y yo negociábamos —es un decir— sobre la opa del Bilbao, sonó el teléfono de mi casa en la calle Triana de Madrid. Era Pedro Toledo.

—Mario, tenemos que hacer algo. No puedo consentir que este tipo se fusione contigo y me deje convertido en el presidente de un banquito regional.

Pedro encarnaba una sinfonía limpia del «de lo mío qué». Lo que le preocupaba de la agresión a Banesto era la situación en la que quedaría él si prosperaba. Eso de las economías de escala, el sistema de pagos, la salud financiera y todo lo demás se convertían en los grandes ausentes de aquella conversación en la cocina de una casa de Madrid entre dos, se supone, banqueros mayores del reino. A pesar de ello contesté:

—Ya, bueno, pero al margen de cómo te vaya a ti, ¿qué propones?
—Aguanta y en cuanto podamos anunciamos la fusión pactada entre nosotros dos, y así marcamos la diferencia contra la fusión hostil que promueve ese individuo.

De nuevo los mitos por el suelo. Una fusión Banesto-Vizcaya se programa por teléfono en la cocina de mi casa con el fin de evitar que uno alcanzara un éxito formal, el otro fracaso... En fin, que eso de romper esquemas cada día, cada mañana es más bien cansado. Pero tenía que decirle algo y le dije la verdad.

—No me parece mal. Creo que puede tener más sentido que lo que sucede ahora. Lo estudiaré y hablaré con los consejeros.

—Eso sí, Mario. Tienes que entender que el presidente del banco fusionado tengo que ser yo. Mi experiencia bancaria le da mucha mayor credibilidad al proyecto. Ya llegará tu tiempo más adelante.

—Pedro, por eso no te preocupes. Es lo lógico y además no vayas a pensar que me das una mala noticia con eso que me dices. Más bien lo contrario.

Aquella conversación comenzó a meterme de lleno en el tipo de consideraciones que preocupaban a los banqueros españoles. Ante todo, no quedarse relegado a un «banquito regional». Luego, ser el presidente del fusionado. En el fondo es lógico. El empresario profesional, si es que existe esa categoría, se mueve por criterios diferentes del empresario-empresario. A Pedro le preocupaba qué sería de él en lo que a su carrera profesional se refiere. A ello había dedicado su vida. Los mayores o menores beneficios o dividendos eran harina de otro costal. En el mejor de los casos se trataba de algo necesario para mantenerse en el poder del banco. Mis ideas y mis realidades caminaban por otros senderos. No me hubiera importado lo más mínimo que Pedro fuera presidente del banco fusionado. Todo lo contrario.

No dispusimos de tiempo suficiente para profundizar en su propuesta porque los acontecimientos circularon a velocidad de vértigo. Nada más anunciarse el fracaso de la opa de Asiaín, una vez que volvíamos a estar solos y con un Banco de Bilbao dañado en su imagen, volvió a sonar nuevamente el teléfono de mi casa de Madrid y al otro lado de la línea escuché la voz de Pedro. Imaginé que iba a decirme algo así como ¿cuándo empezamos? La sorpresa no debió de ser tal a tales alturas del curso de mi vida financiera, pero lo fue.

—No podemos seguir con nuestra idea, Mario. Después de tu éxito en la opa contra el Bilbao y tu irrupción en la opinión pública, nadie entendería que yo fuera el presidente. Tendrías que serlo tú y en ese caso no puedo proponer la fusión a mi Consejo.

—Pero si ya te dije que eso a mí me trae al fresco, Pedro. Yo con gusto asumo una posición diferente.

—No, si eso lo sé. El problema es que no sería creíble, y lo no creíble no funciona en este mundo nuestro. Me costaría a mí la presidencia...

—Bueno, pues nada, Pedro, como quieras.

Así de simple: la fusión era poco más que una buena oportunidad personal para él. Si conseguía la presidencia del banco fusionado, perfecto. En otro caso se trataba de un error. El sujeto condiciona todo. El poder lo define.

Poco tiempo después, mientras me encontraba en una montería en la finca El Santo, el abogado Ramón Hermosilla me dio la noticia.

—Presidente, el Bilbao y el Vizcaya han cerrado el acuerdo para su fusión.

Me quedé callado. Salí solo al patio dejando el tumulto posmontería tras de mí. Hermosilla revoloteaba por las mesas dando la buena nueva. Yo necesitaba pensar, encajar la información.

Lógico. Absolutamente lógico. Quizá más que lógico políticamente inevitable. Las fusiones bancarias se convirtieron en un dogma político. Sorprendente, pero cierto. En el lenguaje político de aquellos días alcanzó un grado de tecnicismo economicista alarmante. Alarmante y frustrante porque un país no es necesariamente una empresa. Lo peor, incluso, residía en que esos tecnicismos encima encerraban una concepción económica equivocada, a la que protegían apelando a una inexistente ortodoxia. Ya se sabe que cuando no quieres que te discutan tus asertos apelas al sólido concepto, a la histórica categoría de dogma. En fin, un dislate, pero era la moda y resultaba casi imposible pelear contra ella. Y dentro de esa moda el dogma de las fusiones bancarias lo impusieron a golpe de telediario.

¿Algún designio político oscuro podía encerrarse detrás de esos dogmas financieros? Lo peor es que no lo creo. Podría pensarse que estaban programando la creación de entidades financieras muy fuertes para que les resultara más fácil el control del sistema. Es posible, pero en aquellos días la insistencia probablemente obedeciera a motivos más pedestres. Empujaron a Sánchez Asiaín a una opa hostil con el propósito de echarnos de Banesto por nuestra osadía de invertir nuestro dinero allí donde nos pareciera mejor. El fracaso dejó al hombre muy tocado. No suelen tener piedad por sus víctimas, ni siquiera cuando sus errores convierten en víctimas a sus aliados en el juego del poder, pero en este caso forzaron un poco la máquina. La

351

mejor manera, pensaron, de demostrar que no estaban equivocados, que se trató de una operación técnica y no de otra alimentada con ingredientes de poder puro, consistía, precisamente, en forzar una gran fusión. Y a eso se pusieron.

—¿Qué opinas de lo que ha pasado?

La voz de Juan interrumpió mis meditaciones. Se había percatado de mi ausencia del salón de monterías y había venido a buscarme para comentar la noticia.

—Pues nada raro. Creo que Pedro tuvo claro que el fracaso de la opa había herido casi de muerte a Sánchez Asiaín. Le convirtió en presa fácil.

—Sí, ya, claro, pero siempre se han llevado mal las familias de uno y otro banco.

—Juan, aquí las familias y las enemistades solo juegan cuando el poder político no anda por en medio. Lo que se discute son elementos reales de poder. Esas enemistades que dices, por ancestrales que te parezcan, me suenan a azucarillos disueltos en un vaso de agua. Lo único cierto es que Pedro ha sabido negociar a toda velocidad. Asiaín no ha tenido alternativa y ha cedido. El Vizcaya se ha hecho con el control de la fusión.

La prensa del día siguiente nos transmitía la noticia y la imagen de un Pedro que aparecía resplandeciente. No sabía en aquellas fechas lo que tendría que sufrir.

El modelo mental del banquero español empezó a resultarme más frágil, convencional y mucho menos interesante de lo que parecía visto desde fuera, rodeado de toda la parafernalia típica de tan brillantes puestos financieros. En el fondo, una vez más, cada uno se preocupaba de lo que le afectaba a él personalmente y del banco solo como consecuencia refleja. Aquella frase tan utilizada en banca de «el interés de los accionistas, los empleados, la entidad y el sistema financiero español» no pasaba de ser un eufemismo puro y duro en el que envolver algunas otras consideraciones más prosaicas y pegadas al mundo de los mortales.

Pedro vino con nosotros a navegar a Mallorca en el *Pitágoras*. En uno de aquellos días, poco después de nuestra navegación conjunta y aprovechando la confianza ganada por la convivencia experimentada, mientras estaba en marcha el proceso de fusión con el Bilbao se empeñó en que los dos matrimonios saliéramos a cenar a uno de los restaurantes que a él le gustaban, y al terminar casi nos obligó a tomar una copa en una especie de antro, muy poco adecuado, al menos sobre el papel, para ser frecuentado por el presidente de uno de los siete grandes bancos españoles. Digo esto porque la sociedad asigna roles y si eres banquero hay cosas que no puedes hacer, lo cual tiene su gracia, pero no se puede ser iconoclasta veinticuatro horas diarias.

Sin embargo, Pedro parecía encontrarse a gusto allí y su familiaridad con los camareros me transmitió la sensación de que no era, ni mucho menos, la primera vez que traspasaba su puerta y se sentaba en aquel rincón oscuro, mientras una música heavy sonaba en los altavoces del recinto. Pedro se mostraba excitado, muy excitado. Cabreado, muy cabreado. Por fin, en tono más que airado, dijo:

—No sabes la que estoy pasando. Este individuo, Sánchez Asiaín, es capaz de todo. Domina la prensa y se pasa el día conspirando. No tiene límites. Filtra mentiras con tal de perjudicarme y conseguir que mi posición se debilite. Todo lo que te cuente es poco.

Me quedé de piedra. Una cosa es tomarse a coña lo del sistema de pagos, otra, confundir fusión con presidencia personal y otra, que los financieros ilustres se enzarzaran en guerras sucias del porte descrito por Pedro. Un juego medio mafioso en el que la prensa se convertía en el arma de Luca Brasi. ¿Cuál sería la relación prensa/finanzas? ¿De dónde el poder de Asiaín para ejecutar esas maniobras sucias que Pedro le atribuía?

El mundo de la prensa me resultaba absolutamente ajeno. Jamás antes había sentido la necesidad de contar con los medios de comunicación. Incluso más: la situación creada a propósito de la noticia difundida por *El País* sobre el Frenadol y los tristemente amargos momentos que nos hizo vivir provocaron en mí una reacción contra los que viven del papel impreso. Si un diario del aparente prestigio del perteneciente al Grupo Prisa podía sin pudor ni consecuencia alguna publicar en portada una noticia tan falsa como la que distribuyó sobre el Frenadol, eso significaba que el poder de la prensa carece de límites y que la verdad o la mentira son consideraciones menores en el juego de negro sobre blanco.

Sin embargo, la banca y la prensa caminaban hermanadas. Curiosamente el mundo financiero se había mantenido durante mucho tiempo alejado de las noticias de la prensa generalista y se circunscribía casi en exclusiva a los periódicos especializados en economía. Sin embargo, el banquero quería a toda costa salir en los medios. Recuerdo que Juan me contaba cómo un empleado del Central se dirigía a su presidente en este asunto diciéndole: «Don Alfonso, en este mes hemos conseguido tantos impactos». El impacto era, obviamente, cualquier noticia en la que el nombre de Escámez apareciera en algún medio de comunicación.

—José Ángel es un maestro en esto de controlar la prensa. Tiene un equipo dedicado a esa misión.

Pedro efectuaba estas afirmaciones sin que le temblara un miligramo la voz. Yo no tenía ni siquiera posibilidad de obtener certeza pero el trato de la opa del Bilbao contra nosotros, contra Banesto, se había saldado con muchas descalificaciones personales que sobraban en un contexto financiero. Eso lo había vivido. ¿Venían de Asiaín? Hombre, de Marte por ejemplo no creo que llegaran, porque de existir los marcianos o los habitantes de otras galaxias tendrían mejores cosas que hacer que ocuparse de nosotros, que para eso el cosmos es infinito y nosotros muy limitados. Así que podría ser que Pedro tuviera algo de razón. En cualquier caso aseguraba que lo sufría en sus carnes. Me garantizaba que la lucha por el poder en el banco fusionado se desarrollaba más en las páginas de los periódicos que en las sesiones del Consejo.

Creo recordar que habían pactado un sistema de copresidencias transitorio de modo que a partir de un periodo de tiempo corto, no sé si dos años más o menos, Pedro se haría con la presidencia única del banco fusionado. Mientras tanto el número de consejeros era paritario, es decir, 50 por ciento procedentes del Bilbao y el otro 50 por ciento con origen en el Vizcaya. Un bloqueo decoroso potencial, pero como unos no se fiaban de los otros, mejor no decidir nada que atribuir poder a una de las facciones. Pero, claro, si alguien destruía la imagen de Pedro antes de tiempo, los pactos podrían quedarse en eso que llaman agua de borrajas, que, por cierto, nunca he visto en mi vida.

Todo el mundo es sensible a la prensa, en su vanidad o en sus juicios. Asiaín lo sabía.

—Mario, los consejeros de banco en muchos casos se la cogen con papel de fumar. Si alguien se encarga de difundir noticias falsas, acaba erosionando tu posición ante el resto de los consejeros y de la comunidad financiera en general.

No se lo quise decir pero el aspecto físico de Pedro, con sus melenas un poco demasiado acabaditas en su cuidado, y sus vestimentas algo estrafalarias, sus camisas plagadas de flores y hasta de floreros, no le beneficiaban en el proceso de crítica a su persona en entornos que pretendían ser conservadores, aunque conservaran cosas que mejor habría sido tirarlas a un basurero de malos hábitos. Por si fuera poco, Asiaín, vencido en el pacto de la fusión, no tenía demasiado que perder, así que sus supuestos instintos letales respecto de Pedro se movían en el papel impreso con total facilidad.

Lourdes y yo asistíamos a la conversación, mitad atónitos, mitad asustados. Cuando regresábamos a casa, Lourdes, comedida donde las haya, una vez en la cama, la luz apagada, la cabeza en la almohada y la mente recordando lo vivido horas antes, con voz firme en la que quizá pudiera descubrir una migaja de reprimenda, me dijo:

—Mario, ¿sabes bien dónde nos hemos metido? ¿Has visto qué gente anda por estos mundos?

No quise contestar porque en el fondo empezaba a convencerme de que no es cosa de mundos, sino de hombres. Desvié la conversación hacia algo que me había llamado la atención.

—Sí, bueno... Pero lo que más me ha impresionado es la mala cara de Pedro. Yo creo que ese hombre tiene un problema de salud. No sé, su mirada... No sé.

—Bueno, ya estás tú con esas cosas raras.

Algunas veces en mi vida he tenido presentimientos de ese tipo que se han cumplido.

Pedro no llegó a saborear su victoria. Poco tiempo después, a eso de las dos de la mañana, sonó el teléfono. Pablo Sebastián, director entonces del diario *El Independiente*, me avanzó el dato, aunque sin plena certeza.

—Creo que Pedro Toledo está en un avión camino de Estados Unidos. No creo que llegue vivo.

La radio de las seis confirmó la noticia. Pedro de Toledo acababa de morir. Lourdes guardó silencio. No le gustaba nada hablar y menos confirmar mis premoniciones de tal naturaleza.

Su muerte desató una serie de acontecimientos de mucha importancia. Ante todo la aparición en escena de un personaje que luego ocuparía un lugar destacado en mi vida: Alfredo Sáenz Abad. Era el teórico delfín de Pedro Toledo en el Vizcaya. Se planteó un conflicto derivado, claro, del modelo seguido. Al morir uno de los copresidentes, ¿debería quedarse solo Asiaín o entrar en juego otro copresidente nominado por el Vizcaya? Los del Bilbao, lógico, defendían la primera tesis con el ardor que proporciona saber que si la imponían, habrían transformado la rendición inicial en victoria. Los del Vizcaya postulaban a Alfredo Sáenz, para evitar lo contrario, es decir, que el éxito inicial pactado se transformara en fracaso final cantado a coro por el País Vasco, que es en el fondo lo que preocupa a ciertos vascos. Lo que se comente en Almería o Cuenca les trae al fresco, sobre todo comparado con las habladurías del Marítimo.

Nuevamente la prensa volvió a rellenar páginas con las disputas financieras. Y aunque resulte increíble Asiaín apeló a mí para que le ayudara en el trance. La vida siempre juega esas malas pasadas. Después de forzar máquinas de prensa contra nosotros, ahora yo me convertía en asesor. Me buscaba por todos lados. Me localizó incluso en Portugal, adonde fui por una boda familiar, y ante el estupor de Lourdes a eso de las doce de la noche sonaba nuestro teléfono con el copresidente Asiaín al otro lado de la línea. Como tenía relación con Pablo Sebastián, director de *El Independiente*, Asiaín me pedía que se publicara esto o aquello, defendiendo, claro, sus posiciones y criterios, pero lo más sorprendente era su frase:

—Es muy importante que esto salga, Mario. Si se publica ganamos muchos enteros.

Yo no pensaba así. Aunque solo fuera porque ganamos la opa contra ellos con toda la prensa en contra. La prensa y el poder político, para ser más exactos. Así que mi posición era de escepticismo vital. Pero si a él le parecía bien...

Un día de aquellos me llamó y me propuso algo que me dejó helado. Como expliqué, la composición del Consejo era paritaria y de ahí el bloqueo decisorio.

—¿Qué sucedería —me dijo Asiaín— si uno de los consejeros del Vizcaya faltara?

Que nadie se asuste al leer esto, que no propiciaba con la frase ningún asesinato mafioso. No. Lo que decía es que si, a la vista del conflicto, algún consejero del Vizcaya buscara y encontrara acomodo en otra entidad financiera, pues el empate se resolvería, se votaría a su favor y punto final.

La estrategia cuantitativamente cuando menos no podía ser más simple. Claro que había que encontrar dos sujetos especiales de mucha especialidad. Uno que aceptara el juego, es decir, el consejero del Vizcaya que tuviera una estructura interna de semejante porte. Otro el banquero que quisiera emplearlo. Este último papel me lo atribuía a mí.

—Pero, José Ángel, ¿qué consejero vuestro aceptaría algo así?

—Lo tengo claro: Ángel Corcóstegui. Yo creo que se iría encantado a Banesto.

—¿Seguro?

—En Banesto, Mario, estáis cortos de cuadros directivos modernos, así que este fichaje yo creo que os viene bien. Además, Corcóstegui, con independencia de que es buen técnico, tiene excelentes relaciones con el Banco de España, y en tu caso concreto eso te conviene una barbaridad. Ya sabes cómo funcionan las cosas por aquel caserón. Yo te lo agradecería muy encarecidamente.

La verdad es que en ese momento no sabía ni cómo ni con qué materializaría su agradecimiento, pero eso me importaba entre cero y nada.

No le conocía, ni podía siquiera imaginar si lo que me aseguraba José Ángel disponía de visos de realidad o de probabilidad. Pero en todo caso la operación me parecía descabellada. Era clara como el agua clara, mejor dicho, como el agua estancada. Afortunadamente no se llevó a cabo, y no digo para mí, para nosotros, para Banesto, sino para Ángel Corcóstegui, que tiempo después abandonó el Bilbao Vizcaya, pasó al Central Hispano y cuando, posteriormente, ese banco se fusionó con el Santander y Botín, don Emilio, decidió seguir en solitario, consiguió que Ángel Corcóstegui renunciara a su puesto a cambio de una cifra parecida a algo más de cien millones de euros, y en Banesto jamás habría conseguido ni siquiera la décima parte porque nuestro banco tenía normas retributivas de mucha mayor austeridad.

El desenlace fue, si cabe, todavía más sofocante que esa huida incentivada de un consejero. Tan insoluble llegó a ser la situación que, en un acto que quizá no sea típico de la elegancia pregonada en ciertos salones, los consejeros de uno y otro banco, incapaces de resolver por sí mismos el problema, decidieron acudir a Mariano Rubio, gobernador entonces, para que solventara en un juicio salomónico quién debería presidir el banco fusionado. Y Rubio, encantado con su papel de árbitro de intereses privados, concluyó que el destinado a ocupar tal cargo era Emilio Ybarra, siempre que aceptara nombrar unas personas designadas por el propio Mariano Rubio como consejeros del banco en calidad de «independientes». De esta manera Emilio se convirtió en el primer presidente de un banco privado debido a un laudo de un poder público solicitado por un Consejo de Administración de una entidad financiera privada. La verdad es que los socialistas debieron de disfrutar con el poco aprecio que los miembros de las familias de Neguri y el resto de los profesionales de banca podían mostrar sobre sus convicciones acerca del sector privado, de la economía privada, de la capacidad de los empresarios y banqueros españoles para resolver por ellos mismos los problemas que la vida empresarial les planteara. No sé si existirá algún precedente similar en las páginas bancarias del mundo occidental.

Solventado el problema del Bilbao, ya tenían sus fusiones los propagandistas del género. ¿Y nosotros? ¿Qué era de nosotros en Banesto? Mis ideas no se ajustaban al patrón oficial. No rechazaba, desde luego, la bondad de la operación, pero siempre que de manera concreta, detallada, específica, comprobara sobre el papel los beneficios que produciría en términos de valor de las acciones y beneficios futuros. El tamaño del banco me importaba tres pepinos. Si el tamaño convertía a la entidad en proporcionalmente más rentable, pues bien. El tamaño por el tamaño, no. La dinámica de lo cuantitativo no formaba parte de mis preferencias intelectuales.

Con Antonio Torrero discutí en varias ocasiones sobre este punto, que, desde luego, reclamaba dedicarle todo el tiempo del mundo, porque de ser verdad el postulado de los oficialistas, que garantizaban que todo banco que no se fusionara con otro perecería en la tempestad europea, eso, obviamente, tenía que preocuparnos y mucho, no solo por la responsabilidad de gestionar a miles de empleados, sino, además, porque teníamos un montón enorme de dinero invertido. Antonio insistía en que el tamaño por sí solo no aportaba gran cosa, porque dependía del proyecto de banco que quisieras. Evidentemente, si se trataba de operar a gran escala, tener presencia significativa en el mercado internacional, entonces el tamaño aportaba ventajas diferenciales. En otro caso, seguía razonando Antonio, no.

Pero, en fin, las fusiones no solo eran un dogma oficial, económico y político, y una estrategia empresarial discutible, sino que, además, cumplían otro papel: se convirtieron en un instrumento para solventar problemas derivados de los malos créditos bancarios.

Hace unos días, y estoy ahora en 2010, en junio, se anunció la fusión «fría» (no es una coña literaria, es que la llaman así oficialmente) entre Caja Madrid y Bancaja. En el mercado se decían cosas poco bonitas de ambas instituciones. En la primera de ellas, en medio de un tumulto político más bien poco edificante, acababa de aterrizar Rodrigo Rato, que fue vicepresidente en el Gobierno de Aznar y que por alguna razón de oro a futuro no accedió, como esperaba, al delfinato, a la sucesión en la presidencia del Partido Popular. En uno de esos movimientos complejos que no todo el mundo alcanza a entender, Rodrigo Rato dejó el FMI, siendo su director, con máxima categoría política, para venir a España de asesor de algunas entidades financieras y para acabar —al menos a día de hoy— tras una disputa entre Rajoy, presidente del PP, y Aguirre, presidenta por ese partido de la Comunidad de Madrid, presidiendo Caja Madrid. Como digo, no todos tenemos la capacidad de adivinar los fondos de semejantes movimientos.

Los balances de las cajas españolas, involucradas hasta las cejas en el ladrillo, como se designaba a las inversiones inmobiliarias, reflejaban una situación caótica. Tenían que fusionarse, pero no solo para reducir capacidad, para contraer el mercado financiero al que atribuían encontrarse sobredimensionado, sino, sobre todo, para recibir unos dineros ingentes de un invento al que llamaron FROB, que no era sino dinero público, es decir, de todos, que se prestaba —un eufemismo más— a las cajas fusionadas para superar sus dificultades, léase para sanear sus balances. Pues bien, Caja Madrid pidió cerca de cinco mil millones de euros. Cerca de un billón de pesetas. Cualquiera puede imaginar sin esfuerzo tormentoso, ahora sí, que sanear una entidad con semejante generosidad pública, con una cantidad tan monstruosa como esa entregada de una tacada, o de dos o tres, que esto no es el billar, no es un cometido demasiado complejo. Pues bien, en 1987 algunas fusiones se pensaban para sanear a las entidades fusionadas. En 2010, veintitrés años después, seguíamos en las mismas. Y eso que según los doctores de la Madre Finanzas se había procedido en ese periodo a un saneamiento y modernización radical de nuestro sistema financiero. Pues menos mal, que si no...

Ya al poco de comenzar mi presidencia tuve que enfrentarme al modo y manera tan singular, tan creativo, del Banco de España en la confección de las cuentas de resultados de los bancos. Constituyó toda una sorpresa. Empezaba a darme cuenta de cómo realmente las cosas funcionan en nuestro país, al menos en el nada despreciable trozo de país que es el mundo financiero.

En la Junta General Extraordinaria de enero de 1988, además de informar a los accionistas de nuestros avatares con el Bilbao, tuve que leerles la previsión de resultados para el ejercicio 1987. Digo leerles porque fue exactamente lo que sucedió, dado que ni había tomado parte en la confección de tales resultados ni tenía la menor idea de si se ajustaban o no a la realidad contable del banco. Me nombraron presidente el 16 de diciembre de 1987, así que tendría que haber sido adivino si hubiera querido ejecutar otro rol que el de lector de un documento cocinado fuera de mis despensas mentales. No era del todo consciente de la premisa de que las cuentas de resultados bancarias en muy buena medida se confeccionan desde el Banco de España. Son los inspectores de esa santa casa los que te dan o retiran su visto bueno a las cifras que pretendes trasladar al mercado. Contra ellos no hay cuenta posible. Con ellos se puede confeccionar la que te dé la gana, cierta o falsa, pero oficialmente verdadera.

Por ello mismo suponía que si los inspectores del Banco de España nos permitieron leer unos beneficios en el entorno de los veinte mil millones de pesetas para el ejercicio gestionado por López de Letona, debían de ser verdad, así que me limité a leer las cifras ante los accionistas, a quienes, ciertamente, no les interesaban demasiado los datos del pasado, salvo para el dividendo, y entre las atribuciones de don Mariano se encontraba el permitir o negar ese dinero de los accionistas y en nuestro caso nos lo consintió. Así que leí las cifras oficiales y en paz.

Pues de paz nada. Juan Belloso, el consejero ejecutivo, muy pocos días después de esa Junta General, entró demudado en mi despacho:

—Presidente, tengo que contarte algo muy grave. —Su expresión realmente indicaba que se encontraba al borde de un ataque de nervios.

—Tú me dirás.

—La Inspección del Banco de España acaba de comunicarme por escrito que tenemos pendientes dotaciones por casi cien mil millones de pesetas correspondientes...

—¿Cien mil millones de pesetas? —le interrumpí casi gritando.

—Sí, cien mil millones de pesetas, correspondientes a problemas nacidos antes de que nosotros llegáramos al banco. Además ya sabes el estado de nuestras sucursales y las necesidades que tenemos de invertir en tecnología. No sé cómo vamos a salir adelante.

—Estos tíos son unos hijos de puta. ¿Cómo es posible que autoricen a Letona un dividendo a cuenta en octubre, que nos obliguen a leer una cuenta de resultados con veinte mil millones de pesetas de beneficio y ahora nos digan que tenemos que provisionar cien mil millones? ¿En qué país vivimos?

—No se puede hacer nada. Son los que mandan. Yo creo que quieren forzarnos de nuevo hacia una fusión.

—¿Otra vez? Mira, me parece que van a probar de su medicina. Voy a informar al Consejo y convocamos una nueva Junta General, les explicamos a los accionistas quién es Mariano Rubio, quiénes son los inspectores del Banco de España, cómo funcionan las cosas en el sistema financiero, les enseñamos que su banco tiene deudas pendientes de cien mil millones, les contamos el cómo estaban las sucursales, la mierda de tecnología que tenemos...

Hablaba a toda velocidad, presa de una excitación más que considerable. Sentía rabia, una rabia profunda. Indignación, una indignación incontrolable. Aquello superaba todas mis previsiones. Mariano, Solchaga, el poder, lo que fuera o fuese se mostraba capaz de engañar a los accionistas de Banesto permitiendo el dividendo por cuenta de su hombre para de esta manera facilitar el control del banco. La realidad contable, las normas de buenas prácticas, las auditorías, todo ese mundo de papel parecía convertirse en ceniza ante los deseos del poder de ocupar plaza fortificada, como lo era Banesto. Increíble, pero cierto. Con el propósito de controlar Banesto. No podía consentirlo. Algo tenía que hacer.

—Si haces eso, presidente, será todavía peor. Cundirá el pánico entre los accionistas, caerá la acción, retirarán los fondos, y el Banco de España se sentirá obligado a intervenir Banesto. Se lo pones mucho más fácil.

No era ninguna insensatez lo que decía Juan Belloso. En ese momento nuestra presencia en la opinión pública no se encontraba suficientemente afianzada. El Banco de España disponía de mayor credibilidad, aun a pesar del despropósito de la opa del Bilbao. Ante el poder la gente dispone de memoria endeble. Es muy posible que no tuviéramos equipaje financiero y mediático para enfrentarnos con ese enemigo. Necesitábamos una alternativa, alguna solución diferente, por lastimados, irritados, violentados y lo que se quiera que nos encontráramos por dentro.

—¿Qué solución tenemos?

—Podemos aguantar por nosotros mismos, pero si nos fusionamos podríamos cargar todos esos saneamientos a las plusvalías de la fusión.

Constatar la realidad del banco fue un ejercicio muy duro. Antonio tuvo razón en su análisis: Banesto disponía de un gran valor en activos empresariales fuera del sector financiero. Pero, al mismo tiempo, sus carencias brillaban ostensiblemente. Ante todo, la tecnología. El banco funcionaba por mecanismos manuales inconcebibles. Los documentos de las sucursales seguían clavándose con un martillo, aunque nadie quiera creerme. La capacidad de almacenamiento de datos en los exiguos ordenadores de que disponíamos se encontraba en el límite del colapso total. En fin, nos encontrábamos a años luz de otros bancos y eso no solo significaba imposibilidad de realizar determinados negocios, sino que, además, se traducía en unas necesidades financieras cifradas en decenas de miles de millones de pesetas.

El estado de nuestras sucursales era sencillamente desolador. Recuerdo que en una visita a Ciudad Real quise ir al cuarto de baño y el director ponía todas las excusas del mundo para que no lo hiciera, hasta que, rendido a la fatalidad, tuvo que enseñarme en dónde se encontraba: un patio trasero de la sucursal que daba directamente a una especie de pocilga. Obviamente se trataba de un ejemplo anecdótico, pero el conjunto resultaba desastroso. Cuando poco después de ser presidente fui a Mallorca a cambiar mis cuentas de la banca March a Banesto, para que ningún periodista avispado sacara conclusiones capaces de confeccionar una noticia escandalosa, visité nuestra sucursal en Pollensa. Una sola persona la atendía. Una palangana en el suelo recogía el agua que caía de una gotera formada en el techo. En fin, que las cosas estaban muy mal y eso, nuevamente, se traducía en decenas de miles de millones de pesetas, porque tal era el nivel de gastos necesario para adecentar mínimamente las sucursales de nuestro banco que, dicho sea de paso, constituían uno de sus activos más preciados.

Visto ahora con la perspectiva del tiempo, con la experiencia que te proporciona la vida, me equivoqué. Reconozco que me separó de convocar esa Junta Extraordinaria de accionistas en la que contaría toda la verdad el hecho de que la cifra de créditos dañados, de provisiones pendientes, se correspondía con la etapa anterior y de alguna manera confesar la verdad involucraría a los anteriores gestores y gracias a ellos conseguimos nuestro propósito de llegar al banco. Pues ni aun por esa razón debí detenerme. Todo se explica en la vida. Se podría justificar en la pura y dura verdad: las compras de bancos obligadas desde el Banco de España (Coca, Madrid...) cercenaron muchos de los ahorros de la casa, de forma que ese dinero que podría haberse utilizado precisamente en mejorar sucursales y pagar tecnología tuvo que emplearse en esos otros menesteres, en algo tan simple y doloroso como tapar agujeros de otros. Estoy seguro de que los accionistas lo habrían entendido, que la acción no se habría desplomado, que nada malo habría sucedido.

Al contrario. Mi experiencia reside en que si cuentas la verdad, si el mercado te percibe como un sujeto creíble capaz de relatar lo que sucede sin miedo a posibles problemas de imagen, al final te valora mucho mejor.

Nuestra posición hubiera sido distinta si, al lado de las indudables ventajas y activos de Banesto, hubiéramos situado, urbi et orbe, con luz y taquígrafos, sus inconvenientes, sus carencias y los costes que implicaba su puesta al día. Pero no lo hice. Y fue un error.

Por tanto, necesitábamos algún expediente que nos permitiera solventar el problema que nos situaba sobre nuestra mesa Mariano Rubio, el del Banco de España. Y el expediente más directo residía, precisamente, en la fusión con otro gran banco. Con ello calmaríamos las pretensiones del poder, organizaríamos adecuadamente nuestras carencias y, además, podríamos incluso controlar una entidad mayor, aunque ya he dicho que mayor y mejor no es necesariamente lo mismo.

El mapa de posibilidades se circunscribía a tres bancos: el Hispano de Boada, el Popular de Luis Valls y el Central de Alfonso Escámez. Empecé por su orden.

Con Boada me reuní en un hotel madrileño. Nos rodeamos de secreto, que es algo que viste mucho en reuniones financieras de altura. Luego todo se acaba contando en los salones y en las cacerías, pero de momento el secreto es de lo más elegante que se despacha. Las condiciones de Boada para fusionarnos eran dos.

—Quiero que el número dos, el consejero delegado del banco fusionado, sea Amusátegui. Te llevas fenomenal con él y es un tipo muy bueno.

Asentí con un gesto de cabeza en evitación de pronunciamientos más rotundos, porque no me parecía difícil aceptar esa condición, aunque Pepe no gustara demasiado en determinados ámbitos del Consejo.

—Bueno, y ¿qué más?

—Pues que la ecuación de canje tiene que ser una acción de Hispano por una de Banesto.

—No me jodas, Claudio...

Seguramente no hubiera tenido excesivo inconveniente en aceptar la primera de sus exigencias, pero la segunda me parecía sencillamente un imposible para los accionistas de Banesto. Nuestro banco valía más que el Hispano. Si me hubiera guiado por presidencias personales, por tamaños, por agradar al poder, me habría resultado indiferente eso de los accionistas, porque excusas siempre encuentras. Pero me negué, así que con mi negativa finalizaron las conversaciones.

No obstante medité: está claro que Claudio Boada es un hombre que mantiene excelentes relaciones con Rubio, con Solchaga y demás de la misma coreografía. Es diáfano que no daría un paso sin la aprobación de quienes mandan, entre otras razones porque a ellos debía su puesto. Entonces la cosa era clara: ¿cómo es posible que Mariano Rubio consintiera una fusión de ese porte que, sin duda, me concedería más poder del que ya tenía con Banesto? ¿Qué se escondía detrás de ese proyecto? Lo vi claro: el Consejo de Banesto, en aquellos momentos, formaba un bloque sólido, no existían, todavía, discrepancias ni luchas por un poder que se consolidó de manera pétrea. Al fusionarnos tendríamos que consentir un Consejo compuesto por los nuestros y los del Hispano. De esa manera mi posición se debilitaría porque muchos de los consejeros del banco de Boada pertenecían al clan y obedecerían las consignas de Mariano. En el fondo era una trampa clara. Ciertamente la fusión, como ocurrió con el Bilbao Vizcaya, sería paritaria, pero no necesitarían más que a uno, dos o tres consejeros nuestros que fueran aleccionados —y mecanismos eficaces existen— a pasarse de bando para que en una votación perdiera la presidencia y el control del banco.

—¿Qué te parece, Juan? ¿No crees que es una trampa?

Juan Abelló ni siquiera entró en semejantes consideraciones. Mantuvo una posición mucho más fundamentalista, sin resquicios de otro orden.

—No se hace esa fusión. Por mis niños que no. No me voy a sentar en una mesa en la que tenga que convivir con nuestros peores enemigos.

—Muy fuerte eso, Juan. ¿Estás seguro de que son nuestros peores enemigos? Yo de momento no les he hecho nada...

—Cuando no te enteras, no te enteras. Son ellos los que mandan. Hemos conseguido un trozo de poder; un gran trozo, pero la tarta es suya. El poder no admite competidores. Un competidor es siempre un enemigo.

—Bueno, bueno, no te sulfures. Seguro que tienes razón.

Curiosamente, poco después de esta conversación muchos de aquellos teóricos peores enemigos pasaron a formar parte de un bando en el que se situó Juan Abelló.

Mi negativa a Boada no dio por cerrado el tema de las fusiones porque, como explicaba antes, la fiebre crecía en España, mis problemas financieros también, y era necesario darle algún tipo de respuesta, en todo caso menos estrambótica que la que proporcionaba Luis Valls, el presidente del Banco Popular. Era un hombre más bien alto, bien parecido, de tez clara y ojos brillantes, sonrisa enigmática, como todo su lenguaje corporal, miembro destacado del Opus Dei, obsesionado con la prensa y su imagen.

—Juan, ¿tienes información fiable de Luis Valls?

—No. Es del Opus Dei, dicen que tiene mucha influencia en el Banco de España, que es muy aficionado a las conspiraciones, pero personalmente no puedo decirte nada concreto, ¿por qué?
—Pues porque quiero empezar a hablar con él de fusionarnos.
—Mira, si quieres vete, pero eso no lo vas a conseguir. Es perder el tiempo.
—¿Por qué?
—Pues porque las vinculaciones del Popular siempre se han dicho que son raras. Mira lo que pasó con Ruiz-Mateos. No, no creo que se fusione con nadie, pero bueno, si quieres intentarlo por mí no hay inconveniente. Sería una operación cojonuda.

Goldman Sachs, el banco americano que había colaborado con nosotros en la defensa frente a la opa del Bilbao, preparó por encargo mío un estudio sobre la fusión Banesto-Popular y con esas carpetas negras de anillas en las que habitualmente los americanos escriben sus conclusiones, llenas de gráficos y colorines, me fui a ver a Luis al Banco Popular.

Me recibió en una discoteca, decorada en color verde, construida en los bajos de su banco. No salía de mi asombro, porque ciertamente el que una entidad financiera disponga de una discoteca en toda regla es un hecho más que curioso. Luis, sin conceder la menor importancia a nuestro lugar de encuentro, sin proporcionarme la menor explicación sobre el decorado de nuestra conversación, se movió despacio hacia la zona en la que se encontraba el equipo de música. Con gestos ceremoniosos sacó un disco de vinilo de su funda, lo situó sobre el plato, conectó el amplificador, movió el brazo de la aguja y lo depositó cuidadosamente sobre el disco. Graduó el volumen no excesivamente alto, de forma que pudiéramos conversar. Comprobado todo ello, con la misma lentitud se acercó al lugar en el que me encontraba dispuesto a escuchar, con una cara de indudable cachondeo, mis profundos razonamientos sobre la fusión Banesto-Popular. Me di cuenta al instante y como mi intención no era ponerme a bailar con Luis, nada me retenía en aquel entorno, así que me despedí de mi anfitrión con la mayor delicadeza que pude y volví a mi despacho de Banesto. Nunca más volvimos a tocar el asunto.

Poco después de anunciar públicamente la fusión con el Central, Luis pidió verme y le recibí en mi despacho de Castellana. Todo el mundo creía que aquella gran operación era ya un éxito y por eso me llamaron la atención las palabras del presidente del Popular.

—Esto saldrá mal. Lo tuyo y lo de Alfonso saldrá mal.

—¿Por qué lo dices, Luis?

—Porque saldrá mal.

¿Quién es o quién era Luis Valls? Reconozco que mis ideas son algo confusas.

Creo que no se ocupaba de la gestión diaria del banco. Durante muchos años las directrices del banco consistieron en almacenar en sus cuentas beneficios no repartidos, de manera que disponían de un gigantesco colchón de recursos propios que nunca fueron distribuidos a los accionistas. Eso les dotaba de una capacidad de producir resultados muy superior a la de otros. Además, el Popular seguía una estrategia muy conservadora en lo que a tamaño se refiere. Quería seguir concentrándose en el sector de la banca doméstica y la expansión internacional les provocaba una alergia insuperable.

Pero, al margen de estrategias bancarias, ¿quién era Luis Valls? Ciertamente era hombre inteligente pero a fuerza de ser enigmático seguro que escondía trozos de brillantez. Siempre me llamó la atención su obsesión por la prensa, sus constantes deseos de dejar entrever, no aparentar ni explicitar, solo entrever, como si de una puerta entornada se tratara, que su vida disponía de un trasfondo de otro orden, de diferente calidad, como si perteneciera, en algún grado, a un cierto poder real. Más bien oculto, en cuyas manos se encontrara la obligación de cuidar por el mejor destino de la Humanidad.

No sé muy bien el verdadero papel de Luis. No soy capaz de definirle como un hombre capital en el Opus Dei. Sus relaciones con el Banco de España eran magníficas. Ciertamente personajes claves como Aristóbulo de Juan, director de la Inspección del Banco de España, y Rafael Termes, presidente de la patronal bancaria, pertenecían al Opus y al entorno de Luis, pero de eso a deducir que era la punta de lanza de un poder oculto de proporciones considerables quedaba un trecho largo por recorrer.

Insisto en que no soy capaz de definirle con perfiles nítidos. Aun hoy, muchos años después, sigo en mi nebulosa. Algunos, entre ellos el eterno intermediario, el amigo de Garzón, Antonio Navalón, apuntaban a Luis como uno de los puntales clave del edificio del sistema político-financiero español. Es posible, aunque a pesar de mi experiencia no me encuentro en posición de certificarlo.

Curiosamente, su sobrino, el hijo de su hermano Javier, copresidente del Popular, se convirtió en una especie de discípulo mío desde su pubertad. Mantuvimos una larga correspondencia durante años y posteriormente, ya entrado en la veintena larga, se cimentó entre nosotros una profunda amistad, en la que yo ejercía como una especie de segundo padre. Luis Valls tenía una gran admiración por su tío. Profunda admiración, diría yo, aunque también he tenido la sensación de que ante la relativa ambigüedad de mis respuestas cuando me preguntaba mi opinión sobre su tío, llegó a pensar que algo ocurría, que alguna información de la que disponía no deseaba compartirla con él, con el propósito de que siguiera manteniendo esa admiración por el que fue un hombre a todas luces importante en el sistema financiero español.

¿Era el Popular un reducto de financiación del Opus Dei? Ni lo sé ni previsiblemente lo sabremos nunca. En algún momento sospeché que la renuncia decidida, el rechazo educado pero frontal a cualquier fusión podría fundamentarse en el deseo de que nadie entrara a analizar las cuentas, de que no se formularan preguntas sobre algunas partidas del balance cuya explicación podría resultar algo engorrosa y quizá comprometida para esa institución religiosa.

¿Por qué la amistad entre Luis Valls y Antonio Navalón? ¿Qué papel real jugaron Luis Valls y el Opus en el derrocamiento de Ruiz-Mateos? ¿Es cierto, como me comentó Navalón, que en las sucursales del Popular por orden de Luis Valls se suministraban pequeños fondos de maniobra para socialistas que comenzaban sus vidas como Solchaga? No lo sé, y como digo, es más que posible que nunca dispongamos de certezas.

¿Qué papel real jugaron Luis Valls y el Opus Dei en la intervención de Banesto? Muy difícil precisarlo. Durante estos años me han tratado de intoxicar con la versión de que apoyaron sin fisuras mi descabezamiento debido a que mi pretensión de buscar los puntos de encuentro entre las tres religiones, explicitada en el Congreso del Vaticano de 1992, les llenó de alarma. No sé si el Opus mantiene, al igual que los jesuitas, una actitud de beligerancia mortal con la masonería, pero no creo que sea ese el motivo, aunque la irracionalidad es capaz de desperfectos mayores sin causa objetivable. Posiblemente es que algunos encuentran su forma de vida en la separación de los tres monoteísmos. No sé si solo su forma de vida. Es posible que también sus negocios puros y duros, porque desgraciadamente Dios es para algunos un mero motivo de ganancias.

Cuando murió Luis Valls tuve ocasión de intervenir tratando de ayudar al padre de Luis, al copresidente Javier Valls, a soportar los malos modos y las peores maneras que sobre él ejercieron para forzar su salida de la presidencia. En ese momento pude comprobar que el banco se controló directamente por personas numerarios de la Orden. No accionistas. Solo numerarios. Personas que convivían con Luis Valls, quien pertenecía a ese nivel dentro de la estructura del Opus. Y Javier Valls no recorría esos senderos, ni de lejos. Así que la decisión fue apartarlo. Y liquidar en gran medida la presencia familiar. No hubo funeral para Luis Valls Taberner después de su muerte, dicen que por expresa voluntad del difunto. O si lo hubo fue de estricta intimidad y para personas de la misma obediencia. Tampoco hicieron sitio para su familia en el banco. Quizá también tuviera el mismo origen que la ausencia de oficio religioso.

Así que unos por una razón y otros por otra, lo cierto es que teníamos como única alternativa al Banco Central de Escámez y aquello era harina de un costal enorme, en tamaño, en complicación, en dificultades humanas... Pero al tiempo se presentó como una oportunidad. Y me fui de cabeza a por ella.

—¿Qué crees que estará pensando estos días el tío Bartolillo?

Ese era el apodo con el que en determinados círculos se conocía a Alfonso Escámez, el presidente del Central.

—Cualquiera sabe —contestó Juan.

Alfonso Escámez, presidente del Central, era un hombre algo

raro. Bajito, gordito, de nariz aguileña, ojos que escudriñan como halcón, gestos estudiados, listo, zorro viejo, llegó a la presidencia del banco desde su posición de botones. Algo así resultaba ciertamente extraño, casi sin precedentes y tal vez por ello en torno a Escámez y a su presidencia del Central se confeccionaron algunas maledicencias referidas a Villalonga y su descendencia. ¿Ciertas? Ni me interesaron entonces ni me ocupan ahora.

Cualquiera que fuera su origen, el poder que ejercía en el banco era total, a la vieja usanza, casi como el de Garnica, aunque las «familias» de su banco no admitían comparación con el modelo de Banesto. Cuando sufrimos el intento de opa de Asiaín, uno de los pocos personajes de la vida española que se mostró contrario fue, precisamente, el viejo Escámez, tal vez porque presintiera que algo similar podría ocurrirle y pronto. Durante años y años su voluntad fue la ley del Central, pero en aquellos momentos, en los primeros meses de 1988, su posición aparecía dotada de una singular debilidad.

El problema que estaba viviendo y sufriendo se lo habían creado los Albertos, los dos primos, Alberto Cortina y Alberto Alcocer. El 23 de noviembre de 1987, muy poco después de nuestro acceso a Banesto y en pleno proceso de opa del Bilbao, los primos llegaron a un acuerdo con el grupo árabe Kio para crear una sociedad a medias cuyo objetivo era, precisamente, controlar un paquete del 10-12 por ciento del Banco Central. Eso les convertía, de lejos, en los primeros accionistas del banco. No cabe duda de que el contrato tenía una enorme trascendencia para la vida financiera en nuestro país y, por tanto, había que ver la reacción de las autoridades españolas adornadas del atributo de Gobierno socialista. ¿Para qué esa inversión en semejante banco? ¿Qué aportaba al sistema financiero español? ¿Fue nuestra entrada en Banesto algún motivo estimulante para ponerse manos a esa obra?

Se trataba sobre el papel, en pura teoría, de un simple acuerdo financiero, de una toma de posición accionarial en una de las entidades capitales del país. Por tanto, un acuerdo que por sí solo no creaba riqueza alguna. Kio no llegaba más allá de un fondo de inversión ligado a la familia real de Kuwait y nutrido con los inmensos dineros derivados de la explotación del petróleo. Dinero para ser invertido con una indudable finalidad especulativa. Por si fuera poco, el cuadro se completaba con un color adicional: el hombre de Kio en España era, justamente, Javier de la Rosa Martí, que no era precisamente el santo de la devoción de Mariano y sus muchachos. ¿Qué dirían los socialistas, con Solchaga y Rubio a la cabeza, de semejante operación que en el fondo no consistía en nada más que crear turbulencias en el tradicionalmente calmo sistema financiero patrio?

—¿Crees que a los Albertos les van a ayudar en el asalto al tío Bartolillo?

—No tengas dudas —contestó rotundo Juan—. Tienen la protección del poder político.

La verdad es que esa sensación se transmitía con total claridad al exterior de nuestro mundo. Ni siquiera la presencia de De la Rosa perturbaba el clima. Para mí las cosas estaban muy claras: los Albertos no eran más que dos instrumentos al servicio de una estrategia: el control del sistema financiero español. Contra Banesto utilizaron al Bilbao de Sánchez Asiaín, una vez fracasada la operación Letona. Contra el Central, con el propósito de controlar ese banco, usaron a los Albertos. Estaban convencidos, me refiero a los del poder, de que triunfarían en ambos frentes. Por su parte, los primos, siguiendo las pautas de comportamiento que han caracterizado a cierta clase empresarial española de los ochenta y noventa —tal vez siempre—, aceptaban su papel de arietes del poder socialista porque —pensaban— quien al poder se arrima ingresa dineros en sus cuentas. Seguramente es cierto. Otra cosa es la dignidad de cada uno. Ninguna otra interpretación resiste un mínimo análisis. Ni Kio, ni los Albertos, ni De la Rosa aportaban algo real en la operación. En nada contribuían a mejorar ni el Central ni las empresas en las que participaban. Por tanto, si se permitían el lujo de saltar sobre tantas vallas, tendrían que buscar alguna finalidad y no podía ser otra que controlar el banco presidido por Escámez utilizando para ello a los convidados de piedra o cartón piedra que tuvieran el estómago adecuado para prestarse a esa finalidad. Lo que era obvio es que ellos no dirigirían el banco, sino que aceptarían un nombramiento sugerido por quienes ostentaban el poder. Esto se evidenció de toda evidencia un tiempo después.

El día 7 de enero de 1988, fracasada la opa del Bilbao, con Juan y yo instalados en el poder de Banesto, los dos primos y los Kio constituyen formalmente esa sociedad que tanto ruido iba a armar en España, al menos en la España financiera, a la que dieron el nombre de Cartera Central, para que no hubiera confusión acerca de su propósito: tener el 12 por ciento de las acciones del Banco Central.

—¿Y de dónde han sacado los primos semejante dineral? No sabía que eran tan ricos, pero ricos de cojones.

—Pues de un solar propiedad de sus mujeres que tenían en la plaza de Castilla. Se lo vendieron precisamente a Kio, así que era una especie de yo me lo guiso y yo me lo como —respondió Juan.

—¿Cambiar un solar por acciones del Banco Central?

—Pues sí.

Eso, y más que eso, porque, como digo, esa operación tan singular recibió los vistos buenos, las aprobaciones de todo el aparato de poder, desde el Banco de España a Solchaga y al presidente de Gobierno, y la verdad es que gratis suelen trabajar poco esas instancias cuando de asuntos de semejante envergadura se trata. Y aquí gratis no significa cobrar dinero, sino algo más importante: incrementar poder. Y el poder financiero es parte sustancial del poder. Así que...

—Me llegan noticias de que Alfonso Escámez está que se sube por las paredes. Me lo han dicho los primos —comentó Juan con más sorna que lástima.

—Coño, Juan, es normal, van a ir a por él y querrá defenderse con uñas y dientes y de ambas cosas anda bastante bien dotado.

Otro asunto es que los usara bien o mal y la verdad es que comenzó, al menos en mi opinión, metiendo la pata. Alfonso diseñó una estrategia: cubrir las vacantes del Consejo de Administración del Banco Central para evitar que la futura Cartera Central pudiera reclamar algún representante en ese centro de poder del banco, y para hacerlo nombró consejeros, el 30 de diciembre de 1987, a Fernando Abril, vicepresidente del Gobierno con Adolfo Suárez, y a Antonio Beteré, un buen empresario fabricante de la marca de colchones Flex. Para darle más fuerza al asunto convocó una Junta General Extraordinaria del banco con el propósito de ratificar estos nombramientos. Alfonso quería medir sus fuerzas con la de los Albertos. Ellos —decía— tendrían el 12 por ciento, en caso de que fuera cierto, pero él disponía del restante 88 por ciento porque contaba con la confianza de los accionistas.

Visto desde fuera, porque entonces yo no tenía contactos con Alfonso Escámez, me parecía una estrategia condenada al fracaso porque de lo que se trataba era de saber si Cartera Central, S. A., es decir, los Albertos y los Kio, eran o no propietarios de las acciones.

—Vamos a ver, Juan, si los primos tienen esas acciones, pues las tienen, porque si de verdad tienen ese porcentaje del capital, intentar evitar que estuvieran en el Consejo era sencillamente suicida.

—Sí, pero conociendo algo a Escámez va a negar la mayor, como lo de los maridos pillados en plena faena por sus mujeres. La estrategia es negar.

—Pues me parece suicida, la verdad.

Alfonso lo intentó, negándoles, incluso, la tarjeta de asistencia y, como decía, nombrando consejeros y convocando Junta. La prensa relataba aquello como una defensa numantina de un hombre ya mayor contra unos nuevos empresarios apoyados por el capital árabe y por el poder político. No estaba mal como escenario. España se encontraba convulsa. Primero lo de Banesto y los Garnica/Abelló/Conde. Ahora Escámez, los árabes y los Albertos, que, por si no bastara para rellenar el pastel, estaban casados con dos mujeres de muy buen ver y de ascendencia judía, según se comentaba en los salones madrileños, muy dados a los cotilleos que pueden servir como contrapunto de posiciones económicas poderosas.

Claro que la diferencia entre ambos casos era notoria: nuestro dinero servía para rescatar a Banesto de un designio político. En el caso de los Albertos, su solar y el dinero árabe servirían exactamente para lo contrario. Una ligera diferencia...

En mitad de este tumulto, me fui a cazar a La Condesa, la finca que Jaime Botín tiene en Ciudad Real, en la que decidió ofrecernos una montería. Alberto Alcocer se encontraba entre los invitados a tirar y a dormir la noche anterior. Llegó tarde. Nuestra cena con Jaime, Abelló, la mujer de Jaime y yo, más algún otro invitado, había concluido. Yo decidí quedarme en el salón tomando una copa antes de irme a mi cuarto. Alberto, al poco de llegar, pidió algo de comer y se sentó a mi lado. Aproveché la ocasión para transmitirle mis ideas.

—Perdona, Alberto, que me meta en donde no me llaman, pero tal vez os estéis equivocando en la forma de llevar el asunto del Central y en concreto de Escámez. Creo que si de verdad tenéis las acciones que tenéis, es solo cuestión de tiempo que el Central pase a vuestras manos, o a las que vosotros digáis u os digan que digáis, que eso me importa ahora menos. Pero hacerlo contra Alfonso me parece un error. Es un hombre que lleva mandando en banca mucho tiempo y ahora aparecer ante su gente como una especie de empleado vuestro es algo que no va a aceptar a ningún precio. Imposible de digerir. Creo que debéis dar la imagen contraria: vosotros sois los que estáis a las órdenes de Escámez, aunque la realidad sea exactamente la contraria. ¡Qué más da! Lo importante es el Central. De esta forma creo que en muy poco tiempo os quedáis con el banco.

Alberto comía con fruición, casi con ansia. Daba la sensación de que la carne fría y el vino tinto le interesaban mucho más que mi discurso. Transmitía la actitud de quien ha oído esas monsergas muchas veces, pensado sobre ellas y adoptado conclusiones terminantes y claras. Si se dignó escucharme solo fue por respeto a mi posición como presidente de Banesto pero no porque pensara que le aportara algo inteligente o nuevo. Bebió un gran sorbo de vino tinto, se limpió la boca con la servilleta y todavía sin terminar de mascar el trozo de carne me dijo:

—Es que no se puede pactar con él. Es un tipo que te engaña permanentemente. Le hemos informado de nuestros proyectos y propósitos, hemos actuado en son de paz, queremos lo que nos corresponde en el Consejo y nos responde de esta manera: engaño, engaño, engaño. No puede ser, Mario. Vamos a por él si quiere seguir cerrando los ojos a la realidad. Y tenemos muchas informaciones comprometidas para él, por lo que no le queda más remedio que aceptar.

Ya estábamos con lo de las informaciones comprometidas... El tufo a chantaje no podía dejar de percibirse. Esas cosas suelen dar poco o nulo resultado, cuando no contraproducente, pero algunas personas parecen confiar en sus resultados.

—A veces las cosas no son tan fáciles como parecen, Alberto. Un banco tiene muchos resortes. Podéis ganar, pero en todo caso tenéis que estar dispuestos a asumir muchos costes. Y me parece que pagar más de lo que las cosas valen... No sé... Vosotros veréis.

—Además de nosotros está el poder. Felipe y Solchaga nos apoyan. Mariano no tiene más remedio que obedecerles. ¿No te das cuenta de que ya no le hacen ascos a De la Rosa? Después de la que lió con lo de la Garriga Nogués, ¿por qué cojones te crees que lo admiten en el asalto al Central? Si fueran como deben ser le darían una patada en el culo, o en los cojones, pero lo admiten porque les conviene. Saben lo que hacemos y están de acuerdo. Con la pasta y el poder nadie nos para.

Bueno, pues pocas veces en mi vida escuché hablar tan claro del matrimonio morganático entre pasta y poder, como decía Alcocer. Ni un asomo del más leve de los reparos. Andarse con remilgos morales o escrúpulos de novicia ursulina o practicante carmelita era algo que no cabía en los esquemas mentales de Alberto. Claro como el agua de las fuentes de Chaguazoso.

—Desde luego. Visto así... Pero el poder son personas y los políticos solo velan por sus intereses. El día en que no les venga bien ayudaros se volverán contra vosotros. El principio moral de los políticos es solo lo conveniente en cada momento.

—Lo tengo claro, pero queda mucho para eso. Cuando se den cuenta ya tendremos el Central en nuestras manos. Y eso es pasta, mucha pasta, muchísima pasta y los políticos necesitan pasta, mucha pasta, muchísima pasta.

Comenzó a reírse a carcajadas. El vino producía sus efectos. Estaba cansado. Ya había oído bastante. Se puede alargar la conversación pero cuando los planteamientos son cristalinos, mejor irse a dormir. Exactamente fue lo que hice. Me despedí y me acosté.

Con la estrategia de ataque decidida, robustecidos con esa osadía que proporciona sentirse protegido por un poder político casi omnímodo, los dos primos escriben a Alfonso Escámez una carta el día 18 de enero de 1988.

—¿Has visto lo que le han dicho a Bartolillo los primos?

Juan traía el recorte de prensa o quizá una fotocopia furtiva que le enviaron sus contactos, que supongo que no serían sino sus amigos de caza y mantel.

—Pues no, Juan. ¿Qué le dicen?

—Coño, pues le amenazan en toda regla. Te leo: «El Consejo del Banco Central ha colocado a Cartera Central, S. A., ante la pesada responsabilidad de tomar la decisión... de ejercitar, en su integridad, en el seno de la próxima Junta General Extraordinaria, todos los derechos que la Ley concede al accionista... El ejercicio de tales derechos... aunque perfectamente legítimo, podría introducir perturbaciones en la buena marcha de la entidad, con posible perjuicio de los intereses sociales...».

—La verdad es que sí. Creo que Alfonso se va a rendir, por lo menos a aparentar que se rinde, que suele ser el mejor modo de ganar tiempo.

Así fue. Nombró a Romualdo García Ambrosio, un hombre de los primos en aquellos días, consejero del Central y dejó tres vacantes sin cubrir que, según el acuerdo, «las ocuparán las personas que designe Cartera Central». Es decir, victoria en regla de los primos. ¿Presiones políticas? ¿Amenazas del tipo de las que me insinuaba Alberto Alcocer en casa de Jaime Botín? No lo sé, pero el tiempo transcurrido entre los acontecimientos ilustra sobre la personalidad de Alfonso Escámez: el 20 de enero dice y firma exactamente lo contrario de lo que dice y firma el día anterior, dejando en no muy buena posición a los miembros de su Comisión Permanente. Cuando se ejerce un poder casi omnímodo y las retribuciones de los consejeros son elevadas, la verdad es que la capacidad de sentirse ofendido por cosas así disminuye en progresión geométrica al emolumento percibido.

Escámez se había rendido de momento pero estaba buscando mecanismos para quitarse a los primos de encima, o, al menos, para que ellos no ganaran totalmente la batalla. Una de sus estrategias fue inclinarse por un proceso de fusión con el propósito de que Cartera Central viera disminuida su participación relativa en el banco resultante. Lo intentó con el Hispano. Los primos se enteraron. Montaron en cólera. La abortaron.

En este estado de cosas, y aun desconociendo las interioridades de la pelea, veo claramente que frente a nosotros se alza una oportunidad de envergadura: la conquista del Central. Casualmente se presentó ante mí un personaje de físico y mente algo llamativas, llamado Juan Madariaga, que, al parecer, tuvo contactos con Juan Belloso en el pasado y que vino para venderme la idea que yo acariciaba en mi interior: el acercamiento a Escámez. Ciertamente utilizar un intermediario, aunque Juan Madariaga no cumpliera los patrones estéticos de Gritti, siempre resultaba útil, como me enseñó mi experiencia en la operación de Antibióticos con Schimberni, así que no dudé en consentir que Madariaga jugara algún papel y, concretamente, que se interpusiera entre Alfonso y yo para facilitar la comunicación entre nosotros.

Mi diseño de la operación era muy simple: Alfonso no tendrá más remedio que aceptar. Su horizonte es ser absorbido por los primos o por Banesto. Ninguna de las dos posibilidades le resultará agradable, pero forzado a elegir, a optar necesariamente por una de ellas, la decisión será fusionarse con Banesto, aunque solo sea por devolver a los Albertos parte del daño que le han hecho a él. ¿Y los primos? ¿Qué hacer con ellos? ¿Cómo reaccionarían? Posiblemente muy mal al principio, porque se les escapaba su presa y, además, no cumplirían con el encargo recibido desde el poder político. Pero —pensaba— cuando se percataran de que estábamos creando el primer banco del país, el centro privado de mayor envergadura en la historia económica de España, comprenderían que el edificio resultaba suficientemente amplio para todo el mundo. Reaccionarían al comienzo con ira pero acabarían entendiendo el proyecto. Nuevamente me equivoqué porque no introduje en el análisis un factor decisivo: los Albertos, fuera lo que fuese lo que pensaran en su interior, obedecerían a sus mentores, al poder político. Punto y final. Así sucedió. Pero tardé en comprobarlo, me costó tiempo, energía y dinero.

Una vez metabolizada en mi interior la estrategia, la comenté con Juan Abelló y Belloso. A los dos les pareció una oportunidad magnífica y es que lo era. A Juan eso del centro privado de mayor envergadura de la historia de España le interesaba menos, pero tener el primer banco de golpe y porrazo le entusiasmaba. Claro que ahí estaban los primos, sus amigos teóricos, aunque jamás le comenté la conversación que mantuvieron conmigo cuando decían aquello de que lo que debía hacer es dejar a Juanito que se dedicara a «perfumarse». Mi tesis era clara: al final tendremos que pactar con ellos, porque no vamos nosotros a jugar a Escámez. Además, a Juan le gustaría si fusionamos los bancos, aunque solo fuera porque de otro modo sus cacerías juntos serían un imposible o un insufrible, y eso de dejar de matar perdices en ojeo son palabras mayores para aquel grupo que en Madrid acabó siendo conocido como los galácticos. Recibí mi primera sorpresa.

—Ni hablar. No pactaremos. Este es un proyecto para nosotros. En ningún caso para compartirlo con los Albertos.

Me llamó la atención una respuesta tan excluyente pero tampoco le concedí mayor importancia. Cosas de Juan. Acabaría cediendo.

Así que al lío. Madariaga comenzó su cometido, transmitió la idea a Escámez, este, como era previsible, la encajó bien desde el momento inicial, y nos pusimos a trabajar. Las conversaciones para la fusión no fueron demasiado largas ni excesivamente complejas. Las llevaba personalmente yo, manteniendo informados a Juan Belloso, Arturo Romaní, Ramiro Núñez y, desde luego, a Juan Abelló. Debo confesar que en ningún momento percibí la menor actitud extraña en Juan. Quizá algunos recelos, preocupación por el flujo de los acontecimientos, ciertos vértigos derivados de la envergadura de lo que teníamos entre manos, pero nada más.

Hasta un día en el que, enfocada ya la fase final, me encontraba almorzando en el Central con Alfonso Escámez. En mitad de la comida recibí una llamada de Juan Abelló desde Jerez. Me puse al teléfono y oí a Juan decirme en tono algo airado, casi aparentando autoridad:

—Quiero decirte que en ningún caso debemos plantear esta operación de fusión al margen de los Albertos. Hay que contar con ellos.

Lo curioso es que dicho eso y casi sin esperar respuesta de mi parte colgó el teléfono. No entendía nada. Fue precisamente él quien me dijo que en ningún caso quería compartir con los primos el resultado del negocio. ¿Qué le estaría ocurriendo? Pactamos en Aranjuez, ambos definimos el proceso de fusión, me pidió que no contara con los Albertos y ahora, por teléfono, desde Jerez, quiere un acuerdo... No entendía nada. Quizá sea más preciso si digo que no deseaba entender.

No tenía la menor duda de que Juan y los primos estarían ese mismo día cazando juntos por algún lugar de la sierra de Cádiz y que fueron ellos, los dos Albertos, los que le pidieron que me llamara y que me insistiera en que jamás se me ocurriera pactar con Escámez en contra de ellos. Estaban convencidos de que si Juan me retiraba su apoyo me vendría abajo y desistiría de la fusión, o, en otro caso, llegaría a un pacto con ellos, que significaba lo mismo que entregarles voluntariamente mi cabeza. Cuando volvía a la pequeña mesa en la que almorzábamos Alfonso y yo, mientras tales pensamientos revoloteaban en mi mente, me sentí lleno de profunda tristeza.

—¿Qué quería Juan? —preguntó Alfonso, que, estoy seguro, en mi mirada y lenguaje corporal adivinó que no se trataba de un mero trámite.

—Nada importante. Solo saber qué tal iban las cosas...

El silencio de Escámez, la no insistencia en preguntar, me dio la clave de que sabía a la perfección que algo iba mal entre Juan y yo y que la causa eran, precisamente, los primos. Ignoro si Escámez sabe algo de sufismo pero de saberlo habría pensado qué razón tenían los maestros sufís cuando decían aquello de que las aves de la misma pluma siempre acaban volando juntas. Y Abelló y los Albertos pertenecían a un entorno idéntico y desde luego diferente al de Escámez y mío. Pensaban de otro modo. Por eso no es estrambótico aventurar que acabarían coincidiendo. Lo raro sería lo contrario.

El 17 de mayo de 1988, por fin, con gran estrépito mediático, se firmaba un documento histórico al que llamamos «Documento de Intenciones sobre Fusión de Banco Central, S. A., y Banco Español de Crédito, S. A.». En toda operación de este tipo solo existen dos cuestiones básicas: ecuación de canje, es decir, cuántas acciones de una empresa por cuántas de la otra, y quién se queda con el poder. En nuestro caso, las cosas estaban claras: una acción de Banesto por otra del Central y, en cuanto al poder se refiere, el asunto quedaba definido en los siguientes términos: «Culminado el proceso de fusión de ambas entidades, don Mario Conde será designado presidente ejecutivo y don Alfonso Escámez será designado presidente del Consejo Asesor».

La batalla por el poder la había ganado Banesto y de forma clara. El futuro banco se llamaría Banco Español Central de Crédito, lo que presagiaba que al poco tiempo de vida su designación como Banesto sería un imperativo de la lógica. Los primos y el poder nos brindaban una oportunidad de oro. Pero obviamente no se rendirían tan pronto.

El Consejo de Banesto aprobó el proyecto de fusión sin ningún entusiasmo, pero lo aprobó. Recuerdo que en aquella reunión, en aquel Consejo destinado a aprobar la operación, Ricardo Gómez-Acebo, vicepresidente del banco, tomó la palabra. Se recostó sobre su silla, en un gesto muy habitual en él, su brazo derecho se cruzó sobre el respaldo, giró la cabeza hacia atrás y dijo:

—Detrás de nosotros están los cuadros de los anteriores presidentes de Banesto. Estoy seguro de que todos ellos, con la excepción de Pablo Garnica Mansi, hubieran celebrado lo que estamos analizando hoy como una ocasión histórica para Banesto. Por tanto, yo no tengo duda alguna de que debemos aceptar el proyecto porque es lo que conviene a los intereses del Banco Español de Crédito.

¿Por qué Ricardo quiso excluir expresamente a Pablo Garnica? No lo sé. ¿Tenía alguna información de actitudes contrarias del ex presidente? Lo ignoro. Tal vez todo fuera debido a que Ricardo no profesaba una admiración seria por Pablo. Y eso, ante las diferencias de enfoques vitales, puedo entenderlo, aunque trasladarlo al área bancaria resultaba excesivo. Tal vez existiera algo más profundo.

El resto de los consejeros, como decía, no puso excesivo calor en la respuesta positiva a mi planteamiento, con la excepción de Jacobo Argüelles, quien, con ese modo de hablar característico suyo, dijo algo así como que le parecía muy bien porque le resultaba divertido. La verdad es que «divertido» no era la palabra más adecuada para ser utilizada en ese momento, pero cada uno responde a su propia personalidad. El Consejo del Banco Central aprobó igualmente el proyecto, quizá con más entusiasmo que el nuestro, probablemente porque el problema —los Albertos— lo tenían ellos y no nosotros, y el acuerdo, como mínimo, podría servir para añadir nuevas fuerzas a la guerra que se estaba desarrollando, con lo que ya solo nos quedaba una cosa: comunicar nuestro acuerdo al gobernador del Banco de España, Mariano Rubio, y, posteriormente, en un acto de suprema ironía, al presidente del Gobierno.

Alfonso Escámez y yo bajamos a ver a Mariano Rubio. De nuevo tenía la seguridad más absoluta de que iba a enfrentarme con una reunión tensa, violenta y de la que salir sin costes no sería tarea fácil.

Entré algo nervioso, lo admito. Bueno, no sé si nervioso o interiormente excitado al recordar la primera de mis entrevistas con este hombre al que el destino colocaba en una posición de dominio, cuando menos teórico, sobre mis proyectos empresariales. Nada más comenzar la reunión, me di cuenta de que, como imaginaba, nuestro proyecto le crispaba, pero no como me imaginé en términos financieros o bancarios. Eso era lo de menos. Lo que le resultaba imposible admitir es que aquel imbécil de Conde al que casi echa de su despacho ante la impertinencia de no aceptar sus órdenes disfrazadas de sugerencias se iba a convertir, curiosamente, en el presidente del banco más grande de España. Algo así tenía que producir en ese hombre una reacción interior muy intensa, y no parece de alegría desbordada.

Le explicamos nuestro proyecto con cierta calma y, cuando terminamos, Mariano, visiblemente afectado, con un tono de voz entre enérgico y asustado, dijo:

—No me gusta demasiado lo que me proponéis porque no es exactamente lo que hubiéramos deseado, pero no podemos oponernos ahora a vuestro acuerdo, aunque lo seguiremos muy de cerca.

«No podemos oponernos ahora a vuestro acuerdo.» Menuda frase. A veces la rabia impide un mínimo grado de sutileza. El problema es que les cogimos por su propia faja: tanto alardear de las fusiones como la panacea del sistema financiero europeo que ahora, aunque les horrorizaba nuestro proyecto, no podían contradecirse ante la opinión negándose a aquello de lo que se declaraban los más entusiastas paladines y propagandistas.

Nuevamente debían ceder, pero, eso sí, permaneciendo agazapados, esperando su oportunidad, tratando de utilizar su poder para evitar, al precio que fuera, que la operación pudiera concluir satisfactoriamente.

Cumplido el trámite, abandonamos las dependencias del Banco de España. Acompañé a Alfonso hasta la puerta del Banco Central, en donde me despedí de él para volver a Banesto. Fue una despedida silente. Los dos, Alfonso y yo, sabíamos bien el contenido de aquella reunión, la tensión respirada de fondo, la postura oficializada del poder... Todo eso nos convertía en evidente que a pesar de haber firmado un acuerdo histórico, algo grande para la economía española, por todos los medios a su alcance iban a tratar de destruirlo.

Por el camino de regreso a Banesto iba recordando las palabras de Mariano: «No podemos ahora oponernos a vuestro acuerdo». Mi pregunta era clave: ¿colaboran en este designio destructor los Albertos? No quería rendirme a la evidencia de que este tipo de empresarios son obedientes al poder. Punto y final. La pregunta no tenía sentido: lo harían si el poder se lo ordenaba. Eso era todo. Desgraciadamente.

Al día siguiente, el diario *Abc* publicaba en portada una foto de Escámez conmigo y dos mucho más pequeñas de los Albertos con un gran titular que decía: «Pleno acuerdo para la operación económica más importante del siglo XX». En su primera página recogía, además, el siguiente titular: «Mario Conde, desconocido prácticamente hace siete meses, se perfila como el hombre fuerte de la economía española». No tengo nada que agradecer a esa información del diario dirigido por Luis María Anson. Al contrario. Evidenciaba demasiado que la batalla por el poder había sido ganada por nosotros, y una cosa es que eso estuviera claro en el Documento de Intenciones y otra, bien distinta, que se explicitara tan terminantemente en la prensa. La verdad es que durante estos años no ha dejado de sorprenderme cómo los titulares de prensa son capaces de afectar a determinado tipo de personas. Si queremos ser sinceros tendremos que reconocer que todos nos sentimos afectados en mayor o menor medida, pero hay una especie en la naturaleza humana que es feliz viendo cómo la prensa dice cosas agradables de ella e, incluso, tiene la tendencia a creerse que si lo dice la prensa es que es verdad... Aquel día 18 de mayo de 1988, cuando leí el diario de Prensa Española, pensé en Escámez, a quien seguro le repatearía por dentro, en los Albertos, que se sentirían segundones y, en cierta medida, perdedores en el proceso y, por último, en Juan Abelló, porque estoy seguro de que, de todos ellos, fue sin duda el que más sufrió, dejando a un lado, por supuesto, al gobernador del Banco de España.

Como no podía ser de otra manera, el diario *El País* tuvo que recoger la noticia con la importancia que el hecho en sí mismo tenía, pero ya comenzó a marcar lo que iba a ser su línea informativa con un editorial en el que, bajo el título «Fusiones y confusiones», se terminaba diciendo: «Con vistas al reto europeo, la banca española necesita un volumen y una reorganización operativa. Pero esa política debe asentarse en criterios de rigor y complementariedad, que los presidentes de ambas entidades están obligados a argumentar ante la opinión pública. Hay muchas cosas por explicar de lo que ha sucedido en las semanas recientes, y es preciso que lo hagan, pues una forma degradada de la fusión es, precisamente, la confusión». El diario de Prisa jamás tuvo el menor pudor en poner de manifiesto a quién servía. El proyecto del primer banco de España era una buena ocasión para recordarlo.

El 16 de junio de 1988 los Consejos de los dos bancos aprobaron las «Bases de la Fusión», en las que el esquema del poder en manos de Banesto se ratificaba de forma clara. Ese día, Alfonso y yo visitamos a Felipe González en la Moncloa. Nos dio su visto bueno a la operación. No tenía más remedio. Por el dogma oficial de las fusiones y porque la opinión percibía a Felipe como el muñidor de fondo de la operación contra Banesto. Por fin, el 20 de junio se firmó el documento oficial y todo el proceso parecía ya irreversible camino de las Juntas de Fusión que tendrían que celebrarse en el mes de octubre de ese año.

No tardaron mucho tiempo en demostrar que la fusión Banesto-Central golpeaba en lo más íntimo. El 20 de julio de 1988 recibo en Banesto una carta del gobernador verdaderamente alucinante: «Querido Mario: Me he quedado un poco sorprendido con las noticias que han aparecido en la prensa sobre el viaje tuyo y de Alfonso Escámez a Bruselas. Probablemente se debe a una mala interpretación de los periodistas, pero si es así, creo que conviene aclarar las cosas; salvo error por mi parte, la Comisión nada tiene que decir en el asunto de la fusión, que es competencia exclusiva de las autoridades españolas. Por razones obvias, es importante que estos temas de competencia estén siempre muy claros».

Era sencillamente increíble que el gobernador del Banco de España pudiera sentirse molesto por que Alfonso y yo hiciéramos una visita a Bruselas para explicar a las autoridades europeas un proyecto de fusión de los dos primeros bancos españoles. Nadie se atrevería a firmar un documento así de no ser porque estaba absoluta y totalmente convencido de que con el juego de los Albertos y las fuerzas políticas conseguirían frustrar el proceso de fusión. La verdad es que ese hombre no dejaba de sorprenderme: una carta como esa es un magnífico retrato expresionista de quien en aquellos momentos estaba ocupando el sillón de gobernador del Banco de España.

11

No hicimos ningún buen papel en las regatas del verano del 88. El Rey, Cusí y yo, en una reunión previa, decidimos potenciar un barco de regatas tipo 3/4, una especie de purasangre de reducida eslora. El mío lo pagué de mi bolsillo, pero le puse el nombre de Banesto sin cobrar ni un céntimo al banco por semejante propaganda. Como me gustaba la regata decidí patronearlo personalmente. Pues a pesar de que el barco, la tripulación y las velas reunían la calidad adecuada, no tuvimos excesiva suerte, que es la alegación de mayor uso entre los perdedores. Tal vez mi concentración mental discurriera por derroteros distintos a los de los vientos dominantes en la bahía de Palma. Posiblemente no tenga las habilidades del italiano Marco, que nos hizo ganar en Saint-Tropez a bordo del *Pitágoras* en la copa Swan. Me inclino más por esta segunda versión porque cuando decido concentrarme en algo es difícil que otro tema me turbe.

A pesar del éxito aparente en el mundo financiero, de los acuerdos de fusión con el Banco Central, de las celebraciones periodísticas, era consciente de que las cosas se complicaban de manera exponencial cada minuto. La carta de Mariano Rubio, la actitud de los Albertos, el inicio del distanciamiento de Juan Abelló sin que comprendiera los motivos que ahora lo impulsaban, los posibles traidores en el seno del Consejo de Banesto, la inevitable enemistad del Banco de España, la actitud absolutamente hostil de Solchaga..., en fin, un cúmulo de factores que evidenciaban lo difícil de mi situación a pesar de todas las apariencias en contrario. Eso de vivir en el mundo financiero se estaba convirtiendo en un dolor de dolores.

¿Qué hacer en tan peculiares circunstancias? En el fondo y en la forma no era más que un recién llegado a ese complejo mundo en cuyo vértice confluyen la política y la economía, con todas las miserias humanas que ambas conllevan. ¿En quién podía apoyarme? No tuve tiempo de crear una red de complicidades integrada por amistades, conocimientos, relaciones de intereses, que con el objetivo de un reparto de alguna tarta constituye la esencia de los grupos de presión o de poder en las sociedades occidentales. La soledad era mi compañera, tal vez no preferida pero inevitable. Algunos decían que tuve prisa por llegar. Quien lea estas páginas comprenderá que no fui yo precisamente quien quiso correr sobre el tiempo de mi vida.

Necesitaba el concurso, la ayuda de alguien que supiera cómo penetrar en aquellos complejos circuitos, manejar las palancas invisibles de la circularidad de los acontecimientos, por emplear una expresión cursi para definir el modo de operar del clan que controlaba el poder económico en España.

Verano de 1988, seis meses después de mi llegada a Banesto. Escenario, el incomparable rincón de Can Poleta, Pollensa, Mallorca, Mediterráneo. De la mano de Fernando Garro llegaron a mi casa, procedentes de Madrid, dos personas: Antonio Navalón y Diego Magín Selva.

—¿Qué crees que pueden aportarnos, Fernando? ¿En qué pueden ayudarnos?

—Tú recíbelos, escúchalos y ya me dirás.

Yo tenía plena confianza en Fernando Garro, así que no dudé en seguir su consejo, y allí se presentaron los dos recomendados. El primero, Navalón, grande, alto, gordo, de ojos azules, tez más bien pálida, nervioso, agitado, casi siempre en tensión, llevaba la voz cantante y la mano contante. Dotado de una indudable inteligencia creativa y de una ostensible capacidad dialéctica, es un hombre intelectualmente atractivo.

Diego Magín Selva, de Elche, Alicante, al parecer de origen judío, al menos parcialmente, alto, grande, fuerte, de barba cincelada y potente maxilar, cabeza cuadrada, ojos hundidos escondidos tras aparatosas gafas, hablar pausado y tranquilo, pretendiendo siempre transmitir al exterior una sensación de serenidad, al margen de que sea o no sereno en su interior, padecía una enfermedad cuyo nombre técnico no recuerdo que le impedía tomar bebidas o alimentos excesivamente calientes o fríos y que, incluso, le dificultaba su sonrisa, convirtiéndola en algo con cierto sabor mecánico, programado con el ratón de un ordenador de bolsillo. Trabajaba para Antonio. Tal vez para otros también.

Antonio Navalón me fue presentado como una persona que conocía ese mundo en profundidad. Me refiero a la política, finanzas, medios de comunicación y amalgama conjunta de todos ellos. Hombre vinculado al CDS de Adolfo Suárez, y a este de manera personal —aunque el alcance de esa vinculación no lo pude concretar—, extendía su red de conocimientos e influencias al PSOE como partido y a algunas personas del mismo en el círculo próximo a Alfonso Guerra. De manera preferencial, Txiki Benegas, el secretario de Organización, y Marugán, el de las finanzas del PSOE. Por si fuera poco, Antonio, con extrema delicadeza, me insinuó sus magníficas relaciones con Luis Valls. No me aclaró qué sentido tenía esa mezcla de complicidades y, además, qué papel cubría en esa singular alianza un banco vinculado en mayor o menor grado al Opus Dei. Poco después Navalón me contó que, además de esos contactos políticos, financieros y hasta eclesiásticos, entre sus amistades más intensas se encontraban algunos jueces y, de modo singular, el juez Garzón, la estrella de la Audiencia Nacional. Tampoco supe con precisión el alcance de esta vinculación con la magistratura. Pero Antonio decía que con los jueces hay que llevarse bien porque nunca se sabe qué puede pasar...

Tenía razón Garro. Sobre el papel era difícil encontrar médicos con mejores condiciones para el tratamiento de mis problemas, cuyo diagnóstico era fácilmente asumible. Un ex presidente del Gobierno con ciertas expectativas de futuro, el partido en el poder, el sector financiero y el Opus Dei —y, por si fallaba algo, la Audiencia Nacional— constituían un conjunto suficientemente compacto para un muchacho de treinta y nueve años que todavía no podía explicar coherentemente cómo había llegado a ser presidente de Banesto, cuando, por si fuera poco, en aquellos días disponía de unos documentos sancionados por dos Consejos de Administración en los que se le designaba futuro presidente del primer banco del país. Es así como, impulsado por mi circunstancia individual en el contexto en el que debía moverme, Antonio y Diego comenzaron a formar parte de mi vida.

En aquellos días no sospechaba que entre ellos, Navalón y Selva y Fernando Garro, pudiera existir algún tipo de relación llamémosla especial. Ni siquiera que se estuviera gestando entre los tres algún tipo de sociedad de socorros mutuos. Les recibí porque era consciente de mi situación. No tenía a mano un abanico de opciones y sí, sin embargo, unas realidades concretas, evidentes, empíricas y tremendamente peligrosas. Los actores del drama me esperaban.

Reunidos bajo el porche de poniente de Can Poleta, sentados en unas grandes butacas de mimbre blanco que Lourdes había comprado en un anticuario de Felanitx que aseguraba venían directamente de Tailandia, lo que a mí me resultaba totalmente indiferente, mis invitados comenzaron su exposición. Tomó la palabra Antonio Navalón. Cuando habla gesticula, mueve las manos y los brazos, inflexiona adecuadamente la voz para atraer la atención del interlocutor. Es, sin duda, un tipo listo. Conoce a la perfección su trabajo. Sabe cómo sacar provecho de personas como yo, recién llegadas a un mundo del que desconocen hasta la forma segura de desplazarse.

—La situación es la siguiente: Mariano y Solchaga, enemigos totales. Felipe no moverá un dedo por ti si eso le cuesta un enfrentamiento, por ligero y nimio que sea, con su ministro. La comunidad financiera no está contigo. Eres un recién llegado que genera desconfianza. El statu quo financiero tiene que ser estable. A la banca se llega solo por la banca o por decisión del gobernador. Has conseguido vencer la resistencia de Escámez, pero únicamente porque él se encontraba acosado por los primos. Los dos Albertos son terminales de Felipe. En todo momento harán lo que diga. Tu Consejo te apoya, pero carece de fuerza. Abelló se ha pasado de bando de forma rotunda. Es muy difícil que con todo ello puedas mantenerte y sacar adelante el proyecto del Banco Español Central de Crédito.

Debo reconocer que en aquellos días en Mallorca, mientras Antonio Navalón recitaba su estructurado discurso, no me acordé de su papel con Ruiz-Mateos. Tal vez si esa experiencia del empresario gaditano hubiera estado presente en el porche de Can Poleta, no hubiera resultado tan fácil adquirir para Banesto los servicios de Navalón. Garro, incluido.

—Dime una cosa, ¿por qué dices lo de Abelló?
—Porque es así. De momento toma nota. Pronto te enterarás.
—Ya.

Un obligado silencio de segundos para deglutir aquella información. Cierto era que percibía en Juan comportamientos extraños, pero de ahí a un cambio de bando, a posicionarse en mi contra, quedaba un trecho que me resultaba insalvable.

—Lo que quieres decir, Antonio, es que si permanezco solo, sin ayudas externas, lo tengo muy difícil y que necesito un tipo de «ayudas» distintas a las tradicionales, a las de los abogados o financieros. Que el problema no es técnico, ¿es eso? —pregunté sin aparentar exceso de ingenuidad, pretendiendo que el intermediario abordara de manera clara y rotunda su colaboración.

—Efectivamente, es eso.

Antonio se detuvo. Su experiencia le dictaba que su potencial cliente ya había sido captado para su lista de facturaciones. No debía ser él quien ofertara, una vez que el marco descrito le convertía en imprescindible. Era a Mario Conde a quien le correspondía demandar los servicios. Así lo hice.

—Hombre, de lo que se trata es de saber si estáis dispuestos a ayudarme, a trabajar para que este proyecto pueda salir adelante —dije con el tono de quien contrata colaboradores pero sabe bien que su propia importancia convierte a la demanda en una exigencia de tremendo valor para el que va a prestarlos.

Antonio se levantó. Habíamos dejado el porche y nos sentamos en el sofá grande del salón de nuestra casa mallorquina. Fernando y Diego Selva asistían en silencio al encuentro. Se movió en dirección hacia la puerta que da acceso al hall. Parecía que deseaba salir al exterior, pasear por el magnífico jardín que rodea la casa. Sin embargo, a la altura del porche exterior detuvo su marcha, volvió sobre sus propios pasos y recuperó el lugar que ocupaba en el sofá. Una vez sentado, alargando de manera ostensible la importancia que quería concederse a sí mismo, a su grupo de gente, a su presencia en la sociedad española, a su capacidad de lobby, a su diseño de hombre-clave-en-este-mundo, tratando de que su voz sonara más grave que de costumbre, rompiendo aquellos segundos de denso silencio, dijo:

—Por supuesto. De eso hablaremos estos días. Es importante que funcione la química. Eso es primordial en nuestro trabajo. Creemos que contigo funciona. Vamos a dar un paseo y ya seguiremos hablando durante la cena.

Trato cerrado. A partir de ese momento, «química» incluida, todo lo demás fue pura literatura. Antonio y Diego volvieron de Mallorca con un nuevo cliente. No uno cualquiera, sino Mario Conde. Acababa de devolverles un protagonismo que habían perdido con el asunto Rumasa. De nuevo estos dos personajes se situaban en el centro de la vida político-económica española. No solo se convirtieron en asesores míos, sino en correa de transmisión de lo que sucedía en Banesto hacia los más decisivos centros políticos y financieros de la vida española. Navalón siempre funcionó como un doble espía. Lo que no sabía en aquellos días es que Garro, a pesar de la íntima amistad que nos unía, decidió convertirse en agente de Antonio y su grupo. Descubrirlo fue uno de los momentos más dolorosos de mi vida, pero todavía quedaban algunos años para que tuviera que rendirme a una cruel evidencia.

Visto ahora, con la distancia del tiempo y la experiencia de los años, aquello fue una profunda locura, una absoluta insensatez. Pero no disponía de otros sujetos de esas características para ejecutar el encargo. Además Fernando Garro me insistía en que para nosotros era capital la labor de Antonio y Diego, que no me dejara influir por terceros, que lo de Ruiz-Mateos era pura fantasía... Claro que entonces mi confianza en Fernando era absolutamente ciega. Ni por una décima de segundo pude imaginar que fuera un traidor en potencia o en acto, ni que cobraría de los honorarios que percibirían Navalón y Selva de Banesto por sus servicios profesionales.

¿En qué consistió su trabajo? En ayudarme a capear los temporales desatados en mi entorno. ¿Cómo? Moviéndose en la sombra, manejando sus relaciones, explicando las cosas en los despachos en los que los papeles no son jamás lo más importante. Una llamada, una conversación, un comentario constituyen la esencia de toda decisión, por trascendente que sea. Juristas los hay en todas partes y a ellos solo se les exige que sean capaces de traducir en lenguaje jurídico mínimamente aceptable lo decidido en instancias ajenas a la letra y espíritu de la Ley. Si días más tarde tienen que fundamentar exactamente lo opuesto, esa labor también queda incluida en su salario. A Navalón le recibían sus interlocutores para que contara no solo lo que resultaba importante para nosotros, sino también para ellos. Para sus verdaderos dueños. Yo era un cliente muy importante, pero Navalón nació gracias a otros. Ellos eran sus dueños. Yo, un inquilino transitorio. La química de Antonio consiste en obedecer a quien le inventó y le protege. Lo aprendí tarde. Siempre ejecutan la misma estrategia. Siempre. Si algún día alguien contrata a Navalón y Selva, debe saber que ellos habrán previamente estudiado a aquel que reúna la condición de persona de máxima confianza. Antes de cualquier paso ulterior lo habrán incorporado a su organización. Por dinero, por supuesto.

Lo que no sabía en el momento de contratarles era que la primera de sus actuaciones tendría que ver, precisamente, con la ruptura con Juan Abelló. Poco después de nuestro encuentro en Mallorca, tuvo lugar la conversación abrupta entre Juan y yo en La Salceda. Cuando el coche de Abelló abandonó a toda velocidad nuestros territorios, entendí que debía ponerme en contacto con Antonio en cuanto regresara a Madrid.

La tarde transcurría con exasperante lentitud. A pesar de la forma y tono con los que se desarrolló la conversación entre Juan y yo, no podía concebir que algo tan fuerte, tan intenso, concluyera de manera tan abrupta. Reconozco que el tono apocalíptico que utilizó en su meditado discurso me sorprendió fuertemente, pero en cualquier caso no concebía que ese discurso y ese tono constituyeran el final de la obra que representaba. ¿Ruptura por la ruptura? Muy raro tratándose de Juan.

Lourdes se dio cuenta de que no era un asunto de copas, como inicialmente pensó al contarle lo sucedido en el viaje de vuelta hacia La Salceda. Inmediatamente percibió que las cosas iban en serio, pero en un «en serio» cuya dimensión real no podía calibrar en aquellos instantes.

—¿Qué crees que hará Juan después de lo que le has dicho? —me preguntó Lourdes sin que en su voz y tono apreciara serios motivos de preocupación. Quizá un esbozo de tristeza por mi relato, pero poco más.

—Pues sinceramente no lo sé. No paro de darle vueltas. No me encaja. Tiene poco sentido la ruptura por la ruptura. Yo creo que Banesto representa algo demasiado importante para Juan. Creo que Juan está en una batalla.

—¿Contra ti?

Esta vez la voz de Lourdes reflejaba un magma de sentimientos indefinibles. Sorpresa, liberación, preocupación, tristeza, constatación de lo evidente... Sobre todo tristeza. Lourdes sentía cariño por Juan. Lo malo, lo peor es que yo tenía que rendirme a la evidencia: no se trataba de una separación sin más, sino de una guerra. Juan había decidido ponerse al servicio de un objetivo: echarme del banco. Era claro que antes de venir ya había pactado con mis enemigos.

—Pues sí, Lourdes. Por doloroso que nos resulte, así son y así están las cosas.

Lourdes no quiso continuar con aquella conversación. Comenzó a caminar por el sendero cubierto de fresnos que conduce al pantano de La Torre, que lindaba con nuestro campo. Su mente, a buen seguro, recordaría aquel día en el que regresé de urgencia de Suiza y fui a buscarla a Los Arroyos, la finca de su familia en El Escorial. Le pedí que viniera conmigo a Madrid. Durante el trayecto le expliqué el enorme problema en el que se había metido Juan. Y nosotros debíamos tomar una decisión. Si era ayudarle, corríamos un gran riesgo, incluso la posibilidad de perder mi carrera. Y en aquel momento no tenía para con él deber moral ni profesional alguno, porque ya había concluido nuestra relación después de aquel «inteligente pero no pragmático». Pero si no me ocupaba del asunto podría resultar terrible para Juan, entre otras razones porque se encontraba en Turquía navegando. En ese instante, lo pragmático habría consistido en dejarle a su aire. No lo hicimos. Le ayudamos. A cambio de nada, impulsados por el afecto.

Yo me quedé solo, meditando. Estaba convencido, completamente seguro de que aquel movimiento de Juan era solo un paso dentro de una estrategia. De modo más o menos inmediato se pondría en marcha el siguiente acto. Alguien tendría que llamarme. Alguien me conminaría a la cordura, eso sí, advirtiéndome previamente que la decisión de Juan era irreversible, que estaba dispuesto a llegar hasta el final, que eso sería muy malo para los dos pero sobre todo para mí, alguien a quien Juan habría pedido encarecidamente que intentara averiguar de qué forma y manera podrían solucionarse las cosas. Si esa llamada se producía sería a iniciativa de Juan. La pregunta que me formulaba mientras regresaba caminando al cortijo de los Ozores era tan concreta como esta: ¿quién?

Necesariamente alguien de absoluta y total confianza de Juan y, al mismo tiempo, mía. Algunas personas podrían reunir en aquellos días estos atributos. Arturo Romaní, Ramiro Núñez y el notario Félix Pastor Ridruejo. Arturo y Juan tuvieron un punto de complicidad porque, según me enteré ese verano, en la fiesta de mi cumpleaños del año 1987, la que se celebró en Triana 63, tanto uno como otro comenzaron a tener algunas complicidades en temas de faldas. En el caso de Arturo el asunto acabó en tragedia. En el de Juan no pasó de una mera anécdota, pero en cualquier caso les generó una sensación de complicidad que contribuyó a unirles algo más. Sin embargo, no me pegaba en absoluto que fuera Romaní el elegido por Juan para la delicada labor de intermediación entre ambos. Debía de tratarse de alguien que, independientemente de esas cualidades que reclamaba el oficio, se inclinara con más facilidad del lado de Juan que del mío, y Arturo en aquellos días jamás hubiera tomado tal sendero.

Félix Pastor fue el notario de su familia y depositario de algún secreto oculto que Juan jamás llegó a conocer. Por ello, se decantaría del lado de Juan, aun dentro de su objetividad. Ramiro constituía una incógnita. En fin, solo me quedaba esperar a ver quién estaría al otro lado de la línea cuando el teléfono sonara, lo que inevitablemente tendría que suceder. ¿Quién llamaría primero?

Esperé pacientemente. Se trataba de moverse en el delicado y difícil terreno del control de tus nervios. La verdad es que yo no pretendía negociar nada. Me encontraba profundamente triste. Decidí esperar. No tenía miedo a perder nada porque nada de lo que podría perder me importaba en exceso en aquellos instantes. Sobre las siete o siete y media de la tarde sonó el teléfono. Yo mismo atendí la llamada.

—Oye, Mario, la situación está mal, muy mal. Juan está dispuesto a llegar hasta el final. Creo que esto es malísimo para todos pero sobre todo para ti. Si Juan se pone del lado de los Albertos las posibilidades de seguir con la fusión con el Central se esfuman. Creo que es necesario que habléis. No podéis dejar las cosas así.

Era Ramiro Núñez. La verdad es que interiormente mi apuesta se decantaba por que la primera llamada fuera del notario. Al fin y al cabo se encontraba en gran medida obligado a hacerlo, le gustara o no. Me sentí ligeramente sorprendido cuando la voz de Ramiro fue la que me transmitió el mensaje que esperaba. Nunca me olvidé de aquel detalle.

—Por mí no hay problema, Ramiro. Lo que ocurre es que Juan ha planteado las cosas de tal manera que ni siquiera sé qué quiere. Así que si desea hablar, por mí no hay inconveniente. Aquí estoy.

—Por favor, tienes que ser sensato. Es necesario hablar. Tenéis que entenderos... —insistía Ramiro.

—Te digo que no hay problema. Aquí estoy. Si queréis venir seréis bien recibidos —dije en un tono que no dejaba lugar a dudas de que la conversación había concluido.

La forma en la que insistió Ramiro no acabó de gustarme del

todo. ¿Por qué habré empleado la palabra «queréis»?, me pregunté. ¿Significaba ese plural que instintivamente situé a Ramiro del lado de Juan y frente a mí? No era posible. Semejante idea no pasaba de ser una estupidez propia de quien se encuentra algo más que atormentado por los acontecimientos. Controlar el lado emocional del cerebro es fundamental si se quiere «pensar bien». Entonces lo intuía pero no me atrevía a explicitarlo.

Pocos minutos después se reproducían los mismos argumentos y conminaciones en la voz de Félix Pastor. Mi respuesta fue la misma: les esperaba con mucho gusto en La Salceda.

—No sé si Juan querrá ir —decía Félix.

—¡Qué le vamos a hacer! —contesté.

—Si le digo eso a Juan...

—Félix, si queréis verme con mucho gusto os espero en La Salceda —corté la conversación.

Llegaron sobre la una de la madrugada.

Había consumido el resto de la tarde desde que Juan se fue de La Salceda pensando en la trayectoria vital con Juan, que iba a cortarse de una manera tan brutal y desagradable como la que los acontecimientos sucedidos hasta el momento presagiaban. Cuando comenzamos a hablar, la noche se había convertido en madrugada.

Félix Pastor portaba un collarín en el cuello que convertía la escena en más trágica de lo usual en los estándares hispanos, aproximándola a un decorado siciliano. La inquietud y el nerviosismo de Ramiro eran patentes. Nos sentamos los cuatro en los sofás del salón de la vieja casa de La Salceda. Juan aparentaba serenidad. Lourdes nos preparó algo de comer y beber. Tras los obligados introitos de apelación a la calma y serenidad de quienes compartían con nosotros la escena, Juan decidió tomar la palabra.

—Bueno, la idea es muy simple. Pactamos de mutuo acuerdo llegar a Banesto y resulta que el único que tiene el poder eres tú. Me has marginado totalmente. Incluso en el Consejo has colocado a tus amigos. Así que esto no puede ser. Reclamo mis derechos.

Un discurso bastante simplista para constituir el basamento de un escenario de tragedia cósmica. Sonaba a profunda excusa. Era obvio que las auténticas motivaciones jamás saldrían a la luz en aquella madrugada, así que no tenía otro remedio que consumir mi turno aceptando discutir sobre el sexo de los ángeles.

—Bueno, alguien tiene que ser el presidente y nadie como tú sabe que jamás he tenido especial interés en serlo yo. Incluso delante de José María Cuevas, cenando en aquella marisquería de la calle Fuencarral, sostuve que deberías serlo tú. Pablo Garnica se opuso. En el propio Consejo de Banesto en diciembre de 1987, cuando me nombraron, advertí que cumplido el trámite de salvar la opa del Bilbao no existía ningún compromiso conmigo. Todo eso lo sabes incluso mejor que yo. Lo que ocurre es que no puedo dilapidar la dignidad de la casa. O soy presidente o no lo soy, pero si asumo el cargo es con todas sus consecuencias, no para dar la sensación de que la presidencia de Banesto se desparrama en chalaneos entre accionistas que por significativos que sean no pasan de tener un 5 por ciento del capital. No tenemos derecho a ello.

Era claro que Juan no reaccionaría a la lógica interna de ese discurso, sencillamente porque la aceptaba desde el principio. No era eso lo que le había llevado a mi casa a tan altas horas de la madrugada.

—Mira, de lo que se trata es de que tienes que quitar a alguna de las personas que nombraste como consejeros para que yo pueda proponer a los míos.

—¿Se puede saber a quién quieres que quite?

—A Paulina Beato, Antonio Torrero, Luis Ducasse y Enrique Lasarte.

—Ya... ¿Podrías decirme quiénes son los tuyos?

—Es algo que no tengo todavía decidido. Félix Pastor es, desde luego, uno de ellos.

—Ya. Y... ¿alguno más? ¿Es creíble que ni siquiera lo hayas pensado cuando has decidido plantearme semejante asunto?

—Bueno... te diré... pero, además, como prueba de buena voluntad, estoy dispuesto a aceptar como mío a Ramiro Núñez, para que veas...

Mi mente voló a la Universidad de Deusto. Escuché el ruido inconfundible que producía aquel chaval extremadamente delgado, rubio, exageradamente pálido, al chocar sus enormes zapatos contra el pavimento de madera del Colegio Mayor. Llegó a Deusto y se sentía en nuestro entorno como un extraño. Sus ideas políticas resultaban extremadamente llamativas. Desde el principio lo cobijé, le di entrada en nuestro círculo. Transcurrieron los años, concluyó la carrera, se fue a Alicante a trabajar en Hidrola, le rogué encarecidamente que hiciera una oposición. Me alegré enormemente cuando aprobó con el número uno de su promoción la de Inspectores Técnicos Fiscales. Le animé a que estudiara en Estados Unidos. Cumplió mis deseos y produjo un buen estudio sobre aspectos fiscales de los precios de transferencia. Volvió a España y pasó a formar parte de mi equipo en Antibióticos. Le designé para secretario del Consejo de Banesto, incluso eliminando a Fernando Castromil, otro abogado del Estado de la promoción de Arturo Romaní. Ramiro tenía una obsesión: ser consejero de Banesto. Su padre había trabajado para los Oriol. Esta familia ostentaba el privilegio de ser una de las «familias de Banesto». Para Ramiro sentarse en el mismo plano que los Oriol se había convertido en un asunto existencial. Daría cualquier cosa por lograrlo. Cualquier cosa...

Juan demostraba su inteligencia. No dudaba de la fidelidad de Ramiro hacia mí, pero esa fijación suya en el Consejo de Banesto era capaz de doblegar, no sé si la dignidad, pero sí al menos la capacidad de ver las cosas tan fríamente como se presentan en determinadas ocasiones. Ramiro no dudaría en justificar su nuevo puesto en el argumento de que era algo positivo para Juan y para mí. Todos los seres humanos son capaces de escribirse a sí mismos la historia que necesitan para sus íntimas adherencias. Ramiro no podría escapar a esa regla. Le miré inmediatamente después de que Juan pronunciara su nombre como consejero de consenso. Aguantó la mirada una décima de segundo. Bajó los ojos. Sin embargo, quizá por la aceleración de los acontecimientos, no deduje todas las consecuencias que se derivaban del comportamiento de Ramiro, y, sobre todo, de las reflexiones previas de Juan antes de proponerlo como consejero de Banesto. Entonces ignoraba que Ramiro y Garro habían consumido previamente un fin de semana en Las Navas invitados por Juan con el propósito de sondear su fidelidad para conmigo.

—Lo que me propones es inaceptable. ¿Cómo voy a decirles a Paulina, a Enrique, a Antonio y a Luis Ducasse que tienen que dejar de ser consejeros?

—Diciéndoselo —replicó Juan.

—No puedo. Eso no es serio. No se pone y quita consejeros de banco por capricho.

—Pues ya sabes a qué atenerte...

—Sí, lo sé... En todo caso te agradezco el gesto de Ramiro. A ti por proponerlo y a Ramiro por aceptarlo. En cuanto a Félix no tengas la menor duda de que me parece una persona con todos los méritos para ser consejero de Banesto.

La noche no dio mucho más de sí. Planes más o menos inconexos, ideas que rozaban o caían de lleno en el absurdo, que de haberse implementado habrían paralizado el funcionamiento de cualquier institución bancaria y no bancaria, deseos de fragmentar el poder en Banesto, de convertirlo en un barco sin patrón y casi sin rumbo. Demasiada mezcla de sentimientos, carencias, frivolidades, necesidades y un largo etcétera se agolpaban en la mente inteligente y emocional de Juan.

Tenía que ganar tiempo. No podía dar todo por cerrado en aquellos instantes. Presentía que Juan tampoco deseaba cruzar en aquel momento el umbral del no retorno. Acerté. Concluimos que seguiríamos al día siguiente en el despacho de Torreal, en la calle Fortuny. Se marcharon cuando la luz del sol se reflejaba en la solana de la sierra del Milagro. Las reses les despidieron en silencio. Ningún venado berreaba.

Lourdes me planteó muy delicadamente algunas preguntas sobre la conversación cuando entré en nuestro dormitorio para ducharme y cambiarme de ropa. Ese mediodía César Mora y Silvia, su mujer, vendrían a comer con nosotros. No disponía de tiempo para dormir. Salí al campo para lavar la mente. Desde el cerro Bartolo se divisa todo el valle. El espectáculo, a pesar de la época del año, me impactó por enésima vez. Me fascinaba contemplarlo cada vez que me sentaba por algunos minutos en aquella roca y concentraba mi vista en el lugar en el que decidí comprar un trozo de tierra. La ironía de la vida consistía en que un factor decisivo de la elección fue precisamente estar cerca de Juan. Las Navas quedaban a poco más de veinte minutos en coche, dirección este.

Lo comprendí. Juan había pactado con los Albertos. Se trataba de modificar la composición del Consejo de Banesto para conseguir en una votación mi cese como presidente. A esa hora temprana la idea me llegó nítida. No se trataba solo de cesar a aquellos consejeros para poner los suyos, sino que el objetivo era conseguir una mayoría en el Consejo del banco, en Banesto o en el banco fusionado. Si sumaba esos consejeros suyos a los de nuestros enemigos podría ganar una votación y provocar mi cese. Eso cuadraba. Juan no había renunciado a Banesto. Simplemente había pactado con nuestros enemigos en contra de mí. La fusión con el Central se convirtió en la excusa y, al mismo tiempo, en una referencia temporal insalvable porque las Juntas de fusión aprobarían mi designación como presidente ejecutivo del banco fusionado y a partir de ese instante la capacidad del Consejo para relevarme de mi puesto se anulaba, o, al menos, intentarlo en tales condiciones significaba enfrentarse con un pleito de proporciones cósmicas. Juan estaba convencido de que su ascendiente sobre las familias tradicionales del banco era muy superior al mío y, por tanto, no tardaría en convencerlos de que era imprescindible sustituirme.

Paseaba por la zona próxima al cortijo, la que linda con el río Milagro, que forma regatos en los que el agua se amansa, y el verdor rodea las balsas en las que se bañaban Alejandra y Mario en el mes de junio. La Salceda constituía un trofeo vivo de la operación Antibióticos, y, al mismo tiempo, un símbolo de la relación que nos unía a Juan y a mí. Curiosamente ahora se convertía en el escenario de nuestra ruptura. Ironías del destino que convierten a la vida en un proyecto que, por impredecible, merece la pena ser continuado.

Llegué a la oficina de Fortuny a la hora convenida. Nos sentamos en torno a una pequeña mesa redonda que Juan colocó en su despacho. Mandó abrir algunas botellas de vino tinto. Me temí que en ese estado de excitación si bebía demasiado vino pronto sería imposible el diálogo, pero no podía hacer nada diferente a admitir el decorado que Juan marcaba. Nada saldría de aquel encuentro. Seguramente Juan valoraba que yo hubiera aceptado ir a su oficina siendo presidente de Banesto, a pesar de lo abrupto de las formas utilizadas. Pero era un amigo suyo quien acudía, no el presidente de una entidad bancaria.

Sin embargo, obviamente, no se conformaba con ese precio. Divagaba, comentaba con ironía y sarcasmo sobre la estructura social de España, sobre los Botín, los March, los Albertos, Banesto, Central, Santander, todo ello adobado con concepciones propias de la posesión de tierras, como si todo en España se redujera a un número de hectáreas, físicas y simbólicas, que deberían ser repartidas entre quienes disponían de «derechos históricos» para ello. Tal vez Juan no se diera cuenta de que él mismo era un recién llegado, sin más derechos históricos que el trabajo de su padre, un hombre inteligente que supo montar un negocio familiar de producción de especialidades farmacéuticas, con cierta ayuda de su suegro, mayorista y almacenista del sector. Recordé su comentario, que ejecutaba con indudable gracia: «En este país, quien no es nuevo no es rico».

La conversación, dentro de lo que cabía esperar de un marco como aquel, transcurría con cierta placidez, hasta que salió el nombre de Fernando Garro. Juan se puso histérico. Comenzó a chillar.

—Podemos llegar a un acuerdo nosotros, pero a ese tipo lo quiero fuera, absolutamente fuera, no solo del banco, sino de cualquier cosa que huela a nosotros. Es basura. Absoluta basura. Un traidor. Tendrías que haber visto el espectáculo que dio en Las Navas cuando le invité con Ramiro Núñez. Era una alfombra. Dispuesto a todo por salvarse él. No tiene una gota de dignidad. Te vendería por cualquiera. Ponlo a millas de distancia de nosotros.

Aguanté el chaparrón en silencio. Tenía que dejar que Juan se desahogara. Fernando no pasaba de ser en aquellos instantes un muro de las iras, más que de las lamentaciones.

Exceso de alcohol y de ira. Imposible construir algo positivo.

Me despedí y volví a casa. Al día siguiente comenté con Fernando la conversación.

—Oye, Fer, no sabía que tú y Ramiro estuvisteis con Juan en Las

Navas. Por cierto que en mitad del lío me contó que te pasaste de bando, que te pusiste como una alfombra y despotricaste contra mí.

Todavía recuerdo con algún sabor amargo lo que me ofreció a título de explicación:

—Bueno, le hice creer que estaba con él para que se confiara y poder ofrecerte a ti la información que me transmitiera.

No me gustó nada. Lamentablemente la vorágine me impidió pensar. Son demasiadas las ocasiones en las que la velocidad de los acontecimientos impide contemplarlos en su verdadera importancia. Aquella fue una de ellas. Debí entender que, en cualquier caso, aunque fuera cierto, el comportamiento habría sido indigno, porque no se puede engañar a uno de los dos amigos en beneficio del otro. No, no era cierta su versión. En realidad en el corazón de Fernando comenzaba a germinar el odio, si es que no había ya florecido por completo.

Años más tarde caía el sol de invierno en Los Carrizos dibujando un atardecer digno de almacenarse en la retina. Contemplé el horizonte en el que a lo lejos se vislumbraban los olivos de arbequina que contra viento y marea cambiaron el paisaje de ese trozo de campo andaluz. Vino a mi mente el recuerdo de Fortuny y las palabras de Juan sobre Fernando Garro. Entonces no le creí.

Desgraciadamente tuvo plena razón. ¿Qué acontecimientos se hubieran decantado si hubiese aceptado la sugerencia de Juan y hubiese situado a Fernando Garro a millas de distancia de nuestras vidas? No lo sé, pero me culpo por creer más a Garro que a Juan. Verdaderamente no calibré bien ni la estatura moral ni los complejos internos de Garro por no llegar a ser consejero de Banesto. Cierto que nadie me habló jamás contra Garro en sus relaciones conmigo. Al contrario, todo el mundo alababa su fidelidad, su dedicación, su capacidad de dar su vida por mí. Yo vivía confiado en ello. La tormenta, sin embargo, vivía en su interior. Y yo, ahora, con la experiencia detrás de mí y el dolor y la amargura que me causó, me culpaba de no creer a Juan, de confiar más en Garro.

Tenía que seguir, deglutiendo interiormente dolor, pero necesitaba continuar. Concluida esa segunda fase de la conversación con Juan Abelló, era el momento de mis asesores recién contratados.

Domingo por la tarde. Antonio Navalón, que ya trabajaba como asesor nuestro, se reunió conmigo en la buhardilla de nuestra casa de Triana 63. Le puse en antecedentes de Abelló. Antonio consumió un primer turno en reflexionar con agudeza sobre las implicaciones que aquel fin de semana tenía para el proyecto de fusión con el Central. La conclusión a la que llegaba no se diferenciaba de la mía.

—No tengas duda. Juan ha pactado con los Albertos, seguramente propiciado por los políticos al más alto nivel.

Se detuvo y comenzó a dar pasos cortos en el salón. Al fondo, un espejo contribuía a dotar de mayor profundidad a una estancia de volumen considerable. Contempló su silueta por un instante, se giró sobre sí mismo, y, como si hubiera recibido una iluminación repentina, como si el conocimiento superior hubiera penetrado en su alma al modo de la percepción mística, dejando a un lado las consideraciones de macropolítica nacional, Antonio sentenció:

—Necesitamos un abogado. El mejor que puedo recomendarte para esta finalidad es Matías Cortés.

—¿Un abogado? ¿Esto va de abogados?

—Sí, seguro. Todos estos asuntos tienen una dimensión jurídica de altura, pero no de dictámenes o pleitos, sino de otro nivel distinto. Por eso necesitamos a Matías Cortés.

Concluida mi oposición a abogados del Estado, y a la vista de dos factores combinados, la residencia en Toledo y mi vocación docente por el Derecho, decidí dar clases en el Instituto de Profesiones Jurídicas, nombre tal vez algo excesivo con el que bautizamos el renacimiento de la vieja academia de preparación Sánchez Cortés. Nuestra sede se situaba en la calle Juan de Mena, en Madrid, cerca del Museo del Ejército. En nuestro mismo piso me detuve en varias ocasiones a contemplar un cartel metálico, grabado en placa de color bronce, en el que aparecían tres nombres: Cortés, Pérez Escolar y Fernández Ordóñez. En 1980, con ocasión de un problema que asoló momentáneamente la vida y el equilibrio espiritual de Juan Abelló, me encontré delante de uno de los tres abogados de aquel despacho, Rafael Pérez Escolar, que más tarde me acompañaría en Banesto.

Fue así, por recomendación de Navalón, como Matías entró en mi vida.

—Por cierto, date prisa en llamarle porque estoy convencido de que Juan le llamará de un momento a otro para que le auxilie a él en la guerra contigo.

Así lo hice, Matías acudió a casa, charlamos los tres y empezó nuestro movimiento.

Tenía que ser capaz de combinar la tensión que me provocaban mis relaciones con Juan con las derivadas del proceso de fusión. Sentado en mi casa de Triana, tratando de poner en orden los acontecimientos, me pregunté por el papel que jugaría en el drama la personalidad compleja de Alfonso Escámez. Curiosamente, mientras reflexionaba sobre ello sonó el teléfono. Era Escámez.

—Mario, te propongo que desayunemos mañana en el Central los Albertos, Juan Abelló, tú y yo, a ver si somos capaces de solucionar esto.

—Bueno... Déjame que le dé una vuelta.

—Es que es muy importante, Mario.

—Ya, Alfonso, lo entiendo, pero déjame pensarlo un poco.

Presentía que era una trampa, que iban a tratar de sacarme alguna concesión irreversible. La estética del encuentro nos situaba a todos en el mismo plano. En el fondo era degradar el prestigio de la institución. Encantado asistiría a un encuentro de ese tipo con Juan y los Albertos pero fuera del banco, porque el tono, forma y maneras de la conversación reclamaban un escenario informal. Pero la presencia de Alfonso y el ambiente del Banco Central convertían a aquel proyectado desayuno en un inmenso error.

Decidí consultarlo con Antonio.

—Es una trampa. No lo dudes. Tienes que cancelar el desayuno. Si no lo haces renuncio a mi posición de asesor —me urgió Navalón.

Compartía la idea de Antonio aunque ignoraba por qué dotaba a su discurso de tan encendido dramatismo. ¿Renunciar a su relación conmigo por ese desayuno?... Demasiado, sin duda. Pero hay momentos en los que no puedes detenerte a reflexionar sobre todo lo que te sucede. Te ves obligado a actuar a golpe de intuición, de brújula de bazar infantil, y no siempre aciertas. Pero como algo no me gustaba, hice caso a Navalón, tomé el teléfono, llamé a Escámez y le dije que lo había pensado mejor y que, definitivamente, no asistiría a ese tipo de reuniones. Mi rechazo a su invitación le sentó francamente mal al viejo, agudo y difícil presidente del banco con el que pretendíamos crear el mayor del país.

El desayuno se celebró a pesar de mi ausencia, lo que comenzó a socavar en mí la credibilidad —siempre controlada— en la personalidad de Alfonso. Curiosamente, una vez concluido, Juan pidió verme y le recibí en mi despacho.

Su tono había cambiado dramáticamente.

—Bueno, creo que hemos llevado las cosas demasiado lejos. Lo mejor es que consigamos un pacto entre nosotros, que olvidemos lo de La Salceda, que tratemos de construir en lugar de destruir...

Estaba dispuesto a pactar, ya no exigía nada, ya no se hablaba de ruptura, su lenguaje era conciliador y su expresión aparentemente tranquila. Su tesis ahora era la siguiente: separaríamos nuestros bienes, cada uno retendría sus acciones, pero, en lo demás, todo seguiría igual.

No fui capaz de pensar ordenadamente. La emoción pudo conmigo. Sentí removerse mi interior de manera abrupta. Por nada del mundo deseaba la ruptura con Juan a pesar de que tantas veces la dibujé como inevitable. Abrumado por los sentimientos internos, no comprendí que la propuesta de Juan constituía un imposible lógico. Después de una preparación tan medida no podía dar marcha atrás en su ruptura por el mero hecho de mi inasistencia a un desayuno. No acerté a comprender que se trataba de un movimiento táctico decidido precisamente con los Albertos, y es posible incluso que con Alfonso Escámez. Acepté lo que Juan me proponía porque, una vez más, mis contradicciones internas se decantaron por nuestra vida compartida.

Subimos juntos a la planta superior para sentarnos en la mesa de la Comisión Abierta que se celebraba entonces, todos los días. Antes de pisar los escalones que conducían desde la planta de mi despacho a la parte superior del edificio de Castellana en donde se localizaban las dependencias del Consejo, nada más cruzar la puerta, me detuve y mirando a Juan fijamente a los ojos le dije:

—Todo lo sucedido hasta ahora es extremadamente grave, pero estoy dispuesto a olvidarlo siempre que aceptes un pacto de sangre, en el sentido de que no caben traiciones sobre lo acordado y si alguno las comete, que peche con las consecuencias.

Juan asintió acompañando su voz con un gesto de cabeza y una mirada de cierto temor, quizá influenciado por el tono y la terminología que yo había utilizado. Unos minutos más tarde, en la mesa de la Comisión Ejecutiva de Banesto, intentó dar una batalla en mi contra queriendo impedir el nombramiento de José Serratosa como consejero del banco. No entendía nada. Ni yo ni nadie, hasta el extremo de que Vicente Figaredo tuvo que llamarle la atención.

—Juan, a ver si aprendes que el banco no es una casa de putas.

La obviedad me golpeaba. La conversación de minutos antes con Juan en mi despacho se disipó brutalmente por su actitud en la Comisión Abierta. Me sentía invadido por una tristeza profunda y las palabras mías recordando que quien traicionara al otro debería pechar con las consecuencias comenzaron a golpear los oídos de mi mente.

Concluyó la reunión y salí con destino a Puerta de Hierro a almorzar en la casa de mi nuevo abogado Matías Cortés, quien, en su calidad de tal, me sentaba en su mesa junto al editor del Grupo Prisa, Jesús Polanco. Matías se presentó como consejero del periódico, pero sobre todo de Jesús. La enemistad entre Banesto y *El País* era proverbial, así que acepté aquel almuerzo con el propósito de introducir cierto calor en el mundo de hielo que definía las relaciones entre nosotros, a pesar de los buenos oficios que Jaime Botín ejerció en un momento determinado.

Para Matías constituía una prueba de fuerza ante su nuevo cliente, porque no es tan fácil conseguir un almuerzo con Polanco, sobre todo en ese momento y en tales circunstancias. El abogado dejaba diáfana su influencia cerca de uno de los hombres con más poder de España en aquellos días. En plena guerra, el apoyo de Polanco podría resultar decisivo. Por mi parte, la razón para asistir al almuerzo consistía en contarle al editor del diario Prisa, con el aval de Matías, la realidad de mi posición, para evitar que otros deformaran, al menos ante los ojos de quien podía escribir con la influencia obvia de su periódico, cosas excesivamente alejadas de la realidad.

Apenas iniciado el almuerzo, el camarero que servía la mesa se dirigió a Matías y le transmitió algo al oído. Nuestro anfitrión me miró y dijo:

—Juan Abelló al teléfono. ¿Te pones?

—Qué raro... ¿Cómo sabía que almorzaba aquí? No sé, tal vez se lo haya dicho yo. Pero bueno, ¿qué opináis?

En esos instantes ya había dispuesto de tiempo suficiente para contar algo de la reunión de La Salceda y los propósitos e ideas de Juan. Por eso, con el fin de crear complicidades en aquel peculiar entorno, formulé la pregunta invitándoles a darme una opinión.

—¿Por qué no? —sentenció Polanco.

Abandoné el comedor, penetré en el salón contiguo, me senté en el primer sillón que encontré, el camarero me trajo el extensor del teléfono y me dispuse a hablar. La voz de Juan sonaba parecida a la del 7 de octubre, cuando me llamó a mi coche para iniciar nuestro proceso de separación.

—Tengo que reconocer que como enemigo eres formidable. Tu inteligencia es superior incluso a lo que yo pensaba. Has conseguido poner a las familias contra mí. Pero no te olvides de que solo has ganado esta batalla. La guerra es otra cosa.

—Juan, lo siento, pero yo no soy enemigo tuyo en ningún sentido.

No entendía nada. Las contradicciones internas de Juan afloraban nítidas en sus gestos, palabras, estados de ánimo, decisiones y comportamientos. La promesa de paz que formuló a la salida de mi despacho resultó ser un movimiento puramente táctico en su guerra contra mí. Algo me decía, sin embargo, que para luchar de manera tan brutal contra quien, sin duda, fue su amigo, Juan necesitaba un impulso artificial diario, una especie de droga que le obligara a caminar en una dirección que en su fuero interno no deseaba. Una cosa era la separación. Otra, participar en una guerra de aniquilamiento personal. Tal vez sea un ingenuo, pero mis convicciones íntimas tenían ese color.

El plan de ataque disponía de una fecha fija: el 15 de octubre de 1988, en la que se celebrarían las Juntas de fusión de los dos bancos. Concluidas ambas, la situación se teñía de mucha mayor complejidad. Seguirían luchando, por supuesto, pero todo resultaría más complejo. Después de aquella Junta solo les quedarían las cuentas del ejercicio 88 para conseguir sus fines. Entonces aprendí que las cuentas de los bancos se convierten en armas de eficacia mortal en ese tipo de guerras, y como en el caso de estas entidades financieras es el Banco de España el dueño y señor de su contabilidad, lo lógico es que pensaran que con el apoyo de Mariano Rubio todo estaría resuelto. Pero, claro, la vida de vez en cuando proporciona sorpresas...

Ahora, en los días previos, iniciada la estrategia de desestabilización el 7 de octubre con el ataque de Juan, su objetivo consistía en profundizar en esa herida, en mantenerme emocionalmente ocupado, alterar mi equilibrio interior al precio que fuera. Trataban de cansarme, de agotarme psicológicamente para ver si en ese estado conseguían algo. Antonio y Diego resultaban ser confidentes de mis experiencias y de manera inmediata se ponían en marcha para tratar de contrarrestar los movimientos de nuestros enemigos. Pero la guerra de aniquilación depende en gran medida de tu capacidad interior de resistencia. Si cedes, si te vienes abajo, les dejas el campo libre. Nuevamente, si me rendía, me marchaba o abandonaba de cualquier modo, la fusión, y con ella el primer grupo económico de España, caería en sus manos como fruta madura.

Una de esas noches interminables, al entrar agotado en mi cuarto me sorprendió ver la luz encendida a tan altas horas de la madrugada. Lourdes estaba sentada en la cama y sus ojos se convertían en muestra inequívoca del largo rato que había pasado llorando.

—¿Qué sucede, Lourdes?

No respondió. Extendió su brazo y me entregó un papel. Lo tomé extrañado y lo leí con fruición. Era un anónimo que había recibido esa misma tarde en el que se decía, entre otras lindezas, que su marido era un canalla y que tendría que conseguir que renunciara a la presidencia de Banesto porque si no mis hijos...

Hasta ese extremo llegaron.

Apagué la luz y me quedé pensando: era obvio que intentaban minar mi capacidad de resistencia psicológica y, por tanto, tenía que hacer todos los esfuerzos necesarios para mantenerme tranquilo. En noviembre de 1994, comentando en mi casa de Madrid tan angustiosos momentos con Vicente Figaredo, su mujer, María Luisa, nos contó que en aquellos días recibían llamadas en su casa del siguiente tenor:

—¿Han llegado ya sus hijos?

—Todavía no —respondía inocente María Luisa.

—¿Ha pensado qué pasaría si no llegaran? —concluía la voz antes de cortar la comunicación.

Tales llamadas dejaron de producirse cuando se rompió el proceso de fusión con el Banco Central y los Albertos regresaron a sus lugares de origen a plantear de nuevo la guerra a Alfonso Escámez.

No tengo dudas sobre quiénes diseñaron y pusieron en marcha semejante estrategia. Estoy seguro de que Juan no participó en ella. Ciertamente la guerra es la guerra, pero llevarla hasta esos extremos sobrepasaba cualquier límite moral concebible.

La estrategia del ministro de Economía y de Mariano Rubio consistía en desestabilizar los Consejos de Administración, en nombrar a determinadas personas que, en ejercicio medido de una misión de mercenarios, se dedicaran a torpedear las sesiones, a introducir la discordia, a convertir la mesa de trabajo de los Consejos en un nuevo campo de batalla desde donde trasladar a la prensa las artificiales discrepancias, para que el mundo exterior percibiera que algo muy grave sucedía en torno a la fusión, y, alimentada con todos los mecanismos que tenían a su alcance, comenzar a vender la idea de que la estabilidad del sistema financiero —y otras semejantes— reclamaban la ruptura del proceso de fusión. Conocen la fragilidad propia de las instituciones financieras, y con eso contaban para utilizarlo como arma a su servicio.

Los Albertos, de acuerdo con ellos, compraron dos millones de acciones de Banesto y pidieron que nombrara a representantes suyos para el máximo órgano de dirección de nuestra casa. Una vez más utilizaron, aparte de la presión periodística concentrada en *El País*, los impagables servicios de Mariano Rubio. ¿Es que no había funcionado el almuerzo con Polanco en casa de Matías Cortés? ¿Por qué en la guerra *El País* se situaba en ese bando frente a nosotros? Porque era su bando. La presencia de Juan Abelló en ese costado de la batalla resultaba intrascendente. Lo que importaba es que se trataba del bando del poder. Punto y final. Porque Jesús Polanco, mientras vivió, se situó siempre del lado del poder, y no le fue mal, desde luego, en términos económicos, claro.

No albergaba excesivas dudas sobre el objetivo final de los primos, aunque en algún momento llegué a creer que podrían haberse dado cuenta de que el proyecto era lo suficientemente grande como para que todos pudiéramos vivir confortablemente dentro de él. Pero por desgracia algunos empresarios conciben la labor empresarial como un dejarse arrendar por el poder a cambio de dinero y sacrificando lo que fuera menester. Mariano Rubio muy poco después me mostraba su posición sin reservas.

El 20 de septiembre de ese año, en plena guerra de nervios con Juan Abelló, una nueva misiva del inefable gobernador, esta vez escrita de su puño y letra, llegaba a mi despacho. Decía así:

Querido Mario:

Acabo de recibir una carta —fecha de hoy— de Alberto Cortina, que pone de manifiesto la persistencia de las diferencias entre Cartera Central y los órganos de decisión de los Bancos Central y Español de Crédito, en el marco de la fusión en curso.

El Banco de España ve con preocupación estas discordias en el seno del accionariado y Consejos de ambos bancos, por cuanto pueden perjudicar seriamente el proceso de fusión de los mismos. Ello, aparte de otras consideraciones, resultaría muy negativo para su imagen pública y el prestigio del propio sistema financiero, lo que constituye preocupación básica de esta institución.

El próximo viernes, nuestro Consejo Ejecutivo seguramente debatirá este tema, pero es indudable que, si se mantuviese aquella falta de entendimiento, el Consejo no podrá por menos de tenerla en cuenta.

Era tal la sensación de impunidad con la que actuaban en aquellos días que no reparaban en que sus intenciones fueran evidenciadas a través de documentos escritos y firmados. No se necesita ninguna capacidad mental especial ni ningún doctorado en Derecho o Finanzas para percatarse de que se trataba de una presión política de primer nivel: los Albertos —venía a decirme por escrito el gobernador— tienen nuestro apoyo, así que ya lo sabes. Somos conscientes de que te están solicitando consejeros por sus acciones y que en principio te niegas a ello. No lo hagas. Nosotros queremos que los aceptes. No te resistas o te encontrarás con todo el poder del Banco de España.

Difícil, muy difícil, resistir todas las presiones. También presionaba Alfonso Escámez. Transcurrido el verano de 1988, movieron ficha de manera inteligente. Se dieron cuenta de que el viejo Escámez podría convertirse en un aliado suyo. Para ello necesitaban convencerle de una idea: el peligro es Mario, no tú. Si conseguimos echar a Mario, tú serás el presidente del banco fusionado y te jubilarás en olor de multitudes financieras. Conseguirás tu sueño. Tú ordenarás la sucesión, sin sujetarte a las bases de fusión diseñadas por Mario. Alfonso, por supuesto, nunca se tragaría del todo la historia, pero si le dejaban en paz, si le permitían concluir su carrera sin mayores complicaciones, estaría dispuesto a colaborar. Lo hizo. Me presionó para que una vez más aceptáramos las tesis de los primos. Si yo me negaba me autopresentaría ante la opinión como el causante del problema, el irracional, el que no deseaba negociar adecuadamente la estructura de poder del primer banco del país por motivos única y exclusivamente personales. No tenía alternativa real.

En demasiadas ocasiones en la vida te sientes obligado a acatar lo que consideras inevitable, aunque se encuentre carente de lógica. Da igual que se trate de la venta de una ferretería, de un almacén de colonias, de un negocio de auditoría o de la fusión de mayor envergadura en la historia de España. Lo humano, siempre lo humano. El 6 de octubre de 1988, unos días antes de la Junta de Fusión, entre Alfonso Escámez y yo, de una parte, y Alberto Cortina y Alcocer, de otra, firmamos unas cartas en las que volvían a contenerse brindis al sol de concordia, armonía societaria y otras del mismo estilo. En el fondo, de lo que se trataba era de introducir personas a su servicio en el Consejo de Banesto y pacificar la situación en el Banco Central para que Alfonso se fuera poniendo poco a poco de su lado. Es decir, los problemas que ellos habían planteado en el Central los iban a llevar ahora al seno del Consejo de Banesto, para lo cual, obviamente, tenían que conseguir el nombramiento de consejeros. Este es el punto clave de la carta. Así aparecieron los que por la planta noble de Banesto se les conoció como los mercenarios.

Teníamos que nombrar consejeros de Banesto a Aristóbulo de Juan, Carlos Bustelo y José Luis del Valle. Alberto Cortina vendría también al Consejo de Banesto y sería nombrado vicepresidente y miembro de la Comisión Ejecutiva, a la que, igualmente, accedería José Luis del Valle.

Los hombres que se prestaron a semejante labor eran de filiación variada. José Luis del Valle, conocido como Chitín, era abogado del Estado y fue subsecretario de algo que no consigo recordar. Bustelo fue ministro, y Aristóbulo de Juan un hombre del Opus Dei, que decía ser obediente de Luis Valls, el presidente del Popular. Había sido director general de la Inspección del Banco de España. Esta última etiqueta constituía su principal activo a ser arrendado a los Albertos, porque les daba credibilidad en su estrategia de demolernos a través de cuestionar las cuentas del banco.

Ahora se trataba de convencer al Consejo de Banesto, al que no le gustaba la idea, sin poder explicar de manera íntegra el fondo de las negociaciones y mis intuiciones. Celebramos una reunión informal en el comedor de Castellana 7 en la que Juan Herrera se convirtió en el defensor de los Albertos, como era de esperar. El ambiente no era nada propicio a aceptar semejantes nombramientos, por lo que tuve que emplearme a fondo para convencerles.

—Estamos en un proceso de fusión complicado y no queda más remedio que pactar. Me parece evidente que tienen al Banco de España de su lado, pero poco podemos hacer si queremos seguir adelante. Por tanto, yo creo que no nos queda más remedio que aceptar. Además, tengo una leve esperanza de que los Albertos comprendan cómo son las cosas. No veo razones sólidas para que no podamos entendernos con ellos. Yo comprendo que estén cabreados con la operación, pero al final se darán cuenta de que a todos nos interesa que las cosas salgan bien.

—Presidente —me dijo Antonio Sáez de Montagut—. Yo ya soy muy mayor y tengo mucha experiencia acumulada por mi edad. Lo que dices es lógico y yo creo que todos debemos darte un voto de confianza para que hagas lo que creas oportuno, pero mi pensamiento es distinto. Conozco a este tipo de gente y con ellos no vale el pacto. Van a por todas y esto no pacifica, sino que es un episodio más de la guerra. En todo caso, ojalá me equivoque y de cualquier manera tienes mi voto favorable.

Entonces no caí en la secuencia de fechas: el 6 de octubre firmaba las cartas por las que aceptaba el nombramiento de consejeros en representación de los Albertos. El 7, al día siguiente, Juan comenzaba a desarrollar su estrategia para solicitarme los suyos. ¿Coordinación entre ellos? Lamentablemente así fue, a pesar de que me duela. Es muy claro: quitar consejeros míos, poner mercenarios de ellos y de Juan y, a ser posible antes de la fusión y en otro caso después de ella, conseguir que el Consejo votara contra mi presidencia. La Junta de Fusión se celebró el 15 de octubre de 1988. Se cumplió el trámite. Perdieron la oportunidad. Pero la guerra continuó, porque resultaba inevitable. Nuevamente decidieron manifestar ostentosamente el respaldo político que asistía a su estrategia destructora. Esta vez, con un peso pesado: el ex ministro de Economía y Hacienda, Miguel Boyer.

Por el norte La Salceda linda con El Molinillo. La divisoria corre casi exactamente por la línea imaginaria que divide el centro del valle en solana y umbría. Es una zona llana, con abundante vegetación de jaras, cornicabras, quejigos y encinas. La dediqué a un cercado de cochinos y durante algún tiempo evité que nadie disparara un solo tiro para conseguir una buena «madre» —como dicen por aquellas tierras— de forma que cuando iniciáramos las cacerías el número de individuos fuera suficiente para un buen día de caza y el mantenimiento del coto. La Salceda, además, llevaba fama de ser de lo mejorcito de la zona en cantidad y calidad de esta especie cinegética. Por fin, después del descanso, comencé a probar fortuna y convoqué a un gancho con muy pocas escopetas. El 11 de noviembre de 1988 amaneció lluvioso, aunque poco después de las doce cesó el agua, manteniéndose un fuerte viento del Noreste que aireaba a los guarros y los concentraba en el centro de la Mancha del río Milagro en la que nos encontrábamos el duque de Calabria, Juan Herrera, Enrique Quiralte, Juan Herrero, César Mora, Jaime Soto y yo, además de Lourdes y Mario, que ocuparon plaza en ese primer gancho de guarros desde que construí el cercón. Resultó magnífico: veinticuatro guarros cobrados. A pesar de ello la gran cacería del día nada tenía que ver con esos animales, sino que se centraba en mí, en mi futura presidencia del Banco Español Central de Crédito, que, según se desprendía fluidamente de los artículos de prensa, se desplazaría hacia los Albertos a través de su nuevo hombre fuerte: Miguel Boyer Salvador, nuevo presidente de Cartera Central y antiguo superministro de Economía, hombre de la total confianza de Felipe González, lo que atribuía a su nombramiento la imagen real y virtual de un apoyo decidido del Gobierno en la operación contra mí.

Era alucinante. Un hombre como Miguel Boyer se dejaba emplear del modo menos elegante, al menos en mi modo de ver las cosas, que admito no es común a todos cuantos conozco. Un hombre que fue ministro de Economía, presidente del Banco Exterior y ahora pasaba a ser empleado de los Albertos, quienes de él buscaban el nombre, o incluso ni siquiera el nombre, sino la importancia de los contactos políticos que ese nombre unido a su pasado evocaba para todo el que quisiera ver. Ya sé que todos podemos consolarnos creando las excusas que estimemos oportunas y es posible que Boyer se justificara ante sí mismo diciendo que no podía dejarse esa fusión en manos de un aventurero como yo. Cualquier cosa vale cuando estás dispuesto a la labor que te piden. El mensaje era claro: si los Albertos, gracias a su dinero e influencia política, podían incorporar a sus filas a un hombre como Miguel Boyer, estaba claro que las posibilidades a mi alcance de salir triunfante tenían clara tendencia al cero absoluto.

Lourdes no quiso opinar. Leyó la noticia y guardó un prudente silencio. Se acostumbraba ya a desperfectos de este calibre.

Concluido el gancho, nos fuimos a casa de José Luis Oriol, en donde, al día siguiente, organizó una cacería de patos. Las televisiones de la noche abundaban en Miguel Boyer y la sentencia de muerte sobre mi persona se respiraba nítida a través de los mensajes de las ondas.

Con anterioridad a ser contratado por los Albertos, yo, personalmente, mantuve dos conversaciones con Boyer. Siempre me pareció que detrás de aquellas gafas grandes y el aire de suficiencia que daba a todas sus palabras, como si en cada una de ellas se encontrara la clave para desvelar los velos de Isis y los arcanos ignotos del universo cósmico, se encontraba un individuo que no me parecía revestir los atributos tan magníficos que él parecía concederse a sí mismo. Nadie puede dudar de su inteligencia abstracta, pero tampoco es para considerarle una excepcional e irrepetible figura de la creación.

La primera conversación fue en su despacho del Banco Exterior de España y la otra en su casa de El Viso, aunque creo que en realidad era propiedad de su mujer, y en la que entró el mismo día en que, a sugerencia de Matías Cortés, el marqués de Griñón, una buena persona y un hombre por el que siempre he sentido afecto, decidió abandonar el domicilio conyugal cuando ya era público y notorio que las relaciones entre el llamado superministro y la mujer prototipo de las revistas del corazón, Isabel Preysler, había traspasado los límites de las puertas de algunos paradores españoles.

Era el mes de septiembre. Almorzamos juntos y luego nos quedamos hasta muy tarde hablando de muchas cosas y, entre otras, de la situación creada en torno a la fusión Banesto-Central. En aquellos momentos la tesis de Boyer era la siguiente:

—A los primos, es decir, a los Albertos, hay que darles alguna satisfacción «formal», como, por ejemplo, nombrarlos vicepresidentes o algo así. Con eso yo creo que se conforman y el proyecto sigue adelante sin mayores traumas. Claro que si lo que quieren es el poder real en el banco fusionado, eso ya es otra cosa y, sencillamente, no puede ser.

Así, más o menos, concluyó aquella conversación, a la que, por cierto, yo no di demasiada importancia. Tampoco podía presagiar que algún tiempo después sería contratado por los primos, por aquellos de quienes habló en la forma que lo hizo ante mí.

Tenía ahora que admitir que la imagen transmitida al exterior era clara: Boyer se perfilaba como el hombre del proyecto Banesto-Central. Una vez expulsado Mario Conde de la fusión, Boyer sería el presidente del primer banco del país. Contando, como contaba, con el apoyo de los Albertos y Abelló, de otros consejeros, del Banco de España y del Gobierno, las posibilidades que tenía de salir triunfante de aquella batalla eran elevadas. Era el mes de noviembre de 1988. Pocos días después de las Juntas de Fusión la guerra estallaba por este nuevo costado.

¿Formaba parte Juan Abelló de la trama de cuya concepción surgió la utilización de Miguel Boyer? No me constaba en aquellos días, pero no albergaba duda sensata alguna. A Juan lo utilizarían los Albertos dentro de su esquema, y cuando digo los Albertos me refiero en realidad al poder político que los sustentaba. Realmente me resultaba muy poco edificante comprobar cómo Juan, que siempre protestó —y con razón— frente al poder del clan, no solo se encuadraba en ellos, sino que, a pesar de sus ideas conservadoras, proporcionaba soporte a un intento nada disimulado de ocupar el sistema financiero español. Los Albertos en el territorio de los valores y convicciones nada tienen que ver con Juan. Los primos carecen de una arquitectura moral definida. Mucho menos de convicciones políticas. Su lema es el dinero. Punto y final. Juan, por el contrario, parecía dotado de un esquema de pensamiento lo suficientemente anclado en su interior como para no ser dilapidado en el altar confeccionado con ese material fungible. La vida me enseñaba su cara más demoledora a medida que transcurrían los días, las horas, los minutos. Se acercaba el fin del año.

Los meses de diciembre de cada año revestían en Banesto una significación especial. En el último Consejo del año, el consejero más antiguo tomaba la palabra para felicitar al presidente por los resultados del año y proponer al Consejo su designación para un nuevo mandato. La ceremonia se repetía anualmente, sin el menor contenido sustantivo. Simplemente un rito, una formalidad. Se me ocurrió que la mejor manera de cortar los rumores sobre mi presidencia —desatados a raíz de la aparición en escena de Miguel Boyer— que el Grupo Prisa, a través de *El País*, y Grupo 16, utilizando el *Diario 16* y la tradicional *Cambio 16*, se encargaban de airear hacia el público con caracteres de verdadera tragedia, y, de paso, transmitir un mensaje de unidad a la opinión, era, precisamente, adelantar la ceremonia de elección de mi cargo al mes de noviembre.

El atributo de consejero más antiguo recaía en Juan Herrera, porque se sentó en el banco allá por el año 1954. Debería ser el encargado de la operación que proyectaba.

Lo que dotaba de cierto morbo a la ceremonia era su especial carácter, que le llevaría a querer complacer al mismo tiempo a los Albertos y a nosotros, para decantarse finalmente por aquel bando que a su juicio obtendría la victoria. Nada fácil, desde luego. Proponer mi reelección en tales circunstancias era asestar un golpe a la estrategia de los Albertos, y, por derivada, enfrentarse con Abelló. Es decir, un conflicto, y a Juan Herrera le gustaba cualquier cosa menos un conflicto con gente con poder. Me intrigaba cómo tomaría y cómo ejecutaría mi encargo.

—Juan, he decidido anticipar mi reelección como presidente. Siguiendo la tradición, como eres el consejero más antiguo, es a ti a quien corresponde efectuar la propuesta.

Los ojos de Juan, su movimiento corporal, evidenciaron que era claro como un amanecer de Pollensa en el mes de junio que el encargo le parecía un compromiso más que delicado. Eso de comprometerse sin saber quién va a ser el vencedor es muy incómodo, pero si se trata del primer grupo económico de España, puede resultar letal. Y a Juan, como a tantos otros, eso de suicidarse le resultaba altamente inconveniente.

24 de noviembre de 1988. Se celebra el crucial Consejo de Banesto. Antes de dar comienzo la sesión, con los gestos y tono de voz típicos de los profesionales del pacto a cualquier precio, Juan Herrera se acercó a mí.

—He preparado un texto que quiero que me digas si te parece bien. Igualmente quiero que sepas que se lo he leído a los Albertos porque estas cosas hay que hacerlas bien y de mutuo acuerdo.

No podía ser de otra manera. Juan jamás se hubiera atrevido a proponer mi reelección sin previamente comentarlo con los Albertos. Tenía sus dudas de quién ganaría la batalla y, por tanto, necesitaba poner una vela a Dios y otra al Diablo, y nada más lejos de Juan Herrera que la intención de definir quién era uno y quién el otro. Sonreí. En el fondo era tan habitual, tan normal, tan corriente entre los triunfadores hispánicos que me hizo hasta gracia.

Llegó el momento. Todos sentados en torno a la gigantesca mesa de Consejo de Banesto. Nuestros consejeros y los representantes de Cartera Central. Al fondo un insólito Sorolla, despreciado por Garnica por tratarse de un cuadro flamenco, asistía silente al espectáculo que comenzaría en breves segundos. El silencio era abrumador. Se percibían nítidas las respiraciones ansiosas de los consejeros. Apreté suavemente la tecla de mi aparato de voz y sonó casi como un estruendo. García Ambrosio dio un respingo. Juan Abelló se tensó. Cortina seguía leyendo unos recortes de prensa. Pronuncié la frase de rigor:

—Don Juan Herrera, marqués de Viesca de la Sierra, ha pedido la palabra. Se la concedo.

Miré a Juan Herrera para indicarle que era su turno, que había llegado su hora. Juan Herrera tragó saliva. El descenso del líquido por su garganta resonó en el salón de consejos como un raspado de guitarra desafinada.

Con parsimonia apretó el botón que encendía su micrófono, tosió levemente para aclarar su voz y con aspecto solemne leyó el texto que llevaba preparado.

—Presidente, un numeroso grupo de consejeros me ha encargado la misión, que cumplo con todo agrado, de proponer la reelección de don Mario Conde en la presidencia de Banesto...

Subrayó deliberadamente las palabras «un numeroso grupo de consejeros», para transmitir a los enemigos que no se trataba de algo que únicamente hubiera comentado con el presidente, sino que actuaba como mandatario de muchos de los miembros del Consejo. Lo malo fue que Juan tuvo que interrumpir su lectura porque Romualdo García Ambrosio, uno de los empleados de los Albertos, un hombre correoso y difícil designado consejero para llevar la voz cantante en los aspectos más sórdidos de la batalla, sin encomendarse a nadie le interrumpió:

—Entiendo que el punto que se somete a consideración del Consejo no está incluido en el orden del día. Por consiguiente, creo que no es prudente ni necesario ratificar la confianza en el señor presidente.

Los primeros síntomas de profunda incomodidad aparecieron en el rostro de Juan Herrera, sobre todo porque Carlos Bustelo, otro de los contratados por los Albertos, ex ministro de UCD con Adolfo Suárez, se adhirió al discurso obstativo de García Ambrosio. Sin pronunciar palabra volví la cabeza hacia Juan Herrera, me encontré con su mirada y gestualmente le transmití que debía comenzar de nuevo su exposición. La voz de Juan Herrera sonó en este segundo intento muy distinta, menos solemne, más resbaladiza, menos entusiasta.

—Presidente, algunos consejeros me han encargado...

La variación era, sin duda, sustancial: ya no se trataba de un numeroso grupo, sino de algunos consejeros. A pesar de ello, Romualdo García Ambrosio no se amilanó y volvió a la carga repitiendo su tesis de la innecesariedad de que el Consejo se pronunciase en aquel momento. Juan reflejaba el comienzo de un cambio de color en su cara. Para evitar que se desmoronara antes de tiempo cedí la palabra a Antonio Sáez de Montagut.

—Presidente, el Consejo debe desautorizar las palabras de la prensa, que yo lamento profundamente. Quizá no proceda que el Consejo desmienta desde un punto de vista formal las mencionadas manifestaciones de la prensa, pero sí de modo indirecto mediante la reelección de presidente. Por tanto, considero imprescindible que nos pronunciemos en el Consejo en el día de hoy sobre la reelección de presidente.

A continuación concedí la palabra a César Mora, que hablaba muy raramente en los Consejos, aunque parecía tener el sexto sentido de saber cuándo una intervención suya era conveniente. Su tesis fue inteligente.

—Presidente, considero muy esclarecedora la posición que el señor vicepresidente, don Alberto Cortina, mantuvo ante la Comisión Ejecutiva de Banesto en cuanto a la significación del nombramiento de don Miguel Boyer como presidente de Cartera Central. Invito, con el permiso del presidente, a que el señor Cortina reitere su posición.

En efecto. A la vista de las informaciones aparecidas en prensa, César Mora reclamó de Alberto Cortina que contestara a una pregunta muy concreta: ¿tienen ustedes intención de proponer al señor Boyer como candidato a la presidencia del Banco Español Central de Crédito? Evidentemente, Alberto Cortina no podía responder más que con una rotunda negativa. Otra cosa sería violar las bases de fusión y el pacto que firmamos en septiembre de ese mismo año por el que se manifestaban absolutamente de acuerdo con la línea de poder ejecutivo diseñada para el banco fusionado. Por ello negó en la Comisión Ejecutiva. César quería que volviera a hacerlo ahora ante el Consejo. Con su negativa no se resolvía el dilema de si debería o no votarse mi nombramiento. Se trataba de reforzar todavía más nuestra posición.

—Tiene la palabra el vicepresidente señor Cortina —contesté.

—Accedo gustosamente a la petición de don César Mora y quiero expresar al Consejo que la reciente incorporación a nuestro grupo empresarial de don Miguel Boyer nada tiene que ver ni con Banesto, ni con Central, así como que Cartera Central no pone en tela de juicio la presidencia de don Mario Conde.

Aquellas palabras sonaron un tanto a cachondeo. Era obvio que designar presidente a Boyer de una sociedad cuyo único activo eran acciones de Banesto y Central sí tenía «algo que ver con Banesto y con Central» y era, además, evidente de toda evidencia que el objetivo a conseguir era eliminarme de la presidencia del banco fusionado y sustituirme, precisamente, por Miguel Boyer. Pero Alberto Cortina no tuvo más remedio que decir lo que dijo. Yo me permití una ligerísima, imperceptible mueca de sonrisa. Más tarde, según parece, vieron la luz documentos escritos y firmados que acreditarían lo obvio: mentía.

Como el ambiente parecía que estaba cambiando algo, intervino Carlos Bustelo para insistir en que la ratificación debía hacerse en diciembre porque así lo mandaba la tradición del banco y porque era el momento de analizar la gestión del ejercicio.

El color de la cara de Juan Herrera culminó su camino hasta el blanco. Sus manos le temblaban, su mirada brillaba ostensiblemente, sus ojos giraban en todas las direcciones tratando de encontrar alguna respuesta en cualquier gesto de alguno de nuestros enemigos, pero como nada conseguía en aquellos escasos segundos, no tuvo más remedio que volver a comenzar. Ahora su voz apenas si era audible.

—Yo lo único que estoy haciendo es trasladar la petición que me han hecho algunos consejeros, pero nada más...

Supongo yo que no fui el único en sonreír para sus adentros, porque el espectáculo vivido en aquella mesa, de ser conocido por el gran público, habría servido para catalogarnos de payasos, en el mejor de los casos, y me ahorro el peor de los calificativos posibles. En su alocución Juan había navegado según el viento que presentía soplar, por lo que transitó por fases sucesivas: un numeroso grupo de consejeros, algunos consejeros, algún consejero... Miré furtivamente a César Mora y a Ricardo Gómez-Acebo, que no podían evitar que su sonrisa interior se tradujera, aunque más levemente, sobre todo en el caso de César, en algún símbolo externo. Enrique Lasarte, a la vista de la situación, se decidió a intervenir y dijo:

—Cualquiera que sea la interpretación que se quiera dar a las noticias aparecidas, considero conveniente dejar clara la unidad de criterio y de decisión en Banesto, ya que razones de tipo institucional así lo aconsejan, por lo que la ratificación de la presidencia es ahora prudente y necesaria.

Después de estas palabras de Enrique, decidí cortar el asunto y dirigirme al Consejo. Era mi hora. En determinados momentos quien quiere liderar tiene que demostrar que es líder, y eso significa poner ciertos puntos sobre determinadas íes. En la vida no se trata de sentarte a ser presidente, sino de presidir. Y eso exige, reclama y evoca autoridad.

—Quiero agradecer todas las manifestaciones y juicios que se han vertido en el transcurso de esta sesión. Todos los miembros de este Consejo pueden expresar sus opiniones tan libremente como quieran y no tengo duda de la postura expresada por el señor Cortina acerca de su respaldo a la presidencia. Pero nos guste o no y sea de quien sea la culpa, a mi juicio no hay duda de que resulta imprescindible dejar firmemente establecido el principio de autoridad de la presidencia, ya que en definitiva la autoridad de la presidencia es la autoridad del Consejo. Para ello es necesario que tal principio de autoridad se ratifique por el Consejo, ya que de otro modo se mantendrá la duda y la desconfianza.

El tono empleado además de solemne era rotundo. No se trataba de un discurso convencional ni de circunstancias. Transmitía la sensación de que no toleraba bromas sobre mi presidencia manejadas desde los medios de comunicación social afines al Banco de España aunque solo fuera porque me constaba que detrás de tales comentarios de prensa se encontraban personas presentes en aquel Consejo, empleados de los Albertos. Ningún argumento del tipo de inclusión o no inclusión en el orden del día, conveniencia o no de alterar la tradición y otros similares serían capaces de mover un milímetro mi determinación. Continué.

—Por eso pido que el Consejo se pronuncie ahora. Por consiguiente, en defensa de los mejores intereses de la institución, pido la ratificación clara, tajante y terminante de la autoridad del presidente y ello de la única manera que puede hacerse en estos momentos: la reelección para el ejercicio de 1989.

El silencio era absoluto. Mis palabras sonaban claramente a ultimátum. Quise introducir un punto adicional de presión.

—Me importa dejar bien claro que la presidencia es algo que solo admitiré por unanimidad. Si un solo consejero vota en contra, dimitiré.

La tensión alcanzó su punto máximo. Mi ultimátum les cogió absolutamente por sorpresa. No podían calibrar en segundos el alcance de una hipotética dimisión, sus consecuencias en la fusión, si podría continuar o tendría que anularse, sobre quién recaerían las consecuencias de ello..., en fin, preguntas todas ellas absolutamente fundamentales. Una cosa es boicotear, destruir, dificultar, y otra construir. No sabían, ni eran capaces de calibrar en segundos, qué les sucedería a ellos si yo me iba. Cortina y sus empleados pensaban que mi movimiento carecía de cualquier dosis de improvisación. Habría dispuesto de tiempo para analizarlo despacio. Se encontraban en inferioridad de condiciones. Se veía claro que me importaba lo más mínimo tener que dimitir en ese preciso instante. No podían arriesgarse. Me concedían una capacidad diabólica de elaboración de estrategias y como no acertaban a adivinar qué se escondía detrás de una posible dimisión, no supieron reaccionar.

Uno a uno todos fueron votando y el resultado fue unánime: yo debía continuar como presidente por un año más.

La tensión había sido tan grande que decidí suspender el Consejo por unos minutos. Acababa de ganar, pero no la presidencia de Banesto, sino la posibilidad de demostrarles que los que solo cumplen en la vida la misión de ser voz de su amo no saben cantar si no se encuentra a mano quien les dirige.

Durante el improvisado recreo cada uno nos aproximamos a los nuestros. Abelló se reunió con Cortina y García Ambrosio en un rincón. Cuchicheaban algo que resultaba inaudible.

Cuando se reanudó el Consejo con cada uno en su asiento respectivo, pidió la palabra García Ambrosio. Se la concedí imaginando que nos iba a exponer algo previamente acordado con Cortina y Abelló en su rincón del cuchicheo. Tomó la palabra García Ambrosio.

—Presidente, quiero manifestar mi satisfacción por el modo en que viene conduciéndose esta reunión del Consejo gracias al buen criterio de la presidencia, y ahora quisiera proponer, en el marco del artículo 18 de los Estatutos sociales, que se proceda, igualmente, a la reelección de los señores vicepresidentes.

Me equivoqué. No debí suspender el Consejo. Se reunieron a pensar. Ante todo querían evitar que el Consejo se presentara a la opinión como una victoria por goleada de nuestro bando. La reelección de los vicepresidentes amortiguaría algo la intensidad de la derrota. Sobre todo en el caso de Juan Abelló.

Tenía noticias de que Juan había maniobrado con las familias del banco, pero carecía de una información precisa, hasta que me la proporcionó César Mora. Juan reunió al grupo de Mora, Figaredo, Oriol, en fin, a los representantes de las familias, con la notable ausencia de Ricardo Gómez-Acebo y seguramente de Masaveu, en el restaurante La Dorada. El almuerzo a iniciativa de Juan Abelló tuvo lugar después de las Juntas de Fusión. Juan, con palabras medidas, realizó una exposición en la que pedía mi cabeza y, además de una referencia amenazante a las cuentas del ejercicio, incidió en problemas personales conmigo. Los asistentes rechazaron su proposición a través de César Mora. Incluso más: le recriminaron duramente que se dedicara a tratar de alterar la presidencia de una institución como Banesto alegando cuestiones imprecisas y de índole fundamentalmente personal.

Cuando César me contaba este encuentro yo no acertaba a vislumbrar la estrategia de Juan. Si el almuerzo y sus propuestas de destitución se hubieran llevado a cabo antes de las Juntas de Fusión, todavía lo entiendo, pero una vez ratificado mi nombramiento por una Junta General y considerado como una pieza clave de las bases de fusión, ni siquiera el Consejo disponía de la autoridad necesaria para modificarlo sin, al mismo tiempo, provocar la ruptura del proyecto de fusión. Quizá los factores emocionales nublaban la claridad de ideas de Juan.

El problema no residió únicamente en el fracaso de la estrategia de Juan, sino que, además, se echó materialmente encima a todos los miembros del Consejo de Banesto, hasta el extremo de que una delegación compuesta por algunos consejeros se presentó en su despacho de la calle Fortuny y le expresó a Juan su profundo malestar por su actitud, que consideraban impropia de un miembro del Consejo de esa casa, llegando incluso a invitarle a que presentara su dimisión de forma irrevocable.

Aquello tuvo que ser un trago de hiel pura y dura para Juan Abelló. Que los miembros de las familias del banco, de Banesto, se presentaran ante él, le acusaran de comportamiento indigno y que, dado que jurídicamente no se le podía expulsar, le solicitaran que voluntariamente se marchara de la casa en la que él mismo, con su actitud, se había negado un sitio adecuado, todo ello debió de constituir tal mezcla explosiva para un hombre como Juan que en la soledad de mi despacho de Banesto, siendo consciente de que en aquellos momentos la escena se estaría desarrollando en el despacho de Juan, me sentí muy mal.

Juan Abelló se negó a dimitir. El ambiente en mi despacho se caldeaba. Los consejeros que acudieron a transmitir a Juan semejante burrada no eran capaces de comprender cómo un hombre como él, con su dinero, con su posición, con sus pretensiones sociales, podía tener semejante comportamiento. Decidí convocar una cena para discutir el asunto en el restaurante Jockey de Madrid y tratar de introducir algo de serenidad. Era ya tarde, pasadas las diez y media de la noche, cuando comenzamos a avisar uno a uno a los consejeros. Dispusieron solo de algunos minutos entre la recepción de la llamada y la cita en el restaurante madrileño. Una vez acomodados en el reservado, nos dimos cuenta de un tremendo error: nos habíamos olvidado de Juan Herrera. Montaría en cólera al enterarse. Le pedí a Pablo Garnica que le llamara a su casa. A esas horas Juan seguramente estaría cenando. Tal vez, incluso, ya hubiera terminado. No importaba. El espectáculo podría ser interesante.

Cuando Pablo Garnica volvió a la mesa tras efectuar la llamada, le pregunté qué le había contado exactamente a Juan. Pablo, que es más bien primario, se limitó a decirle algo así: «Vente para Jockey, que estamos reunidos para cesar a un consejero».

Imaginé la reacción de Juan recibiendo la noticia. No tuvo tiempo de solicitar la mínima aclaración porque Pablo, con sus formas características, habría colgado el teléfono nada más concluir. Juan se situaría al borde de un ataque de nervios. Llegó al restaurante pálido como una vela. Se sentó en uno de los extremos de la mesa, el más cercano a la pared del fondo, junto a la puerta por la que entran los camareros con los servicios. Comenzó a gesticular ostensiblemente. Sin solicitar permiso para hablar empezó casi a gritar:

—Esto es absolutamente intolerable, no es forma educada de proceder, no se puede llamar a altas horas de la noche a un consejero que estaba con bata en compañía de su mujer y sus hijos para decirle que acuda a un restaurante madrileño con toda urgencia porque se va a producir un cese en el Consejo. ¡No, señor! ¡Esto es intolerable!

—Tranquilízate, Juan, porque creo que tienes algo de razón pero hemos considerado necesario que tú asistieras personalmente a esta reunión —contesté.

—No puedo tranquilizarme cuando veo que un asunto de esta envergadura se trata casi como por asalto.

—Juan, serénate. Comprendo lo que dices pero cesar a un vicepresidente como Juan Abelló es un tema de gran calado.

Su expresión cambió como por arte de magia. Su mirada dejó de transmitir notorios síntomas de pánico. Los músculos de la cara se distendieron. Expulsó aire con fuerza. Se recostó lentamente sobre el respaldo de la silla que ocupaba y casi suspirando preguntó:

—¿Es que se trata de Abelló? ¡Ah, buuueeeenooooo! Esto es otra cosa. Oye —dijo, dirigiéndose al camarero—, tráeme una copa, por favor.

Estas imágenes venían a mi mente y seguro que a la de alguno más de los consejeros presentes aquel 24 de noviembre de 1988 cuando meditaba sobre si debía o no acceder a la petición de Cortina de que renovara a Juan Abelló en el puesto. Por duro, muy duro, que me resultara conocer el detalle de las actuaciones de Abelló contra mí, las consideraciones puramente emocionales debían ceder en beneficio del proyecto de fusión. Si Banesto y el Central hubiesen sido de mi propiedad, habría tenido clara la decisión. No siendo ese el caso, cada vez que me situaba en una encrucijada de esta naturaleza, aparte de analizar las consecuencias en términos de poder, sopesaba los efectos en cuanto a la entidad en sí misma, a su valor en Bolsa, a sus consecuencias para los accionistas.

Ante la petición de quienes le nombraron para el Consejo del banco de que se fuera, Juan Abelló optaba por ponerse en manos de Cartera Central, de los Albertos, de Mariano Rubio, de Solchaga, de todos aquellos que a él le despreciaban de manera lacerante. Un esperpento. Que Juan debiera la vicepresidencia de Banesto para la que le designó el Consejo anterior a esos nuevos aliados constituía una aberración de tal calibre que ni siquiera soñando en plena pesadilla nocturna habría contemplado con visos de realidad. Las pasiones son capaces de demoler arquitecturas interiores por muy sólidas que sean. La pasión destruye al hombre, le convierte en una piltrafa, en una tabla que flota en mitad de un océano a merced de las olas y los temporales, un trozo de madera mojada cuya única misión vital reside en flotar.

La voz ronca de Juan Belloso terminó con mis cavilaciones y me devolvió al Consejo de Banesto, a mi mundo de aquellos instantes, al lugar en el que tenía que decidir si aceptaba o no someter a votación las vicepresidencias del banco, de la que la única conflictiva era la de Abelló. Juan Belloso tomó la palabra.

—A mi juicio debe desestimarse la pretensión del señor García Ambrosio porque el presidente se ha sometido voluntariamente a la reelección, cosa que no sucede en el caso que ahora se pretende.

—Me adhiero a lo manifestado por el señor Belloso —dijo César Mora.

—La propuesta de García Ambrosio debe aprobarse, porque cualquier otra actitud me produciría un serio disgusto y afectaría sensiblemente al clima que hemos mantenido en la primera parte de este Consejo —intervino Cortina.

Amenazante Cortina..., la conciencia de sentirse protegido por el poder...

De nuevo, una vez más, en una encrucijada. Los consejeros no querían que yo reeligiera a Juan Abelló, puesto que, como antes decía, consideraban que su comportamiento había sido poco edificante. Yo, en mi fuero interno, sabía mucho más que ellos hasta qué punto tenían razón. Recordé la reunión de La Salceda.

Sin embargo, cesarle como vicepresidente para que siguiera como consejero en cada una de las sesiones sumándose a los Albertos con su voto me parecía muy poco pragmático. Contribuiría a aumentar la polémica en medios de comunicación, la confusión entre accionistas, la perplejidad entre analistas... Una respuesta puramente emocional perjudicial para la buena marcha del proyecto. Por ello, con las ideas ya claras, tomé la palabra.

—La presidencia admite que se someta a votación la renovación de los cargos de vicepresidentes. La presidencia hará la propuesta individualizada al Consejo. Comienzo proponiendo la reelección del señor Cortina.

Mi propuesta fue unánimemente aceptada, así como la siguiente referida a Ricardo Gómez-Acebo. Había llegado el momento de Juan Abelló. El silencio era muy intenso y la tensión evidente. Junté las manos, miré hacia abajo, saqué fuerzas de dentro y dije:

—La presidencia propone la reelección de don Juan Abelló como vicepresidente.

Ricardo Gómez-Acebo tomó la palabra.

—Presidente, un numeroso grupo de consejeros es contrario a la propuesta de la presidencia por entender que don Juan Abelló Gallo no es digno de ostentar este cargo en Banesto. Sin embargo, como siempre hemos hecho en esta casa, nos sometemos al criterio del presidente porque pensamos y confiamos en que sus razones tendrá para hacernos esta propuesta.

Nunca un silencio resultó tan sonoro. Concedí tiempo para decantar almas. Pensé que tal vez Juan se elevaría sobre Cartera Central, que volvería a ser Juan Abelló, que no aceptaría semejante humillación, que por nada del mundo admitiría ser reelegido gracias a la amenaza de Cortina.

Segundos. Tal vez un minuto. Silencio. Nadie movía un músculo. Nada. Una terrible, descorazonadora, brutal y demoledora nada. Juan no se movió.

—Gracias, Ricardo. Creedme que las tengo. Comparto vuestros sentimientos. Acepto vuestras razones. Tengo las mías. Os agradezco que me apoyéis. Por eso os pido que renovemos a don Juan Abelló como vicepresidente por pedirlo Cartera Central.

—De acuerdo, presidente. Señor Abelló —dijo Ricardo mirando a Juan—, que sepa que es usted reelegido por pedirlo los Albertos y sus socios.

429

No se votó individualmente. Abelló siguió siendo vicepresidente. Aquello le afectó. Estoy seguro de ello. Recibir a unos consejeros en tu despacho pidiéndote que abandones el Consejo por dignidad, escuchar en la voz de Ricardo Gómez-Acebo, vicepresidente de Banesto, hijo y nieto de presidente del banco, que debería ser cesado por su comportamiento, tener que refugiarse en Cortina a sabiendas del nulo aprecio que los dos primos sentían por él... En fin, demasiado fuerte. Por muy dañado que su espíritu estuviera, siempre conservaría un punto y una dosis elevada de autoestima. Aparentemente ganó. Quien aceptó aquello no era mi amigo Juan Abelló. Estaba seguro de que volvería a serlo, pero inevitablemente ello, más pronto que tarde, le llevaría a tener que abandonar Banesto.

12

Superado el escollo del mes de noviembre, nuestra siguiente cita con los enemigos sería en enero de 1989, en el momento en que sometiéramos al Consejo la aprobación de las cuentas correspondientes al ejercicio de ese año. Sería su día cumbre, el instante preciso en el que consumirían sus mejores energías en lograr un rechazo a nuestros datos, y no porque fueran falsos o deliberadamente erróneos. No. Las cuentas de las grandes sociedades son el instrumento favorito de la oposición, sobre todo cuando se trata de entidades que cotizan en Bolsa, y, en el caso de las entidades financieras, la sensibilidad alcanza sus cuotas máximas. Y ya he dicho que quien manda en ellas es el Banco de España y pocas dudas teníamos de que Mariano Rubio y el ministro de Economía se situaban de su lado. Así que era necesario operar con extrema cautela.

Su estrategia solo podía consistir en conseguir que consejeros afines a nosotros se pasaran de bando. Por ello mismo teníamos que estar muy atentos a sus personalidades. Algunos no tenían duda, como era el caso de Argüelles y Juan Herrera, decantados sin fisuras al lado contrario. Abelló ya se había manifestado en el Consejo de noviembre. Garnica se movería en la indefinición, aunque finalmente cedería y se casaría con los Albertos. Serratosa y Cosío constituirían el verdadero campo de batalla. El primero pertenecía a una familia valenciana vinculada al mundo del cemento. Eran fieles a Pablo Garnica padre, lo que, vista la posición de su hijo, generaba una incertidumbre mayor, porque si nos fallaban... Si los situaban de su lado éramos hombres muertos. En otro caso podríamos ganar la votación y resistir. César Mora, Figaredo y Ricardo Gómez-Acebo se encargaron del seguimiento y vigilancia de tan preciados votos. Era cuestión de vida o muerte. Ni más ni menos.

Un día de aquellos, con ocasión de la firma de un contrato de préstamo del Estado español a algún otro sudamericano, fuimos convocados todos los banqueros para darle solemnidad al acto, al que también asistieron algunos ministros del Gobierno y, como es obvio, no podía faltar el señor Solchaga. Al terminar la ceremonia se formó un pequeño corro en el que estaban presentes Carlos Solchaga, Miguel Boyer, Rosa Conde —ministra portavoz del Gobierno en aquel entonces— y algunos banqueros. Alguien dijo:

—Vamos a reunirnos con el poder.

—El poder real no somos los ministros, sino los banqueros porque nosotros pasamos y ellos se quedan —contestó uno de ellos.

—Bueno, la verdad es que eso era antes, porque ahora los banqueros, o al menos algunos, duran muy poco —espetó Carlos Solchaga mientras dirigía una mirada llena de complicidad a Miguel Boyer.

Obviamente, la frase iba dirigida a mí. Me quedé pensando en ella mientras volvía en coche hacia Madrid. Tomé la decisión de pedirle entrevista a aquel hombre que se había expresado con esa claridad delante de testigos. Lo más sensato sería pensar que negara la mayor, es decir, que me asegurara que tal frase no iba dirigida a mí. Incluso más: posiblemente me jurase que no recordaba haber dicho semejante cosa. Tal vez se negara a recibirme, dadas las fechas en las que nos encontrábamos y la proximidad de la batalla.

Tal vez no. Carlos Solchaga tenía una considerable inteligencia, acompañada de una muy buena dosis de coraje. Con estas cualidades se convertía en un enemigo temible. Sin embargo, desde que nuestra aventura financiera comenzó, allá por octubre de 1987, perdió en todos los terrenos, incluso en algunos en los que no jugó por decisión propia. Comprobó cómo Mariano Rubio fue sometido a un castigo sin precedentes en su historia particular de gobernador del Banco de España. Hasta el momento el ministro consiguió salir escasamente dañado de la pelea. Posiblemente entendiera que lo mejor era dejar las cosas así y abstenerse de formalizar la guerra conmigo. Pero Carlos es sobre todo un soberbio. Su soberbia le descontrola. Carlos, como la inmensa mayoría de los españoles, bebía algo de vino en las comidas y el alcohol en ciertas almas puede estimular los defectos, y si en tales circunstancias espoleaba su soberbia, quizá fuera más fácil obtener de él alguna respuesta que podría darme una pista acerca de por dónde iban a venir sus tiros.

Solicité la entrevista. Pedí a mi secretaria que rogara al ministro que fuera por la tarde, a primera hora a ser posible. Increíblemente lo conseguí. A las cinco y cuarto de la tarde subía en el ascensor del Ministerio de Hacienda. La expresión de Solchaga me satisfizo: el brillo de sus ojos transmitía de forma inequívoca la información de que el estado en que pretendía encontrar a mi hombre no falló a la cita.

—Muchas gracias por recibirme, ministro.

Casi no contestó, lo que era un magnífico indicador de que el ambiente físico-emocional me iba a resultar propicio. No le concedí importancia a ese gesto de saludo a regañadientes. Lo que me importaba era espolearle un poco.

—Ministro, me extrañó mucho lo que te oí decir el otro día acerca de que determinados banqueros duran poco. Me pareció una imprudencia que comentaras tal cosa delante de testigos. No solo porque no sabes lo que van a durar unos y otros, sino porque, además, no creo que tengas que meterte en tales asuntos.

El color rojo que comenzó a poblar las mejillas sonrosadas del ministro me hizo temer por unos instantes que me había pasado en mi intención de espolear su soberbia. Solchaga no estaba, ni mucho menos, acostumbrado a que nadie le hablara así. Durante unos segundos pensé que Carlos me pediría educadamente que volviera a mi despacho, que recorriera el camino de vuelta desde el ministerio a Banesto. Pero no. Aguantó. Es un hombre con fuerza y coraje, sin duda, y gracias a eso mi estrategia funcionó.

Contuvo la ira lo más que pudo. Elevó la voz al comienzo para disminuirla gradualmente mientras avanzaba en su discurso.

—Mira, Mario, en principio yo no tengo por qué intervenir en el asunto de Banesto, como dices, pero si más de diez consejeros votan en contra de tus cuentas, entonces procederemos a nombrar un nuevo presidente y esta vez para siempre.

Magnífico, pensé para mis adentros. Me acaba de desvelar la estrategia. Ya tenía la información que deseaba. «Más de diez consejeros.» Nuestros cálculos no eran erróneos. Carlos se convirtió en una maravillosa fuente de información. No tuve el menor interés en seguir hablando con él. Puse la mejor de mis excusas y abandoné el ministerio.

Una vez en mi despacho, volví a repasar una y otra vez los nombres. Estaba claro: las claves eran Cosío y Serratosa. Con ellos en el bando de nuestros enemigos se cumpliría la amenaza del ministro. Bueno, ya veríamos si se cumpliría, pero lo diáfano era que sin ellos una vez más volveríamos a ganar. Claro que, como le dije en su día a Hernández Mancha, desconocía el verdadero valor de la victoria en esa batalla, pero no tenía más remedio que seguir.

Me pareció un tanto obsceno que un ministro socialista no tuviera el menor rubor en intervenir de una forma tan ostensible en un conflicto entre personas y entidades privadas. De no ser, evidentemente, porque estaba en juego el poder. Cuando de poder se trata, la derecha y la izquierda parecen seguir al pie de la letra, como si de un Catón político se tratara, el mismo comportamiento. Ocurre que la izquierda llevaba muchos años alejada de él y cuando lo ocupó quiso establecer los instrumentos adecuados para retenerlo en la hipótesis de ser vencidos en las urnas. La obscenidad no les preocupaba en absoluto. Solchaga ya la usó con Escámez antes de la Junta del Central de junio de 1988 para apoyar la entrada de los Albertos.

Al poco tiempo de anunciarse públicamente la creación de Cartera Central, una vez que los Albertos formalizaron la guerra contra Escámez, comenzaron a aparecer ciertas desavenencias entre Javier de la Rosa y los primos. En aquellos días no podía asegurar si se trataban de auténticas diferencias o de movimientos estratégicos del tipo de los que gustaban tanto a Javier como a Cortina y Alcocer.

Madrid se convirtió en un constante rumor. Se decía que Alfonso Escámez movía sus «malas artes» para conseguir una ruptura del pacto, una separación entre los socios y de esta manera abortar la prevista toma de posesión de Cortina y Alcocer, acompañados de otros tres sicarios suyos, en el Consejo del Central.

Pasaba el tiempo y los rumores no se concretaban. Alfonso se desinflaba día a día. Nuestra Junta de Banesto en el mes de junio de 1988 no tuvo el menor incidente ni registró el más pequeño problema. La suya, por el contrario, sería la del triunfo de los primos. La de la claudicación de Alfonso Escámez. Aseguró a la opinión que nunca jamás aceptaría las pretensiones de Cortina y Alcocer, que consistían en el nombramiento de cinco consejeros y, además, ellos dos, los primos, tenían que ser vicepresidentes cada uno. Si lo conseguían la imagen de rendición de Alfonso sería inevitable. Toda la comunidad financiera lo sabía.

Jueves por la tarde. Recibo en mi despacho una llamada de Javier de la Rosa.

—Si queréis Alfonso y tú podéis comprar las acciones de Cartera Central. Kio es el que manda y yo, su representante.

—Sinceramente, me cuesta creerte, Javier. No estáis solos. ¿Qué diría Solchaga? ¿Y Mariano? ¿Y Felipe?

—No te ocupes de eso. Déjame esos temas a mí. Tú valora con Alfonso la oferta y contestadme cuanto antes porque tenemos prisa.

Llamé a Alfonso y me fui a verle al Central. Le relaté lo ocurrido.

—Si fuera cierto lo que me cuenta Javier, creo que estamos ante una buena oportunidad. El problema es que no tenemos comprador y no podemos hacerlo nosotros porque Mariano saltaría como una hiena y nos anularía la operación.

—De eso no te preocupes —contestó con tono sereno Alfonso—. Previendo esta posibilidad hablé con Generali hace tiempo y están dispuestos a ayudarme. Tendré que concederles algo en relación con Banco Vitalicio pero merece la pena.

—Entonces, ¿le digo que sí a Javier?

—Por supuesto, pero tenemos que ser precavidos y no hacer nada distinto de citarle mañana viernes en las oficinas del síndico de la Bolsa de Madrid, porque no me fío de este sujeto y no vaya a ser que nos meta en un lío.

Con estas palabras finales de Alfonso me volví a Banesto e hice llegar el mensaje a Javier, quien quedó en ponerse en contacto conmigo en la tarde del viernes, día siguiente y previo a la Junta General del Central. Cuando abandoné el despacho de Alfonso sus ojos transmitían una ligera brizna de esperanza. No se fiaba de Javier, pero sus deseos de que por una vez pudiera ser cierta la promesa del catalán le permitieron albergar ese mínimo de alegría que dejaba traslucir en su mirada.

Llegó el día siguiente y sentí un deseo ferviente de que las horas transcurrieran a la mayor velocidad posible, porque acariciábamos la libertad para desarrollar el proyecto de fusión Banesto-Central que tanto nos atraía. Aunque, si tengo que ser totalmente sincero, aquella noche me pregunté para mis adentros si una vez liberado del problema de los de «la gabardina» —como se conocía a Alcocer y Cortina a raíz de unas desgraciadas fotografías que se hicieron para su presentación en la opinión pública, en un depósito de basuras y vestidos con dos gabardinas blancas...— el presidente del Central preferiría romper la fusión y seguir su camino en solitario, pero, como no merecía la pena atormentarme con hipótesis, decidí concentrarme en mi trabajo.

Pasaron las horas y nada sucedía. Ni un gesto de Javier. Ni siquiera una mínima explicación. Comencé a ponerme algo nervioso y a eso de las nueve de la noche me fui al Banco Central. Alfonso estaba casi más desfondado que yo porque Javier había dado la callada por respuesta y todo nuestro gozo se consumía en un pozo. Hartos de esperar, nos fuimos a cenar al restaurante Príncipe de Viana de Madrid. Antes de que abandonáramos su despacho, los dos de pie, junto a la puerta, mirándome a los ojos me dijo:

—Nunca te fíes de Javier de la Rosa. No lo hagas nunca.

No fue una cena especialmente optimista y consumimos gran parte de ella en medio de un ruidoso silencio fruto de nuestra propia frustración. De repente, uno de los camareros se acercó a nuestra mesa con un teléfono portátil de color blanco en su mano derecha y dijo:

—Perdone, don Alfonso, le llaman por teléfono.

Después de un gesto indicando extrañeza por la llamada, lo cual era comprensible porque ya habíamos superado las doce de la noche, cogió el teléfono y se lo acercó al oído. Pronto me di cuenta de que algo grave estaba ocurriendo, porque Escámez cambió de cara y casi de color. Permanecía en silencio, como si al otro lado de la línea alguien le estuviera pronunciando un largo discurso, pero sus ojos denotaban que no eran argumentos lo que escuchaba, sino autoridad. Un segundo antes de concluir la conversación dijo:

—De acuerdo, ministro.

Me quedé mirándole un tanto estupefacto y pensé que podía ser alguno de los ministros con los que Escámez mantenía habitualmente una buena relación, Corcuera, por ejemplo. Pero mis dudas se disiparon pronto.

—Era Solchaga para decirme, en nombre del Gobierno, que no se me ocurra hacer nada raro en la Junta de mañana. Que siga el guión pactado porque los Albertos tienen el apoyo del Gobierno y si no obedezco tomarán todas las medidas contra mí.

Nos levantamos de la cena y cada uno de nosotros se fue a su casa. Al día siguiente, *El País* abría el periódico con una información a toda plana: «Kio vende sus acciones de Cartera Central». Obviamente, no era cierto, puesto que Alfonso y yo habíamos esperado en vano todo el día a que se produjera materialmente lo que el periódico de Madrid presentaba como un hecho consumado. Me levanté temprano y me fui hacia el Palacio de Congresos, en donde se celebraba la Junta del Banco Central para tratar de darle ánimos a Alfonso e infundirle valor ante un evento tan difícil. Cambiamos algunas impresiones al respecto y me confirmó que no era cierto lo publicado por *El País,* lo cual, repito, ya sabía de sobra. Comenzó la Junta y me volví a casa, en donde esperé impaciente el resultado.

Por fin, la radio comenzó a dar la noticia de que Alfonso había aceptado cinco consejeros de los Albertos en el Banco Central y, además, había nombrado a ambos vicepresidentes. Victoria en toda regla de los primos. Escámez me había dicho que en ningún caso y bajo ningún concepto cedería a esa presión, lo cual, como era patente, no había cumplido. No pude ocultar un sentimiento de tristeza, pero eso no fue todo. Juan de Madariaga me llamó por teléfono:

—Alfonso te ha traicionado y se ha entregado al Gobierno.

Le negué la mayor disculpando a Alfonso, aunque estoy seguro de que mis palabras no sonarían demasiado convincentes porque en mi fuero interno sabía que Madariaga tenía razón, pero no quería reconocerlo exteriormente, dadas las ilusiones que había depositado en nuestro proyecto de fusión. Mucho tiempo después, Javier de la Rosa me contó que era cierto que él estaba dispuesto a vender, pero que el propio presidente del Gobierno se había ocupado del asunto hasta el extremo de llamarle por teléfono para decirle que no se le ocurriera nunca hacer una cosa así, por lo que Javier se asustó y decidió dar marcha atrás. Es posible que esto sea cierto o quizá una de las exageraciones de De la Rosa, pero, en cualquier caso y como mínimo, yo fui testigo de la llamada de Solchaga al restaurante Príncipe de Viana y, por tanto, para el caso es exactamente lo mismo.

Regresé de nuevo a mi mundo, a mi realidad, a agradecer que la soberbia de Solchaga, de aquel hombre inteligente y tenaz, me hubiera proporcionado una estrategia precisa y de gigantesco valor sobre la información de nuestros enemigos.

«Más de diez consejeros», ese era el gran mensaje que extraje de la soberbia de Solchaga. Con la ayuda de Ricardo Gómez-Acebo, César Mora y Vicente Figaredo, me puse a trabajar. Y trabajar aquí era ponerse a la tarea de un cuidadoso y pulcro recuento de personas.

Jacobo Argüelles, caso perdido, nada había que hacer. Sin embargo, Pablo Garnica era otra cosa. Nunca he sentido ningún tipo de animadversión hacia él y deseaba respetar la tradición en Banesto. Al fin y al cabo, fui yo quien propuso su nombramiento como consejero en sustitución de su padre. Decidí que hiciéramos un esfuerzo para tratar de convencerle de que no tirara la historia de su casa por la ventana. César Mora, Ricardo Gómez-Acebo y yo, después de almorzar juntos con Matías Cortés en un reservado del Club Financiero de Madrid, nos reunimos con él antes de que diera comienzo la crucial sesión del Consejo. Se mascaba en el ambiente que iba a ser un día decisivo en su vida.

—Pablo, si no votas a favor de las cuentas vas a cometer un error tremendamente grave y arruinarás el prestigio de tu nombre en esta casa. Lo ocurrido lo damos por pasado y olvidado siempre que estés dispuesto a no seguir persistiendo en el error, y que conste que te lo decimos por ti, porque te tenemos afecto, pero si te mantienes en tu postura, esta conversación será un testigo para la historia de que tú mismo te has buscado las consecuencias.

Pablo no contestó, limitándose a mirarnos de una manera inexpresiva que, al mismo tiempo, era un testimonio elocuente de su posición.

Era el día 24 de enero de 1989. El Consejo comenzó con una larga y pormenorizada exposición de Juan Belloso acerca de las cuentas que iban a ser remitidas al Banco de España, pero a pesar de los esfuerzos de Belloso por descifrar, hasta los últimos datos, la corrección de cuanto habíamos hecho, los representantes de Cartera Central le fueron interrumpiendo constantemente, en una labor de zapa y desgaste psicológico que Juan superó bastante bien. Alberto Cortina tuvo una actitud particularmente beligerante.

Aquello se convertía en una sesión interminable. Era evidente que no se trataba de pedir explicaciones, de aclarar datos, conceptos, partidas, sino de desgastar, entorpecer, aburrir y enervar. Por ello carecía del menor sentido seguir alimentando aquella farsa. Tenía que cortar por lo sano o por lo enfermo, pero cortar.

—Señores consejeros, llevamos mucho tiempo analizando las cuentas en todo su detalle y creo que la cuestión está suficientemente debatida, por lo que ha llegado el momento de proceder a la votación y quiero que se haga nominalmente.

Era el momento de la verdad. Moisés Cosío, el millonario mexicano, bebedor empedernido, rico hasta decir basta, había llegado en avión el día anterior. Fue materialmente secuestrado por Garnica. Querían como fuera incorporarlo a su grupo. Le dijeron de todo, incluso que ellos habían hablado con el Banco de España y que si votaba a favor de las cuentas podía acabar en la cárcel. Pero Moisés debió de entender que algo de mentira se encontraba detrás de esos alegatos apocalípticos. Le miré. No quiso cruzar su mirada con la mía. Apretó el botón de su micrófono y dijo:

—Me abstengo.

Era una victoria para nosotros. Ellos necesitaban el voto en contra. No lo consiguieron. Algunos se dieron cuenta y por ello mismo le imitaron. Fue el caso de Argüelles y Abelló.

Por tanto, la propuesta de formulación de cuentas quedó aprobada por 18 votos a favor, 5 votos en contra y 5 abstenciones. Era un verdadero espectáculo contemplar a un ex director general del Banco de España, a un ex ministro de UCD y a un abogado del Estado dejar que su dignidad profesional —quizá incluso humana— cediera al servicio de una guerra en la que ellos iban a obtener, en caso de victoria, una compensación económica, mientras debajo de mi carpeta de presidente en la que estaban escritas con letras doradas los nombres de antecesores míos en el Consejo permanecía ignorado por todos el informe de la Inspección del Banco de España que reconocía la validez de nuestras tesis.

Porque no iba a actuar a lo loco. Dada la relación de Núñez, Romaní y Ducasse con Miguel Martín, les pedí que acudieran a él para explicarle escrupulosamente nuestras cuentas, y que él, como director de Inspección, dijera lo procedente. Lo dijo.

—¿Podríais conseguirme un borrador de ese informe?

—No lo sé, lo intentaremos.

El documento oficial de la Inspección me fue entregado en copia. Lo guardé como un tesoro. No era para menos. En el momento en el que se celebraba el Consejo ya estaría firmado. Yo guardaba celosamente la copia. Los demás consejeros lo ignoraban. Les dejé que hablaran y hablaran sin saber que ese documento, ese crucial papel, se encontraba en mi poder.

El Consejo terminó tarde, a eso de las diez de la noche, y cuando después de cenar en el restaurante Príncipe de Viana con Matías Cortés y César Mora compramos el periódico *El País*, ya venía la noticia con indicación nominal de las votaciones, lo cual hubiera sido imposible de no ser por el hecho de que nuestros enemigos habían filtrado al órgano del Sistema su posición con anterioridad, incluso, a la celebración del propio Consejo.

—Es acojonante, Matías. Tu periódico sigue imperturbable. ¡La leche!

Matías guardó un prudente silencio.

Lo cierto y verdad es que, en puridad jurídica, al ser más los nuestros que los de ellos, las cuentas habían quedado aprobadas por el Consejo y, consiguientemente, se las remitimos al Banco de España para su aprobación final. En el fondo no entendía la maniobra de los Albertos porque todo eso tenía sentido si se hubiera conseguido una mayoría en el Consejo en mi contra, lo cual no sucedió. Era obvio que actuaban con el consentimiento y hasta con la dirección del Banco de España y una estrategia así solo podía darles sus frutos si Mariano Rubio, en su posición de gobernador, aceptaba el criterio expuesto por ellos en el Consejo de Banesto, lo cual me resultaba particularmente difícil, dado que, como ya he dicho, disponía del borrador del informe de la Inspección en el que se reconocía la corrección de nuestros datos, y, obviamente, Mariano estaría al corriente de tan importante documento.

Pero... ¿y el viejo Escámez, el incombustible presidente del Central? ¿Qué rondaría por su cabeza? A pesar de que los representantes del Banco Central en el Consejo de Banesto votaron con nosotros a favor de las cuentas, César Mora y yo manteníamos dudas acerca de la verdadera posición de Escámez. Al fin y al cabo, nos encontrábamos en un proceso de fusión y la posición del Banco Central tenía mucha importancia. Y cuando digo Banco Central me refiero a Escámez, su presidente. Como ya he dicho, presentía que los Albertos tratarían de llevarlo a su ribera para con su ayuda deshacerse de mí; una vez conseguido el primer objetivo, mandar a la calle a Escámez sería coser y cantar.

—Tenemos que forzar a Escámez a definirse —dijo César.

—Sí, claro, pero es como pedirle al sol que nazca por el poniente —contesté.

—Ya, pero tenemos que intentarlo: él sabrá lo que hace. Si no se define claramente se cargará el proceso.

—Sin duda.

En el diseño que en su día hicimos de la fusión entre los dos bancos se intercambiaron consejeros entre Banesto y Central. César Mora, Juan Belloso y Juanjo Abaitua nos representaban en la casa vecina. Esa tarde se celebraba Consejo y César tendría que asistir. Era el momento para forzar la posición de Escámez. Con el fin de prepararlo nos fuimos a almorzar a Jockey. Allí los dos redactamos el papel que César leería en ese Consejo del Central. Por cierto que la casualidad quiso que se encontrara también almorzando en el mismo restaurante un miembro del Consejo del Central, de apellido Garí, hombre próximo a Escámez, catalán, de familia conocida, educado y de excelentes formas, que, concluido su almuerzo, quiso sentarse con nosotros para tomar un café juntos. No sabía muy bien lo que estábamos haciendo César y yo con aquel trozo de papel que parecía contener algún secreto cósmico y en qué iba a consistir nuestra actuación ante el Consejo de Administración del que él formaba parte y en el que se sentaría con César en cuestión de minutos. Tampoco es que fuera Garí un experto financiero y eso, claro, contribuía a incrementar su tensión y desasosiego interior, y por ello me miraba con una expresión extraña en los ojos, no se sabe si de incertidumbre, miedo, pánico o un poco de todo ello. Tomé la palabra y le dije:

—Mira, Garí. Cuando yo vivía en Tui tenía un perro muy grande, un dogo de Madeira que se llamaba *Ámbar*. Le encantaban las gallinas y muchas veces consumía sus horas en la puerta del gallinero mirando a las asustadas gallinas. No podía entrar porque la puerta la cerraba Avelino, un criado nuestro, con llave. Un día me hice con la llave, abrí la puerta y dejé entrar a *Ámbar*. Se comió a casi todas.

Al margen de lo desagradable del relato, la verdad es que no transmitía ninguna enseñanza especial. Pero a Garí le debió de parecer algo así como una fábula sufí, un pozo de conocimiento, y con una expresión de aturdimiento en sus ojos se retiró de nuestro lado y se encaminó hacia el Central para la celebración de aquel memorable Consejo.

César cumplió su cometido y en el momento adecuado, dirigiéndose a Escámez, tomó la palabra.

—Presidente, en el Consejo de Banesto, los representantes de Cartera Central, miembros de este Consejo de Administración, votaron en contra de las cuentas de Banesto. ¿Respalda este Consejo esa actitud?

Silencio tenso. Todos pendientes de Alfonso. De manera muy particular los representantes de Cartera Central. Alfonso Escámez se decidió a hablar forzado por la seca pregunta de César.

—Querido César, tú conoces las magníficas relaciones y el afecto que me unen con Mario y con todos vosotros y la enorme ilusión que tenemos en el proceso de fusión con Banesto, que estoy seguro redundará en beneficio de nuestros accionistas y de la economía nacional en su conjunto.

Era obvio que Alfonso Escámez no quería contestar de forma clara a la pregunta. Es muy posible que su actitud estuviera determinada por algún tipo de pacto con los Albertos, pero lo ignorábamos. Eso provocó que César tomara la palabra nuevamente y repitiera la pregunta por segunda vez. Pero no consiguió nada. Alfonso Escámez volvió a reproducir más o menos lo mismo.

Cuando todo concluyó y César Mora me informó de lo sucedido, terminado el relato de los hechos, dijo:

—El Consejo de hoy ha sido el primer acto de la desfusión.

—Así es, César. Desgraciadamente, así es.

Ya era evidente a todas luces que no podíamos continuar. La ruptura de la fusión se presentaba como inevitable. Una verdadera pena perder semejante oportunidad, pero continuar en esas circunstancias solo se traduciría en desgaste para los dos bancos. Posiblemente a nuestros enemigos no les importara demasiado ese desgaste porque me implicaba a mí y a mi Consejo. Tal vez sus planes consistieran en que nos rindiéramos por agotamiento. Pero no estaba dispuesto a consentirlo.

¿Y ellos? ¿No intentarían un último movimiento? ¿Qué se les podría ocurrir ahora? ¿Hasta dónde querían llevar las cosas?

Fue una monstruosidad. Pero lo hicieron.

El 27 de enero de 1989 se produce un nuevo golpe: Mariano Rubio declaraba en Barcelona que «la situación de Banesto le parecía delicada y preocupante». Era una declaración increíble, alucinante, más que inverosímil para un gobernador de un Banco Central. Con ella se podría poner en peligro la propia estabilidad del banco. Es más: debió de suceder algo muy serio, puesto que semejantes palabras de un gobernador deberían generar pánico entre los depositantes de Banesto y conducir a una crisis del sistema financiero. No podía creerlo. Era mucho más de lo imaginable. Rompían barreras jamás traspasadas. Llevaban la guerra a un extremo inconcebible.

Visto con los ojos de hoy, 2010, en plena crisis financiera real, en la que se cuidan todos los detalles, se silencia la situación de entidades financieras, se evitan descalificaciones gruesas o livianas, la actuación de Rubio resulta tan inconcebible que solo una locura propia de quien se siente impune de toda impunidad puede convertirse en caldo en el que fermenten semejantes dislates. Pero me parece claro que Rubio se sentía respaldado por el poder político.

Esa misma tarde tenía previsto viajar a Londres a ver a mi hija Alejandra y el lunes siguiente pensaba asistir a un encuentro internacional en la localidad suiza de Davos. La comunidad financiera, si es que alguna vez existió realmente semejante entelequia, se encontraba conmocionada. Televisión Española quería que yo hiciera algunas declaraciones al respecto, pero me negué. ¿Qué decir? No cabía sino iniciar un proceso grosero, que quizá es lo que esperaban. El silencio se convertía en la única respuesta aceptable. Dura, costosa, porque te encuentras enrabietado interiormente, pero mejor comerse ese cúmulo de sentimientos y cerrar la boca.

Dudé seriamente hasta el último instante si debía abandonar Madrid o quedarme al pie del cañón. Quedarse era un peligro porque podría perder la paciencia en cualquier momento y romper mi silencio. Marcharse podría concebirse como una temeridad y hasta una provocación. Como casi siempre en situaciones extremas ninguna solución es total y rotundamente clara, así que opté por las probabilidades mayores y me marché. César Mora y Ricardo Gómez-Acebo me despidieron en el aeropuerto de Madrid. Mi gesto pretendía aparentar serenidad aunque en mi fuero interno sentía una rabia tremenda contra el individuo que había sido capaz de pronunciar aquellas palabras. Pero hay que ser justo: él solo ejecutaba.

Todo estaba claro: si hubieran ganado la votación de las cuentas, yo hubiera sido cesado como presidente de Banesto, pero como habían perdido, era necesario dar un paso más en la conspiración y por eso se trató de desestabilizar Banesto desde el mismo corazón del Banco de España. Durante el viaje me preguntaba: ¿en qué país vivimos?

—Mira, Lourdes, dentro de unos años se escribirá esta historia y nadie creerá que fue posible que llegaran tan lejos.

—Para eso están las hemerotecas.

—No me extrañaría que fueran capaces de prenderles fuego...

Cenamos muy pronto en el propio hotel londinense y me fui a dormir, lo que apenas conseguí más allá de un par de horas. Desde las siete de la mañana estaba pegado al teléfono intentando controlar la retirada de depósitos que esas palabras del gobernador podían causar. En realidad, poco podías hacer, aparte de confiar en que tus clientes captaran la dimensión obscenamente política de aquella frase y dejaran sus dineros en el banco. Pero poco más. Aparte, claro, de pasear como un oso encerrado de un lado a otro de la habitación del hotel en la que me quedé solo y mandar a Lourdes con mis hijos a dar un paseo o lo que fuera, porque no quería que vieran semejante espectáculo.

Fue una jornada terrible y llena de sufrimiento personal. Por fin, a eso de las tres de la tarde, sonó el teléfono. Me pasaron la llamada. Era Juan Belloso.

—Presidente, todo controlado. Las retiradas de fondo han sido mínimas y te diré para tu satisfacción personal que no han sido pocos los clientes del banco que han venido a las sucursales con dinero para echarnos una mano si hacía falta.

—Gracias, Juan. Muchas gracias. La verdad es que casi me emociona lo que me dices.

—Lo comprendo, presidente. A mí me ha pasado lo mismo.

—Juan, no hemos terminado. Les hemos vuelto a ganar. Pero hay que asumir que están practicando una política de tierra quemada.

—¿Qué más pueden hacer?

—¡Joder! La Bolsa. Hundirnos el título en Bolsa el lunes cuando se abra Madrid.

No todo había terminado. Nos quedaba la cotización de la acción el siguiente lunes. Lo lógico era que se produjera un desplome como consecuencia de la cantidad de papel que se ofertaría a la vista de las declaraciones del gobernador. De nuevo el tormento: ¿qué hago? No sabía si ir a Davos o volverme a Madrid. Otra vez la puñetera encrucijada plagada de ventajas e inconvenientes. Opté por una solución intermedia: me fui el domingo por la noche a Davos, en donde tuve ocasión de ver a los Albertos —cuyas sonrisas indicaban su satisfacción por las palabras del gobernador y su involucración en el plan que las provocó— y el lunes regresé a Madrid, en donde celebré una reunión en mi casa con los consejeros fieles.

La Bolsa reaccionó bien. Se ofertaron acciones a la venta, claro, pero muchas menos de las que habrían resultado lógicas si el gobernador hubiera gozado de credibilidad. Y comenzaban a darse cuenta de que algo extraño sucedía: la confianza que despertaba, con todo el poder político y aparato institucional de su lado, comenzaba a perder enteros en relación con la nuestra. Y eso era importante, muy importante.

Aquello fue una estrategia orquestada conjuntamente entre Cartera Central y el gobernador. Es increíble que cosas así pudieran suceder en España, pero todavía me quedaba mucho por aprender. Ese día empecé a trazar la arquitectura de lo que llamo el Sistema. En Davos un periodista suizo me dijo que le resultaba imposible creer que el gobernador del Banco Central de España pudiera haber pronunciado unas palabras como aquellas. En Suiza —me aseguraba— hubiera ocurrido exactamente lo contrario, es decir, el poder habría defendido el sistema financiero, y si algún gobernador se hubiera atrevido a hacer lo que Mariano Rubio no tuvo rubor en ejecutar, habría sido inmediatamente llamado por el Gobierno al orden y cesado en su puesto. Eso era lo lógico —pensaba—, pero vivíamos en España y un grupo de poder manejaba a su antojo las instituciones: quien no estaba con ellos, se situaba contra ellos, al precio que fuera. Y controlaban el Gobierno. Al menos su aparato económico.

Aun a pesar de que esa estrategia límite que podría haber acabado con el banco no les dio resultado, siguieron empeñados en la guerra. Aquello resultaba agotador. Desmoralizador como español y agotador como persona que tenía que sufrirlos. Ahora un nuevo acto con las cuentas de Banesto.

Mariano Rubio, funcionando mucho más como ejecutor de un grupo de poder que como gobernador de una institución como el Banco de España, retenía las cuentas de Banesto sin darle el visto bueno para su publicación. Le había fallado su primera estrategia y sus palabras de «situación delicada y preocupante» no habían producido el efecto deseado. Pero seguía controlando resortes de poder. Necesitábamos salir de aquella situación. Era cuestión de vida o muerte. No se pueden tener las cuentas de un banco congeladas porque el público comienza a pensar que algo muy raro ocurre y el sistema financiero es especialmente sensible a los rumores.

—Presidente, tenemos que hacer algo. El mercado se llena de rumores. No es normal que no podamos publicar nuestras cuentas. Están diciendo barbaridades de nosotros.

¿Que podía hacer? Todo el Sistema funcionaba coordinadamente. Nadie nos echaba una mano, como no fuera al cuello y con la intención de ahogarnos. Pero no pensaba rendirme. Al revés, todo este conjunto de brutalidades me impulsaba a seguir. Seguí. Y les ganamos. Una vez más.

En los meses de enero y febrero de 1989, una situación dramática para mí y para Banesto comenzó a solucionarse con una eficacia y una celeridad que dejó atónito al respetable que asistía complacido a lo que una portada de la revista *Cambio 16* calificó como «Las últimas horas de Mario Conde». Todo sucedió en el mes de febrero de 1989. Como por arte de magia, como si de un sortilegio se tratara, Abelló se fue del banco, los Albertos se pacificaron, abandonaron igualmente Banesto, el Banco de España nos permitió comprarles las acciones sin plantearnos problemas de autocartera, se acordó la desfusión con el Central, Mariano Rubio nos concedió tiempo para efectuar las provisiones que pusimos de manifiesto al fusionarnos..., en fin, una letanía de buenas noticias que dibujan un escenario no solo idílico, sino perfectamente desconocido para nosotros desde que asomé mi cabeza por las dependencias del banco.

Evidentemente, algo extraño ocurrió. Bueno, no sé si extraño es la palabra adecuada. Me da que no, pero la uso para entendernos.

El inicio del nuevo escenario corresponde a Juan Abelló. Cedió. ¿Por qué? Por lo que fuera, pero cedió. Tal vez porque sintiera su dinero cautivo en acciones del banco. Quizá porque no consiguiera alcanzar un acuerdo satisfactorio con los Albertos de modo que su futura posición en el hipotético nuevo banco no le compensara la guerra en la que se veía inmerso. En fin, cualquiera sabe.

Era obvio que Juan no tenía porvenir con ellos. Tal vez Juan lo intuyó y prefirió coger su dinero y largarse a otra parte. Posiblemente se dio cuenta de que ante el fracaso del último y descomunal envite —las palabras de Mariano Rubio creando alarma sobre el banco—, la suerte estaba echada para ellos y que jamás conseguirían desbancarme del banco, al menos de forma inmediata. En ese contexto, su situación con los Albertos carecía de base real. Si ese objetivo no se cumplía, entonces no les interesaba para nada. Lo mejor, por tanto, consistía en coger el dinero y salir corriendo, por doloroso que le pudiera resultar.

Lo recuerdo bien. Una llamada de Félix Pastor y un encuentro en mi casa.

—Juan se va de Banesto, Mario. Vende sus acciones y se va. No quiere más guerras.

No quise contestarle adecuadamente a Félix, por quien sentía enorme cariño, pero en realidad no es que quisiera abandonar la guerra contra mí, sino que no veía, después de tanta barbarie, cómo podía ganarla. Pero en esos instantes la dialéctica sobra. No se trata de dar lecciones, ni siquiera de tener razón, sino de actuar de manera precisa.

El cierre de nuestro acuerdo se llevó a cabo en mi casa de Madrid entre Félix Pastor y yo, con Juan en su finca de Las Navas al otro lado de la línea telefónica. Juan vendía sus acciones a un precio determinado y punto. El problema consistía en buscar comprador. Yo personalmente asumí una cantidad próxima a los dos mil millones de pesetas. Para ello tendría que endeudarme, claro, pero mi patrimonio era superior a esa cifra. Creía en mi banco y estaba dispuesto a incrementar mi riesgo. El resto de las acciones de Juan después de las que yo le compraba las venderíamos a través de la red comercial del banco. Seguramente encontraríamos clientes dispuestos a comprarlas.

No cabe duda de que todo este lío suponía un riesgo importante, económico, financiero, político y hasta personal, pero no me quedaba más remedio que asumirlo si quería pacificar la casa. Hubiera preferido que Juan se quedara, pero en las condiciones anímicas y personales en las que se encontraba no tenía solución: llegó demasiado lejos, rompió los pactos y superó límites infranqueables.

Con el trato cerrado entre nosotros, Juan bajó a la mañana siguiente a ver al gobernador Rubio y a comunicarle la mala nueva para él de que abandonaba Banesto y todos los cargos que tenía en el grupo, entre ellos, obviamente, la presidencia de La Unión y el Fénix, vendiendo todas sus acciones. Mariano no debió de sentirse especialmente feliz con la información que le transmitía puesto que Juan constituía un peón de importancia en su estrategia de acoso y derribo contra mí. Perdía un elemento de importancia. Me imaginé su cara al escuchar la noticia.

Psicológicamente, además, comenzaba a mandarse al exterior la sensación de que podíamos ganar la batalla y en los asuntos políticos eso significa empezar a conseguir la victoria.

Juan me comunicó la noticia con bastante serenidad en la puerta del magnífico edificio de La Unión y el Fénix.

—Supongo que ahora que me voy no romperás la fusión —fueron sus últimas palabras.

¿Qué quería decir? ¿Acaso pensó que si la fusión se rompía y Banesto volvía a navegar en solitario él podría tener un sitio en el banco después de todo lo sucedido? No lo sé. No soy capaz de descifrar la clave de esas palabras, ni siquiera con la perspectiva que me proporciona la distancia temporal. En cualquier caso, mantuve un prudente silencio.

No quise informarle de lo que sucedió la noche anterior en casa de Matías Cortés, en una cena inolvidable a la que asistió Boyer, el que fuera poderoso ministro de Economía de González en el primer Gobierno socialista, quien durante el rato dedicado a la gastronomía, además de hacer honor a las excelencias culinarias del abogado, sorbió vino tinto y, tras los postres y el café, añadió licor de pera, algo que, al parecer, formaba parte de los gustos de esos círculos del poder, porque en cada almuerzo en el Banco de España daban buena cuenta de algunas de esas copas pequeñas encerradas en hielo picado situado dentro de un recipiente de acero inoxidable.

El objetivo de la cena en casa de Cortés residía en concretar un principio de acuerdo que alcanzamos con los Albertos para que abandonaran Banesto y se rompiera la fusión con el Central. Ya tenía claro que no podía continuar con mi proyecto. Por mucho que me doliera, debía rendirme a la evidencia. Los dos bancos sufrían y en la vida en ocasiones tienes que dejar de lado lo mejor para centrarte en lo posible. Y lo más posible, práctico, operativo, concreto y con posibilidades de futuro residía, precisamente, en dejar de lado la fusión. A ellos, al poder, esa decisión les encantaría. No en vano hicieron lo que hicieron. Cierto es que querían echarme del banco fusionado, pero la cosa no les funcionaba. Así que mejor —debieron pensar— romper la fusión y ya nos ocuparemos más tarde de Mario Conde, una vez que hayamos ejecutado a Escámez.

Nada podía gustarles más ni a ellos ni al poder político que los soportaba. Lo sabía, lo intuía, pero no me quedaba más remedio que transitar por semejante carril tratando de sortear las minas persona-persona con las que lo habían infectado. En la situación en la que se encontraba el proyecto, empantanado, sin avanzar en dirección alguna, desmoralizados los ejecutivos, nerviosos los Consejos y el mercado expectante, continuar sin más constituía una grave irresponsabilidad que podría afectar a los dos bancos. Obviamente, si los Albertos se iban de Banesto y se rompía la fusión, concentrándose nuevamente en el Central, el sufrimiento de Alfonso Escámez volvería a convertirse en el plato del día. No podía evitarlo. Debía pensar en nosotros.

Por eso mandé el mensaje. Por eso fue inmediata y entusiásticamente recibido. Por eso estábamos cenando.

Al concluir la cena, Matías, Boyer, Romualdo García Ambrosio y yo acomodamos nuestros cuerpos serranos en la biblioteca. A pesar del tiempo transcurrido no pudimos consumir ni un minuto en nuestro asunto, la salida de los Albertos de Banesto, debido a que Boyer nos ilustraba acerca de los errores y aciertos de la política económica de Solchaga y por dónde, a su juicio, deberíamos caminar para alcanzar el éxito apetecido. Muy interesante, sin la menor de las dudas, pero no estábamos allí para recibir clases de macroeconomía de salón, sino para ver cómo rompíamos un gigantesco proyecto económico empresarial debido a las presiones políticas, ejercidas de muchas maneras y, entre ellas, con el nombramiento de quien nos ilustraba.

Lo malo fue que el discurso continuó en la biblioteca y la mirada nerviosa de Romualdo, la inquietud latente en Matías y mi tradicional inconformismo con una situación no deseada, comenzaban a caldear algo el ambiente, hasta el extremo de que no tuvimos más alternativa que echar mano de la mala educación. Miré a Romualdo y a Matías con un gesto inequívoco de que «nos dan las tres de la mañana y no hemos hecho nada». Me entendieron. Giré la cabeza en dirección al salón, Romualdo me siguió y Matías, resignado, continuó disfrutando de las excelencias del discurso de Boyer. De esta manera, un poco ineducada, pudimos comenzar a tratar del acuerdo para cuya finalidad nos habíamos reunido.

Apenas media hora nos bastó. Todo quedó cerrado. Bueno, en realidad estaba cerrado antes de que comenzáramos nuestra conversación porque los circuitos del llamado poder real funcionaron a la perfección. Nosotros testimoniábamos la existencia del acuerdo y rematábamos algunos perfiles. Boyer sería el encargado de comunicar la buena nueva a Mariano. Es evidente que antes de sentarnos allí, antes de empezar con la discusión, con la negociación del trato, ya habíamos recibido la luz verde del poder político. Ahora las cosas funcionarían de otra manera.

Al cabo de un rato Matías se unió a nosotros durante unos escasos minutos para conocer de primera mano el avance de las negociaciones. Boyer se quedó solo en la biblioteca. Cuando Romualdo, Cortés y yo volvimos al lugar en el que se encontraba el ex ministro comprobamos que no se había percatado de que Matías le había abandonado unos minutos y seguía desgranando su imborrable discurso.

No tenía mucho tiempo, así que, lamentando extraordinariamente perderme los últimos avances en materia de política económica, me despedí. Al día siguiente, almorzaríamos todos en el Ritz.

Nos quedaba el penúltimo de los actos de la desfusión, el cese de Juan como presidente de La Unión y el Fénix, la aseguradora de Banesto. Subimos a la planta del Consejo. Penetramos en el salón de sesiones. Los consejeros aguardaban. Se percibía la tensión, aunque no todos sabían lo que iba a ocurrir de modo inmediato. Juan, como presidente, abrió el Consejo y presentó su dimisión. No quiso saber nada más. Se despidió de modo colectivo y se marchó. Ahora tocaba elegir nuevo presidente. Alfonso Escámez y yo decidimos que debería asumir esa presidencia al igual que él hacía lo propio con el Banco Vitalicio, la aseguradora del Banco Central. Era importante porque el Fénix tenía un paquete fuerte de acciones de Banesto y de otras empresas de nuestro grupo, así que mantener el control sobre esas participaciones resultaba fundamental.

De nuevo la locura. Enrique Sáinz, eterno vicepresidente de La Unión y el Fénix, ayudante del elegante Jaime Argüelles, se negó a que me nombraran presidente. Aquello era una especie de paranoia en estado comatoso. Cierto que veía como, una vez más, sin duda la última de su vida, se le escapaba de las manos la posibilidad de ser presidente de la empresa aseguradora. Cierto, claro, pero también inevitable. Y Enrique, que no parecía disponer aquel día de dosis excesivas de clarividencia, insistía en cerrar la sesión y ser presidente durante un par de minutos.

Lo único que hubiera conseguido es una nueva sesión en la que habría sido cesado de manera fulminante. Pablo Garnica, el viejo, que seguía formando parte del Consejo de la aseguradora, dejaba hacer a Enrique, comprobando, en el fondo, el ridículo al que se sometía. Félix Pastor, a la vista de que allí se podía liar una gorda, decidió tirar por la calle de en medio con una intervención de tono mayor.

—Es imprescindible que este Consejo acepte la propuesta y nombre a Mario Conde nuevo presidente. Estamos inmersos en un proceso de dominación socialista del sistema financiero. Debemos pertrecharnos y resistir. Para eso necesitamos el control de las principales unidades. Y esta empresa es una de ellas. Es cuestión vital para nuestra convivencia, para el futuro de España.

Un tanto exagerado, desde luego, pero surtió su efecto porque en ese instante Pablo Garnica, haciendo gala, una vez más, de sus acentos y modales característicos, se echó para atrás en el asiento que ocupaba y dijo:

—Bueno, bueno, bueno, tú... Pastor... no te esfuerces más... Si es así, entonces vale.

Sus palabras resultaron órdenes para Enrique, que cesó en su intento de obstaculizar mi llegada a la presidencia, lo que, lamentablemente para él y algunos otros, se produjo aquella mañana. El primer acto del proceso de desfusión comenzaba con éxito.

El almuerzo en el hotel Ritz, que fue acordado en la cena en casa de Matías, se ajustó como un guante a lo pactado. Los Albertos, Boyer y yo. El ex ministro nos informó, sin cortarse un pelo, de que el acuerdo entre nosotros había merecido la aprobación del Banco de España, cosa que, por supuesto, ya sabíamos todos los comensales. Realmente era digno de mención. Mariano, que nos perseguía implacable con el tema de la autocartera, aprobó de un plumazo que compráramos los dos millones de acciones de Cartera Central, esto es, de los primos y Kio, sin que nos rozara ni un milímetro en nuestra cuenta de los recursos propios. Milagros de los circuitos del poder real, como diría Antonio Navalón. Sonreí en mi interior, no solo por ver cómo obscenamente cada uno ocupaba su papel, sino al contemplar a un ex ministro de Economía actuando como intermediario de Mariano Rubio en asuntos de tan digno porte. Concluido el almuerzo, nos desplazamos a la calle Alcalá para celebrar un Consejo de Banesto.

La tradicional tensión de todas las sesiones vividas desde que pusimos en marcha la fusión se vería esta vez sustituida por la más pastosa, falsa, hipócrita pero política calma total. Sin embargo, el plato de ese día era la dimisión de Juan Abelló. Cumplido el trámite de La Unión y el Fénix en la sesión de la mañana, le aguardaba ahora el momento verdaderamente duro.

La tensión rezumaba por todos los rincones del magnífico salón de Consejos. Juan, a mi derecha, como siempre. Abrí la sesión y, antes de abordar cualquier punto del orden del día, advertí a los consejeros que Juan Abelló deseaba comunicarles su decisión.

—Tiene la palabra el vicepresidente señor Abelló.

Apenas era capaz de articular un sonido. Durante unos interminables segundos parecía que nunca pronunciaría una sola palabra. Sus manos transmitían un ligero temblor cuando apretaron el botón que accionaba su altavoz. Sus ojos exteriorizaban esa textura vidriosa que percibí en él en tantas ocasiones cuando la ira, la pena o la rabia se apoderaban de él. Movió sus brazos pausadamente. Tragó saliva. Yo también. En ese mismo instante mi mente voló hacia otros territorios. Nuestra historia común estaba a punto de concluir. Un efecto moviola del pasado se apoderó de mí. Fueron apenas unos segundos, pero se produjo el efecto tan característico de situaciones de tensión emocional como la que en aquellos momentos estaba viviendo. Con enorme rapidez, como una película pasada a velocidad superior a la normal, veía en mi mente a Juan, en el despacho del Banco de Progreso, el día que le conocí, subiéndose los calcetines y hablando con una cierta distancia. Me contemplaba a mí mismo sentado en el aeropuerto de Madrid, cansado, abatido, esperando a Juan que llegaba de Turquía para enfrentarse con el grave problema creado a raíz de la declaración de Alfonso Martínez ante los inspectores del Banco de España. A Ana, paseando conmigo por el Retiro de Madrid, con un collarín en el cuello, mientras Juan estaba en la Costa Azul, en el barco de Gonçalves Pereira. La cara de inmensa alegría cuando le entregué su cheque por la venta de Abelló, S. A. El pánico reflejado en sus ojos cuando casi nos echan del Consejo de Antibióticos. La foto nuestra, de los dos, en la portada de *Abc* que tanto impacto le había producido. La reunión de La Salceda, las conversaciones que siguieron a ella...

Yo quería mucho a Juan. Por eso no recuerdo qué ocurrió después en aquel Consejo. Lo sucedido era demasiado importante para mí. Decidí olvidarme de lo malo y preservar los buenos recuerdos, que eran tantos, de los momentos vividos juntos. Juan ha sido un hombre muy importante en mi vida y cuando le volví a ver, mucho tiempo después, en la casa que tenía Banesto en La Moraleja, mucho más viejo, comprendí que hay cosas en la vida que no se olvidan nunca.

Y el 13 de octubre de 2007, cuando apareció por el tanatorio en que permanecían los restos de Lourdes, ese efecto moviola volvió a producirse. Pero las imágenes eran mucho menos nítidas, sus trazos más borrosos, sus contornos imprecisos... Solo flotaba un recuerdo de afecto, un rescoldo de cariño. La conciencia de que ya nunca nada podría volver a ser lo mismo, a reproducirse en términos parecidos, pero eso no importaba, al contrario, tenía que ser así, pero, como digo, lo importante seguía vivo.

Ni siquiera recuerdo las palabras de Juan, la forma que utilizó para despedirse de los consejeros. Su trago rezumaba amargura por los cuatro costados. Seguramente tendría en su memoria y en su presente en esos instantes la petición de las familias de que abandonara el Consejo y su decisión de ponerse en manos de los primos, de Cortina y Alcocer, aun a sabiendas de quién, políticamente hablando, les soportaba.

Le pedí a Juan que se despidiera nominalmente de los consejeros. Comenzó un peregrinaje alrededor de la inmensa mesa de Consejo. Argüelles ni siquiera se levantó y echando el brazo derecho hacia atrás despidió a Juan con un gesto de profundo desprecio. Me revolví por dentro. Estuve a punto de saltar, pero nada podía hacer. Decidí no perdonárselo jamás. Se cerró la puerta con un sonido seco, largo, profundo.

La sala quedó vacía de Juan. Nuestra historia juntos en Banesto había concluido de esa manera tan abrupta. La vida es inconcebible, impensable, inabarcable. Por muy aguda que fuera mi capacidad de prever el futuro —que no lo es para este tipo de asuntos—, jamás podría haber siquiera vislumbrado que nuestra historia común, la que labramos con tanto esfuerzo, la que cementamos con momentos apasionantes en los que el vértigo del riesgo nos inundó por completo, en la que desafiamos al poder del clan y hasta del Gobierno socialista, en la que conseguimos, en mitad de vientos tan intensos y olas de semejante envergadura, construir un cariño sincero que solo factores ajenos a nosotros, con esa fístula que produce el pus del alma, fueron capaces de manipular, que todo ello se escondería en un sonido seco y largo que produjo la vieja puerta de la Sala de Consejos al cerrarse de la mano de Florián, el ordenanza que atendía la planta de Presidencia.

Nadie intervino en aquel Consejo pactado de antemano. Las imprecaciones de los representantes de Cartera Central brillaron por su ausencia. Obedecían y los amos decidieron el pacto. Aceptaron el pacto impuesto desde el poder.

En la soledad de mi despacho me sentí abatido, casi desarbolado interiormente. La suprema ironía del destino me dejaba en soledad en un banco que nunca formó parte de mis proyectos existenciales, rota mi amistad con Juan, separados nuestros patrimonios, destruida, al menos transitoriamente, la relación entre nuestras familias. Juan y yo perdíamos.

13

El calor había llegado a Chaguazoso. Cierto es que en los atardeceres el descenso térmico era apreciable y apreciado porque en el patio interior se estaba francamente bien, pero aun así, en las horas centrales del día, mejor situarse en la biblioteca, que con sus muros de un metro de ancho podía conservar buena parte de los fríos del invierno. Y allí me fui, dispuesto a seguir escribiendo, repasando estos momentos de mi vida que, debo decirlo, me producían en ocasiones verdaderos sobresaltos interiores, porque era escalofrío lo que se agitaba dentro de mí cuando repasaba las tensiones, emociones, barbaries y cariños y afectos que me rodearon.

Admito que la salida de Juan de Banesto es uno de los momentos más tristes de mi vida. No tenía sentido que yo me quedara allí y que él se fuera, sobre todo en la forma en que se marchó, porque yo llegué de su mano y por su deseo. Mi vida quería haber recorrido otro sendero. Y por esas cosas del destino, con una colaboración empresarial y política bastante poco respetable, tenía que seguir siendo presidente en solitario y Juan, volver a su casa. ¿Qué haría? ¿Qué le dirían? ¿Cómo soportaría aquello? Esas ideas me atormentaban pero tenía mucho trabajo por delante.

Pero ¿cómo había sido posible semejante cambio de actitud en el Gobierno, en los Albertos, en el Banco de España, en el Sistema en su conjunto? No solo por el hecho de que consiguieron su propósito, esto es, destruir la fusión y evitar la creación del gran grupo económico español, sino por algo más. Algo más contante y sonante.

Enero de 1989. Fin de semana del 20-21, antes del pacto con los Albertos y del crucial Consejo del día 24. Antonio Navalón y su mujer acuden a la vieja casa de La Salceda acompañados de Adolfo Suárez y la suya. La primera vez que había visto físicamente al ex presidente había sido en la isla del Pacífico de nombre Contadora, a la que había acudido después de su forzada dimisión como presidente del Gobierno. Juan Abelló y yo, camino de Argentina, habíamos decidido pasar en ella un fin de semana dedicados a la pesca. Cuando concluimos nuestra cena en aquel hotel precioso, típicamente colonial, en el que la madera barnizada en oscuro constituía un elemento primordial no solo de la arquitectura, sino también de la decoración, acudimos al casino y allí se encontraba el recién cesado presidente del Gobierno, acompañado de un hombre bastante grueso, llamado Viana, que fallecería algún tiempo después. Juan me presentó a Adolfo y mantuvimos una conversación absolutamente informal y sin trascendencia.

La naturaleza de mis problemas en Banesto era de tal envergadura que Antonio Navalón se sintió seriamente preocupado.

—Mira, Mario, por nosotros mismos no podemos conseguir más cosas. Disponemos de García Añoveros, ex ministro de UCD, hombre bien situado, con buenas relaciones con el Grupo Prisa. A través de él podemos influir en el Banco de España, porque no olvides que Miguel Martín fue subsecretario de Presupuesto y Gasto Público precisamente con Jaime García Añoveros de ministro.

—Y Arturo Romaní de Hacienda —precisé.

—Sí, desde luego, pero es distinto. Jaime controla bien a Miguel y con Arturo apenas si tiene confianza.

—Bueno, sigue.

—La fusión o desfusión, mejor dicho, de los dos primeros bancos españoles es algo que afecta a la estructura real del poder económico de España. Si somos sinceros, hay que reconocer que te tienen cercado. Boyer ha creado la imagen de ser el hombre del Gobierno en la operación. El Partido Popular no es nada en estos momentos. No tienes apoyos políticos y sin un soporte político estás condenado al fracaso.

—Bueno, aceptemos tu tesis; parece obvio que no puedo acudir al PSOE, que son precisamente mis enemigos.

—No exactamente el PSOE, sino de forma concreta el clan económico, que, desgraciadamente, tiene cautivo a González. Por eso hay que mirar hacia el capital político que puede emerger. Me refiero a Adolfo Suárez.

—¿Adolfo Suárez? ¿Pero tú crees que tiene algún futuro?

—No tengas la menor duda. Va a convertirse en árbitro de la situación dentro de muy poco. El PSOE así lo cree y lo está mimando mucho. Por supuesto que tienen que atacarlo externamente, pero Adolfo les interesa. Es un hombre que jamás se llevará bien con la banca, la alta burguesía, el ejército y en general las fuerzas conservadoras de este país, porque es consciente de que le echaron de mala manera.

No disponía de muchas alternativas. Mis problemas eran casi irresolubles. Si no actuaba de manera expeditiva, la fusión Banesto-Central, que comenzó con un designio claro de dominio por nuestra parte, acabaría siendo Central-Banesto, con un presidente como Boyer, lo que significaba poner en manos de ese clan el centro de poder más importante de la economía privada española. No solo sería un pésimo negocio para los accionistas de Banesto, sino para España, al menos en mi concepto.

Tal vez Adolfo Suárez fuera operativo. Era posible que los pronósticos de Antonio sobre su futuro político inmediato fueran acertados. Tal vez no. Cuando no tienes donde elegir la opción es muy fácil, así que acepté la sugerencia. Nos entrevistaríamos en La Salceda, con el propósito de dotar de la máxima discreción al encuentro.

Llegaron Adolfo y su mujer Amparo, Antonio y la suya, y una vez que las señoras se fueron a dar un paseo por el campo, nosotros nos instalamos en el comedor de la antigua casa de La Salceda, después de que Lucinio, mi encargado de entonces, tuviera el placer de saludar a su presidente Adolfo. Por algo fue elegido alcalde de Retuerta del Bullaque.

Adolfo comenzó explicándome su trayectoria política personal, cómo ascendió a la posición de presidente del Gobierno, cómo legalizó el Partido Comunista, cómo ganó las elecciones y cómo pensaba retornar al poder. Concluido su discurso, que debo reconocer escuchaba con atención pero deseando que concluyera para explicarle mis dificultades, me limité a relatarle, por indicación de Antonio, mis problemas en Banesto, la situación creada con los primos, la negativa de Mariano a aprobar o dar su visto bueno a las cuentas del banco, la necesidad de romper la fusión, el problema adicional de los recursos propios..., en fin, la letanía que constituía mi vía crucis particular. Adolfo puso cara de comprender mi postura, me reveló algunas claves, y antes de cenar me dijo:

—Estoy dispuesto a ayudarte. Creo que sintonizamos y cuando llegue a la presidencia del Gobierno tú serás mi hombre en el sistema financiero, algo que me faltó en mi etapa de UCD. Tienes que darte cuenta de que a Mariano Rubio lo nombré yo, yo le hice la carrera. Me respeta y me hará caso. Además controlo otros centros de poder.

—Muchas gracias, Adolfo —fue todo lo que acerté a decirle.

Cenamos los seis y entrada ya la noche mis invitados volvieron a Madrid. Me quedé meditando mientras una intensa helada se tumbaba a dormir sobre las rañas del campo. Quizá fuera cierto que controlaba centros de poder real. Tal vez se tratara de un farol. Un ex presidente del Gobierno que provenía del corazón del aparato franquista, capaz de demoler controladamente el sistema creado por el movimiento, un hombre que, en aquel contexto, tomó la difícil y comprometida decisión de legalizar el partido comunista, por todo ello y el poder ejercido en un momento capital de nuestra historia contemporánea seguramente dispondría de algunos resortes, al menos de mejor calidad que los que se encuentran al alcance del común de los mortales. Pero, sobre todo y por encima de todo, en la situación en la que me encontraba, con un PSOE hegemónico y un PP prácticamente inexistente, no vislumbraba mejores campos en los que elegir, en los que buscar algo de aire para respirar más tranquilo en un entorno asfixiante como el que me tocaba vivir.

Pocos días después, Antonio Navalón vino a verme a mi despacho. La noticia que me traía era excelente: Adolfo confirmaba su decisión de colaborar conmigo. Sin embargo, era necesario que yo contribuyera financieramente a su esperado ascenso y triunfo electoral. El dinero para los políticos. Me acordé de Alcocer y su frase en casa de Botín: los políticos necesitan pasta, mucha pasta, muchísima pasta. Se abrió la puerta del furgón. Suárez quería pasta, como diría Alcocer.

—¿De cuánto dinero estamos hablando? —pregunté.

—De trescientos millones de pesetas —respondió Antonio sin el menor indicio de temblor en la voz.

—¡Joder, Antonio! ¡Eso es una pasta!

—¿Que eso es una pasta? No tienes ni idea de lo que en estos conceptos se gastan otros bancos, en concreto el Popular.

—La verdad es que como recién llegado no tengo la menor idea, pero me sigue pareciendo una pasta, aunque, si conseguimos el resultado, es una magnífica inversión para Banesto.

—Desde luego. El asunto es que quiere el dinero de manera no oficial.

—¿No le vale un crédito?

—No. Tiene que ser algo que no aparezca en la contabilidad.

—No tengo ni la menor idea de cómo se hace eso.

—No seas ingenuo. Si crees que la banca ha estado al margen de la financiación del PSOE y de otros partidos en estos años, es que no sabes andar por el mundo. Cualquiera de los clásicos de la casa te lo explicará, porque lo habrán hecho muchas veces.

—Bueno, lo miraré.

—Date prisa, que el tiempo apremia. Cuando encuentres la fórmula, llamas a Adolfo por teléfono a este número y le dices simplemente que has hablado conmigo y que estamos de acuerdo. No tienes que mencionar cantidades ni nada. Simplemente, que hemos hablado y que estás de acuerdo y que las cosas se harán en la forma que yo diga.

Ya tenía un plan de perfiles tan inconcretos como que Adolfo había decidido ayudarme. ¿Cómo, de qué manera? Usando eso que llamaba «resortes reales de poder», una grandiosa inconcreción que tal vez contuviera en su interior la capacidad de decirle unas

461

cuantas cosas a Mariano Rubio y a Solchaga. Frente a lo etéreo, lo concreto, lo tangible, trescientos millones de pesetas. Seguramente otros bancos hubieran gastado mucho más dinero en estos menesteres. No albergaba duda, por lo que aseguraba Navalón, de que Luis Valls, del Popular, se dedicaría a este tipo de deporte con la fruición que le permitían las llenas arcas de reservas de su banco. Pero para mí, no cultivado en semejantes jardines, era dinero, mucho dinero, y, además, no tenía ni idea de cómo conseguiría dárselo a Adolfo de manera oculta.

¿Con quién hablar? No podía sincerarme con Juan Belloso porque apenas le conocía, y si disfrutaba de un carné del PSOE, hablarle de financiación irregular de un partido competidor podría situarlo en una disyuntiva peligrosa. Teóricamente nada tenía que ver, porque una cosa es que fuera simpatizante y afiliado del partido socialista y otra bien distinta, que, en ejercicio de su misión como consejero delegado de Banesto y buscando lo mejor para la casa que le había dado cobijo, diseñara lo imprescindible para pagar a alguien por sus servicios, fuera político, archimandrita de las Indias o tramoyista de espectáculos teatrales. A pesar de ello me retraje de comentarle nada sobre el asunto.

En el banco no tenía confianza con ninguna de las personas que ejercían funciones en el campo estrictamente bancario, así que decidí llamar a Martín Rivas. Era un hombre clásico de Banesto. Creo que empezó desde la zona más baja del escalafón y subió peldaños, uno a uno, a través de la red comercial del banco. En plena opa del Bilbao, se convocó una reunión de directores del banco en el salón de actos de La Unión y el Fénix. Pablo Garnica la presidía y a su requerimiento acudí. El ambiente espeluznaba. La tensión en la que vivían aquellos cientos de personas, tal vez más de mil, que se agolpaban en la gran sala de la aseguradora se desparramaba por todos los rincones. Cualquier chispa podría provocar una reacción en cadena. Se necesitaba operar con exquisito cuidado, no insuflar fuego en un ambiente caldeado por líquido altamente inflamable.

Pablo les fue informando de los pormenores. Les contó que el Consejo había decidido que yo asumiría la presidencia del banco en diciembre. La emoción provocó que unas tímidas gotas de agua asomaran en los ojos del viejo presidente. En esas condiciones se acercó a mi oído y me pidió autorización para designar director comercial del banco a Martín Rivas, aquel hombre gordote, lleno de aparente humanidad, que se encontraba con Pablo en la mesa presidencial de la excitante reunión. ¿Qué podía decir más que asentir a la propuesta? Ni conocía a Martín, ni podía forjarme un juicio sobre sus capacidades reales, ni vislumbraba si se ajustaría al patrón de director comercial de Banesto, pero percibí con claridad que la herencia de Pablo, mejor dicho, su mandato legado para Martín, consistía en designarle para esa posición clave en el banco y yo, el futuro nuevo presidente, no podía más que limitarme a asentir. Así lo hice y un aplauso largo, profundo, sentido, emocionante inundó el salón de actos. Las lágrimas salían ahora francas de los ojos de Pablo y de Martín. Los directores se pusieron de pie mientras seguían aplaudiendo. Su cadencia era lenta, larga, y en cada uno de sus aplausos latía un profundo interrogante sobre sus vidas y las de sus familias, sobre su futuro inmediato, sobre su destino, sobre la peripecia de un Banesto al que pertenecían, o al menos aseguraban pertenecer, en cuerpo y alma. Me sentí impactado por la escena. Juan, creo recordar, no se encontraba a mi lado ni yo al suyo. Los directores vieron en aquel inolvidable día a un chico joven, absolutamente desconocido para ellos, que recibía el refrendo público del presidente hijo de don Pablo y padre de Pablo. La transmisión del testigo presidencial seguramente nunca tuvo una ceremonia de tal intensidad emotiva y en la que se construía una autoridad hacia dentro de la casa dotada de tal contenido simbólico que la llevaba a las raíces de eso que se llama el concepto mítico de la corona, la asunción del poder en base al mito que sustenta la superioridad como legitimación de su ejercicio, superioridad que se ancla en los lugares más variados a los que es capaz de llegar la imaginación del ser humano preocupado, asustado y desolado.

Ignoraba si Martín era mi hombre para el cometido de los trescientos millones de Suárez, pero no disponía de otro. Le llamé a mi despacho.

—Oye, Martín, hace apenas unos días me dijiste que la fusión no funcionaba, que estábamos dañando a ambos bancos y que empezabas a tener problemas morales al respecto.

—Así es, presidente, así es.

Martín es un hombre grueso, de prominente barriga, de origen navarro, de ojos pequeños que transmiten agudeza, de andares más ágiles que los que insinuaría su volumen corporal, que entró de botones en el banco a los catorce años y como consecuencia de sus habilidades personales y del trauma de la opa del Banco de Bilbao, como acabo de relatar, ascendió al puesto de mayor responsabilidad dentro de lo que llamamos la banca al por menor: director del Área Comercial, es decir, el jefe de filas de los activos humanos que constituyen el ejército que, según me decían, permanecía unido con el así llamado «espíritu Banesto».

—Bueno, pues voy a poner en marcha una operación para desfusionar y que no tengamos que sufrir trauma alguno.

—Me parecería algo excelente para Banesto, presidente.

—El tema es que carecemos de apoyos políticos. A través de un tal Navalón creo que disponemos de la ayuda de Suárez, que puede ser decisiva. Lo malo es que, como siempre ocurre, los políticos quieren cobrar. Me hablan de trescientos millones.

—Eso no sería dinero si consiguen el resultado.

—Por supuesto, Martín, el problema es que lo quieren de manera no oficial y no sé cómo hacerlo.

—Por eso no te preocupes, presidente, yo me encargo. Se ha hecho en varias ocasiones. El sistema consiste en conceder pequeños créditos a personas de confianza que luego se van provisionando y en paz. No hay ningún problema. Lo haré con gente de mi confianza.

—De acuerdo, Martín. Para el transporte del dinero, si lo necesitas, llama a Pol, que trabaja para mí y que tiene el despachillo enfrente del mío.

—De acuerdo, presidente. Así lo haré.

—Martín, quiero que sepas que si existe algún problema yo te respondo de que este dinero ha sido para beneficio del banco.

—No es necesario que me digas nada, presidente. Lo doy por descontado.

Así concluyó nuestra conversación y me desentendí del asunto. Martín, según me enteré años después, no operó en la forma en que me indicó, sino que tomó el camino directo, se fue al cajero de Banesto, le pidió los trescientos millones de pesetas y los entregó en la forma convenida. Nunca supe en qué consistió la operativa concreta. Jamás me la contó.

Lo cierto y verdad es que, en un espacio de tiempo que podría contarse por horas, como por arte de magia, Mariano dio el visto bueno a nuestras cuentas, firmamos con los primos, Abelló se fue del Consejo, la desfusión gozó del beneplácito del Banco de España, nuestro balance fue aprobado, la compra de acciones a Cartera Central tolerada por el Banco de España, las plusvalías de fusión fueron anuladas pero no nos pusieron problemas de recursos propios, nos permitieron el dividendo y todo en paz.

Mariano nos aprobó las cuentas. Aquello fue la prueba del nueve del poder que ejerció, directa o indirectamente, Adolfo.

Después del fracaso de su «Banesto se encuentra en situación delicada y preocupante» les quedaba el siguiente acto de su estrategia: no aprobarme las cuentas correspondientes al ejercicio de 1988. El Consejo, a pesar de los votos en contra de cinco consejeros de Cartera Central, y cinco abstenciones de otros tantos consejeros que no se atrevieron a votar directamente en contra, las aprobó y remitió, como era preceptivo, al Banco de España. Yo no sentía la menor preocupación porque disponía de una copia del informe de la Inspección de aquella casa en la que se razonaba por qué nuestras cuentas carecían de anomalía o patología alguna, pero Mariano retenía su aprobación sin dar explicación alguna. Los rumores comenzaban a circular por el mercado. Se decía que existiría un rechazo del Banco de España a nuestros números. Obviamente, las terminales de propaganda del Sistema funcionaban a pleno rendimiento. El Grupo 16 y el diario *El País* se convirtieron, una vez más, en la punta de lanza de su estrategia. No podía consentir que las cosas siguieran así. Lo comenté con Adolfo y Antonio Navalón y juntos decidimos que lo procedente consistía en bajar a ver al gobernador y echarle un órdago a la grande. Pactamos las palabras que le dirigiría a Mariano y comenzó mi turno.

Fue casi de pie, en la antesala de su despacho del Banco de España. Procurando que mis palabras sonaran con la fuerza de algo que surge desde lo más profundo, intentando que se diera cuenta de la amenaza que, en el fondo, escondía mi brevísimo discurso, mirándole muy fijamente a los ojos que él desviaba de los míos, le dije:

—Mira, Mariano. Esta situación no puede sostenerse más. Tienes retenidas las cuentas de Banesto y eso produce un daño muy importante a la casa. Por eso creo que tienes que hacer una de estas dos cosas: o las cuentas están bien y las apruebas de inmediato y si no lo haces estarás actuando con prevaricación, o si están mal las denuncias al fiscal y me metes en la cárcel.

Mariano no contestó. Su silencio comenzaba a ser elocuente. Todavía no había recibido mensaje alguno procedente del entorno de Adolfo, pero comenzaba a darse cuenta de que yo pertenecía, muy a su pesar, a una especie humana diferente a la habitual de los presidentes de bancos que se doblegan a sus deseos y hasta a sus suspiros. No pronunció palabra alguna.

Días más tarde, Adolfo y Navalón, en casa de García Díez, un hombre espeso que fue vicepresidente del Gobierno con Adolfo Suárez, se reunieron con Mariano para darle cuenta de que yo me había convertido en protegido del ex presidente del Gobierno. Alguien le contó a Antonio que Mariano se sintió cercado. Las cuentas bien, los consejeros de su lado concentrados en el Central, la guerra a punto de concluir y ahora, además, Adolfo. Valiera lo que valiera su ayuda, lo cierto es que caía en un campo lleno de abono y agua. Días, pocos días después, Mariano daba luz verde a nuestras cuentas. El banco rompía las artificiales ataduras que lo tenían anclado a una clara voluntad política. La acción subió. El optimismo interno creció exponencialmente. Banesto volvía a ser Banesto. Jamás en mi vida invertí mejor los trescientos millones de Suárez.

Pero para ellos quedaba un culpable indirecto del desaguisado: Juan Abelló. Primero, por introducirme en el banco. Y ahora por largarse de semejante manera. Juan debería saber que cuando penetras en esos círculos, cuando haces con ellos un cesto, ya no te libra nadie de llegar al ciento. Nadie entendió a Abelló. Pero el poder disponía de un mecanismo de castigo: conseguir que perdiera dinero en la venta de sus acciones. Y a Juan lo de perder dinero le ponía de los nervios, era lo que peor podía sentarle en el mundo. Mi parte, es decir, lo que yo invertí comprando sus acciones, era mi parte y sobre eso poco podían hacer. Pero quedaba la que teníamos que colocar a través de la red. La ira y el odio de Mariano contra Juan Abelló se decantaron de manera inmediata tratando de dañar a Juan allí donde más le duele: el dinero.

Evidentemente, si un paquete de la envergadura del de Juan salía a Bolsa de golpe, dada la ancestral estrechez del mercado de acciones patrio, se provocaría un desplome del título que reduciría su precio de manera brutal. Ello, obviamente, perjudicaría a todos los accionistas y no solo a Juan Abelló, pero Mariano Rubio sentía una muy cálida indiferencia por esa masa ingente de personas a las que se denomina «accionistas». Cuentan que el marqués de Cortina, presidente de Banesto y abuelo de Ricardo Gómez-Acebo, aseguraba que los accionistas que acuden a las Juntas Generales son o lobos o corderos, pero —decía— en cualquier caso bestias. Pues bien, esas «bestias» de Cortina le resultaban indiferentes al gobernador del Banco de España porque su único objetivo, lo que perseguía con el ánimo incendiado, consistía en dañar a Abelló. Ya lo demostró cumplidamente cuando, sin importarle lo más mínimo la estabilidad de Banesto y hasta del sistema financiero, pronunció como parte de su estrategia la inolvidable frase de «Banesto se encuentra en situación delicada y preocupante».

Nosotros, conscientes del efecto que provocaría la salida de golpe de esa montaña de acciones, acordamos algo muy sensato: se las compraría el banco para distribuirlas a través de la red comercial entre nuestros clientes y dado que a Juan no le podía decir que «ya te pagaremos», porque no admitía ese tipo de bromas con el dinero, le entregamos un cheque de un agente de Cambio y Bolsa muy amigo de la casa, de apellido Aguilar. Teóricamente disponíamos de tiempo para llevar a cabo la transacción de manera ordenada.

Pero al día siguiente recibimos una orden del subgobernador del Banco de España, entonces Luis Ángel Rojo, dirigida a Banesto y de un tenor que no dejaba lugar a la más microcósmica de las dudas:

«— Le requiero para que inmediatamente dé cuenta a esta institución de cualquier operación de compraventa de acciones representativas del capital del Banco Español de Crédito en las que haya intervenido desde el día 1 de enero de 1989, cualquiera de sus consejeros.

»— Le requiero para que comunique a los miembros del Consejo de Administración de esa entidad que deben abstenerse de realizar compraventa alguna de acciones representativas del capital social de ese banco sin ponerlo en conocimiento de esta entidad, del Banco de España y de la Comisión Nacional del Mercado de Valores.

»— Se requiere igualmente a esa entidad [...] a que se abstenga de incrementar o modificar, directa o indirectamente, su autocartera, especialmente en operaciones con sus propios consejeros.

»La incidencia en algunas de las infracciones previstas en la Ley 26/1988 dará lugar a la inmediata actuación disciplinaria del Banco de España».

Para cualquier lector, por poco avezado que se encuentre en materias financieras o empresariales, resulta elemental que la misiva no solo es amenazante, no se limita exclusivamente a dejar claro que se trata de algo que se prohíbe con carácter retroactivo, sino que, sin el menor pudor, se dirige directa e inmediatamente contra Juan Abelló. Podrían haber sido algo más sutiles, menos groseros; sin necesidad de llegar a lo de Gritti, pero sin descender a semejante ordinariez. Pero el Banco de España de Mariano Rubio no gustaba de la fineza, y por ello, no contentos con la misiva anterior, el día 27 de febrero vuelven a la carga.

Ahora se trata de una carta de Miguel Martín, el director general de la Inspección. Por si no hubiera quedado claro que quería destruir dineros de Abelló, se atizan una carta en la que dicen:

«Como continuación y complemento del escrito del señor subgobernador del Banco de España de 23 de febrero de 1989 [...] les requiero para que de forma inmediata informen a este Banco de España sobre:

»— Posibles pactos, acuerdo o compromisos alcanzados por Banesto o su presidente con Cartera Central y don Juan Abelló Gallo relativos a las acciones de Banesto propiedad de los mismos. En su caso, grado de ejecución presente de dichos pactos o compromisos.

»— Explicación detallada de la reciente operación de oferta de venta de acciones de Banesto que, al parecer, ha puesto en marcha el banco con apoyo financiero del mismo, condiciones de dicho apoyo, límite total de la operación, límite por titular y demás extremos que permitan evaluar la operación».

Era evidente que la referencia a Cartera Central no pasaba de un brindis al sol, dado que el propio Boyer, el antiguamente superministro de Economía del PSOE, fue personalmente el comisionado para conseguir de Mariano Rubio la aprobación a la compra de las acciones de Cartera Central dentro del acuerdo de ruptura de la fusión. Los primos, protegidos por el poder, recibían un trato. El desertor Abelló merecía otro. Eso del principio de igualdad está bien para que se estudie en las aulas de Derecho, en donde también creo que hay libros que dicen algo acerca de la interdicción, la prohibición de la arbitrariedad administrativa, pero ya se sabe que una cosa son las aulas, los libros, los profesores y los alumnos, y otra muy distinta, la vida misma. Y solo a los amantes de la ignorancia se les ocurre creer e incluso llegar a pedir que se armonicen libros y vida, aulas y despachos.

Una vez más reflexioné acerca del papel de Juan: se ponía de manifiesto con nitidez espeluznante que solo contaba para ellos como una pieza en su táctica. El trato que daba Mariano Rubio a su salida de la operación no podía ser más elocuente respecto de sus pensamientos profundos sobre Juan.

Me tomé una pequeña venganza: le remití a Miguel Martín, en su calidad de director general de la Inspección, el acuerdo con Cartera Central, que encajaba de lleno en las prohibiciones emanadas del Banco de España. ¿Qué tendría que hacer aquel hombre en su calidad de responsable de la Inspección? Pues seguramente acudir al despacho de Rojo, el subgobernador, de Rubio, el gobernador, y preguntarles qué hacer. Y la respuesta sería obvia:

—Esto no va con los Albertos. Esto va con Abelló y derivadamente con Conde. Claro que está prohibido lo de Cartera Central, de no ser por un pequeño e insignificante detalle: porque yo —diría Rubio— lo he permitido.

Martín ni me acusó recibo ni jamás en su vida esbozó siquiera el más leve comentario sobre el documento y su contenido.

Pero Mariano no quiso limitarse a tratar de dañar económicamente a Juan, sino que intentó aprovechar ese trato con sus acciones para algo tan escasamente sutil como ponerme en la calle, echarme de Banesto. Lo que ocurre es que, una vez más, no lo consiguió. Este hombre debía de tenerme mucha manía porque la verdad es que desde que aparecí en su vida, aparte de convertirme en un coñazo terrible para él, le estropeaba todos sus planes.

Aquella tarde vino a verme a Triana 63 Luis Ducasse. Me solicitó una entrevista con la máxima urgencia porque se trataba —según me decía— de un asunto de vida o muerte. Cuando se sentó en el sofá central del despacho de mi casa madrileña, con cierto temblor en la voz y algún gesto que indicaba nerviosismo en una persona que, aparentemente al menos, rezuma tranquilidad, dijo:

—Acabo de terminar una conversación con un director general del Banco de España. Me ha dicho que su capacidad de aguantar injusticias y arbitrariedad con nosotros se ha visto saturada con lo que le ha tocado vivir hoy. Mariano Rubio te va a llamar mañana por la mañana, a primera hora, para decirte que, como has comprado las acciones de Juan Abelló, y eso es una falta muy grave, o presentas tu dimisión voluntariamente, o te abre expediente sancionador y te echa del banco. Todo ha concluido. Han ganado la batalla.

La información levantaba el alma de un muerto. Aparenté tranquilidad. Le dije a Luis si tenía algo más que contarme y, ante su negativa, le despedí en la puerta de la calle, mientras sus ojos, junto a una expresión compungida, revelaban la amargura de quien siente que una previsible época de felicidad se va a transformar en otra en la que las penas serían el pan nuestro de cada día.

Me fui a cenar. Dormí bien.

A la mañana siguiente, a eso de las nueve y media, cuando ya había consumido una hora de trabajo en mi despacho, Mercedes, mi primera secretaria, me pasaba la información:

—Acaban de llamar del Banco de España. El gobernador quiere que baje a verle. Ahora. Me han dicho que ahora mismo.

Los ojos de Mercedes, lista y rápida como pocas, no dejaban lugar a dudas de que el recado, en su forma de ser transmitido, reflejaba una orden terminante, y no una orden cualquiera, sino una de esas que tienen tufo a ejecución.

—No te preocupes, Mercedes. Ahora bajo. Y tranquilízate, que no pasa nada que no podamos solucionar.

Puse rumbo al caserón de Cibeles. Me recibieron con honores, es decir, no me mordieron en ninguna parte de mi cuerpo, que ya era todo un éxito, visto lo visto. En la antesala del gobernador repasé los óleos de las personas que precedieron en su cargo de gobernador a Mariano Rubio, entre ellos el de López de Letona, su pariente, amigo y protegido, el encargado de ejecutar materialmente su estrategia en Banesto. Era llamativo ese detalle de óleos de gobernadores porque sus rostros, los de cada uno de ellos, al contemplarlos en detalle evocaban sensaciones diferentes. Quizá fuera yo el que estuviera algo agitado por dentro, pero es que no podía sentirme mejor ni más tranquilo.

Se abrió la puerta y apareció el gobernador. Vino hacia mí en un gesto particular. Quizá la inmediatez de mi ejecución despertaba algo de ternura. Pero no, en absoluto. Sus ojos brillaban con el destello del cazador que contempla su presa. Su boca esbozaba una mueca de crueldad. Era tal su aspecto que no permitía albergar duda alguna de que la información de Ducasse era total y absolutamente cierta. Estaba seguro de que ese día sería el de mi ejecución.

—Oye, Mariano, le he dado una ojeada a este libro y me gustaría algún día ver físicamente los cuadros porque la verdad es que la colección que tenéis es magnífica.

—¿Qué dices? ¿De qué libro me hablas?

—De este que recoge la colección de pintura del Banco de España. Me podrías regalar uno, ¿no? Hombre, siendo presidente podrías tener un detalle...

Dije aquello porque sabía que en su interior pensaría algo así como «si supieras lo poco que te queda de presidente...». Eso de turbar almas antes de momentos críticos siempre da buen resultado y cuando se trata de interiores tan agitados, tan complejos y al tiempo tan unidireccionales como el de Mariano, la efectividad aumentaría muchos enteros.

Aquello le desconcertó por unos segundos, porque lo último que esperaba Mariano es que me pusiera a debatir sobre la colección de arte del Banco de España el día de mi ejecución. No contestó. Emitió un sonido casi gutural y me enseñó el camino de su despacho. Traspasé la inmensa puerta de acceso.

Mariano se sentó en su sillón preferido. Yo me acomodé a su derecha. Tenía entre sus manos, acariciándola con una dulzura impropia de él, una carpeta de color azul pálido que fue abriendo muy lentamente, con el compás propio de quien saborea con deleite una copa del mejor vino. Comenzó a hablar:

—Bueno, Mario, creo que esto se acabó. Has cometido una falta muy grave al comprar las acciones de Juan Abelló y esto no quedará así. Has contravenido una orden expresa del Banco de España y eso en una situación como la tuya es imperdonable. O presentas tu renuncia voluntariamente, o te abro expediente y te sanciono con la pérdida del cargo. En ambos casos te tienes que marchar. Te concedo la posibilidad de irte voluntariamente.

Una profunda calada a su pitillo rubio, una deliberadamente pausada inclinación hacia el respaldo, una mueca de satisfacción y una mirada a mis ojos tratando de descubrir en ellos el miedo, la angustia, el vértigo o cualquier otra sensación capaz de estimular su deseo letal.

—Pero, gobernador, ¿qué me dices? ¿Qué es eso de que he cometido una falta muy grave? ¿De dónde sale esa historia?

Mariano, sin sentirse contrariado, se movió muy lentamente, con intención de alargar la escena al máximo posible, porque estas cosas hay que disfrutarlas con calma, soltó las gomas de su carpeta azul y extrajo de ella un papel rectangular, lo contempló con expresión de júbilo en sus ojos y comenzó a moverlo muy lentamente mientras decía:

—Mira, déjate de tonterías. Aquí está el cheque que le entregasteis al agente de Cambio y Bolsa y, por si fuera poco, se giró contra vuestra cuenta en el Banco de España. Todo es muy claro. No hay nada que discutir.

Sonriendo por dentro mientras transmitía una cara de inmensa preocupación con el fin de excitar su disfrute para que aumentara el chasco, le pedí que me dejara echarle un vistazo al documento.

—A ver, déjamelo...

Di la impresión de que lo examinaba con mucho cuidado y transcurridos unos segundos, que a Mariano le debieron de parecer un ínfimo destello, le contesté:

—Pero, gobernador, no me fastidies. Pero ¡por Dios! Esto es una chorrada. Mira: cuando sacasteis la circular prohibiendo la venta de acciones por los consejeros, yo ya había comprado las acciones a Juan, así que, como sabes, las normas sancionadoras, como no tienen eficacia retroactiva, no resultaban aplicables a su caso.

—No me vengas con cosas jurídicas, que no estoy para tonterías.

—No son tonterías, pero en cualquier caso, como se trataba de vosotros, de ti, del Banco de España, teniendo en cuenta el inmenso respeto que os tenemos en Banesto, le dije a Juan Belloso que diera la orden de que no se pagara ese cheque. La verdad es que la Ley nos protegía, pero en las relaciones con vosotros no es la Ley lo que importa. Como es un cheque del Banco de España, puedes comprobar la verdad de cuanto te relato.

—¿Cómo que no se pagara?

—Sí, eso, gobernador, que no se pagara. Y no se pagó ni una peseta de dinero de Banesto.

Una ira encendida que surgía desde sus más recónditos adentros se desparramaba en su mirada. Se desconcertó. Encendió otro pitillo. Lo apagó violentamente contra el cenicero de su derecha. Volvió a encender otro. Aspiró fuerte. Se echó hacia atrás para, como impulsado por un resorte, volver a inclinarse hacia adelante.

Descolgó el auricular del SATAI de su derecha con tal ímpetu que casi lo tira al suelo. Esbocé un ademán de protección, lo que le crispó todavía más. Marcó un número de teléfono. Yo no me perdía ni un gesto, detalle, movimiento, suspiro, calada de cigarrillo, lo que fuera o fuese; deseaba todos los elementos de aquel decorado en el que la proyectada ejecución de Mario Conde corría el riesgo de convertirse en un nuevo fracaso, quizá próximo a la comicidad, de aquel gobernador. Alguien le informó al otro lado de la línea. No pudo contenerse y casi gritó:

—En efecto, el cheque no está pagado. Pero Juan ha cobrado. ¿Qué ocurre entonces con el agente de Cambio y Bolsa? ¿Qué pasa, que ha puesto el dinero de su bolsillo?

—Como puedes suponer, Mariano, ese no es mi problema. Supongo que el hombre decidió asumir un riesgo, pero ese, insisto, no es material de mi incumbencia. Y ahora, Mariano, si me lo permites, aclarado todo, me voy, que tengo un montón de trabajo. Por cierto, espero que algún día me dejes ver vuestra colección de arte.

Mariano no contestó. Su mirada se perdía entre las alfombras, los cuadros, los sofás, los ordenanzas, el pasillo, los ruidos característicos del Banco de España. Aquel hombre desmadejado, con apariencia de hundimiento general, distaba mucho del personaje que saboreó aquella mañana mi ejecución.

¿Y cómo lo había conseguido? Muy fácil. A la vista de la amenaza derivada de la circular, le dije a Juan Belloso que no pagáramos el cheque porque me temía algo parecido a lo que sucedió. El pobre agente de Cambio y Bolsa se quedó colgado con una gran cantidad de dinero, pero le dimos nuestra palabra de que no le dejaríamos tirado. Necesitábamos pasar el rubicón de Mariano. Lo conseguimos. Me presenté ante Mariano con el problema resuelto. Por eso no le di demasiado cortejo a la información de Luis Ducasse, porque la imaginé y me anticipé. Cuando uno vive rodeado de quienes quieren matarlo como sea, acaba agudizando el ingenio y aprende a barruntar el peligro.

A partir de ese instante empecé a diseñar soluciones. Entre ellas apareció Jacques Hachuel, un financiero judío amigo de Rafael Pérez Escolar, quien tomó una parte de lo vendido por Juan. Lo demás se consumó entre mi compra y la red comercial. Juan se fue, le compramos sus acciones y casi milagrosamente volvimos a escaparnos del cerco de Mariano.

Pero tres nombres clásicos de Banesto se alinearon con nuestros enemigos y perdieron. El precio a pagar no podía ser otro que su expulsión del Consejo. Ni uno solo de nosotros albergaba la menor duda sobre la procedencia de la pena. Un Consejo de Administración tiene que funcionar con leales a la entidad y empeñarse en operaciones de sustancia política es cualquier cosa menos lealtad. Discrepar, disentir razonadamente es una forma clave de lealtad. Pero, como digo, prestarse a operaciones de sustancia no empresarial no es leal.

El primero en recibir la mala nueva fue, precisamente, Juan Herrera. Antes de pedirle su dimisión necesitaba consultarlo. Herrera había sido, al parecer, miembro del Consejo Privado de don Juan de Borbón. Mis relaciones con el padre del Rey atravesaban un momento óptimo. Consideré imprescindible consultarle previamente la decisión, por si el señor consideraba que, dada su antigua ocupación, no era procedente el cese. Cenando en el restaurante Horcher en La Moraleja, abordé el asunto:

—Señor, quiero consultarle un tema algo delicado. Yo creo que el comportamiento de Juan Herrera no ha sido correcto en todo el proceso con el Central, por lo que nos estamos planteando su cese como consejero de Banesto.

Sabía que don Juan disponía de información privilegiada sobre todo lo sucedido, y no solo procedente de mí, sino, además, de Luis Gaitanes, consejero del Central y persona de máxima confianza del padre del Rey.

Don Juan estaba terminando la primera copa de ginebra que siempre consumía antes de cenar y al escuchar lo que yo le comentaba, sin el menor gesto indicando sorpresa o disgusto, con la expresión de quien tiene absolutamente claro lo que debe responder, contestó:

—No me extraña. Lo entiendo perfectamente y te apoyo.

El encargado de comunicar a Juan Herrera la mala nueva fue Rafael Pérez Escolar, que se desplazó a El Santo, la finca de la familia Martínez Campos, en donde mantuvo una conversación particularmente tensa con Juan y Lolín. Ambos, al conocer nuestra determinación en ese asunto, sufrieron un descalabro emocional, pero acabaron comprendiendo que no había marcha atrás. Al día siguiente Juan se presentó en mi despacho, totalmente abatido, para concretar los pormenores de su salida de Banesto. Me pidió reiteradamente que la versión pública debiera ser que abandonaba por razones de edad, que tuviera algunas palabras de elogio sobre él en la Junta General, que colaborara en que sus condiciones económicas en Petromed quedaran firmes y, por último, que nombrara a su hijo, Juan Herrera Martínez Campos, para sustituirle en el Consejo y continuar la línea de tradición familiar. Sentí decirle que su última petición no podía ser ejecutada en ese momento, porque el Consejo se negaría. Curiosamente, tiempo después mi hija Alejandra y las nietas de Juan Herrera formaron una sociedad y siguen siendo socias, además de amigas y de llevarse más que bien. A todas ellas les tengo un cariño muy especial.

Después de Juan, vino Pablo Garnica. Era, claro, un momento brutal para el apellido en la historia de Banesto.

—Siento esto, Pablo. Lo siento porque pudiste evitarlo. Por tu apellido, por la importancia, sobre todo, de tu abuelo, apelamos a tu obligación. Por eso estuvieron presentes César Mora y Ricardo. Nosotros no teníamos nada que ocultar y te lo dijimos. Pero en contra de vuestra tradición familiar te sumaste inconcebiblemente a una operación de naturaleza política. Lo siento, pero no puede haber marchas atrás.

Pablo lo comprendió, o cuando menos lo aceptó resignado. Decidió escribirme una carta como cierre de la presencia de su familia en Banesto. Me dirigió una carta de dimisión, de la que di cuenta al Consejo en la sesión del día 17 de junio de 1989, dejando constancia de que lamentaba la salida del señor Garnica por cuanto ello suponía que tras una tradición de muchos años ningún miembro de esta familia se sentaba en el Consejo del banco. Cuando conversaba con Pablo en mi despacho sobre su cese en Banesto, no pude dejar de pensar en la fragilidad de nuestra existencia y posiciones vitales.

El más complicado de todos fue, una vez más, Jacobo Argüelles, quien se negaba a atender nuestras llamadas porque no quería hablar del asunto. El día anterior a la Junta General de junio de 1989, me encontraba en mi despacho de La Unión y el Fénix hablando con un periodista, jefe de la sección de economía de los informativos de Televisión Española, cuando mi secretaria me pasó una nota en la que podía leerse: «Le llama el señor gobernador». Me chocó esa llamada y tuve un presentimiento, por lo que dije que me la pasaran al despacho, pedí a mi interlocutor que no se fuera, apreté el botón del altavoz del teléfono de forma que los dos pudiéramos oír la conversación.

—Sí, Mariano, dime.

—Oye, Mario, te llamo porque creo que queréis cesar a Jacobo Argüelles y eso a mí no me parece bien y quiero que lo sepas.

—Lo siento, Mariano, pero en este tema hay muy poco que hacer porque se trata de una decisión unánime del Consejo y mi capacidad de maniobra es prácticamente nula.

—Pues lo siento por ti, porque quiero que sepas que soy consciente de que has ganado una batalla importante, pero la guerra continúa, de forma que, si cesas a Argüelles, avisaré a la Inspección del banco y te aseguro que la guerra va a ser total.

—No entiendo por qué tienes que mezclar la Inspección con el cese de un consejero, pero tomo nota de lo que me dices.

—Bueno, pues ya estás enterado y espero que esta conversación quede entre nosotros.

—Puedes estar tranquilo porque no hace falta que la cuente.

El periodista se quedó aturdido por lo que había escuchado. Le despedí, abandoné La Unión y el Fénix con dirección a Banesto, en donde me esperaban los consejeros. Comenté con ellos la llamada de nuestro gobernador. Ni una sola fisura. Todos se mantuvieron firmes. Jacobo tenía que ser cesado.

El mismo día de la Junta General, 18 de junio de 1989, la prensa de la mañana publicaba una carta de Jacobo Argüelles en la que, además de una serie sucesiva de sandeces, decía que presentaba su dimisión. A mí aquello me sonó a estratagema porque conforme a la Ley española solo la Junta puede acordar el cese de un consejero, de forma tal que no vale con una carta de dimisión dirigida a un periódico, puesto que si la daba por buena, no pedía su remoción a los accionistas y posteriormente comprobaba que tal carta no existía, Jacobo se mantendría en su puesto y yo tendría que esperar otro año, lo cual era, obviamente, algo más que incómodo.

Llegó el momento en plena Junta de Accionistas. Comencé informando a la Junta de los ceses:

—Señores accionistas, les informo del cese como consejeros de don Juan Abelló Gallo, don Juan Herrera Fernández, don Pablo Garnica Gutiérrez, don Epifanio Ridruejo, don José Luis del Valle, don Carlos Bustelo, don Alberto Cortina...

Así uno tras otro hasta completar la lista de caídos en la guerra contra nosotros. El silencio era aterrador. Los ceses sonaban en la abarrotada sala de Juntas como sentencias de muerte ejecutadas al amanecer.

Paulina Beato se puso algo nerviosa y me pasó un papel en el que decía: «No te vayas a olvidar de cesar a Jacobo».

Por nada del mundo me habría olvidado de Jacobo. Antes al contrario, quería crear el ambiente adecuado, la tensión justa, la atención imprescindible para que aquel cese provocara historia en la banca española.

—Señores accionistas —dije en un tono solemne—. La prensa de hoy publica una carta del señor Argüelles en la que dice que presenta su dimisión como consejero de Banesto. Yo no tengo constancia de dicha carta porque hasta el momento en que tengo el honor de dirigirme a ustedes no he recibido ninguna comunicación formal al respecto. Por tanto, si es cierto que ha dimitido, les propongo que acepten la dimisión, pero si no es así, si se trata de una carta inexistente, les pido que en este momento acuerden el cese del señor Argüelles.

Al concluir mis palabras un aplauso profundo, largo, sentido, en el que muchos de los directores presentes en la sala se vengaban de las humillaciones a las que les sometía en ocasiones Jacobo. Su cese simbolizaba muchas cosas. Años de historia se cerraban con aquel aplauso.

La Junta, a pesar de anunciar a los accionistas la ruptura de la fusión con el Central, constituyó un éxito. Por fin, nos habíamos librado del acoso de los Albertos, aunque sería más justo decir del ministro de Economía y del gobernador del Banco de España a través de los primos. Los que perteneciendo a las familias se decantaron en contra nuestra ya no ocupaban ningún sillón del Consejo de Banesto. Una nueva etapa se iniciaba con un nuevo proyecto: la Corporación Industrial y Financiera de Banesto.

Sentía un sabor amargo por haber fracasado en un proyecto de esa envergadura. ¿Cómo es posible que personas de nuestra generación fueran incapaces de entenderse? ¿Hasta dónde llega el protagonismo personal como valor supremo? ¿Cómo las inmundicias, la envidia, la soberbia, la miseria moral se convierten en los principales actores de un drama en el que se dilucidaba una estructura de poder económico privado capaz de introducir dimensión, fuerza, volumen, capacidad de hacer grandes cosas en el atribulado mapa económico español?

La clase dirigente empresarial española deja mucho que desear. Teóricamente aquello era una victoria para mí. De un plumazo Abelló y los Albertos fuera de Banesto y, además, presentábamos el proyecto de creación de la Corporación Industrial. Pero en el fondo, en mi verdadero fondo, abrigaba una sensación de fracaso y no solo personal, sino en cuanto país. Era evidente que el Sistema estaba dispuesto a todo: o las operaciones se hacían con sus hombres y para sus intereses, o sencillamente se utilizaba el aparato de poder del Estado para abortarlas. Tenía entonces cuarenta años y lamentaba profundamente que en mi interior se consolidaran ideas como estas, pero la realidad, lo que vivía cada día, me enseñaba que, desgraciadamente, así estaba construida España. Eso era el Sistema en el que yo me negaría a integrarme.

14

Bangkok. A pesar del contenido mítico, con rebosante sustancia erótica, que encierra esa palabra y esa ciudad, sobre todo para los aficionados al llamado turismo sexual, nunca sentí especial atracción por detenerme y conocerla, aunque solo fuera recorriendo sus exteriores, sin penetrar en sus supuestamente inconmensurables secretos de alcoba. Ademas, justo es reconocerlo, carecía de tiempo suficiente para dedicarme al uso y disfrute de las playas de Pataya, que son seguramente las más famosas de Tailandia, capaces de competir con las míticas de Bali en aquella parte del mundo. En esta ocasión se celebraba una reunión, creo que del Fondo Monetario Internacional o cualquier otro de esos organismos bancarios que son tan abundantes como en mi opinión improductivos, salvo, eso sí, para los establecimientos turísticos de la zona en la que tengan lugar. Siempre me han parecido un rollo difícilmente soportable, posiblemente porque mi fuerte no son las relaciones públicas, que, en el fondo, constituyen su verdadero objetivo.

Aquel año, como digo, los grandes financieros internacionales se agrupaban, debidamente clasificados y ordenados por importancia cuantitativa de sus entidades, en torno a esas siglas en la ciudad asiática. Al asomarme a la ventana del hotel y volver a contemplar las canoas que circulan con desorden llamativo por los canales de la ciudad, me acordé de mi primera visita. Sucedió bastantes años atrás. Tenía que ir a Hong Kong por motivos derivados de los esquemas con los japoneses y, por fin, decidí interrumpir mi viaje y alojarme un par de días en el hotel Oriental, uno de los mejores de Asia, capaz, según me comentaban, de competir con los inconfundibles Peninsula y Mandarin, ambos de Hong Kong, aunque el primero se encuentra en la zona peninsular de China, y el segundo propiamente en la isla.

No se puede negar que el hotel tailandés mantenía atractivo, ese tan característico de los establecimientos de aquella parte del mundo, un poco, quizá, demasiado poblado con sillones de mimbre que pusieran de moda *Emmanuelle* y sus derivadas algunos años atrás, pero, vamos, en conjunto agradable y, sobre todo, con un aire acondicionado francamente bueno. Porque en mi vida he pasado un calor siquiera parecido al de Tailandia. Un horror. Tal vez coincidió que era verano y uno de los estíos de mayores temperaturas, pero salir a la calle a partir de las once de la mañana constituía un auténtico suplicio, aparte de un negocio para las lavanderías de camisas, claro.

Llegué tarde, casi con el tiempo justo para cenar en el restaurante del hotel. Concluida la cena, decidí buscar un elemento de esos que abundan en países como Tailandia, auténticos buscavidas, capaces de robarte de manera legal en el precio de los servicios que te proporcionan, e ilegal apropiándose de tu cartera en cuanto te descuides. Le pedí que me llevara a uno de los establecimientos en donde se alquilan las mozas tailandesas para disfrutar de sus ultrafamosos masajes de espuma y otros utensilios auxiliares confeccionados con materiales más sólidos. Mi propósito era ver, contemplar, analizar, pero no necesariamente usar.

Nada parecido a lo que imaginé durante el trayecto. Un local enorme, pero enorme de verdad, plagado de gentes que por su aspecto y ciertos sonidos que salían de sus gargantas seguramente pertenecían a la zona sur de Estados Unidos. En el centro del salón un inmenso círculo rodeado de cristal transparente hasta el techo. En sus costados, cubriendo todo el perímetro circular, sentadas en bancos de confección rudimentaria, se agolpaban cientos de chicas tailandesas, cada una de las cuales llevaba sobre su pecho un cartel con un número y una palabra escrita en caracteres occidentales, no asiáticos. Sus rostros indicaban cualquier cosa menos alegría. Sus miradas rezumaban tristeza. Lo entendía perfectamente. Nunca había contemplado un ataque a la dignidad humana semejante. El espectáculo me sobrecogió.

A la derecha del bar, finalizada una especie de barra sui géneris en la que se agolpaban los americanos, y supongo que vecinos de otras nacionalidades, una garita igualmente transparente contenía en su interior a un nativo que manejaba un micrófono por el que transmitía órdenes que resonaban con fuerza en el interior del círculo de cristal en el que se encontraban las chicas del singular salón tailandés. La orden, por cierto, era sencilla: pronunciaba el número en el idioma del país y a continuación en inglés. Lo primero para que lo entendiera aquella muchacha que lo llevaba sobre su pecho. Lo segundo para que el cliente comprobara que se cumplían sus instrucciones.

La mujer se ponía en pie ante la indiferencia ostensible de las restantes compañeras de trabajo, giraba sobre sí misma y se detenía. Si el cliente daba su visto bueno, el hombre de la garita pronunciaba un vocablo para mí ininteligible y la chica salía de su recinto carcelario, cristalino pero carcelario, y acompañaba al sujeto que arrendaba sus servicios a uno de los cuartos especialmente habilitados que se encontraban en la planta superior derecha del edificio. No puedo describirlos porque no estuve allí. Me largué antes de que cualquier tentación —que era más bien escasa, lo confieso— pudiera alterar mis normas de conducta. Pero un americano me ayudó mucho a mi salida temprana del recinto.

Muy alto, de tez clara, cráneo cuadrado, tripa voluminosa y prominente, camisa sudada en toda su superficie, especialmente en el frontal del pecho y axilas, calcetines y zapatillas de jugar al tenis, pantalón vaquero con cinturón de cuero repujado con incrustaciones de plata en las que aparecía grabada una cabeza de ganado. Un cromo, vamos. Pronunció un número al hombre de la garita, que cumplió con el ritual. Me fijé en la chica que llevaba en su pecho las dos cifras. Era francamente interesante de cara. El pelo negro y liso, la tez amarillenta, y sus ojos, grandes, almendrados, algo achinados, de color negro de toda negritud, desprendían tristeza de máxima calidad. No tendría, digo yo, más allá de unos dieciséis años, aunque en esto de aventurarse en las edades de las orientales hay que tener mucho cuidado porque aquí sí que se cumple a rajatabla el postulado de que las apariencias engañan. En cualquier caso, fuera cual fuera su edad, la chica tuvo que cumplir la orden. Percibí en su gesto una evidente desgana, una actitud displicente más que resignada. Supuse que sería debido al hastío que inevitablemente tiene que proporcionar el uso del oficio. Pero inmediatamente me percaté de que algo más iba a ocurrir cuando la chica, al ponerse en pie, mostró que su estatura era realmente corta, no más allá de 1,40 metros. Las asiáticas en general suelen ser de estatura corta y las japonesas en particular creo que son las más cicateras en centímetros sobre sus pies. Pero lo de aquella chica resultaba llamativo. Es incluso posible que exagerara en mi apreciación de 1,40 metros. Tal vez fuera inferior, pero desde luego carecía de cualquier rasgo de enanismo.

Miré al americano. Al comprobar la estatura de la chica hizo un ostensible y particularmente grosero gesto de desprecio, al tiempo que profería una especie de aullido dirigido al hombre de la garita. La muchacha ni siquiera esperó el resultado porque se sentó de nuevo pocos segundos después de ponerse en pie, conocedora del resultado de su movimiento. Se ve que tenía experiencia y que le sucedía el desplante con relativa frecuencia. El americano proporcionó otro número. La historia se repitió y esta vez la elegida cumplía los estándares de altura física ordinarios de la zona, aunque la belleza de su rostro nada tenía que ver con el de la chica bajita. La nueva seleccionada salió de la cárcel de cristal y se fue con el americano. Yo dirigí una furtiva mirada a la despreciada. Ni un gesto en su rostro, ni una lágrima en sus ojos. Quieta interior y exteriormente. Sabía su destino. Lo aceptaba.

En ese instante comprendí que ya había visto lo suficiente. Regresé al hotel y al siguiente día tomé el primer avión a Hong Kong. Prefería esperar allí, en el Mandarin, contemplando los movimientos de la bahía, antes de convivir siquiera anímicamente con ese espectáculo.

Pues esta vez mi viaje no era exactamente de placer. Ni siquiera, a fuer de verdad, tenía por objeto asistir a las sesiones del organismo financiero internacional, porque Paulina y yo apenas estuvimos una noche en Bangkok. Aparte de esa reunión más bien insufrible del FMI, en la Embajada española le entregaban un premio de no sé qué revista internacional a Carlos Solchaga por su gestión como ministro de Economía. Para mí era un sarcasmo, no solo porque disentía de sus postulados económicos, sino porque, además, la batalla que libraba contra nosotros era más que encarnizada.

—Sí, presidente, pero ya está, ya hemos ganado. Creo que estaría muy bien que el ministro viera que haces un esfuerzo y vas a la entrega de su premio.

Paulina siempre ha sido mujer sensata, además de inteligente y honrada intelectual, profesional y humanamente. Sus consejos no tenían ni un miligramo de adulación. Solo se trataba de distender en lo posible nuestras relaciones con el poder económico del Gobierno, y Carlos Solchaga, con el que siempre mantuvo buenas relaciones, era la encarnación más ostensible y ruidosa de ese poder. Yo presentía que buscaba un imposible, porque el talante de Carlos no es el de los que dan la batalla por perdida. Siempre siguen azuzando, metiendo presión, buscando huecos, grietas... Pero no podía negarme a esa recomendación, así que con todo el esfuerzo del mundo tomamos el avión y allí nos fuimos.

Asistimos a la entrega de premios, saludamos a Solchaga, noté claramente que agradeció el gesto pero dejando claro que entre agradecimiento y paz existe una diferencia enorme, prácticamente insalvable. Al día siguiente salimos hacia Nueva York porque Paulina Beato era, además de consejera de Banesto, presidenta del Banesto Banking Corporation, una especie de extraña filial que teníamos en la llamada capital del mundo. Una visita de horas y de nuevo a Madrid, que no estaban las cosas para andar viajando por el mundo.

En la sala de espera de primera clase me encontré con el ministro Solchaga, que regresaba de su circuito por el mismo conducto que nosotros.

Dentro del avión Paulina y yo ocupamos los asientos contiguos. Me encontraba hecho unos zorros y a pesar de que no suelo consumir medicamentos de ningún tipo, esta vez decidí tragarme una de esas pastillas para dormir que suelen ser de enorme utilidad en los vuelos que cruzan el Atlántico. Claro que luego, una vez en el destino, tardas más en recuperarte, pero con la excusa del *jet lag* puedes funcionar más o menos bien. Cuando comenzaba a producirme sus efectos, nada más empezar el estado de somnolencia artificioso, un individuo se puso a mi lado, inclinó su cabeza, la aproximó a la mía y en voz baja me dijo:

—Al ministro le gustaría charlar contigo un rato.

Era el jefe de Gabinete de Solchaga. Paulina, más despierta que yo, se percató de su presencia y de su requerimiento y me arreó un codazo de esos que dan las mujeres enfadadas que pueden acabar fragmentando alguna costilla. La voz del hombre no conseguía despertarme pero el codazo lo consiguió a la primera. La voz de Paulina no sonaba tan dulce como la del jefe del Gabinete del ministro:

—Tienes que ir a hablar con Solchaga. Te llama.

—Pero no me jodas, Paula, que estoy dormido, que me he tomado un cacharro de esos...

—Pues bebe agua, coca-cola o lo que quieras, pero tienes que ir.

—Joder, esto de la política y las finanzas se está demostrando un coñazo de primera.

El ministro me recibió con una sonrisa de compromiso mientras bebía un vaso de güisqui. Le encontré con ese punto en el que de un momento a otro, si funciona la soberbia o su derivada la impertinencia, podría comenzar a soltar algunas de esas gracias a las que nos tenía acostumbrados y que, por cierto, tan extraordinariamente útiles habían resultado en otros momentos, como sucedió con aquella maravillosa revelación de los diez consejeros que podrían haber votado contra nuestras cuentas...

No andaba errado en mi pronóstico. Pocos minutos y algún güisqui más tarde comenzó a contarme, con sugestivo número de detalles, los particulares de su acoso sobre mí, en el que, con discreta precisión, describía el papel de Mariano como ejecutor de sus deseos, como *voix de son maître,* que dicen los franceses y queda más elegante que en castellano recio.

—La verdad es que nos sorprendisteis. Cuando Mariano me

planteó la ruptura con Juan y los Albertos yo le di el visto bueno porque te queríamos pillar con la autocartera. Eso habría sido decisivo porque sin recursos propios no se puede vivir en banca. Tú mismo te habrías colgado del árbol.

—Ya. Sí, claro, ministro, pero para sobrevivir en este entorno no hay que ser demasiado imbécil, y para sobreviviros a vosotros es imprescindible andar lúcido las veinticuatro horas del día...

Pues algo así debería haber provocado alguna reacción más o menos airada. O una carcajada sonora, que es también buen recurso de salida de situaciones tensas. Pues no. Nada de nada. Yo podría tener ganas de saltarle al cuello, pero Solchaga no aparentaba otro interés distinto del de relatarme lo ocurrido. Así que mejor que mejor. Le dejé explayarse. Y vive Dios que lo hizo.

—Yo mismo revisé personalmente en el ministerio la lista de accionistas del banco para descubrir tu autocartera. Nos quedamos acojonados. No tenías nada más allá del límite legal. Estábamos convencidos de que la ocultabas en alguna parte, pero no sabíamos dónde y no pudimos hacer nada más contra ti en ese campo.

—Pero, Carlos, no íbamos a ser tan imbéciles de no darnos cuenta.

Nada, ni caso. Repitió de nuevo la frase «en ese campo» como dándome a entender con toda claridad que proseguiría la guerra en diferentes escenarios, en aquellos valles o montañas en los que creyeran que la eficacia de sus armas letales les conduciría al objetivo deseado. Cumplidas estas palabras, la mirada de Carlos, después de un profundo y largo trago de su vaso, se quedó como perdida, colgada del horizonte, anclada en un pensamiento imaginativo en el que, estoy seguro, me veía colgado de algún árbol, ejecutado ante un paredón o quemado a fuego lento en una pira cualquiera.

Regresé a mi asiento. Estaba roto de rotura total. Paulina despierta.

—¿Qué tal, cómo ha ido?

Su voz sonaba con el punto de ansiedad típico de quien está con susto dentro del cuerpo pero no quiere transmitirlo fuera, que no se le note en exceso.

487

—Pues creo que bien porque cuando le he dejado para mí que soñaba con verme colgado de algún árbol cercano al ministerio...

Paulina sonrió. Yo también. Intentamos dormir lo que quedaba de trayecto a Madrid, que era más bien poco. A lo tonto la conversación con Solchaga había durado varias horas.

Como era previsible no soltaron su presa. Volvieron al ataque. Una vez más. La verdad es que los balances de los bancos son tan complicados, están tan llenos de recovecos, de conceptos de esos indeterminados y por tanto interpretables, de mecanismos capaces de generar apreturas, que un poder arbitrario tiene un verdadero filón en las normas y en los inspectores del Banco de España que las aplican con el celo de una policía financiera al servicio del poder de turno. Ahora andaban con uno de los conceptos básicos, uno de esos arcanos de la banca, algo que pocos comprenden bien, los recursos propios. Los disgustos que es capaz de dar este concepto no los imagina y prueba más que quien ha tenido que vivir en el mundo financiero.

Si tienes tu dinero invertido en inmuebles o en acciones, consumes, gastas más de esos recursos propios que si lo tienes en moneda contante y sonante. Es decir, el que no invierte, el que guarda los dineros escondidos en una bolsa bajo tierra, está más confortable que el que apuesta. Raro, pero así es. Bueno, no tan raro desde un punto de vista estrictamente financiero, aunque lo sea económica y moralmente. Banesto tenía una enorme cantidad de dinero invertida en empresas industriales. Así que nos consumían muchos, pero muchos recursos propios. Y eso te limita la capacidad de prestar a las empresas, es decir, de ejercer como banco. Vamos, una especie de trampa mortal. Y como esa trampa venía heredada, se convirtió en la grieta por la que penetraba su enésimo cuchillo en la lucha contra nosotros.

¿Qué podíamos hacer? Recuperar una vieja idea mía. Como los bancos, Banesto y Central, tenían activos financieros y otros industriales, pensé que el modo más claro, más transparente, más lógico y más eficaz era aplicar el precepto bíblico y darle al César (financiero) lo que es del César, y a Dios (industrial), lo que es de Dios. Así que crearíamos una entidad independiente, a ella aportaríamos todas las empresas que teníamos, separaríamos la gestión propia del banco de la industrial y tendríamos balances claritos como el agua.

Además de esta independencia de gestión conseguiríamos algo muy serio: venderíamos en Bolsa una parte del capital, una minoría se entiende, y con ello disminuiríamos el consumo de los famosos recursos propios, así que podríamos prestar más dinero a las empresas industriales. ¿Redondo, no? Pues sí, a todo el mundo le pareció una idea redonda. Innovadora, porque no se había puesto en práctica en banca. Incluso me hablaron de que algunos extranjeros la estudiaron y pensaron en implementarla en sus países.

Así que todo el mundo contento.

Pues no. Todo el mundo no. ¿Quién no? Pues aquellos a quienes eso de la racionalidad en la gestión, la transparencia en los balances y demás familia del metalenguaje financiero, no les importaba más que para confeccionar discursos, pero antes que nada había que ver si las personas que gestionaban los bancos pertenecían a su núcleo o no, porque en caso de ser ajenos al mismo ni transparencias, ni gestiones ni nada. Si eso servía para reforzar al enemigo no había que consentirlo.

Seguramente alguien puede pensar que exagero. Garantizo que me quedo corto. Menos mal que ya dejé constancia páginas atrás de aquella frase de «Banesto se encuentra en situación delicada y preocupante» que pronunció Mariano Rubio, capaz de destruir el banco. Una vez que eso se conoce a ciencia cierta, ya cabe cualquier cosa. Y esta de los recursos propios es de tono menor en comparación con aquella.

Pero para nosotros era de tono mayor, y muy mayor. Nos la jugábamos. Presentamos en una Junta General, al tiempo que la ruptura de la fusión con el Central, la creación de esta Corporación Industrial. Los accionistas, como es natural, nos aprobaron el proyecto porque era excelente para todos nosotros. Pero faltaba un pequeño detalle: para poderlo llevar a cabo era necesario que el ministro de Hacienda nos concediera las exenciones fiscales correspondientes, porque, si teníamos que pagar decenas de miles de millones en impuestos, lo que podría ser bueno se transformaría en catástrofe. Así que dependía de Solchaga.

Y me la jugué, nos la jugamos, porque garantías no teníamos más que una: que nos iba a costar un montón vencer la resistencia de aquel hombre. Pero si no lo conseguíamos, si fracasábamos, tendríamos que irnos del banco porque, después de la ruptura de la fusión, si ahora se nos caía este proyecto, el mercado, esa entelequia que es capaz de hacer daño, el mercado —digo— reaccionaría en nuestra contra y contra el mercado se vive mal. Se puede subsistir, claro, si tienes razón a largo plazo, pero a base de soportar sobresaltos diarios. Y ya llevábamos un montón de esas agitaciones emocionales.

Nos atrevimos. Porque en el fondo pensamos que un proyecto tan importante para la economía nacional no podía ser tratado de modo absolutamente arbitrario. Yo mismo me había puesto en manos de Solchaga puesto que de él dependían las exenciones fiscales y sin tales beneficios tributarios la creación de la corporación era sencillamente imposible. Pero nos pusimos en marcha y lo primero, lo obligado, era enviar la documentación al Banco de España.

En aquella Junta de 1989 entró como consejero, en representación de las acciones de Jacques Hachuel, el abogado Rafael Pérez Escolar. Era un iconoclasta respetuoso, es decir, un contradictorio esencial, salvo en asuntos en los que no admitía ni media broma. Siguiendo la tradición me pidió permiso para ir a presentar sus respetos a Mariano Rubio como gobernador en su calidad de nuevo consejero. Obviamente no le puse la menor objeción. Todo lo contrario. También es cierto que no le encomendé un abrazo de mi parte para don Mariano, pero tampoco hay que pasarse, que las familiaridades excesivas no quedan bien en ambientes de la rigidez del Banco de España.

Al regresar del caserón de Cibeles Rafael venía demudado y he de reconocer que a un hombre de su temple y fortaleza no se le intimida con facilidad. Su relato tenía tintes de tragedia.

—Todo iba bien mientras le presentaba mis respetos, pero se me ocurrió hablarle de la Corporación Industrial y los ojos casi se le salen de las órbitas. Se puso rojo de ira y dijo algo tan rotundo como que «para constituir la corporación tendrán que pasar por encima de mi cadáver».

—¡Joder! Pero ¿qué le pasa a ese hombre?

—Pues no sé, presidente, pero la verdad es que parecía que se había vuelto loco.

—Pues algo raro debe de tener en la cabeza porque es una operación que aplauden hasta los ordenanzas de las agencias de rating. Hay peleas por colocar las acciones entre los grandes bancos y ahora viene este con esa chorrada del cadáver...

—Bueno, hay que tener en cuenta que él sabe que con eso tenemos resueltos para años los problemas de recursos propios...

—Sí, claro, pero... Mira, vamos a dejarlo. Nosotros seguimos nuestro camino al tran tran, entre otras razones porque no queremos ningún cadáver físico de nadie.

Casualmente tiempo después una institución financiera tan prestigiosa como la Caixa nos copió la idea, creó esa corporación y la sacó a Bolsa. No puedo decir qué opinó Mariano Rubio porque desgraciadamente había fallecido unos años antes.

Pero a pesar de ese discurso de presidente lo cierto es que la cosa estaba mal, muy mal y de muertos andaba el lío: o mi cuerpo o el suyo, de acuerdo con su profecía, se encerrarían en el ataúd de madera construido a golpe de acciones de las empresas destinadas a encuadrarse en la corporación. No tenía más alternativa que pelear. Otra vez. Y era 1989, apenas un año y medio desde el ingreso en Banesto, y aquello no terminaba nunca. La verdad es que tesón le ponían a las guerras. Si aplicaran la misma regla a llevar ordenadamente la economía seguramente nos cantaría un gallo más vivo que los de piedra que tengo en Pollensa.

Saqué del armario el traje de guerra que había colgado unos meses antes y me puse manos a la obra: llamar a Navalón se convirtió en imperativo de los acontecimientos.

Desayunamos juntos en casa. Le expliqué la situación y la necesidad de que me ayudara con todas sus fuerzas. Antonio, prudente, prefirió decirme que desde luego estaba dispuesto a ello, aunque antes de aceptar ese encargo necesitaba «chequear» —palabra que odio— el verdadero estado de la cuestión en los círculos del poder. No tardó demasiado. De nuevo, pocos días más tarde, se reproducía la escena en el mismo decorado.

—El asunto está muy complicado, Mario. La posición de Mariano y Solchaga es irreconducible. Eres su enemigo. No quieren darte ni agua. Mariano se manifiesta particularmente ofendido contigo. Solchaga está convencido de que de esta caes, se libra de ti y tiene expedito el camino para colocar a los suyos en Banesto.

—Hombre, aunque sin perfiles tan dramáticos, ya me imagino que no me invitarán a cenar todas las noches.

—El asunto va en serio. Saben que si pierdes esta guerra tu vida en Banesto se cercena sola. Están dispuestos a llegar hasta el final.

El panorama comenzaba a tomar tintes de color negro azabache. Algo había que hacer. Tiempo atrás leí que la luna es más importante que el sol, porque es de noche cuando necesitamos la luz. Mi luna particular estaba corporeizada en la gran arquitectura física de Antonio Navalón. Y de su lobby, sus García Añoveros, Adolfo Suárez, Matías Cortés, Miguel Martín, Fernando Castedo y algunos otros liberados que según las necesidades del servicio eran reclamados para que, previo pago de honorarios nada despreciables, cumplieran la misión que se les encomendaba.

—¿Qué solución le ves? —pregunté sin poder evitar cierto tono de ansiedad en mi voz.

—Cortocircuitarles. No queda otro remedio. Felipe solo recibe información a través de Solchaga. Es muy difícil que escuche a nadie más. Hay que mover muchos hilos y todos al mismo tiempo, si no todo estará perdido. Tienes que hablar con él. Tienes que convencerle de que la corporación es buena para España. Tienes que decirle que la actitud de Solchaga no es racional, sino derivada de enemistad política. Es muy difícil, pero no existe otro camino.

—Bueno, pues ponte en marcha y ya me dirás en qué tengo que colaborar.

—Es tan serio el asunto que necesito fijar de antemano los honorarios contigo.

—¿Cómo?

—Pues que tengo que concretar el asunto del dinero porque me voy a mover en terrenos complicados.

—Hombre, Antonio, nunca te he fallado en ese campo. Funcionamos como hasta ahora, ¿no te parece? Me vas pasando facturas y en paz...

—No. Tengo que asumir compromisos muy serios y yo tampoco puedo correr el más leve riesgo. Así que necesito tu respuesta y tu compromiso personal antes de dar un solo paso.

No quise profundizar más. Cuando alguien te dice que tiene que asumir compromisos, quiere transmitirte que necesita involucrar a terceros, y en este campo tan pantanoso mejor no saber, no enterarte, que con la sospecha no pasa nada, pero el conocimiento a veces te puede buscar un disgusto serio. De todas maneras, necesitaba concretar el montante ese que Antonio reclamaba para navegar tranquilo en su mar de compromisos.

—¿De cuánto me estás hablando?

—De mil doscientos millones de pesetas.

—¡Joder! Antonio, eso es mucho dinero.

—Nada comparado con los beneficios para el banco si ganamos, y, desde luego, para ti personalmente. Una batalla contra Solchaga y Mariano es hoy por hoy un reto suicida. El que lo gane ascenderá como la espuma en los mentideros del poder. Y si ganas tú, tus accionistas ganarán contigo.

—Yo ya les he ganado en varias ocasiones.

—Sí, pero ahora el lío te lo has montado tú.

—Coño, ¿es un lío hacer algo más que lógico y coherente con sus postulados de transparencia bancaria?

—Una cosa son discursos y otra, razones políticas de fondo. Hazme caso. O lo salvas o estás perdido. Esto es más difícil que la fusión Banesto-Central.

—Puede que tengas razón, pero con todo y eso me sigue pareciendo mucho dinero.

—Pues piénsalo y volvemos a hablar. Yo no puedo defraudar. Si me pongo en marcha tengo que cumplir mis compromisos.

¿Qué podía hacer? ¿Tenía algún otro recurso? En el fondo, además, lo que me transmitía Antonio era la pura verdad. El beneficio para los accionistas de Banesto sería indudable. Así que a la vista de la fortaleza que me manifestó, no tuve más remedio que decir:

—Está pensado. Asumo el compromiso. Pero no pagaré un duro hasta que todo esté terminado. Ponte en marcha.

Cuando eres presidente de una institución sometida a tal cerco político, necesitas ser expeditivo. Es obvio que no iba a redactar por escrito la conversación de Navalón, componer con ella un informe y someterla a la decisión de la Comisión Ejecutiva. Había que decidir. Asumiendo los riesgos que fueran.

Muy poco después tuvo lugar el primer encuentro.

Txiki Benegas, secretario de Organización del PSOE, era amigo de Navalón. Le ayudaba. Con eso me bastaba. El primer encuentro que se organizó fue auspiciado por él, o cuando menos él asistió.

Se celebró en casa de un personaje al que no conocía, de nombre Germán Álvarez Blanco. Vivía en Madrid, en un piso alto de la calle María de Molina, creo que en el mismo edificio que fue morada de Lola Flores. Allí llegué a la hora convenida escoltado por gente de mi seguridad. Nada más cruzar el umbral, en una de las mesitas que dejé a mi derecha, vi una fotografía del presidente del Gobierno, Felipe González, con una dedicatoria cariñosa hacia nuestro anfitrión.

En el salón destacaban unos sofás blancos, en uno de los cuales se encontraba Txiki Benegas. A su derecha, al lado de una lámpara de mesa, una fotografía de la actriz Victoria Vera.

La cena se desarrolló en un comedor circular. El tema de fondo, la Corporación Industrial. Mientras consumía el segundo plato, una llamada telefónica provocó que nuestro anfitrión se disculpara para atenderla. Al volver de nuevo a la mesa, comprendí el motivo de interrumpir la cena.

—Perdonadme, pero era el presidente del Gobierno —nos dijo Germán con tono de importancia.

—Pero ¿sabe algo de esto? —pregunté dejando traslucir alguna inquietud.

No tuve respuesta. Una serena sonrisa de Germán, ante la mirada de Txiki, fue todo lo que pude obtener. En el fondo me daba igual. Nadie me explicitó nada pero los sofás blancos, las fotografías dedicadas, la llamada telefónica, el ambiente, la conversación, la enemiga que los allí reunidos manifestaban sobre la actitud despótica y sin sentido de Solchaga, constituían un cuerpo mental cuyo lenguaje corporal era evidente. Prefería no saber. Contraté con Navalón. Eso era todo para mí.

Por cierto, eso de la llamada del presidente del Gobierno durante una cena lo tenía repetido en mi historial, porque fue exactamente lo que sucedió cuando Juan Abelló y yo cenamos con Asiaín e Ybarra en la sede del Bilbao para charlar sobre la opa hostil a Banesto. Es que debe de impresionar mucho eso de que llame el presidente de un país. Supongo.

Las reuniones con Txiki a partir de ese momento fueron muy numerosas. Una de las últimas se desarrolló en la casa que Antonio tiene en la sierra de Madrid. Acabamos a tan altas horas de la madrugada, atendidos por un hombre de cojera ostensible, que solo tuve tiempo de tomar el coche, llegar a casa, darme una ducha, cambiarme de ropa y salir a toda velocidad hacia el aeropuerto, en donde me esperaba el avión del banco con destino a Suiza.

No puedo ocultar que siempre he sentido simpatía por Benegas. He conversado muchas horas con él, en ocasiones en compañía de Alfonso Guerra, pero todavía muchas más junto a Antonio Navalón. Nuestro lugar habitual de encuentro era el restaurante La Dorada, en Madrid, cuyos reservados o «camarotes» —así los denominan— son testigos mudos de la intensidad y duración de nuestros almuerzos y cenas. Los camareros del establecimiento y los miembros de nuestros equipos de seguridad se hartaban de esperar a que concluyéramos nuestros largos parlamentos. Nuestras conversaciones, como es natural, giraban en torno a la situación política y económica de España, y a la tensión interna que se vivía con particular intensidad en el Partido Socialista Obrero Español.

Al menos por mi parte, llegué a sentir un ambiente de especial confianza entre nosotros, a lo que, sin duda, contribuyó el grado de sinceridad y compromiso en las afirmaciones, dudas y confianzas de las que me hacía partícipe.

Txiki mantuvo un encuentro beligerante con Solchaga. Él mismo me lo confesó. En alguna ocasión se celebró una reunión a tres entre Txiki, Solchaga y el presidente del Gobierno, Felipe González. En otra, según me relató, el encuentro tuvo lugar en un bar cercano a la sede del PSOE en la calle Ferraz. Txiki me contó que como consecuencia de esa conversación casi llegan a las manos, lo cual, por cierto, teniendo en cuenta que uno es navarro y el otro vasco y que la simpatía profunda no es precisamente el sentimiento que une a sus espíritus, no tendría nada de particular.

Según me relataba Txiki, la posición de Solchaga era tan rotunda como arbitraria.

—No se le pueden conceder las exenciones, Txiki. Te equivocas. Conde es un enemigo del PSOE, más que eso, es el verdadero enemigo y su objetivo es quitarnos el poder, al menos a nosotros. La Ley nos permite ser discrecionales en la concesión de estos beneficios. Es absurdo concedérselos a nuestros enemigos.

Benegas no se inmutaba. Siguió en sus trece. Sabía que con el navarro no gozábamos de oportunidad alguna. Su posición era irreductible, como en su día me transmitió Antonio Navalón.

—Tenemos que pasar por encima de Solchaga. No hay otra solución que Felipe González. Intento conseguirte una entrevista con él. No será fácil porque si se entera Solchaga tratará de cortocircuitarla por todos los medios. Pero la trabajaremos.

Que un presidente de Banesto tenga que utilizar esos vericuetos para conseguir una entrevista con el presidente del Gobierno cuando por en medio anda el 1 por ciento del PIB español da una idea de cómo estaban las cosas en aquella España. Pero que haya que actuar a escondidas, evitando por cualquier medio que se entere el ministro de Economía, porque si tuviera conocimiento de ello se cargaría la reunión, es pintar un cuadro con el máximo detalle posible del impresionismo pictórico. Con esos bueyes arábamos aquella tierra, así que a esperar que fructificaran las gestiones de Txiki.

No sé muy bien cuál fue la llave que, a pesar de la oposición del poderoso ministro de Economía, me abrió las puertas de la conversación con el entonces presidente del Gobierno. Fue Txiki quien la accionó, pero ignoro la razón o motivo que convenció a González de la conveniencia de recibirme.

—Por fin, Mario. Felipe accede a la entrevista. Llamarán a tu despacho para decirte la hora. Creo que es el momento clave. Si le consigues convencer, hemos ganado.

La reunión con el presidente se celebró, creo recordar, en el mes de diciembre de 1989 y debo reconocer que salí bastante aturdido del encuentro. Entré preocupado, como no podía ser de otro modo. Era demasiado lo que estaba en juego. Sabía, además, de la enemiga de González, una enemiga incomprensible, pero cierta. No en vano consentía a sus ejecutores todo lo que habían desplegado sobre nosotros. Escámez y yo le visitamos para contarle el gran proyecto de la economía española. Sus gentes en el sector privado y público lo desmoronaron, lo convirtieron en imposible. Ahora volvía con otro proyecto también capital para nuestra economía. Tenía en sus manos la llave. Yo ignoraba si la accionaría o no. Con ese hombre es difícil predecir conductas.

Desplegué todos mis conocimientos y capacidad de persuasión.

—Presidente, un país como el nuestro no puede limitarse a ser una economía de servicios. La fortaleza a largo plazo de una nación descansa en la solidez de su aparato productivo.

Felipe silente, sin asentir ni disentir, como corresponde, según dicen, a un buen político...

—España es un país capitalista sin capitales, y si la banca se aleja de la financiación del aparato productivo, tanto por la vía de créditos como por la más directa de participar en el capital de las empresas industriales, no existe solución para nosotros a largo plazo.

Específicamente le dije que la discusión sobre la banca anglosajona y la banca alemana, esto es, la banca alejada y la comprometida con el desarrollo industrial, puede ser interesante en el plano teórico, pero de lo que se trata, lo que tenemos que hacer, es, al margen de teorías, decidir lo que conviene a un país determinado, en un momento determinado y con unas características determinadas. Fuera o no una realidad esperable a corto plazo la Unión Europea —le insistía—, en cualquier caso, nuestra circunstancia nos exige ese tipo de banca. Si, además, creemos que el Mercado Único y la Unión Europea van a convertirse en realidades tangibles en un plazo de tiempo no excesivamente largo, entonces a mayor abundamiento.

Decía que salí aturdido de esa entrevista porque me encontré con un Felipe González que, después de haberme escuchado con cara de atención, tuvo una respuesta a mi discurso que para mí fue altamente sorprendente.

—No necesitas convencerme. Creo que tienes razón. Los del Banco de España apuestan por otro modelo, pero eso no tiene nada que ver. Los políticos tenemos que velar por encima de teorías académicas para resolver los problemas reales de un país. Hablaré con el ministro de Hacienda.

Prácticamente ahí se acabó una entrevista que había costado, ya que no sangre, sí al menos mucho sudor. No entendía nada. Imposible dejar de pensar, siquiera sospechar, que estaba ante una frase dicha para calmarme, pero que luego, a la hora de la verdad, se escudaría en Solchaga para decidir lo que políticamente consideraran más conveniente. Y en el altar de esa conveniencia podría fácilmente diluirse.

Al final, casi al despedirnos, me dijo que tendríamos que continuar nuestra charla y hablar sobre temas de «información».

—¿Sobre qué?

—Sobre información y comunicación...

Su tono, alargando las últimas sílabas, dejaba entrever algo raro, por lo que corté por lo sano.

—Sobre eso, sobre información, comunicación y sobre lo que quieras hablamos cuando tú lo estimes oportuno y con todo el detalle que estimes conveniente. No tengas duda, presidente.

—Bueno, ya te diremos cosas...

Entre esa conversación y la concesión efectiva de las exenciones pasó mucho tiempo, tanto que Txiki parecía perder los nervios al hablar conmigo por teléfono.

—No puedo decirte nada, Mario. Nada más puedo hacer. El asunto ya está en sus manos.

Al final fue Solchaga quien decidió. Y eso que el presidente del

Gobierno me insistía en que estaba convenciendo a un convencido. Cosas del mundo de los políticos, supongo.

El final de la historia de las exenciones fiscales al mayor proyecto industrial de España se sitúa en el despacho de Carlos Solchaga, ministro de Economía y Hacienda.

Después de mi entrevista con Felipe el tiempo, como decía, seguía transcurriendo lentamente sin que se percibiera el menor movimiento que me indicara que lo prometido por González se iba a traducir en algo concreto, tangible, práctico. Presionaba a Navalón y este a Txiki, pero siempre aparecía Solchaga como el último obstáculo. Por fin, un día determinado se produce el gran evento: el ministro de Economía me cita para las cinco de la tarde en su despacho, pero no en el próximo a Banesto, sino en el edificio de la plaza de Cuzco de Madrid.

Allí me presenté cargado de incertidumbre. Solchaga me recibió muy amable, con gestos premiosos y una sonrisa algo irónica que presagiaba una conversación poco placentera. Pasamos a su despacho y nos sentamos el uno frente al otro separados por una mesa en la que se depositaron los cafés que pedimos al ordenanza del ministerio.

—Bueno, ya hemos tomado una decisión al respecto de las exenciones fiscales. Quiero que sepas que hemos manejado todos los antecedentes de casos similares y nuestra conclusión es que podríamos concederos el 50 por ciento de exención sobre una base imponible de unos treinta mil o treinta y cinco mil millones de pesetas.

Carlos Solchaga no es mal actor, porque no es mal político. Sin embargo, en esa ocasión, a pesar de la apariencia de seriedad y objetividad con la que adornaba sus palabras y gestos, no pudo evitar un ligero destello de brillo en su mirada, y un levísimo movimiento del rictus de su boca, el átomo de una sonrisa de maldad. La propuesta que acababa de escuchar era, sencillamente, la manera más sofisticada posible de decir no a nuestro proyecto. Sin alterarme lo más mínimo le miré a los ojos y, con un tono de voz muy parecido al que había utilizado conmigo, contesté:

—Bien. Eso significa que no podemos crear la Corporación Industrial. En tal caso me parece mucho mejor decirlo claramente y ahorrarnos circunloquios innecesarios, ¿no crees, ministro?

Carlos tardó unos segundos en contestar. Estaba disfrutando de su momento, exigiéndome el precio por mi atrevimiento de puentearlo, saboreando mi angustia, vengándose de mi osadía, sintetizando en segundos su rabia colérica por el fracaso de la opa del Bilbao, la expulsión de López de Letona, mi enfrentamiento con Mariano Rubio, mi obstinación en no querer despachar obediencia a quienes son los verdaderos dueños del poder económico en España. Me miraba fijamente a los ojos aunque por un instante creí percibir su mirada perdida, como ausente, más instalada en el recuerdo que constituía el objeto de su disfrute que en mi actitud ante una propuesta tan descabellada, cuya respuesta debería ser por mi parte la súplica en la postura de máxima humillación. No le proporcioné esta última parte del placer deseado, limitándome a advertirle que me parecía más serio que directamente prohibiera la implantación de nuestro proyecto. Por fin, inclinándose ligeramente hacia adelante, rompió su silencio para preguntarme con evidente cinismo:

—¿Qué sería para ti algo que te permitiera crear la corporación?

Bueno..., pensé para mis adentros. Parece que la estrategia ha funcionado. Se ve que le molesta mucho eso de que diga que el ministro de Economía me ha impedido crear la corporación... Bueno..., parece que vamos bien. Le contesté con rotundidad:

—No lo sé, pero desde luego está muy lejos de las cifras que me proporcionas. Sinceramente, no entiendo cómo podéis frustrar un proyecto de esta envergadura.

Mantuvo silencio durante unos segundos. Clavó sus ojos en los míos con su característica mirada desafiante. Cuando creyó percibir que el mensaje telepático había sido debidamente recibido, edulcoró un poco el tono de voz y con gestos que deseaban transmitir una tremenda preocupación por la carga de tener que cumplir con un deber de servicio público a la sociedad española en general y al proyecto Banesto en particular, comentó:

—Bueno, déjame hacer una llamada y veré qué se puede conseguir.

Poco a poco me iba acostumbrando a estos eufemismos de «miraré a ver qué puedo hacer» cuando era claro como el luminario azteca que podía hacer todo lo que quisiera porque en realidad era el único que mandaba, pero, en fin, son reglas del juego, y yo también sabía algo ya de cómo jugar esas cartas.

Se desplazó hacia su mesa de trabajo y marcó un número del ministerio. No retengo en la memoria el nombre de su interlocutor, pero sí su sexo: era una mujer. La conversación fue muy corta. Colgó el teléfono y volvió a mi encuentro.

—Bueno. Lo máximo que puedo hacer es algo del orden de los 135 000 millones y una exención del 70 por ciento. Es mi última oferta.

La verdad es que la llamada resultó ser altamente productiva. En apenas segundos pasamos de 30 000 a 135 000 millones y del 50 al 70 por ciento. Estaba seguro de que con eso teníamos más que suficiente, pero tampoco quise demostrar mi alegría interior de forma tan espontánea. Contuve mis sentimientos y tratando de aparentar la mayor frialdad posible, dije:

—Bien, ministro. No sé. Si me permites, me gustaría hacer una llamada telefónica.

—Por supuesto, pero en el caso de que aceptéis, tenéis que retirar la instancia originaria y presentar una nueva solicitando estas cifras que te digo.

—Entendido.

Marqué el número de Banesto en el teléfono SATAI situado a mi derecha. Pedí hablar con Ramiro Núñez y le expliqué la situación. Como es lógico, Ramiro se quedó encantado. La nueva instancia quedó presentada muy pocos días después.

¿Por qué quería una nueva instancia? Pues evidente: para que yo no pudiera decir públicamente que me habían concedido menos de lo pedido porque eso podría afectar a su prestigio —digo yo— en instancias internacionales. A mí me daba igual porque lo que quería eran las exenciones. Lo demás, adornos veraniegos.

—De acuerdo, ministro. Así se hará.

—Bien, Mario, espero que ahora te des cuenta de quién manda en este país y dónde se toman verdaderamente las decisiones.

Cuando alguien necesita aclararte algo así, es que manifiesta debilidad. Cada vez que en mi vida he escuchado una autoafirmación de poder frente a terceros, es que quien ejecuta el guión siente debilidad frente a aquellos a los que les recuerda su poder. Pero en este caso no tenía que ponerme a construir teorías sobre la *auctoritas* y la *potestas*, sino, mucho más humildemente, hacer lo preciso para irme a casa con las exenciones en el bolsillo.

—Sobre eso, ministro, la verdad es que no albergo excesivas dudas.

—Quiero que sepas que esta es una decisión política, porque el Gobierno, en materia económica, soy yo, y cuando te digo yo, es que soy yo y no otros. Yo, como ministro, tengo plena libertad para estas decisiones.

Le escuchaba en silencio. Disponía de varios argumentos jurídicos que de alguna manera contradecían su tesis, pero una vez las exenciones en el bolsillo, soportar un poco de discurso de este porte, cualquiera que fuera la opinión que me mereciera en el terreno ideológico, tampoco era un trabajo excesivo. Carlos parecía impulsado por algún resorte, ese que mueve a las personas a alargar aquellos instantes deseados desde hace tiempo en los que domina, o cree dominar, a otro ser humano, le da lecciones, le explica el ser y no ser de la vida, la cuadratura del círculo o el origen de los números de Fibonacci. Siguió imparable:

—Deberías saber que no se gana nada con acudir a estas personas del partido.

Aquello comenzaba a ser un poco excesivo. Una cosa es que yo tuviera que soportar sus críticas a mi actitud y otra bien distinta, que me hiciera partícipe de algún tipo de confidencia que yo no deseaba en absoluto. ¿El partido? ¿Por qué el partido? Pues porque Carlos tenía tesis acerca de cómo debían ser los partidos políticos de este fin de siglo y debo reconocer que no andaba desencaminado.

—El partido no funciona en su estructura actual. El mundo ha cambiado y los partidos deben acomodarse a la nueva era. No tienen el menor sentido esas organizaciones elefantiásicas. Resultaron útiles cuando eran la única manera de comunicar eficientemente con los ciudadanos. Hoy los medios de comunicación social son fuente de obsolescencia técnica para este modelo.

Sorprendente. Realmente sorprendente que Carlos Solchaga estuviera comentando conmigo sus ideas acerca del futuro de los partidos políticos. A pesar de considerarme uno de sus peores enemigos y de haber actuado en consecuencia en muchas ocasiones, no por ello me niego a reconocer que Carlos Solchaga es un individuo poco corriente y, en mi opinión, con capacidades, formación e inquietud intelectual muy superior a la media de las personas que he conocido en el partido en el que milita. Presentía que quería llegar a alguna parte y no tardé en comprobar que mi premonición no era descabellada.

—Precisamente por ello están abrumados por los gastos y hacen cualquier cosa por conseguir dinero para sufragarlos. No es que sea una organización ineficiente, es que, además, es muy cara. Personas como tú no deberíais entrar en ese juego. Primero, porque no os sirve para nada, como ya te he demostrado. Segundo, porque permitís que subsista un modelo obsoleto y caduco y una burocracia inservible. Alargáis el ajuste imprescindible a los nuevos tiempos.

Mi silencio fue absolutamente sepulcral. Carlos Solchaga acababa de insinuar, con esa delicadeza suya tan característica, que yo había contactado con personas del partido para conseguir las exenciones fiscales y que ellos, los de su partido, actuaron en mi favor por dinero, al margen de sus convicciones, y que si lo hicieron fue porque necesitaban esos emolumentos para compensar las salidas dinerarias de una organización muy cara. Me quedé realmente estupefacto. Era evidente que tenía que desviar la conversación porque el silencio se convertía en exageradamente agobiante.

—Bien, Carlos, tengo claro lo que me dices. ¿Qué vas a hacer esta Semana Santa?

Supongo que se quedaría algo desconcertado ante ese giro de conversación, pero pronto se daría cuenta de que no podía ni debía entrar a concretar nada. Entre otras razones porque yo no había pagado un duro al PSOE, ni a nadie de esa organización. Otra cosa es que él sospechara, que imaginara, que presintiera que tanto esfuerzo en mi favor sería debido a compensaciones económicas. Pero entre sus sospechas y mi realidad se levantaba una frontera que desde luego yo no estaba dispuesto a cruzar. Por eso corté. Pero al tiempo formulé una pregunta que acentuaba el tono amigable.

—Seguramente iré por Mallorca —contestó el ministro no sin cierta sorpresa en la voz y el gesto por el cambio de rumbo tan brusco.

—Hombre, yo voy a estar también allí. Si te apetece, podrías venir un día a cenar a mi casa y charlamos más despacio.

—Podría ser, podría ser.

—Le diré, si te parece, a mi secretaria que le dé a la tuya mis números de teléfono en Mallorca y si te apetece me llamas.

—De acuerdo.

—Digo que me llames porque eres el que manda y si quieres vienes y si no, pues nada. El poder no necesita dar explicaciones.

Lo dije con la menor sorna posible en voz y gesto. Solchaga creo que no interpretó lo mismo. Lo cierto es que no me llamó. Ni siquiera sé si fue o no por Mallorca, pero en cualquier caso no estuvo en mi casa.

Respiré profundamente cuando abandoné el edificio de Cuzco y me encontré en la calle. Apenas unos metros me separaban de mi coche, pero los recorrí a cámara lenta, disfrutando en cada paso, en cada movimiento del aire que llenaba mis pulmones. Sentía una inmensa alegría interior. Al fin y al cabo, el encuentro se había saldado con victoria de nuestra parte. La Corporación Industrial era una realidad. Salí algo más que contento de aquel encuentro. En síntesis había ganado.

Cumplimos los trámites ordenados por el ministro, informé a Navalón y a Txiki, a la Comisión Ejecutiva del banco y llegó el gran día. La Orden Ministerial en la que nos concedían las exenciones fiscales. El Consejo estaba radiante. Nos llegaban las primeras noticias de que la Bolsa había recibido la buena nueva con ascenso en flecha de nuestras acciones. Desde allí mismo informé a Jesús Polanco y concluida la sesión volé hacia Mallorca. Leí los periódicos del día siguiente en Can Poleta. Todo un espectáculo. Con enorme diferencia, el que dedicaba mayor extensión en espacio y mejor tratamiento informativo era *El País*. Parece ser que mi comunicación telefónica con Jesús había surtido efecto. Hasta el extremo de que recibí una llamada de Jaime Botín, presidente de Bankinter.

—Belce, de nuevo el poder en tus manos.

El ascenso en Bolsa fue rotundo. La imagen de Banesto mejoró de modo brutal. Ahora llegaba el momento de la cuenta, de pagar la factura por estos servicios. Algún tiempo después de toda esta bonanza, Antonio Navalón acudió a mi casa con un propósito más que comprensible: que hiciera efectivo el compromiso asumido por mí. Dicho de manera más ordinaria: que le pagara los mil doscientos millones de pesetas que se fijaron como precio por el trabajo.

—No me parece justo, Antonio, ante todo porque las exenciones se han concedido por la mitad de lo solicitado.

Todo el mundo tiene el derecho y hasta la obligación de negociar y tratándose de una cifra de esa envergadura no estaba dispuesto a soltar el cheque, por decirlo de manera gráfica, sin un mínimo de forcejeo.

—Eso es verdad, pero también lo es que prácticamente resulta indiferente para vosotros. A partir de una determinada cifra, lo que cuenta es el hecho de poder crear la corporación. Fíjate el subidón que pegaron las acciones de Banesto. Ha sido uno de los mejores negocios del mundo para vuestros accionistas.

Antonio tenía razón. Por ese camino mis argumentos se debilitarían enseguida. Pensé alguna estratagema para dilatar el pago completo. Seiscientos millones de pesetas me seguía pareciendo mucho dinero, y por muy importantes que hubieran sido los servicios que nos habían prestado Antonio y su lobby, su retribución alcanzaba cifras de gran envergadura, así que pensé que la mejor manera de rentabilizar nuestro dinero era pedirle algo complementario.

—Vamos a ver, Antonio. Seiscientos millones por esta primera parte me parece suficiente. Ahora bien, no quiero que pienses que no voy a cumplir mis compromisos. Lo que te propongo es lo siguiente:

como sabes, vamos a salir a Bolsa y estamos adjudicando a la UBS la colocación en los mercados mundiales. Se trata de pequeños accionistas para los que tenemos una demanda brutal. Mi idea es que Banesto tenga menos del 51 por ciento de la corporación, porque no lo necesitamos. Incluso algún día quisiera bajar del 25 por ciento.

Antonio me escuchaba con atención pero el gesto de disgusto por el coste que para él había tenido el desayuno se manifestaba al exterior de manera indisimulada. Seguí con mi discurso.

—Por ello me gustaría tener algún paquete importante controlado. Inversores institucionales que estuvieran dispuestos a comprar una parte de la corporación, un 10 o un 15 por ciento, por ejemplo, de forma que se agruparan con Banesto. No creo que eso para vosotros sea especialmente difícil.

—¿Qué quieres decir, que me pagas ahora seiscientos millones y otros seiscientos si te consigo esos inversores?

—Exactamente, Antonio, exactamente, y me parece un trato justo.

No tengo la menor idea de si en esos segundos o minutos mi interlocutor puso en funcionamiento su cabeza para calcular las probabilidades de culminar con éxito un encargo como el que le estaba exigiendo para recibir la segunda mitad del trato. Como hombre práctico que es, seguramente pensó que tal asunto era un trabajo para el instante inmediatamente posterior al cobro de los primeros seiscientos millones, así que se concentró en ello con todas sus fuerzas.

—Bueno, ya hablaremos de los inversores. ¿Qué hago para que me pagues?

—Primero voy a informar a la Comisión Ejecutiva y le encargaré a Belloso que tramite el pago. Tú te pones en contacto con él y lo que decidáis está bien. ¿De acuerdo?

—De acuerdo.

Antonio abandonó Triana 63 y yo tuve el convencimiento de que me acababa de ahorrar seiscientos millones. Nunca tuve la menor esperanza de que me colocara ese 10 por ciento de la corporación, entre otras razones porque no sabía de dónde sacaría los posibles inversores. Pero desde ese mismo instante, tal venta de acciones dejó de ser mi problema para trasladarse a Antonio. Seguramente él pensó lo mismo: al final esto se queda en seiscientos de los mil doscientos pactados.

Al día siguiente me puse al habla con Belloso. Juan estaba literalmente encantado porque la Corporación Industrial era una fuente de aguas limpias y cristalinas para los recursos propios del banco. Sabía desde el inicio que había contratado a Navalón y Selva para este cometido y conocía a la perfección el tipo de trabajo que mis llamados asesores cumplirían en este espinoso asunto: puentear a través de Txiki al intransigente Carlos Solchaga. Nunca comentamos de manera abierta y directa que detrás de ese pago alguna cantidad podría ir destinada a personas del PSOE o al propio PSOE, pero era algo que flotaba entre nosotros dos sin querer fijar ni nuestra atención ni nuestra palabra en tan escabroso asunto.

—Antonio te llamará para cobrar. Supongo que lo hará a través de la sociedad suya esa, Euroibérica de Estudios, que es la que nos pasaba las facturas al banco cuando lo de la fusión-desfusión con el Central.

—De acuerdo, hablaré con él —contestó Juan.

La idea originaria de Antonio era, en efecto, cobrar en España y en pesetas.

Curiosamente, una mañana de aquellas, Juan Belloso se me acerca y con voz de sigilo me comenta:

—Me cuenta Abad que en una sociedad nuestra que se llama Banesto Industrial Investment hemos tenido este año unos beneficios especiales de unos setecientos millones de pesetas como consecuencia de cambio de divisas y me propone que los demos como dividendo.

—Bien, no me parece mal.

—Sin embargo, yo he pensado que podríamos utilizarlos para pagar a Navalón. Teniendo en cuenta el tipo de pago de que se trata yo creo que es mejor que se pague desde el extranjero —continuó Juan.

—¿Qué más da? Si se lo vas a pagar a Euroibérica en España y en pesetas, queda el mismo rastro que se lo pague Banesto que esa sociedad que dices.

—Hombre, claro, pero lo que yo quiero es que busquen una

sociedad de fuera para cobrar el dinero, que nos pasen a Banesto Industrial Investment una factura y en paz.

—¿Eso no tiene problemas?

—Ninguno, porque se trataría de un pago entre dos no residentes.

—Pero no tenemos nada que ocultar. Navalón vive aquí y si le pagamos fuera, ¿no tendremos problemas fiscales nosotros?

—Nosotros no, presidente. Él sabrá... Si la sociedad es suya, lo tendrá que declarar, digo yo. Nosotros declaramos el pago. Él, el ingreso.

—Ya..., pero tiene que ser suya la sociedad.

—Hombre, si es él el que nos dice a dónde pagar es claro que es lo mismo que pagarle a él.

—Bueno, pues hazlo como queráis.

Al cabo de unos días, Juan, de nuevo manteniendo el tono sigiloso, como si estuviéramos ocultando algo o envueltos en alguna trama prohibida, casi me susurra al oído:

—He hablado con Antonio y me ha dicho que Diego Selva ha salido ya para Suiza a buscar una sociedad para que nos haga la factura de los seiscientos millones.

—Ah. Muy bien —fue mi respuesta.

Nunca más volví a saber del asunto, salvo por un detalle. Juan, con el propósito de cubrirse, quiso que la Comisión Ejecutiva conociera el pago y hasta que lo aprobara, lo que nunca sucedía en el banco. Siguiendo su sugerencia informé a todos los miembros de la Comisión, formalmente constituida, de la necesidad de efectuar ese pago, pero, por razones de prudencia y porque, como digo, no era misión de ese órgano colegiado aprobar este tipo de gastos, yo mismo sugerí que no constara en acta. Lo que ignoraba es que Juan había preparado en su secretaría un texto de la factura con una leyenda que decía: «Aprobado en Comisión Ejecutiva. Consejero delegado».

Al no tener reflejo formal en el documento que recogía nuestras deliberaciones, Belloso se percató de que no podía enviar esa factura firmada con esa leyenda a Javier Abad, así que la abandonó, preparó otra sin nada escrito y se la envió al director general para que siguiera su curso ordinario. Nunca más volví a saber de ese pago. Ni con Navalón, ni con Diego Selva, ni con Belloso, ni con Abad, crucé una sola palabra al respecto. Únicamente, cuando presentó Juan al Consejo los resultados del banco, en el consolidado aparecía un aumento de gastos y se explicó que era debido a un pago de importancia que estaba relacionado con la Corporación Industrial. Recuerdo perfectamente la mirada de Antonio Torrero, presidente del Comité de Auditoría, además de consejero, expresiva de entender de qué iba el asunto y que pasáramos a otro tema. Ninguno de nosotros habíamos oído hablar en nuestras vidas de una sociedad llamada Argentia Trust, salvo uno: Juan Belloso Garrido.

El 26 de febrero de 1998 ingresaba en la prisión de Alcalá-Meco por una sentencia en la que se decía que yo me había apropiado de ese dinero, de esos seiscientos millones que pagamos por estas gestiones... Un juez del cuarto turno llamado Pérez Mariño, vinculado al ala izquierda del PSOE, confeccionó en veinticuatro horas la sentencia. La leyó a los medios de comunicación. Dijo urbi et orbi que yo había puesto ese dinero a buen recaudo y a mi disposición. La Justicia suiza, años más tarde, le demostró que había mentido, que yo no había tocado una peseta de ese dinero. Con la prueba terminante de esa falsedad pedí al Tribunal Supremo, por medio del abogado y fiscal en excedencia Ignacio Peláez, que me revisara la sentencia. Se negaron.

Me quitaron por este asunto tres cuadros que había comprado con el dinero obtenido en la venta de Antibióticos. Uno de Picasso, otro de Braque y otro de Juan Gris. Este último se expone en el Museo Reina Sofía. Cosas del destino. Allí vive como testimonio de brutalidades del Sistema.

Aquel año de 1989, fue uno de los que se graban en mi memoria con la fuerza del ácido sobre las células humanas y con el sabor agridulce de la despedida del invierno, porque no solo tuvimos que enfrentarnos a las presiones de todo tipo que se diseñaban y ejecutaban desde los pasillos y despachos del poder, sino que, además, y esto es especialmente doloroso, dentro del propio Grupo Banesto, y protagonizado por personas de la más alta significación en su historia, se ejecutaron acciones capaces de romper tus creencias más acendradas, más consolidadas sobre determinada clase social y empresarial española. Generalizar es, desde luego, un procedimiento mental ilegítimo, pero en ocasiones sientes tentaciones que reclaman mucha serenidad para poder ser controladas.

José Serratosa Ridaura, «Pepe» para los amigos, era, cuando le conocí, un hombre alto, más bien gordón, de mirada afable y gestos tranquilos, con el pelo cano propio de su edad, «jefe» de la familia Serratosa. Profesaba un respeto reverencial por Pablo Garnica, el ex presidente del banco. Su hermano Emilio, delgado, algo más joven, de movimientos nerviosos que transmitían una incesante sensación de inquietud, viudo temprano, llevaba el mismo apellido, pero si el nombre de familia implicara igualdad de condiciones genéticas, con influencia en los aspectos físicos y en la estructura psicofísica, en el caso de Emilio respecto de Pepe se habría producido una grave distorsión del funcionamiento del ADN. Ambos controlaban, con la ayuda inestimable de un empleado llamado Carranza, el Grupo Valenciana de Cementos.

Banesto disponía de una posición accionarial de enorme peso en el grupo, pero lo más curioso es que la familia Garnica, a título personal, se había convertido en algún momento en accionista de las empresas cementeras. Todavía ignoro el mecanismo a través del cual habían accedido a la propiedad del 4 o 5 por ciento de ese grupo, lo que, a la vista de los resultados obtenidos, se tradujo en miles de millones de pesetas. Más de cincuenta veces el capital familiar que invirtieron en acciones de Banesto.

En los pasillos del banco, entre los clásicos de la casa, se contaba que el grupo cementero valenciano, años atrás, había atravesado una muy mala racha, hasta el extremo de que estuvo a punto de quebrar. Cuentan que don Pablo Garnica Echevarría, ex presidente de Banesto, se había ocupado personalmente de levantar el grupo cementero valenciano ante la desesperada petición de la familia Serratosa. ¿De qué los conocía? ¿Cómo llegaron a él?

—La verdad es que ese dato no lo tengo —me decía César Mora cada vez que le preguntaba por los particulares de este negro episodio.

—Pero hay que admitir que no es fácil que un hombre de la importancia de Garnica, sobre todo en su condición de consejero delegado y posteriormente presidente de Banesto, se involucre de manera tan intensa con unas empresas cementeras situadas en la Comunidad Valenciana.

—No, pero así sucedió. Y lo llamativo es que fuera presidente de Valenciana y que su hijo, el don Pablo de nuestra época, también aceptara serlo en sustitución de su padre.

—Hombre, no sé, pero lo que me parece más creíble es que la familia Serratosa, en agradecimiento por la ayuda del banco, en algún modo facilitara que los Garnica tuvieran un pequeño paquete de esas empresas cementeras. Otra cosa son los aspectos, digamos, éticos de este tipo de asuntos, pero no son tan infrecuentes en el mundo de los negocios en España.

Lo cierto es que con independencia de los afectos que pudieran sentir entre sí Serratosas y Garnicas, si el dinero se cruza en el camino de los individuos las decisiones de mayor apariencia épica tienen, sustancialmente, un contenido puramente crematístico. La atracción del metal es nítidamente superior a la llamada de la sangre o al compromiso moral. Al menos es así para muchos, para una ingente multitud de seres humanos.

Lo malo de esas situaciones conflictivas se produce cuando tienes que elegir entre dos activos: los morales y los crematísticos. Como digo, suelen perder los primeros.

Aquella mañana del 20 de noviembre de 1987 en la que se hacía oficial que Banesto iba a ser objeto de una opa del Banco de Bilbao, Pablo Garnica, entonces presidente, recién llegado de Córdoba, adonde había acudido a visitar a una hermana monja, debió de asustarse mucho al tomar conciencia de la iniciativa de Sánchez Asiaín, pero no solo por «su Banesto», sino también por «su Valenciana».

Tenían construido un modelo satánico para controlar accionarialmente el grupo. Pues bien, Pablo Garnica vendió ese día un 1 por ciento de una sociedad inocua: Cementos del Mar. Un miserable 1 por ciento. Pero de miserable nada: con eso se cargaba la propiedad de Banesto. Reducía el valor de nuestra participación no a cero pero en muchos miles de millones. ¡Alucinante! No sin esfuerzo conseguí de los Serratosa que me lo devolvieran para restituir a Banesto lo que de Banesto era. Lo hicieron, pero creo que ya tenían pensado engañarnos.

Lo hicieron y con la inestimable, tan inestimable como increíble, colaboración de Pablo Garnica, que falsificó un acta de Consejo. Un buen día, Pablo, don Pablo para Vicente Camacho, se presentó en casa de este último acompañado de Ángel Galán Gil, secretario del Consejo de la Sociedad Cementos del Mar. La petición de Pablo a su antiguo subordinado no tenía nada de extraño en apariencia: sencillamente, le decía que en el acta de la última sesión, cuya copia le habían entregado a Vicente Camacho, se había cometido un «ligero error» y que, por tanto, el secretario, una vez subsanado, le entregaba «la buena». Vicente Camacho, que además de confianza y respeto hacia don Pablo leía con dificultad debido a su avanzada edad, no tuvo el menor inconveniente, entregó el original antiguo y se quedó con el nuevo. Pablo y el secretario abandonaron el domicilio sin dar mayores explicaciones y prácticamente sin agradecer el gesto a Vicente Camacho.

No podía creerlo. Aquello superaba todas mis previsiones. Lo de menos es que hubieran cometido una falsedad en documento público. Lo alucinante es que Pablo hubiera llegado hasta ahí, desde luego con el conocimiento, aprobación y colaboración entusiasta de Emilio Serratosa y, lo siento, creo que también de Pepe. La fábrica de mimbres había ampliado su capital de forma ostensible. Vicente Camacho, al darse cuenta del desaguisado y del perjuicio que ocasionaba a Banesto, no tuvo duda alguna por quién decantar sus fidelidades, así que se fue al notario Félix Pastor, hoy también fallecido, y el 29 de junio de 1989 declaró notarialmente que había sido engañado.

El 24 de noviembre de 1989, sin previo aviso, sin haberme dicho ni una sola palabra, antes de comenzar el Consejo de Banesto citado para ese día, recibí, por conducto notarial, una carta de Pepe Serratosa. No necesitaba leerla para imaginarme su contenido y el cabreo contra mí mismo me provocó una subida de adrenalina como pocas veces he sentido en mi vida. Estaba seguro de que Pepe quería volver a la guerra, no tanto por él, sino por Pablo y Emilio. En efecto, Pepe dimitía del Consejo alegando, en clara excusa, que no estaba de acuerdo con la creación de la corporación y no recuerdo qué otras cosas más.

Permanecí un largo rato en silencio sin escuchar a Juan Belloso, que explicaba al resto del Consejo las cifras contenidas en el cuaderno mensual. No tenía ninguna duda de que la creación de la Corporación Industrial no era más que una excusa formal para la decisión de los Serratosa. Ante todo, porque no pudimos constituirla hasta abril de 1990, cinco meses después de la carta de dimisión de Pepe. Pero, fundamentalmente, porque en aquellas fechas, a la vista de nuestras malas relaciones con el poder, las apuestas de la comunidad financiera estaban diez a uno en nuestra contra. Querían Valenciana de Cementos para ellos. Así de simple. Desde aquel día hasta hoy no volví a hablar ni con Pepe ni con su hermano, ni, por supuesto, con Pablo Garnica.

Vivir en Banesto, pensaba, se está convirtiendo en una guerra continua. Cada vez que tratas de racionalizar algo, indefectiblemente afecta a los intereses personales y patrimoniales de algunos que durante tantos años han vivido sin problemas sobre la base de una especie de do ut des latino. En el mismo momento en que cualquiera de ellos veía peligrar su posición, el medio a través del cual vivía y se dotaba a sí mismo de un cierto poder e influencia social a costa de la racionalidad organizativa del Grupo Banesto, y, en alguna medida, de sus pesetas, te declaraban la guerra. Banesto parecía funcionar como una red de intereses entrecruzados a base de «no me molestes, no te molesto». Si nadie preguntaba qué ocurría en Petromed, Juan Herrera no cuestionaba los números de Banesto. Si dejaba a los Garnica-Serratosa campar por sus respetos en Valenciana, las aguas remansarían tranquilas en los Consejos de Banesto. Si permitías a la familia Argüelles moverse a su antojo en el negro y bello edificio de La Unión y el Fénix, la recíproca, por su parte, se aplicaría en Banesto. Ese entramado de intereses entrecruzados con el que algunas familias habían construido no solo su presencia en el banco, sino su modus vivendi social y económico, era excesivamente poderoso. Pero no se trataba ni mucho menos de todos. La familia Mora, por ejemplo, con tres generaciones en el banco, tenía un comportamiento radicalmente contrario a estas prácticas. No distinto, sino radicalmente contrario.

Nuestros enemigos políticos, fundamentalmente Solchaga y Mariano Rubio, conocían este proceder de algunos consejeros. Lo conocían y, teóricamente al menos, no debería ser de su agrado. Pero todo valía en la guerra contra nosotros. Estoy convencido, aunque no tengo la más mínima prueba de ello, de que Emilio y José Serratosa gozaron del amparo del ministerio dirigido por Carlos Solchaga, a quien por encima de cualquier otra consideración, racionalidad económica privada incluida, importaba seguir acosándonos en una lucha sin cuartel. Esa noche, concluido el Consejo, empecé a explicarle a mi mujer que estaba hasta las narices de ese mundo.

—Una cosa, Lourdes, es pelear contra políticos y terminales. Otra bien distinta es tener a gente así en tu propia casa. Cierto es que todos me apoyan y que todos están en contra de estas cosas, pero es que resulta muy, pero que muy cansado, sobre todo moralmente.

Lourdes nunca contestaba a estas diatribas mías. En el fondo ella había recomendado vender e irnos de Banesto. Podría haber dicho algo así como «ya te lo advertí yo», o cosas parecidas, pero jamás lo recordaba. Ante lo inevitable siempre apoyaba.

La guerra fue terrible. Sus primeros movimientos fueron sangrientos. Nos expulsaron de los Consejos de Administración de las filiales que controlaban gracias a una autocartera que, en parte, era nuestra. No tuvieron el menor miramiento.

Hice todo lo que pude. Lo que estaba humanamente en mis manos. Pero no conseguí nada, o muy poco. El 30 de marzo de 1990, los Serratosa, de la noche a la mañana, después de tan sangrienta batalla, cedieron y abordaron la división del Grupo Valenciana. Se intercambiaron las acciones y Banesto percibió una liquidez neta de 62 000 millones de pesetas. Cuando concluyó la sesión, me acerqué a Arturo y le dije:

—Esto ha salido muy bien, pero ahora sí que está claro que nos quedamos con un grupito que puede ser rentable a corto plazo pero no a largo. No tiene viabilidad por falta de dimensión. Creo que más que nunca es urgente ponerse a encontrar un comprador para irnos del negocio del cemento. Ya sé que ahora mismo no se puede empezar a explicarlo, pero hay que comenzar a hablar con Salort para que sea consciente de que tenemos que vender. Con ese dinero entraremos en nuevos negocios con más futuro.

Así fue, en síntesis, la historia de una de las batallas más desagradables que he tenido que vivir en mi vida. En su primera parte se derrumbaron algunos de los conceptos con los que me había acercado a Banesto. El comportamiento de Garnica fue, en mi opinión, absolutamente incomprensible, por decirlo de una manera cariñosa. El de Pepe también. Emilio era Emilio. El esfuerzo me agotó y la facilidad con la que una información confidencial pudo doblegar la impenitente resistencia numantina de los Serratosa me sorprendió. Los bajos fondos, los trapos sucios, constituyen, en mi lamentable experiencia, armas que se utilizan en todo el mundo y que, en ocasiones, sobre todo cuando los contrarios han decidido romper con las barreras morales mínimas, se convierten en la única terapéutica adecuada. Así sucedió. Es absolutamente cierto que me mantuve al margen, entre otras cosas, por puras razones de higiene.

15

El lunes 12 de julio de 2010 amaneció tranquilo. Si juzgamos por la calma que se respiraba en Chaguazoso, si nos limitamos a observar el silencio de los prados, la quietud de los castaños, la limpieza de la mañana, la ligera brisa que aminoraba el calor, nunca excesivo en esta Frieiras, nada podría llevarnos a concluir que ese día era uno de los que hacen historia en un país. La razón: España ganó en Sudáfrica la noche anterior, y por primera vez en su historia, la Copa del Mundo de fútbol.

Reconozco que nunca fui demasiado aficionado a ese deporte de correr a patadas detrás de un balón de los llamados de reglamento, pero entiendo que cuando se trata de competiciones de este nivel, cuando es la Copa del Mundo lo que se dilucida, el asunto es mucho más que un acontecimiento deportivo. Ante todo por su inmediata internacionalización. Nada más concluir el partido, cuando ya me dirigía a mi dormitorio en A Cerca, recibí cuatro mensajes en mi móvil. Dos de Italia y otros dos de Portugal. Pero ni siquiera en la internacionalización se diluye su efecto. Más bien al contrario. España, en estos días, anda algo revuelta con la sentencia del Tribunal Constitucional sobre el Estatuto de Cataluña. Un proceso en el que se han ido acumulando dislate tras dislate hasta conseguir crear un verdadero problema allí donde no existía, o de tener vida anterior sería de muy diferente intensidad, textura y color que la que parecía íbamos a estar condenados a vivir/sufrir al menos por un tiempo. Y la victoria de España podría contribuir a amainar los vientos de los ánimos de algunos irredentos defensores de razones supuestamente históricas convertidas, en pleno siglo XXI, en postulados de política merecedores de la más profunda intransigencia. Ciertamente problemas de siglos no se solventan con la euforia que caracteriza a este tipo de victorias. Seguramente no en mentes formadas, pero alguien me decía esta mañana, y quizá tenga algo de razón, que en el ADN de algunos jóvenes que no han vivido la tensión escondida detrás de la construcción del Estado español puede que esta victoria produzca efectos, se conserve, se almacene en sus retinas espirituales para albergar un concepto de España menos dramático, menos fragmentario que el que algunos parecen concebir como solución a todos sus males.

Claro que, como digo, ni este terrible asunto ni la crisis que nos asolaba tendría solución cumplida por un gol de un miembro del equipo conseguido en la prórroga del partido. Eso sería una ingenuidad, y, al tiempo, implicaría un concepto de la construcción jurídico-política y de las definiciones de la economía de una nación más bien pobre de toda miseria. Pero lo cierto es que amainaría un rato.

Al menos eso esperábamos César Mora y yo cuando charlábamos en el patio de A Cerca. A pesar del calor de julio que situaba en alerta a otras zonas de España, aquí, en Chaguazoso, en la Galicia profunda, podíamos situarnos al aire, un poco recostados a la sombra, y consumir un rato de charla sin percibir los devastadores efectos de los calores que traen el sofoco, matan tertulias, agostan cuerpos y adormecen almas. Y, claro, charlábamos sobre lo que hoy sucede en torno a los banqueros modernos, a la necesidad sentida por los Gobiernos de la Unión Europea y de Estados Unidos de limitar los bonus, esto es, las retribuciones que a sí mismos se conceden y que sobrepasaron cualquier límite lógico, ético y si me apuran hasta jurídico. Y no faltaron a la cita de nuestra conversación las palabras de los premios Nobel solicitando de los bancos que vuelvan a prestar dinero a las empresas...

—A veces el vivir un tiempo más o menos largo te permite comprobar cómo mentiras de hoy son verdades de ayer y al contrario... Parece mentira que los ataques que nos hicieron por la Corporación

Industrial sean hoy los temas claves para arreglar el lío en el que nos han metido...

—Es que entonces, César, se sabía muy bien que la banca estaba al servicio de la industria, lo financiero al servicio de lo real, que lo que verdaderamente importa en un país es tener creadores de riqueza...

—Los banqueros solo administran la sangre del modelo.

—La sangre que es el ahorro de una comunidad. Por eso es alucinante que no nos hayamos dado cuenta de que cada vez que nos endeudábamos para invertir mal estábamos comprando ahorros de otras comunidades, que más tarde o más temprano tendríamos que devolver.

—Sí, pero tenemos que admitir que los mercados de entonces nos entendieron, sabían lo que hacíamos. El problema nuestro no fueron los analistas internacionales, sino los políticos locales y quizá algunos compañeros de oficio...

—La verdad es que con la guerra de Valenciana concluida con sabor agridulce, las exenciones fiscales en el zurrón bancario y las acciones del banco subiendo en flecha, me sentía tranquilo, percibiendo, o mejor dicho, comenzando a percibir un clima diferente del que había hasta aquel momento. Parecía que, por fin, las guerras abandonarían nuestro escenario y que las batallas políticas caminaban hacia paisajes diferentes.

—Las guerras políticas nunca se acaban. Solo se suspenden. Para limpiar heridas, buscar nuevos soldados, mejorar las armas, pero el poder actualmente es equivalente a guerra.

—Así es, desgraciadamente, así es.

En aquellos días experimentábamos la primera fase de paz, al menos de calma externa, desde que decidimos comprar acciones de Banesto. Era la hora de poner en práctica nuestro diseño y vender las acciones de la flamante Corporación Industrial, que nos había costado sangre, sudor, alguna lágrima y seiscientos millones de pesetas, a los mercados internacionales. Si nos salía bien, como esperábamos, ganábamos por todos los costados que se mirara. No solo creábamos la primera Corporación Industrial de España, sino que, además, pedíamos a los inversores internacionales que acudieran con su dinero a comprar nuestras acciones, lo que nunca es fácil. De conseguirlo —pensábamos—, las actitudes bélicas de Mariano y Solchaga para con nosotros sufrirían un desastre espectacular, no solo por la presencia de esos inversores extranjeros, sino porque el esotérico capítulo de los recursos propios bancarios perdería sustancial ímpetu como arma arrojadiza contra los edificios de Banesto. Supuse que eran conscientes y que se resignarían, al menos temporalmente, ante lo inevitable.

—Lo que es difícil de creer hoy —añadía César— es que en aquellos momentos hubiera tortas por ser el representante nuestro, por asumir el papel del banco que iba a colocar las acciones de nuestra corporación...

Así fue. Contactamos con los bancos más importantes del mundo. Todos asumían de antemano el éxito de la colocación y eso significa cobro de comisiones y como era mucho el importe a vender, las comisiones representaban para ellos un capítulo importante. Pero no era solo el asunto del dinero, que ya de por sí es más que atractivo para cualquier banquero que se precie. Se trataba, según me decían, de la primera vez en la historia de la banca que un gran banco creaba una corporación industrial y sacaba a Bolsa parte de su capital. Era un invento importante y novedoso. Si tenía éxito, algunos otros, fundamentalmente los alemanes, nos imitarían.

Como director para la colocación de nuestras acciones en Europa elegí a la UBS, a la Unión de Bancos Suizos. El 19 de marzo de 1990 mantuve en Zúrich un almuerzo con el presidente del Comité de Directores, Robert Studer, al que expliqué que mi decisión se había tomado en consideración, no solo de la capacidad de colocación de la UBS, sino, además, por el deseo de mantener unas buenas relaciones con un banco tan importante como ellos, puesto que en la vida de las organizaciones bancarias siempre, en algún momento, te necesitas mutuamente. Cuando salía de su oficina volví a ver el pasillo por el que años atrás había circulado con Juan Abelló y, a pesar del tiempo transcurrido, aquel recuerdo me produjo un cierto escalofrío.

Robert Studer se quedó encantado con la selección y pocos días más tarde, en concreto el 25 de abril, me enviaba una carta agradeciéndome la nominación de la UBS como colocador de acciones de la Corporación Industrial en la que decía de todo lo bonito que se puede contar entre dos banqueros. Y ellos eran un banco mundialmente importante. Nosotros todavía no.

—Sí, todo muy bien, pero de nuevo un problema político, y esta vez no era ni Solchaga ni Mariano, sino los señores de Irak que se dedicaron a invadir Kuwait.

—Tienes razón, César. Creía que iba a ser el primer verano en mucho tiempo en el que podría navegar tranquilo. Es que, como decía Lourdes, cuando las cosas están de Dios, es que están de Dios...

El verano del 90 se presentaba con todas las trazas de un momento en el que, por fin, podría disfrutar de navegar en el *Whitefeen*, el precioso sloop que compré en Estados Unidos, antes de llegar a Banesto.

Salimos al atardecer desde Cala Fornells, en el norte de Menorca, trazando rumbo directo a Córcega. Mientras cruzábamos el Mediterráneo percibía la satisfacción interior de saber que en el mes de septiembre, pocos días después, comenzaría la colocación mundial de nuestras acciones, con lo que, además de conseguir un éxito para Banesto, podríamos mostrar a todos los políticos y financieros, incluyendo a quienes nos habían atacado de manera tan poco considerada, que íbamos en serio, que queríamos hacer país, además de hacer industria y banca. Pero la Corporación Industrial nació con mal fario.

El *Whitefeen* y el *Pitágoras*, que en aquel momento pertenecía a Romaní, abarloaron en el muelle norte de la impresionante ciudadela de Bonifacio, en el sur de Córcega. Siguiendo su costumbre Romaní salió muy temprano con destino al centro de la ciudad y el propósito de encontrar cualquier chorrada de las que le encanta comprar y con las que disfruta como un niño pequeño tratando de sorprendernos. Aquella mañana, cuando desde la cubierta de mi barco le contemplé a lo lejos, percibí algo extraño. Mientras se aproximaba al costado de estribor me di cuenta de que no traía paquetes o envoltorios en los que guarda sus compras hasta la ceremonia de su exposición al público. Únicamente un par de periódicos bajo el brazo izquierdo y una expresión apesadumbrada en sus ojos.

Subió a bordo, pidió un café solo, se sentó a mi lado y con voz trémula me dijo:

—Ha estallado la guerra. Irak ha invadido Kuwait.

—No me jodas —contesté.

Arturo guardó un incoloro silencio en que resultaba complejo adivinar el torbellino de pensamientos que circularían por su cabeza. Serían seguramente muy parecidos a los míos. Una guerra en pleno Golfo era una pésima noticia para las finanzas internacionales, porque sus efectos podrían llegar a ser demoledores. El dinero es conservador por esencia, así que aquello, al margen de otras posibles derivadas, se traduciría inexorablemente en una paralización de las colocaciones internacionales de acciones. De eso no tenía la menor duda. Era una cabronada sin límites. Después de tantos sufrimientos, de tantas peleas, de tantos ataques, ahora que teníamos delante las mieles de un triunfo merecido, se les ocurriría a aquellos elementos ponerse a pelear entre ellos y cargar de pánico las mentes y las emociones de los responsables de las ventas internacionales de acciones. Si es que cuando las cosas nacen así...

No quería dejar a Arturo Romaní más tiempo envuelto en pensamientos negros porque el optimismo real no es precisamente una de sus características esenciales. Podría entrar en depresión en cualquier momento. Lo rompí de manera directa.

—¿Qué te parece que hagamos? ¿Nos volvemos a Madrid?

—Yo creo que es mejor esperar.

—¿Quieres que llame a Studer, el de la UBS?

—No hace falta; acabo de hablar con los que llevan el asunto y dicen que por el momento no pasa nada.

De nuevo la tendencia a relatarse una historia con la que enjugar la rabia interior. ¡Claro que pasaba! Y no «algo», sino un trozo de lo peor que puede despacharse cuando tienes entre manos ese negocio. Pero no era cosa de cortarse las venas antes de tiempo, ni las físicas ni las mentales, así que ya que estábamos en Bonifacio, pues a aprovechar lo que pudiéramos porque en unos días las cosas empeorarían lo suficiente para quitarnos pedazos de alegría.

Cenamos en Bonifacio y Arturo se agarró una de las tajadas mayores que le he visto en toda mi vida. Probablemente derivada de la agitación interior que sentía. Su proyecto profesional pasaba por esa Corporación Industrial y su colocación internacional. Es hombre inteligente y no necesita que le expliques tres veces las cosas. Presintió lo que sucedería a pesar de las buenas palabras de los de la UBS. Entre Steve McLaren, el capitán del *Whitefeen*, y yo tuvimos que bajarlo en volandas desde el restaurante en el que cenábamos, que se situaba en la parte alta de la ciudad, desde donde descender al puerto es una verdadera odisea, pero si, además, tienes que transportar un cuerpo inerte que pesa casi cien kilos, la odisea se tiñe de hazaña bélica.

Lo conseguimos después de mucho tiempo y casi como a un fardo lo dejamos en el salón del barco, situado sobre un taburete en el que solía sentarse para tocar una especie de piano eléctrico con el que se equipó en origen al barco americano. A mí no me parecía especialmente estético, pero como se cubría en madera de forma que el resultado era aceptable, opté por no desvencijarlo. Steve y yo subimos a cubierta y nos pusimos cada uno un escocés con hielo. La soledad de la noche se convirtió en nuestra mejor compañera. El silencio acudió a la tertulia. Mi mente volaba hacia Madrid.

En aquel instante una música desconocida comenzó a surgir desde el interior del barco. Steve y yo nos miramos con cara de estupefacción. Con movimientos lentos y casi espesos descendimos hacia el salón. Arturo, con el cuerpo volcado sobre su derecha y la cabeza apoyada en la librería, parecía muerto. Sin embargo, sus manos se movían ágiles sobre el teclado del piano, desplazándose de izquierda a derecha, de derecha a izquierda, deteniéndose en ocasiones, como siguiendo un compás propio y produciendo una música que jamás antes habíamos escuchado. Steve y yo permanecimos en silencio, pasmados, asombrados, maravillados por el espectáculo.

Transcurrieron unos quince minutos en los que Arturo —o quien fuera— seguía produciendo música y nosotros alimentándonos con nuestro asombro. De repente, cesó el movimiento y Romaní cayó como un fardo sobre el suelo de madera del barco. Allí lo dejamos y volvimos a cubierta.

De nuevo el silencio en Bonifacio, pero nuestras mentes ardían: ¿quién había producido esa música? ¿Cómo era posible que un cuerpo inerte se moviera con semejante dulzura y precisión sobre las teclas de un piano? El cerebro de Arturo, afectado por el alcohol, no había podido mandar orden alguna a las manos, y mucho menos con la precisión necesaria para producir una música nueva y acompasada. Algo o alguien había ordenado el movimiento y, además, conocía la partitura musical. ¿Quién? ¿Cómo? ¿De qué manera? Mozart, con menos de siete años, obtenía del piano una música maravillosa. Pero despierto. Arturo lo conseguía dormido.

Steve y yo fuimos incapaces de articular palabra. Dejamos que cayera la noche y la humedad sobre nosotros para, concluidas las copas, irnos a dormir.

La mañana amaneció climatológicamente honrada: bonacible, con una ligera brisa que anunciaba una navegación placentera por el archipiélago de la Magdalena, en el norte de Cerdeña, a unas treinta millas marinas de Bonifacio. Arturo apareció muy temprano por el barco a desayunar conmigo. Nunca ha sentido los efectos de la resaca porque su capacidad de filtración del alcohol resulta insólita. Por supuesto, no recordaba ni un ápice de lo sucedido mientras su cuerpo dormitaba volcado sobre el piano. Abordó de nuevo la guerra del Golfo. Las noticias empeoraban por horas, casi por minutos. El tono alarmista crecía. No tuve más remedio que decirle lo que pensaba.

—Yo creo que es mejor no engañarse. Si el conflicto se resuelve pronto, es posible que no pase nada, pero tengo la sensación de que va a ser largo, de que inevitablemente se internacionalizará y, mientras tanto, los mercados internacionales van a acusar el golpe y va a ser sencillamente imposible que salgamos con éxito vendiendo acciones de la corporación.

—Si Solchaga nos hubiera concedido las exenciones a su tiempo, ahora todo estaría terminado y nos traería al fresco la puñetera guerra —dijo Arturo.

—La verdad es que no sé qué decirte porque si poco después de vender se produce un desplome de los mercados internacionales, aun cuando no sea tu culpa, posiblemente tendrías que ofrecer algún tipo de reparación para no perder el crédito del banco, pero, en cualquier caso, como es agua pasada, no merece la pena removerlo.

A mediados de agosto solíamos celebrar en el banco una Comisión Ejecutiva para no perder el pulso a los asuntos por un tiempo excesivamente dilatado. Aquel 15 de agosto de 1990 resultó mustio y pesaroso. La guerra empeoraba y la situación internacional hacía lo propio. A pesar de su impresión inicial de que nada ocurría, los ejecutivos de la UBS se manifestaban ya con un tono claramente pesimista, aunque todavía no se había tomado la decisión de cancelar la colocación.

A primeros de septiembre la irreversibilidad se convirtió en un sólido inevitable: varias empresas internacionales suspendieron la emisión de acciones prevista meses atrás, las bolsas seguían cayendo, el conflicto se había internacionalizado porque la Comunidad Económica Europea había tomado una postura de conjunto y Estados Unidos amenazaba constantemente con intervenir, lo que, finalmente, ocurrió. El suceso tuvo importancia política por el papel jugado por España como base de los bombarderos que tenían por destino Beirut. Al final la guerra la perdió Sadam Husein pero los americanos no se atrevieron a rematar la obra, no invadieron la capital de Irak y la amenaza, aunque muy disminuida, siguió todavía latente. Años más tarde volvería Estados Unidos, con ayuda de España e Inglaterra, a invadir Irak, con el pretexto de unas armas de destrucción masiva que jamás existieron en lugar diferente de algunas imaginaciones puestas al servicio de intereses. Sadam Husein fue ahorcado. Cientos de miles de muertos inocentes. Una guerra que en ciertos aspectos, años después, todavía no ha concluido.

Para nosotros, como Banesto, las consecuencias de aquella invasión fueron importantes. Ante todo, tuvimos que suspender la colocación de nuestras acciones, con el golpe moral que significaba, y eso que quedaba dulcificado porque fueron muchos los abortos en el mundo financiero internacional de aquellos días. Consuelo de muchos nunca ha constituido para mí una norma habilitante de la comprensión de las desgracias propias.

—Señores consejeros, como preveíamos en el pasado Consejo de agosto, la colocación internacional ha devenido imposible. UBS no puede garantizarnos nada, y es que, además, aunque lo hiciera no podríamos aceptarlo porque tal vez resultara peor el remedio que la enfermedad. Hemos tenido mala suerte. Algunos dicen que si no se hubieran retrasado las exenciones no habríamos tenido problemas. Quizá sí y quizá no. En todo caso, eso es ya una conjetura sin respuesta. No nos ha salido bien lo que conseguimos con tanto esfuerzo. Ahora hay que hacer dos cosas: la primera, saber esperar. La segunda, mientras tanto buscar soluciones alternativas.

Aquella alocución al Consejo tenía tintes de drama porque era la primera vez que, al menos transitoriamente, perdíamos. Así de simple y claro. Y perder en aquellos días equivalía a desempolvar el traje de guerra porque probablemente atacarían de nuevo. No solo constituía un golpe moral, sino, además, financiero y bancario. Lo primero porque las decenas de miles de millones de pesetas que pensábamos ingresar en nuestra caja se quedarían, al menos por el momento, dormitando en otros bolsillos. Además, al no vender, de nuevo retornaba a las huestes de Mariano y Solchaga una de sus armas favoritas: los recursos propios bancarios. El destino se portaba mal con nosotros.

¿Qué hacer? Un conflicto internacional se situaba muy fuera del alcance de nuestra capacidad de maniobra y cualquier movimiento resultaría coyuntural porque encontrar a persona física o jurídica capaz de comprar acciones de una corporación industrial en un entorno como aquel no es que fuera un milagro, es que se trataba de un imposible puro y duro.

Decidí cambiar de estrategia. Si la Bolsa se alejaba definitivamente de mi escenario y la venta de acciones se convertía cada día más en un imperativo, el punto de encuentro podría situarse en buscar a personas concretas, no inversores bursátiles, sino eso que se llama inversores institucionales, es decir, alguien que compra un paquete significativo de acciones con el propósito de influir mientras lo mantiene y obtener una plusvalía tiempo después cuando lo venda. Fue así como en diciembre de aquel año, rendido ante la evidencia de la crisis mundial bursátil y financiera, entré en contacto con lo que entonces se conocía como el primer banco del mundo: J. P. Morgan.

El año 2009 fue malo para toda la prensa, para todo el que vivía de la publicidad. Los medios escritos perdían influencia y la juventud consumía mucho más productos de la red que páginas tradicionales. Pero sobre todo algunos proyectos faraónicos ponían contra las cuerdas a uno de los grupos mediáticos más influyentes de España. Habría dicho tiempo atrás el más influyente de lejos, pero ya no. Por muchas razones. Posiblemente porque *El País* era el peor enemigo de sí mismo, por sus modos y maneras y por colocarse de forma clara, rotunda y tajante al servicio de intereses en los que la verdad no era el valor más cotizado. Esos proyectos elefantiásicos condujeron a un terrible endeudamiento. Y en Madrid muchos se dedicaban a conjeturar en tono conspiratorio contra Prisa. Los que te tuvieron miedo, y aquellos a los que favoreciste en tus días de gloria, son los más encarnizados conspiradores en cuanto la debilidad se apodera de ti o de tus empresas. Es la Ley de la vida, según parece.

De repente un extraño grupo llamado Liberty y un curioso personaje, millonario, no se sabe si mujeriego, joven, heredero, amante de fiestas y saraos según cierta prensa, se comprometía a introducir seiscientos millones de euros en el capital de Prisa. No es que con eso se solventaran los problemas porque el montante de la deuda era de varios miles de millones. Pero se calmaban mucho las ansias bancarias. Quizá no fueran las ansias las que se redujeran, pero sí, desde luego, los miedos, que, al fin y al cabo, es lo que realmente importa en momentos tensionantes para la banca. Y la operación tan extraña como la que acabo de esbozar parece ser que fue concebida en la mente de una de las personas más inteligentes y trabajadoras que he conocido en mi vida: Violy de Harper. Curiosa la vida: cuando trabajó para Banesto sufrió en sus carnes las invectivas de *El País*, destrozando su trabajo. Ahora trabaja para ellos. Un profesional debe aparcar sus emociones. Eso dicen, aunque no sé si todas las Escuelas de Negocios proclaman este principio.

Roberto Mendoza es un tipo alto, moreno, delgado, algo mayor que yo, de ojos negros y mirada viva, inteligente y ejecutivo, pero siempre temeroso, indeciso —supongo que su soltería tendrá algo que ver con eso—, uno de los hombres de mejor fama financiera en la ciudad de Nueva York y vicepresidente ejecutivo de J. P. Morgan, uno de los bancos más importantes del mundo. Matías Cortés me había hablado de ellos, del banco me refiero, y me preguntó si tendría inconveniente en que mantuviéramos una cena en mi casa para hablar del asunto de la Corporación Industrial. No solo no teníamos problema, sino que estábamos encantados porque buscábamos soluciones.

Yo ya había hablado con Navalón para recordarle lo del grupo inversor que me mencionó en su día, cuando pactamos lo de los mil doscientos millones, y me dijo que estaba trabajando en ello con muchas fuerzas, pero que el momento era malo. Eso ya lo sabía yo, porque si llega a ser bueno, no le habríamos necesitado para nada. Pero en cualquier caso no tenía demasiada fe en el éxito de las gestiones de Antonio Navalón, y, puestos a elegir entre el intermediario vinculado a Prisa y el primer banco del mundo, la diferencia era tan notoria que no reclama ni una línea más de explicación.

Un domingo del mes de diciembre —creo— tuvo lugar el encuentro y yo fui exponiendo a mi invitado no solo la problemática de la corporación, sino, en general, todo el proyecto del banco, lo cual, según me contó Matías al día siguiente, debió de estimularles, porque Roberto salió de mi casa con una gran impresión de mi capacidad de convencer en temas de negocios.

Roberto siempre venía acompañado de una chica rubia, de origen escocés, con cara de niña pecosa, mirada y gestos extraordinariamente dulces y amables, aunque con un carácter terriblemente fuerte: Violy de Harper. Estaba dotada de una inteligencia muy notable y una capacidad de trabajo sencillamente increíble. Era capaz de pasar días enteros, semanas seguidas durmiendo una o dos horas al día, sin que su cara revelara el más mínimo gesto de cansancio físico. Durante estos años aprendí a sentir un gran afecto por ella, porque siempre creyó en nuestro proyecto y luchó hasta el final con todas sus fuerzas.

El primer contacto físico, determinante de eso que se llama la «química» personal, funcionó bastante bien. El objetivo residía en ponerse a estudiar la Corporación Industrial, las empresas que la formaban, con el propósito de crear un cuaderno de ventas y conseguir que alguno o algunos de sus mejores clientes pudieran servirnos para la finalidad que buscábamos: vender un paquete de acciones de nuestra recién creada empresa industrial. Roberto y Violy se pusieron manos a la obra, designaron a un equipo de chicos para que comenzara a obtener datos y a confeccionar las primeras conclusiones.

Todas estas operaciones son lentas, muy lentas, pero se ve que las ganas de guerra o el resquicio para la nueva batalla no se vislumbraban con claridad. Lo digo porque el año 1990 lo cerramos sin dificultades especiales y en 1991 comenzó un nuevo baile. Pero esta vez la letra, la música y la orquesta eran totalmente diferentes.

El 14 de septiembre de 1991 celebré mi cumpleaños en La Salceda, nuestro campo de los montes de Toledo, con una cena precedida de un concierto a cargo de los Virtuosos de Londres, que resultó sencillamente fantástico, no solo por la calidad del grupo, sino por el factor añadido de una exquisita sonoridad de la capilla románica de La Salceda que sorprendió a los propios músicos. Entre los invitados y asistentes, además de Pepe Bono, presidente de Castilla-La Mancha por el PSOE, se encontraba Jesús Polanco, el presidente de Prisa, hombre de Felipe y presidente del medio de comunicación social posiblemente más poderoso de España, *El País,* que sin excesivo recato ponía a disposición de las tesis felipistas. Ya he relatado que me introdujo Matías Cortés en un almuerzo en su casa y que, a pesar de esos esfuerzos, cuando eres hombre de poder solo te importa el poder, no la razón, la compasión u otras consideraciones que pueden ser muy respetables pero que no ocupaban las primeras plazas de las jerarquías de prioridades de esas personas. No cabe duda de que su asistencia representaba un cierto compromiso para él, entre otras razones porque conviviría durante algunas horas y compartiría mesa y mantel con algunas personas que no solo no pertenecían a su núcleo de súbditos y aduladores, sino que más bien se contaban entre sus enemigos, como Luis María Anson o Rafael Pérez Escolar.

Por si fuera poco, ese mismo año, en nuestras instalaciones de Estepona, en las que tradicionalmente y con periodicidad anual se celebraba una especie de convención internacional a la que asistían ejecutivos de distintos bancos y de diferente nivel profesional, sucedió algo importante. Tradicionalmente el discurso correspondía al gobernador o al ministro de Economía, y durante los dos primeros años, 1988 y 1989, acudieron primero Mariano y después Solchaga. Pero en el 90 nuestras diferencias sobrepasaban los límites de lo políticamente correcto y por ello Mariano primero y Solchaga después declinaron mi amable invitación. Aproveché la ocasión para inaugurar una nueva tradición consistente en que el presidente del banco se dirigiera a sus invitados. Mi personalidad añadió morbo y la prensa se concentró en nuestro salón de conferencias. Hablé, como dicen en el mar, fuerte y claro contra la política económica del ausente ministro Solchaga, a quien se le llevaban los demonios cuando se percató del inmenso eco que tuvieron mis palabras. Supongo que entre otros se quejaría amargamente de mi indisciplina ante Jesús Polanco, porque su concepto del poder difería sustancialmente del mío. En más de una ocasión, en nuestros múltiples y coloridos encuentros, me dijo, con plena convicción, que en mi sueldo de presidente de banco se encontraba llevarme bien con el gobernador y el ministro de Economía, al precio que fuera menester. Por ello su asistencia a La Salceda el 14 de septiembre de aquel año tenía un valor adicional.

Lo interpreté como un gesto de cierta concordia y comencé a pensar en la conveniencia de un acercamiento, de una especie de pacto. Mientras, Jesús se encontraba con su consejero Matías Cortés, su contrincante Luis María Anson, conocía al nuevo aliado de Banesto, Roberto Mendoza, aunque no supiera bien el alcance de la alianza, entablaba conversación con José Bono, de su órbita ideológico-política, suponiendo que en *El País* tuvieran una órbita distinta al poder por el poder, y contemplaba el espectáculo de la casa y la sierra toledana en una apacible noche de las postrimerías de un verano que había resultado particularmente cálido. Por si fuera poco, el concierto resultó magnífico. Una vez concluido, volví por la iglesia. Allí seguían, situados en sus asientos, produciendo música. Alabaron la que según ellos era una excepcional acústica. Agradecí las palabras por venir de quien venían.

Mientras tanto, por la villa de Madrid, algunos seguían intoxicando con una nueva, la enésima, operación del Banco de España contra mí que, de ser cierta, acabaría en las páginas de *El País*. Mariano Rubio cumplía con su mandato al año siguiente, 1992, el año universal por excelencia en el que los socialistas tenían puestas sus esperanzas para que los fastos y triunfos les supusieran un gran capital político para volver a ganar con mayoría absoluta las siguientes elecciones generales. Precisamente por ello, algunos especulaban con que la postrera aportación de Mariano a la causa de sus mentores consistiría en protagonizar la última revuelta contra nosotros, utilizar todo el poder del Banco de España para acabar decididamente con una obra que comenzó llena de fracasos en octubre de 1987 impulsando a Asiaín, y a todo el Consejo del Banco de Bilbao, a poner a su banco al servicio de una estrategia de la que ellos mismos ignoraban el final.

La vida es bastante cruel. A día de hoy, aquel Bilbao que se fusionó con el Vizcaya acabó integrándose con un producto de banco público llamado Argentaria. Pues bien, a raíz de que se descubrieron unas extrañas cuentas en ciertos paraísos fiscales de las que resultaron ser titulares algunos consejeros de ese banco, pertenecientes a las familias vascas, se ejecutó implacablemente una operación por la que todas esas familias desalojaron el Consejo. Nadie quedó. Nadie es nadie. Emilio Ybarra era copresidente del banco junto con Francisco González. Tuvo que cesar, dejar el cargo y el Consejo. En el juicio penal que inevitablemente se celebró le trataron muy bien. Siempre me he preguntado qué nos habría ocurrido a nosotros si nos descubren algo parecido con la décima parte de dinero... Como mínimo, cadena perpetua. En el caso del BBVA no existió más que una leve —si es que alguna— responsabilidad penal... A eso los juristas lo llaman Derecho Penal de autor.

Me acordé del día en el que los consejeros de esas familias se mostraron incapaces de nombrar a un presidente por ellos mismos y tuvieron que recurrir al laudo arbitral de Mariano Rubio, quien, además de nombrar presidente, hizo lo propio con consejeros llamados independientes. Para mí aquello, como dejé escrito, fue un espectáculo carente de toda estética. De algo más también, pero cuando menos de estética. Y eso se acaba pagando en la vida. Victorias de hoy, derrotas de mañana. Y viceversa, claro.

A pesar de los rumores que se extendían por la villa de Madrid la realidad parecía circular en dirección contraria. El 31 de octubre de 1991 Mariano Rubio me citó en su despacho del Banco de España, sin motivo aparente para ello.

—¿Qué querrá este ahora? —pregunté a Paulina Beato por si ella tenía mejor información que yo dadas sus vinculaciones con cierto *establishment*.

—Pues no tengo ni idea —contestó Paulina con la prudencia en ella habitual.

Está claro que la vida es una serie sucesiva de sorpresas. No quería nada malo. Al menos en la superficie, en la epidermis. Cuando regresé al banco Paulina esperaba impaciente el resultado de la conversación.

—Pues no quería nada malo, Paula. Todo lo contrario. Me encontré con un hombre absolutamente situado en la acera de enfrente a la que vino ocupando desde el día en que casi nos echa de su despacho. La conversación me resultó extraña por lo novedosa. Me transmitió un nítido mensaje: quieren paz con nosotros, no desean más guerra y como prueba de su determinación no solo no pondrían objeciones formales como las eternas de los recursos propios, sino que, además, sin la menor cautela nos permitirán repartir dividendo a cuenta del ejercicio 1990.

Paulina no disimuló su alegría. Cuando lo comenté con los demás consejeros, en ese escenario informal que eran las llamadas reuniones abiertas, en donde se podía decir casi todo con mucha menos formalidad que en un Consejo debidamente convocado y reunido, apenas si daban crédito. La prudencia aconsejaba pensar que era una estratagema más, un acercamiento para reducir la distancia, tenerte más controlado y poder asestar el golpe más certeramente. Pero ya habíamos demostrado que a pesar de nuestra bisoñez las cosas las hacíamos más o menos bien y, sobre todo, que agachábamos la cabeza con enorme dificultad.

Mientras regresaba a mi despacho de Banesto después de semejante conversación, tras escuchar una propuesta de armisticio como aquella, meditaba sobre las razones de semejante giro copernicano en la actitud de Mariano. Llamé a Matías Cortés para ver si por su círculo rondaba alguna información de interés. Quedé en que viniera al banco a charlar porque de estas cosas no debíamos hablar por teléfono, y eso que entonces no habíamos descubierto las habilidades de Narcís Serra en el espionaje de españoles.

Llegó Matías. Entré en directo.

—¿Crees que las noticias de mi aproximación con Polanco, su asistencia a la cena de mi cumpleaños, podría darles a entender que el mapa del poder real quizá sufriera un giro y, en consecuencia, llevarse bien con nosotros podría resultar rentable en el nuevo plató nacional?

—Hombre, yo no sé si piensan tanto como eso. Esta gente depende de Jesús Polanco. Si te haces amigo de Polanco, no les queda más remedio que tratarte de manera diferente. Y eso de mapas del poder y cosas así se les escapa. No creas que piensan tan en grande. Además está lo de Godó y tú, que de eso no se deja de hablar en la España enterada.

Matías tenía razón. En aquellos días decidimos entrar en una de las ofensivas más peligrosas de cuantas abordamos en mi etapa en Banesto: la presencia de nuestro grupo en medios de comunicación social. No fue algo que se me ocurriera en plena tormenta veraniega, ni un instrumento destinado a ejercer poder y devolverles con su misma moneda. No era eso. Ni de lejos. Nació de una reflexión profunda sobre el modo y manera de ejercerse el poder en las sociedades modernas, al menos en la española, que es la que yo tenía más a mano.

Poco a poco, día a día, sufrimiento a sufrimiento, iba forjándome un concepto del poder, pero del poder real, no el de los libros de texto ni el que te cuentan cuando recibes lecciones en un aula de cursos de verano. Yo me decía a mí mismo que la gente habla de los banqueros desde la calle, desde fuera del edificio. Pero yo sabía, comenzaba a aprender lo que significa ser presidente de uno de los bancos más importantes de España, porque aprendí a captar el sonido de ciertos teléfonos, a hablar con quienes se encontraban al otro lado de la línea, conocer sus peticiones, sus circunloquios, sus rodeos... En fin, que aprendí el poder de la única manera en que puedes conseguir una noción real: catándolo. Mi verdad sobre el poder derivaba de una experiencia. Es la única forma eficaz de conseguirlo. Claro que en aquellos días ni siquiera sospechaba que mi primer libro derivaría, precisamente, de esa experiencia y cuyo nombre sería *El Sistema. Mi experiencia del poder.* Tampoco imaginé que esas páginas tendrían importancia en allanar el camino hacia Alcalá-Meco, la prisión de alta seguridad del Estado español.

Y mi concepto estaba construido sobre el altar de mi experiencia. Pero a fuer de sinceridad en aquel momento no buscaba poder por poder. Mi aproximación, si se quiere, era más empírica. Percibí la fragilidad de cualquier negocio que tenga connotaciones de servicio público o parecido. En la industria farmacéutica aprendí el coste, el sufrimiento y el trabajo derivado de un informe elementalmente grosero que recibió los honores de portada del diario de Prisa. Aquello me marcó, lo confieso, y es que sería difícil que fuera de otro modo. Años de trabajo serio se podían diluir en la nada por una actuación espuria o incluso imprudente de medios de comunicación influyentes.

Era claro como el agua: el poder se descompone en poder político, poder económico-financiero y poder mediático. Este último cobra cada día más fuerza en las sociedades democráticas llamadas modernas, aun a costa de dar pasos agigantados hacia una versión virtual de la democracia y las libertades reales. Pero ese es otro asunto. En el mismo instante en el que los medios de comunicación descubrieron el poder real de la inducción como medio de control de mentes, la democracia se transformó en Sistema. Pero con independencia de mis juicios sobre el modelo político democrático, la radiografía del poder me resultaba obvia y, en consecuencia, opté por una decisión: penetrar con Banesto en el mapa de los medios de comunicación social nacionales.

Lo comentaba con César Mora porque conocía bien la historia del banco y porque entendía la profundidad de este tipo de consideraciones. La profundidad y el peligro claro, que siempre o casi siempre suelen ir unidos. Eso de hacer análisis profundos es importante, pero si las conclusiones las quieres llevar a la realidad en un país dominado por un Sistema de poder, las cosas se pueden poner feas, pero feas de verdad, y la fealdad aquí se traduce en patios de presos y alambres de espinos.

—Si nos metemos en medios de comunicación, eso, a día de hoy, puede alterar de forma sustancial el poder en la sociedad española y podría resultar peligrosa una excesiva acumulación de poder, sobre todo en un país tan pequeño como el nuestro.

—Sí, César, es así, pero no veo mucha alternativa. Yo no quiero ese cambio de poder. Quiero fortalecer el banco y siento que en los tiempos que nos toca vivir no puede disociarse negocio de medios que influyeran en la opinión. Una magnífica gestión, incluso una operación brillante de fondo y acertadamente preparada, podrían irse al traste si alguno de los periodistas al servicio de otros intereses que abundan en exceso decidiera escribir o hablar sobre ella en términos peyorativos.

—Bueno, en esta casa tienes un ejemplo claro. No éramos seguramente el banco más moderno y mejor dotado del mundo, pero de ahí a la imagen que se vendió para crear el clima necesario para intentar controlar Banesto hay una diferencia importante.

—Pues por eso lo digo. Lo que depende de la masa, aunque sea una masa más ilustrada de lo normal, como se supone son los inversionistas, alberga una fragilidad lastimosa. Por tanto, no se trata de una cuestión de poder, sino de dinero, puesto que la economía en cuanto tal, la gestión de un banco o de una empresa industrial, no puede permanecer ajena a semejante reflexión, y, por consiguiente, buscar medios de comunicación en los que invertir con capacidad de influencia se convierte en un imperativo de negocio. Esto es importante tenerlo claro: un imperativo de negocio, no de poder ni de influencia política.

—Yo lo entiendo y como yo, seguramente, algunos consejeros. Pero políticamente no te van a entender. O no querrán hacerlo. Les conviene más decir que quieres poder porque así...

—Así tienen un motivo para atacarnos.

—Bueno, así tienen un motivo adicional para seguir haciéndolo porque controlar el banco no es poca cosa...

—Desde luego.

—¿Tienes alguna idea de con quién vas a pactar o a quiénes vamos a integrar en la idea?

Reconozco que los candidatos brillaban por su escasez. El diario *Abc* de los Luca de Tena se me antojaba como la opción más viable porque la estructura familiar de su capital y la ausencia de una gestión verdaderamente empresarial de parte de la familia podría llevarles a entender mi razonamiento. Por otro lado, Banesto había ayudado mucho a la subsistencia del periódico. Yo tenía una idea muy clara. Más tarde o más temprano ese diario se vendería. No albergaba duda alguna. Por eso quería prever semejante posibilidad.

En esas estaba cuando de repente se vuelve a cruzar en mi vida aquel personaje a quien tuve que sufrir tantas veces con un ejercicio de inconmensurable paciencia mientras él ponía sus habilidades personales y otros atributos al servicio de la causa que le habían encomendado sus jefes los Albertos.

No recuerdo bien quién fue el que me dijo que deseaba venir a verme. Me quedé sorprendido y me planteé si debería acceder a esa entrevista. Mi interlocutor me aseguró que sus relaciones con los dos primos habían terminado y al parecer bastante mal. No cabe duda de que esta información contribuyó a ablandarme y, además, si tengo que decirlo claro, a veces es agradable recibir a quien te ha atacado de forma brutal durante un tiempo y ahora necesita algo de ti. Ya pasó con aquella entrevista en Can Poleta con José María Fernández y la compra de Antibióticos. Es algo recurrente. Ese refrán de que verás pasar el cadáver de tu enemigo es cierto en muchas ocasiones, pero también lo es que en otras no tienes ni que esperar ni que desear que muera. La vida cambia y donde existieron enemigos ahora pueden tejerse otras relaciones diferentes. Ya lo dije un día: los libros no cambian, pero el lector sí. Nunca es el mismo libro, porque nunca es el mismo lector.

—Quiero agradecerte que me recibas en tu casa. Es obligado de mi parte decir que siento todo lo ocurrido en el Consejo de Banesto, pero comprenderás que tenía que obedecer a quienes me mandaban. Era consciente de que muchas de las cosas que decía no eran exactamente así. Fue penoso para mí el ataque a vuestras cuentas, pero... Menos mal que al final se aprobaron. Bueno, espero que eso haya pasado al olvido. O cuando menos, que me entiendas.

Romualdo García Ambrosio... Ironías del destino. Esas excusas sonaban verdaderas, falsas o mediopensionistas. A mis efectos daba igual. Aportaban poco. Por eso no respondí con palabra alguna. Un silencio dulcificado con un esbozo de sonrisa y un gesto afirmativo de cabeza. Movimiento liviano, no excesivo, ajustado a la escena, pero suficiente para que mi interlocutor continuara.

—Vengo de parte de Javier Godó.

La Vanguardia era un periódico capital en Cataluña. Algo más que un periódico en Barcelona. Toda una institución, decía Luis María Anson. Pero además de ese potente instrumento de comunicación social, el Grupo Godó, según algunos por sugerencia de Felipe González, se convirtió en socio de referencia del canal privado de televisión Antena 3.

Godó atravesaba un mal momento económico, debido, entre otras circunstancias, a la deslealtad de uno de los suyos que, al parecer, le supuso un quebranto financiero considerable. Pero, además, y esto era lo realmente importante, Antena 3, gestionada entonces por Martín Ferrand, no solo no ganaba dinero, sino que cada día se asemejaba más a un monstruo capaz de deglutir infinitos recursos financieros, y los de Godó, aunque abundantes, no participaban del atributo esencial del universo cósmico. Eso me decían algunos confidentes antes de la entrevista con García Ambrosio.

—La idea de Javier Godó es proponerte que compres parte de su paquete de acciones de Antena 3 o si quieres todo el paquete. Esto depende de los acuerdos a los que podáis llegar entre vosotros.

Mis ideas en ese momento ya estaban claras. No me interesaba la televisión aislada. El futuro era de los grupos multimedia. Con Godó podía hacerse algo importante, pero *La Vanguardia* se convertía en pieza esencial.

Me levanté del asiento, le dije a Romualdo que permaneciera sentado, que mi costumbre es moverme mientras pienso. Di un breve paseo por el jardín con el propósito de ganar algo de tiempo porque lo que le iba a contestar lo tenía pensado y requetepensado desde el instante mismo en que me anunciaron su entrevista conmigo, porque no hace falta ser adivino para poner en orden cosas e informaciones que conoces bien.

—Mira, Romualdo. No tengo el menor interés en comprar ni todo ni parte de Antena 3 Televisión. Ahora bien, la idea de un grupo multimedia constituido de modo conjunto me resulta atractiva. Pero eso pasa obviamente por *La Vanguardia*.

—¿Por *La Vanguardia*?

Aquello sonó más a grito que a contestación. Se debió de llevar un gran susto. Acababa de mentar la bicha, como dicen por el sur. Sus ojos se abrieron con estupor cierto, y eso que ese hombre, acostumbrado a lo que estaba acostumbrado, debía de recibir pocos impactos capaces de producir semejante resultado.

—Pues sí, claro, *La Vanguardia*. ¿No es de Godó? —pregunté sin inmutarme.

—Sí..., claro..., pero es que no creo que... en fin, que no sé...

—Pues no hay nada como transmitir la información, y si podemos explorar, bien, y si no, hemos tenido este reencuentro que tampoco está nada mal.

Tal vez se tratara de una mera coincidencia pero antes de que Godó contestara a mi inicio de propuesta, tuvo lugar una nueva conversación con Jesús Polanco en la que el tema estrella se centraba —¡cómo no!— en los medios de comunicación social. Todo el mundo estaba preocupado con Banesto. En cuanto en una cena, en una copa, en un partido de lo que sea, dejas caer una idea, se pone a circular a toda velocidad por los mentideros madrileños. Bueno, depende de quién sea el autor de la idea, qué medios tenga para ponerla en práctica y a quiénes pueda afectar en términos económicos o de poder. Y reconozco con la humildad que se quiera que en aquellos días una idea de Banesto era una idea capaz de generar temor porque se reconocía inteligencia, medios, capacidad y una supuesta voluntad de poder, y todo en conjunto resultaba, sobre todo para algunos, exquisitamente peligroso.

Mi acuerdo con Polanco sobre este espinoso punto fue muy primario, muy poco concreto.

—Vamos a intercambiar informaciones sobre todos los movimientos que detectemos los dos y luego pensamos.

Esta frase de Polanco era, como digo, etérea, pero sobre todo significaba una cosa: que yo tenía que informarle de mis movimientos por si afectaban a sus negocios. Ya sabía que la información que él me transmitiría sería más bien de tono menor. Comprensible, nada irritante. En realidad nada irrita si es comprensible. Pero puede no ser irritante y resultar inaceptable. En este caso no tenía demasiado coste. En esas estaba cuando Romualdo me dijo que Godó aceptaba un almuerzo conmigo.

Se celebró en la sede de Banesto. Nada especial. Toma de contacto. Mi experiencia italiana me aconsejó proponer un escenario más adecuado para profundizar un asunto tortuoso y es así como el lunes 4 de noviembre de 1991 me reuní en La Salceda con Javier Godó, acompañado de Romaní, por mi parte, y Manolo Martín Ferrand y Jiménez de Parga, por la suya.

Mientras mi equipo de seguridad me conducía a La Salceda seguía dando vueltas a una idea que me ocupó el fin de semana. Godó es un apellido ilustre de Barcelona y de Cataluña en general. Javier Godó es alguien conocido en toda España. *La Vanguardia* es sin la menor duda un periódico influyente. Es muy posible que en los tiempos actuales se haya escorado hacia el felipismo, pero tampoco es demasiado extraño ni necesariamente contraproducente en determinados ámbitos. Seguramente Javier tendrá problemas económicos y es muy posible que tengan cierta envergadura porque de otro modo ni habría comisionado a Romualdo ni aceptaría venir a La Salceda. Todo eso está bien, pero la pregunta es: ¿por qué Mario Conde?

Está claro que si Javier necesita dinero puede encontrar en Cataluña personas muy dispuestas a ayudar si se trata de *La Vanguardia*. De eso me caben pocas dudas. ¿Entonces? ¿Qué diferencial puede aportar Mario Conde? ¿Por qué fijarse en Mario Conde para tratar de buscar una solución cuando, dado el poder real de *La Vanguardia* en Cataluña, dispone de miles de novios con los que pelar una pava financiero-mediática? Quizá la respuesta resida en la singularidad del propio Javier Godó. No creo que tenga especial interés en llevarse bien con cierta parte de la sociedad catalana, aunque ella quiera acercarse a él —mejor dicho, a su *Vanguardia*— al precio que sea. Tampoco es que sus relaciones con la Generalitat sean especialmente floridas. Quizá con ambos condimentos prefiera un personaje ajeno a ambos mundos y que disponga del glamur y del poder y dinero suficientes. Ese personaje debía de ser yo.

Cenamos los cinco en el comedor de La Salceda. Circunloquios obligados, giros de lenguaje, travesías por campos menos dramáticos, pero al final de la noche, antes de irse a dormir, Javier Godó tenía una idea muy clara: si quería que hiciéramos algo juntos, tendría que aceptar que *La Vanguardia* formara parte del acuerdo. De otro modo no había posibilidad de negocio. Se fue a dormir rumiando esa idea.

A la mañana siguiente, sentados alrededor de la mesa redonda del comedor de La Salceda, mientras los demás dábamos cuenta de nuestro desayuno, Javier, con cara, voz y gestos que pretendían transmitir trascendencia a su discurso, comenzó asegurando:

—Durante muchos años mi negocio ha sido exclusivamente familiar. Pretendía que así continuara, pero comprendo que necesito rendirme a la evidencia de los tiempos. Por eso, lo que hace algunos años hubiera sido para mí impensable, hoy constituye un objetivo que acepto.

Resignación en las palabras, dramatismo en el gesto pero inteligencia en el contenido. En efecto, los tiempos cambian. Las economías también. Y entre problemas económicos de presente y visión empresarial de futuro, la cosa estaba clara. Así que después de este planteamiento genérico nos pusimos a trabajar.

Después de un circunloquio seguramente excesivo pero que yo aceptaba gustoso puesto que la importancia del acuerdo lo requería, llegamos a una conclusión diáfana: como primer paso entraríamos en Antena 3 Televisión con dos consejeros y comprando la mitad de las acciones de Javier Godó. Inmediatamente suscribiríamos una sociedad holding a la que se aportaría el 52 por ciento de Antena 3 Radio y un 30 por ciento de *La Vanguardia,* porcentaje que seguiría incrementándose en el futuro y, además, nosotros dispondríamos de un derecho de preferente adquisición sobre el 70 por ciento restante para el caso de que Javier quisiera venderlo.

Antes de volver a Madrid con el acuerdo finalizado, Javier me llamó a un aparte. Ascendimos por la escalera que sube a la biblioteca y en el primer descansillo quiso que nos sentáramos a charlar. Me sentía intrigado por lo que constituiría el objetivo de tanta parafernalia externa, aunque me lo imaginaba. Acordamos algo y a sugerencia de Javier bautizamos el acuerdo como pacto de la escalera.

Regresé a Madrid y en una primera Comisión Ejecutiva informé de estos preacuerdos con el Grupo Godó. Todos los consejeros percibieron la importancia de lo alcanzado y ya se sabe que en determinados momentos y en algunos países, desde luego España, importante suele ser equivalente a peligroso.

¿Y el Gobierno? Pues seguramente por el momento permanecía ajeno a lo que se estaba cociendo, pero no tardaría en darse cuenta de la importancia del acuerdo, sobre todo porque *La Vanguardia* en Cataluña era decisiva, o podía serlo, para las aspiraciones políticas del PSC, del partido de los socialistas catalanes, y no en abstracto, sino más concretamente para quien quisiera tener aspiraciones a la alcaldía de Barcelona o, incluso, a la presidencia de la Generalitat. Supuse que no tardarían en reaccionar.

Ahora me quedaba cumplir con el trámite derivado de mi acuerdo con Jesús Polanco: informarle de lo sucedido con Javier Godó. Me fui a verle a la Fundación Santillana. Reconozco que mi estado interior era de cierta confusión porque suponía que ese acuerdo por un lado le alegraría y por otro le preocuparía. No me equivoqué.

Despacio, con buena letra, le desgrané el trato conseguido.

—Es acojonante. No entiendo cómo has podido convencerle. Toda la sociedad catalana y no catalana ha intentado algo parecido y en cuanto le mentabas *La Vanguardia*, salía Godó como alma que lleva el diablo... ¡Es inexplicable!

—¿Qué quieres que te diga, Jesús? Uno, que debe de ser buen negociador...

Pero Jesús no parecía estar para bromas de este tipo. Daba la sensación de que la información le había conmocionado. Ni siquiera penetró en los aspectos económicos de rentabilidad o parecidos, sino que giró bruscamente hacia el campo que le resultaba más conocido: el mundo del poder.

—No sé si te das cuenta del enorme poder que significa para Banesto disponer de una participación en *La Vanguardia*. La radio y Antena 3 Televisión me importan menos, pero el periódico es una pieza decisiva en el mapa del poder en este país y sumado al propio del banco te situaría en una posición increíble.

—Me doy cuenta, Jesús, por eso lo he intentado y, por el momento, conseguido.

—Sí, pero creo que es excesivo, que reunirías demasiado poder y eso puede resultar muy peligroso para ti.

—Hombre...

—No, si la operación me parece cojonuda, no tengas duda, pero me parece cojonuda para hacerla yo, no tú.

La reacción de Jesús Polanco, que se supone asume un poder importante en medios de comunicación, me ratificó en la bondad de la operación. Comprendía que se sintiera lastimado por ella, incluso que dijera con crudeza que si él la consiguiera todo serían bondades que yo transformaba automáticamente en maldades, que tuviera celos de mí, y hasta que afirmara que en España el exceso de poder puede resultar peligroso, sin mirarse, por supuesto, a su propio ombligo. En todo caso, sus gestos, movimientos y palabras transmitían una sobredosis de preocupación.

Una de mis ingenuidades más evidentes consistió en no sacar de aquella conversación, de aquel estado de ánimo, de aquella respuesta de Jesús todas las consecuencias, las derivadas que indefectiblemente llevaba implícitas. Si tenía delante un acuerdo que significaba enorme poder y él vivía del poder, no lo traduciría exclusivamente en términos de cómo le afectaba a su negocio, esto es, a su poder, sino cómo y de qué manera se interpretaría en los entornos del poder político del que era agente y beneficiario en muchos aspectos. No podía dejar de calibrar estos factores. Debí darme cuenta de que si Jesús pensaba que nuestro acuerdo significaba tanto poder como el que me decía, su tendencia natural, su lógica interna, su modo de ser y pensar le llevaría a intentar abortarlo como fuera. No era cuestión de amistad, sino de negocios. Jesús se había comprometido a silencio total respecto de estas operaciones. Pero no podría mantener su palabra. Tendría que hablar y pronto. Y su objetivo no podría ser más que uno de dos: o conseguía abortar la operación y hacerla él, o tendría que pactar un acuerdo global conmigo traicionando a Godó. Si me hubiera encontrado en esa situación a día de hoy, con mi experiencia del poder, de lo que viví y sentí en estos trozos de vida que llevo consumidos, habría sabido que un minuto después de que yo abandonara Santillana estaría sonando algún teléfono y al otro lado de la línea se encontraría algo que a Jesús le impresionaba: el Poder. Y el mensaje que transmitiría sería del siguiente tenor:

—Acabo de terminar una conversación con Mario Conde. Es muy, pero que muy urgente que nos veamos.

Su estado de nervios se tradujo en que de modo inmediato pidió vernos, reunirnos, volver a charlar, y no quiso dilatarlo, así que al siguiente viernes nos fuimos a Valdemorillo, la casa de Mari Luz Barreiros. A las dos de la tarde del día fijado, Matías Cortés, Jesús Polanco y yo, acompañados de nuestras mujeres, comenzábamos a charlar en el salón de la casa de Mari Luz. A las cinco de la mañana nos despedíamos de nuestros anfitriones para regresar a Madrid. En esas quince horas se pergeñó un acuerdo o principio de acuerdo que ha quedado oculto para todo el mundo.

La tesis inicial de Jesús fue la siguiente:

—Bueno, si tú has conseguido lo de Godó, hay que aceptarlo. Ahora bien, vamos a mejorarlo.

—¿Cómo?

—Déjame que te explique. Para mí es evidente que tú tienes todas las posibilidades de que Godó te venda la mayoría de *La Vanguardia*.

—No quiere, dice que...

—Dice lo que quiere, pero desde el momento en el que estás tú, con tu personalidad y tu banco, Godó no va a aguantar. Va a acabar vendiendo. Vamos, que lo tengo claro como el agua.

—Es posible, pero...

—Posible no. Es seguro. Y como tal hay que pensar.

—Y... ¿qué propones?

—Un acuerdo total de colaboración entre Prisa y Banesto en materia de medios de comunicación social. Por el momento, mantendríamos nuestra independencia, pero si en algún momento Javier Godó vende a Banesto *La Vanguardia,* integraríamos todos los activos de Prisa y los vuestros en una sociedad holding, de manera que vosotros, Banesto, seríais los socios minoritarios y nosotros, Prisa, los mayoritarios y llevaríamos los negocios periodísticos.

¡Acojonante! ¡Banesto pactando con Prisa! La vida llena de sorpresas de todo tipo, como los helados antiguos, aquellos que llamaban tutifruti...

¿Qué le impulsó a semejante pacto? Ante todo la voluntad decidida de Banesto de entrar en medios de comunicación social. Con nuestra potencia financiera la decisión alteraba las reglas del terreno de juego. Disponíamos del dinero suficiente para comprar lo que fuera, así que, ante la grosera evidencia, mejor con Banesto que contra Banesto. Al menos hacerme creer que estaba dispuesto a ello, aunque en el fondo albergara seguramente otras intenciones. A día de hoy lo tengo claro. Entonces no, la verdad. Por eso digo lo que digo de la experiencia.

Jesús se cubría exigiendo el principio de la independencia informativa como dogma básico de nuestro acuerdo. Me traía sin cuidado el aserto porque entendía que no pasaba de una mera formalidad vacía de sustancia. Pero hay días en los que te cansas un poco de oír cosas así y revientas. No explosionas del todo, porque no procede, pero sí dejas salir cosas por algún costado.

—Pero, vamos a ver, Jesús, hablemos claro. Cuando se trata de asuntos neutros, carentes de carga política, la independencia deriva de la objetividad de los propios hechos. Ahora bien, cuando se penetra un poco más allá, la independencia ¿qué coño es? ¿Independiente de quién? ¿Podría decirse seriamente que el *Abc* era independiente de Luis María Anson? ¿Puedes decirme que *El País* es totalmente independiente de Polanco? Evidentemente no. ¡No me jodas, Jesús!

Aquello fue muy fuerte, sin duda, y eso que me callé algo que llevaba dentro y que consistía en añadir que *El País* tampoco era independiente del Gobierno porque negocios de Prisa dependían de la voluntad del Gobierno, y nada coarta más la independencia conceptual que la dependencia económica. Negarlo solo conduce al ridículo. Por ello, cuando sostenía que si un poder económico como Banesto adquiere medios de comunicación social el efecto que produce es coartar la independencia, yo le negaba la mayor con énfasis y rotundidad, y mis ejemplos, algo lacerantes, resultaban explosivos para un tipo como Jesús, de una estructura psicológica tan compleja que cualquier cosa podía conducirle a un terremoto con su interlocutor. Pero yo no me sentía dispuesto a transigir con formalidades que en el fondo no aportaban más que estupideces impropias del nivel de nuestro encuentro.

Jesús salió como pudo de aquel discurso y la manera de hacerlo fue muy clara.

—Bueno, en todo caso nosotros gestionaremos los activos periodísticos y con eso quedamos en paz.

Mientras tanto, el acuerdo con Javier comenzó a ser conocido. Llegó al Gobierno y a determinadas instancias de la sociedad española. El resultado, como estaba previsto, solo podía consistir en llevar al máximo grado de tensión la presión sobre Javier para que rompiera nuestro pacto. Como primer ariete utilizaron a Rosa Conde, ministra portavoz del Gobierno, una chica muy cercana —decían— a Felipe González. La dirección de *La Vanguardia* la ocupaba Joan Tapia, un individuo muy próximo al PSOE, ex jefe de Gabinete de Miguel Boyer. Rosa Conde le insistió en que por todos los medios debía convencer a Godó para que rompiera su acuerdo y así evitar —dijo literalmente— que llegara a ser el tipo más poderoso de España. Al margen de que la frase contuviera dosis evidentes de exageración, lo importante es que la preocupación del Gobierno alcanzaba el paroxismo. Primero Polanco, ahora el Gobierno. Y, para completar el pastel, en paralelo actuaba la sociedad. Me dijeron que Juan Abelló presionó con todas sus fuerzas —que ignoro cuáles podrían ser— sobre el editor catalán para que se desdijera de sus pactos, apelando, incluso, a mi condición de masón para convencerle de que se trataba de una operación de la masonería internacional para apoderarse de España. Parecían instalarse en una especie de paranoia.

—Me parece que esto de Godó se puede complicar porque me llega que le someten a presiones por todos los lados y no sé qué capacidad tiene de resistirla.

—De momento, por lo que yo sé, no han conseguido nada —contestaba Romaní rezumando esta vez optimismo—. Al contrario. Javier parece que se siente cómodo y feliz con las presiones y no solo no me da la sensación de querer dar marcha atrás, sino todo lo contrario.

—¿Por qué dices eso?

—Porque me dicen que te transmita que le gustaría ser nombrado consejero de Banesto. Incluso me dicen que vería bien la posibilidad de ampliar nuestro acuerdo y de integrar el *Abc*.

—¿Integrar el *Abc*?

—Sí, eso me dicen.

—¡Joder! ¿Quieren que nos echen de España?

¿Y por qué Javier no se decantaba de manera directa por Jesús Polanco? No lo sé pero tengo la sensación de que no sentía especial aprecio por él. Pero no un rechazo editorial, de competidor, sino visceral, profundo, de persona. Contaba, con muestras de una satisfacción incontenida, que en una ocasión Polanco le dijo que si podía comprar *La Vanguardia* y Javier le contestó rotundo que sí, y ante el estupor de Polanco añadió:

—No tienes más que ir a cualquier quiosco y lo compras sin problema.

Al margen de que la anécdota fuera ingeniosa o vulgar, Javier la relataba entusiasmado como prueba de su sagacidad y superioridad sobre un sujeto al que él no concedía «dimensión social».

Pero este tipo de acuerdos, estos juegos de poder, acrecientan mucho los deseos de compartir momentos de ocio... Vamos, que recibimos la invitación para que fuéramos toda la familia Conde, junto con la Polanco/Barreiros y Cortés y Mariquita a pasar el fin de año a un hotel de Tenerife, propiedad, al parecer, de Jesús Polanco. Yo no tenía la menor idea de que entre sus activos empresariales se encontraran negocios turísticos de este porte, pero eso era lo de menos. Se avanzaba en una colaboración posible. En realidad se estaba avanzando en una traición de libro, pero eso yo no lo sabía. A fuer de sinceridad, y por idiota que pueda parecer, ni siquiera lo imaginaba.

Antes de salir con destino a Tenerife para recibir con Jesús Polanco el año nuevo, aquel inolvidable año nuevo de 1992, tuve dos encuentros de gran importancia.

El primero de ellos con el Rey en su despacho. Días antes, don Juan me había abordado para decirme que tenía la certeza de que la posición del Rey hacia mí había girado de modo definitivo. Me lo explicó emocionado y yo me limité a contestar:

—Si es así, es debido a la insistencia, persistencia y voluntad del señor.

Don Juan no contestó. Me dio un abrazo. Nos encontrábamos en casa de los Gaitanes, en La Moraleja. Cenábamos con la familia Ussía en privado. Antes de penetrar en el comedor, don Juan pidió silencio. Tomó su copa de ginebra, esa implacable copa de ginebra que por dos veces consumía antes de cenar, y con su voz destrozada por la operación de laringe, levantando la mano derecha, solemnizando el tono y la forma, dijo:

—Por Mario, a quien quiero como a un hijo.

Lourdes dio una patada en el suelo y dijo:

—Gracias, señor, pero no diga esas cosas, que luego nos traen problemas.

—El Rey ya ha entendido lo que tenía que entender.

Esta última frase fue pronunciada con un tono de autoridad rotundo. No admitía discusión. Ni siquiera yo me atreví a preguntarle nada. Cenamos, nos fuimos a casa y no nos atrevimos a hablar de aquello. A Lourdes nunca le gustaron los temas relacionados con la Corona.

Una mañana, pocos días después de esa inolvidable cena, me encontraba solo en mi despacho de Banesto. Mi teléfono privado sonó dos veces. La voz del Rey al otro lado.

—Quiero que sepas que he tomado la decisión de convertirte en mi banquero personal. Sube a verme con los formularios.

—Enseguida, señor.

Un tono inusual en un hombre que es simpático. La verdad es que, cuando quiere, el Rey es consciente de que es rey y de la importancia de sus actos. En otras ocasiones, no tanto. Pedí una carpeta de los formularios de rigor, salí hacia Zarzuela, penetré con ellos en el despacho del Rey, procuré en todo momento concederle importancia y solemnidad al acto, a mano, con mi letra y pluma, rellené las casillas de los documentos bancarios, se los pasé a la firma a don Juan Carlos, que la estampó en medio de aquel silencio solemne, los guardé cuidadosamente en la carpeta de cuero oscuro en la que letras doradas viejas escribían «Presidente», y con serenidad, con un tono de voz que transmitía al tiempo la emoción del momento y la importancia del acto, le dije:

—Señor, he aceptado el alejamiento de Vuestra Majestad durante estos años porque no me corresponde a mí ni juzgar ni moverme cuando del Rey se trata. Entiendo que el Rey ha recibido informaciones sesgadas por parte de ciertos personajes de la sociedad española. Lo comprendo. Ellos tienen más tradición que yo con el Rey. Pero le confieso que en algunos momentos, que no le voy a relatar, sus actitudes no eran precisamente de lealtad a la Corona, sino de utilización de la Corona para sus fines personales. Yo nunca busqué a la Corona. Me alegra que gracias a la labor del padre de Vuestra Majestad y al transcurso del tiempo se arroje luz. Quiero que sepa Vuestra Majestad que es un gran honor asumir la posición de banquero personal. Como Mario Conde y como presidente de Banesto.

El Rey, sin mostrar la más leve incomodidad por el tono y contenido de mis palabras, me aseguró en tono solemne:

—Mi decisión se basa en el convencimiento de tu actitud leal para la Corona.

No quiso mencionar la labor de su padre en este deshacer entuertos creados por intereses de terceros que se decían amigos, pero no tenía la menor duda de que su espíritu vivía entre nosotros en aquel despacho real en el que su majestad estampó su firma en un documento bancario de Banesto, de la misma forma que muchos años atrás efectuó lo propio su abuelo, el rey don Alfonso XIII. La tradición de Banesto continuaba. Me sentí orgulloso por ello. Yo no era monárquico, pero tampoco idiota y sabía lo que eso significaba. Además ya sentía un enorme cariño por don Juan y en esas fechas comenzaba a nacer un afecto por don Juan Carlos.

En Madrid, en los círculos bancarios, se comentaba que quien ejercía las singulares funciones de banquero privado del Rey era el ínclito Alfonso Escámez. Ahora se producía la sucesión y su estatus se trasladaba a mi despacho. Al margen de cuáles fueran las relaciones del Rey con Escámez, lo cierto es que en nada se parecían a las mías. Poco a poco se creaba un tipo especial de relación humana que yo percibía con claridad pero que, por el momento, no formulaba de manera racional.

El segundo de mis encuentros tuvo lugar en casa de Santi Muguiro, uno de los inveterados amigos de don Juan, a quien acompañaba impenitente en sus travesías marítimas. Nos invitó a cenar al padre del Rey y a mí, con nuestras correspondientes compañías femeninas, que en mi caso era Lourdes y en el de don Juan, Rocío Ussía. Sobre el papel era una más de las muchas cenas que, afortunadamente, he tenido el privilegio de consumir junto a un hombre que era un trozo de Historia viva. Encontré a don Juan muy bien, sobre todo de cabeza. Vivía enamorado de atravesar conmigo el Atlántico en el nuevo barco. Concluidos los postres, pidió un pequeño aparte, lo que no solía ser demasiado habitual. Nos sentamos algo alejados de los sofás en los que los demás tomaban el café y seguían de cerca el gran sentido del humor de Santi. Don Juan pidió un escocés y comenzó:

—Estuve hablando con el Rey y me dijo: «Tu amigo Mario va a dedicarse a la política». Quiero que sepas, Mario, que fue su expresión literal.

—Señor, me honra la expresión «amigo», pero ¿de dónde se saca el Rey esa información?

—Me dijo que el propio Felipe González, despachando con él en Zarzuela, fue quien se lo dijo, pero no como especulación, sino como certeza.

—Señor, yo no sé muy bien qué les ocurre pero da la sensación de que estos socialistas se obsesionan con mi paso a la política. Algo de eso me contaba Rafael Ansón, el hermano de Luis María, asegurándome que en el campo político es lo único que les preocupa porque sobre Aznar sienten un desprecio olímpico. En fin, ellos sabrán porque en mis cálculos no entra la política.

—No creo que fuera bueno para ti dedicarte a la política —sentenció don Juan—. Sobre todo porque es un mundo menor, de valores menores, pequeños, mezquinos. Claro, que tienes que tomar en consideración la situación en la que se encuentra España. Por el momento lo mejor es que sigas en el banco y te quedes quieto. Podría ocurrir, sin embargo, que si todo sigue deteriorándose más, no quede más remedio que dar el paso, porque si hace falta que alguien levante en España una bandera se necesita la persona y hoy por hoy esa persona solo eres tú, Mario.

Me quedé cortado. Don Juan pronunció unas palabras tan intensas con un tono de seriedad desacostumbrado, queriendo a toda costa que percibiera la solemnidad que les atribuía. Nunca jamás en su vida había abierto ni la más leve rendija a la posibilidad de que penetrara en política. Antes al contrario, la enjuiciaba de manera inmisericorde, aludiendo a los bajos instintos y valores que presiden tal mundo. Lo conocía a la perfección porque en gran medida la paranoia de su situación derivaba de las florituras políticas. Una de las mejores pruebas de su afecto hacia mí residía, precisamente, en apartarme, incluso de mente, de tan sórdido mundo.

Sin embargo, esa noche introdujo un matiz de extraordinaria importancia. «Tal vez no quede más remedio.» Quizá, sorprendido por la frase, no detecté si en los ojos de don Juan se vislumbraba un punto de tristeza al pronunciarla. Tal vez de resignación. No lo sé. Mi duda esencial consistía en si se le había ocurrido exclusivamente a él o había resultado de la conversación con su hijo cuando el Rey le había informado de la frase de González sobre mí. Aunque no quise preguntarlo la lógica me llevaba a presentir que todo naciera del propio Rey, porque es perfectamente legítimo que, por mucho afecto que me comenzara a tener, le preocupara más la Monarquía que yo mismo, y si la situación llegaba a convertirse en difícil para la institución, no tendría el menor reparo en solicitar el sacrificio de quien pudiera servir a esos fines.

En diciembre de 1991 tomé, junto con Matías Cortés, el avión con destino a Tenerife, hacia el hotel de Jesús Polanco en el que juntos, como acordamos en Valdemorillo, recibiríamos el universal año 1992. Cinco días con Polanco podrían resultar peligrosos. Hombre muy difícil, de carácter irritable y en ocasiones violento, reclama una convivencia con dosis elevadas de actitudes propias de un niño mimado. Me preocupaban los complejos interiores que traducía al exterior para quien afinara la mirada. Puse especial cuidado en que en ningún momento saltara la menor discusión profunda para evitar roces que se tradujeran, posteriormente, en la línea editorial de *El País* sobre Banesto.

La verdad es que Jesús se portó bien, muy bien. Trató de conseguir que nuestra vida fuera lo más agradable posible. Incluso trajo a un cantante flamenco, de nombre La Simona, que independientemente de sus aptitudes para el cante, contaba los chistes fenomenalmente y pasamos algunos ratos divertidos.

En varias ocasiones percibí el olor de que Jesús se sentía celoso por mis relaciones con el Rey, que comenzaban a extenderse entre los círculos bien informados de España. De vez en cuando sacaba algún puntazo contra su majestad pero sin excesiva acidez. Hasta aquella noche en la que, en un descanso de La Simona, reunidos Matías, su mujer, Lourdes, Mari Luz, Jesús y yo, adoptando un tono inusualmente grave, sobre todo en una noche que comenzaba de juerga, comenzó a referirse al Rey, y no a sus cualidades personales, su capacidad de reinar o temas similares, sino al prosaico mundo del dinero.

El silencio que siguió a lo que dijo con aires de sentencia fue muy profundo. Nadie se atrevía a pronunciar palabra. Jesús aprovechó el silencio y exigió que extendiéramos nuestras manos derechas y las juntáramos. Seguimos sus instrucciones y cuando nuestras extremidades coincidieron en un punto, casi como si de algún rito ocultista se tratara, Jesús dijo en alta voz:

—La información es exacta y la fuente también.

Con una voz débil, un gesto de cabeza y un asentimiento ocular de todos, se cerró el discurso, volvió La Simona y su primer chiste fue celebrado con algarabía extraordinaria, no solo porque se tratara de una historia más o menos divertida, sino porque en nuestras forzadas risas se alejaba la tensión vivida por la afirmación de Jesús.

En aquellas tardes, después de almorzar, nos quedábamos charlando en la terraza del hotel, contemplando maravillados la puesta de sol que se dejaba caer sobre La Gomera, la isla que se divisaba rumbo sur desde nuestro lugar de tertulia, tiñendo de rojo un mar calmo, sereno, profundo, desvelando un horizonte tras el que se adivinaba América. Comenzaba a soñar. Sentía los alisios sobre mi nuca mientras sujetaba la rueda de un barco que navegaba de aleta con rumbo a Antigua, en mitad del Caribe. Tal vez en algún momento rolara unos grados la dirección del viento y arrumbáramos a Santo Domingo. La arribada carecía de excesiva importancia. Lo que contaba era navegar.

Mientras el avión cruzaba el trozo del Atlántico que separa a Tenerife de la Península medité sobre el encuentro. En el plano humano, ningún roce sustancial. ¿Sería cierto que Jesús tenía la información? ¿Quién sería esa fuente tan exacta? Lo pensé despacio y llegué a la conclusión de que era mejor no comentarlo con el Rey.

16

Esta mañana rondaba por la biblioteca en la que guardo los libros de mi autoría con el fin de localizar un ejemplar de *Memorias de un preso* que quería firmar y entregar dedicado a un paisano gallego que me había abordado el día pasado cuando paseaba por la plaza de Chaguazoso. Tomé el primero, situado en el costado izquierdo del mueble, y me di cuenta de que uno de esos papelitos que indican el número de ejemplares se encontraba entre sus páginas. Lo abrí exactamente por ese lugar.

No sé si muchos o pocos son los que creen en las sincronías, pero he de decir que cuando fui a la biblioteca a por ese ejemplar me encontraba a punto de redactar mis vivencias en el inolvidable año 1992, una vez que llegamos vivos y coleando —no lo que podíamos, sino lo que nos dejaban colear— a esa mítica fecha, llena de fastos políticos, inauguraciones, festejos, visitantes, ferias y ejemplares consanguíneos o agnaticios de la misma familia. Y resulta que el primer gran evento que tuvo lugar para mí en ese año fue el Congreso del Vaticano que se celebró en la segunda semana de enero del año llamado Universal. Y ¿por qué hablo de sincronías? Pues porque al tomar el libro y abrir sus páginas por ese lugar indicado me encontré con lo que en ese texto escribí acerca de un libro llamado *El hombre en busca de destino*. Era una especie de diario intimista de un judío prisionero en Auschwitz, Victor Frankl, sobreviviente de semejante locura. Escribió: «Hemos conocido al hombre tal como es. El hombre es el ser que inventó las cámaras de gas de Auschwitz; pero también es el ser que al entrar en esas cámaras de gas murmuró Shemá Israel».

Y es que en ese Congreso Vaticano reuní precisamente a judíos y cristianos, y en un lugar, en una sala de ese gigantesco recinto, en el que, según me dijeron, miembros de esa raza y religión jamás habían sido autorizados a penetrar. Y no, según creo, porque se contuvieran secretos capaces de demoler cualquier construcción teológica, sino por ese razonamiento tan profundo y con el cual se han construido tantas enemistades, rencillas y hasta guerras: porque las cosas son así.

La verdad es que mover las cosas-que-son-así es muy complicado, difícil y costoso. Pero se puede hacer. A veces lo consigues y a veces te cuesta la vida o la libertad, y del patrimonio mejor no hablemos, que eso de confiscar bienes familiares era un recurso muy, pero que muy utilizado en tiempos remotos y otros muy cercanos. ¿Siento simpatía por el pueblo judío? Pues sí. Abiertamente. Dice Eduardo García Serrano que los dos únicos pueblos que han sido capaces de subsistir sin haber producido un solo tonto son los judíos y los gallegos. No tengo idea de dónde ha obtenido esa información, pero reconozco que la *performance* —como dicen ahora importando palabras del anglosajón— del pueblo de Moisés es realmente impresionante. Aunque quiero creer que los capaces de entrar calmos en el horror de perder sus vidas por una crueldad enloquecida y sin sentido, gritando Shemá Israel u otro grito de similar textura y porte, componen una ínfima porción, unas rutilantes excepciones. Son productos grandiosos en los que viven los valores que verdaderamente definen al hombre, le atribuyen su grandeza, le hacen auténticamente semejante a Dios. Conocerlos y compartir con ellos la existencia te permite creer en la esencia de la vida. Seguramente por ello son excepciones.

Ellos, los judíos, sostienen que el cristianismo arranca de una base judía. No en vano Jesús, el profeta cristiano, pertenecía a su raza. La diferencia radica en que ellos, los judíos, eran ya un pueblo antes de tener una religión. Descubrieron el monoteísmo y pactaron con Dios. El cristianismo se dedicó a universalizar el mensaje, desproveyéndolo de algunos datos esenciales de forma y manera que permitiera su deglución por el gran público. Es evidente que no fueron los judíos —insisten— quienes crucificaron a Jesús. La responsabilidad recae en los romanos y la razón deriva directamente de la proyección política contraria al Imperio que emanaba de toda la doctrina del revolucionario de Nazaret.

En cualquier caso, el distanciamiento aparente o real entre el judaísmo y el catolicismo se cimienta en raíces enormemente complejas. Precisamente por ello, aquel seminario sobre Ética y Capitalismo que organizamos en el Vaticano constituyó, al menos para mí, un punto de encuentro. Siempre he sentido el atractivo de acercar las tres religiones monoteístas, de penetrar en lo que las une, en el acervo común. Nunca dejó de llamarme la atención que un masón tan culto y formado como René Guénon en el momento de su mejor madurez intelectual y humana decidiera convertirse a la religión musulmana.

Aquel encuentro en el Vaticano, con el que inauguraba el trágico año de 1992, despertó en España un inusitado interés. Ambicioso, novedoso e interesante. Estos tres adjetivos, y muchos otros, resumían nuestro intento de reunir en el Vaticano, precisamente en el Vaticano, a personas de distintos credos e ideologías políticas, incluyendo, por supuesto, a ejemplares de la raza judía, para debatir, visto lo visto, en dónde y de qué manera se fijaban los límites éticos a la evolución del capitalismo, una vez que la experiencia había demostrado, caído el muro, que la alternativa marxista no solo no constituía ninguna opción seria y viable, sino que se había traducido en un sacrificio miserablemente inhumano de millones de personas.

¿Los límites éticos al capitalismo? ¿Pero de qué estaba hablando? Pues de algo de lo que estaba convencido: que el modelo de economía de mercado, precisamente por su capacidad de generar riqueza con mayor eficacia que repartirla, necesita de códigos de conducta mucho más estrictos. Cierto es que la experiencia evidencia que, por muchos códigos que formules, si los individuos encargados de aplicarlos se llaman a andanas, no consigues nada. Sí, así es, pero en aquellos días mi concepto del ser humano era menos ácido que el de hoy. Cuestión de experiencia, claro.

En todo caso, algo de semejante envergadura, un Congreso auspiciado por el Vaticano, no podía dejarse a la más liviana improvisación. Con la finalidad de prepararlo viajé a Roma, acompañado de Rafael Pérez Escolar, uno de los artífices del encuentro, para celebrar una reunión de trabajo con dos cardenales: uno de origen español de nombre Javierre; otro francés de apellido vasco, Etchegaray.

La primera vez que visité el Vaticano fue en una excursión que hicimos a Roma al terminar el bachillerato con los maristas. Tendría entonces quince o dieciséis años. Después algún viaje más, y ciertamente consumí visitas, pero más bien de porte, calidad y contenido turístico, de las que son accesibles a los visitantes ordinarios. Ahora, sin embargo, iba a penetrar en la Curia, y no en una planta cualquiera, sino en el domicilio privado de uno de los cardenales más influyentes del momento. ¿Acaso alguien se sorprende de que me sintiera emocionado por visitar ese domicilio, compartir ese almuerzo, vivir esa experiencia, saber cómo es un cardenal romano por dentro? No me refiero, claro, a su orografía física, que me interesa más bien poco, sino su geografía existencial, ambiental, antropológica.

Pues al margen de creencias religiosas, puedo decir que es de las experiencias más emocionantes que he tenido en mi vida. Nos recibieron de manera elegante al tiempo que discreta. Nos condujeron por un mundo laberíntico. Por fin penetramos en lo que fue calificado como residencia de cardenales. Al poco de penetrar en el recinto nuevamente recorrimos un largo pasillo, especialmente largo para quienes llevábamos ya un trozo considerable de tiempo recorriendo calles urbanas, por llamarlas de alguna manera. Mi mente iba tan concentrada en cómo se desarrollaría nuestro encuentro, cómo sería el domicilio de un cardenal, cómo se ejecutaría la ceremonia del almuerzo que los detalles urbanísticos del viaje me parecieron de menor interés.

Por fin llegamos. Alguien vestido de seminarista abrió la puerta. Penetramos los dos cardenales, primero Etchegaray, después Javierre y a continuación Rafael Pérez Escolar y yo. Casualmente, además, Rafael era amigo del hermano del cardenal Javierre, gran experto en san Juan de la Cruz, quien tuvo la amabilidad de enviarme un voluminoso libro sobre el gran místico español. Ya estábamos en ese domicilio que ansiaba conocer.

Diría que el silencio era el gran invitado en el hall de aquella vivienda. Un hall no excesivamente grande, nada suntuoso, con decoración sobria. Antes de comenzar el almuerzo, se abrió una pequeña puerta situada en la parte derecha del vestíbulo del domicilio del cardenal francés, que daba acceso a una especie de oratorio de dimensiones reducidas, de esos que suelen existir en las casas de campo, sin que eso signifique que sus habitantes, todos los que allí moran, lo usen precisamente para rezar, y en el caso de que consuman oraciones, eso tampoco implica que sus conductas, finalizado el rezo, se ajusten a los parámetros rigurosos del comportamiento católico. Pero ahora estaba en presencia de cardenales, así que esperaba, como es natural, una conducta diferente.

Primero Etchegaray y a continuación Javierre se arrodillaron ante el oratorio. Miré a Rafael pero el abogado no estaba atento a mi mirada ni a mis gestos, sino a la escena que vivía, lo que comprendo perfectamente. Siguió los impulsos del momento y decidió arrodillarse detrás de Etchegaray. Así, con todos en semejante postura, quedaba llamativa mi estampa en pie vestido de traje azul, camisa blanca y corbata oscura, mientras dos príncipes de la Iglesia, elegantemente ataviados, y un consejero de Banesto, de gris oscuro con tendencia clara al negro, se arrodillaban para implorar algo al Dios católico en pleno corazón de la Casa de Dios, que se supone es la Iglesia católica, apostólica y romana. Hice lo propio y me arrodillé, justo detrás del cardenal Javierre.

Pensé en el motivo de su plegaria. No tengo la menor idea de por qué pedirían, qué estarían rogando a Dios. Sucede que mi concepto del rezo consiste en no pedir, en permanecer silente, en sentir la presencia de lo Superior. Pero quizá no todos participaran de mi idea. Por otro lado, confieso que la tensión emocional del momento me impedía concentrarme como es habitual en mí. Además el rezo de los cardenales debió de ser intenso porque no alcanzó los dos minutos de duración, o eso fue lo que me pareció, claro, que no era cosa de ponerse a cronometrar un rezo cardenalicio. Así que entre mis dudas, mi decisión de arrodillarme, mi ejecución de la ceremonia y la conclusión del rezo todo me pasó en breves segundos. Breves, pero duraderos para el almacén de la memoria.

Con gestos muy lentos, recogiendo las faldas negras para facilitar el trance, ejecutando la ceremonia casi al compás, con movimientos coordinados, ambos se pusieron en pie frente al oratorio. Concluyeron su rezo con una despedida silente acompañada de una inclinación de medio cuerpo hacia adelante. Todos imitamos su gesto. De nuevo en camino, pero ahora no de un lugar en el que se iba a rezar, sino a ejecutar algo más prosaico: comer.

Avanzaron delante de nosotros y les seguimos por un largo pasillo en el que, no sé por qué, respiraba un olor especial que me sentía incapaz de definir. ¿Incienso? ¿Algún otro producto de ese tipo? No sé. Dios no me ha dotado de un gran paladar, aunque de olfato no ando del todo mal, pero no lo pude reconocer. Dicen los budistas que todo sucede en la mente, que es donde se crea y recrea la realidad. Pues seguramente mi mente estaría trabajando a tal velocidad, a tan elevadas revoluciones, que tendría escaso espacio para ser particularmente sutil en materia de olores, en el campo reservado a la pituitaria.

Penetramos casi en fila india en un comedor de proporciones algo desajustadas a los parámetros del clasicismo: excesivamente largo, demasiado estrecho, algo extrema la altura del techo. La decoración me resultó bastante primaria y de tibio gusto. La sobriedad es elegante, pero no siempre. Aquello más que sobrio era, como digo, de un gusto más bien debatible. Pero a partir de ese momento todo comenzó a funcionar como en un palacio romano de siglos atrás.

Pocas veces en mi vida disfruté de algo semejante. Más de tres diferentes vinos franceses se depositaron en nuestras sucesivas copas del mejor cristal, mientras el foie francés y los quesos de la misma nacionalidad servían de entrante y postre, respectivamente, para unos agradecidos estómagos que convivían con los ojos aturdidos por el espectáculo que contemplaban. Digo aturdidos porque no me esperaba semejante recibimiento gastronómico, quizá porque la comida no sea mi fuerte.

En los postres se esbozó la idea del encuentro que, por supuesto, los cardenales conocían y sobre la que consumieron horas de meditación previamente a nuestra entrevista. Obviamente, de no ser así, el almuerzo jamás habría existido. Me refiero a los pormenores del encuentro vaticano que iba a ser calificado de una manera muy rimbombante: «After 1991: Capitalism and Ethics. A Colloquium in the Vatican 1992». La organización material del encuentro corría a cargo de las revistas *Europa-Archiv*, de nacionalidad alemana, y *Política Exterior*, de nacionalidad española y dirigida por el calmo, sereno, culto e inteligente Darío Valcárcel.

Me llamó mucho la atención que penetraran tan escasamente en los pormenores, en los detalles del encuentro. Pensándolo bien, no era necesario porque disponían de todos los datos que quisieran por escrito. Con el Vaticano no puedes andarte con bromas y todo hay que dejarlo por escrito, y bien escrito. No hay lugar a la improvisación.

Sentí que su misión no era entrar en detalles ni pormenorizar ceremonias de recepción y despedida, sino analizarme. Perdón por ponerme antes de Rafael pero creo que yo era el verdadero blanco de sus análisis. Se trataba de enfocar a gestos, miradas, comportamientos, esto es, todo ese mundo de lenguaje corporal que no habita en los papeles escritos, por pulcra que sea la escritura y elegante el estilo. Su objetivo eran las personas. Formarse un juicio sobre aquellos que iban a protagonizar el encuentro auspiciado por el Vaticano.

Cuando volvía de nuevo a Madrid, a enfrentarme con las prosaicas tareas bancario-industriales, pensaba en el Vaticano y me confesaba sumido en una admiración profunda por lo que representa. No me refiero al terreno de la religión católica, sino a la Iglesia en cuanto tal. Frente a ella el poder político adolece de una vacuidad insufrible, de una banalidad insoportable. La Iglesia ha protagonizado eventos de destrozos humanos brutales. Por ejemplo, el genocidio cátaro del siglo XIII. No me refiero a eso, sino a su modelo organizativo, capaz de violar sus propias reglas de modo asombroso y al tiempo perdurar. Por cierto que en aquella comida en un momento dado el cardenal Etchegaray, refiriéndose a algo que no consigo recordar, dijo que había transcurrido desde aquel evento poco tiempo. Yo tomé la palabra y dije respetuosamente:

—Cardenal, son más de doscientos años...

—Pues eso, poco tiempo en los modos de medir de la Iglesia.

Me quedé clavado y seguí comiendo. La Iglesia ha perdurado durante siglos y presumiblemente seguirá por algunos más. En el fondo de una organización tan jerarquizada, tan sistemáticamente disciplinada, llena de aparente dulzura en el trato, de exquisitez en las formas, late el dominio, con pretensiones de monopolio en la certeza, de algo tan profundo como la vida ulterior, el «adónde vamos» de cada persona, de cada individuo que se pregunta por su lugar encima de la tierra.

Fascinante. Al menos para mí. Mientras degustaba el foie y bebía el vino francés me preguntaba si aquellos hombres vestidos de manera tan singular como elegante creían sinceramente en Dios o formaban parte de un conglomerado imprescindible para distribuir la droga religiosa como medio de evitar que el fin del mundo se acelere excesivamente. ¿Afectaría la madurez a la profundidad de sus creencias? ¿Conocerían el discurso político que se escondía desde Constantino en el famoso «engendrado pero no creado» que se repetía maquinalmente en el Padrenuestro? ¿De dónde nace la vocación espiritual? ¿Acaso el ascenso en la jerarquía eclesiástica no participa de la misma naturaleza que el de la política? ¿No es en el fondo la Iglesia una organización política de trazo superior?

Cualesquiera que sean las respuestas que se desee dar a estas preguntas, ocurre que su gran activo es infinito: la vida ulterior. Por ello, el manejo de la categoría tiempo es un distintivo esencial de la Iglesia. Quizá de todas, pero desde luego de la católica. Para aquellos cardenales, doscientos años no pasaban de ser algunos minutos de nuestro tiempo de mortales profanos. Así lo explicaba con cierta indiferencia el agudo Etchegaray mientras sus pequeños ojos, escondidos detrás de una inmensa nariz que delataba su ADN vasco, brillaban con intensidad singular, y Javierre levantaba una mirada furtiva para descubrir algún gesto de mi parte.

Me sentí estudiado, escudriñado, analizado. Seguramente sería normal en personajes de tanta importancia eclesiástica ante un invitado de porte financiero de nivel respetable. Quizá existiera algo más. Seguramente existía algo más.

Comenté con muy pocas personas este encuentro y entre ellas, de modo singular, con don Juan de Borbón en la cena en casa de Santi Muguiro. Al padre del Rey le encantó la idea. Sus relaciones con la Iglesia en el plano espiritual las ignoraba pero un hombre de su experiencia conocía el alcance real, la importancia indudable, del fondo del mensaje del Hidalgo: con la Iglesia hemos topado, Sancho. No solo me impulsó a llevarlo hasta sus últimas consecuencias, sino que me rogó encarecidamente que le tuviera informado de todos los pormenores y de su desenlace final.

El encuentro se prolongó durante los días 13, 14 y 15 de enero de 1992. Darío Valcárcel trabajó muy intensamente en todos los preparativos. La noche anterior a mi entrada en el Vaticano confieso que no fue una de las más plácidas de mi vida y que un punto de nerviosismo acudió a mi vela nocturna, lo que no dejó de extrañarme porque a pesar de los acontecimientos tan intensos que me tocaba vivir en España, en los que se mezclaba lo político y financiero en un cóctel de olor más que desagradable, mi calma interior acudía a su cita nocturna. Claro que la magia del Vaticano no resiste siquiera comparación con los horteras escenarios de la vida política y económica de nuestro país.

Nadie faltó a la cita. Ninguno de los importantes personajes nominados. El lugar designado para el encuentro físico por las autoridades vaticanas rezumaba una belleza sobria capaz de impactar a cualquier espíritu con un mínimo de sensibilidad. Si a eso le añades que era la primera vez que personas judías penetraban en ese recinto, sientes un punto adicional de emoción por haber contribuido a ello.

Abrió el acto Etchegaray con un estructurado discurso. Le siguió Simone Veil. Su ponencia, dada su raza judía, era aguardada con cierta ansiedad. Una judía en el santuario vaticano. Casi una blasfemia existencial. El ambiente la sobrepasó. No esperaba encontrarse con algo semejante, hasta el extremo de que comenzó su alocución pidiendo disculpas por no haber podido preparar una ponencia de la calidad que exigía el encuentro. La verdad es que su alocución resultó una serie de lugares comunes. Ninguna idea ni original ni brillante compusieron su sinfonía. Ni pena ni gloria. Más bien pena.

A continuación mi turno. Me movía al lugar asignado al orador. Desplegué mi papel sobre el fantástico atril vaticano. Comencé a exponer. La tesis central giraba sobre la sociedad civil. En el simposio que se celebró en Moscú, organizado por la Universidad Complutense con financiación parcial de la Fundación Banesto, ya tuve ocasión de exponer alguna de estas ideas. Ahora, en el maravilloso escenario del Vaticano, volvía a insistir en mis tesis: no reconocer el triunfo de la economía de mercado frente al colectivismo no es solo una ceguera, sino que constituye una de las formas más burdas de suicidio. Aquí hemos llegado, pero no con ello se cumple el axioma del fin de la historia. Al contrario. La victoria exige una reflexión sobre los límites del mercado. Un dogma absoluto de la santidad del mercado nos conduciría a nuevos enfrentamientos entre seres humanos. Sabemos dónde se encuentran los límites inferiores, pero no podemos crear riqueza a base de acumular miseria, dividiendo el mundo y casi cada espacio territorial en dos sanctasanctórums: la riqueza exuberante y la pobreza lacerante. Por ello, el nuevo modelo que nace de esta catarsis impuesta por el marxismo, con ingentes costes de vidas humanas, reclama un código de conducta en el que se recojan de manera nítida los valores esenciales con los que construir el edificio de nuestra convivencia. Para mí —decía— resulta esencial que la sociedad recupere protagonismo frente al Estado. El crecimiento del aparato estatal ha sido elefantiásico. Frente a un Estado prepotente, la sociedad civil deja de existir, inerte, vencida antes de pelear, egoísta, miserable en sus ideas básicas, que se entrega humillada ante un poder abusivo. Definamos de nuevo el verdadero alcance del producto Estado, centremos sus límites y reasignemos el espacio a la sociedad civil, renaciendo en ella valores que nunca debieron morir. Al final el mismo problema de siempre: edificar al hombre conforme a valores superiores.

Terminado mi discurso y la ponencia de otros asistentes, llegó el momento culminante, el encuentro con el papa.

Exquisitamente preparado, delicadamente elegido el escenario, comenzó Etchegaray con unas breves palabras en francés.

Llegó mi momento. El papa frente a frente. El silencio desparramado a borbotones por el salón. Los gestos de los asistentes enviaban efluvios de expectación, incredulidad, envidia y otros de parecida textura. Hablé despacio, con un punto de autoridad. El papa, cabizbajo, escuchaba —o lo aparentaba— con su mano derecha sujetando la barbilla, como soportando el peso de su cabeza. Concluí.

Le tocó el turno a Su Santidad Juan Pablo II, polaco de origen, país de virgen negra, como la mallorquina de Lluch, virgen templaria por excelencia. Le miré con una sensación difícilmente definible porque ni siquiera yo mismo sabía conceptualizar en mis adentros. Escuché. Sus palabras nacieron en un italiano gramaticalmente correcto pero carente de esa música dulce tan esencial al idioma más bello del mundo. Giró hacia el inglés. Concluyó de una manera que dejó atónitos a los asistentes: refiriéndose a mí, por mi nombre y mi apellido.

Finalizada su intervención, el cardenal Etchegaray nos acercó a Lourdes y a mí hacia su santidad. Tomó mi mano. Sentí la suya. Clavé mis ojos en los suyos. Olí su mirada. Hizo lo propio con Lourdes ante un atento, exquisitamente atento, Etchegaray.

El éxito, al menos en las formas, resultó indescriptible. La prensa española y la televisión le dieron una cobertura excepcional. Confieso que el más agudo en la percepción de lo sucedido fue, una vez más, *El País*. Dudo que Polanco pidiera algún trato especial, pero lo cierto es que acertó a comprender el significado profundo de lo que ocurría en aquellos días en las dependencias vaticanas.

Inevitablemente, los menos dotados intelectualmente quisieron, una vez más, interpretar el acontecimiento en clave política, en la que la anécdota se convertía en el manjar esencial. Llegaron a formular la estupidez de un pacto entre Conde y el Vaticano para penetrar en la vida política española. Se inventaron la historia de que almorcé con el papa en privado durante más de dos horas. Confieso que me hubiera resultado atractivo hacerlo, pero nada más alejado de la realidad. Manejaban el dato de que el papa se refiriera a mí, por mi nombre y apellido, como una especie de patente de corso eclesial, como una bula vaticana, un apoyo explícito. Cierto que resulta absolutamente inusual semejante actitud en el pontífice. El Vaticano es particularmente cuidadoso, lo que resulta imprescindible para perdurar en el espacio y en el tiempo, y la mención de sujetos concretos, de personas particulares, vive fuera del código de comportamiento de los confeccionadores de discursos del papa. Esta vez se rompió la norma. Lo hizo el pontífice con elegancia, mesura, pero ciertamente con determinación. Causó asombro y, claro, para los torpes, como siempre, la forma podía más que la sustancia.

Medité. Recordé la noche anterior en la que cenando en la Embajada española el secretario de Estado me confesó sin ambages que el mecanismo de información vaticana es de los más perfectos del mundo. A esa cena asistió un cardenal muy especial. A su derecha situaron a Lourdes. Era el presidente de la Congregación de la Fe, la organización católica encargada de preservar la pureza del dogma. Algunos se refieren al organismo como «la moderna Inquisición». Era el cardenal Ratzinger, hoy papa Benedicto XVI.

Es normal y hasta imprescindible que la Iglesia sea particularmente cuidadosa en materia de información. Manejan su tiempo en diferente plano al nuestro y, por tanto, disponen de mucho más espacio temporal para reunir toda la información sobre aquellas personas con las que el Vaticano en cuanto tal se embarca en alguna aventura, por corta que sea la travesía y poco profundas las aguas en las que navegar, pero si en algún momento, con cualquier excusa, alguien debe entrevistarse con el papa, la información cobra una dimensión superior, aumenta de volumen y tamaño y, sobre todo, en precisión, buscando los aspectos auténticamente esenciales.

Las especulaciones sobre mi condición de miembro de la masonería no cesaban en la sociedad española. Sin embargo, nadie cayó en la cuenta, o, al menos, ningún ejemplar periodístico fue capaz de construir algo coherente con semejante material. ¿El papa recibiendo en sus habitaciones vaticanas y dirigiéndose por su nombre a un ejemplar de la masonería hispana? ¿Qué explicación tiene semejante contrasentido? Una vez más, en nuestra querida España la anécdota primaba sobre la categoría.

Seguramente la verdad residía en que en el vértice el encuentro entre masonería e Iglesia católica es un dato cierto. Oculto, pero verdadero. Conocido por los iniciados e ignorado por los profanos. Mi encuentro con el papa eliminó cualquier brizna de duda y me situó en la más absoluta certeza. Mientras tanto, los torpes campaban por su respeto en nuestras tierras hispanas. Tanta intensidad alcanzó la especulación sobre mi futuro político que no tuve más remedio que telefonear a Aznar para asegurarle que no había almorzado con el papa, que no había pronunciado algunas frases que gratuitamente me atribuía la prensa, que no albergaba intención alguna de penetrar en política y que si lo quería todo ello se lo ponía por escrito en una carta que firmaría gustoso de mi puño y letra. Le encontré frío, eso sí, con proclamas acerca de su absoluta confianza en mí. Cada día —pensé— este personaje me odia un poco más y no se le va a pasar hasta que alcance el poder.

Polanco me contó que Felipe llegó a sentirse celoso con mi encuentro. Los marxistas superficiales, los agnósticos de salón suelen sentir un respeto reverencial por la Iglesia, lo que en el fondo les honra. Lo que ocurre es que me recuerdan a esos socialistas de pro que lo que en el fondo admiran son las grandes fincas, las mejores casas, las obras de arte, los incunables, siempre que todo ello sea extraordinariamente caro.

Luis Valls, el presidente del Popular y, al parecer, miembro destacado del Opus Dei, comentó en la radio que daba igual que yo no tuviera intención de dedicarme a la política porque si el país me lo pedía, no tendría más alternativa que obedecer. Más leña para la endemoniada hoguera de Aznar. Quizá en aquellas noches en vela debido a tales comentarios el entonces líder de la oposición soñaba con la venganza.

En 2007, poco después del fallecimiento de Lourdes, alguien vino a relatarme que aquel encuentro del Vaticano acentuó la necesidad de mi derrocamiento en el seno de la sociedad española, por haberme atrevido a algo radicalmente prohibido: la unidad de los monoteísmos. No alcanzaba a entender el significado de semejante posición, por lo que formulé la pregunta del modo más ingenuo posible.

—¿Qué tiene que ver eso con el mundo financiero-político?

Mi interlocutor sonrió de modo compasivo. Me miró y se puso en pie anunciándome que daba por concluida la visita. No sé si por la ingenuidad de que hice gala al formular la pregunta, porque llegó su hora o por cualquier otro motivo. Pero no quiso despedirme sin un mensaje.

—La historia evidencia la relación de los monoteísmos con la política. Pero no te olvides de una cosa: Dios es, además de una creencia, un negocio. Y partido en tres hay competencia...

Lo cierto y verdad es que el éxito del encuentro vaticano, las fotos con el papa, el posicionamiento unánime de los medios de comunicación, no solo no amilanó a quienes asumieron la misión de hacernos nuestra vida financiera poco agradable, sino que les proporcionó nuevas y a su juicio fundamentales razones para mantener vivo el acoso e, incluso, intensificarlo en lo posible en una lucha que debería librarse, en su modo de entender las cosas, sin ningún cuartel. En ese contexto se comprende a la perfección que el objetivo más inmediato consistía en destruir, como y al precio que fuera, mi pacto con Godó, es decir, la operación *Vanguardia*.

El martes 11 de febrero de 1992, todavía en plena efervescencia de las nuevas relaciones con el Vaticano, cenaba con Godó en Banesto para continuar con nuestro trato. Desde que traspasó el umbral del comedor percibí que sucedía algo. Su talante distaba mucho del exhibido en nuestros anteriores encuentros y, desde luego, del pacto de la escalera. Una conversación banal, insulsa, cubrió el expediente de la cena. Algo raro tenía que ocurrir. Algo grave para que mantuviera esa actitud pero no lo suficiente como para negarse a venir a cenar a Banesto, a, cuando menos formalmente, continuar la conversación. Así que le pregunté de modo directo:

—Javier, no te conozco demasiado, pero te he observado y tu actitud de hoy es claramente diferente de la de los otros días. Seguro que sucede algo y me gustaría saberlo, no ser un convidado de piedra.

Javier dudó pero era obvio que no podía, ni previsiblemente quería, contenerse. No quiso ser demasiado detallista en la descripción pero resultó sobradamente elocuente.

—Joan Tapia ha hablado con Rosa Conde, la ministra que le transmitió una información directa de Narcís Serra.

—¿Y en qué consiste?

—Pues que, según Serra, me estás engañando. El verdadero pacto no es conmigo, sino con Jesús Polanco. Has pactado con él y yo soy solo un medio para ese pacto.

Me lo imaginaba. Desde que informé a Jesús de nuestro acuerdo de La Salceda sabía que lo trasladaría al Gobierno y que en cuestión de días, si no de horas, Joan Tapia se convertiría en vehículo de informaciones destinadas a destruir el pacto. Ahora, por boca de Javier, tenía la evidencia. Menos mal que lo sospeché desde el principio porque eso evitó que me conmocionaran sus palabras, que alteraran mi gesto o compostura. El problema era qué hacer. Mentir es muy complicado porque te acaban pillando siempre. Decir la verdad pura y dura implicaría perder la operación. Así que el guion exigía buscar algún punto medio, algún lugar suficiente para calmar los ánimos, porque el desafecto —por decirlo cariñosamente— que Javier sentía por Polanco era suficiente para destrozar todo el edificio que comenzamos a levantar en La Salceda.

—Mira, para ti no es ningún secreto que Jesús Polanco desea *La Vanguardia*. Tú mismo me lo has relatado. Por otro lado, está celoso con mis movimientos en los medios porque le parece que pueden coartar o reducir su poder. Sus relaciones con Narcís Serra son inmejorables. ¿Te extraña que le pida ayuda para ver cómo consiguen deshacer este pacto? ¿Crees que se pararía ante alguna frontera con tal de conseguir *La Vanguardia*?

Traté de desviar la atención de Godó sobre las actividades de Jesús, más que sobre la certeza de nuestro pacto, de mi pacto con él. Creo que lo conseguí, aunque presentía que solo a medias. La cena concluyó con un acuerdo hilvanado sin fuerza con hilo de tenue calidad. Nos veríamos el siguiente miércoles en Barcelona.

En absoluto me quedé tranquilo. Más bien profundamente cabreado porque esa información tuvo que salir de alguien y ese alguien era Polanco. Una cosa es que sospeches y otra, que compruebes, sobre todo si esa comprobación puede acarrear un destrozo de tamaño natural. Al día siguiente pedí una reunión urgente con Jesús y Matías para contarles lo sucedido. Jesús, al recibir la información, se agarró un cabreo descomunal, o, al menos, lo aparentó con el mejor teatro del que fue capaz.

—¡No me jodas! Se lo conté a Serra, claro, pero con garantía de secreto. ¡Este tío es un traidor! ¡Se va a enterar de que a mí no se me toma el pelo!

Teóricamente el Gobierno, Serra en concreto, le había traicionado. En aquel momento ignoraba el grado de implicación y complicidad existente entre Narcís Serra y Jesús Polanco, una de las claves esenciales de este país. De haberlo sabido, no hubiera cometido la ingenuidad de pensar que quien me traicionaba era el Gobierno y no el tándem Polanco-Gobierno o Gobierno-Polanco, como seguramente sucedió. Al Gobierno le horrorizaba mi operación. Rosa Conde aseguraba que le quitaba el sueño. Solchaga se retorcía de dolor. Todos ellos juntos eran demasiado, no solo para mí o para Javier, sino para Banesto y Godó juntos. Pero había que ser paciente y no romper la baraja antes de tiempo.

¿Y Polanco? ¿Qué haría? ¿Cómo mantendría el pacto de Valdemorillo si suponía que yo imaginaba traición de su parte? Pues con la técnica de más madera, es decir, no alejarse de mí, sino más bien todo lo contrario: incrementar el número y frecuencia de nuestras reuniones con el fin de tenerme más o menos controlado, conocer de primera mano mis impresiones, mis avances o retrocesos y, supongo de todo suponer, trasladar esa información al Gobierno vía Narcís Serra. A cambio me alertaba con informaciones poco precisas como, por ejemplo, que González mantenía muchas reservas sobre mí. Era obvio. Seguramente injustificado, pero obvio. Pero Polanco me venía a decir que él podría servirme de ayuda en el desmoronamiento de esas «reservas».

Sinceramente, yo pensaba que su actitud era franca. Ahora, aunque carezco de información suficiente, visto lo visto y vivido lo vivido, me parece estúpido creerlo. Pero entonces no. Claro que bien mirado si el Gobierno, o sus miembros más caracterizados, tenían reticencias sobre mí y por eso deseaba romper la operación Godó, ¿cómo aceptaría la existencia de un holding con el Grupo Prisa? Impensable. Ciertamente el control mayoritario de Prisa sobre el proyectado holding limitaría mi poder y la presencia de Polanco se traducía en una garantía para ellos. Pero ¿por cuánto tiempo? Las diferencias de edad entre Jesús y yo resultaban obvias y más tarde o más temprano, salvo jugarretas del destino, el hombre fuerte del pacto sería yo y por mucho tiempo, así que si con *La Vanguardia* me tenían terror, con ese holding sencillamente pensaron que tendrían que salir huyendo de España.

¿Aceptó Jesús el juego sucio en favor del poder? No tengo ningún dato preciso pero la experiencia me demuestra que la única respuesta válida a la pregunta es que sí, sin la menor duda. Jesús se debía a Felipe, a Narcís, a Solchaga y respecto de mí no tenía más que una visión de persona que podía coartar su poder y su ego personal.

El cabreo aparente de Jesús para con Narcís Serra no se traducía en nada concreto. Esa frase de «se va a enterar» se quedaba en una floritura verbal. Ni siquiera un ataque medianamente consistente de alguna de las páginas de *El País*. Aquello tensaba la cuerda al máximo. Si no conseguía que Godó creyera de modo firme que éramos víctimas de una conspiración de Polanco y el Gobierno, nuestro pacto de la escalera podría esfumarse. ¿Qué hacer? Sencillamente, esperar que Godó no se calentara demasiado la cabeza y se mantuviera en su pacto conmigo. Pero Godó no es ni mucho menos tonto. Piensa y piensa bien. Así que no tardé en conocer su respuesta.

Lamentablemente, poco después llamó Godó para decirme que tenía que salir al extranjero y que la cita del miércoles en Barcelona quedaba cancelada. Por tanto, adiós al pacto. Ese mismo día almorzaba en Madrid con Txiki Benegas. No sabía que tenía información sobre estos movimientos míos, pero siendo quien era tampoco me extrañaba demasiado. Se puso algo circunspecto porque era consciente de que me iba a revelar un secreto de envergadura, pero como es hombre leal se tragó la saliva que pudo y dijo:

—Acabo de hablar con Solchaga para otros asuntos. Me ha tocado el tema de *La Vanguardia*. Él sabe de las relaciones entre tú y yo y le encanta cualquier noticia mala para nosotros, sobre todo para ti.

—Ya, y ¿qué te ha dicho?

—Literalmente: «Por cierto, estoy encantado porque acabamos de abortar el pacto de Conde con *La Vanguardia*».

—¡Joder! La obsesión de Carlos es patológica.

No quiso contestar. Bastante hizo con confirmarme lo que presentía. Llamé a Martín Ferrand para decirle que todo se derrumbaba. Puso el grito en el cielo y me dijo que se iba de Antena 3 antes del inevitable desastre. Manolo se puso en contacto con Javier Godó y debió de describirle la situación con trazos y colores dantescos porque poco después el propio Javier llamaba para pedirme una cita en Madrid, en mi despacho de Banesto para el siguiente miércoles. ¿Conseguiríamos algo? Mi experiencia es que cuando alguien comienza a recular... Pero si detrás o delante de ese movimiento se encuentran amenazas del poder político, el color es como la mayoría de los toros de Vitorino.

La reunión se celebró pero fue extremadamente kafkiana. Javier Godó, Manolo Martín Ferrand, Romaní, Rafael Jiménez de Parga y yo sentados en torno a la chimenea —que jamás llegó a encenderse— situada en el extremo norte del despacho de Presidencia. Javier tomó la palabra.

—Lo he pensado mejor y deseo mantener el pacto sobre la televisión y la radio, pero no quiero incluir *La Vanguardia*.

Aquello sonaba a Polanco por los siete costados. A Polanco y Narcís Serra, quien, independientemente de que fuera vicepresidente del Gobierno, tenía sus aspiraciones, no solo a presidente del Gobierno sustituyendo a Felipe, sino, en cualquier caso, a la presidencia de la Generalitat. El mapa de los medios de comunicación de verdadera implantación en Cataluña se definía extraordinariamente favorable al PSOE: *El Periódico,* de Antonio Asensio, y *La Vanguardia,* de Javier Godó, se sumaban, de grado o de fuerza, con entusiasmo o resignación, a las tesis socialistas, acogiéndose para ello a la excusa del españolismo frente al catalanismo de Convergència i Unió, porque, además, el Partido Popular se mostraba ciertamente inexistente en las tierras del Condado de Barcelona.

Mi pacto con Godó trastocaba esencialmente un diseño exquisitamente cuidado y, por ello mismo, podría influir de manera directa sobre el futuro político del socialismo catalán y de personas concretas, con nombres y apellidos, entre las que se encontraba Narcís Serra. Por tanto, la actitud de Godó en mi despacho de Banesto sosteniendo que deseaba excluir a *La Vanguardia* del pacto mostraba a todas luces la presión recibida desde distintas instancias del poder, singularmente la vicepresidencia del Gobierno.

Decidí esbozar un discurso límite que provocara a Javier delante de sus subordinados y le estimulara a volver por sus fueros. Nada tenía que perder intentándolo.

—Bien, Javier, te comprendo. Desde que acordamos en La Salceda caminar juntos percibí la grandeza de nuestro pacto y, al mismo tiempo, las inevitables presiones que suscitaría. Sobre todo para ti. Te confieso que pensé que serías capaz de soportarlas, pero por lo visto han resultado excesivas. Te agradezco que lo confieses con esa claridad y que lo hagas hoy porque seguramente si cedes en este momento es que podrías hacerlo en cualquier otra ocasión cuando ya no hubiera remedio y tuviéramos que acabar en una batalla. Nosotros nos vamos del pacto sobre Antena 3, te ruego que nos devuelvas nuestro dinero y siento enormemente que algo tan positivo para ti, tu nombre, tu familia y tu economía se frustre por razones que solo puedo suponer de corte tristemente político.

Expectación en los cuerpos, gestos y miradas de los asistentes. Silencio en Godó. Supongo que los cinco mil millones que le habíamos adelantado no eran la principal causa de su turbación. Dejó caer su cabeza sobre el lado derecho más de lo acostumbrado. Movió nervioso los párpados y me pidió que volviera a explicarle el concepto de holding, cosa que hice sin el menor entusiasmo porque si a estas alturas del curso lo que sucedía consistía en su incapacidad para comprender un concepto rudimentario en el mundo empresarial y financiero, mala cosa... Creo que necesitaba ganar algo de tiempo antes de proporcionarme su respuesta a mi discurso.

Funcionó. Javier cambió. Readmitió el pacto. Al día siguiente cerramos la valoración de *La Vanguardia* en cuarenta mil millones de pesetas. Firmamos la constitución del holding y dimos una nota de prensa oficial. La operación teóricamente se había consumado. Me sentí satisfecho.

La nota de prensa conmocionó al Madrid mediático, financiero y político. Se movieron en todas direcciones los rumores más descabellados. Pero en cualquier caso teníamos una victoria. Casualmente esa tarde hablé con el Rey para asuntos diferentes, pero inevitablemente surgió el tema. El Rey no tenía reparo en hablar a través del teléfono privado, quizá porque en ese momento no conocía bien las andanzas de Serra, pero lo cierto es que, concluidos nuestros asuntos, me felicitó por la operación Godó.

—Gracias, señor.

—Lo que pasa es que...

El tono, el arrastre de palabras, el silencio prolongado del Rey me inquietaron.

—¿Pasa algo preocupante, señor?

—Pues que me llegaron informaciones de que habían conseguido romper tu pacto y ahora parece que no es así...

—¡Caramba! ¿Y de quién le vienen esas informaciones? ¿Quiénes habían conseguido romper mi pacto?

—Eso no te lo diré, pero tampoco se necesita ser un genio.

Quiso guardar reserva por lealtad a su cargo. Pero igualmente quiso advertirme, no sé si por lealtad a mí, a lo que estábamos haciendo, que merecería o debería merecer el respeto político.

—Bien, señor, lo entiendo. Suficiente. Es suficiente e importante. Algún día, si lo considera oportuno, charlaremos.

Más que importante resultaba indignante. No tenía duda de que sus informaciones provenían del Gobierno, o en concreto del presidente del Gobierno, aunque se negara a decírmelo abiertamente. Que el presidente del Gobierno se felicitara ante el Rey por romper un pacto privado por el mero hecho de que lo consideraba políticamente no conveniente demostraba en qué momento político nos encontrábamos, y, lo que es peor, yo estaba convencido de que si la derecha hubiera estado en el poder, el mismo gallo habría cantado al amanecer. Don Juan Carlos, al recibir la información, ni siquiera pudo esbozar un gesto parecido a una protesta. En eso consiste reinar y no gobernar. Al menos, eso parece.

Curiosamente, unos días después me llamaron a almorzar con el vicepresidente del Gobierno, Narcís Serra. Acepté. No podía hacer nada distinto, a pesar de que era totalmente consciente del comportamiento que estaba teniendo para con nosotros, y de que pocas dudas me quedaban acerca de la inutilidad de un almuerzo de ese tipo. Pero así son las cosas.

Me recibió y almorzamos en Moncloa. No era tensión lo que se respiraba en aquel comedor, sino desconfianza mutua. Una, de mi parte, construida sobre hechos. Otra, la suya, edificada sobre especulaciones e intereses. Pero supongo que si se le preguntara a él diría lo contrario. En todo caso, como no podía ser de otra manera, la operación con Godó ocupó una buena parte del encuentro. Su posición sobre el papel verbal no podía ser más exquisita.

—El Gobierno no ve mal la operación, siempre que sirva para dar estabilidad a Antena 3 y a *La Vanguardia,* porque somos conscientes de los problemas por los que atraviesan. Pero tenemos que dejar clara nuestra condición.

—¿Cuál es, vicepresidente?

—Que no se altere la línea de independencia del periódico.

Me sonaba la letra y la música. Para Polanco independencia es servir los intereses propios. Para Serra significaría con total certeza defender los postulados del socialismo y, más concretamente, sus intereses políticos, los suyos, los de Narcís Serra. Cuando digo socialismo aquí me refiero al Partido de los Socialistas Catalanes, que no es exactamente lo mismo que el PSOE. Pero, en fin, lo que cuenta es que mientras defendiera esos intereses la línea sería de objetividad.

—Ya, vicepresidente, pero entiendo que te refieres tanto al periódico como a Antena 3, ¿no?

—Sí, claro.

La pregunta contenía algo de veneno porque como me había asegurado Jesús Polanco, la televisión les importaba mucho menos. La clave era *La Vanguardia*. Por ello, su subconsciente le dirigió exclusivamente a la letra impresa y no a las ondas. Pero Narcís Serra, que será lo que sea pero no es nada tonto, encajó el golpe. Se crispó algo porque entendió el trasfondo de mi pregunta. Quizá por ello comenzó formalmente el turno de quejas.

—Lo que no entendemos es que se firme un pacto de esa envergadura y ese alcance sin contar siquiera con la opinión e información del Gobierno.

Frente a semejante ataque frontal solo quedaba otro de idéntica naturaleza. Había que echarle valentía al asunto, pero de eso no andaba mal. No sé si valentía o imprudencia temeraria, pero a los efectos da lo mismo.

—No creo que mi percepción sobre el Gobierno sea la de que puedo mantener un contacto fluido con vosotros —contesté.

Segundo golpe. Encajó bien.

—Bueno, yo no distingo entre banqueros buenos y banqueros malos. Soy un partidario decidido de colaborar con la sociedad civil.

Hombre —pensé—, si colaborar a defender la sociedad civil consiste en que tengamos que pedir permiso al Gobierno para pactos entre personas privadas...

—Bien. Vamos a aceptar lo que dices. En ese caso, hoy como ayer, estoy dispuesto a colaborar, pero para eso necesito que se resuelvan algunos entuertos.

—¿Cuáles? —inquirió sorprendido Narcís.

—Cuando hablé con el presidente a propósito de la Corporación Industrial en 1989, me dijo que tendríamos que comentar temas relacionados con la información. Se refería a asuntos negros de sistemas de información. Le dije que me encantaría hacerlo y se despidió diciéndome que me convocaría para ello. Hasta hoy.

—Ya —musitó Serra.

—Por tanto, me parece que deliberadamente durante estos años habéis dejado que crezca el infundio de mezclarme con estas materias. Exijo que se aclaren estos temas. Vosotros podéis hacerlo porque disponéis de los medios para ello. Si queréis que yo colabore, a lo que estoy absolutamente dispuesto, reclamo que vosotros comencéis destruyendo infundios que vosotros creasteis.

Narcís no supo reaccionar. En aquel momento yo no disponía de toda la información sobre sus actividades digamos «paralelas» a su cargo de vicepresidente. Ignoraba que estaba utilizando el Cesid en labores de espionaje. Incluso no conocía que mientras hablaba conmigo tenía en marcha un espionaje sobre mi vida privada encargado a una agencia de detectives extranjera denominada Kroll, espionaje que pagó con fondos reservados del Estado. Aquel hombre, en su calidad de vicepresidente, me exigía claridad en mis comportamientos, transparencia en mis actos, acusándome veladamente de manejos propios de espías, cuando utilizando las alcantarillas del Estado llenaba de manejos sucios la vida política, económica, empresarial y privada de España.

Como no reaccionaba, insistí.

—Tengo a vuestra entera disposición desde hace años la información que me pidió el presidente del Gobierno. Os pongo a vuestra disposición todos los archivos del banco y lo que queráis. Pero exijo que terminéis con esos infundios.

Seguía sin responder. Algún sonido gutural de porte inconcreto, pero poco más. Así concluyó el almuerzo. Como había imaginado.

Días después me encontré con Felipe González en la entrega de premios de *Tiempo,* la revista del Grupo Zeta propiedad de Antonio Asensio. Fue un encuentro forzado, distante, aunque aparentemente próximo. Me comentó, con tono que deseaba aparentar satisfacción, que su información sobre mi almuerzo con su vicepresidente resultaba altamente positiva, y que pronto me volvería a llamar para hablar. La última vez que algo similar salió de sus labios había sido en 1989 y todavía seguíamos sin encontrar un hueco para asuntos de tanta trascendencia. Supongo que allí seguirán todos los documentos que ordené se prepararan sobre este asunto.

Lo malo que tiene escribir sobre sucesos acaecidos tiempo atrás es que uno se proyecta sobre ellos con la experiencia de los años transcurridos después, del conocimiento más profundo de los actores de aquellos momentos, de sus características personales, de hechos que demuestran, con su propia obscenidad, su catadura humana. No me gusta juzgar, pero admito que mi peor característica consistió en no imaginar hasta qué punto algunos seres humanos convierten lo que tocan, su hábitat, en un vertedero de residuos y despojos. Es obvio que no se trata de una característica exclusiva de la política. Sucede lo mismo en finanzas y medios de comunicación y me atrevería a decir que en mayor o menor medida en todas partes cuecen, cocemos habas. Solo que en unas profesiones y actividades tienen mayor trascendencia que en otras.

Visto con la perspectiva del tiempo, resulta demoledor que Narcís Serra se encargara de difundir injurias sobre terceros, acusándoles de llevar a cabo actos de espionaje, cuando él, abusando del dinero del Estado, de sus cuerpos de seguridad, de sus misiones propias, se dedicaba, como relataré en su momento, a espiar mi vida privada con el propósito de cortocircuitar lo que constituía su obsesión primaria: mi intento de desembarcar en política.

Ingenuidad supina creer en González. Poco a poco, paso a paso, lamento a lamento, el tiempo desgranó su personalidad ante mis ojos, con un coste más que considerable.

En estos años de sufrimiento diversos conductos arrojaron sobre mí conocimientos contrastados. Lo lamento como español. Pero una vez contrastados, transcurrido el tiempo necesario, es importante que los pueblos conozcan su historia, el modo y manera en que han sido gobernados, porque quizá en ese conocimiento encuentren satisfactoria explicación a su presente y puedan, si así lo desean, cambiar el rumbo de su futuro.

17

En pleno mes de julio, rodeado de calor por todas partes, tomé la determinación de someterme a un control médico en el Ruber Internacional. Nada especial me atormentaba, básicamente porque no sufro de hipocondria, pero soy consciente de mi edad y como dice el refranero, a partir de un determinado cumpleaños si no tienes ningún tipo de desperfecto biológico o funcional, por leve que sea, es que estás muerto. Y yo estaba vivo. Y aprendí con esfuerzo el precio de conseguirlo. Así que al médico.

En esas estaba, tumbado en una camilla de la consulta del doctor Escudero, cuando el médico me pidió que me sentara en el borde de la camilla de modo que mis piernas colgaran hacia el suelo. Obedecí y el doctor tomó uno de esos martillos que se utilizan para calibrar los reflejos. Me golpeó y la pierna salió disparada. Hasta ahí normal. Lo curioso es que el brazo derecho se movió de igual modo y el cuerpo entero se tensó. El médico me cubrió con una mirada que no sería de preocupación, pero sí de cierta inquietud. Tanto que le pregunté:

—¿Es algo serio, doctor?

—No, serio no, pero indica un estado de alarma.

—¿Y eso?

—Mira, los reflejos en la pierna funcionan de modo automático en una especie de circuito cerrado porque el impulso no transita por el cerebro, sino que empieza y concluye en la pierna. Por ello, aunque te concentres mentalmente, no vas a impedir el movimiento de tu pierna.

—Ya, pero...

—Normalmente —prosiguió— todo impulso transita previamente por el cerebro y por eso el movimiento es controlable. Eso quiere decir que el brazo y el cuerpo se han movido por una orden cerebral. La pierna, por reflejo y ellos, por decisión cerebral.

—Bien... ¿Y eso qué tiene que ver?

—Pues que indica una cosa: que vives en estado de alarma permanente. Estabas relajado, has sufrido un cambio en tu entorno corporal y físico y el cerebro, nada más percibirlo, se ha puesto en guardia. Y ese estado de alarma se ha evidenciado con el movimiento del brazo y con la tensión corporal.

No quise seguir profundizando porque era bastante obvio lo que me decía. Demasiados años de mi vida viví en permanente estado de alerta, porque poco a poco aprendí, no sin coste, que en el poder las guerras no concluyen hasta que puede elaborarse y certificarse notarialmente el catálogo de vencedores y vencidos. Y solo hay un modo de vencer: comprobar el cadáver de tu enemigo. Y aun así, porque desde que se inventó eso de la muerte civil como balance de guerras de poder, también se confeccionó un dicho, aquel que decía: «Sus muertos, los muertos de vuestra señoría, gozan de magnífica salud». Muertos de hoy pueden ser vivos de mañana, y viceversa, evidenciando la relatividad del juego del poder.

Pero mientras tanto tienes que aprender a controlarte, a conseguir un mínimo de paz interior. Y para ello existen técnicas que yo practicaba con una disciplina espartana, porque me iba mucho en juego. No se trataba de prácticas de corte puramente espiritual o metafísico, sino de seguir vivo, aunque solo fuera por aquel dicho de los italianos de que el soldado que sigue vivo vale para la siguiente guerra.

Y ese estado de alerta me ilustró a no valorar nada en términos de armisticio. Cuando el poder aparentemente cede, es que está tomando impulso. Por ello mismo, en aquella ocasión en la que Mariano Rubio, en un almuerzo memorable, me habló de un modo radicalmente distinto a como había sido su comportamiento hasta entonces, me quedé en un estado extraño. Eso de que querían paz, poner fin a la guerra... No sé. Me sonaba raro. La explicación de que mis relaciones con Polanco y Godó alteraban el mapa del poder en España y que Mariano tenía que acomodarse a la nueva situación estaba bien, pero era excesivamente etérea, demasiado abstracta para un giro tan concreto, tan preciso, tan elocuente, ejecutado de modo tan obvio. No. Tenía que haber algo más.

No tardé en comprobar que las enseñanzas sirven para algo. Y, al tiempo, a darme cuenta de la volatilidad de las situaciones de poder. Porque estalló un gigantesco escándalo financiero y político que fue el principio del fin de Mariano y de algo más importante. Pero vamos por pasos porque el asunto merece la pena.

Un pequeño banco, de nombre Ibercorp, con un volumen de recursos ajenos similar al de una sucursal urbana de Banesto de tamaño medio, dedicado a operaciones de compraventa de empresas y especulaciones en Bolsa, ocupaba un lugar de privilegio dentro del mundo financiero español. Sin menoscabo para la competencia profesional de sus gestores, la razón básica para ello consistía en que Manuel de la Concha, agente de Cambio y Bolsa, ex síndico de la Bolsa de Madrid, y Jaime Soto, ejecutivo de finanzas que ocupó por un tiempo la consejería delegada del Banco Hispano, controlaban la inmensa mayoría del capital social del pequeño banco, y ambos, en especial De la Concha, circulaban por Madrid con un activo de enorme valor: íntimos amigos de Mariano Rubio, el gobernador del Banco de España.

Como ya sabemos que los españoles cultivan envidia en todos sus huertos y jardines, el florecimiento de ese banco se atribuía en exclusiva en los mentideros de la villa a esa relación de amistad con el poderoso. Seguramente no era así. Se decía que ganaban dinero, mucho dinero con operaciones bursátiles gestadas gracias al tráfico de influencias, a negocios impulsados desde el poder, sobre todo por el gigantesco poder del Banco de España. Yo personalmente lo dudo mucho. Es más que posible que algún tipo de información privilegiada pudiera haber reportado beneficios. Creo que si preguntamos en todos los bancos españoles de la época no obtendríamos diferentes resultados. Pero de ahí a circunscribir el beneficio de ese banco en ese mecanismo espurio y a despreciar la labor de sus gestores hay un trecho que solo puede cubrirse si uno se pone a cabalgar a lomos de nuestra hispánica envidia.

Es verdad que una simple información privilegiada desde el Banco de España podría traducirse en una fortuna. Por ejemplo, un aviso de devaluación monetaria. Pero, insisto, me resulta excesivo monopolizar la actividad de ese banco en lo espurio de la vida financiero-política. Pero ya se sabe cómo somos los españoles, cómo nos comportamos ante el éxito ajeno. Lo que vemos en otros que no somos capaces de conseguir por nosotros, en lugar de atribuirlo a la capacidad, paciencia, voluntad y trabajo ajeno, lo atribuimos a un comportamiento delictual. Así nos va como país.

Ciertamente Ibercorp penetró en el territorio nebuloso de la leyenda y nadie me pudo concretar en dónde comenzaba la realidad y concluía la fantasía, pero cuantificaciones concretas aparte, el mecanismo funcionó durante un tiempo. Hasta que en aquel primer trimestre de 1992 estalló y con él el poder de un grupo de personas, o de algunas de ellas, que gozaban de indudable influencia en el mundo financiero español desde 1982. Tal vez incluso antes.

En el último trimestre de 1991, Jaime Soto y Manuel de la Concha me pidieron audiencia. Les recibí en Banesto. Querían que les comprara Ibercorp. No necesitaba ni vista de lince ni oído de jabalí para percibir que un escenario semejante, de fondo y forma, resultaba impensable sin la previa aprobación del gobernador. Contaban las malas lenguas que Mariano, mediante el correspondiente testaferro, era dueño de un paquete de Ibercorp, pero no me paraba en semejante detalle porque su dominio derivaba mucho más de su condición de gobernador que de su posible propiedad oculta. Por ello ambos sabían que yo imaginaría que su presencia y propuesta contaba con el aval de Mariano. No era necesario explicitarlo. Se entendía. Así funcionan las cosas en este tipo de asuntos. No traían papeles, ni números, ni datos. No los necesitaban. El intangible que portaban consigo valía más que todos los balances y cuentas de resultados del mundo. Si se hacía la operación, ya los aportarían, porque una cosa es una cosa y otra, comprar a ciegas, porque los descalabros empresariales comienzan con las malas compras.

No quise entrar en discusión alguna, me limité a decirles si contemplaban la posibilidad de que nosotros participáramos en el capital y ellos retuvieran una posición minoritaria. No lo descartaron; al contrario: les pareció agua de mayo sobre campos sevillanos. Ni siquiera —aseguraban— deseaban dinero. Preferían acciones de Banesto por acciones de Ibercorp.

«Sorpresa, sorpresa», pensé para mí. Ahora resulta que don Mariano, que no paraba de desinformar al mercado con noticias negativas, tan negativas como falsas, sobre Banesto, quiere convertirse en socio nuestro. El destino, desde luego, vive con un sentido del humor que más que anglosajón debió de nacer por los campos de la «mala follá» granadina. Y aunque no es de Granada sino sevillano, llamé a Juan Belloso a mi despacho.

—Juan, han venido Jaime Soto y Manolo de la Concha, quieren que les compremos Ibercorp.

—¿Ibercorp? ¿Qué hacemos nosotros con Ibercorp?

—Hombre, creo que nada, pero seguro que el gobernador está interesado en el tema.

—Eso es claro, pero aun así...

—Bueno, lo que tenemos que hacer es estudiar el asunto, pero no tengas prisa. Me da que algo así, una propuesta de este tipo solo puede tener un motivo: tienen serios problemas, pero problemas de esos que no se arreglan fácilmente con el tiempo, así que aunque vayamos despacio tendrán que volver para meternos prisa, y entonces lo tendremos claro.

—De acuerdo, presidente.

No tardó mucho tiempo Juan Belloso en contarme que, en efecto, tal y como le dije cuando le encargué el asunto, Jaime Soto le presionaba. Aleccionado por mí, Juan resistía.

Jamás borraré de mi memoria el almuerzo celebrado mano a mano con Mariano en el Banco de España, en los últimos alientos de vida del año 1991, en el que casi me atraganto en varias ocasiones al comprobar que Mariano me permitía hablar de economía, de los problemas del país, de los costes salariales, de la integración europea, y que despachaba mis asuntos bancarios con una comprensión erudita, asegurando que las diferencias activas de consolidación no pasaban de ser requerimientos formales de naturaleza contable sin que en nada afectaran a la solvencia del banco y otras lindezas por el estilo. Como la visita de Jaime Soto y Manolo de la Concha había tenido lugar algunas semanas antes, intuí que tal vez su amabilidad guardara relación con la propuesta de sus amigos.

Pero entre intuir y comprobar hay una diferencia que en ocasiones es decisiva. Concluido el almuerzo, nos dirigíamos al ascensor de salida. Mariano me acompañaba solícito caminando sobre la inmensa alfombra del pasillo principal de la planta noble del Banco de España. Sin detener el paso, sin siquiera mirarme a la cara, aparentando una indiferencia imposible, me preguntó:

—Has estado hablando con Jaime Soto, ¿no? ¿Qué tal va el asunto?

Sonreí por dentro. Esto de adivinar comportamientos ajenos acaba siendo más fácil de lo previsto. Certezas, más certezas, pruebas, más pruebas...

—Sí, Juan Belloso está estudiando el asunto.

—Bueno, mira a ver si lo puedes resolver pronto porque creo que les interesa tenerlo cerrado antes de final de año, al menos verbalmente aunque se ejecute después.

Mariano sabía lo que decía, pero no solo respecto de la venta de Ibercorp, sino sobre otra de las peticiones de Jaime Soto y Manuel de la Concha.

En efecto, a la vista de que no concluíamos el trato antes de Navidad, Soto pidió que les «aparcáramos» unas acciones de Sistemas AF precisamente para no sobrepasar los límites legales de la autocartera. La autocartera, es decir, las acciones del propio banco compradas por el banco mismo, constituía uno de los potros de tortura más emblemáticos aplicados por el Banco de España a las entidades financieras. Y ahora resultaba que Sistemas AF tenía una autocartera que sobrepasaba los límites legales. Y había que disimularla. Así que resultaba imprescindible encontrar disimulador.

Que nadie vaya a pensar que eso era algo patológico en el panorama societario español. Ni mucho menos. Todas o casi todas las sociedades cotizadas usaban dinero para mantener un nivel de cotización determinado, no fuera a ser que protestaran los accionistas. Así que de rasgarse ahora las vestiduras, nada. Pero lo especial de este caso residía en que el gobernador del Banco de España seguro que estaba al tanto de la «especial» petición de que éramos objeto. De nuevo la paradoja: así que sus enemigos —Banesto— eran usados para cubrir una cierta ilegalidad de sus amigos —Ibercorp—. La verdad, no lo acababa de entender.

De semejante misión se encargaron Arturo Romaní y César Albiñana, el abogado del Estado hijo del profesor Albiñana, por quien yo sentía admiración incondicional, contratado para la Corporación Industrial por Romaní y que posteriormente se casaría con Verónica Arroyo, una de las hermanas de Lourdes, mi entonces mujer. Compraron dos sociedades fantasma que acogieron ese exceso de acciones de autocartera, y las compraron antes del 31 de diciembre para devolverlas una vez pasado el primer trimestre del siguiente año. Claro que nosotros tomamos precauciones y les pedimos que firmaran unos documentos privados en los que constaba claro de toda claridad que se trataba de un aparcamiento. No pudieron hacer otra cosa diferente a aceptar nuestra petición. Lo malo es que estoy convencido de que Mariano sabía de todo este entramado. Por ello, ante las preguntas acerca de esta operación, decidí dar un salto mortal:

—Como sabes, me han pedido lo de las acciones de AF para evitar problemas con la Comisión y se lo hemos hecho. Por lo demás no te preocupes. Haré lo que pueda, gobernador.

Mariano no se atrevió a responder. Caminamos en silencio hasta la puerta del ascensor. Me despidió. ¡Qué diferencia con otras despedidas anteriores!

El 14 de febrero de 1992 me sorprendió en Avilés examinando sobre el terreno los planos del *Alejandra,* mi nuevo barco que con diseño de Bruce King construía Mefasa. Una llamada de urgencia me trajo a Mariano Rubio al otro lado del auricular.

—Por favor, Mario, es muy urgente. Tengo que verte hoy mismo, aquí en Madrid, en mi casa.

—Bueno... Pues como digas, gobernador. Estoy en Asturias. Dame tiempo a volver. ¿A qué hora quedamos?

—En cuanto puedas.

—Iré sobre las siete más o menos.

—De acuerdo. Te espero.

Mientras viajaba hacia la casa del gobernador me preguntaba a mí mismo qué estaría sucediendo para que de una enemistad cerval pasáramos a una familiaridad cuasi matrimonial. De querer despeñarnos a citarnos en su domicilio. Aquello sonaba a paranoia nacional.

Volviendo a Madrid reflexioné sobre lo sucedido y el porqué de este giro copernicano. El diario *El Mundo*, dirigido por Pedro J. Ramírez, publicó una noticia de caracteres estruendosamente escandalosos. Como no tenía todo el tiempo que deseaba para estudiar estas cosas, llamé a Arturo Romaní y a Albiñana para que me explicaran qué estaba pasando.

—Pues que al parecer esa sociedad denominada Sistemas AF, controlada por Ibercorp, vendió en Bolsa un gran paquete de acciones y muchos compraron pagando por acción un precio muy alto —explicaba Albiñana.

—Ya.

—Pero el problema comenzó con la crisis. La Bolsa bajó y las acciones de AF más todavía, como suele suceder con este tipo de inversiones especulativas. Y, claro, sabiendo que Ibercorp era un banco con influencias políticas, pues les entró susto.

—¿Y qué hicieron?

—Pues compraron sus propias acciones a algunos inversores, no a todos, y aunque el precio de Bolsa era inferior, les pagaron el que en su día ellos pagaron a Ibercorp.

—¡Joder! Eso es peligroso.

—Y tanto, porque solo fueron algunos a los que compraron y los demás a perder...

—Lo malo —terció en ese momento Romaní— es que uno de esos privilegiados que vendieron sin perder mientras los demás perdían era Mariano Rubio, el gobernador.

—Pero ¡hombre, por Dios!

—Pues sí, así es. Invierte y al ver que bajan las acciones le compran para que no pierda dinero. Los demás pierden, el gobernador no.

Hay días en que no quieres creer lo que sucede a tu alrededor. Es tan brutal que suena a patología cósmica. Lo malo es que cuando las cosas se ponen a ser extrañas, nunca sabes hasta dónde pueden llegar.

En tales operaciones no queda más alternativa que comunicar a la Comisión Nacional del Mercado de Valores, presidida entonces por Luis Carlos Croissier, el que ejercía de ministro de Industria en el momento de vender Antibióticos a Montedison. La obligación consistía en dar todos los nombres de los vendedores de sus acciones. Pues bien, la noticia escandalosa consistía en que Mariano compró; después, en ese singular trato, vendió, y su nombre fue delicadamente ocultado en la lista que Sistemas AF proporcionó a la Comisión Nacional del Mercado de Valores. *El Mundo* publicó la información con caracteres propios de la declaración de la tercera guerra mundial.

No podía creerlo. Tanta zafiedad me espantaba y, al mismo tiempo, alertaba de que Pedro J., llevado de su manera tan especial de entender los afectos y desafectos, podría ser víctima de un engaño destinado a destruir su periódico. Me extrañaba porque será lo que se quiera que sea y algo más, pero es listo y conoce bien su oficio, así que meterle goles al director de *El Mundo* es posible, pero no fácil. No obstante, le llamé para advertirle de semejante posibilidad. Su respuesta fue terminante.

—Puedes tener la absoluta certeza de que cuanto publicamos es verdad.

—Pues nada. Lo siento por esta gente.

Pedro J. Ramírez... Un ser singular. Listo, rápido, trabajador, concienzudo, consumidor de poder hasta el hartazgo, necesitado de reconocimiento público hasta la frontera con la obsesión, periodista de raza, con el esquema de valores morales más fluidos que he visto nunca, le encontré en un momento decisivo de su vida. Y le ayudé sin casi conocerle.

En uno de mis primeros almuerzos bancarios, aquellos que nos reunían a los llamados siete grandes en torno de la mesa del «decano» Alfonso Escámez, acudió a platicar con nosotros Javier Solana, ministro de Cultura del Gobierno de Felipe González y persona muy vinculada al líder del socialismo español. En mitad del almuerzo salió la conversación de Pedro J. Ramírez, que entonces dirigía *Diario 16*, un periódico de Juan Tomás de Salas que yo ni consumía, ni compraba, ni leía ni me interesaba. Sin embargo, en determinadas capas sociales, su tremendismo, sensacionalismo y brotes de amarillismo le facilitaban crecer en cifras de ventas en un mercado singularmente complejo. Pedro J. parecía perseguir un turbio asunto de crímenes de Estado conocido con el nombre de GAL. Debo reconocer que no me interesaba lo más mínimo, pero el Gobierno, asustado por las informaciones que relataba el *Diario,* comenzó a considerar a Pedro J. casi como un terrorista.

Javier Solana no sintió el más leve rubor en decirnos abiertamente, con la naturalidad de quien comenta un resultado deportivo, que el Gobierno había encontrado solución para el problema de *Diario 16*, solución que, como no podía ser de otra forma, se presentaba quirúrgica: Juan Tomás de Salas, el dueño, se convenció de la necesidad de echar al director de su periódico y el deceso de Pedro J. sucedería en muy pocos días. Todos los banqueros guardaron silencio. Mi asombro interior crecía exponencialmente, no solo por que un ministro acudiera al mantel de los banqueros a relatar cómo el Gobierno interrumpía la vida privada expulsando de la dirección de una empresa privada a un sujeto a quien consideraban políticamente incorrecto, sino por la naturalidad con la que los grandes de la banca de mi país escuchaban semejante barbaridad sin mover un músculo. Así funcionaba España...

Casualmente esa misma noche tenía invitados a Pedro J., junto con Matías Cortés y Ricardo Gómez-Acebo, a una cena en Triana 63, con el propósito de debatir sobre el auténtico papel jugado por Carlos III, porque yo, que no soy en absoluto un experto en historia, presentía que sobre su figura se había extendido un manto de mito que ocultaba una realidad más bien menesterosa. Antes de pasar al comedor le pedí a Pedro J. un aparte. Nos reunimos en mi despacho.

—¿Qué tal, Pedro, cómo vas en *Diario 16*?

—Bien, muy bien, crecemos y vendemos...

—Mira, creo que deberías tener cuidado porque parece que Juan Tomás de Salas te va a echar del periódico.

Pedro J. frunció el ceño, se echó hacia atrás, meneó la cabeza y con una voz que rezumaba un punto de soberbia contestó:

—Me resulta increíble porque las ventas suben, el periódico va fenomenal y en tales circunstancias no tiene el menor sentido que me echen.

—Bueno, ojalá, pero yo que tú andaría precavido. Vamos al comedor.

Días más tarde Pedro J. se sentaba frente a mí en el magnífico despacho de La Unión y el Fénix. Estaba en la calle. Juan Tomás lo había echado del periódico. Pedro necesitaba dinero para vivir mientras pensaba por dónde orientar su vida. Delante de él llamé a Ramón Bustamante, entonces director regional de Banesto para Madrid y hoy consejero del BBVA, y le dije que le concediera a Pedro un préstamo de diez millones de pesetas para subsistir, y que yo personalmente, Mario Conde, no el presidente del banco, figuraría como avalista en la póliza.

Pedro J. creó el diario *El Mundo*. El hueco editorial resultaba insultantemente obvio. Nosotros participamos en su capital con un exiguo 4 por ciento que instrumentamos a través de una sociedad, el Grupo Dorna, en la que comandaba Carlos García Pardo, un ingeniero de caminos gallego, listo, rápido, con una ideas geniales que supo llevar a cabo hasta que nos expulsaron de Banesto. De Carlos se decía que era hombre de buenas relaciones con el poder socialista, así que si desde una sociedad que compartíamos con él comprábamos el 4 por ciento de *El Mundo*, tampoco es que tuviéramos excesivas pretensiones de ocultación y camuflaje. Pero lo real es que más que capital económico le dimos soporte logístico en su nacimiento y años después peleé decisivamente por su subsistencia.

Quizá por este cúmulo de circunstancias Pedro J., después de haberme garantizado que lo publicado sobre Sistemas AF era cierto y verdadero, se sintió obligado a llamarme a Horcher apenas iniciada mi cena de aquel mismo día. Lo que me transmitió rizaba el rizo del esperpento.

—No solo lo publicado es cierto, Mario, sino que, encima, los gestores de Ibercorp han añadido un nuevo nombre a la lista.

—¿Cuál es ese nuevo nombre? —pregunté interesado en la intriga.

—Pues vas a ver. Se trata de «M. Jiménez», es decir, «Mariano Jiménez», es decir, que es Mariano Rubio Jiménez, el gobernador, pero han omitido deliberadamente su primer apellido para no ser reconocido.

—No me jodas, Pedro. Eso es un adefesio.

—Adefesio pero cierto. Acabo de terminar de hablar con De la Concha, que no ha tenido más remedio que reconocerme el desperfecto. Estaba aturdido y hundido, pero me ha dicho la verdad.

El escándalo se escribió con letras mayúsculas, sombreadas y bordadas en color oro viejo. Los guardianes de la ortodoxia, los depositarios de la ética financiera, se asomaban al balcón de la espantada opinión pública española vestidos con un traje que sería más propio de trileros de la calle Sierpes sevillana que de prohombres de las finanzas públicas y derivados de la llamada honradez del socialismo español. Como digo, un esperpento. Mariano comenzaba una larga agonía institucional, política y personal. Con él arrastraría a sus protectores y mentores, que desesperadamente le exigían una solución, la que fuera, para cortocircuitar las inevitables y demoledoras consecuencias políticas.

Llegué a casa de Mariano algo excitado por todo lo que estaba ocurriendo, que superaba cualquier previsión por pesimista que fuera, y porque, además, esa misma noche tenía gente a cenar en La Salceda y presumía que mi encuentro con Mariano no iba a ser ni corto ni fácil.

Me recibió un gobernador que me costaba reconocer: un hombre caído, abatido, desmadejado, con voz trémula, ojeras de insomnio, mirada perdida y síntomas inequívocos de consumo de tranquilizantes. Su voz era inaudible. Tuve que acercarme, aproximarme casi a distancia de amantes, para escucharle.

—Mario, como sea tengo que conseguir vender Ibercorp. Tienes que ayudarme. Te pido que compres el banco. En ningún caso perderás dinero, te lo aseguro. Lo que te pido es algo vital para mí. Vital, Mario, vital.

Como me conozco a mí mismo y me defino como bastante imbécil ante el dolor ajeno y sensiblero con su sufrimiento, procuré por todos los medios que el espectáculo abierto ante mis ojos no cayera en ese campo abonado de mi espíritu y precisamente por ello me repetía en mi interior la actitud de Mariano durante los pasados años, sobre todo su frase de «Banesto se encuentra en situación delicada y preocupante». De esta manera creaba en mi interior una coraza contra la que chocaban los ruegos de lo que quedaba de aquel gobernador altivo, prepotente y cuya obsesión consistió en echarme de cualquier rincón del mundo financiero y en especial de Banesto. Ahora sí que existía alguien «en situación delicada y preocupante»: Mariano Rubio, el gobernador. Pero, por mucho que me entrenara, era inevitable que aquel hombre me transmitiera lástima.

Lo que más parecía dolerle a Mariano eran mis silencios largos, prolongados, llenos de serenidad.

—Mariano, ¿cómo puedo hacer eso? Si ni siquiera tengo información del estado real de Ibercorp. No puedo tirarme a una piscina sin agua.

Sin plena conciencia de sus actos, Mariano, en el clímax de su desesperación, me entregó en su domicilio un documento oficial, un acta de la inspección del Banco de España sobre Ibercorp. Inconcebible. Ante todo porque se trataba de un documento oficial sujeto al secreto obligatorio que violaba el propio gobernador al entregárselo a un competidor. Además, el retrato que dibujaba del pequeño banco recordaba a las pinturas de Bacon: la deformidad de curvaturas y tamaño conducía a un pronóstico tan sombrío como irreversible.

—Necesito hablar con mis consejeros, gobernador. No puedo hacer otra cosa.

—Pues hazlo, Mario, pero, por favor, soluciona este problema. Es vital para mí.

Durante lo que quedaba de viernes y la mañana y primeras horas de la tarde del sábado mantuve contactos personales y telefónicos frecuentes con los consejeros de Banesto, a los que, lo mejor que pude, les explicaba la diabólica situación. La respuesta que percibía carecía de fisuras: todos entendían que debíamos alejarnos de cualquier cosa que oliera a aquel chiringuito financiero de nombre Ibercorp. La unanimidad impuso mi llamada a Jaime Soto, a quien debía, por instrucciones del gobernador, informar del resultado.

—Lo siento, Jaime, nos resulta imposible comprar Ibercorp y, por favor, te ruego que se lo traslades a Mariano.

—Ya, y ¿por qué no le llamas personalmente tú y se lo dices?

—Porque no sé cómo va a acabar esto y si el asunto se complica ni siquiera me parece descabellada una comparecencia parlamentaria y si alguien sabe de mis contactos con Mariano, la posibilidad de ser llamado por sus señorías los parlamentarios no es, ni mucho menos, un imposible, sino más bien un probable, así que prefiero que las comunicaciones circulen entre nosotros dejando totalmente al margen al gobernador.

—Así que es definitivo, ¿no hay nada que hacer?

El tono era tan apremiante, tan angustioso, con tal carga de ansiedad, que pensé cómo dejarle algo que no cegara definitivamente las esperanzas de Mariano y le propuse una idea que sabía descabellada.

—Otra cosa sería, Jaime, si entre dos o tres grandes bancos compramos Ibercorp.

Suponía que, por muy angustiado que estuviera Mariano, la lucidez que le restara sería sobrada para entender que mi propuesta no pasaba de una gran estupidez. No fue así. Tan gigantesca era la desesperación que le atenazaba que Jaime Soto me volvió a llamar a La Salceda para decirme algo realmente increíble.

—A Mariano le ha parecido bien, tanto que ya se está poniendo en contacto con Emilio Botín, presidente del Banco de Santander.

Domingo. A la una de la tarde de nuevo en Madrid. En mi casa de Triana, en el banco, en cualquier rincón de la Península vivía una llamada histérica del gobernador del Banco de España buscando sin descanso a un sujeto llamado Mario Conde. De nada sirvieron mis admoniciones a su amigo Jaime Soto de que por favor no dejara rastros que pudieran comprometernos el día de mañana. Mariano navegaba fuera de control.

—Gobernador, no te he llamado antes porque no he podido, aparte de que creo que estamos siendo algo imprudentes con tantas llamadas.

Ni caso a esas admoniciones. Circulaba a piñón fijo. Ni siquiera respondía.

—Mario, he hablado con Emilio. Habla tú con él porque creo que le he convencido del pacto.

—¿Qué pacto, gobernador?

—Que entre los dos compréis Ibercorp.

—Ya...

—Habláis y venís a mi casa a eso de las ocho de la tarde.

Pues podía salirme mi tiro por la culata. Mi ocurrencia disuasoria se podía convertir en un desastre. Si es que esto de improvisar locuras ante personas presas del pánico es algo que funciona muy mal, porque la locura la ven como cordura si sirve como calmante de angustias. De todas formas, conociendo a Botín, me extrañaba que hubiera conseguido algo más que palabras, pero en fin. Cumpliendo sus deseos quedé con Emilio a eso de las siete de la tarde porque sobre las ocho de ese mismo día, como digo, Mariano nos había citado a ambos en su casa. Sí. A ambos. Comprendo que resulte difícil de creer que un gobernador, en plena efervescencia de un escándalo de tal porte, citara a dos banqueros en su casa de Madrid. Una filtración a la prensa y Mariano sería ejecutado en plena plaza pública. La desesperación se amanceba con la locura y conduce a la ceguera.

A las dos y media de aquel domingo en el hotel Palace de Madrid daba comienzo un almuerzo con prácticamente todos los consejeros de Banesto, convocados para conocer su postura sobre la propuesta del gobernador, a pesar de que telefónicamente existía constancia de la mayoría de ellos. No necesitamos mucho tiempo. Algunos se decantaron por la negativa. Otros, por la negativa enfatizada. Otros, por el rechazo más rotundo, claro y contundente de que fuéramos capaces. En fin, unanimidad absoluta. Bajo ningún concepto debíamos siquiera rozarnos con ese asunto.

Me encantó la reunión. Tal vez alguno sintiera la tentación de sostener que se trataba de una magnífica oportunidad de agarrar por los testículos al Banco de España y con ello adquirir una patente de corso para no tener el menor problema en los próximos años. Suelen habitar en la casa del error este tipo de planteamientos, pero no hizo falta consumir energías en desmembrarlos porque a nadie se le ocurrió. Como digo, me alegré. Estoy seguro, absolutamente convencido, de que en otros Consejos de otras empresas españolas, financieras y no financieras —sin señalar, que es de mala educación—, se hubiera optado por, o cuando menos considerado muy, pero que muy seriamente, la otra alternativa.

Me fui a mi despacho en Banesto a esperar a Emilio Botín. Menos de un minuto después de que Florián le introdujera y se sentara frente a la chimenea comprendí que para nada estaba dispuesto a que entre Banesto y Santander nos hiciéramos cargo del desaguisado de Ibercorp.

—Me dice Mariano que has aceptado que compráramos los dos Ibercorp...

—No, Mario, lo que me dice es que lo has aceptado tú.

—Ya, entonces lo tenemos claro.

—Claro como el agua. ¿No?

Llamamos a Mariano, le dijimos que teníamos las ideas claras y nos fuimos a su casa. No quise informar a Emilio de cuál sería mi argumentación ante el gobernador, o lo que quedaba de él después de un fin de semana con tal colorido.

Mariano seguía donde le dejé. Su aspecto físico denotaba la crecida de su sufrimiento interior. Apareció su mujer, Carmen Posadas. No la recordaba. Al parecer había vivido en mi misma casa en la calle Pío XII con su primer marido. No conseguía identificar a ninguno de los dos. Por algún motivo que desconozco se había separado de él y se había casado con Mariano Rubio cuando este era gobernador. Carmen ejercía con éxito la actividad de escritora. Después de la muerte de Mariano no perdió ni la actividad ni el éxito, silenciando con ello muchos rumores de aquellos días.

Alta, morena, altiva de gestos, magnífica planta, de largo cuello y cabeza rectangular, nos ofreció una taza de té. Aceptamos y minutos después apareció en el salón convertido en cámara de tortura portando una bandeja en la que transportaba la tetera, las tazas y algunas pastas para teñir de tufo británico lo que parecía una plaza de toros portátil de cualquier pueblo de Castilla.

Pelo negro suelto, caído sobre el inicio de los hombros, cubierta de cintura para arriba con un gran jersey de lana gris y blanca, deliberadamente muy grande, que, por ello mismo, acentuaba las atractivas formas superiores de su cuerpo, todo ello dotado de una estética más que aceptable, al menos para los ojos de la imaginación, cansados como estaban de contemplar la antiestética imagen de un gobernador vencido. Volví a mi gobernador y comencé mi preparado discurso.

—Mariano, soy consciente de que te encuentras en una situación complicada. No obstante, Banesto no puede comprar Ibercorp y tú mismo lo entenderás. Aunque sea falso, en el mercado la percepción creada es de malas relaciones entre Banesto y el Banco de España. Algunos te achacan opiniones que discuten nuestra solvencia y rentabilidad. En tal escenario, si compramos Ibercorp, el mercado pedirá una razón y la encontrará en un pacto entre nosotros por cuya virtud yo te solvento un problema y tú vendas los ojos de la Inspección para ayudar a Banesto. Es evidente que el daño que le causaríamos al banco sería difícilmente reparable. Por ello no puede ser. Sin embargo, en el caso del Santander, que goza de buena reputación ante el Banco de España, no existe problema especial alguno.

Supongo que los dos, Mariano y Botín, se acordarían de mi padre con todas sus fuerzas y cada uno tenía motivos sobrados para ello. En el caso de Botín mi discurso no pasaba de ser eso que llaman una pura y dura putada.

A pesar de ello Emilio ni se inmutó y sin razonar excesivamente espetó una negativa.

—No, mira, gobernador, el Santander no puede porque... claro es que no... tú entiendes que no...

Con un discurso tan estructurado como el de Emilio comenzó una de las visiones más trepidantes que jamás contemplé en los años financieros de mi vida. Mariano se puso trágico, pero con tintes de final de una obra de tragedia cósmica. Me quedé paralizado. No podía creer lo que escuchaba y veía aquella tarde.

—Tenéis que ayudarme. Gracias a mí estáis aquí. Fui yo quien convenció a los socialistas de que no expropiaran la banca privada y a mí me debéis vuestros puestos. Tú, Emilio, además, me debes tu banco porque cuando los problemas del interbancario que casi os hacen quebrar, yo avalé ante la prensa internacional y ante los mayores inversores del mundo la solvencia de vuestra casa. Gracias a mí estáis aquí y hoy me dejáis tirado.

Emilio gesticulaba con los ojos, movía ligeramente las manos, mordía con cuidado el labio inferior, pero el silencio se apoderó de él en una actitud que como mucho transmitía un lastimero «lo siento, Mariano, lo siento».

Creí que iba a ponerse a llorar. Pedro J. me contó que, en una demostración de desespero, Mariano le invitó a comer al Banco de España, a él, el causante de sus males, la bestia negra de sus protectores. En mitad del almuerzo Mariano rompió a llorar mientras suplicaba sollozando a Pedro J. que le dejara morir en paz. Pedro J. es tremendamente cruel con los vencidos y es posible que eso que me relató fuera falso o exagerado, pero en aquellos días, después de ver el estado del gobernador en su casa ante Emilio Botín y ante mí, no tuve dudas de su veracidad.

La situación aumentaba en tensión por segundos y con el fin de evitar una nueva escena de corte insoportable agudicé mi imaginación para salir como fuera de aquel atolladero.

—Mira, gobernador, se me ocurre una cosa. El problema nace de que otros accionistas se sienten perjudicados porque no han podido vender sus acciones al mismo precio que el gobernador. Bueno, pues eliminemos ese perjuicio como primer paso. Hagamos una opa. Que Sistemas Financieros presente de urgencia una opa para que todo el que quiera vender pueda hacerlo y de esta manera, como mínimo, eliminemos el agravio comparativo. Sin perjudicados por comparación se pierde mucho furor. ¿Cuánto dinero sería necesario?

Botín no salía de su asombro. Mariano estaba dispuesto a comulgar con una piedra del acueducto de Segovia si resultaba imprescindible para concluir su tormento. Con voz de reverencia dijo:

—No lo sé, pero podemos preguntárselo a Manolo y Jaime. ¿Os importa que pasen?

Emilio y yo, a pesar de que nuestros ojos rezumaban incredulidad, ni siquiera pudimos oponernos ni consentir porque en segundos Manolo y Jaime, como decía el gobernador, penetraban en el salón de la casa de Mariano.

Les observé. Lozanos, frescos, sin destilar preocupación alguna tomaron asiento con la actitud de quien ejerce de asesor de un importante sujeto en trances problemáticos. Con absoluta frialdad respondieron a la pregunta de cuánto dinero necesitarían para una opa integral sobre Sistemas AF: 3700 millones de pesetas. ¿De dónde saldrían?

Necesitaba irme de aquella casa a la mayor velocidad posible. Vi la puerta abierta.

—Mira, Emilio, yo creo que con las garantías suficientes podremos conceder el crédito necesario, así que mi propuesta consiste en que los consejeros delegados se reúnan con Jaime y Manolo y vean la mejor manera de solventar este asunto; para no perder tiempo llama a Echenique y yo haré lo propio con Belloso y que se reúnan en Banesto, que está más cerca.

Salí como alma que lleva el diablo con dirección a mi casa, en donde un reducido grupo de consejeros esperaban mis noticias. Sonó el teléfono del coche.

—Mario, por favor, te pido que seas flexible con Jaime Soto en lo que a las garantías se refiere —suplicaba Mariano al otro lado de la línea.

De nuevo en ese mundo... Un gobernador indulgente con Jaime e impenitente fuera de los límites para conmigo, para con Banesto. El destino dibujaba una broma cruel con Mariano Rubio.

—No te preocupes, gobernador, voy a llamar a Jaime.

De nuevo una conversación alucinante. Reconozco que Jaime nunca me cayó mal. Tal vez no fuera tan amigo de Mariano como se decía y quizá sus beneficios por operaciones derivadas del gobernador no alcanzaran las cotas que se mentaban por la villa de Madrid. Sin embargo, aquel día decidió dejar la vergüenza en el armario del gobernador del Banco de España.

—Mario, lo que te pide Mariano no es una operación técnica, sino política. Si nos prestas 3700 millones al banco, eso supone unos costes financieros de 700 millones anuales. El banco no los gana, así que con ese préstamo deja de valer dinero y tendríamos que responder con nuestros bienes personales, con lo que imaginas que no vamos a dar garantías personales. El asunto es político. O lo entiendes o no lo entiendes.

—Lo entiendo. Precisamente porque es político estoy hoy, domingo, aquí, en mi casa, hablando contigo de garantías personales de un crédito de 3700 millones. De no ser político, se trataría de algo impensable. Pero político es una cosa y estúpido otra. Así que sin garantías no hay nada que hacer porque como sabes al día siguiente el gobernador podría llamarme y pedirme que provisione el crédito.

—Eso no va a suceder —protestó airado Jaime.

—No veo por qué no, dado que es su obligación —repliqué para que se diera cuenta de que había caído en una trampa.

Doce de la noche. Restaurante Marbella. Reunidos expectantes algunos consejeros de Banesto que esperaban nuevas sobre la tragedia vivida. Ramiro Núñez aparece con síntomas de cansancio. Asegura que finalmente De la Concha y Soto han aceptado aportar garantías personales. A pesar de que en mi fuero interno latía el convencimiento contrario, decidí llamar a Juan Belloso para transmitirle la información y pedirle que sin falta llamara a las ocho de la mañana del día siguiente a los dos para que concretaran los bienes que aportaban.

Nueve de la mañana. Belloso me informa de que los dos socios no acuden a la cita y que la operación queda sin efecto. Nueve treinta, el gobernador nos cita a Botín y a mí a las diez y media en su despacho del Banco de España. Estaba claro que Soto y De la Concha consideraban que el problema pertenecía al gobernador y que tendría que resolverlo con sus poderes políticos.

Las ojeras de Mariano amenazaban con desparramarse por la alfombra de su despacho. Rojo, el subgobernador, enseñaba una cara de circunstancias en la que los síntomas de preocupación no aparecían con excesiva evidencia. Entonces ignoraba que Rojo, el profesor, también era cliente privilegiado de Ibercorp. Botín fue al grano.

—No nos fiamos de estos dos, así que, gobernador, sin garantías personales no hay nada que hacer. Me voy, que tengo una audiencia con el Rey en palacio y no puedo llegar tarde.

Me quedé a solas con Mariano y Rojo contemplando el bloqueo mental en el que ambos se encontraban. No entendía nada. No alcanzaba a comprender cómo un pequeño banco podía desatar un siniestro de semejante tamaño. Mariano no atendía a razones. Repetía como un autómata que resultaba imprescindible que alguien comprara el banco para evitar la tragedia que iba a desatarse. Le sugerí la idea de un pool de bancos. Se agarró a ella como a un clavo ardiendo. Me pidió que hablara con Escámez. Así lo hice y cuando me encontraba camino del despacho del viejo presidente del Central, de nuevo Mariano al teléfono, ahora para solicitarme que suspendiera la entrevista porque «habían surgido dificultades» que no me concretó. Desde ese mismo instante dejé de intervenir con Mariano en la solución de Ibercorp.

Estalló el escándalo y como era previsible se puso en marcha ese instrumento tan singular que son las comparecencias parlamentarias.

Las comparecencias parlamentarias no se hicieron esperar. En el primer round, Luis Carlos Croissier no quiso comprometerse más de lo necesario y reconoció que efectivamente, tras la publicación en prensa de las noticias sobre Ibercorp, había llegado a la CNMV una nueva lista en la que aparecía el nombre de «Mariano Jiménez» y que sus servicios investigarían a todos los vendedores.

Mariano entró en el Parlamento como pudo. Se escudó en que alguien le había jugado una mala pasada y que todo se había hecho sin su conocimiento e intervención. ¿Qué otra salida tenía? A Solchaga y al PSOE en general les convenía que su gobernador no les lastimara más allá de lo inevitable. Lo malo fue que Mariano mintió al Parlamento en un aspecto complicado: aseguró que la Inspección del Banco de España no detectó irregularidades ni anomalías en Ibercorp, lo que era rotundamente falso. Yo disponía de los documentos que probaban su mentira al Parlamento, aunque no estaba dispuesto a entregárselos a la prensa. Mariano entró como pudo y salió como le dejaron, que, a pesar de todos los pesares, no fue excesivamente mal porque el papelón de la oposición fue de los que hacen época.

Tan débil resultó el ataque de los populares que el propio Felipe González se atrevió a poner públicamente la mano en el fuego por la honradez de su gobernador en un acto mezcla de conveniencia política, soberbia, prepotencia y estupidez. Aquel gesto sería, sin embargo, letal para los restos de Mariano dos años más tarde.

Por mi parte, en mitad de la batalla, gesticulé ayudando al gobernador. Sabía que el propio Polanco, el mismo día de la aparición de la noticia en *El Mundo,* acudió presto al despacho del gobernador y allí mismo, en un gesto incomprensible en un editor de un llamado diario independiente, ayudó a redactar la nota de prensa del gobernador pillado in fraganti. No consiguieron ningún resultado sensible. Por eso Mariano me llamó para que fuera a su despacho y en tono de súplica me dijo:

—Si esto no lo arreglas tú con la prensa, no hay nadie en España que pueda hacerlo.

Desde su secretaría llamé a Polanco, que esquiaba en Austria, a Godó, a Tapia, a Luis María Anson. Los dos primeros atendieron mi ruego sin el menor problema. Al revés, encantados de que yo solicitara ayuda para su protegido y mentor. Luis María en el fondo también se mostró receptivo. Pero luchar contra los elementos nunca resultó buen negocio y la tormenta contenía demasiado viento y exceso de carga eléctrica como para controlarla de manera tan sutil, sobre todo cuando Pedro J. desveló que la hermana, el cuñado y un primo carnal de Mariano Rubio eran los administradores y teóricos dueños de una sociedad panameña denominada Shaft Investments que aparecía como beneficiaria de una importante cantidad de dinero producto de las operaciones de Ibercorp con Sistemas AF. Letal. Sin solución.

El asunto trascendía a Mariano. Afectaba a una clase, a un modo de entender los negocios en sus relaciones con el poder político. A partir del momento en el que los socialistas llegaron al Gobierno en octubre de 1982 una especie de «nuevo orden» pareció instaurarse en España, nuevo orden que años después definiría como «Sistema» pero que en aquellos momentos dibujaba con claridad sus líneas maestras. Ante todo, el poder político construido sobre una mayoría abrumadora y una oposición incapaz de ofrecer una alternativa real. En segundo lugar, los intelectuales de izquierdas que se mostraban ufanos de su éxito, de su progresismo de salón. Casi nadie se atrevía a pensar y mucho menos a escribir en contra de una corriente que no por fatua y vacía se mostraba menos dominante. Por último, el poder económico que modularon con sus postulados. El primero de ellos, la ortodoxia. Ellos definían, como antaño, lo ortodoxo y lo heterodoxo. Lo primero, por supuesto, se circunscribía a sus ideas. Lo segundo, a todo lo demás. Pero al lado de la definición teórica disponían del control empírico. No florecía en nuestra España una auténtica clase empresarial que mereciera semejante nombre con propiedad. ¿Excepciones? Pues claro que las hay y muy reconfortantes. Pero admitamos que un porcentaje nada despreciable de eso que llamamos clase empresarial eran en realidad cortesanos, del Rey o del presidente de la República, porque en ese huerto no paraban mientes en los frutales sembrados con tal de que les dejaran recoger la cosecha. Acostumbrados a ganar dinero a la sombra del poder, algunos, quizá muchos de los llamados empresarios españoles se percataron de que una mayoría abrumadora como la conseguida por el PSOE en 1982 iba a durar mucho tiempo y, además, les permitiría ganar dinero, mucho dinero. La ortodoxia ardía en la hoguera de una crisis económica que se sentía llegar a toda velocidad. Los intelectuales se retiraban en masa avergonzados por la caída del muro. El poder político se despanzurraba entre las manos. El viejo orden se caía y frente a ellos ¿qué?

Nada. Absolutamente nada. Una sociedad civil que ni siquiera merecía ese nombre, una oposición lamentable, encabezada por un hombre que no concertaba simpatías ni siquiera en José María Cuevas, presidente de la patronal, que delante de mí, de Pedro J. Ramírez, del embajador de la Santa Sede y del papa si fuera necesario, recitaba sin inmutarse la letanía de la falta de capacidad de liderazgo de José María Aznar. Un orden se caía. Ninguno nuevo se vislumbraba en el horizonte.

A Solchaga y sus gentes no les cabía la menor duda de que en el mejor de los casos sus días se contaban con pocas manos. Sus posibilidades de continuar ocupando alguna parcela de poder en la vida política y económica española enflaquecían por segundos. De nuevo las explicaciones paranoicas, enloquecidas, y en mitad de todo ello el papel de Polanco.

Martes 3 de marzo de 1992, en plena efervescencia de Ibercorp. Cenamos en la Fundación Santillana Matías Cortés, Polanco, Cebrián —su consejero delegado— y yo. Cena muy difícil, insoportable.

Cebrián comenzó sosteniendo sin la menor vergüenza que todo el mundo entendía que el responsable de la publicación de los datos de Ibercorp era yo y que la intervención de José Antonio Segurado en un programa de Antena 3 Televisión constituía la prueba del nueve de mi auténtica culpabilidad.

No pude aguantarme, sobre todo ante acusaciones que venían de un sujeto con una estatura moral tan debatible.

—Mira, Cebrián. Ante todo, hay hechos. Datos. No se trata de especular, sino de comprobar informaciones veraces, auténticas, no nacidas de una interpretación más o menos calenturienta. Negar hechos evidentes es un síntoma de paranoia.

La introducción provocó un notorio malestar en Jesús y Cebrián, pero continué.

—Además, las informaciones relativas a que un grupo de personas se dedicaban, al amparo del poder, a realizar grandes negocios en España es muy vieja. Me lo contó Abelló cuando estábamos en Antibióticos. Cuando eso sucede, las disciplinas iniciales se relajan, la ambición aumenta y tarde o temprano el pastel se descubre. Eso es lo que ha ocurrido aquí, os guste o no.

La temperatura de la cena aumentaba por segundos, pero era tarde para detenerme. Además no tenía la menor intención de hacerlo.

—De lo que tienes que darte cuenta, Jesús, es de que tú no eres ajeno a ese mundo. Al contrario, tu periódico *El País,* lo quieras o no, se configura como el medio de expresión de ese grupo de personas, de modo que su problema es en parte tu problema y si se inicia una ofensiva contra ellos, más tarde o más temprano será una ofensiva contra ti, que constituyes el último baluarte de ese grupo, de ese conjunto de personas. El modo y manera en que *El País* ha tratado la información sobre el caso Ibercorp ha sido la prueba del nueve —esta vez sí— de cuanto te digo. Te guste o no.

Matías guardaba un silencio sepulcral y sus ojos indicaban que su inteligencia le apercibía de la gravedad de lo que sucedía alrededor de aquella mesa. Al día siguiente, Estefanía, el director de *El País,* le reconocía en privado que teníamos toda la razón y que de no ser por la profunda presión ejercida por Jesús y Cebrián, la forma, contenido y manera de informar en *El País* sobre el asunto Ibercorp habría sido radicalmente diferente. Seguramente Cebrián respiraba contento y tranquilo porque romper el pacto de Jesús conmigo constituía una obsesión, como lo era para Tapia la ruptura con Godó.

Aquel día el pacto —si es que alguna vez existió— entre Jesús y yo se quebró de manera definitiva. En el fondo nos dimos cuenta de que nos encontrábamos en dos bandos excesivamente distantes en intereses y sobre todo en concepción de la sociedad civil, en sus relaciones con el poder político. No se trataba ni de Felipe, ni de Aznar, ni de Mariano ni de Solchaga. Dos modelos diferentes, dos aspiraciones vitales que no convergían, sino que, día a día y minuto a minuto, mostraban que se disociaban con caminos que jamás serían secantes. Jesús encarnaba el Sistema. Yo, a alguien que a ningún precio quiere integrarse en su modo de pensar y actuar.

Jesús lo percibió. Solchaga también. Por ello, a partir de ese preciso instante intentaron dos operaciones en el tiempo de vida que le quedaba a Mariano: quitarme *La Vanguardia* y quitarme Banesto. De lo primero, se encargó de manera muy directa Polanco, con sus contactos con Narcís Serra y en general con todo el poder socialista de la época.

Mariano intentó el nuevo asalto a Banesto.

18

Yo tengo ahora la certeza de que desde que ellos comenzaron a percibir la gravedad política de Ibercorp su conclusión fue diáfana: Mariano ha muerto. No tiene solución. Al margen de que creyeran, pensaran lo que les conviniera creer y pensar, es decir, que el responsable de todo ello no era Mariano y sus relaciones con De la Concha, sino Mario Conde suministrando a *El Mundo* una información determinada —de la que yo carecía—, decidieron aprovechar la muerte del gobernador para que en su caída me arrastrara con él. Un Pisuerga y un Valladolid que dejaban de ser extraños por eso de que no paraban de ser recurrentes. Cinco años con la misma cantinela y de momento los caídos en las líneas que se alzaron frente a nosotros comenzaban a gozar de alto nivel. Pero confieso que la situación era paranoica: por un lado, Mariano me pedía ayuda y yo se la daba. Me costaba, sin la menor duda, pero se la proporcionaba. Al tiempo, sin embargo, pergeñaban, diseñaban una estrategia para mandarme a los infiernos de una puñetera vez. Ni siquiera lo sospeché entonces, lo confieso, porque mi almacén de comprender miseria se encontraba al repleto. Supongo que dirían algo así:

—Si cae Mariano, por lo menos que se lleve a la tumba con él a Mario Conde...

Lo cierto es que con este propósito encargaron un informe especial de la Inspección del Banco de España, a cuyo frente se encontraba Miguel Martín.

En sus primeros momentos, Martín, que parecía detestar a casi todo el mundo, no se portó mal con nosotros. Nos proporcionó una copia del informe de inspección sobre las cuentas de Banesto del ejercicio 1988 que nos permitió abordar con total calma el Consejo en el que algunos consejeros firmaron su sentencia votando contra ellas o simplemente absteniéndose.

Algo cambió. Ahora se convertía en uno de nuestros más encarnizados enemigos. ¿Por qué? Seguramente porque percibiría que en 1987 el ataque a Banesto, preñado de contenido político, se dirigía contra un banco y no contra unas personas. Ahora, al margen de que quisieran el banco, el objetivo político tenía nombre y apellido, se llamaba Mario Conde y en la lucha utilizaban a Mariano Rubio, que, no teniendo nada serio que perder, podría acompañar su muerte dedicándose a provocar la mía. Un escenario de esas características llevó posiblemente a Martín al pleno convencimiento de que jamás ganaríamos semejante batalla.

Además, asumiendo que Mariano saldría de estampida del Banco de España, si prestaba sus servicios adecuadamente, si se comportaba como un implacable y disciplinado agente del poder, podría optar por el sillón de gobernador, o, en el peor de los casos, por el de subgobernador.

Mariano fue preparando a los miembros del Consejo Ejecutivo del Banco de España. No resultaba demasiado difícil porque todos ellos le debían su puesto y eso imprime carácter. Entre ellos, quizá el más característico era el catedrático de Hacienda Pública Fuentes Quintana, que fue vicepresidente económico del Gobierno con Adolfo Suárez. Siempre me pareció un teórico brillante que explicaba con enorme solvencia por qué sus predicciones quedaban sistemáticamente alejadas de lo real. Es que entre predecir y pagar una nómina existe una diferencia de esas que llaman cualitativas los filósofos y acojonante los mal hablados. No puede decirse que su gestión se saldara con éxitos incontestables. Ahora, sentado en ese órgano de poder del Banco de España, se convertía en uno de los más apasionados apoyos de Mariano en su labor de derribo contra mí.

¿Cuál era el motivo? Resulta indiferente. Si un gobernador le da la orden a la Inspección del Banco de España de que se efectúe una investigación contra un banco, es imposible que no encuentren multitud de excusas para elaborar un informe demoledor. Las normas contables de la banca privada dependen de ellos, de forma que no solo son sus autores, sino, además, sus intérpretes. Paranoico el modelo, desde luego, pero cierto en aquellos años.

En esta crisis del 2008-2010 —y lo que tenga que seguir, que seguirá— lo que entonces se usaba para atacar un banco, y que se exacerbó hasta la locura para intervenir Banesto, se evidenció de manera grosera. Los bancos y sobre todo las cajas tenían activos y más activos inmobiliarios que se depreciaron de manera brutal. Si se aplicaban las normas a rajatabla, esas entidades podrían tener que cerrar de golpe. El modelo económico español, como el de cualquier otra parte del mundo, no lo resistiría. Ya habían quebrado 350 000 pequeñas y medianas empresas. Un colapso financiero daría al traste con la economía real en su conjunto. Así que había que manejar normas contables. El Banco de España lo puso en marcha: alargaba provisiones, descendía porcentajes de provisión..., en fin, toda una serie de juegos contables, de manejos de conceptos y cifras, que demostraron a todas luces quién confeccionaba las cuentas de los bancos y cajas de ahorro de España: ellos, los del Banco de España.

¿Y qué usaba entonces Mariano contra nosotros? Pues, aunque parezca mentira, una cosa muy abstrusa llamada las diferencias activas de consolidación, un concepto contable, pero no para simples expertos, sino para iniciados en los Velos de Isis o en los Misterios de Osiris. Que nadie se asuste, que no me voy a poner a explicarlos. Solo decir que era una cosa artificiosamente contable. Nada más. Pero tengo que añadir un dato. Si el lector ha sido paciente recordará que en aquel almuerzo de 1991 en el que el gobernador cambió de actitud hacia mí, me dijo que eran una chorrada, unas meras cosas contables, las diferencias activas de consolidación. Así que cuando te llevas bien, esas cosas raras contables son una chorrada, pero si te llevas mal sirven para meterte en galera. Porque ¿qué deseaba el gobernador a punto de ser extinguido su mandato? ¿Qué pedía a sus compañeros de Comité Ejecutivo?

Aquel hombre ocupaba una de las direcciones generales del Banco de España. Sintió náuseas por lo que estaba viviendo. Me pidió verme de urgencia. Le recibí en Triana 63.

—Mario, no puedo más con lo que estoy viviendo. Es demasiado brutal. Mira, he conseguido unas actas del Comité Ejecutivo. Ya sé que son secretas, que no tengo derecho a tenerlas, menos a dártelas, pero, insisto, es demasiado fuerte. Aquí las tienes. Léelas.

Las leí. Sentí... ¿cómo calificarlo? Mejor dejemos adjetivos porque es tan serio que ni siquiera resiste literatura. Era obvio que Mariano, siguiendo órdenes de quien fuera, preparaba el asalto final a Banesto. Querían intervenir Banesto. Eso es lo que se traían entre manos. Y ¿qué hacían? ¿En qué consumían su tiempo libre? Pues meditando el alcance de semejante decisión, valorando cómo sería acogida por la opinión pública, qué costes reales tendría, cuál sería mi actitud. En fin, sopesando y meditando mientras el Banco de España les preparaba el terreno con juegos de esos que constituyen artificios contables.

Tomé la decisión de agarrar el toro por los cuernos. Empezaba el hartazgo supino. Llevaba cinco largos años en este mundo de peleas sin cuartel, de guerras enloquecidas, de cambios de actitud según el viento de los intereses... Demasiado. Mejor ir a por todas. En las actas se decía que el problema eran esas malditas diferencias activas de consolidación, así que a explicar, una vez más, la inocuidad del concepto contable, la absoluta inocuidad para la realidad de un banco, para su verdadera riqueza... A por todas es la única estrategia válida en esos casos. Me armé de valor y decidí pedir audiencia al gobernador que estaba a punto de ser exterminado políticamente.

Me recibió en tres ocasiones. La primera, en presencia de Rojo. La segunda, de Miguel Martín. En ambas expuse mis argumentos, que ellos conocían a la perfección, empezando por el propio gobernador.

La tercera, la más importante de las tres, fue a solas. Mariano me anunció que definitivamente el asunto se zanjaba. Yo sabía que por tres veces había llevado la posible intervención de Banesto al

Comité del Banco de España. Por tres veces se había quedado sobre la mesa sin atreverse a adoptar la crítica decisión. Aquel día, rendido ante la evidencia, renunció a la guerra. No podía rematar la faena. Percibí su sensación de impotencia por no poder arrastrarme en su caída, la angustia de sentirse expulsado del Banco de España mientras yo permanecía, vivo y coleando, en Banesto. Se marchaba demolido mientras que aquel a quien él consideraba un estúpido abogado del Estado al que echar de Banesto sería coser y cantar permanecía en su puesto habiendo superado la multitud de ataques que, abusando del poder del Estado, habían protagonizado durante cinco largos años.

Sin embargo, su epitafio ante mí me sorprendió. Tono calmo, mirada perdida, voz apagada. Mariano habló así:

—Mira, Mario, el problema ya no soy yo, porque me voy de aquí. El problema para ti son las personas que se quedan en el Banco de España. Has de tenerlo claro.

¿Qué quería decir Mariano? ¿Quiénes eran esas personas? ¿Por qué ellas constituían mi verdadero problema? ¿Fue una excusa post mórtem o una admonición sincera? Verdaderamente, pensar que Mariano era capaz de cualquier gesto de sinceridad humana para conmigo, incluso en circunstancias tan terminales, no pasa de una mera ingenuidad. Sin embargo, algo me quería transmitir. ¿Algún intento de ganar un poco de indulgencia en mi comportamiento futuro para con él? No lo sé.

Pero Mariano tenía razón. Volvieron a intentarlo todo. Y cuando digo todo, quiero decir todo, y aquí el todo es la bicha de las bichas: el interbancario. Eso que Mariano citó a Botín para pedirle que comprara Ibercorp en mi presencia. Los bancos eran extremadamente sensibles al llamado interbancario, el dinero que entre los miembros del sistema nos prestamos los unos a los otros. Carlos Solchaga —creo— fue quien diseñó la estrategia. Digo creo no porque no esté convencido, sino porque en este libro relato mi experiencia concreta y si no tengo la fehaciencia, debo ser honrado y apelar a la creencia, pero es una creencia fuerte. La estrategia consistía en abrirnos un boquete por tan sensible costado. Con ello no solo podría echarme, sino destruir el banco y crear una verdadera crisis en el sistema financiero. Quien fuera el autor de semejante dislate no creo que estuviera en sus cabales. La obsesión, el odio, la pasión de matar nubla la vista, empequeñece el alma, conduce al abismo. Solchaga, o quien fuera, pidió la colaboración de La Caixa catalana y del BBV. Ambos se la dieron. Comenzaron a limitar el dinero que nos prestaban, lo que no tenía mayor importancia, y a correr la voz en el mercado de que lo hacían en revisión de posibles dificultades financieras de Banesto, lo que podría ser letal. Algo así, como decía, sucedió años atrás con el Banco de Santander y Mariano tuvo que intervenir para evitar la quiebra del banco cántabro. Por eso se lo recordó a Emilio aquella tarde cuando le pedía que comprara Ibercorp.

Momentos muy duros. Sensación de angustia. Carlos Cuervo, nuestro director de Tesorería, me llamaba aterrado. Teníamos todos plena conciencia de que se trataba de un problema artificial creado desde el Ministerio de Economía. Lo superamos. De nuevo grabé con letras de fuego en mi memoria hasta dónde es capaz de llegar el poder en una guerra que por definición siempre es total.

Mariano se fue con pena y sin gloria. No sabía el hombre que todavía le quedaba por vivir un calvario humano en el que, entre otras cosas, le meterían en prisión por conveniencias del guion político.

En el año 1994 España se encontraba en situación política demoledora. Un presidente del Gobierno, González, carente de autoridad moral. Un líder de la oposición, Aznar, que seguía siendo el gran ninguneado, pero empezaba a ser temido porque algunos conocían que había sido el principal muñidor del ataque político que constituyó la intervención de Banesto. Estallaba el escándalo de un director de la Guardia Civil en fuga de la Justicia, comenzaba el GAL, el BOE, en fin, la locura. Para rematar se descubre que Mariano Rubio, el gobernador del socialismo, aquel por quien puso la mano en el fuego Felipe González en una triste declaración en Sevilla con motivo de los fastos de 1992, resulta que tenía una cuenta corriente oculta con cien millones de pesetas. Inconcebible. Saltaron sobre él como hienas. Le demolieron humanamente. Imposible olvidar aquella comparecencia parlamentaria. Hernández Moltó, un socialista al servicio de su partido, fue el encargado de interrogar, aunque mejor debería decir mancillar, humillar, destrozar, demoler al ex gobernador, ahora un Mariano Rubio civil, desprovisto de todo poder, abandonado de los suyos que apenas si podía pronunciar palabra ante tanto ataque. Hernández Moltó pronunció ante la Comisión de Economía del Congreso un discurso moralizante y en un momento, teatralizado ad náuseam, se dirigió al vencido Rubio diciéndole:

—Míreme a los ojos, señor Rubio, míreme a los ojos.

Brutal. Sencillamente, destructor de una persona. El escándalo político crecía imparable. El miedo a la pérdida de votos se apoderó de los estrategas del PSOE. Tenían que encarcelar preventivamente a Mariano Rubio. ¿Existía riesgo de fuga o capacidad de destrucción de pruebas? En absoluto. Pero les daba igual. Manejaban la libertad de Mariano Rubio como un activo político.

El encargado de pedir su encarcelamiento fue Bermejo, el fiscal jefe de Madrid que tiempo después sería nombrado ministro de Justicia. Un hombre que se decía de la izquierda radical; para mí, y en mi concepto, un sectario. Pidieron encarcelamiento preventivo para Mariano Rubio. El juez que estaba encargado ese día de la guardia se negó a semejante brutalidad. Esperaron el cambio de turno. Llegó otro al que convencieron. Rubio ingresó en prisión. De la Concha también. Una aberración: la libertad sacrificada en el altar de la coyuntura política.

Mariano fue conducido a Alcalá-Meco. Le ingresaron en el módulo siete de aislamiento. Estuvo poco tiempo. Quizá quince días. Cuando yo ingresé me informaron de su estancia: era un hombre destruido moralmente.

La cárcel mata. Mariano no superó aquello. Murió pocos años después. La cárcel acabó con su moral y con su vida. Fue un encarcelamiento brutal e injusto.

Hernández Moltó, el hombre del míreme a los ojos, fue nombrado presidente de la Caja de Ahorros de Castilla-La Mancha. La quebró. Le protegieron con todo lo que tenían en la mano, pero la quiebra fue de un tamaño imposible de ocultar. Más de seiscientos mil millones de pesetas. Y eso teniendo en cuenta el tamaño relativo de la entidad financiera. No fue a prisión ni se vio envuelto en juicio penal alguno, a pesar de todas las informaciones que circulaban. Pero algunos vaticinaban que sería solo cuestión de tiempo.

Bermejo, como digo, fue ministro de Justicia. Seguía con su discurso moralizante. Un día le descubrieron que cazaba jabalíes y venados sin licencia... Le cesaron y, según muchos, salió envuelto en vergüenza. Aunque los depositarios de secretos de Estado siempre gozan de salvoconducto.

Ayer tarde paseábamos César y yo por Chaguazoso disfrutando de una temperatura extraordinaria mientras recibíamos de Madrid informaciones acerca de lo agobiante del calor, lo que, a fuer de sinceridad, incrementaba lo placentero del paseo, por aquello de la comparación.

—La verdad es que cuando repasas nuestra vida en Banesto te parece realmente increíble lo sucedido —comentó César mientras marchábamos a paso lento por el sendero que conduce a A Mezquita.

—Lo malo es que resultó cierto y lo verdaderamente increíble es que pudiéramos aguantar tanta guerra.

—¿Por dónde andas ahora escribiendo?

—Acabo de terminar lo de Ibercorp y voy a meterme de lleno con Godó.

—¿Cuando hicimos lo de *La Vanguardia*?

—No, cuando deshicieron lo de *La Vanguardia* y respondimos con lo de Antena 3.

Porque lo cierto es que no consiguieron su propósito de intervenir Banesto, pero, en cambio, sí obligaron a Godó a desdecirse de su pacto y renunciar a su palabra, aunque nuestra respuesta les agradó todavía menos.

Javier Godó, después de haber reconducido el pacto en mi despacho, en uno de esos movimientos suyos que aparentemente carecen de sentido lógico pero que buscan alguna finalidad que guarda para sí, me insistió encarecidamente en que acudiera al trofeo de tenis que lleva su nombre, con el fin, decía, de presentar oficialmente ante la sociedad catalana nuestro acuerdo, el pacto por el que se vinculaba su *Vanguardia* con Banesto. A pesar de que mis dudas sobre la fortaleza real de nuestro acuerdo comenzaban a tomar cuerpo de tamaño considerable, decidí asistir. Debo reconocer con agrado que Javier Godó se desvivió en aparentar no solo cordialidad, sino casi diría una amistad exquisita que, en aquellos días, todavía no vivía entre nosotros. Pero de nada sirvió.

Los días siguientes escribieron en nuestro pacto los mismos signos caligráficos: dudas, renuncias, avances, retrocesos, hasta que, harto y cansado de tanto despropósito, de tanto ir y venir en un asunto de envergadura nacional, como demostraba la presión del poder político por destruirlo, llamé al notario, le dije que viniera a mi despacho y le formulé a Javier Godó un requerimiento en el que le decía que de una vez por todas diera cumplimiento real y concreto a todo lo pactado, firmado y sellado entre nosotros. Confiaba en que como le habíamos anticipado cinco mil millones de pesetas, la necesidad de devolver ese dinero se convertiría en un impulso serio en la dirección de cumplir. Pues me equivoqué.

Romaní entró casi descompuesto en mi despacho.

—Acaba de venir un notario a la Oficina Principal...

Hablaba algo jadeante, no porque viniera de ningún ejercicio físico, sino porque la indignación le podía.

—Venía de parte de Godó. Nos trae una contestación formal: se desliga de todos los pactos firmados.

—¿Y los cinco mil millones?

—El notario venía con un talón por ese importe a favor de Banesto.

—¡Joder! ¿Y quién ha puesto el dinero?

—La Caixa.

—¿La Caixa? Bueno, tiene lógica. En fin, no podemos hacer nada. Pacto muerto, así que a buscar otro camino.

¿Qué ocurrió? Aparte de que se trata de un personaje especial, la explicación no reviste la complejidad de la cuadratura del círculo: sencillamente, cedió a las presiones del poder, y cuando digo poder no me refiero en exclusiva al partido socialista. ¿Jugó limpio Convergència i Unió? Pues no lo sé. En aquellos días recibí un aviso para entrevistarme en el hotel Ritz de Madrid con Jordi Pujol, presidente de la Generalitat. Al fondo, *La Vanguardia*.

—Esto... para nosotros —decía el presidente— *La Vanguardia* es un medio muy importante. A ver..., quiero decir que nos importa su independencia. Esto es lo que es esto...

—President, ¿qué es independencia?

De nuevo la pregunta. Cada vez que alguien quiere controlar un medio de comunicación social, alguien que es político o se convierte en aliado del político, siempre apela al concepto de independencia, pero a esas alturas de mi vida ya sabía que independiente es aquello que favorece a quien la reclama.

—A ver..., lo que quiero decir es que esto es que la línea informativa no se ponga al servicio de intereses contra Cataluña, ¿no? A ver..., es que es importante que no cambie...

—Ya, President, pero yo no descartaría que si nuestro pacto fracasa, Javier Godó, aunque no lo crea, pueda llegar a un acuerdo con Polanco y unirse a *El País*.

Menté la bicha. El President es hombre calmo, que habla lleno de gestos, de tics, diría yo, que inclina la cabeza lateralmente, mirando al suelo o al horizonte, pero no al interlocutor, y que se expresa con suavidad de formas. En ese momento toda esa parafernalia comunicativa cambió. Se irguió, tensó voz y tono y de manera algo airada, consciente de la importancia de lo que iba a pronunciar, dijo:

—Bajo ningún concepto y en ningún caso toleraremos eso. Eso no.

No quise preguntarle cómo podrían evitar un acuerdo entre grupos privados, pero quizá le habría importunado demasiado. Serra, el vicepresidente, en el fondo decía que ellos tenían que autorizar cualquier movimiento en medios de comunicación. Ahora Pujol vetaba una opción privada. La conciencia del poder que ejercían era sencillamente total.

La Vanguardia concitaba a todo el poder, derecha, centro e izquierda, catalanistas y españolistas, y a todos les resultaba altísimamente incómodo que el Banesto de Mario Conde pudiera controlar semejante poder en Cataluña, sobre todo porque daban por descontado que más tarde o más temprano acabaría deglutiendo la totalidad de los activos de Godó, a quien ellos suponen más interesado en algunas fiestas sociales, apartamentos en Nueva York y festejos europeos que en materias tan prosaicas como la estructura de poder en los territorios del viejo Condado de Barcelona integrado en el Reino de Aragón.

Se acabó el pacto con Godó, pero mi concepto sobre la estructura del poder en las sociedades modernas seguía plenamente vigente, y yo no estaba dispuesto a renunciar a algo que consideraba exquisitamente vital. ¿Quién podría tener interés en compartir con nosotros semejante aventura? Consulté con Luis María Anson, el director de *Abc*, quien me anticipó un nombre y una idea:

—Creo que harías bien en hablar con Antonio Asensio.

Antonio, de sangre andaluza afincado en Cataluña, era el dueño del Grupo Zeta, nacido desde la plataforma de publicaciones eróticas. Antonio, alto, moreno, de grandes ojos oscuros que se abrían con cierta expresión de espanto, dotado de una inteligencia notable y de un sentido común más que aceptable, deseaba, a cualquier precio, alejarse de sus orígenes, lavar, en cierto sentido, la fuente de sus primeros beneficios. Creó *El Periódico de Cataluña*, un diario mucho más populachero que la burguesa *Vanguardia* y que no solo alcanzó un considerable éxito de ventas, sino que, además, se tradujo en una fuente más que sustancial de beneficios para el grupo. Este diario se convirtió en el verdadero buque insignia de Asensio, quien, dadas sus magníficas relaciones con el felipismo, optó por acudir a la subasta de los canales de televisión privados que puso en marcha el Gobierno socialista, con la esperanza de, dados sus servicios a González, ser uno de los elegidos. Sin embargo, su gozo se quedó en el pozo de su amargura cuando conoció que, a pesar de los pesares, los socialistas le dejaban fuera de ese Olimpo y preferían a Godó como cabeza de Antena 3 y a Berlusconi como primer accionista de Telecinco, el segundo de los canales en liza. Antonio de esta manera quedaba relegado a editor de prensa escrita en cuya cuenta de resultados los productos conectados con el erotismo y la pornografía revestían un peso tan importante que implicaba para su dueño un posicionamiento social nada estimulante.

—¿Qué te parece, Antonio, si abordamos juntos el control de Antena 3 Televisión? Yo solo no puedo, pero no por falta de dinero, que de eso los bancos tienen, sino porque nos falta capacidad de gestión. No tenemos experiencia directa ni contactos profesionales como para emprender semejante sendero en solitario.

Noté a Antonio particularmente reticente al comienzo, debido a que, según me contó, sus negociaciones subterráneas con el Gobierno, destinadas a permitir su entrada en el capital de Telecinco, caminaban a las mil maravillas y Antonio acariciaba ya la idea de ser el socio industrial de referencia de ese canal. Sin embargo, por las razones que fueran o fuesen, que las imagino, Antonio se sentía muy halagado de que yo tuviera su nombre en mi carpeta de socios potenciales para la aventura televisiva.

—Ya, y ¿con quién quieres desarrollar esa idea, en el caso de que el Gobierno sea leal contigo, lo cual es más que dudoso?

—Con Murdoch —contestó Antonio con un indisimulado tono de satisfacción.

Murdoch, el gigante de la información de origen australiano y dueño de muchos medios de comunicación social con influencia en Inglaterra, había asumido un compromiso de participación en el Grupo Zeta y por ello Antonio combinó la idea de que los tres, Banesto, Murdoch y Zeta, conformábamos un conjunto perfecto para presentarnos públicamente como adquirentes de Antena 3 Televisión. Me pareció una idea estupenda y volamos a Londres para entrevistarnos con Murdoch. Curiosamente, en esa reunión Antonio volvió a su duda existencial y llegó a proponer, durante algunos minutos, que fuéramos Murdoch y Banesto los que entráramos en Antena 3 y que él caminaría en solitario hacia Telecinco para, pasado un tiempo, integrar las plataformas televisivas. Tanto el australiano como yo nos opusimos a la idea y Antonio lo comprendió. Pero visto el tema hoy, en 2010, en el que se están produciendo integraciones de plataformas televisivas como medio para conseguir una subsistencia más o menos confortable, la idea de Antonio era una visión clara del futuro del sector. Lástima que Antonio falleciera al poco de cumplir los cincuenta años de la misma enfermedad que Lourdes: tumor cerebral.

Después de mucho debatir, tomé el avión con destino a Saint-Tropez con el acuerdo en el bolsillo: abordaríamos los tres la compra de un paquete de control de Antena 3, si bien Murdoch no aparecería oficialmente en escena hasta el último segundo. No entendía muy bien ese deseo de ocultación del gigante australiano, pero como a mí me daba más o menos lo mismo, acepté. Ahora quedaba lo aparentemente más complicado: rastrear paquetes de acciones y comprarlos. Nos pusimos manos a esa obra con la ilusión de hacernos con el canal y darle la vuelta a los intervencionismos injustificados de un Gobierno que comenzaba a confundir a España con algo parecido a una finca.

A pesar de lo que podría parecer, esa labor de rastreo y posterior compra de las acciones no nos resultó demasiado compleja. Se ve que las pérdidas de Antena 3 y el control de Ferrand, en la dirección, y de Godó, en la propiedad, no inspiraban excesiva confianza, porque, como digo, no nos costó nada hacernos con acciones suficientes para el control de la cadena. Pero antes que nada teníamos que salvar un escollo: Martín Ferrand. Cité a ambos, a Antonio Asensio y a Martín Ferrand, en mi casa de Triana. Se trataba de explicarle a Ferrand la decisión tomada, y hasta casi consumada. Me imaginé alguna escena complicada. Pues nuevamente me equivoqué. Ningún problema de parte de Martín Ferrand. Todo correcto. Se justificó, además, con base en las excelentes relaciones que decía tener con Antonio Asensio. Quizá porque le pareciera sinceramente bien, tal vez porque entendiera que resultaba estúpido oponerse o, sencillamente, porque intuyera que con Godó no tenía un sitio al sol, lo cierto es que en mi domicilio de Triana 63, de manera elocuente, efusiva, expresa, sin ambages, manifestó no solo su aprobación, sino su entusiasmo más vehemente por la operación.

La prensa publicó la noticia a todo trapo. Recuerdo que recibí una llamada de Paulina Beato entusiasmada con nuestra capacidad de reacción, por ver cómo le dimos la vuelta a esa voluntad intervencionista del Gobierno. Lo cierto es que no solo Paulina, sino todo el mundo se quedó conmocionado con la noticia de que Banesto, Murdoch y Grupo Zeta se hacían con el control de Antena 3. Aquello trascendía la propia cadena televisiva para enmarcarse en un triunfo frente al Gobierno y un proyecto mediático que no se sabía hasta dónde podía llegar. Daba la sensación de que el Gobierno había salido de Málaga para meterse en Malagón.

Javier Godó tenía un problema serio. Dada la nueva mayoría, iba a ser cesado como presidente en la Junta Extraordinaria que se convocó para renovar Consejo. ¿Qué podía hacer? Me envió un emisario. Lo recibí en mi casa de Triana. Me explicó las gigantescas presiones a las que había sido sometido desde el poder, empleando para calificarlas palabras de grueso calibre. Pero no podía ni quería dar marcha atrás. Confieso que me hubiera gustado mucho, pero mucho es mucho, el proyecto de *La Vanguardia* y creo, además, que habría sido muy beneficioso para todos. Pero ya era tarde. Demasiadas veces se rompieron palabras y documentos firmados. Demasiadas veces fuimos para volver vacíos. Demasiadas. Nada que debatir. Propuse que la mejor salida para Javier era evitar a toda costa el cese y dimitir. Lo entendió y presentó su dimisión. Antonio Asensio pasó a ser presidente de la cadena. Yo entré en el Consejo.

¿De dónde sacó Asensio el dinero para comprar las acciones? Obviamente, nosotros le financiamos. ¿Fue una locura bancaria? En absoluto. A la vista está que el valor real que actualmente tiene Antena 3 Televisión es más de treinta veces el precio al que nosotros la compramos. Cierto que gracias a Banesto Antonio se pudo hacer con un paquete muy importante de ese canal, pero la vida te enseña que se trata de estar en el sitio adecuado en el momento adecuado. Godó podría haberse hecho más que multimillonario, pero cedió a las presiones del poder. Antonio Asensio tuvo valor. Y empleo esta palabra porque realmente Antonio tuvo que vencer las suspicacias, críticas e incluso amenazas del entorno felipista por asociarse conmigo. Pero, hombre pragmático donde los haya, Asensio sabía a la perfección que, al final, los políticos se rinden ante los medios de comunicación social, porque en ellos se cincelan o destruyen sus carreras. Por tanto, a comprar y saber esperar, que ya vendrán tiempos mejores.

Pero además de la televisión nos encontramos con Antena 3 Radio. ¿Qué hacer?

—A mí personalmente, Antonio, el tema de la radio no me interesa demasiado.

—Desde mi punto de vista —respondía Antonio— tampoco lo necesitamos.

—Como negocio, es decir, como cuenta de resultados, yo no lo tengo claro.

—Y es que hay demasiado personalismo en ese medio —añadía Antonio.

En verdad Antena 3 Radio se componía de dos sustanciales activos: José María García, un monstruo de las ondas especializado en temas deportivos y capaz de obtener audiencias millonarias en aquellos días, y Antonio Herrero, un buen locutor, agresivo, hiriente, mordaz, inteligente, visceral, pero capaz de atraer oyentes. Fuera de ambos, poco. Por tanto, un negocio que se apoyaba en esas dos columnas estaría a merced de la salud o aspiraciones de ambos o de cualquiera de ellos, así que en tales condiciones decidimos que no se trataba de nuestro campo de juego.

—¿Te parece que cite en mi casa a Manolo Martín Ferrand y a José María García y les diga que no me interesa la radio?

—Sí, de acuerdo.

—Yo les propondría que se la quedaran ellos, ¿qué te parece?

—Por mí, bien, pero no querrán —concluyó Antonio Asensio.

Vinieron a mi casa los dos periodistas. Recuerdo que al día siguiente, o quizá esa misma noche, volaba hacia Argentina. Comencé exponiéndoles mis ideas sobre la radio, y en concreto esa radio en cuanto negocio, es decir, razonando en el plano económico, y no estuvieron totalmente de acuerdo conmigo. Creían que era mucho mejor negocio de lo que yo decía. Me lo pusieron fácil.

—Pues si lo veis así, yo puedo negociar la radio pero para vosotros, es decir, para que la compréis vosotros. Si no tenéis dinero, de eso me encargo porque en condiciones razonables puedo financiaros la compra.

No les hizo la menor gracia la proposición.

—Es que nosotros no somos empresarios.

—¿Entonces?

—Pues la compráis vosotros y seguimos nosotros.

Comprendo que es mejor ser estrella de las ondas que empresario de la comunicación. Pero lo dejé claro: nosotros no la íbamos a comprar a Godó sencillamente porque no nos interesaba. Y el Grupo Godó era el propietario del 51 por ciento del capital de la radio. Alea jacta est.

A partir de ese instante subieron a la escena los comportamientos incomprensibles. Antonio Herrero, que actuaba como presentador del telediario nocturno en Antena 3, decidió ponerse una venda antes de que nadie osara siquiera apuntarle la posibilidad de una herida y comenzó a desgajar comentarios relativos a su independencia, a su capacidad de expresar opiniones en libertad al margen de la personalidad de los titulares de las acciones de la sociedad propietaria del medio. Cierto, pero sobre todo innecesario porque nadie le coartó, ni coaccionó, al respecto de su línea informativa. Al menos que yo sepa.

Antonio Asensio, a la vista de tales comentarios, vino a verme para dejarme caer sus quejas por un comportamiento tan absurdo. La verdad es que este tipo de anécdotas no conseguían, en aquel entonces, alterarme lo más mínimo. Para mí lo importante residía en la calidad de las personas en cuestión, en su capacidad de actuar como verdaderos profesionales del medio, y esto último se medía de una manera muy clara: son o no capaces de atraer audiencia. Un medio de comunicación social como la televisión es una plataforma, una ventana abierta al exterior en la que se vierten noticias y de manera más o menos sutil se deslizan juicios de valor, envueltos en la forma de presentar los hechos, escondidos en los comentarios sobre los mismos o, sencillamente, expresados de forma inequívocamente directa. Para ello se necesitan personas que tengan un don: la capacidad de atraer con credibilidad. No deja de ser curioso que una misma voz relatando un idéntico acontecimiento puede producir en el sujeto receptor al que llamamos espectador una reacción de asentimiento o de rechazo. ¿Qué factores provocan una u otra? Difícil, muy difícil saberlo, pero siempre flota como última explicación la etérea credibilidad. Hay personas que son creíbles y otras que no participan de semejante atributo. Y que sea de una manera u otra es decisivo para el efecto final.

Luis Herrero, al decir de Asensio, no transmitía lo suficiente, no llegaba. Los telediarios de Antena 3 se situaban en los mayores mínimos de las cadenas privadas, sin mencionar a la pública TVE-1. Es decir, como producto empresarial resultaba un fracaso. Asensio le invitó a abandonar el medio. Cualquiera puede suponer que Herrero se lo tomó muy a mal. Decidió hacerme la guerra y tratar de vender al público en general que le cesé por una especie de pacto con el Gobierno. Ni siquiera intervine. Asensio decidió, como era lógico.

A la vista de que yo no quería comprar Antena 3 Radio decidieron algo inexplicable: aun a sabiendas de que Godó controlaba el 52 por ciento de Antena 3 Radio, basándose en su coyuntural mayoría en el Consejo de Administración, cesaron al dueño del negocio. ¿Cesaron a quien tiene más del 51 por ciento? Pues sí. ¿Con qué propósito? No consigo adivinarlo. Ni aún hoy soy capaz de vislumbrar qué estrategia, qué propósito perseguían con un movimiento que estaba condenado al mayor de los fracasos. Bastaba con convocar una Junta General de accionistas y cesar a todos ellos. Pues eso fue exactamente lo que pasó. Yo me hacía cruces.

Pero eso no fue lo peor. Godó acababa de perder Antena 3 Televisión y tuvo que sufrir ese embite, absurdo pero incómodo, al que acabo de referirme. Lo malo es que provocaron a Godó y este decidió lo impensable: vender la radio a su más encarnizado enemigo: Jesús Polanco. Lo recuerdo muy bien.

El presidente Salinas, primer mandatario de México, y ya se sabe que en México los presidentes mandan con mucho más mando del normal, viajó a España por aquellos días, en una de esas giras que los políticos ejecutan para un turismo especial, el del poder, que suelen compartir con financieros y empresarios que les acompañan, intelectuales que les estimulan y medios de comunicación que les alaban, componiendo una sinfonía de poder característica del Sistema.

México constituía un mercado muy importante para Prisa y para los bancos españoles. El presidente nos citó en el Casino de Madrid. Siguiendo una costumbre ancestral —por así decir— tuvimos todos que formar una larga cola para saludar al presidente, lo que antiguamente se calificaba como el besamanos, que, de tener algún sentido, lo cobra en su majestad el Rey, pero ya se sabe que la mayor de las aficiones de los republicanos reside en imitar el boato de los monárquicos, lo que consiguen no sin una cantidad enorme de desperfectos estéticos.

Por cierto que al poco de ser rey —según él mismo me contó— don Juan Carlos acudió a mi tierra, a Galicia, a una especie de presentación con besamanos. Los gallegos, que hemos tenido rey propio por algún tiempo, no sabemos muy bien cómo manejarnos en estas cosas de los protocolos reales, quizá porque estemos más ocupados con los campos, las vacas, las siembras, los prados y no dispongamos de tiempo libre para estudiar estas formas. Así que aquel hombre gallego de toda galleguidad, empresario potente aunque desconocido, vestido como le dijeron, lo que a él le sonaba raro pero inevitable, que también somos disciplinados, se presentó en la cola, y según me contó el Rey, al llegar su turno de saludo hincó las dos rodillas en el suelo e inclinó la cabeza casi hasta los pies. El Rey, un poco atónito, le levantó tirando de él. El hombre, más bien pequeño de estatura, se quedó algo volado pero el Rey todavía más, por lo que decidió preguntarle por qué había hecho eso, y el gallego, ejemplificando un modo de pensar propio de muchos de nuestros paisanos, le dijo:

—Es que como no sabía muy bien qué hacer, pensé que era mejor arrodillarse que quedar mal.

Ahora, en el besamanos de Salinas, todo se desarrollaba conforme al orden protocolario. Poco antes de mi turno apareció Vicente Sánchez Cano, la persona que en ese momento llevaba nuestros asuntos de prensa. Venía con un color raro en la cara, como dirían los del sur, y se me acercó al oído con tal gesticulación de secretismo que parecía iba a transmitirme la fórmula de transmutación de cualquier metal en oro.

—Polanco acaba de comprar Antena 3 Radio a Godó.

Me quedé estupefacto. Miré hacia la parte de la cola en la que se encontraba Jesús Polanco. Se cruzó con mi mirada. Sonreía como un niño con zapatos nuevos. Bueno, pues a pesar de que me enteré de tan singular manera, lo cierto y verdad es que a los ojos de Antonio Herrero y de Luis Herrero el culpable tenía que ser necesariamente yo. Lo mejor, una vez más, otra, residía en buscar culpable a sus males, y si este culpable era ni más ni menos que Mario Conde, entonces la grandeza de su enemigo los convertía automáticamente en grandes.

Quedaba Martín Ferrand. A pesar de los excelentes adjetivos con los que adornó la entrada de Antonio en Antena 3, de repente, decidió, de la noche a la mañana, que le resultaba incompatible estar con el editor de Zeta. ¿Por qué? Ni la menor idea.

—¿Qué le ha pasado, Antonio? ¿Por qué dice ahora que es incompatible?

—Ya te dije que era una persona muy rara.

—Bueno, sí, pero no estamos jugando con coches de choque, sino con los medios de comunicación social más importantes de España y eso reclama cuando menos una explicación, ¿o no?

Convoqué en Banesto un almuerzo entre José María García, Ferrand, Asensio y yo para ver si entre todos conseguíamos arrancar los velos de esa particular Isis y descubrir las razones de una mutación tan copernicana. La irracionalidad presidió el almuerzo. García, sensato, se ruborizó en ocasiones. Ferrand, crepuscular, quería encontrar una excusa; eso era todo. Lo demás, cánticos celestiales.

Una excusa para irse, pero ¿por qué? Sencillamente, porque con Godó campaba por sus respetos dado que el editor catalán se ocupaba de sus cosas, que la verdad es que tenía muchas que merecían la pena disfrutar de ellas, pero las cuentas de Antena 3 y su gestión le aburrían sobremanera, lo que provocaba que Martín Ferrand funcionara como el auténtico dueño de facto, de programaciones y dineros.

Uno no acaba de encontrar un poco de serenidad y cordura allí donde decide poner sus pies. ¿Es que acaso esa incompatibilidad Asensio/Ferrand no podía haberse puesto encima de la mesa en mi casa, en la reunión previa en la que todo sucedió exactamente al contrario? Pues por lo visto no. Encima ese era un mundo extraño para mí. No conocía nada del modo de ser y comportarse de los periodistas y menos de aquellos que se metían a empresarios profesionales por cuenta ajena. Así que decidí preguntar a Luis María Anson, e intentar que me ilustrara porque él conoce ese mundo —y otros, desde luego— con mucha mayor precisión que yo.

Almorzamos en el comedor de Presidencia y su juicio sobre Ferrand surgió nítido, limpio, sin concesiones a la ambigüedad: es un sujeto peculiar —decía Luis María—, no respeta al capital; para él, todo propietario debe limitarse a recibir los dividendos que los gestores quieran distribuirle, porque la verdadera propiedad reside en los gestores y él, Martín Ferrand, desde luego no estaba dispuesto a trabajar para otros, sobre todo si se trataba de parásitos propietarios.

No tuve más alternativa: con su actitud y esta filosofía Martín Ferrand debía abandonar Antena 3 tal y como pidió Asensio sin dejar alternativa posible. Así sucedió y con ello pasó a engrosar el capítulo de damnificados, y con los dos Herrero decidieron crear un frente común contra mí.

Lo que verdaderamente me preocupaba en aquellos días no era que esas personas decidieran convertirme en el origen de sus males, sino algo mucho más importante: una revelación que me efectuó Polanco el propio día en el que me anunciaba la compra de la radio. Para mí carecía del menor sentido económico semejante operación, vista, desde luego, desde la perspectiva del editor de Prisa. Antena 3 en manos de Polanco no tenía otro destino distinto al cierre, y eso siempre conlleva un coste, así que alguna otra razón oculta, o, al menos, no tan aparente, debió de condicionar la voluntad de comprar esa radio. Se lo pregunté abiertamente. Sabía que la obsesión de Polanco residía en *La Vanguardia*, así que le pregunté sin el menor miramiento:

—Eso significa que te has hecho con alguna opción o derecho preferente de *La Vanguardia*, ¿no es así?

Polanco sonrió mientras me miraba fijamente y efectuaba un ligero movimiento ascendente y descendente de cabeza, eso que en la cultura occidental equivale a un «sí». En sus ojos leí: coño, ya te dije que la operación de *La Vanguardia* era cojonuda pero para hacerla yo, no tú.

Antes de ascender de nuevo por la empinada cuesta que conduce a la ermita que forma parte del conjunto de A Cerca, nos detuvimos César y yo en el bar del pueblo. Los gallegos de la localidad son especialmente pudorosos y respetuosos. En cualquier bar de Andalucía se formaría una algarabía de comentarios al verme entre ellos y cuando el nivel freático del vino alcanzara su zona superior, se terminaría con algún cante al compás de lo que fuera. En Galicia, no. Saben quién eres y sienten afecto, pero no importunan. Nos sentamos alrededor de una mesa de patas negras y tapa de piedra, la que está junto a la ventana, pegada a la chimenea de leña que en invierno se pone blanca de la cantidad de material que consume, pero que es imprescindible para sobrevivir porque el frío de esta zona, que por algo se llama las Frieiras, no es de broma. Allí seguimos comentando nuestros asuntos del pasado.

—Lo curioso —decía César— es que a pesar de que era claro que el Gobierno andaba a tortas con nosotros en todo lo que hacíamos, incluso algunos decían que teníamos pactos secretos.

—¿A qué te refieres?

—Pues a lo de Antena 3 y Antonio Asensio.

—Bueno, se ve que eso fue debido a que Antonio se decía que era buen amigo del Gobierno.

—Sí, claro.

—Pero no sé si recuerdas aquel Consejo de Barcelona en el que aprobamos precisamente la operación con él.

—Sí, claro que me acuerdo. No fue fácil porque Antonio, precisamente por sus actividades, más que por sus afinidades, levantaba algunas reticencias en ciertos consejeros...

—Inevitable, César. Pues aquella mañana antes del Consejo me citó Pujol en el palacio de la Generalitat. Y hablamos de Asensio. Y me lo puso por las nubes. Y Pujol es un hombre que puede estar coyunturalmente apoyando al Gobierno, pero en el fondo no va a olvidar que lo quisieron meter en la cárcel con lo de Banca Catalana.

—Desde luego, pero lo alucinante es que corrieran la voz de que pactábamos con el Gobierno para Antena 3 y para quitar a Herrero.

Retomamos el regreso y comenzamos el ascenso. La cuesta es empinada, pero empinada de verdad. Eso obliga a ascender muy despacio. Y el ritmo lento permite pensar, volver a los recuerdos.

¿Tuvimos algún pacto con el Gobierno en aquellos días? Resulta sonrojante tener que escribir sobre semejante tontería. El Gobierno se opuso con todas sus fuerzas a la operación con Godó. No tenía el menor sentido que ahora aceptara tranquilamente el control de Antena 3 Televisión porque, al menos en escala nacional, un manejo adecuado de la televisión podía hacerles más daño que el papel impreso del periódico catalán cuya difusión fuera del territorio del Condado de Barcelona resultaba inexistente. No hubo pacto, sencillamente porque ni lo planteamos ni nos lo pidieron. ¿Acaso no sabían que yo era perfectamente consciente de que con la ayuda de Polanco habían abortado mi acuerdo con Godó? ¿Qué razón existía para que ahora, después de conseguir sin que se enteraran el control de la televisión privada, pactara con ellos? ¿En qué consistía el pacto? ¿Qué me darían a cambio? El paso del tiempo demostraría, con la crueldad de un día tras otro, de una noche tras otra, que las alucinaciones enfermizas no dibujan, por mucho que se las reitere, un paisaje de verdad.

Quería que Antena 3 Televisión calara cada día más profundamente en el espectador medio español, que percibiera el cambio. Nuevas caras resultaban imprescindibles. Contratamos a Campo Vidal, pero solo fue un ejemplo, independientemente de que se trate de una persona que siempre me cayó muy bien. Era, obviamente, una transición, y así sucedió. Cada día nuevos espectadores ingresaban en nuestra cuota de pantalla. De los escasos ochocientos mil televidentes de Herrero ascendimos en flecha a más de dos millones. Penetrábamos en el cuerpo social. Antena 3 dejaba de ser un producto marginal para convertirse en un indudable instrumento de poder. En esos instantes la preocupación de los socialistas subió de tono.

Pero no solo los socialistas comenzaron a sentir una gigantesca inquietud por nuestro control sobre un medio que evolucionaba de forma progresivamente creciente. Luis María Anson, director de *Abc*, comenzó a comportarse de manera algo extraña. Asumió un papel de redentor y defensor de ciertos activos intangibles que no dejaba de sorprenderme sobremanera. Me insistía, un día y otro, en que con Antonio Asensio no podía llegar muy lejos, porque nació y seguía instalado en «la basura». Reconozco que en algunos miembros de mi Consejo de Administración la alianza con Asensio no cayó nada bien, precisamente por esa connotación peyorativa de los orígenes de su grupo. No quería ponerme a filosofar sobre la bondad o maldad de muchas de las grandes fortunas españolas en los momentos de su alumbramiento. Prefería operar con hechos consumados. Pero el viejo nombre de Banesto unido al de Asensio seguía concitando, en voz alta, baja o mediopensionista, muchas críticas. Las asumía como inevitables porque lo que me importaba era la eficiencia real en mis planteamientos empresariales y sociopolíticos.

Sin embargo, Luis María cada día iba más lejos. Se pasaba ciertamente, incluso para los más aguerridos contra la alianza. No quedaba más alternativa que hablar con él y el 16 de septiembre de 1992, dos días después de mi cumpleaños, le cité en Banesto y le expuse, casi sin respirar, un largo parlamento:

—Mira, Luis María. En España, nos guste o no, caminamos inexorablemente hacia una reestructuración de los medios de comunicación social. Hace tiempo que lo sostuve y no se me escuchó. Yo percibía nítidamente dos grupos: el de Polanco y «otro». ¿Quién sería ese «otro»? La respuesta daría la clave del poder mediático español. Como primera solución te confieso que pensé en *Abc* y diseñé una estrategia destinada a que Guillermo Luca de Tena fuera ese «otro». Lo consulté con don Juan, a quien la idea le pareció magnífica, e incluso pedí al señor que le explicara a Guillermo que mis ideas le parecían correctas. Trataba de aprovechar el enorme ascendiente de don Juan sobre Guillermo para llevar adelante un proyecto que debería haber necesitado muchas menos apoyaturas para culminar, porque su propia lógica interna la impulsaba como un cohete. Pero a pesar de don Juan, e incluso contra sus opiniones, Guillermo, por alguna razón que ignoro, se negó a ello.

Mi mente retornó en aquellos instantes a una reunión en mi casa de Triana con Guillermo Luca de Tena y Rafael Pérez Escolar. El objetivo del encuentro a tres residía en un documento preparado por Rafael, que además de abogado y consejero de Banesto pertenecía al Consejo de Administración del periódico, en el que se establecía una especie de opción de compra para el caso de que la familia Luca de Tena decidiera, por las razones que fueran, vender todo o parte del *Abc* a terceros; en tal hipótesis, Banesto adquiría un derecho preferente de adquisición. Eso era todo.

Cuando Guillermo terminó de leer el documento y siguiendo el plan convenido, Arcadio, el mayordomo que tenía en mi casa de Madrid, entró en el salón para anunciar una llamada de don Juan de Borbón para el señor Luca de Tena. Guillermo se levantó de su asiento con ciertos visos de asombro en sus ojos, se acercó a la mesita en la que se deposita el auricular, lo tomó entre sus manos y escuchó al otro lado de la línea la voz difícilmente audible de don Juan que le pasaba a su asistente, para que Guillermo entendiera con más claridad el mensaje, que consistía, precisamente, en que don Juan se encontraba al corriente de nuestras negociaciones y que avalaba nuestra postura, por entender que con ella solo pretendíamos defender los mejores intereses de España y de la Monarquía.

Guillermo, después de un ritual «De acuerdo, señor», volvió a tomar asiento, se movió agitado por la conversación que acababa de sostener, guardó el papel en su bolsillo y se despidió de nosotros en medio de una grata sonrisa y un tono de voz decididamente amable. Lo malo es que nunca más quiso volver a saber nada del documento.

—Tú sabes, Luis María, que siempre que *Abc* ha necesitado a Banesto, y no ha sido en una exclusiva ocasión, sino en varias, nos ha tenido a su lado. Precisamente porque entendemos que *Abc* representa unos valores importantes dentro de la sociedad española. Otros, seguramente con mayor compromiso que nosotros, se hicieron los locos y no quisieron aportar ni siquiera migajas al salvamento de *Abc*. Pero, en fin, al margen de estos retazos históricos, lo que resultaba indudable es que el mundo de los medios de comunicación social españoles sufriría un cambio sustancial. Por eso yo intenté que el segundo gran grupo de comunicación social español se aglutinara en torno a Guillermo, pero o no quiso o no pudo. Lo cierto es que fracasé.

Luis María, que en algunas ocasiones escucha poco y habla mucho, optó por el silencio y decidió seguir atento a mi parlamento, al tiempo que, listo como es, preparaba su contestación.

—Ante el fracaso con Guillermo y dado que el tiempo circulaba a la máxima velocidad, lo intenté con Javier Godó. No conocía al personaje pero sabía que *La Vanguardia* es una institución en Cataluña, sobre todo en Barcelona, que a ojos de muchos defiende lo que se llama un españolismo razonable, a pesar de sus concomitancias con el socialismo que derivan de su director, un personaje llamado Joan Tapia. Además Javier no siente la menor simpatía por Polanco, lo que facilitaba sobremanera su deseo de llegar a ser «el otro». Pero nuevamente fracasé. Javier cedió a las presiones.

Los juicios de valor que emitía sobre Javier caían en el campo abonado de Luis María Anson, quien, como mínimo, pensaba de idéntica manera, porque para algo tuvo que trabajar con el editor catalán durante algún tiempo y lo conoció bastante bien, lo que, dada la personalidad singular de Javier, tampoco resulta excesivamente complicado. Continué:

—De esta forma, querido Luis María, las dos llamémoslas «instituciones» privadas en el mundo de la comunicación no quisieron asumir su responsabilidad de llegar a ser «el otro». La firmeza de mis convicciones y la debilidad de los consultados me obligaban a seguir adelante. No quedaba nadie, apenas Antonio Asensio. He de reconocerte que Antonio comenzó rechazando la idea e incluso delante de Murdoch en Londres quiso quedarse en el área de Telecinco y propuso que nosotros nos ocupáramos de Antena 3, pero ambos, Murdoch y yo, rechazamos la propuesta y Antonio tuvo que avenirse.

Respiré por unos segundos porque mi alocución, además de larga, resultaba particularmente intensa, incluso para una mente tan extraordinariamente bien dotada como es la de Luis María Anson. Seguí adelante.

—Es cierto, Luis María, que Antonio no tiene ni la historia ni el prestigio de Guillermo o de Godó, pero ya ves que ambos, por lo que sea, no han querido. Antonio es una buena persona, un hombre hecho a sí mismo, creo que con capacidad de ser leal, trabajador y competente. ¿Que nació en la basura? Es posible. Pero no quisiera realizar una averiguación histórica de los orígenes de ciertas fortunas para evitar tener que formular juicios que además de indeseables resultarían estériles para las finalidades que perseguimos.

»¿Que es felipista? Como tantos otros. Hubo un momento en España que quien no era felipista necesitaba un tubo de goma para poder respirar al aire libre. Pero el mapa se dibuja con la precisión de las líneas cuadradas de Juan Gris y la voluptuosidad de Gauguin. El segundo grupo es el que nace en torno a Banesto, Antena 3 y Zeta. Desde esa plataforma todo es posible, y todo será posible. *Abc* se queda descolgado, como una isla, sin futuro ni horizonte y en su día se venderá. Recuerda, Luis María, se venderá, y antes de que eso suceda tú tendrás que irte porque serás un estorbo para semejante operación. Tú fuiste un factor decisivo para salvar a un prácticamente irrecuperable *Abc*. Pero a pesar de eso, y quizá por eso, cuando llegue el turno de vender, el primer movimiento será prescindir de ti.

»No te lo tomes a mal pero mi idea reside en que tú conoces la verdad de cuanto digo y por eso estás nervioso. No te preocupa Asensio, sino quedarte fuera del diseño del nuevo mapa de los medios de comunicación social españoles. Por eso estás nervioso, y yo lo comprendo, pero debes admitir que los dos personajes con lo que podríamos llamar pedigrí histórico para construir a su alrededor el segundo grupo de comunicación no han tenido el valor necesario para hacerlo.

Concluí mi parlamento y, a pesar de los pesares, yo, que conozco perfectamente a Luis María, me di cuenta de que se encontraba en plena forma, dispuesto a decirme cosas que jamás me había referido. Ante todo y como aperitivo me dijo que no podía estar más de acuerdo conmigo. A continuación, con esa agudeza, facilidad de palabra y claridad expositiva que siempre le han caracterizado, se explayó.

—Mira, Mario, en todo esto hay algo mucho más importante que lo que me cuentas y que consiste en quién va a defender los ideales cristianos en este país. España tiene un porcentaje muy elevado de personas que creen en una forma de vida cristiana y que, precisamente por ello, frente a la alternativa marxista necesitan un liderazgo claro. Te confieso que creo que el líder no es José María Aznar, posiblemente pierda las elecciones del próximo año, a pesar de todos los pesares. Y en ese caso es probable que dentro de poco no sea más que una anécdota, un trozo de historia del centro derecha español.

Se inclinó hacia delante, se irguió lo que pudo, bebió un sorbo largo de agua, rozó los labios uno contra otro, gesticuló muy ligeramente con sus manos y se decidió a continuar. Por la parafernalia de sus movimientos sabía que algo importante referente a mí constituía la segunda parte de su discurso.

—Hoy por hoy en España solo hay una persona que pueda encarnar estos ideales cristianos y esa persona eres tú, Mario. Es muy posible que mañana surja otra, pero hoy por hoy las cosas son así. Esta y no otra es la razón por la cual el *Abc* te ha apoyado sistemáticamente. Todo esto se lo he dicho tanto a don Juan de Borbón como al Rey y ambos lo entienden a la perfección. Por eso tengo que preservar tu imagen, porque es vital para España, y por eso resulta imprescindible, sobre todo para ese mundo cristiano, que te separes de lo que encarna Antonio Asensio, al margen de sus cualidades personales, de las que no dudo y que, al contrario, admiro.

Se detuvo de nuevo. Involucrar a don Juan y al Rey en su razonamiento le obligaba a un mínimo de descanso porque Luis María es todo menos frívolo.

—Por tanto, tienes que mantener a Antonio durante un tiempo. Yo le atacaré desde el *Abc* y pediré a otros que secunden mi ataque, pero aislándote a ti, dejando claro que eres un mero accionista sin presencia ni en la gestión ni en los contenidos. Cuando consigamos que la situación se convierta en irrespirable, se provoca su cese y sitúas como presidente a una persona de toda tu confianza y el equipo de *Abc* se encarga de la gestión profesional de la cadena. Esta es la operación.

No fue únicamente Luis María Anson quien mostró su preocupación creciente e inusitado interés por formar parte con nosotros de nuestro novedoso proyecto de medios de comunicación social. Por aquellos días, y siguiendo con algo que comenzaba a tener visos de una cierta tradición, Jesús Polanco y Mari Luz decidieron venir a pasar unos días con nosotros a Los Carrizos, la finca sevillana. Sentados en la mesa del comedor de Los Carrizos Jesús, Matías y yo, después de aceptar con agrado las lisonjas y alabanzas sobre el campo, la casa, la decoración y de todo cuanto nos rodeaba, Jesús Polanco, sin el menor recato, se decidió a plantear un negocio conjunto:

—Me gustaría que Prisa entrara a formar parte del accionariado de Antena 3.

La propuesta no solo era insólita, sino, además, ilegal, puesto que él había conseguido la concesión del canal de pago Canal Plus, y la ley establecía, con mejor o peor criterio pero en cualquier caso de manera tajante, que una misma persona, física o jurídica, no podría ser accionista de dos canales de televisión, fueran de los llamados generalistas o de pago. Así que el bueno de Jesús sabía a la perfección que lo que me proponía suponía afrontar de manera abierta una ruptura de la ley de televisión privada.

Cuando le hice ver la antijuridicidad de la propuesta, Jesús sonrió de esa manera brutal que le caracteriza, con espasmos sonoros inconfundibles, muestra, seguramente, de la sensación de situarse por encima del bien y del mal, y, desde luego, muy por encima de una llamada legalidad socialista que podía cambiar en cuanto quisiera.

—Mira, Mario. Ante todo podemos utilizar los servicios de algún testaferro extranjero. Un banco americano, por ejemplo. Pero es que, además, en el peor de los casos, solo tendría que hablar con Felipe y conseguir que cambien la ley, porque, entre otras cosas, es una estupidez.

—Ya, seguramente lo es, pero fuiste tú, entre otros, quien propició esa limitación.

—Claro. Pero eso sirvió para que me adjudicaran el canal. Ahora se trata de seguir ganando dinero y si para eso hay que modificarla, se cambia y en paz. ¿Es que no te acuerdas de la Ser?

Bueno, pues ahora, situados en la mesa de Los Carrizos, apelaba a semejante actuación en la demostración de su poder para recordarme que lo de menos residía en la legalidad socialista, que no pasaba de un valor puramente contingente, móvil, susceptible de modelarse a voluntad, como un trozo de plastilina.

Matías se sintió en la necesidad de intervenir para sugerir —solo sugerir— que la propuesta podría no ser del todo razonable. Polanco se levantó de la mesa de manera abrupta, cortando cualquier diálogo al respecto. Atravesó la puerta que da salida al jardín, cruzó el porche a toda velocidad y se sentó en el sofá desde el que se divisa a lo lejos la forma ondulada de la suave Carmona. Sus gestos evidenciaban su estado interior. Poco después, en una conversación insulsa e intrascendente, Matías emitió una opinión cualquiera. Polanco se giró hacia él y en tono de desmedida violencia le recriminó con acidez. Nada que ver con la opinión de Matías sobre semejante bobada. Comenzaba el precio de haber sugerido, siquiera sugerido, algo contrario a los deseos de Polanco.

En todo caso, mientras yo fui presidente de Banesto, Polanco vivió alejado del accionariado de Antena 3 Televisión.

19

La tarde seguía viva, porque en verano, en estos lares gallegos, no se transforma en noche hasta bien pasadas las diez y media, las 22.30 al decir de los técnicos. Alfredo Conde regresó cansado de una de sus conferencias sobre temática literaria en la que ostenta la maestría derivada de su experiencia vital. Sentados alrededor de la mesa camilla forrada en azul, contemplábamos, a través de las pequeñas ventanas del edificio fruto de la época histórica en la que construyeron este lugar, el fondo verde multitono que componía el espectáculo cromático de los castaños del valle. Una quietud especial parece extenderse por este territorio de A Cerca. No sé si tendrá que ver con el Castro O Cabezo, pero lo cierto es que todos cuantos por aquí residen un tiempo mínimo comentan esa especial característica. Quizá, como dice César Mora, se relacione con corrientes energéticas, porque los antiguos seleccionaban sus lugares de morada con mayor profundidad y conocimiento de causa que nosotros, los epidérmicos occidentales. Pero a veces algún sonido extraño, de esos a los que nos expone la tecnología, rompe abrupta y violentamente esa quietud. Así sucedió con el timbrazo de mi móvil respondiendo a la llamada de Fernando Almansa. Cuando concluí la conversación con él pedí perdón a Alfredo, que seguía absorto, consumiendo el cansancio en la contemplación del paisaje.

—Perdón, Alfredo, era Almansa.

Se giró lentamente hacia mí, dejó a sus espaldas el espectáculo contemplado, se irguió algo sobre el sillón y con fuerzas aparentemente recobradas, me dijo:

—Por cierto, ahora que hablas de Almansa. Ese es tu amigo, el que fue jefe de la Casa del Rey, ¿no?

—Sí, así es, ¿por qué?

—Pues porque en tiempos se comentaba entre nosotros...

—¿Quiénes sois vosotros?

—Buena matización... En fin, se comentaba mucho en círculos digamos intelectuales, y más bien de eso que llaman progresistas, que el Rey había cometido un acto de arbitrariedad cesando al general Sabino Fernández, y, por si fuera poco, para poner a un amigo tuyo como fruto del capricho y la influencia que tenías sobre el Monarca.

No era la primera vez que oía semejante estupidez, pero tratándose de Alfredo no solo no hacía daño, sino que el comentario se efectuó con indudable buena voluntad.

—Eso, Alfredo, no solo se corrió entre círculos de ese tipo, de semejante textura ideológica, sino que, además, en capas mucho más conservadoras de la sociedad española, se vendió y compró la misma versión, que es falsa de toda falsedad.

—Pues considero necesario que algún día se aclare.

—¿Por qué?

—Porque afecta al rey y a ti. A él porque da la sensación de que quita y pone a colaboradores fieles en función de que le critiquen sus errores, y bien sabes que el Rey puede, como cualquier otro, tener motivos para ser criticado.

—Sí, claro. Ser rey no equivale a inmunidad en el error, sobre todo si es de esos que llamamos humanos...

—Además, parece como si don Juan Carlos decidiera poner a un amigo tuyo para que, encima, no le hiciera semejantes reprimendas. No sé, no me gusta nada la imagen que ha quedado. Te insisto, ni para el Rey ni para ti. Es imprescindible aclararla.

—Ya, pero eso implica desvelar cosas del Rey.

—¿Y qué? Supongo que es negativo desvelar cosas que le afecten negativamente, pero desvelar para arrancar de la mente colectiva versiones que, según dices, son falsas, no solo no me aparece negativo, sino positivo y sobre todo imprescindible.

—Pero es el Rey.

—Es el Rey y eres tú, porque tú estás metido de lleno en la historia que cuentan. Va siendo hora de que se aclaren muchas cosas. Tienes que hacerlo por ti, por tu familia, por nosotros... En fin, que es claro como el agua. Y si alguien se pica, pues ya sabes.

Alfredo tenía razón. Se había vendido una historia con la intención de perjudicar al Rey y a mí de manera profunda. A su majestad por arbitrario, libertino, y no sé qué cosas más. A mí por meterme a condicionar la vida del Rey atendiendo solo a mis propios intereses. La historia, aunque duela, tiene que ser aclarada.

Inevitable, entonces, volver al patio de presos de Alcalá-Meco en pleno agosto de 2002.

—Me han dicho que el Rey ha concedido la Grandeza de España a Fernando Almansa.

—Sí, y antes el Condado de Latores a Sabino Fernández Campo, también con Grandeza —contesté.

—¿Qué opinas? —preguntó Enrique Lasarte con esa prudencia que le caracterizó siempre.

—Pues ¿qué quieres que opine, Enrique? Creo que el modo y manera con los que el Rey maneja la concesión de títulos... En fin, no soy quien para criticar. Al fin y al cabo, es el Rey el único que tiene esa facultad y, por otro lado, a día de hoy eso significa muy poco, en cuanto título me refiero, pero, bueno, mejor dejar esas cosas.

Este diálogo se celebraba en el patio de presos de Alcalá-Meco, en donde el 29 de julio de 2002, por tercera vez en mi vida y Enrique por primera y única, nos encerraron gracias a una sentencia en la que fue ponente mi compañero de patria chica, esto es, Galicia, Martín Pallín, que, según me contó Enrique, también estudió en Deusto, aunque me resultaba de todo punto imposible recordarlo. Fue el mismo magistrado que años atrás dictó un auto por el que legitimaba que Serra, el vicepresidente, utilizara fondos reservados del Cesid para ordenar a una agencia extranjera, de nombre Kroll, realizar una investigación secreta sobre mi vida y la de mi familia.

En la universidad de los jesuitas formábamos un grupo compacto cuatro personas: Enrique Lasarte, Fernando Almansa, José María Rodríguez Colorado y yo. En otros cursos inferiores, pero muy próximos a nosotros, se encontraban Mariano Jaquotot y Ramiro Núñez. Colo mantenía conmigo una relación mucho más intensa que con Almansa y Lasarte, siendo en todo caso muy buena. Pero digamos que el trío por excelencia éramos Almansa, Lasarte y yo.

Fernando Almansa provenía del sur, concretamente de Almería, aunque en aquellos días su familia vivía en Granada. Pertenecía a una familia almeriense por padre y granadina por madre. Almansa padre llevaba los títulos nobiliarios de marqués de Cadimo, vizconde del Castillo de Almansa y barón de Toga, y su hijo, mi amigo Almansa, se sentía muy orgulloso de esa ascendencia. Era un estudiante aplicado, responsable, que destacaba por su capacidad para las relaciones públicas y de tipo, digamos, político, que permanecía siempre muy atento a las opiniones ajenas, al qué dirán, y que disfrutaba de una gran capacidad de adaptación al pensamiento dominante. Algunas de sus ideas me chocaban porque me parecían de otros tiempos, de momentos superados, pero en general sabía adaptarse a aquel en que vivía sin excesivos chirridos. Su aspecto físico le hacía parecer algo mayor de su edad, y su bigote acentuaba esta sensación. Lo que desde luego no era es un revolucionario. Pero, una vez instalada la revolución, se adaptaba a ella con facilidad.

Enrique Lasarte era el equilibrio convertido en persona. Inteligente, práctico, conservador en algunas cosas e innovador en otras, hombre leal por excelencia, directo, extremadamente cuidadoso con las formas, educado, inteligente y serio. Enrique era muy meticuloso en muchas cosas. Cuidaba el detalle como corresponde a un buen Virgo/Libra, según dicen los que conceden importancia a estos análisis astrológicos de superficie. Pertenecía a una familia vasca por todos sus costados. Su padre, Nicolás Lasarte, fue alcalde de San Sebastián. Enrique era sobre todo cabal. Sabía ser vasco siendo español, moderno sin arrojar por la borda tradiciones, abierto a nuevas ideas pero sin romper todas las antiguas por el mero hecho de su antigüedad.

Cuando concluimos nuestros estudios en Deusto, cada uno tomamos nuestro camino. Almansa ingresó en la carrera diplomática y pasó temporadas fuera de España en diferentes destinos. Enrique hizo un máster en Londres y abrió despacho profesional en San Sebastián. Yo ingresé en el Cuerpo de Abogados del Estado. Enrique y yo retomamos nuestro común destino profesional en el despacho que abrimos en Madrid una vez concluida mi estancia en Abelló, S. A. Posteriormente Enrique fue consejero de Antibióticos, S. A., y pasó a formar parte del Consejo de Banesto. Le nombramos presidente del Banco de Vitoria, en donde realizó una estupenda labor, y en diciembre de 1992, a mi propuesta, el Consejo de Banesto le nombró consejero delegado, en sustitución de Juan Belloso, que prefirió dejar sus labores ejecutivas.

Mientras tanto de Almansa sabíamos poco. Encuentros esporádicos porque la vida de diplomático le obligaba a residir fuera de España. Quizá Enrique, que es más meticuloso que yo para estas cosas, mantuviera mayor intensidad o frecuencia de contactos, pero en todo caso eran complicados por razones físicas. Pues bien, el 8 de enero de 1993 almorzábamos los tres en mi casa de la calle Triana de Madrid. En ese instante yo era presidente de Banesto, Enrique, consejero delegado y Almansa acababa de ser nombrado jefe de la Casa del Rey. Tenía previsto, y cursada petición oficial, ir a la Embajada española en Washington. Algo así, cambiar ese destino por la Casa del Rey, de modo tan repentino debía tener alguna explicación. Y la tenía, claro. Precisamente por eso lo comentábamos Enrique y yo en el patio de presos, porque la explicación se tradujo muy posiblemente en un alto coste personal para nosotros.

Seguimos caminando por el patio de presos mientras nuestras mentes rumiaban pensamientos.

—La verdad —añadió Enrique— es que te metiste en un terreno peligroso y con Almansa quizá se colmara alguno de esos vasos de los políticos.

—Es muy posible que tengas razón, Enrique. Y quizá por ello tal vez esperé de Almansa un comportamiento algo diferente. Es posible que no pudiera hacer otra cosa. No lo sé.

Dejar que aquellas ideas me invadieran en un momento como el que vivía se hubiera traducido, en otros tiempos, en indudables dosis de amargura. Ya no. He cambiado. Mi alma es más dura, lo que significa conocer mejor a los humanos. Salvaje la técnica de aprendizaje, pero sin duda efectiva.

Volví a mi recinto dentro del almacén de Ingresos. En la ruidosa soledad de mi cubículo no pude impedir que mi mente volara hacia aquellos años en los que comenzó a nacer una relación con don Juan de Borbón y con su hijo el rey de España que, entre otras cosas, se tradujo en el nombramiento de Fernando Almansa como jefe de la Casa del Rey, lo que posiblemente aceleró el camino que habría de conducirme, por tres veces en mi vida, al menos hasta hoy, a esas tierras de cemento y espino.

La cuestión no fue nada fácil en aquellos días. Ciertamente muchas voces insistían en que la cercanía a Zarzuela constituía uno de los mayores peligros en los que puedes voluntariamente involucrarte en España, y no debido a alguna singularidad en la personalidad de don Juan Carlos, sino a que la proximidad borbónica acaba acarreando males para el cuerpo y el espíritu del «aproximado». Sinceramente, no sentía en mi interior ninguna especial llamada de impulso monárquico, pero sobre las convicciones personales mandan, irremediablemente, los afectos, y el cariño que llegué a sentir por don Juan de Borbón fue sencillamente inmenso, y de él se traspasó, no sin chubascos intermedios, a don Juan Carlos, su hijo, rey de España.

Además, todo lo que rodeó el nombramiento de Almansa resultó, en mi opinión, importante. Nunca supe, a pesar de mis pesares, si se trató de una iniciativa exclusiva del entonces secretario de la Casa del Rey, el general Sabino Fernández Campo, o de alguna manera directa o indirecta contó con el soporte de dirigentes gubernamentales. En las primeras luces del año 1995, mientras paseaba por el patio de presos de esa cárcel en mi primera visita, me encontré con Julián Sancristóbal, ex secretario de Estado de Seguridad con el Gobierno socialista, encarcelado preventivamente por su presunta participación en el secuestro de un ciudadano francés llamado

Segundo Marey. Se supone que podía tener en su archivo informaciones de enorme trascendencia. Aquella mañana me interesaba una en concreto.

Después de relatarme con todo lujo de detalles su participación en el espionaje que ordenó Narcís Serra sobre mí y que financió con fondos del Cesid, le pregunté descarnadamente a Julián si conocía la personalidad de Sabino Fernández Campo. Me contestó sin excesivas florituras que poco o muy poco, y que se entrevistó con él en aquellas ocasiones en las que tenía que entregar fondos a la Zarzuela, porque Sabino se encargaba de controlarlos, pero casi nada más. Intenté indagar sobre sus conexiones con el Gobierno socialista, y su respuesta traducía ignorancia. Apreté algo más la tuerca y la pregunta derivó sobre su participación en algún tipo de movimiento sobre el Rey en 1992.

—En aquellas fechas —dijo Julián— yo no tenía responsabilidades de Gobierno, así que no te puedo contestar con certeza. Lo que sí te aseguro es que yo personalmente he ordenado controles —por llamarlo de alguna manera— sobre el Rey, ejecutando órdenes de Narcís Serra. Decía que los Borbones eran muy peligrosos, que hasta ahora el Rey se portaba bien pero que resultaba imprescindible disponer de material sobre él para tenerlo controlado por si algún día resultaba necesario.

El «material de control» según me informó Sancristóbal afectaba a las relaciones personales del Rey. Al parecer no a materias económicas. Algo de eso sabíamos el Rey y yo y lo conversamos en una ocasión, pero, en mitad del patio de presos de Alcalá-Meco, una confesión de tal naturaleza proveniente de quien la conocía en primera persona me ratificó en el peligro en el que consumió parte de su existencia el Rey.

Años más tarde de esa conversación, el Parlamento español debatía en una sesión tumultuosa un escándalo de proporciones bíblicas. Se descubrió que el Cesid, el centro de la inteligencia nacional, o si se prefiere, para ser más claros, el centro de espionaje, se dedicaba a grabar conversaciones privadas de personajes de la vida pública española. El diario *El Mundo* lo publicó como primicia. Ex ministros, empresarios, un apartado dedicado a la opa del Bilbao..., en fin, un esperpento. El escándalo elevó el tono cuando el diario publicó a todo trapo, con todo el velamen periodístico izado en su portada e interiores, que entre los espiados se encontraba su majestad el Rey. No hubo manera de detener el efecto de tsunami político que el escándalo inevitable traería consigo. Al final, el gran responsable se llamaba Narcís Serra, vicepresidente del Gobierno y ex ministro de Defensa. Controlaba el Cesid en el tiempo en el que fueron efectuadas esas grabaciones ilegales. De una tacada cesaron el vicepresidente Serra, el general Manglano, director del Cesid, y Julián García Vargas, ministro de Defensa, y que era, en mi opinión, el único que no tenía nada que ver con esas especiales actividades. Así que la confesión de Julián Sancristóbal en el patio de presos de Alcalá-Meco se vio confirmada hasta la saciedad por los puros y duros hechos.

La casualidad quiso que me tocara a mí asistir a uno de los episodios más dolorosos, y tal vez desde entonces mi sendero vital adquirió dosis adicionales de peligro incremental.

Cuando las aguas de Banesto comenzaron a sufrir los vientos del poder político, frente al aparente distanciamiento de don Juan Carlos surgió, pétrea, la posición de don Juan, su padre. De alguna manera quiso posicionarse conmigo asistiendo a un almuerzo que organicé en Banesto con la presencia de todo el Consejo. Quise que nos tomaran algunas fotografías porque, además del recuerdo, quería regalarle un díptico de plata conteniendo la foto de su padre, don Alfonso XIII, con los antiguos consejeros de Banesto y la suya con nosotros. Quedó precioso y a don Juan le hizo mucha ilusión.

El padre del Rey, depositario de los valores históricos de la Monarquía española, y el rey don Juan Carlos, instaurado por Franco, observaban un comportamiento aparentemente distinto en un asunto de la envergadura del proyecto de fusión Banesto-Central. En el caso de don Juan se daba, además, la circunstancia de que Luis Ussía, conde de los Gaitanes y grande de España, su hombre de confianza por excelencia, con quien consumió muchos años de su vida, pertenecía al Consejo del banco que presidía el ladino Alfonso Escámez y, por ello mismo, no profesaba simpatía alguna por el modo y manera con el que los Albertos planearon su ataque a uno de los más importantes bancos españoles. Luis siempre tuvo claro el trasfondo político de la operación y en nuestras conversaciones con don Juan insistíamos en ello, no para solicitar de él ningún tipo de actuación concreta (que además le habría resultado imposible), sino para que no perdiera de vista el territorio tan peligroso en el que se movían los Albertos y en el que pretendían que penetrara el Rey.

El comportamiento aparente del Rey me producía tristeza. Quizá esa apariencia no fuera ajena a la personalidad propia de quien en aquellos días ostentaba la jefatura de la Casa de Su Majestad, el general Sabino Fernández Campo.

Don Juan siguió impenitente tratando de destruir las imágenes mentales que otros habían creado en el Rey sobre mí. Lo consiguió. Aquel día en el que subí a firmar los documentos de apertura de relaciones bancarias con Banesto por su majestad el Rey me sentí bien. Su abuelo, don Alfonso XIII, fue cuentacorrentista de nuestro banco y la tarjeta con su firma permanece viva enmarcada en plata, con una frase que siempre me encantó; dentro de la casilla destinada al «reconocimiento de firma» se escribió con letras de una caligrafía cuidada: «innecesario».

Crecieron nuestras relaciones. Aumentó sensiblemente nuestra confianza. Hasta que llegó el verano de 1992.

El 19 de agosto de 1992, apenas las primeras luces inundaron tímidamente la bahía de Palma, el *Whitefeen,* al mando de Steve McLaren, zarpó de Puerto Portals con destino a Cala Yundal, en el suroeste de la isla de Ibiza. Esa noche, en un chiringuito situado sobre las arenas de la playa, construido rudimentariamente con maderas oscuras sin tallar y piedras toscamente cortadas de una cantera de marés, cubierto a modo de techumbre con hierbajos de color negro oscuro, todo lo cual le dotaba de un apacible encanto, cenaríamos con Fernando Garro y su mujer, Virginia, que desde años atrás habían elegido Ibiza como lugar de destino de sus vacaciones de agosto, después de consumir muchos años con nosotros en Alcudia, norte de Mallorca, la mayor de las Baleares. La víspera me acosté tarde y cuando subí a cubierta para tomarme una taza de café, sin la que mi mente y cuerpo reaccionan como meros autómatas, el sol se encontraba bastante alto. Steve me entregó los periódicos del día que había mandado comprar antes de soltar amarras y en su gesto, algo mohíno, creí descubrir que alguna de las noticias publicadas ese día le provocaba cierta inquietud. Tomé *El Mundo* en mis manos y sentí una sacudida interior. Con titulares nada despreciables y como segunda noticia de portada, el diario de Pedro J. Ramírez abordaba de manera harto descarnada, con nombre y apellidos, sin el menor pudor, las relaciones entre don Juan Carlos de Borbón, rey de España, y una mujer residente en Baleares. Una vez más la ausencia de brisa nos obligaba a sufrir el ruido del motor en una navegación plúmbea llena de un calor casi sofocante. El escenario mutó radicalmente cuando leí lo publicado. Steve, desde las cercanías del gigantesco palo del barco, me dedicó una mirada furtiva tratando de percibir si mis gestos indicaban situación de máximo peligro político, porque en el terreno náutico la tranquilidad alcanzaba cotas de insoportable aburrimiento.

En el trozo de sociedad española que consumía algunos días en Palma de Mallorca ronroneando empalagosamente al Rey y al resto de la familia real, se rumoreaba sobre posibles relaciones de su majestad, pero, o no se mentaba el asunto con nombres y apellidos o, si se comentaba, siempre se mantenían altas dosis de, como dirían los italianos, *sottovoce*. Por ello, oficializar tales relaciones en la prensa presagiaba tormentas de altura. La hipocresía, en dosis adecuada, resulta ser un ingrediente imprescindible para la estabilidad de las relaciones sociales en sus diversas manifestaciones. Por ello, mientras la relación prohibida habite en el secreto a voces de la sociedad, la dignidad femenina no se resiente excesivamente, porque siempre ocurrieron cosas así y por siempre jamás continuarán sucediendo. Ahora bien, cuando el papel impreso dota de cuerpo real a lo que no debió abandonar el cuerpo etéreo del comentario social, la propia publicidad se transmuta en cuchillo que punza lacerante el sentimiento profundo de la dignidad femenina. Al leer la noticia me preocupé seriamente.

Vino a mi memoria el mes de septiembre de 1991. Julián Lago, un periodista dotado de una arquitectura moral más que elástica, después de verse despedido de la revista *Tiempo* por Antonio Asensio, fundador del Grupo Zeta, ya fallecido a una edad temprana, decidió montar un engendro periodístico denominado *Tribuna*, en el que se dedicaba a construir todos los escándalos que pudiera, en muchos casos sin el menor rigor y sin querer comprobar la veracidad de la noticia, no fuera a ser que, como él mismo decía, la verdad le estropeara un buen reportaje. En ese mes de septiembre de 1991 construyó una portada con un artículo que tituló con el escandaloso «Los errores del Rey», en el que se dedicaba a elaborar una filípica de corte paternal sobre las equivocaciones cometidas por don Juan Carlos durante su estancia estival en Palma de Mallorca. Lo leí y subí a la Zarzuela a comentarlo con el Rey, porque nuestras relaciones ya habían sido restauradas.

Mi preocupación caminaba por dos senderos. El primero residía en que por primera vez se había roto la secular bula del Rey en la prensa, al menos en cuestiones referentes a su vida estrictamente privada. Julián Lago criticaba, fundamentalmente, a los amigos del Monarca y a este último por compartir su tiempo y diversiones con ellos. Pero más allá de este aspecto, mi preocupación residía en tratar de identificar el origen de la noticia, la fuente de la filtración, porque si lo conseguíamos, no solo identificaríamos al culpable de la destrucción de la bula, sino que, además, podíamos cortocircuitar nuevas apariciones en cuestiones semejantes. La verdad es que encontré al Rey absolutamente relajado y tranquilo, sin conceder la menor importancia a la publicación. Ciertamente, por su escasa tirada el producto de Julián Lago no traspasaba el umbral de la penuria, pero aun así para mí no dejaba de ser trascendente la ruptura del fuero aunque el huevo contaba con escasos atributos.

En los inicios del verano de 1992 *El Mundo* protagonizó lo que tenía todas las trazas de un ataque al Rey. Publicó que el Rey se había ausentado del país, que se encontraba fuera de España sin haber informado de ello previamente al Gobierno, sin que constara ningún motivo oficial para su desplazamiento y apuntando la hipótesis, con más descaro del necesario, de que tal vez los efluvios amorosos se encontraran en el origen de tal viaje real. Apenas si tuve tiempo de meditar la noticia porque al día siguiente de nuevo *El Mundo* volvía al ataque. Esta vez con una noticia de portada, a cuatro columnas, en la que relataba que una Ley, cuyo texto no recuerdo, había sido firmada por el Rey en un día en el que su majestad se encontraba fuera de España. Así que dado que resultaba imposible que alguien se desplazara al lugar de escondite de don Juan Carlos para llevarle el documento original sobre el que debía estampar su firma en cumplimiento del trámite constitucional de la sanción real, no quedaba más remedio que concluir que, al menos en tal parcela, el Rey se tomaba algo a la ligera sus funciones constitucionales, porque su firma se databa en la fecha que fuera o fuese aunque su majestad se encontrara en Madrid, Cuenca, Nueva York o la maravillosa ciudad helvética de Lucerna.

Me preocupé tanto que ni siquiera quise comentarlo con el Rey. Me pareció que semejante ataque no pertenecía a la órbita exclusiva de los singulares impulsos periodísticos de Pedro J. Ramírez. No. Aquello parecía tener mucho más calado. Yo lo intuía, tanto que, por si acaso, decidí no involucrarme en el origen y destino de la noticia, al menos hasta que el Rey me lo pidiera, lo que en mi fuero interno deseaba que no sucediera nunca.

Ahora, en el verano de 1992, en pleno mes de agosto y en mitad del mar me encontraba con la noticia que comentaba unas relaciones del Rey con nombre y apellidos. Es obvio que se trataba de una pieza más del modelo de ataque. Un salto cualitativo tal vez. Ciertamente una revista francesa, *Point de Vue,* y otra italiana, *Oggi,* habían aludido con anterioridad a este asunto de la intimidad del rey de España, pero ya se sabe que una noticia extranjera es inerte en España, a menos que se nacionalice en algún medio de comunicación social español. Eso fue exactamente lo que hizo Pedro J.

Un nuevo dato terminó de colmar mi preocupación: ese mismo día, *Diario 16,* dirigido entonces por José Luis Gutiérrez, encarnizado enemigo de Pedro J., publicaba el comentario de que algunos relacionaban a Mario Conde con una campaña contra el Rey. El contenido, dadas mis relaciones con don Juan Carlos, resultaba además de estéril nítidamente estúpido, pero lo trascendente residía en que ambas noticias, la de *El Mundo* y la del *Diario 16*, nacieran a la luz el mismo día, lo que evocaba una voluntad dirigiendo el entramado y, por tanto, la existencia de un ataque al Rey traspasaba los límites de lo imaginario para acercarse peligrosamente a la más pura y dura realidad. Llamé al Rey a Marivent, su residencia de verano. Estaba preocupado.

Poco después su majestad me devolvió la llamada desde el *Fortuna*, su barco de motor en el que aquella mañana, como tantas otras, había salido a consumir mar a todo trapo. La tecnología telefónica de aquellos días se encontraba en fase sustancialmente rudimentaria, a pesar de lo cual oí con nitidez el estado del Rey, sus palabras más bien fuertes, que demostraban en conjunto un cabreo descomunal, por decirlo con palabras plebeyas, y, claro, el gran culpable no era otro que Pedro J. Ramírez. Escuché con paciencia porque el Rey necesitaba descargar adrenalina, desahogarse con alguien y esa persona en aquel instante solo podía ser yo. Me pidió ayuda para cortar semejante invasión de su intimidad.

—No se preocupe, señor. Me pongo en marcha. Le informaré.

Llamé a Antonio Asensio, editor del Grupo Zeta, que, con Banesto, se había hecho con el control de Antena 3 Televisión, y a Luis María Anson, director del diario *Abc* propiedad de la familia Luca de Tena. Ambos se mostraron conformes con no dar repercusión alguna a lo relatado por Pedro J. Ramírez. Pero, en cualquier caso, la pregunta seguía viva en mi interior. ¿Qué hace Pedro J. publicando algo así? ¿Qué motivos ocultos se esconden tras una decisión tan arriesgada? De nuevo la coincidencia con *Diario 16* me llamaba a meditar, así que me decidí, tomé el teléfono y llamé a Pedro J.

Se encontraba fuera de España, en Inglaterra, pero pocos minutos después su secretaria lo ponía en contacto conmigo. Le recriminé lo publicado y pude percibir en el director de *El Mundo* una serena tranquilidad, un tono de voz y unas palabras que querían darme a entender, ante todo, que si él hubiera estado en Madrid la noticia no habría saltado de tal manera, pero que, además y sobre todo, no se trataba de un puro y duro asunto periodístico, que había algo más, que todo prendía en raíces más profundas que por ese medio inalámbrico no parecía dispuesto a desvelar. Quedamos en volver a hablar.

Vencida la tarde, cubiertos los trámites, volví a conversar con el Rey, que seguía excitado. Me decía que no eran capaces de localizar al director de *El Mundo*.

—¿Cómo que no aparece, señor?

La respuesta consistía en que teóricamente Sabino Fernández Campo, el jefe de la Casa del Rey, había intentado hablar con el director de *El Mundo* pero lo único que había obtenido era que se encontraba en Inglaterra y que no regresaría hasta los primeros días de septiembre.

Me extrañó muchísimo la respuesta porque si yo conseguí localizar a Pedro J. y se encontraba disponible para hablar conmigo, con mucho mayor motivo lo estaría para el jefe de la Casa del Rey, que para eso es el Rey y en este caso, además, el verdadero perjudicado por su noticia.

Caía la tarde y la forma anaranjada de un sol que se esconde por el poniente se dibujaba sobre la superficie del mágico peñón de Es Vedrá, en el lado suroeste de Cala Yundal. En ese instante sonó mi teléfono. Era Pedro J. Ramírez.

—He hablado con Sabino esta mañana y me ha dicho que aunque tiene que aparentar estar algo cabreado con el asunto, en el fondo es bueno porque puede servir de «vacuna» para el caso. Incluso más —añadió Pedro J.—, es posible que la Reina me conceda una entrevista a *El Mundo*.

En el mar, a la caída de la tarde, la temperatura desciende con mucha mayor brusquedad que cuando te mueves en tierra. Previsiblemente por ello las palabras de Pedro J. me provocaron un escalofrío. Traté de ordenar mis pensamientos. Ante todo, el Rey me había dicho que Sabino le había contado que no podía hablar con Pedro J., que estaba en Inglaterra y que no volvería hasta septiembre. Pedro, sin embargo, me contaba que había mantenido esa conversación con Sabino. Además, la utilización de la palabra «vacuna» demostraba un posicionamiento del jefe de la Casa del Rey no muy tranquilizador. Comencé a sentir una dosis nada despreciable de inquietud.

«Bueno, tal vez Sabino haya informado ya al Rey», pensé. «Tal vez sí y tal vez no, y como resulta capital conocerlo, tengo que telefonear nuevamente al Rey.»

—Señor, una pregunta. ¿Sabino consiguió hablar finalmente con Pedro J.?

La respuesta empeoró mi estado de ánimo, porque me decía que unos minutos antes había vuelto a obtener del jefe de su Casa la misma posición, es decir, la imposibilidad de hablar con el director de *El Mundo,* pero añadiendo algo que generaba dosis adicionales y muy cualificadas de inquietud: Sabino Fernández Campo había insistido muy encarecidamente en que bajo ningún concepto el Rey hablara conmigo de este asunto.

Delante de mí tenía un espectáculo dantesco. Además, *Diario 16* había entrado en escena el propio día con intención, tan obvia como ridícula, de desviar la atención hacia mí, y curiosamente Sabino había requerido al Rey que no hablara ni una palabra del asunto conmigo. Me armé de valor y le dije al Rey:

—Señor, pasa algo serio, créame. No hable con nadie. La semana que viene nos vemos en Madrid. Ya le contaré.

El Rey se limitó a un escueto «de acuerdo». Por muy largo que sea y por intensa que sea su capacidad de intuir, que lo es, no creo que llegara a vislumbrar el tipo de tormenta que amenazaba con descargar un pedrisco de consecuencias impredecibles.

Retorné a la playa, al chiringuito en el que alguien asaba un cordero a las brasas, mientras la placidez de la hora, la calma isleña y una noche tibia, adornada con los encantos de algunas mujeres de pelo rubio extendido sobre unos hombros desnudos en un cuerpo ataviado con productos claramente ibicencos y una música lenta predominantemente instrumental, actuaban como sedantes de un día particularmente intenso. Más tarde, solo, en la cubierta del barco, mientras los resplandores de la isla mostraban la fuerza de su vida nocturna, medité sobre Sabino Fernández Campo.

Le conocí en casa de José Antonio Martín Alonso-Martínez.

Cenamos los tres. Mientras permanecimos sentados alrededor de la mesa, su comportamiento fue sereno, tranquilo, la conversación más o menos inocua, intrascendente, alejada de cualquier compromiso, lo que se correspondía con su papel institucional de jefe de la Casa del Rey y con el dato nada despreciable de que no me conocía, nada sabía de mí, de mis relaciones, posicionamientos políticos, sociales o religiosos. En todo caso, la prudencia resultaba obligada. Tratándose de semejante escenario, mucho más.

Concluida la cena, nos sentamos a tomar una copa en el rincón que nos preparó José Antonio. La conversación giró hacia el Rey y en ese instante, ante mi asombro, Sabino se transformó. Su cara tensó los músculos, sus ojos se inundaron de brillo, su mirada se ancló, fija como un noray en la pared de madera de la biblioteca. Habló del Rey, sin el menor recato. Por supuesto que un jefe de la Casa del Rey ni puede ni debe hablar así, ni siquiera de manera infinitamente más liviana. No entendía nada. Tanto que no fui capaz de articular palabra. Un espeso, denso y ácido silencio siguió a sus palabras, hasta el punto de que, consciente Sabino de ello, cambió de tema, volvió por sus fueros, renovó el tono y la forma y muy poco después la cena y sobremesa quedaron felizmente concluidas. Tiempo después, cuando mi relación con el Rey se llenó de confianza mutua, no me atreví a comentarle aquella vieja conversación, no fuera a ser que una vez más se practicara esa vieja afición española que consiste en matar al mensajero.

Jueves 27 de agosto de 1992. Me reúno con el Rey en la casa de Paco Sitges en La Moraleja. Objetivo, retomar la conversación que dejamos pendiente la última vez que hablamos desde Cala Yundal. El Rey abrió el fuego pidiéndome encarecidamente que Sabino no supiera nada porque —me decía— «todos los días, todos los días me insiste en que no comente contigo nada sobre este asunto».

Noté al Rey preocupado. En ese instante, en plena soledad de los dos, un Rey algo abatido se convirtió ante mis ojos en un personaje exclusivamente humano. Me habló, en ocasiones con ternura, de su vida interior. Me sobrecogía lo que estaba viviendo. No podía siquiera articular palabra. Dejé que el Rey descendiera al mundo de los mortales de carne y hueso, que hablara, que contara, que dijera, que relatara, que por unos segundos, minutos u horas se olvidara de sus problemas institucionales para ser exclusivamente un ser humano que sufre, que como todos, o casi todos, busca afecto y cariño y que, lamentablemente, no puede fiarse, precisamente por ser rey, de nadie o casi nadie. Fue un momento inolvidable de mi vida. Me di cuenta de que sentía mucho cariño por don Juan Carlos. ¿Derivado del que vivía dentro de mí por su padre? Posiblemente, pero lo cierto es que, todavía vivo don Juan, lo sentía.

El Rey se serenó y retomé el discurso. Curiosamente, días después de lo publicado por Pedro J., Sabino concedió una entrevista al *Diario 16* en la que aludía a la posibilidad de una conspiración contra el Rey aunque, obviamente, evitaba a toda costa involucrar en ella a Mario Conde. A mayor abundamiento, *Cambio 16*, una revista que pertenecía a Juan Tomás de Salas, al igual que el *Diario 16*, publicaba en portada la siguiente noticia: «Agnelli contra el Rey». Dado que el Grupo Rizzoli era directa o indirectamente controlado por Fiat, y esta por Agnelli, y tomando en consideración que Rizzoli era dueño de *Oggi*, la revista italiana que había hablado de las relaciones amorosas de don Juan Carlos, y del paquete de control del diario *El Mundo*, la posibilidad de titular «Agnelli contra el Rey» se colgaba de una «percha» —como diría Julián Lago— que permitía una «buena exclusiva». En el fondo el propósito era obvio: intentar que Agnelli vendiera las acciones del diario *El Mundo* y con ello dejar sin socio de referencia y sin financiación para casos límites al periódico de su competidor y odiado enemigo. El Rey mantenía buenas relaciones con el patrón de Fiat. Temiendo que aquello pudiera tornarse en desperfectos adicionales, sin encomendarme ni a Dios ni al diablo, le dije en una actitud de «por si acaso»:

—Me preocupa lo de Agnelli, señor. Pero yo me lo tomaría con prudencia porque necesitamos saber más del verdadero origen de la campaña.

Le relaté mis conversaciones con Pedro J. Le dije que el director de *El Mundo* había hablado con Sabino. El Rey se quedó impactado pero silencioso. Avanzamos muy despacio por tan peligroso y resbaladizo terreno. Comprobar este dato de manera frontal y directa, sin posibilidad de que se tratara de una historia, seguro que provocó en el monarca el convencimiento de que entre su jefe de Casa y él se había producido una ruptura, o al menos una fisura, de algo sagrado: la confianza.

Volé al sur de España, a Puerto Sherry, en plena bahía de Cádiz, para encontrarme con don Juan. Teníamos el propósito, que cumplimos, de subir juntos el río Guadalquivir, atravesando el coto de Doñana, con destino a Sevilla. Nada más arribar a puerto salí con destino a Los Carrizos, nuestro campo de las estribaciones de la sierra sevillana, para preparar el recibimiento a don Juan porque al día siguiente vendría a pasar con nosotros el fin de semana. Lamentablemente, a primeras horas de la mañana la voz de Rocío Ussía me dio la mala nueva: el cáncer de laringe de don Juan había sufrido un retroceso considerable y habían tenido que llevarlo de urgencia a la Clínica de Navarra. En ese mismo instante presentí que don Juan no cumpliría su sueño, que no navegaría en el *Alejandra,* que no cruzaríamos juntos el Atlántico con destino al Sur, siempre el Sur, sin más propósito que navegar acariciados por los alisios tempraneros.

El 2 de septiembre Paco Sitges me informaba de que el Rey había contactado con Agnelli, quien le había garantizado que nada tenía que ver con el asunto, que la fuente de la información provenía de España y que estaba tan enfadado con lo sucedido que iba a dar la orden de poner en venta las acciones de *El Mundo*.

—Dile al Rey, Paco, que se tranquilice, que necesitamos saber mucho más de lo ocurrido y no crearnos nuevos frentes de problemas.

Aunque se tratara del Rey, el presidente de Fiat y el presidente de Banesto, un asunto semejante podría saltar a la luz por cualquier indiscreción, por lo que temí que pudiera llegar incontroladamente a oídos de Pedro J. Por otro lado, necesitaba profundizar sobre la verdad, así que contacté con el director de *El Mundo* y nos sentamos a hablar.

Comencé recriminándole su actuación, tanto por lo que representaba de falta de respeto a la Monarquía como por los indudables problemas personales que le supondría al Rey una publicación de tal corte. Percibía en Pedro J. tranquilidad, serenidad y hasta un esbozo de sonrisa sarcástica.

—Ya te dije que si hubiera estado en Madrid la noticia no hubiera salido de la manera en que lo hizo, pero de todas formas siento decirte que tú no conoces en profundidad las claves de este asunto.

—Es posible que sea así, pero a quien puede llegar a afectar y muy seriamente es a *El Mundo,* y consiguientemente a ti, porque Agnelli está dispuesto a poner en venta sus acciones en tu periódico.

En ese mismo instante el clima sufrió un giro copernicano. Pedro J. se tensó como la cuerda de un arco y sus pequeños ojos se incendiaron de fuego interior. El esbozo de sonrisa desapareció de su boca y le sustituyó una mueca de profunda ira.

—Eso sería muy difícil porque los acuerdos con Rizzoli son muy complejos y no podrían hacerlo fácilmente porque tendrían que sufrir un alto coste económico.

Los acuerdos con los italianos los conocía a la perfección porque cuando Pedro J. sintió la angustia que proporciona la falta de aire financiero para respirar, se planteó muy diversas posibilidades, de las que eligió una ampliación de capital con el grupo italiano Rizzoli que, de manera directa o indirecta, conectaba con el omnipresente Agnelli. Pedro y Ágatha, su mujer, se presentaron en La Salceda para consumir un fin de semana. En realidad a Pedro no le interesaba ni el campo, ni sus ruidos nocturnos, las luces del alba o del amanecer y, mucho menos, las artes cinegéticas en cualquiera de sus modalidades. Se trataba de algo más prosaico: comentarme su proyecto de acuerdo con los italianos, lo que efectuó mientras ambos paseábamos por las rañas de la Loma de la Máquina. No dudé en asegurarle que me parecía muy bien disponer de un pulmón financiero de semejante porte que podría garantizar, como así fue, la supervivencia del periódico. Además, me pidió que mis asesores examinaran el contrato, a lo que accedí y yo personalmente le eché una ojeada, y comprobé la existencia de cláusulas de salvaguardia con las que Pedro y parte de su equipo pretendían blindarse a una hipotética deslealtad por parte de sus nuevos socios. Conocía, por tanto, el esquema del que me hablaba Pedro, pero mi experiencia, a aquellas alturas de mi vida, consistía en que los pactos entre determinado tipo de gente que abunda como termitas en el mundo de los negocios no están para, como dirían los latinos, sunt servanda, para cumplirse, sino, más bien y al contrario, para ser deliciosamente incumplidos cuando la violación de la palabra se traduce en considerables ganancias.

—No creo, Pedro, que el dinero sea un obstáculo cuando se trata de *El Mundo*, porque seguramente el Gobierno de Felipe estaría encantado de financiar la recompra por alguien afín a su causa con tal de quitarte de en medio.

Pedro entendió el mensaje y sin cejar ni un miligramo en su crispación añadió:

—Es que, además, sería profundamente injusto.

Me extrañó que Pedro J. utilizara la expresión justo o injusto para referirse a un tema prosaico como este. En realidad ignoro en qué consiste lo justo o lo injusto, cuál es su contenido real. En términos políticos lo justo se corresponde con lo políticamente correcto y lo injusto con la heterodoxia. En economía no hay justicia, hay ingreso o gasto, beneficio o pérdida. En fin, que si algo te demuestra la experiencia existencial, es que lo mejor que puedes hacer con esos términos consiste en escribir sus sagrados nombres en un papel, guardarlos en una cajita de madera de caoba con incrustaciones de álamo canadiense y palo santo americano, encerrarlos con cinco o seis llaves y dejarlos que dormiten hasta que desaparecida la civilización fruto del hombre puedan, tal vez, volver a flotar sobre el éter infinito. De todas formas, no me parecía conveniente dedicarme a filosofar con Pedro J. en un momento tan poco propicio para labores de altura, así que me limité, procurando que la sorna no asomara al exterior, a preguntarle:

—¿Por qué dices que sería injusto?

—Ante todo porque *Oggi*, que es italiana y de Agnelli, publicó lo del Rey, así que no veo la razón por la que los paganos seamos solo los españoles y no los italianos.

—Hombre, no sé si es lo mismo Italia que España cuando se trata del rey de España.

—Además —añadió Pedro J. sin detenerse a escucharme—, yo entendía que prestaba un servicio a la Monarquía.

—¿Un qué? —pregunté elevando el tono de voz ostensiblemente para acentuar físicamente la fuerza de mi incredulidad interior.

En ese instante Pedro se transformó. Se percató de que la gravedad de los hechos podía afectarle y de manera muy cruel. Se decidió a hablar. Se irguió en su asiento, dulcificó el tono de voz, redujo la intensidad del brillo de sus ojos, la mueca de tensión se transformó en otra que más parecía de dolor y comenzó a relatarme la historia.

—En septiembre del año pasado me llamó Sabino para decirme que sentía urgencia en hablar conmigo. Quedamos citados en una casa de la calle de Serrano, en Madrid. Allí me expuso su preocupación por lo que sucedía en el entorno de don Juan Carlos. Me decía que estaba muy preocupado por la Monarquía, porque entendía que no era lógico el comportamiento del Rey en el verano del 91, rodeado de amigos inútiles. Veía que no era de recibo que se quedara en Palma y no se dignara acudir ni un solo día por Madrid cuando debería ser consciente de la importancia de la guerra del Golfo. Esto proporciona muy mala imagen para la Monarquía, que no puede seguir viviendo de las rentas del 23-F.

La mención del golpe de Estado de Tejero provocó una interrupción en el discurso de Pedro J. Traté no solo de no pronunciar palabra, sino ni siquiera esbozar mueca alguna. Continuó.

—Sabino me decía: «Hay que hacer algo para que no se destruya la Monarquía, algo que nos ha costado tanto construir. Y tenemos que hacerlo ahora, estando yo en el cargo, porque después no sé qué va a pasar. Por eso voy a hablar con personas responsables de este país para que me ayuden en la tarea».

El relato de Pedro J. era esclarecedor y aportaba claves muy diáfanas sobre lo que sucedía. No se trataba ahora de ver si tenía o no razón, esto es, si el comportamiento del Rey era aceptable o rechazable, sino de algo más profundo: un proceso de salvación de la Monarquía, lo cual suena, como mínimo, a notoriamente exagerado, al menos en mi visión de las cosas. Realmente preocupante porque la conversación con esas personas responsables a las que aludía Sabino, dado que su diagnóstico residía en que el comportamiento del Rey causaba daños irreparables a la Monarquía, solo podía consistir en convencer al Monarca de un cambio radical de actitudes, lo que a su edad, dignidad y gobierno no parecía una tarea fácil.

—Como consecuencia de esta conversación —continuó Pedro J.— escribí un artículo que titulé «Un verano en Mallorca», en el que formulé de manera suave y medida algunas reflexiones sobre lo que deberían ser los comportamientos estivales del Monarca, pero sin ninguna acidez y procurando ayudar. Una vez escrito, le pregunté a Sabino la opinión del Rey y si le había molestado, a lo que me replicó que no solo no le había molestado, sino que, al contrario, quería verme en la Zarzuela y charlar conmigo.

—¿Te recibió?

—Sí, y nuevamente me llevé una sorpresa.

—¿Por qué?

—Pues porque el Rey me recibió diciéndome: «Amigos o enemigos», con muestras ostensibles de cabreo monumental. Teniendo en cuenta el relato de Sabino, no entendía nada —me decía Pedro—, y por eso le contesté: «Por supuesto amigos, señor».

Poco juego dio aquella entrevista. El Rey insistió en que tenía derecho a su vida privada, que esperaba que se la respetaran y muy poco más, aparte del desconcierto del director de *El Mundo* al comprobar que las informaciones de Sabino y los actos del Rey no se ajustaban en absoluto.

—¿Te consta con quién más habló Sabino dentro de ese concepto de «personas responsables»?

—Solo tengo la certeza de que lo hizo con Julián Lago y que el artículo de «Los errores del Rey» viene directamente de él.

El dibujo disponía de perfiles cada vez más claros. La conversación con Pedro J. ilustraba con nitidez sobre Sabino. Solo me quedaba saber si, como suponía, fue Sabino quien filtró lo de los viajes del Rey, y opté por preguntárselo directamente.

—Sí. Fue él —respondió seco Pedro J.—. Primero me dijo que se había marchado fuera de España por motivos, digamos, privados y que estaba preocupadísimo porque el comportamiento del Rey afectaba a la Monarquía. Luego me filtró la Ley que se firmó mientras el

Rey se encontraba fuera de España. Incluso más: en el cumpleaños de don Juan estaba prevista la asistencia del Rey a la cena. No acudió. Sabino me dijo: «Se ha vuelto a ir. Yo estoy preocupadísimo. Cada día más. Es urgente hacer algo».

La conversación con Pedro J. espoleó mis preocupaciones. Decidí redactar un informe en el que recogí, con la mayor frialdad posible, todo lo acontecido desde que el 19 de agosto apareció en *El Mundo* el escabroso asunto. Sentí una profunda preocupación al redactarlo para ser enviado. En mi libro de notas de esa fecha escribí: «Esta información es importante y soy consciente de la responsabilidad que estoy asumiendo al transmitírsela al Rey. Pero no me queda otro remedio porque sé que el Rey está muy preocupado con este asunto y me ha pedido mi colaboración y yo, lealmente, tengo que dársela. Quizá otro hubiera evitado trasladar al Rey una información que va a inquietarle y que le va a producir una cierta inseguridad al saber que el problema se localiza dentro de su propia Casa. Pero las cosas son así».

Paco Sitges recibió el informe escrito con carácter extremadamente confidencial y se lo llevó personalmente a don Juan Carlos. En su texto figuraban unas «recomendaciones de estrategia» entre las que incluía dos sobre las que enfatizaba: ante todo, evitar que Agnelli vendiera las acciones que Rizzoli tenía del diario *El Mundo*. La segunda consistía en que me parecía ineludible una conversación personal del Rey con Pedro J. Ramírez. Sobre el papel se trataba de un encuentro muy delicado, por el momento y por el tono y forma del que se había desarrollado a raíz del artículo «Un verano en Mallorca». Pero para mí resultaba claramente decisivo que fuera el propio Pedro J., que había vivido en primera persona acontecimientos tan delicados, quien los relatara directamente, con los detalles necesarios, ante el Rey. En el propio documento le señalaba a su majestad que yo no deseaba estar presente en el encuentro, salvo que el Rey considerara que mi presencia resultaba imprescindible.

El Rey recibió el papel. No quedaba por mi parte más que esperar el próximo movimiento de su majestad. Mientras esperaba respuesta de palacio medité sobre el jefe de la Casa del Rey. Una cosa es que el comportamiento del Rey fuera objeto de crítica debida, otra, que esa crítica debía ser formulada directamente por el jefe de la Casa y otra bien diferente, dar pábulo a actuaciones de la prensa con asuntos de este porte. No creo que Sabino tuviera mala intención. Al contrario. Seguro que había actuado impulsado por el deseo de proteger a la Monarquía. Lo malo es que en ocasiones nos convencemos a nosotros mismos de nuestro papel salvífico, hercúleo y heroico ante asuntos que consideramos capitales para la convivencia. Eso es peligroso. Pero donde veía un indicio claro de mala fe residía en involucrarme a mí, a través de *Diario 16,* en una supuesta operación contra el Rey el mismo día en el que *El Mundo* publicaba la noticia alentada e impulsada por él. No se trataba solo de desviar la atención, sino de romper una relación existente entre don Juan Carlos y yo, lo que no acabo de entender bien, porque el Rey sabía que mi conducta era exactamente la contraria y por mucho que publicara *Diario 16,* las cosas eran como eran y no de otro modo. ¿Fue Sabino quien instigó la noticia de *Diario 16*? Nunca me lo reconoció José Luis Gutiérrez, su director de entonces, pero en aquellos días me llamó a nuestra casa de Mallorca y me aseguró que sus fuentes eran absolutamente directas en la Zarzuela. Pues solo quedaba la opción de Sabino o el propio Rey...

El asunto tomó un giro de mayor preocupación cuando Felipe González, presidente del Gobierno, aludió a la existencia de «intereses extranjeros» en la movilización de la noticia, lo que, obviamente, apuntaba a procurar una desestabilización del capital de *El Mundo.* En ese instante y en las palabras del presidente se veía claro un objetivo, el diario *El Mundo,* y un instrumento al servicio de ese objetivo, que no era otro que la publicación de la noticia sobre la vida privada del Monarca. Preocupante, desde luego.

Miércoles 9 de septiembre de 1992. Nuevamente en el escenario de la casa de Paco Sitges en La Moraleja. Una primera reunión entre Pedro J., Paco Sitges y yo se convirtió en el aperitivo de lo que nos situaba a todos en aquel lugar: la conversación entre el director de *El Mundo* y su majestad el Rey que solicité en mi informe y que fue aceptada por don Juan Carlos.

Mientras permanecimos los tres noté a Pedro bastante inquieto. Agnelli había tomado la decisión de vender sus acciones de *El Mundo* y todos los mentideros madrileños replicaban la noticia, que aumentaba de tamaño cada instante, hasta el extremo de que *Cambio 16* no solo se hizo eco de la misma, sino que la dio como un hecho consumado que tardaría muy poco tiempo en tener reflejo en los libros de accionistas de la sociedad editora del diario de Pedro J.

Llegó el Rey. Saludó a Pedro con su habitual simpatía. Se sentó solo en el sofá más próximo a la puerta. A su derecha, Pedro J. A la derecha de este, algo alejado, yo, y frente a nosotros, en un lugar apartado pero presente en la conversación, Paco Sitges. Se percibía cierta molestia en Pedro al verse obligado a relatar, con todo lujo de detalles, no solo hechos, sino, además, autores de los hechos y sus correspondientes fuentes de información, lo que para un periodista roza la artificialidad de lo sagrado, pero no le quedaba más remedio que caminar por tal sendero porque, como decía, la venta de las acciones de *El Mundo* por Agnelli podría consumarse en cualquier momento y quizá la única persona capaz de paralizar esa operación era don Juan Carlos, rey de España.

El Rey escuchaba con atención y de vez en cuando aportaba su grano de arena transmitiendo los comentarios que Sabino le hacía llegar a él. En ese instante Pedro comenzó a crisparse porque se percató de que las informaciones que recibía de Zarzuela no eran coincidentes con las que en ese momento se ponían encima de la mesa. Por ello, comenzó a hablar algo fuera de control, con el fin de que se supiera todo lo hecho por Sabino. Llegó incluso a relatar una conversación que Sabino había mantenido con la periodista Carmen Rigalt, especializada en cotilleos sociales, a la cual el jefe de la Casa del Rey informó de toda una serie de intimidades de su majestad referidas a aspectos incluso sórdidos de su vida íntima.

—Yo creo, señor, que Sabino en algunos momentos daba muestras de algún desequilibrio —apuntó Pedro J.

—¿Por qué dices eso? —preguntó el Rey con mucha suavidad.

—Pues fíjese que un día me dice: «Pedro, nunca te fíes de los Borbones porque son todos unos desagradecidos».

El Rey ni siquiera se inmutó al oír la frase. Quizá una ligerísima mueca de inicio de una suave sonrisa.

—Cuando yo le pregunté a Sabino por qué decía eso, nos relató una historia absurda de perros y jardines sucedida en la Zarzuela.

En ese momento el Rey, quizá percibiendo que necesitaba un descanso, pidió salir al pasillo y me dijo que le acompañara. Salimos y juntos nos dirigimos al despacho que Paco Sitges tiene en el fondo norte de su corredor. Penetramos en él. Lo sentí asido a mi cuerpo por unos minutos. No quería hablar. Su gesto se convirtió en el discurso más elocuente que jamás le escuché. Sentía profundamente el daño que la conversación de Pedro J. le había causado. Yo sabía que obligarle a tragar ese cáliz resultaría en extremo cruel, pero, al mismo tiempo, imprescindible. Una decisión sobre un hombre como Sabino no podía tomarse más que con la absoluta certeza de lo ocurrido. Seguramente nadie dudaba de la buena fe de Sabino, pero no era ese el asunto, sino el que Pedro J. apuntó: nadie tiene el derecho a convertirse en salvador de una Monarquía que considera propia, por decirlo de alguna manera.

Se soltó de mi brazo y algo más tranquilo, con voz y gesto cansados, me confesó que se sentía preocupado por lo que había oído. Las palabras del Rey sonaron profundas, secas, reales. Fue entonces cuando el Rey llegó a la conclusión de que era necesario encontrar una persona para la Casa del Rey, y en ese momento solo me tenía a mano a mí para encargarme la búsqueda. A continuación decidió que volviéramos a la reunión.

El Rey y yo entramos de nuevo en el salón. La mirada de Pedro J. revelaba un punto de ansiedad. El Rey atendió con sonrisas y frases amables, quizá algo exageradas por la tensión del instante. Era el momento de plantear delante de Pedro J. el tema de las acciones de *El Mundo*.

—Señor, no sé si ha leído que existen rumores serios sobre la venta de las acciones de *El Mundo* que tiene Rizzoli y que controla Agnelli. Sería conveniente, si le parece bien, que le explicara a Agnelli lo que ya sabemos sobre esta historia. Vender esas acciones no es conveniente ahora, al menos en mi opinión.

El Rey acogió el discurso y dijo que intentaría hablar con Agnelli en cuanto pudiera y que pensaba que no debía preocuparse demasiado por eso.

—Muchas gracias, señor —fue la escueta respuesta de Pedro.

Con ello concluyó la reunión y cada uno nos fuimos a nuestras ocupaciones. Me sentía preocupado, muy preocupado por los acontecimientos que me tocaba vivir. Desde que conocí a Sabino en casa de José Antonio Martín jamás sospeché que podría llevar las cosas al extremo que escuchábamos aturdidos los asistentes al encuentro. ¿Qué papel había jugado el Gobierno y, en concreto, su presidente en esta historia? No albergaba dudas de que si Sabino había sido capaz de contarle semejantes anécdotas a Carmen Rigalt y a Pedro J., no sería locura pensar que podría mantener a Felipe González informado de todo ello. En todo caso, yo vivía en un mundo peligroso, altamente peligroso, y, como le dije a Lourdes, no descartaba que todo esto algún día pudiera volverse contra mí.

Pocos días después me volvió a llamar el Rey a mi despacho. Había hablado con Manolo Prado Colón de Carvajal, su amigo de siempre, y este le había corroborado punto por punto todas y cada una de las informaciones que Pedro J. vertió sobre Sabino. La necesidad de buscar una persona apremiaba y la responsabilidad recaía directamente sobre mí, con la colaboración de Paco Sitges y de Manolo Prado.

Pero con independencia del nombre y apellidos de la persona para ese delicado puesto en ese instante políticamente quebradizo, había que concentrarse en diseñar el modelo. Pensaba que quizá debería abandonarse por un tiempo el esquema del militar de alta graduación para probar con personas de la llamada vida civil. ¿Qué tipo de personas? Bueno, la jefatura de la Casa del Rey es una secretaría de su majestad con implicaciones diplomáticas y de protocolo. Por tanto, pensar en un diplomático de carrera parecía sensato. Así que lo primero que hice fue transmitir al Rey que mi idea residía en un diplomático de edad no excesivamente avanzada y que, además, no se encontrara comprometido políticamente.

El Rey se mostró inmediatamente de acuerdo, pero algo parecía turbarle sobremanera. Convencido como estaba de que resultaba imprescindible cambiar a Sabino, por la razón que fuera sentía alta preocupación por ello. ¿Por qué? No tengo la menor idea. Tal vez el Rey, que es largo, muy largo, reflexionara en su soledad sobre todo lo sucedido y se preguntara a sí mismo, hasta el agotamiento, cómo había sido posible semejante comportamiento.

Se acercaba la Navidad y con ella el momento del discurso del Rey, el que tradicionalmente pronuncia en la noche del día 24 de diciembre. Es quizá la única ocasión solemne en la que su majestad se dirige a los españoles. Sinceramente, dudo mucho de su eficacia, porque posiblemente el día no sea el más adecuado, pero manda la tradición y pensé que sería una buena oportunidad para que se percibiera que algo había cambiado en la Zarzuela. Sugerí algunas ideas al Rey.

El Rey decidió que fuera Manolo Prado el encargado de la misión de anunciar a Sabino que era el momento de su jubilación. Sabino, desde un tiempo atrás, decía a quien quisiera escucharle que se encontraba cansado, que deseaba su relevo, pero que el Rey no atendía la petición. Ciertamente, tal postura contrastaba con la información que trasladaba Pedro J. de que Sabino quería provocar los cambios necesarios en la Monarquía mientras él se encontrara al frente de la Casa del Rey, pero la verdad es que son muchos los cargos, públicos y privados, que se empecinan en transmitir la idea de un deseado abandono que en realidad no existe, sino que no pasa de ser algo parecido a un último intento de que se les reconozca su atributo de imprescindible.

Manolo Prado recibió la encomienda real de decirle a Sabino que, de acuerdo con sus deseos, debía ir a ver al Rey y exponerle que estaba cansado y que había llegado la hora de su relevo. Así sucedió y Sabino, seguramente pensando que cuando se lo dijera al Rey la respuesta del Monarca sería la de negar la mayor y pedirle que siguiera en el cargo, pidió audiencia, se la concedieron, expresó su deseo de retirarse y el Rey se la aceptó.

Ahora quedaba una segunda parte: el nombre del sustituto. En una cena que organizó Antonio Sáez de Montagut en su finca de

Toledo y a la que asistían los consejeros del banco, pedí a Antonio que invitara a Fernando Almansa. Así lo hizo y en un aparte del jardín le dije a Fernando que me diera, en el más absoluto secreto, nombres adecuados para la sucesión en la jefatura de la Casa del Rey, que se presentaba no solo como inevitable, sino, además, inmediata. En aquellos momentos comencé a dibujar la idea de que Fernando podría ser un candidato adecuado. Tiempo atrás, cansado de su carrera diplomática y a la vista de nuestro éxito en Banesto, me había pedido entrar a trabajar en el grupo bancario-industrial. Mi respuesta había sido negativa, no solo porque no veía fácil el encaje de Fernando, sino porque pensaba que su vocación era el mundo de lo público y no la empresa privada.

Me decidí y le hablé al Rey de Fernando Almansa. Cuando pronuncié su nombre el Monarca no tenía la menor idea de a quién me refería, ni siquiera era capaz de relacionarlo con el mundo de la diplomacia. Le relaté al Rey mi conocimiento de Fernando Almansa desde nuestra época en la universidad y de que en mi opinión reunía las condiciones adecuadas para ese puesto, además de que, al ser amigo mío, mi relación con el Rey se facilitaba mucho. A pesar del calor que puse en la presentación del nombre, don Juan Carlos reaccionó con mucha frialdad y es que a los reyes, amantes de la tradición, no les excitan demasiado las novedades, sobre todo cuando se trata de personas con las que necesariamente tienen que compartir trozos muy importantes de sus vidas. A la vista de ello, dejé el asunto del nombre del sustituto y me concentré en el trabajo de elaborar una ideas fuerza para el Rey sobre el discurso de Nochebuena.

Entregué a Manolo Prado las ideas, que le parecieron muy bien. Al Rey parecía que le gustaban esas ideas. Pero hay algo obvio: un mal discurso, si la prensa asegura que es muy bueno, agrada a quien lo pronuncia. La viceversa deja siempre un sabor amargo. Así que, además de trabajar en el texto, me dediqué a su parafernalia exterior. Me entrevisté con Pedro J. Ramírez y con Luis María Anson. El Rey remató la confección de su discurso, en el que acogía alguna de esas ideas. Ignoro cómo se tamiza, es decir, cuál es el procedimiento seguido, cómo el Gobierno controla esos textos, quién perfila definitivamente la redacción. Ni se lo pregunté al Rey ni él me hizo la menor confesión al respecto. El lunes 21 de diciembre, almorzando en casa de Paco Sitges, el Rey nos dio, dedicado y firmado, en tres ejemplares a Paco, a Manolo y a mí, el texto del discurso oficial, el cual guardo con enorme cariño.

A ambos directores de medios de comunicación social tan importantes en España como *Abc* y *El Mundo* les hice saber la novedad del discurso, que no solo residía en un «Europa sí, pero sin obsesiones ni precipitaciones», sino en algo sustancial y profundo: la conexión directa del Rey con la sociedad civil, de forma que la legitimidad última de la Corona arranca de la sociedad civil.

Antes de ese lunes, el nombre de Almansa se encontraba prácticamente cerrado. No fue fácil. Al contrario. Manolo Prado, al comprobar la frialdad del Rey cuando le mencioné el nombre de Almansa, sugirió otro alternativo: el marqués de Tamarón. Manolo organizó una cena en su casa sevillana, a la que asistimos su majestad y nosotros dos. En ella el Rey, sin siquiera recordar el nombre de Fernando, comenzó a exponer sus ideas sobre el candidato marqués de Tamarón, y se pronunció con reales elogios sobre la persona. Manolo asistía al discurso real con muestras inequívocas de complacencia. Yo sentí que las opciones de Almansa se difuminaban en la noche sevillana, porque una vez que el Rey se pronuncia resulta prácticamente imposible dar marcha atrás. Bueno —pensé—, quizá me evite complicaciones. En aquellos instantes no podía imaginar hasta qué punto ese pensamiento revestía realidad cubierta de lacerante crudeza.

Culminada la cena, acudimos a tomar una copa al despacho de Manolo. No recuerdo muy bien por qué pero en un momento dado el Rey pidió a su amigo, con esas maneras especiales que solo resultan tolerables en un monarca, que si, a pesar de ser el anfitrión, podía cedernos un trozo de soledad en su propia casa. Manolo, por supuesto, se ausentó y aprovechó el Rey el momento para preguntarme mi opinión sobre Tamarón.

—No tengo la menor idea, señor, no le conozco y no puedo emitir ningún juicio sobre él, pero si vuestra majestad lo propone, lo acepto encantado. Bueno, mejor dicho, yo no tengo nada que aceptar diferente a la decisión que tome vuestra majestad, que es el único con capacidad para decidir. Ocurre que, obviamente, si fuera Almansa, las posibilidades de colaborar con vuestra majestad serían mucho más fluidas, más fáciles, porque se trata de alguien a quien conozco desde hace muchísimos años.

El Rey permaneció en silencio. Seguí con mi discurso.

—En este punto, señor, quiero enfatizar. No tengo ni por asomo la menor intención, digan lo que digan, de dedicarme a la política.

El Rey rompió su silencio para decirme que a su juicio las cosas estaban bien como estaban, sin más precisiones, y pidió que entrara de nuevo Manolo Prado en el despacho.

Nuestro anfitrión, el hombre que verdaderamente tenía la confianza del Rey de manera plena y total, se reencontró con nosotros. Era rápido, inteligente y sabía que algo se cocía en aquella conversación; su postura recién llegado a la reunión fue de calma y expectación, esperando que algo o alguien le transmitiera el resultado. No tuvo que aguardar demasiado tiempo porque el Rey, casi sin venir a cuento, tomó la palabra y aclaró que el nombre de Almansa le parecía bien. Manolo, rápido de reflejos, captó el mensaje. Silencio. El Rey continuó como si nada y también casi de pasada, sin concederle ninguna importancia, dijo:

—Quiero que sepas que Mario me ha dicho claramente que no piensa dedicarse a la política y yo le he contestado que estamos muy bien así.

Manolo tomó la palabra y dijo:

—Con todo respeto, señor, todo eso me parece muy bien, pero puede ser que algún día se convierta en inevitable.

Por cierto que días después, Manolo Prado me comentó que volviendo en el coche con el Rey, su majestad le había preguntado si de verdad consideraba imprescindible el que yo tuviera que dedicarme a la política. Manolo me aclaró que hasta ese día el Rey jamás le había hablado con tal claridad sobre el asunto.

Bueno, pues el discurso de Nochebuena tratado con Pedro J. Ramírez y Luis María Anson. Solo quedaba un nombre importante:

Jesús Polanco, el editor del Grupo Prisa, que, además, yo sabía que mantenía una postura algo más que reticente sobre el Rey.

Casualmente, el lunes de aquella semana de Navidad, en los últimos hálitos de vida de 1992, el Rey concedió una audiencia a Jesús Polanco, con quien yo cenaría esa noche. Ese mismo lunes Felipe González conocía las intenciones del Rey de sustituir a Sabino y el nombre del sustituto, que, según me contó el Monarca, no le dijo nada en absoluto. No puso pegas el presidente del Gobierno de entonces a la voluntad del Rey, pero pidió algo concreto: que tratara muy bien a Sabino y que retrasara el nombramiento hasta marzo, fecha en la que Sabino cumpliría 75 años. Salvo que Felipe González se dedicara a la tarea de almacenar en su memoria las fechas de cumpleaños de personajes de la política, tal petición solo podía tener un origen: el propio Sabino, quien, sorprendido por la aceptación del Rey a su renuncia pronunciada quizá con boca algo estrecha, había querido alargar la permanencia en Zarzuela y había utilizado como mensajero al propio presidente del Gobierno. Ya se sabe que alargar los tiempos es una virtud en política porque en la vida suele suceder lo impensable y desde diciembre a marzo podrían ocurrir tantas cosas que tal vez la sustitución pereciera antes de consumarse.

Sabiéndolo Felipe González, la posibilidad de que conociera el dato Jesús Polanco adquiría visos de indudable certeza. Así que le dije al Rey:

—Aprovechando que viene Jesús, yo creo, señor, que tiene que transmitirle dos cosas. La primera, el discurso de Navidad. Dígale que la esencia reside en que se explicita la idea de que la Corona alcanza su legitimidad en la sociedad civil. Luego, en tono tenue, le cuenta lo de la sustitución de Sabino y le proporciona el nombre de Almansa, poniendo especial hincapié en que solo lo saben el Rey, Felipe y ahora él.

El Rey ejecutó la ceremonia porque horas más tarde, cenando juntos, Jesús Polanco me lo comentó añadiendo:

—Por cierto que cuando el Rey me dijo el nombre de Almansa y que solo lo sabían Felipe y él, yo le añadí: «Y Mario también, ¿no, señor?». El Rey me preguntó que por qué le decía eso, y le contesté:

«Hombre, señor, supongo que si Almansa es amigo de Mario Conde, algo le habrá dicho de tal nombramiento, ¿no?».

Jesús Polanco era largo, muy largo. Supo desde el primer instante de qué iba la cosa. Le gustaría o no, pero lo que no se podía hacer con él es obligarle a tragarse un cuento infumable. No sé cuál fue la respuesta del Rey a la frase de Jesús, pero la mía consistió en una ligerísima sonrisa mientras volcaba los ojos sobre el plato de mi cena.

Pasamos la Nochebuena en La Salceda. Llegó el momento del discurso real. Concentré a mi familia en torno a la televisión del cuarto contiguo a nuestro dormitorio. El Rey hablaba bien y despacio. Me gustó lo que dijo y cómo lo pronunció.

Todo salió increíblemente bien. La prensa elogió el discurso como el mejor jamás pronunciado por el Monarca, que respiraba felicidad por todos sus poros. Lo más significativo fue la postura de *El País*. Publicó un editorial con el siguiente título: «La sociedad civil y la Corona», cuya primera frase se dedicaba a afirmar que la gran novedad del discurso real consistía en que, de forma expresa, el Rey ponía de manifiesto la conexión entre la sociedad civil y la Corona.

El 26 de diciembre de 1992, después de semejante éxito, Almansa era jefe de la Casa del Rey. No solo eso, sino que, además, convencí al Monarca de que la petición del presidente del Gobierno de aplazar el nombramiento a marzo resultaba sencillamente inaceptable. Lo hizo. Fijó la fecha: el Consejo de Ministros del 8 de enero de 1993.

El 30 de diciembre el Rey quería ver a Almansa porque la aceleración de los acontecimientos lo imponía. Hasta ese momento, Fernando, después de entrevistarse con Paco Sitges y con Manolo Prado, había tenido —creo recordar— un brevísimo encuentro con el Monarca, después de que en la cena sevillana todo quedase decidido. Ahora su majestad quería concretar más detalles. Fernando no aparecía. Localicé a Enrique, quien, con su tenacidad habitual, habló con el director de Banesto en Arjona, localidad andaluza en donde la familia de María Uribe, su mujer, tenía una finca olivarera. Consiguieron localizarle y me llamó a Pollensa, en donde me encontraba. Le dije que fuera a ver al Rey. Alea jacta est.

El 5 de enero de 1993 Lourdes y yo nos fuimos a pasar la noche de Reyes —nunca mejor dicho— con Jesús Polanco y Mari Luz Barreiros en su casa de Valdemorillo. Con nosotros se juntó Plácido Arango, muy amigo de Jesús, que se encontraba particularmente triste y abatido porque, por razones que ignoro, se había producido su ruptura con Cristina Macaya. Mi objetivo era controlar en lo posible hasta el último instante la postura de *El País* porque a buen seguro conocía que a Jesús no le había hecho la menor gracia el nombramiento de Almansa, aunque había tenido que aceptar lo inevitable.

Cuando volvía a Madrid el día 6 por la noche, recibo la información de que el *Diario 16* tiene la noticia del cambio y hasta los nombres. Al Rey no le parece adecuado el momento. Me pide que llame a Jesús Polanco para que no publique nada. Consciente de lo difícil de la petición, hablo con el editor de *El País,* quien, después de averiguar en su casa el estado de la cuestión, me dice que, en efecto, en el periódico tienen los nombres y que sale en portada.

—Jesús, te pido por favor que levantes esa información.

—Eso que me pides es demasiado. Nunca se levanta una información así. Pero, en fin, veré qué se puede hacer.

Minutos después recibo llamada de Polanco:

—Hecho.

Son casi las doce de la noche. El Rey me vuelve a llamar. Ahora tiene otra opinión: es bueno que salgan los nombres y que, por tanto, llame a Jesús Polanco para que no deje de publicarlos. Me agarro un cabreo descomunal con el Rey. Mientras marco el número de Jesús Polanco a esas horas de la noche me llamo a mí mismo gilipollas unas cuatrocientas veces por meterme en semejantes berenjenales. Jesús oye de mí la nueva posición real. Su silencio es elocuente. *El País* publica al día siguiente la noticia de la mejor manera posible: dos diplomáticos sustituyen a dos generales en la jefatura de la Casa del Rey. Asunto concluido.

Viernes 8 de enero de 1993, almorzamos en mi casa de Triana 63 Enrique Lasarte, Fernando Almansa y yo. Durante el almuerzo, siguiendo el consejo de Enrique, recordé a Fernando punto a punto y coma a coma lo difícil que había resultado su nueva posición y la responsabilidad que había asumido al dar su nombre. Fernando me lo agradeció y llegó a decir que si en algún momento el Rey, por la razón que fuera, me retiraba su confianza, él dimitiría de su cargo, sin causar daño a la Monarquía, porque se sentía monárquico, pero que lo consideraba obligado porque era a mí a quien debía su puesto al haberle apadrinado ante el Rey.

El almuerzo no podía transmitir mayor felicidad. Nos habíamos conocido en Deusto hacía veintisiete años. Ahora, Enrique Lasarte era consejero delegado de Banesto. Yo, su presidente y Almansa, jefe de la Casa del Rey. No podía darse un saldo mejor.

El 14 de enero de 1993 salía de viaje por la tarde. El Rey me envió el aviso de que ese mismo día almorzaríamos en la casa de Paco Sitges en La Moraleja. Allí me presenté esperando que juntos celebráramos el éxito de la operación. La verdad es que mientras empezábamos con el caviar —una de las pasiones del Rey— que Paco mandó expresamente traer para la ocasión, comencé a percibir que algo flotaba en el ambiente, aunque reconozco que no tenía la menor idea de en qué podía consistir. El Rey, que suele querer comer en paz sin que ningún asunto escabroso pueda alterar la serenidad del almuerzo, rompió por una vez su tradición y comenzó con un largo parlamento en el que la preocupación consistía en si el nombramiento de Almansa podría afectar a las relaciones de amistad entre Fernando y yo.

Me quedé de piedra, como el que ve visiones. Mi voz debió de sonar extraña cuando, a la vista de semejante afirmación, mientras Paco y Manolo Prado permanecían silenciosos y algo rígidos en sus asientos, pregunté:

—¿Por qué dice eso, señor?

El Rey hablaba delicadamente, con mucho cuidado, sobre el modo en que Fernando parecía querer conducir las relaciones entre el Rey y yo.

Concluido el almuerzo, salí como una exhalación hacia el aeropuerto. Tomé el teléfono y llamé a Enrique. Le conté como pude trozos de la conversación. Mientras volaba me di cuenta de la tremenda responsabilidad que había asumido con el nombramiento de

Almansa. ¿Qué pensaría el presidente del Gobierno? Se daría perfectamente cuenta de que además de dominar el banco y medios de comunicación social, ahora añadía una indudable capacidad de influencia sobre la Corona. Llamé a Enrique y cité a Fernando en casa. La conversación tenía que ser clara, rotunda, diáfana. Como siempre hago en ocasiones trascendentes, escribí lo sucedido en unas hojas de papel. Reflejé la conversación con el Rey con la mayor fidelidad posible. Llegaron Fernando y Enrique. Nos sentamos en la buhardilla de Triana 63. Le entregué los papeles a Fernando. Los leyó. Por enésima vez entre los tres todo quedó claro.

La proximidad borbónica es altamente peligrosa, me aseguraban impávidos los conocedores de los entresijos de la Monarquía española, a quienes no escuché por cariño al Rey. Pensaba en esto mientras recordaba el trozo de mi vida entre rejas. Paco Sitges, hombre de extraordinaria fidelidad al Rey, se vio cesado de Asturiana del Zinc, S. A., insultado, ofendido, obligado a soportar durante años un juicio oral en el que se le acusaba de delirantes supuestos delitos. Manolo Prado, fiel al Rey, quizá también a otros, se enfrentó a tres juicios en los que la acusación solicitó para él bastantes años de cárcel. Ya ha fallecido, pero fue condenado e ingresó en prisión. Lo cierto es que tres hombres que almorzábamos con el Rey, que le dimos toda nuestra lealtad, además de afecto y cariño, ninguno se ha librado de un temporal ciclónico que ha arrasado sus vidas, y si nos mantuvimos de pie, a pesar de los desperfectos, fue debido, en exclusiva, a la voluntad decidida de cada uno de nosotros y al apoyo de nuestros amigos y familias.

Años después, el Rey sustituyó a Almansa y le concedió la recompensa de la Grandeza. Nunca supe las verdaderas razones. Algunas lenguas viperinas corrieron la voz de que fue debido a que al Rey no le gustó demasiado el tipo de comportamiento de Almansa para con nosotros después de la intervención. Almansa siguió en el puesto a pesar de la intervención, de la querella, de la cárcel. Fernando quizá pensara que desde ese puesto podría ayudarnos más. No lo sé.

Enrique Lasarte siempre ha sostenido que ese nombramiento de Almansa fue la gota que colmó el vaso del Sistema. No podían consentir que, como decía antes, además de poseer medios de comunicación social, un grupo financiero e industrial de enorme importancia, una presencia en la opinión pública inaudita para un banquero, de recibir el apoyo del papa en la visita al Vaticano, ahora, además, desplegara mi influencia sobre el Rey. La maldad y la mediocridad volvieron a reinar y para ello necesitaban el exterminio.

En el ejercicio del poder los valores de la amistad se convierten en instrumentos peligrosos. Es una buena lección. Suárez, Felipe González y Aznar, presidentes del Gobierno, a la vista está que son maestros en el arte de subsistir políticamente. A costa de lo que sea. Amistad, desde luego, incluida. Así es la vida de ese producto imperfecto al que llamamos ser humano.

De nada me arrepiento. Me equivoqué, pero reconocer el error dista de arrepentirse. Durante años he sido ingenuo creyendo en la estructura moral del ser humano. No me arrepiento de haber pensado así. Otra cosa es que hoy la brutalidad de los hechos haya sembrado y fructificado en mi interior una percepción cualitativamente distinta que confío me acompañe a lo largo y ancho del tiempo que me quede de existencia.

Poco tiempo después del nombramiento oficial de Almansa, el Rey nos invitó a Fernando y a mí a almorzar con él en palacio. Don Juan Carlos, que es muy largo, quería demostrar en ese almuerzo su pensamiento íntimo sobre lo sucedido sin necesidad de explicitarlo con palabras. Por ello, al ordenar la mesa, me sentó a su derecha y a Fernando a su izquierda, lo que, sin la menor duda, captó mi amigo. Otra cosa es cómo le sentara, pero el mensaje real fue inequívoco.

Concluido el almuerzo, nos sentamos los tres a tomar un café y una copa. En ese instante aproveché para decirle al Rey:

—¿Le ha contado a Fernando que está aquí a consecuencia de un terremoto sobre vuestra majestad?

El Rey movió de un lado a otro la cabeza en señal de negativa mientras sonreía con un rictus de tristeza. No quiso pronunciar palabra pero su gesto resultó expresivo. No tenía suficiente confianza en Fernando y en su presencia prefería no comentar un asunto tan delicado. Fernando, cuyos ojos reflejaban el estupor con el que acogió la noticia, guardaba un sepulcral silencio tratando de no perderse ni un gesto, ni un detalle del Rey.

A don Juan Carlos no resulta tan fácil conocerlo bien. Tras su simpatía y carácter campechano se esconde un profundo convencimiento de su dimensión real, aun cuando el origen de su nombramiento siempre haya tenido alguna influencia en su comportamiento. Se sabe rey. Tal vez por ello en muchas ocasiones realiza planteamientos de propósito, con la única finalidad de comprobar si su interlocutor tiene o no el valor de llevarle la contraria, por muy rey que sea. De esta manera calibra, mide, clasifica y guarda la información. Es un buen conocedor de personas. Los reyes saben lo difícil que es durar, pervivir, subsistir en un mundo de humanos. Precisamente por ello la mejor y más difícil de las asignaturas vitales reside en conocer al hombre, y no al individuo abstracto, sino a esos hombres que te rodean, capaces de los peores sentimientos, y de no equivocarte con ellos: de dominar su estructura anímica depende, en muchas ocasiones, tu propia subsistencia.

El 11 de julio de 1993, volvimos a almorzar juntos en el mismo sitio. A la hora del café el invitado del Rey era Pedro J. Ramírez, a quien don Juan Carlos no veía en semejante entorno desde la inolvidable y tremendamente dura conversación de septiembre de 1992. Pedro J. comenzó el encuentro de una manera muy expresiva.

—Señor, habrá visto que ya no aparecen noticias desagradables para la Monarquía. La razón consiste en que la fuente ha desaparecido.

Después de semejante introito, Pedro comenzó a desgranar un discurso hilvanado sobre la apertura de la Monarquía hacia la sociedad, aceptando los roles que cada uno desempeña, poniendo de manifiesto las verdaderas relaciones del Rey con terceras personas para evitar que puedan parecer clandestinas. Por ello, la normalización de sus contactos con líderes políticos y sociales es un objetivo irrenunciable. La política del Gobierno no puede tener secuestrado al Rey.

La tesis nacía en el discurso que el Rey pronunció en la Nochebuena de 1992: la conexión de la Monarquía y la sociedad civil.

Pedro J. y yo conversamos sobre el asunto y el director de *El Mundo* se manifestaba totalmente de acuerdo conmigo. Por eso le pedí que en aquel café de julio se lo expusiera a don Juan Carlos.

Hoy es lunes 19 de julio de 2010. Acabo de terminar de redactar las líneas que anteceden. El amanecer ha sido brillante en este reducto de los Tres Reinos, en Chaguazoso, Galicia profunda. Es un día limpio y claro. Quizá sea caluroso, pero ese término nada tiene que ver en estas tierras con su significado material por el sur o el centro de España. Me embarga un sentimiento extraño tras estas líneas de nuestro pasado. Es muy parecido a la tristeza. Veo al Rey lejano. Hablé el otro día con Almansa y me dijo que tenía la certeza de que el Rey no tenía tumor alguno. Los rumores sobre el empeoramiento de su majestad corrieron como la pólvora a raíz de su decisión de no estar presente en la final de la Copa del Mundo de Fútbol en Sudáfrica, que finalmente ganó España por primera vez en su historia. Llamativo, desde luego. Pero no fue debido, según Fernando Almansa, a motivos de enfermedad.

Veo desde lejos al Rey triste. Es persona humana. Lo de rey es solo un título, un puesto, un trabajo. Es más importante la persona. Y le veo triste. No creo que esté funcionando mi idea de la conexión directa de la Monarquía con la sociedad civil.

Recordaba hoy mi idea de que la Corona española encontraba un sitio claro en un lugar: el punto de encuentro de la llamada pluralidad de España. El Rey sería un magnífico referente de la Unión. Decir eso por quien no es monárquico puede parecer un contrasentido. No creo que lo sea. Al fin y al cabo, mi idea de unidad de España es muy potente y si el Rey es el que mejor sirve para esa misión, en ese sentido me convierto en monárquico, pero por razones de utilidad política, porque es más útil la Monarquía en ese contexto que una República. El Rey no tiene, digamos, nacionalidad interna, es decir, no es ni catalán, ni gallego, ni andaluz, ni extremeño, ni vasco. Es rey. Así que puede aplicar esa neutralidad al servicio de la unidad.

Leo hoy los debates sobre el concepto de nación española y sobre la posición de algunos catalanes. La politización del Tribunal Constitucional ha resultado dolorosa para España. Tratar de construir el sentimiento identitario español mediante la selección de fútbol es muy peligroso y en ciertos aspectos dañino. Pero no lo entienden.

Hace calor para ser tan temprano. Quizá sea yo. No lo sé. Lo cierto es que desde lejos veo al Rey triste. Sabino murió. Manolo Prado también. Hace años que no veo a Paco Sitges. Siento que no haya podido culminarse la idea del entronque directo del Rey con la sociedad civil. No sé si todavía tendremos tiempo.

20

Jaime Alonso más que un gran tipo es un hombre grande. Le conocí de casualidad en una cena a la que fui invitado en casa de un ex cuñado suyo en la Florida, Madrid. Su discurso me gustó, conecté de inmediato con el análisis que efectuaba del Sistema de poder que nos gobierna. Ignoraba si había leído mi libro, pero eso no importa en exceso. Lo que cuentan son las ideas que se interiorizan, no las que se reproducen magnetofónicamente. Y Jaime las lleva dentro. De eso caben pocas dudas. Originario de los montes a los que llaman Picos de Europa, trae las características de la sangre de aquellas tierras. Es recio en voluntad, intransigente en dignidad, implacable en valores. Ni una concesión a la galería, ni siquiera a esas gallegas tintadas de blanco que adornan el trozo de norte al que bautizan A Coruña. Dicen que pertenece a lo que llaman extrema derecha. Después de conocerle durante años, de observar su conducta, no solo de oír sus palabras, creo que muchas de sus ideas, y desde luego sus actos, sus realidades concretas, desbordan por la llamada izquierda a muchos salones madrileños y de otros costados de la orografía española. Mantenemos una imperturbable amistad y un sincero y denso cariño. Soy padrino de su hija Alejandra, quien, creo, dará que hablar, por lo del palo y la astilla.

En 2010 me anunció una visita con un cierto porte enigmático.

—Es una persona de León, a quien aprecio. Es gente de fiar. Tiene un problema con su hijo. Me ha pedido verte. Si puedes recibirla, te lo agradecería.

Aquella mujer se presentó en mi casa de Triana. Nos sentamos Jaime, ella y yo, en el salón principal. No tenía la menor idea de lo que quería plantearme pero su aspecto no era excesivamente saludable. Se veía que algo la atormentaba, y ese algo tenía que ser muy profundo, a juzgar por la acentuada tristeza que rezumaba su mirada.

En efecto. Me relató los problemas de su hijo. Ciertamente serios y graves. Yo podía hacer poco más que darle alguna pista de corte jurídico y quizá lo más importante que pudiera recibir de mí era prestarle un ejemplo que pudiera servir de consuelo, mostrarle en directo que mi vida ha sido lo suficientemente compleja como para comprender que si consigues sobrevivir exento de venenos espirituales, la vida sigue, e incluso puede vivirse con mayor intensidad.

Concluido este primer apartado de nuestra entrevista, de un modo que nos resultó inesperado tanto para Jaime como para mí, la mujer, agradecida por haberla atendido, por nuestra disposición a ayudarla aunque poco pudiéramos hacer, tomó la palabra en un tono especialmente doliente. Estaba sentada en el sofá más próximo a la ventana. Jaime justo en el opuesto de ese rincón del salón, y yo en un florido multicolor que se sitúa entre ambos.

—Mira, yo quería decirte algo... Quizá debiera haberlo dicho antes..., pero seguro que entiendes...

Miré a Jaime, que me respondió con un gesto de interrogación indicando que ese parlamento doliente no entraba en el guión originario de la entrevista. No podía contestar nada, así que gestioné el silencio de modo que la impulsara a relatar aquello que tanto parecía costarle sacar a la luz.

—Mi marido fue consejero con José María Aznar en Castilla y León y tuvo —y tiene— mucha confianza con él.

La voz trémula indicaba que sentía algo más que precaución interior. No tenía ni la menor idea de lo que iba a relatarme, pero al menos ya sabía que afectaba a Aznar. De nuevo una mirada a Jaime y volvió de respuesta el mismo signo de interrogación.

—Aznar, cuando dejó la presidencia de Castilla y León y se vino a Madrid, solía dar una cena en su casa, en su piso madrileño, para algunos ex consejeros suyos, aquellos con los que tenía mayor confianza. Solía ser en las cercanías de Navidad.

Tomó algo de aire. Bebió un sorbo de agua. Parecía que necesitaba salivar. Quizá estuviera bajo el efecto de algún tranquilizante para ayudarle a sobrellevar el drama familiar. Se recostó de nuevo sobre el respaldo del sofá. Cruzó las piernas y se estiró la falda, en ese gesto automático de recato y pudor femenino. Ahora el silencio era más intenso que al comienzo de su pesarosa confesión. La incertidumbre, casi diría que la ansiedad, parecía instalarse en nuestro lugar de estancia, donde todo presagiaba un final de corte dramático al relato. Prosiguió.

—Aquella Navidad de 1993, aunque no puedo precisaros el día, estábamos en casa de Aznar esperando su llegada. Era raro que viniera tarde, pero allí estábamos todos esperando. A mí me tocó en su mesa. No sabíamos a qué era debido el retraso.

De nuevo una pausa. Un sorbo adicional de agua. Un suspiro largo. Siguió.

—De repente se abrió la puerta del salón. Entró Aznar en estado de euforia. Desde lejos gritaba: «¡Jesús, Jesús...!».

—¿Y eso? —pregunté sonriendo con ánimo de quitar dramatismo al relato e impulsarla a seguir.

—Se dirigía a Jesús Posadas.

—¿Jesús Posadas? ¿Quién es?

—Entonces era el hombre de confianza en estrategia política de Aznar. Le nombró ministro, aunque para lo que verdaderamente confiaba en él Aznar era para cuestiones de estrategia política.

—Ya...

—Se acercó a la mesa con una sonrisa. Yo no sabía qué sucedía. Jesús Posadas estaba allí, esperando ansioso alguna noticia y en concreto el motivo de la alegría de su jefe. No hizo falta que preguntara porque Aznar, una vez ya en las inmediaciones de la mesa, antes siquiera de sentarse, sin reparar en los que allí nos encontrábamos esperándole, dijo con un tono de voz lo suficientemente fuerte como para que pudiéramos escucharlo: «Jesús, acabo de terminar de hablar con Felipe González y ya está decidido: en unos días nos cargamos a Mario Conde. ¡Por fin! ¡Ya está! ¡Se acabó!».

Acababa de pronunciar la frase cuando se agitó por dentro y por fuera. Una confesión de ese porte era cualquier cosa menos baladí. Ni Jaime ni yo nos atrevimos a pronunciar palabra alguna. Nos cruzamos miradas, pero sin gesto definido, ni siquiera sorpresa, aunque tal vez un experto pudiera vislumbrar un atisbo de estupor. La mujer continuó.

—Jesús Posadas, nada más terminar Aznar su noticia, le dijo: «¡Enhorabuena, presidente! ¡Ahora sí que te veo presidente del Gobierno!».

Resultaba tan intensa, tan brutal la sensación de preocupación que transmitía la mujer al concluir el relato que no me quedó más remedio que animarla.

—Bueno, eso está claro. Aznar fue el impulsor, o cuando menos el que decidió ponerse al servicio de la idea con todas sus fuerzas. Pero ya tenemos muchos testimonios en esa dirección, así que no te preocupes.

—Sí, pero...

—Solo recuerda qué pasó después de la intervención. Los socialistas guardaban silencio y era Aznar el que recorría la geografía española gritando que lo de Banesto les había costado a cada español no sé cuánto, lo que era una infamia, pero evidenciaba su postura.

De nuevo el silencio. Jaime tenía su vista clavada a medias, mitad en el horizonte de la ventana y la otra mitad en la mujer que me había traído a casa. Ella daba señales de evidente y profundo pesar. Yo aparentaba toda la serenidad de la que soy capaz. No imaginaba semejante conversación. Jaime, tampoco.

—Durante estos años siempre he pensado que debía decírtelo. He visto tantas cosas... Y no sabía qué hacer con esto. Al final, mira por dónde, nos encontramos en circunstancias tan trágicas. Pero, en fin, me alegro de habértelo dicho aunque sé que tendría que haber venido antes.

—No te preocupes, mujer, lo entiendo perfectamente Aquello fue todo un Estado contra un individuo y eso es capaz de aterrorizar a cualquiera. Además, eso de que tu marido fuera consejero de Aznar en el Gobierno de Castilla y León impone un cuidado especial.

Se fue. Jaime la acompañó. Me despedí con un beso. Jaime, al regresar de su despedida, me aclaró que Jesús Posadas era el receptor directo de la información que suministraba Aznar con algo más que entusiasmo. Pero otros asistentes en aquella noche estuvieron al tanto de lo que ocurría, entre ellos Juan José Lucas, Juan Carlos Aparicio, Javier León y Fernando Zamácula, quienes disfrutaron el bufé que Ana Botella preparó y situó cuidadosamente en aquella mesa alargada que mereció los elogios de los allí presentes. Al poco de que aquella mujer dejara Triana contacté con mis hijos para preguntarles si se acordaban de un chico de ese apellido que, según su madre, había estado en la boda de Alejandra en Los Carrizos. No tardaron demasiado en identificarlo.

En pleno inicio de verano de 2010, vencida la primera mitad de julio, Alejo Vidal-Quadras, dirigente del PP catalán, que cesó en su puesto seguramente a consecuencia de un pacto entre Aznar y Pujol, el líder catalanista, ocupaba ahora el cargo de vicepresidente del Parlamento Europeo, un refugio de oro, desde luego, pero poco ajustado al espíritu combativo de Alejo, a ese espíritu que deriva precisamente de la fortaleza de las convicciones personales. Alejo se encontró con Ana Botella, la mujer de Aznar. Como si fuera el asunto más importante del mundo, le espetó con un cierto tono airado, rayano en la protesta:

—¿Me quieres decir qué hace Mario Conde en Intereconomía?

Desde octubre de 2009 venía asistiendo a un programa de esa cadena llamado *El gato al agua*. Concedí, antes de ingresar en el programa, algunas entrevistas en solitario y finalmente decidí actuar como colaborador habitual en esa tertulia política. La valentía, la honradez y la fortaleza de espíritu cimentado en valores de su propietario, Julio Ariza, lo permitió y hasta lo estimuló, creyendo en lo que yo era capaz de transmitir. Lo cierto es que la cadena en general y de modo muy singular ese programa en concreto se convertía en referente para muchos, no solo de la extrema derecha, ni siquiera de la derecha civilizada, sino que ampliaba su espectro a otros confines ideológicos. Como me dijo almorzando en A Cerca un psiquiatra de Ourense, un hombre culto, serio, sereno, proveniente del ala izquierda, galleguista:

—Os veo los jueves. No estoy de acuerdo en todo lo que decís. Pero estoy de acuerdo en que digáis todo lo que decís, porque es el único medio de tener información para configurar opinión.

Y nuestras opiniones eran escuchadas. Yo no atacaba a Aznar. Simplemente relataba hechos. Y quizá esto es lo que pudiera preocupar. Cuando el enemigo de uno son sus hechos, mal asunto.

Esa preocupación me llegaba de muchos costados de la geografía política española. Yo no le concedía importancia. Lo suponía. Pero en esos casos no se suele tener miedo a quien habla, a quien cuenta, a quien relata, sino a los hechos puros y duros, a los hechos desnudos. Por ejemplo, a que alguien pudiera relatar una conversación como la que me contó aquella mujer en mi casa. Habían pasado muchos años. Para ser más concreto, diecisiete desde 1993. Pero determinadas actuaciones permanecen vivas en la memoria. No sé si será el sentimiento de culpa el que las afianza en los circuitos mentales.

El año 1993, que sería el último de mi vida en Banesto, comenzó con augurios personales nada despreciables. Mariano Rubio había desaparecido del mapa del poder, y con él la influencia de su grupo de soporte se vio mermada hasta límites que jamás pudieron sospechar. Tocaron retirada. Mis primeros encuentros con el nuevo gobernador, Luis Ángel Rojo, no pudieron ser más fructíferos.

—No quiero hablar del pasado, Mario. Puedes estar seguro de que no estaremos en guerra con vosotros. Queremos que las decisiones que se tomen sean estrictamente profesionales, financieras, bancarias, sin componentes de otro tipo.

Confieso que creí a ese hombre. Previsiblemente él se creyera también a sí mismo. No sabía que tendría que verse sometido a desautorizar a su propio ser, o tal vez a evidenciar en qué consistía ese auténtico ser, qué se escondía detrás de la coraza de profesor de Economía, hombre respetado en su trayectoria profesional y humana.

Finalmente acabó como consejero del Banco de Santander... Ironías del destino.

Aquel final de año de 1992 tomé la determinación de sustituir a Juan Belloso en su puesto de consejero ejecutivo del banco. No tengo duda de que se trata de una persona inteligente y trabajadora, pero su nombramiento fue un error. Belloso vivía en una contradicción irresoluble. Ante todo, de índole puramente intelectual, pero también personal. Sentí alivio cuando el propio Juan, con voz algo baja, seguramente percibiendo interiormente ese estado, me pidió el relevo.

Enrique Lasarte, conocedor de mis secretas intenciones, me insinuó que le gustaría ocupar el puesto y que, además, se sentía capacitado para ello. Teóricamente, visto desde fuera, podría pensarse que Enrique no era un verdadero ejecutivo bancario. Ejerció como presidente del Banco de Vitoria y su gestión se saldó con éxito. Pero no cabe duda de que entre el Vitoria, una pequeña filial nuestra, y el Grupo Financiero Banesto se levantaba una diferencia gigantesca. Sin embargo, ese extremo no me preocupaba en exceso. Al final, una organización del tamaño de un gran banco no se dirige por una persona, sino por un conjunto de ejecutivos que velan por los negocios propios de cada una de las áreas en las que necesariamente se divide el volumen de actividades de una entidad financiera semejante. Por tanto, de lo que se trata es de ser capaz de coordinar la actuación de otros profesionales bancarios, sin que para ello los conocimientos técnicos especializados constituyan la herramienta primordial. Enrique reúne las capacidades de paciencia, tesón y voluntad, junto con el imprescindible don de gentes, para llevar a cabo esa misión.

No todo el mundo entendió mi punto de vista. Cuando le anuncié a Rojo el relevo de Belloso y su sustitución por Enrique, no acogió la noticia con enorme agrado.

—Hombre, Mario, no sé si no habría sido mucho mejor escoger a una persona con más nombre en el sistema financiero...

A pesar de ello, lo propuse porque asumía que Enrique sería capaz de hacer las cosas bien. Cuando el Consejo de Banesto aceptó la propuesta sentí una gran satisfacción interior. Desde que teníamos dieciocho años nuestras trayectorias vitales habían caminado paralelas. Por ello, que Enrique ocupara la consejería delegada me llenaba de alegría. Así se lo dije a mi padre en el patio principal de La Salceda cuando nos encontramos con él, a raíz del bautizo del hijo de César Albiñana y Verónica Arroyo. Reunidos con Fernando Almansa y Enrique, le comenté:

—Como ves, las cosas no han salido tan mal desde nuestros tiempos de Deusto. Que hoy nosotros tengamos los puestos de jefe de la Casa del Rey, presidente y consejero delegado de Banesto no está nada mal, ¿no crees, papá?

Mi padre asintió, aunque seguramente en su interior seguiría almacenando la inmensa duda y hasta la zozobra que le causaba mi plena dedicación al mundo financiero. Habría preferido que me concentrara en otras actividades más propias del espíritu, pero a la vista estaba que por las razones que fuera mi vida germinaba por los mundos del dinero.

No fue el único en celebrar este nombramiento. En 1993, después de que Almansa fuera designado jefe de la Casa del Rey, el Monarca nos pidió que subiéramos a verle. Allí fuimos Enrique, Almansa y yo, y al abrir la puerta de su despacho de la Zarzuela el Rey nos dijo:

—Bueno, vaya trío...

Por fin parecía que íbamos a vivir unos momentos de calma después de tantos años de guerra sin cuartel. En el primer trimestre se culminó una obra que había encomendado a J. P. Morgan, y empezaba a fructificar aquel encuentro que había mantenido en mi casa de Triana con Matías Cortés y con Roberto Mendoza, aquel domingo de marras. Al margen de su colaboración en tratar de encontrar clientes para nuestras acciones de la Corporación Industrial, dado que en ese banco americano trabajaban especialistas en análisis de bancos, se me ocurrió una idea.

—Roberto, vosotros entendéis de bancos; sois, dicen, el primer banco del mundo. Se me ocurre que podríais hacer un estudio exhaustivo de todo cuanto hemos hecho en estos años, de las decisiones estratégicas tomadas, de las inversiones efectuadas, del modelo financiero, en fin, del banco.

—No es habitual una petición así por los ejecutivos —respondió Roberto Mendoza con aires de sentirse a la vez alabado e intrigado por mi propuesta.

—Lo sé, pero yo, aparte de presidente, soy accionista, el primero del banco, y por eso, porque tengo aquí mi patrimonio invertido, quiero saber si sigo un sendero correcto o camino con mano firme contra la escollera, como se dice en términos marinos.

Sin duda el encargo implicaba asumir un compromiso serio porque J. P. Morgan no se casa con nadie cuando de este tipo de análisis se trata. Buscan información, la analizan, procesan, digieren y hacen público su resultado. Yo suponía que un trabajo concienzudo y serio, ejecutado con la parsimonia y cuidado del detalle que en muchas ocasiones vive en la actividad bancaria profesional, arrojaría luz sobre la verdad interior de Banesto.

Roberto Mendoza aceptó el encargo. Violy de Harper se encargaría de dirigirlo. Tardarían meses en poder presentar las conclusiones, meses en los que removieron todas las tripas del banco, conversaron con auditores externos e internos, con los principales ejecutivos de cada área, reunieron miles de papeles en los ordenadores que les fueron asignados para su cometido. En fin, un trabajo serio y concienzudo.

Llegó, por fin, el día de presentarlo al Consejo de Banesto. Roberto y Violy asistieron a nuestra sala de reuniones de la calle Alcalá con la finalidad de dirigir la exposición de las filminas en las que se contenían las contundentes conclusiones de su estudio. Una frase sintetizó el resultado alcanzado:

—Habíamos comprado futuro.

Los analistas americanos se dieron cuenta del ingente esfuerzo financiero y de otro tipo que fue necesario realizar para sacar al banco del estado de postración tecnológica en el que se encontraba, como consecuencia de una política que en alguna medida derivó del consumo de fondos en absorciones bancarias que fueron «recomendadas» desde el Banco de España. Durante años invertimos para ganar el futuro. J. P. Morgan lo constató: nuestra tecnología se encontraba en la excelencia del sector. Parecía mentira que un banco como Banesto, situado millas por detrás de sus competidores en el terreno tecnológico, se colocara a la cabeza de todos ellos. Ese fue el diagnóstico. Habíamos invertido cantidades ingentes en modernización de sucursales y en tecnología. Habíamos hecho frente a provisiones del pasado. Ahora disponíamos de una plataforma que si la gestionábamos bien nos situaría a la cabeza de la banca española. La cara de felicidad de los consejeros sentados alrededor de la inmensa mesa de reuniones expresaba de manera harto elocuente su estado interior. Supongo que el mío también.

—Señores consejeros, pido permiso a J. P. Morgan para dar a la luz las conclusiones de su informe.

—Por supuesto, presidente —contestó Roberto Mendoza—. J. P. Morgan actúa con seriedad, y se responsabiliza al ciento por ciento de sus conclusiones ante quien sea y, desde luego, ante los analistas financieros.

La publicación del informe causó estragos en las líneas enemigas. Su sistemática, impenitente e interesada descalificación de nuestra gestión en Banesto desde que en las primeras luces del año 1988 asumimos el control de la casa sufría ahora las consecuencias de un disparo en la línea de flotación procedente del acorazado J. P. Morgan, el banco quizá más prestigioso del mundo. Pero a estas alturas del curso, supongo que nadie creerá que nos iban a dejar en paz.

A cualquier noticia buena referente a nosotros le correspondía una reacción de especial intensidad justo en dirección contraria. Seguramente por ello, después de tanto esfuerzo, necesitaban continuar con su ataque, y lo hicieron apelando al más grosero de los resortes. Siempre es fácil descalificar un producto de tal porte aduciendo que, en el fondo, se trata de complacer al cliente, de manera que como nosotros pagamos dinero por el trabajo de Morgan, los americanos no tenían más opción que seguir nuestros dictados y con ellos elaborar sus conclusiones. Ciertamente falso, pero algunos que se resistían a aceptar la realidad se acogieron a semejante falacia. El mercado en su conjunto, sin embargo, lo valoró de manera más que positiva. Comenzaban a recogerse los frutos de los esfuerzos pasados, ejecutados siempre en el epicentro de una tormenta política constante.

En ese instante se me ocurrió una idea. Si Banesto tenía un problema de recursos propios, de base de capital que se dice por el mundo financiero, tal vez pudiéramos cortarlo de raíz acudiendo a una gran ampliación de capital, aprovechando el momento derivado del informe de Morgan. Por otro lado, si los americanos creían en sus propias conclusiones, nos ayudarían a llevar semejante proyecto a un puerto seguro. Incluso podría resultar posible que ellos mismos invirtieran en nuestro banco.

—Roberto, se me ocurre una cosa. Conoces el banco por dentro casi mejor que nosotros. Aquí, en España, decimos que una cosa es predicar y otra, dar trigo. Una cosa es hacer un estudio y otra, poner dinero.

—¿Qué quieres decir?

—Pues fácil. ¿Por qué no abordamos una ampliación de capital que de una vez por todas solvente los problemas de recursos propios de Banesto? Evidentemente, si vosotros ponéis dinero, ya no se trata de informar, sino de dar trigo, y del más duro que se despacha, porque pondríais dólares.

A Roberto y Violy les encantó la idea. Además, por aquellas fechas comenzaban a poner en marcha un fondo de inversión llamado Corsair, destinado a situar dinero en diferentes empresas recomendadas por J. P. Morgan, que, a su vez, era uno de los principales partícipes en el fondo. Si se anunciaba públicamente que, además de estudiar nuestras cuentas, J. P. Morgan, con todo su prestigio internacional, avalaba una operación de tan cósmica envergadura, no solo cortaríamos de raíz los rumores malintencionados, sino que, además y sobre todo, situaríamos sobre el mercado el valor que incontestablemente cotiza con mayor nitidez: dinero para el banco. Si Morgan lo ponía, muchos lo harían. Además se convertirían en nuestros socios y tener en tal condición al primer banco del mundo aportaba una dimensión cualitativa profunda.

Acaricié la idea con exquisito cuidado, teniendo miedo de que pudiera romperse antes de brotar a la vida. Roberto rumiaba. Violy empujaba.

Aquella mañana Roberto se acercó a mi despacho.

—Creo que ayudaría mucho a nuestra decisión de invertir si tú mismo inviertes tu dinero en acciones. Creo que es imprescindible para trasladar confianza al mercado.

Evidentemente, esa hipótesis vivía en mi mente con el rango de certeza. Desde luego que resultaba imprescindible mi presencia inversora. Lo sabía desde el comienzo, por lo que no tuve que emplear más de dos segundos en proporcionar a Roberto la contestación a su sugerencia.

—Por supuesto. ¿Qué cantidad crees que sería razonable?

—No sé...

—He pensado invertir unos siete mil millones de pesetas, que son unos cincuenta millones de dólares. Creo que será suficiente. Con eso aumento mi inversión total en Banesto, porque lo que ya tenía invertido es mucho dinero en el mismo saco. Ahora, más. Y es que creo firmemente en nuestro proyecto.

—Por supuesto —exclamó encendido Roberto—. Más que suficiente. Con esa señal al mercado te garantizo el éxito de la ampliación.

—Una cosa me preocupa, Roberto. 1993 está siendo un año malo para la economía española. Creo que entraremos en recesión. Eso desanimará a los inversores internacionales. Podemos encontrarnos con un fracaso y eso ser letal para Banesto.

—Todo es posible, desde luego. Es cierto que la política económica que han seguido nos está conduciendo a esto. Pero la gente sabe diferenciar. Se trata de invertir a medio y largo plazo y no se van a desanimar en una situación de coyuntura.

—Pero ten en cuenta que estamos hablando de una ampliación de casi cien mil millones de pesetas, una cifra jamás abordada en la historia de la banca española.

—Ya lo sé, pero aun así te digo que podemos tener éxito.

Bueno, pues con esta tesis de Roberto nos fuimos al vía crucis de informar a todos los organismos del Estado que debían conocer y aprobar nuestro proyecto. Cuando presentamos ante el Banco de España nuestra propuesta de aumentar el capital de Banesto en 94 000 millones de pesetas, aparte de que casi les da un pasmo, los peores intencionados comenzaron a forjar la historia de que jamás conseguiríamos cubrirla. Así se expresó Miguel Martín en la entrada nocturna al restaurante Lucio.

—Me apuesto lo que queráis a que no pasan del 30 por ciento del monto total.

Su mente almacenaba una derivada nada despreciable. Si como él pensaba —tal vez anhelaba— fracasábamos en nuestro intento, la lectura que se haría sería rotunda: el mercado ha dado la espalda a los gestores de Banesto y, claro, eso afecta a la estabilidad del sistema financiero, al normal funcionamiento de sus instituciones básicas, algo que el Banco de España no puede consentir, por lo que resultaría imperioso intervenir el banco para restaurar la normalidad.

El sofisma resulta obvio hasta para mentes no excesivamente dotadas, pero ya se sabe que en política lo que cuentan son las excusas, no las razones, porque si dispones de la capacidad de convertir ante la opinión pública una excusa en una verdad, tienes el campo despejado para hacer lo que te venga en gana. Así que nosotros mismos nos metimos en la boca de un lobo que se relamía de gusto pensando en que dentro de muy poco tiempo seríamos presa fácil para sus fauces.

La verdad es que no resultaba fácil. Sobre el papel, la aventura de convertirte en protagonista de la mayor ampliación de capital de la historia de la banca europea parecía desmesurada. España se encontraba en un momento particularmente difícil, y no solo en el terreno económico. También en el político. En conjunto el país expresaba elocuentes síntomas de una necesidad imperiosa de cambio de rumbo, y un agotado Felipe González no parecía disponer de las reservas necesarias para ello.

La política económica monetarista propiciada por Rojo, Rubio y Solchaga comenzaba a decapitar el tejido industrial español. Una peseta artificialmente sobrevalorada destrozaba las cuentas de resultados y laminaba los balances de las pocas empresas españolas que vivían de la exportación. La ciega pertenencia a ultranza de la peseta al Sistema Monetario Europeo traía daños adicionales a una economía como la española. El único consuelo residía en que, dada su artificialidad, todo el montaje estallaría en algún momento.

—Roberto, hay que tener mucho cuidado. Yo creo que esto de la banda estrecha del Sistema Monetario es una trampa mortal para algunas economías, entre ellas la española. Va a estallar.

—Los analistas de Morgan dicen más o menos lo mismo que tú.

Así fue. Mientras se escuchaba el sonido de las vestiduras rasgadas de los llamados ortodoxos del sistema, la libra, la lira, la peseta y el franco francés acabaron por saltar por los aires rompiendo los llamados límites de fluctuación impuestos dentro del forzado modelo monetario. Nos vimos obligados a devaluar. Una y otra vez. Se lo había advertido expresamente a Felipe González, quien, cautivo del supuesto acervo de conocimientos técnicos de Solchaga, no daba crédito a lo que le aseguraba. Hasta que vio cómo la peseta se desplomaba en sus propias manos. Los números de la economía no podían ser peores. La recesión asolaba el suelo hispano. El mundo industrial se encontraba bajo mínimos. La capacidad de consumo de los españoles de a pie se reducía de manera harto considerable. Era un *annus horribilis* para la economía española. En mitad de semejante espectáculo pretender atraer hacia Banesto la nada despreciable suma de 94 000 millones de pesetas tenía tintes, no ya de un voluntarismo exagerado, sino de una mentalidad legionaria casi suicida.

Pero lo hicimos. Bajo ningún concepto estábamos dispuestos a dar marcha atrás. Claro que antes de poner en marcha el dispositivo, un requisito sustancial aparecía imprescindible: que la Comisión Ejecutiva de Morgan diera su visto bueno a la inversión de su fondo Corsair. Así que tomé las maletas y me fui a Nueva York. A eso le llamo yo coger el toro por los cuernos.

¿Cómo sería J. P. Morgan por dentro? ¿Cómo vestirían sus lugares de encuentro? Inevitable acordarme de aquella visita de un año antes al sanctasanctórum de la Iglesia católica, al encuentro privado con los cardenales Etchegaray y Javierre. Ahora el mundo de las finanzas, de este costado de la existencia, el terrenal. Allí, la vida ulterior. Esta vez el *carpe diem*. Y curiosa coincidencia: parece que J. P. Morgan era el único banco americano de tradición no judaica. Vamos, que sus mandos no eran judíos profesos ni confesos ni practicantes ortodoxos ni aficionados a la Torá. Bueno, pues casi más complicado, pero por lo menos si nos aceptaban los americanos, los enemigos no tendrían el recurso ese de que se trata de una operación masónica.

Las oficinas del banco americano, enclavadas en uno de los mejores edificios de Nueva York, mostraban un gusto agridulce en el que se combinaban, no siempre con acierto, los restos de una tradición centenaria con las innovaciones propias de la última hora financiera. Allí, en su sala de reuniones, sentado alrededor de una mesa impersonal confeccionada con materiales modernos, contemplando cómo frente a mí se situaban los más conspicuos personajes de las finanzas americanas que componían la Comisión Ejecutiva del centenario banco, me sentía inquieto, agitado interiormente, pero, al tiempo, con altas dosis de seguridad en lo que tenía que decir. En el fondo, si la tesis del informe era acertada, lo que se disponían a efectuar los americanos no pasaba de ser una operación en la que ganarían mucho dinero, porque situaríamos el precio de la acción en la ampliación de capital en 1900 pesetas, y todos esperábamos ver el título cotizando en breve en el entorno de las 3000 unidades de nuestra antigua moneda. Por ello, si su trabajo se ejecutó con rigor, la decisión de invertir constituía una derivada inmediata. Esperaba algunas preguntas técnicas, ciertas consideraciones sobre la estructura del balance o de nuestro negocio al por menor. Consumiríamos minutos en temas tan abstrusos y después me anunciarían que pasarían a ser socios en Banesto. Sin embargo, el guión que imaginé no se ejecutó. La pregunta del presidente del Consejo mostró una textura diferente.

—Nos consta que si usted se presenta a las elecciones en España tendría un resultado que podría casi garantizarle ser presidente del Gobierno. ¿Tiene usted intención de dedicarse a la política?

Era lo último que habría imaginado. Así que los americanos, incluso estos que se autodefinen como la crema financiera, son incapaces de sustraerse a la fascinación del poder del Gobierno. Una pregunta semejante invadía terrenos propios de la intimidad, pero si iban a invertir dinero y confiaban en mi gestión, era lógico y hasta imprescindible conocer mis intenciones últimas. Debía contestar. Lo hice.

—Me consta que tengo opciones en la vida política. Igualmente me consta que no tengo el menor interés de dedicarme a ella. Mi vida es el Grupo Banesto, al menos durante los próximos años. El proyecto es capaz de atraerme lo suficiente. No puedo decirles que me moriré o jubilaré siendo ejecutivo bancario, pero si ustedes vienen conmigo al banco, allí estaré, al menos por el tiempo en que vivamos juntos.

Percibí con claridad que la respuesta en cuanto inversores de Banesto les gustó. Tal vez, como individuos, conocedores de que el verdadero poder es el político, no podían dejar de sentirse extrañados ante alguien que, asumiendo sus capacidades para ostentar semejante poder, renunciaba a ellas para ejercer otro que, por muy financiero que fuera, no dejaba de ser poder de segunda división. De todas formas, su nueva pregunta sonó con cierto estrépito en la sala de reuniones.

—Bien, en tal caso no tendrá inconveniente en firmar un compromiso que le vincula al banco durante todo el tiempo en que nosotros permanezcamos como inversores, con el límite máximo de, por ejemplo, cinco años. ¿No es así?

El parlamento se movía entre la impertinencia —por exigirme que coartara mi libertad— y la adulación, al considerarme imprescindible para su decisión de invertir. Reconozco que me sentí halagado. Pensé que tal vez todo quedaría ahí en una bonita respuesta.

—No tengo el menor inconveniente. Al contrario, me parece muy razonable.

Pocos días más tarde, cuando quedaban escasas semanas para que se anunciara a los cuatro vientos la ampliación de capital y la presencia de Morgan entre los inversores, firmé un documento preparado por los abogados americanos en el que me comprometía por escrito a lo que declaré verbalmente ante la Comisión Ejecutiva de aquel banco. No les bastó con mis palabras. Quisieron ponerlas negro sobre blanco. Nuevamente me sentí halagado.

El documento resultó complejo y Ramiro Núñez consumió tiempo en su confección. Se presentó en sus partes sustanciales ante la CNMV.

No solo los indicadores de la economía relataban sin rubor su enfermedad creciente, sino que, además, los vientos de la política llenaban el aire de sustancias poco agradables. La crisis en el partido socialista se desparramaba enloquecida. El enfrentamiento entre Alfonso Guerra y Felipe González emponzoñaba el partido. Curioso, pero en cierta medida tuve algo que ver con la ruptura de ese famoso dúo de la política española. Sucedió en casa de José Terceiro, hermano del que sería presidente de Caja Madrid. Ambos, al parecer, mantenían muy buenas relaciones con Polanco y, en consecuencia, con el Grupo Prisa. José, catedrático, organizó una cena en su casa, situada en las afueras de Madrid, probablemente hacia Majadahonda, a la que asistimos, además del anfitrión y su hermano, Jesús Polanco y yo. Un comensal adicional proporcionaba una guinda política nada despreciable: José Borrell, listo, atractivo humanamente, aparentemente depositario de ciertas esencias de la izquierda socialista, catalán pero no catalanista, se consideraba en aquellos días un claro valor en ascenso dentro del PSOE. Colo, mi amigo de Deusto José María Rodríguez Colorado, mucho más conocido como Colo, me habló de él en alguna ocasión porque al parecer su carrera política, la de Borrell, había recibido un espaldarazo definitivo por obra y gracia de mi compañero de Universidad. Colo le reconocía una exquisita habilidad para ascender por las escaleras del poder. Acertó durante un tiempo, pero lo cierto es que cuando aspiró a ser secretario general del PSOE, o candidato a presidente del Gobierno, que no recuerdo, una vez que Felipe, perdidas las elecciones con Aznar, decidió desaparecer del PSOE, lo cierto es que la excusa de no sé qué cosas raras de unos inspectores de Hacienda le cortaron los vuelos, las alas y la carrera política. Fue un error. Personalmente, creo que Borrell era un gran activo del PSOE, pero...

La cena no tenía objetivo específico alguno; ni siquiera eso de comer en agradable compañía, porque la ausencia de relaciones sólidas entre nosotros obligaba a que gestual y materialmente nos moviéramos en la epidermis de los asuntos que, desordenadamente, salían como motivos de conversación. Hasta que llegó la hora en la que Polanco, en presencia de Borrell y de los hermanos Terceiro, desgranó un discurso de contenido catastrofista:

—El causante de todos los males del PSOE se llama Alfonso Guerra. Si queremos que Felipe siga gobernando, es necesario que deje atrás el lastre de Guerra, no solo porque los escándalos de su familia no van a parar, sino porque, además, carece de credibilidad para las zonas urbanas, que es el campo en el que tiene que dar la batalla electoral el PSOE.

Las palabras de Polanco eran acogidas con silencio, ese silencio viscoso que nacía del miedo a la irascibilidad de su carácter y a la máquina de escribir tan poderosa que controlaba. Polanco, sensible como casi todos al halago, continuó.

—Por tanto, hay que montar una operación para quitar a Guerra de una vez del Gobierno, para romper sus relaciones con Felipe. Este lo sabe, lo admite y lo acepta. Incluso lo reclama, pero no se atreve a dar el paso. Por eso tenemos que hacerlo desde fuera.

¿Qué pintaba yo en semejante parlamento? Ni tenía especiales relaciones con Felipe ni, por supuesto, iba a participar en un movimiento semejante. Seguramente nuestra influencia en los medios, singularmente Antena 3 Televisión, se convirtió en el motivo de que se pronunciaran tales palabras en mi presencia, pero lo más probable es que la conversación caminara por tales derroteros de manera algo involuntaria, no pensada de antemano y, una vez penetrado en el recinto, mi presencia no se convertía en dique para contener su avance.

—José Borrell —continuó Polanco— es una persona muy adecuada para cotizar al alza en el futuro del partido, que necesita abandonar el modelito estrafalario del andaluz izquierdoso para situarse en un territorio más serio, como es el del catalán españolista.

Aparte del ostensible contento de Borrell al escuchar las palabras de Polanco, sobre todo las referidas a su persona, la cena dio muy poco más de sí. Pero yo me encontré en un lugar inadecuado porque escuché una conversación que nada tenía que ver conmigo. ¿Qué debía hacer con ella?

José Antonio Segurado es un hombre alto, de buena planta, grande, que camina deprisa, a veces ligeramente inclinado hacia adelante, embistiendo un poco el aire, quizá como reflejo de la energía física interior. Fue fundador y responsable del Partido Liberal en España y trabajó intensamente por la unión del centro-derecha español. Su actividad empresarial se circunscribía, aunque no en exclusiva, al ámbito de los seguros. Pero su pasión por la política era muy intensa y creo que desinteresada. Algunos me dijeron que tenía lagunas en su pasado. Pero mientras colaboró conmigo nunca me dio muestras de mente torticera. Al contrario: estaba obsesionado con la verdad y con la honradez de planteamientos. Ciertos o equivocados, como todo el mundo, pero honrados.

Yo creo que sus relaciones con Aznar, su empatía por así decir, era superficial, más que profunda. Su Partido Liberal se fundió con el PP. Segurado, a pesar de ostentar el puesto de vicepresidente, decidió dejar la política, seguramente por divergencias con Aznar y Rato. Charlamos él y yo sobre la posibilidad de que actuara como asesor del presidente, es decir, para que despachara directamente conmigo. Es un hombre con buenas relaciones con el mundo empresarial y político, con las organizaciones empresariales, con criterio más que razonable, así que aceptó. Cumplía su misión con pulcritud, elaborando informes detallados de todas las conversaciones que mantenía con personas en su calidad de asesor del presidente de Banesto. Por cierto que cuando intervinieron el banco, esos documentos se quedaron allí. Me refiero a los informes que me enviaba. En 2010, con ocasión de un programa de Intereconomía, me reencontré con él. Le pedí si me podía dar copia de esos informes, porque estaba redactando este libro y me sería de mucha utilidad poder consultarlos. No solo accedió, sino que empleó muchas horas en ordenarlos. Ocupan dos carpetas enormes.

—Esos informes fueron remitidos a ti como presidente, así que son tuyos y de su contenido me responsabilizo plenamente —me dijo con tono solemne al hacerme entrega de las carpetas.

Bien, pues José Antonio Segurado mantenía una cierta relación, más bien buena, con Alfonso Guerra, a pesar de la distancia ideológica que existía entre sus posiciones respectivas. Yo conocí al político andaluz de su mano, porque nunca había coincidido con él en ningún sarao ni social, ni político, ni universitario ni de ninguna de las especies hispanas. Acudí con Segurado a verle a su despacho oficial de vicepresidente del Gobierno y mantuvimos un encuentro que resultó algo tenso, porque, una vez más, salió el tema de los medios de comunicación y en concreto del extinto *El Independiente*.

Pero curiosamente, a pesar de la tirantez desde ese momento, una vez defenestrado de la vicepresidencia del Gobierno, con Txiki Benegas como compañero de Guerra y Segurado como asesor mío, celebré algunos almuerzos con Alfonso Guerra. No siento especial atracción por su personalidad, pero tampoco me provoca rechazo. Desde luego, sintonizo con él de manera mucho más clara y me encuentro más cómodo que, como digo, con otros miembros de su partido que dicen ser menos «radicales», claro que no sé dónde centran la radicalidad.

—José, ayer estuve en una cena y lo que escuché no me gustó nada.

Relaté con detalle lo sucedido y lo escuchado. Segurado se sintió en la obligación moral de decírselo a Guerra. Salió con dirección al despacho del vicepresidente y vicesecretario general del PSOE y le relató el suceso. Yo no estaba presente, pero supongo que Guerra se quedaría de piedra, o quizá estuviera ya barruntando algo. Desde ese instante la ruptura con Felipe se convirtió en inevitable. Alfonso Guerra —al parecer—, con la información en el bolsillo, se presentó en el despacho de Felipe, le relató la cena y le preguntó qué sucedía, si él, González, se encontraba verdaderamente detrás, sosteniendo la maniobra. Supongo que el entonces presidente del Gobierno negaría la mayor con esa facilidad para el disfraz que le caracteriza, pero la credibilidad no debió de resultar excesiva porque Alfonso, de manera fulminante, se fue a Extremadura y en una convención de su partido o algo parecido presentó, en medio del rugir de los sollozos de muchos militantes, su dimisión como vicepresidente del Gobierno.

Desde ese mismo instante se fraguó el alejamiento personal y político de los dos personajes. Alfonso contaba con muchos partidarios en el PSOE, sobre todo en las zonas rurales y, en especial, dentro de Andalucía. Sobre el papel, si movía bien sus hilos, echar a Alfonso, quitarle su poder, no parecía fácil. El primero en sentir la preocupación por el escenario fue el propio González.

En las conversaciones que Alfonso Guerra mantenía conmigo se expresaba con suficiente sinceridad. Un día de aquellos me dijo claramente:

—Mira, el PSOE quiere a su líder, tiene claro quién es, quién asume esa posición. Pero, por contra, parece que al líder no le gusta su partido, que Felipe no se siente feliz liderando un partido de base obrerista y gran presencia rural, sino que le habría encantado ser el líder de una especie de partido de cuadros, de talante centrista, educado, moderado, de base fundamentalmente extraída de la moderna burguesía urbana.

Esta mañana de 22 de julio de 2010 hablaba por teléfono con José Antonio Segurado mientras esperaba en el aeropuerto de Palma de Mallorca el avión que habría de traerle a Madrid. Además de confirmar con él lo relativo al asunto Guerra, es decir, a la información que le transmitió de la cena en casa de José Terceiro, le comenté mis impresiones de la lectura de sus informes.

—Mira, José, hay dos asuntos que veo recurrentes en todos tus informes. Uno de ellos es que, a pesar de los hechos evidenciados en informes profesionales de J. P. Morgan, resulta que eran muchos los que se dedicaban a cuestionar las cuentas de Banesto, a introducir dudas, a manejar esa técnica del rumor tan característica.

—Sin duda, así fue. Desde ámbitos financieros y periodísticos.

—En tus informes aludes a Isidoro Álvarez y a Mingo como personas que no seguían esa tendencia, sino más bien la contraria.

—Así es, en nuestras conversaciones tú mismo lo pudiste comprobar.

—Pero lo que me alucina es que esas gentes ignoraran los datos objetivos, los hechos, los informes profesionales. Es obvio que tenía que existir una motivación de otra naturaleza.

—Pues, al margen de cualquier otra cosa, lo cierto es que no podían con el enorme liderazgo social que ostentabas en la sociedad española. Eso les afectaba a muchos de manera extremadamente potente.

—Y fíjate, José, que la vida acaba poniendo a cada uno en su sitio. ¿Supiste de la declaración de Roberto Mendoza en el juicio Banesto?

—Pues no recuerdo.

—Como sabes, escribió una carta el mismo día de la intervención avalando la gestión de Banesto.

—Sí, eso lo recuerdo por la prensa.

—Bueno, pues muchos años después tuvo que acudir a declarar como testigo al juicio Banesto y ya sabes la importancia que los americanos conceden a las declaraciones testificales.

—Desde luego, desde luego.

—Bien, pues el fiscal le preguntó si creía que el plan de Banesto hubiera tenido alguna posibilidad de salir adelante sin la intervención. Era obvio que esperaba un no rotundo.

—Sí, imagino.

—Roberto le dijo que en aquellos días de 1993 su opinión positiva quedó por escrito, así que no había duda. Pero —añadió— durante estos años se había preguntado, visto con el paso del tiempo, si esa opinión que dio entonces era o no acertada.

—Sí, claro, eso añade mayor fuerza de visión.

—Bien, pues dijo que después de pensarlo a lo largo de estos años y ver los acontecimientos vividos, nadie con una visión objetiva podía seriamente negar que ese plan de Banesto habría tenido éxito.

—¡Qué bien!

—Así es, José, y con eso y todo seguirían negándolo de no ser porque la crisis financiera, esta vez la verdadera, les ha forzado a no seguir instalados en la mentira. Sucesos como el de la Caja Castilla-La Mancha por ejemplo hablan por sí solos.

—Desde luego.

—Pero el otro asunto recurrente que se deriva de todos los informes es la especie de antipatía por decirlo de manera suave que José María Aznar expresaba sobre mí debido a que siempre pensó que quería dedicarme a la política y quitarle el puesto.

—Bueno, eso era lo que pensaba todo el mundo, absolutamente todo el mundo. Nadie creía en Aznar y todos pensaban, por más que yo desmentía, que te querías dedicar a la política. Era impresionante.

—No solo eso, sino que, incluso, que tú trabajaras de asesor conmigo era visto como la prueba del nueve de mi dedicación a la política...

—Fíjate que recuerdo que un día, no sé si estará en mis informes, José María Aznar, cuando yo le negaba esa intención tuya, me dijo: «Desengáñate, José Antonio, eso es lo que te dice a ti, para que me lo transmitas a mí, pero lo que quiere es dedicarse a la política y eso me afecta a mí de modo directo.

—¡Es alucinante! Les daba igual mi contrato por cinco años con Morgan, mis constantes negativas...

—Nadie te creía, ni a ti ni a mí.

—Es que cuando algo no se quiere creer porque no conviene, pues no se cree. No querían creer la realidad financiera de Banesto ni que nosotros no estábamos en ninguna operación política. Así funcionan y por ello utilizan la técnica del rumor, tan vieja como el mundo.

—Pero ni siquiera los propios defensores de Aznar lo admitían. Pedro J., por ejemplo, en todas mis entrevistas con él me insistía en que era claro como el agua que te ibas a dedicar a un proyecto político. Como se suponía tu cercanía con él, esos comentarios de Pedro J. te hacían mucho daño.

—Yo sí que creo que quien tenía un proyecto político era Pedro J., pero esto es otro asunto. Por cierto, ¿recuerdas el posicionamiento de Luis María Anson en aquella terrible cena en mi casa?

—¡Como para olvidarse de ella!

La cena se celebró en mi casa de Triana 63, a la que asistieron Luis María Anson, Aznar y Ana, su mujer, José Antonio Segurado y su mujer Ana. Lourdes y yo actuamos como anfitriones. Aznar, entonces líder de la oposición, llevó a cabo un discurso medido, prudente, con algunos destellos de agresividad incontenida, explicando en alta voz los pasos a recorrer para ganar las elecciones, en concreto para vencer a Felipe González. Luis María Anson, cuando Aznar finalizó su exposición, tomó la palabra y con enorme frialdad y con la brillantez expositiva que siempre adorna sus parlamentos, dijo:

—Así es, en efecto, José María. Eso es exactamente lo que hay que hacer. Lo que ocurre es que tú no le ganarás nunca a Felipe González. Para que puedas ganarle tendremos que comprometernos todos en una labor muy difícil porque tú, por ti solo, jamás lo conseguirías.

El ambiente se cortaba con una pala de madera gruesa y sin tallar. La tensión ascendió infinitos grados. Los ojos de Ana Botella destilaban algo mucho más grueso que la incomodidad. Los de Aznar, una ira incontenida. Los míos y los de Lourdes no pasaban de reflejar cierta estupefacción, pero no porque nos pareciera mal el contenido de las palabras de Luis María, sino porque se atreviera a formularlas con semejante acidez delante del propio afectado y siendo invitado en mi casa, lo cual era particularmente grave porque para una mente como la de Aznar podría darle a entender que más que una cena se trataba de una encerrona contra él.

Tratando de descargar la electricidad que dominaba el ambiente, forcé un poco la voz para transmitir amabilidad cuando invitaba a todos ellos a que el café lo tomáramos en el jardín. Afortunadamente —pensé—, era verano y movernos del lugar hacia la contemplación nocturna de las luces de la piscina y las que iluminan los rincones llenos de verdor del trozo de jardín de Triana 63, contribuiría a desdramatizar un ambiente que, sin duda, se había vestido con el traje de la crispación.

No conseguí el objetivo. Anson, minutos después de sentarse en el sillón de teca situado a la izquierda de la escalera que desciende del comedor al jardín, decidió que el periódico necesitaba de su presencia. Aznar y su mujer aguantaron como pudieron el nuevo desplante, se quedaron con nosotros algún tiempo más y con el gesto torcido de una noche aciaga se despidieron en plena calle Triana, que a esas horas, algo antes de la medianoche, todavía recogía el resplandor de algunas de las luces de las ventanas de los edificios colindantes.

Volví a nuestro lugar de tertulia. La noche, calma y serena, invitaba a retozar con ella algunos instantes más. Ciertamente, Aznar no concitaba el entusiasmo ni de sus más fervientes seguidores. Aupado por Fraga a la presidencia del partido después del descabezamiento violento de Hernández Mancha, su arquitectura física, sus modales, su forma de relacionarse con los demás, sus gestos y, en general, la integridad del producto humano convertían a Aznar en alguien a quien todos consideraban un nuevo tránsito más, un experimento que volvería a fracasar y, sin la menor duda, un sujeto para quien ganar unas elecciones generales al carismático Felipe González se convertía en un imposible metafísico. Pero se equivocaron en estos pronósticos porque, con un enorme coste para el Estado, consiguió ganarlas en 1996 aunque solo por un puñado de votos.

Mis relaciones con él siempre fueron pacíficas, al menos sobre el papel. Incluso creo que le atendí cariñosamente en más de una ocasión, como en aquella cena en el Palacio Real en la que, de nuevo los comensales de pie en el salón del café y la copa, contemplamos Lourdes y yo la imagen de Aznar y su mujer, vestidos de etiqueta con un punto de demasía, absolutamente solos y alejados de todo el mundo, situados en las proximidades de la puerta de salida sin que nadie, absolutamente nadie, se acercara para mantener una conversación con ellos, aunque fuera de pura y exclusiva cortesía. Lourdes y yo, ante lo desolador del espectáculo, nos acercamos a ellos, y en tales momentos el que yo me concentrara con alguna persona tenía importancia.

El Rey, situado en el centro del salón, charlaba con algún banquero extranjero. Me mandó llamar casi a gritos. Acudí a la llamada real dejando a Lourdes con los Aznar. Noté el rictus de desagrado en José María cuando partí con dirección al círculo del Rey. A él no le llamó. Le abandonó en su soledad. Cuando le dije a su majestad que tal vez sería conveniente traer con nosotros al líder de la oposición, su gesto resultó tan expresivo que no insistí. Procuré que mi conversación se acabara cuanto antes y volví al lugar en el que Lourdes seguía con los Aznar sin que nadie, absolutamente nadie, se acercara a ellos.

Todo el mundo decía que al Rey no le gustaba Aznar. Pero en realidad no se trataba de una persona en concreto, sino que el Monarca sabe de la importancia del biotipo de líder de la derecha que pasa a gobernar después de un periodo de socialismo. El Rey siente precaución ante los fallos propios de la derecha porque presiente que para la estabilidad de la Monarquía los errores de los Gobiernos de derechas son mucho más peligrosos que los de la llamada izquierda. Por eso sentía la necesidad de que quien sustituyera a Felipe González fuera un personaje de peso, con carisma, capaz de atraer conciertos de voluntades y entusiasmos. De esta manera la Monarquía quedaría mucho más al cubierto que si el sujeto en cuestión revestía los adornos que se vislumbran en el personaje Aznar.

Almorcé con Aznar en algunas ocasiones. No conseguía superar la sensación de desolación que me embargaba cuando, consumidos los primeros treinta minutos de encuentro, el silencio señoreaba sobre nuestra mesa de comedor en Banesto. Mi invitado no seguía una conversación sobre cualquier materia referida a arte, ciencia, banca, finanzas o cualquier otro temario propio de enciclopedias de alumnos decentemente aplicados. No se manifestaba dispuesto a charlar sobre algo diferente a cómo él ganaría las elecciones, repitiendo lugares comunes y generalidades de grueso volumen. Nunca supe qué pensaba realmente sobre los principales temas de Estado. Para él la política era una pura cuestión de entrenamiento. Había que saltar un determinado número de metros y correr otros tantos en un determinado tiempo. Eso era todo. La ideología no resultaba trascendente porque el Sistema deglute las diferencias. Así que lo importante era el poder. Llegar a él. Tocarlo con las manos y los pies. Y eso, para Aznar, era pura y dura cuestión de entrenamiento, siempre —eso sí— que dispusiera del tiempo necesario. No ganaría por méritos propios, sino por desaparición del contrario. Pero ganaría, al fin y al cabo.

En mis notas de aquellos tiempos escritas en mis libros se refleja sin la menor duda el poco entusiasmo que el personaje me inspiraba, al mismo tiempo que preveía la posibilidad de que, por los juegos del azar a que tan acostumbrados nos tiene esta vida, pudiera llegar a gobernar y eso me preocupaba seriamente, porque yo, Mario Conde, era objetivo esencial de sus resentimientos, sencillamente porque mi figura recibía una valoración superior a la suya y no solo en entornos del mundo financiero de la llamada derecha económica, sino de la sociedad española en general, con independencia de la adscripción ideológica. Tal vez alguna culpa tuve yo en alimentar esas posiciones, por alguna metedura de pata cometida por imprudencia innecesaria.

Sucedió en Argentina. Nos encontrábamos en el año electoral de 1993. El propietario de un diario de gran tirada en ese país me invitó a desayunar. No se trataba de conceder una entrevista, sino de comentar a horas más o menos tempranas algunos aspectos de la actualidad en nuestros respectivos países. Acudí a requerimiento de César Catena, que entonces actuaba como socio nuestro en el Banco Shaw. En aquel desayuno comenté mi opinión sincera.

—Creo que la derecha española no dispone, todavía, de activos humanos capaces de ganar las elecciones generales a Felipe González.

Obviamente, se trató de un comentario *off the record*, sin la menor intención de que viera la luz en los rotativos. Por otra parte, no se trataba de un comentario preñado de originalidad porque cualquier banquero español, al margen de su pensamiento político, se habría expresado en términos muy similares. José Antonio Segurado es testigo de excepción de cuanto digo a este respecto.

Lo malo es que mis palabras vieron la luz en Argentina y, como se dice en el argot de prensa, se «rebotaron» hacia España y provocaron dos efectos: ante todo, una cobertura ruidosa por la prensa y, segundo, una reacción visceral de Aznar recomendándome que dejara de meterme en política y me concentrara en el banco. A pesar de todos los esfuerzos de Segurado para calmarle, Aznar parecía fuera de sí por recibir la constatación de una mera obviedad que, además, con el paso del tiempo se mostró absolutamente acertada, porque Aznar no ganó, a pesar de todos los pesares, las elecciones de 1993. Enrique Lasarte me ha asegurado muchas veces que, según a él le cuenta Jaime Mayor, aquellas palabras las tiene grabadas a fuego en sus rincones anímicos y que constituyen el soporte fundamental de la excusa para el sentimiento africano que dicen me profesa.

Con un partido socialista dividido, un Felipe González aturdido por los problemas internos de su partido, el fracaso evidente del modelo económico de Solchaga y una oposición encabezada por una persona de las características personales de Aznar, la preocupación de don Juan Carlos crecía por instantes y se elevaba a lo indecible cada vez que surgían rumores sobre la posible renuncia de Felipe a seguir siendo cabeza de lista del Partido Socialista Obrero Español.

Porque nos hemos olvidado ya, pero en aquellos días, Felipe, no sé si sincera o interesadamente, hacía correr la especie de que quería renunciar a su puesto en el PSOE y no volver a presentarse a las elecciones generales que se celebrarían ese año tremendo de 1993.

—Tenemos que dejarnos de coñas. Si sigue con esas tonterías, hay que exigirle que diga por escrito si se presenta o no, porque un asunto de semejante envergadura no puede dejarse al albur de los últimos vientos de cada día.

—Ya, pero ¿cómo le va a pedir el Rey que diga si quiere o no presentarse a las elecciones? No lo puede hacer.

El respeto, aprecio o lo que fuera que el Rey sentía por Felipe González era sencillamente desmesurado.

—¿Qué conclusión sacasteis en la reunión del otro día?

El Rey se refería a un encuentro que más tarde fue calificado como el pacto de los editores. En efecto, en la Fundación Santillana, propiedad de Jesús Polanco, nos reunimos el hombre de Prisa, Javier Godó y yo. El objetivo prioritario consistía en tratar de limar asperezas después de las luxaciones sufridas en nuestras relaciones personales y profesionales a raíz de las idas y venidas del dueño de *La Vanguardia* al vaivén de las presiones políticas.

Después de un apretón de manos más o menos ritual y sin sentimiento interior alguno, unas palabras algo forzadas en las que se decía todo olvidado, la conversación tomó rumbo hacia otros derroteros: la proximidad de las elecciones y el posicionamiento de los medios sobre los que teníamos influencia.

El primero en tomar la palabra fue Javier Godó, quizá influenciado por los instantes inmediatamente anteriores a situarnos en la plataforma de la política. Defendió con bastante rigor intelectual el derecho de sus medios de comunicación a opinar como quisieran sobre las alternativas políticas, aludiendo a que exactamente de tal guisa se comportaban sin el menor rubor los periódicos americanos que en las elecciones generales tomaban descaradamente partido por el candidato que les mereciera mayor credibilidad, naciera esta de su programa electoral o, sencillamente, del mejor ajuste a los intereses de los editores.

—El hombre que mejor puede defender nuestros intereses en estos momentos es, sin duda, Felipe González —sentenció Javier Godó.

—Sin la menor duda —enfatizó eufórico Polanco—. Nuestros problemas, a la vista de la situación económica, residen, sobre todo, en asuntos de tipo empresarial. Hay que congelar salarios, recortar su poder adquisitivo real, facilitar los despidos. Todo un programa prototipo de una derecha dura, pero ¿os imagináis a Aznar enfrentándose a los sindicatos por estos asuntos? Ni por el forro. Creo que si lo intenta nos lleva al desastre y si no lo intenta también.

Una pausa, un silencio, un movimiento de cuerpos, unos sorbos. Siguió:

—No se trata de que nos guste Felipe, que desde luego nos gusta más que Aznar, sino que para este momento, nuestros intereses reclaman que vuelvan a gobernar estos llamados socialistas para que nos hagan el juego propio de una derecha económica —concluyó en medio de una sonrisa tan intensa que casi acaba en carcajada.

Permanecí en silencio. Escuché. Realmente la confianza que inspiraba Aznar era muy escasa. Todo el mundo financiero, absolutamente todo el mundo, deseaba la victoria de Felipe. Sabían de su cansancio y agotamiento como líder, de las tensiones brutales en el seno de su partido, de los episodios de corrupción que comenzaban a asomar la cabeza en los medios de comunicación más hostiles, de los terribles problemas generados con la financiación ilegal del partido socialista, pero aun así, con todo y eso, como la talla moral, humana y política de Aznar no les convencía en absoluto, el elegido de los dioses del Olimpo financiero y mediático era, precisamente, otra vez más, el sevillano González.

Ahora llegó el turno de contarle al Rey el resultado, aunque no se necesita ser tan perspicaz como don Juan Carlos para adivinarlo.

—Pues que todos estuvieron de acuerdo en que la mejor solución, al menos la menos mala, es que gane González, señor —le dije al Rey con un tono de cierto pesimismo—. Yo, sinceramente, no estoy tan seguro y no lo digo porque me merezca crédito Aznar, sino porque tengo la absoluta seguridad de que nos encontramos ante el ocaso de Felipe y un gobernante en tales condiciones es un peligro.

—¿Qué alternativa existe? —preguntó con un punto de enojo el Rey.

—El problema es que no hay alternativa. En la vida, señor, a veces no se trata de elegir entre dos bienes, sino el más pequeño de los males.

—Pues el menor de los males es, según esas personas con las que te reúnes, que vuelva a ganar Felipe, y ellos forman parte, y muy importante, de eso que llamas sociedad civil, ¿o no?

El tono del Rey era de preocupación. Un monarca constitucional no puede inmiscuirse en estos asuntos de modo oficial, pero, claro, como persona humana tiene derecho a sentir preocupación por lo que pueda suceder, sobre todo si es consciente de que nada puede hacer para cambiar una u otra dirección. Sus gustos, sus preferencias personales puede tenerlas, pero no puede imponerlas. En el fondo, en esa conversación, solo diseñábamos enfáticamente los perfiles de una encrucijada de importancia para España.

—Bueno. Bueno. Lo cierto es que ya le he transmitido la opinión de Polanco y de Godó, y estoy seguro de que Antonio Asensio piensa exactamente igual. Por si fuera poco, no vaya a creerse que Luis María Anson tiene la menor confianza en Aznar; por lo menos en que pueda ganar a Felipe en esta situación.

—Entonces...

—Se trata de ayudar a que se imponga lo menos malo, según parece. ¿O no, señor?

Obviamente, el Rey no contestó.

Mi mente nadaba en confusión de tal calibre que carecía de argumentos de suficiente nitidez para oponerme a los silencios reales, que más que nacer del convencimiento de la bondad surgían derivados de ese instinto de conservación tan propio de los monarcas con sentido de su propia tragedia vital.

A los pocos días, Manolo Prado me dijo que, a través de Francisco Palomino, cuñado de González, había recibido el encargo del presidente de organizar una conversación a solas conmigo. Por si pudiera afectarle, antes de aceptar se lo comuniqué al Rey. El Rey me transmitió que el hecho de que yo mantuviera una buena relación con González, con el presidente, era algo que lógicamente veía bien el Rey.

Las fluctuaciones propias de un ser sometido a los juegos de la política se mostraron con evidencia pocos días después, porque González no quería ahora un encuentro en la soledad de nosotros dos, sino que prefería encerrarlo en mitad de un terreno más o menos neutral y suficientemente extenso en atributos como para poder envolverlo en algún caparazón que le hiciera perder nitidez de contornos. Así nació la idea de encontrarnos Palomino, González y yo en la finca que en Andalucía, concretamente en los linderos de Huelva, tiene Manolo Prado, a quien, sin la menor de las dudas, le resultaba fascinante el papel de anfitrión y muñidor de semejante encuentro en la cumbre. Sentirte protagonista de los acontecimientos históricos provoca un entusiasmo inversamente proporcional a la percepción de la futilidad humana.

A primeras horas de la mañana del domingo 28 de marzo del año 1993, acompañado de un solo miembro de mi seguridad, consumí los kilómetros que separan mi campo sevillano del onubense de Manolo Prado. González y Palomino llegarían algo después. Aproveché el intervalo para llamar al Rey. A mi pregunta, algo impertinente después de tantas horas de conversación consumidas en torno al mismo asunto, de si estaba seguro de lo conveniente del encuentro, en tono suave pero firme, despejó cualquier duda.

—Muy bien, señor. Le contaré.

Felipe González y Palomino llegaron a eso de las doce menos cuarto. Manolo Prado acudió a recibirlos y juntos atravesaron los pórticos de la espléndida casa de campo de Manolo para salir al jardín, en el que deliberadamente permanecía esperando a los ilustres invitados. Mi primera sorpresa la recibí al comprobar el saludo con el que González se dirigió a mí.

—Hombre, Mario. No sabía que estabas aquí.

Resultó ridículo. Fue él quien pidió la entrevista. Fue él quien diseñó el lugar del encuentro. Fue él quien exigió ser acompañado de su cuñado.

El ambiente comenzó a tomar cierta temperatura cuando abordé el gran asunto del momento: la corrupción de los socialistas al financiarse ilegalmente a través de un montaje llamado Filesa, que ocupó cientos de páginas del diario *El Mundo*. Pedro J., que obtuvo la información a través de algún canal que desconozco, se dio cuenta de que el escándalo, además de costarle votos al PSOE y dejar a González en una posición más que comprometida ante buena parte de su electorado potencial, se traduciría en un éxito periodístico capaz de ayudar de manera decisiva a consolidar el periódico en un entorno de mercado ciertamente difícil. Buena vista. Exactamente fue lo que sucedió.

González, visiblemente irritado por los acontecimientos, decidió explicarme con todo lujo de detalles el origen de semejante adefesio financiero-político.

—El problema, Mario, deriva del referéndum de la OTAN. Espero que estés de acuerdo conmigo en que fue una canallada de parte de la derecha española y de su líder de entonces, el inefable Fraga Iribarne, mantener una postura tan irracional respecto de la entrada de España en el Tratado militar. Fraga antepuso los intereses de su partido y los suyos propios a los de España en un acto de egoísmo que tantas veces nos ha mostrado la irredenta derecha española a lo largo de la historia.

Comencé a acostumbrarme a que los parlamentos de González se tornaran lentos, llenos de circunloquios, con intenciones de profundidad en el análisis. Bebió algo de café con leche, se inclinó hacia atrás en el espléndido sofá del porche principal de la casa, detuvo su mirada por unos instantes en la lejanía del horizonte, tomó aire y cansinamente —que suele resultar más elegante— continuó.

—Tuve que asumir la responsabilidad histórica de cambiar la percepción, la sensibilidad del partido socialista, en defensa no solo de España, sino del equilibrio del mundo occidental. Abordé algo que suponía invertir nuestros programas originarios. Pero sentía la responsabilidad de llevarlo a cabo en mi tarea de modernizar este país y, al mismo tiempo, adecuar mi partido a las nuevas realidades que, nos guste o no, nos toca vivir.

Nuevamente se detuvo. Miró a su cuñado, recibió signos de aprobación y prosiguió.

—Claro que para todo se necesita dinero, y para semejante labor, mucho más. Nos tuvimos que endeudar. El referéndum y sus derivadas nos costaron una deuda de seis mil millones de pesetas, que, con intereses bancarios, nos llevó a los nueve mil millones. Una cantidad ingente. Además, imposible de pagar. Todo por beneficiar a nuestro país con el coste adicional de vencer la cerrazón de una derecha intransigente.

»Por ello nos dirigimos como partido a los banqueros que nos habían prestado el dinero, para buscar soluciones. Nos aseguraron —y de eso sabes tú, Mario— que la condonación en cifras tan importantes era imposible. Fue a Pedro Toledo y Sánchez Asiaín, con los que teníamos más confianza, a quienes se les ocurrió la idea de que buscáramos algunas empresas que pudieran presentar facturas; ellos las pagaban, las contabilizaban y en paz. El sistema funcionó y así nació Filesa.

Las palabras de Felipe rezumaban sinceridad en este punto, aunque más cierto sería asegurar que si bien el origen de Filesa fue el que me describió, es muy posible que, consumido ese turno, ciertas gentes del partido se aficionaron al modelo y lo siguieron utilizando para finalidades distintas de las de sufragar el coste del referéndum de la OTAN. Tampoco quise lastimarle más, entre otras razones porque conocía que todos los partidos, en mayor o menor medida, utilizaban el procedimiento. Y sobre todo porque el modo y manera de hablarme me permitía mantener el convencimiento de que él no sabía nada, no participaba ni estaba informado de esas derivadas ulteriores.

En una de mis primeras asistencias a las comidas de presidentes de bancos, el viejo Escámez planteó el reparto de dinero a entregar a los partidos, vía concesión de créditos oficiales para sus costes electorales. En aquella comida, un ingenuo Mario Conde aseguró a los demás comensales, con ese calor tan propio de la inexperiencia, que no deberíamos tratar semejante asunto porque si por un casual se enteraba la gente, dirían que cortocircuitábamos la democracia. Todos guardaron silencio. Escámez delineó una ligera sonrisa en la que unos espabilados podrían leer «¿de qué democracia nos hablas?». Unos segundos en silencio y pasamos a otro asunto.

Además conocía muchas cosas de financiación de partidos, de Convergència, del PP, de Izquierda Unida, de personalidades singulares de algunos partidos... Las conocía porque me tocó vivirlas. Las retenía con total nitidez en mi memoria y en mis libros de notas.

Por eso no podía romperme las vestiduras delante de González por el hecho de que Filesa fuera utilizada para financiar al partido socialista, y no solo en el referéndum de la OTAN.

—Me encuentro en una posición muy comprometida en este miserable asunto —prosiguió González—. Algunas personas me han llamado para ofrecerme listados de ordenador de entidades bancarias en donde se ve con claridad cómo la corrupción alcanza a otros partidos políticos. Sin embargo, me resisto a utilizar todos estos datos porque eso sería tanto como italianizar España.

—En realidad España ya está italianizada —intervine—. Lo que ocurre es que la mierda se la está llevando en exclusiva el partido socialista.

—Ya. Pero si perdemos las próximas elecciones va a resultar imposible controlar a mi partido en el Parlamento y saldrá la mierda de todos.

—No es tan fácil. Cuando se ganan unas elecciones se dispone siempre de un periodo de gracia en el que se vive con inmunidad frente a determinadas informaciones. En todo caso, la gente se preguntaría por qué sacáis ahora a la luz esos datos pudiendo haberlo hecho antes. No es tan fácil.

—Ya sé que no es tan fácil, pero la posibilidad de llenar de mierda la vida política española no es despreciable. Por ello, como presidente del Gobierno estoy estudiando una especie de comisión real para analizar el problema de la financiación de los partidos políticos.

—¿Una qué? —pregunté elevando el tono de voz y marcando ostensiblemente el asombro que me habían producido sus palabras.

Felipe, sin inmutarse por mi gesto, continuó.

—Se trata de conseguir diez o doce empresarios que vayan a ver a los partidos de la oposición, fundamentalmente al PP, para decirles que cesen en este asunto de la financiación ilegal, porque de otra manera ellos se verían citados ante esa comisión real y tendrían que contar la verdad bajo juramento.

—Ya, pero pienso que es ilusorio creerse que vas a encontrar empresarios o banqueros que tomen la iniciativa para ir a hablar con la oposición, sobre todo si se creen las expectativas electorales que tenemos por delante.

—Yo me fumo un puro si tengo que dejar la política —decía con visibles muestras de enfado interior el presidente del Gobierno—. Además, fuera de la política es donde puedes tener amigos de verdad.

—No son verdad ni una cosa ni otra. Ni te fumas un puro si dejas la política, ni es cierto lo de los amigos. Los hay dentro y fuera de la política, como en la vida financiera. Otra cosa es que te creas que quienes te adulan son tus amigos y quienes te cuenten la verdad tus enemigos. Depende de uno mismo. Yo no soy gilipollas y sé que cuando alguien me adula es que quiere algo del banco.

Cuando a Felipe González le acorralas, aunque sea levemente, siente tendencia inmediata a mutar de conversación, a girar hacia derroteros diferentes, que siempre suelen acabar en discursos algo grandilocuentes. En aquel instante, después de mi tono de cierta impertinencia, se decidió a seguir con su costumbre, abandonar el asunto de la financiación ilegal y extenderse en un discurso referido a la historia de España de estos dos últimos siglos. Manolo Prado, su cuñado Palomino y yo atendimos a la exposición, que, justo es reconocerlo, no estuvo nada mal. Lo que quedaba patente tras sus palabras era la peligrosa tendencia a la digresión intelectual, a perderse en lo etéreo. De repente, sin motivo aparente alguno, abandonó su nube particular, se acomodó en el sillón buscando la postura más confortable, esbozó un amago de sonrisa y comenzó a hablar de nosotros dos.

Su tono rozaba el paternalismo cuando me aseguraba que, con independencia de manipulaciones recibidas de otros, la verdad sobre mí la conocía muy bien. Ese tipo de afirmaciones presuntuosas me molestan profundamente, así que sin pensarlo dos veces le dije:

—Eso no es así. Lo que es verdad sobre mí lo sé yo, como lo cierto sobre ti lo conoces tú. Si quieres te contesto si es correcto o incorrecto lo que piensas sobre mí, pero en modo alguno te atribuyo el monopolio de la verdad sobre hechos de mi vida.

De nuevo un tono desacostumbrado para él. De nuevo el silencio. No quería, curiosamente, penetrar en profundidad. Y eso que fue él quien inició la conversación. Quizá pensara que yo diría algo así como agua pasada no mueve molino, pero no. Ni mucho menos. Quería mover la piedra de ese molino.

—Me dijiste que querías hablar de seguridad. Preparé todo lo que concernía a ese asunto. Esperé. Nadie me llamó. Mientras tanto desde ciertas instancias del Gobierno se vertían rumores que me acusaban de esas prácticas. Me tratasteis de cortocircuitar en asuntos de medios de comunicación. Se presionó a Godó..., en fin, este no es lugar para lista de agravios, pero te vuelvo a decir, con todos mis respetos, presidente, que tenemos esa conversación pendiente desde tiempo atrás.

Nuevamente silencio. Estaba claro: de eso no quería hablar, y seguramente mucho menos delante de Palomino y Prado. Escapó de la conversación, ahora desviada hacia un nuevo discurso teórico: la modernización de España y las fuerzas de regreso. Confieso que hizo un buen discurso, en el que apoyé muchas de sus consideraciones.

Llegó el momento de hablar de la Corona. Estaba claro que la «presencia no corpórea» del Rey se sentía en aquel encuentro. El turno de palabra correspondió a Manolo Prado. Su discurso fue exquisitamente amable.

—Tengo que decir con mucha satisfacción que el comportamiento de los socialistas en general y del presidente Felipe González en particular en sus tratos con la Corona ha sido impecable. Sin embargo —añadió Manolo—, puede no ocurrir lo mismo si gobierna la derecha porque con su peculiar manera de ser puede afectar a la Monarquía. Incluso de manera letal.

Felipe dio muestras de sentirse halagado por semejantes palabras, que al ser pronunciadas por Manolo Prado de alguna manera respondían a la posición del Rey. Contestó concediéndose importancia, que obviamente la tenía, porque era el presidente del Gobierno.

—Hombre, hablar de caída de la Monarquía es posiblemente excesivo, pero, desde luego, el comportamiento de la derecha va a ser muy distinto porque tratarán de utilizar al Rey en su beneficio y eso creará muchos problemas.

Mientras se conversó sobre la Corona mantuve un prudente y distante silencio. El nombramiento de Almansa flotaba entre nosotros.

Concluyó la reunión. Felipe y su cuñado partieron por donde llegaron. Yo también. Mientras recorría de vuelta los kilómetros que me separaban de Los Carrizos, pensaba en la complejidad de la situación. Un líder carismático cuya fuerza se acababa por momentos; frente a él un personaje en el que nadie creía, que al decir de muchos carecía de carisma, de programa y de ideas políticas, pero al que también muchos votarían sencillamente por cansancio con los socialistas.

¿Qué ocurriría en las elecciones? Seguramente ganarían los socialistas, a pesar del inmejorable momento para la derecha. ¿Es bueno para nosotros? Tal vez, porque lo cierto es que las relaciones con González —me decía— funcionan de manera inmejorable. Si vuelve al poder, ya me ha dicho que quitará a Solchaga, con lo que una de nuestras preocupaciones desaparecerá de la escena político-financiera. Por ello, al llegar a Los Carrizos marqué el teléfono que usábamos el Rey y yo en nuestras conversaciones y le dije:

—Misión cumplida, señor.

En aquel momento, sin embargo, no acerté a entender que para nosotros una derrota de Aznar, sobre todo si se producía sin mayoría absoluta del PSOE, constituía una trampa mortal, el más letal de los escenarios. En tal caso Felipe sentiría su agotamiento, pero percibiría con nitidez la incapacidad de Aznar para ganarle. Si perdía en tales condiciones, sus posibilidades de llegar a la Moncloa se reducían extremadamente. A los socialistas les bastaba con no cometer demasiados errores para seguir instalados en el poder. Aznar, por su parte, percibiría su extrema debilidad. Su derrota se acogería con indescriptible decepción en el mundo de la derecha, a pesar de los pronósticos de que algo así se produciría.

En semejante entorno un personaje concitaría las iras y los odios de unos y otros. Del PSOE, porque se trataba de eliminar el único enemigo potencial realmente peligroso. A los otros, porque ante su derrota las referencias de ese personaje como alternativa a su proyecto político cobrarían mucha mayor entidad. El personaje era Mario Conde. Confieso con sinceridad que no me percaté de semejante obviedad. Supongo que Felipe González y Aznar sí. Era solo cuestión de tiempo encontrar el modo de eliminarme del escenario.

21

El 1 de abril de 1993, cumpleaños de mi hija Alejandra, moría en Pamplona don Juan de Borbón, padre del Rey. Imposible olvidarme de aquel día en el que tuvo que abandonar forzosamente la visita a Los Carrizos que habíamos preparado meticulosamente y con mucha emoción, para desplazarse de urgencia a la prestigiosa clínica del norte, al parecer vinculada a la orden del Opus Dei. Desde ese preciso instante la vida de don Juan no pasó de ser un transitar penoso hacia la muerte.

Cada día su aspecto ensombrecía más las perspectivas de duración de su espacio vital. Las dificultades para hablar, que arrastró durante los últimos años de su vida desde que fue operado del cáncer de laringe, se transformaron en una imposibilidad absoluta de pronunciar un atisbo de palabra audible. Lourdes y yo le visitábamos con cierta frecuencia en su habitación de la clínica. No deseaba que los medios de comunicación alardearan de nuestra presencia, así que con el avión del banco despegábamos de Madrid en la tarde del día de visita para aterrizar en Pamplona, desplazarnos a toda velocidad a la clínica, entrar por la puerta de camillas y subir a la habitación en la que nos esperaban don Juan y Rocío Ussía. Aquella tarde, mientras leía serenamente en el despacho de mi casa sevillana, en Los Carrizos, asumiendo que más tarde o más temprano tendrían que anunciarme el final definitivo de don Juan, recibí la llamada de don Juan Carlos.

—Mario, lo que voy a decirte te honra. Ayer estuvimos viendo a papá toda la familia. Le queda muy poco tiempo de vida. Te pido que vayas a verle porque nos dijo claramente que es a ti a quien quiere ver, así que, por favor, vete el lunes a Pamplona.

—Por supuesto, señor, por supuesto.

Llamé al banco para decir que el lunes llegaría por la tarde y que, por tanto, cancelaran las citas previstas para la mañana. Que dijeran a los gestores del avión que despegaríamos a las 8.30 del lunes, pero con dirección a Pamplona.

Llegó el lunes. A eso de las ocho de la mañana, cuando ya salía con destino al aeropuerto sevillano, de nuevo el Rey.

—No vayas, Mario. No merece la pena. Se muere.

—Ya, señor, pero me gustaría verle por última vez.

—No llegarías a tiempo. Es posible que mientras hablamos ya esté muerto.

Acepté la sugerencia real, no sin sincero dolimiento interior, y despegué de Sevilla con rumbo a Madrid. Esperé paciente en mi despacho, rodeado de soledad, a que el Rey me llamara para comunicarme el desenlace. Transcurrieron dos o tres días. Por fin, el teléfono que utilizábamos para nuestras comunicaciones sonó a las tres y media de la tarde. La voz del Rey dejaba ver tonos de descomposición.

—Acaba de morir.

—Lo siento mucho, muchísimo, señor.

No pude evitar que las lágrimas salieran de mis ojos. Quería mucho a don Juan. Quizá en esos instantes de soledad en mi despacho del banco comprendí hasta qué extremo germinó cariño en mi interior por aquella persona. Sin saber por qué presentí que su muerte afectaría a mi vida. Mientras mi coche blindado, conducido por uno de los miembros de mi seguridad, me desplazaba hacia La Salceda, envuelto en el dolor, visualicé que el futuro de España hubiera sido otro si Dios hubiera prorrogado algo más la vida de don Juan.

Antes de salir a las tierras del Milagro, llegó a mi despacho de Banesto Luis María Anson. Deseaba que algunos personajes de la vida española escribieran algo sobre don Juan. Me relató que en sus conversaciones con él, le había sorprendido el profundo afecto que el padre del Rey sentía por mí, y su seguridad —esa fue la palabra que manejó— de que mi futuro personal sufriría con los avatares de la política. En aquellos instantes, Luis María deseaba de mí un artículo sobre el ilustre fallecido para que apareciera en el diario *Abc* del día siguiente. Me situé sobre el ordenador de mi despacho y comencé a escribir. Las palabras, las frases, las ideas, los sentimientos que llenaron las hojas de papel blanco que entregué a Luis María fueron, sobre todo, un producto de una espontaneidad en la que ocultaba un trozo del dolor que sentía. Lo titulé con un «Buenas noches, señor. Hasta mañana», una frase marinera que encajaba a la perfección con lo que en aquellos instantes sentía.

El lunes siguiente nos encontramos en su despacho oficial el Rey y yo. Nos abrazamos en silencio. Ninguna palabra hubiera servido para nada. Cuando los sentimientos te invaden llenando hasta el último rincón de tu espíritu, cualquier sonido exterior, además de estridente, resulta estéril. Cuando deshicimos el abrazo y en nuestros ojos se percibía con claridad lo que sucedía en nuestros interiores, el Rey me dijo algo que no olvidaré.

Don Juan y don Juan Carlos se forjaron en distintas tierras, sorbieron diferentes aguas, vivieron momentos de textura diversa. Tal vez por ello sus personalidades divergían. Curiosamente, cada día que veo al Rey, ahora que han transcurrido muchos años desde entonces, percibo cómo en sus andares, en sus movimientos, en la nueva forma que cincela su cuerpo, el parecido con su padre es cada instante más asombroso. A veces siento emoción al percibirlo. Aun así, admitiendo esta similitud de arquitectura física, las diferencias que separaban a uno y otro siguen siendo, en mi opinión, intensas.

El Rey, superado con la muerte el conflicto histórico, aquel que nos llevó a discutir en el jardín del Lobillo, no dudó en confeccionar para su padre unos funerales que tuvieran la grandeza de los que corresponden a un rey. Admitió sin ningún enfado que Luis María Anson diera rienda suelta a una de sus obsesiones favoritas: atribuir a don Juan el papel en la historia de Juan III, rey de España. No solo el cariño por el padre del Rey le movía a ello, sino, además, la percepción de que la ruptura dinástica es un adefesio cuando de la Monarquía se trata.

La muerte ocupó uno de sus papeles centrales: instrumento de extinción de conflictos. La muerte convierte en bellas a ciertas obras pictóricas que no superan el listón de la vulgaridad, transforma en lágrimas los sentimientos de odio, muta en perdón la ira incontrolada. Claro que todo ello sucede por su característica esencial: lo inevitable. Transmutarse ante lo inevitable suele ser un atributo de los humanos. Incluso de quienes se llaman reyes. No deja de ser un consuelo.

El Rey le concedió la Grandeza de España a Luis Gaitanes, inseparable e incansable compañero de don Juan. Yo le pedí que hiciera baronesa a Rocío Ussía, la hija de Luis, que había dedicado su vida a don Juan. No lo hizo y no acabé de entenderlo, sobre todo después de ciertas concesiones efectuadas antes.

Los acontecimientos comenzaban a agolparse a mi alrededor con esa determinación fatídica de las conjunciones astrales. La estrechez de Aznar. La cuesta abajo en el carisma de González. La presencia del banco americano con nosotros. Ahora la muerte de don Juan.

En sus funerales, en un pequeño aparte, Felipe González me comunicó que convocaría elecciones de inmediato. Parecía, por tanto, que aquella conversación en casa de Manolo Prado se había saldado positivamente. Ruiz-Gallardón me aseguró que si perdían nuevamente tendrían que dimitir todos los que componían la cúpula del partido de la derecha. Llamé al Rey. Me dijo que se iba de vacaciones a Tenerife.

—Pues prepare el avión, señor, que tendrá que venir a firmar el decreto de convocatoria de elecciones, porque Felipe las va a convocar ya mismo.

—¿Cómo lo sabes? —dijo con tono de cierta irritación.

—Me lo dijo en el funeral de don Juan.

Felipe convocó elecciones. El Rey volvió de Tenerife.

Felipe volvió a ganar y Aznar volvió a perder. Carecían los socialistas de mayoría absoluta, pero aun así el triunfo fue espectacular. Nadie en el PP se planteó lo que dijo Gallardón: nadie dimitió, ni siquiera se les pasó por la cabeza. Una cosa, en efecto, es predicar y otra, dar trigo.

A la mañana siguiente, a eso de las nueve y media, del 7 de junio de 1993, recibía en mi despacho la llamada de un eufórico González.

—Enhorabuena, presidente. Pero ¿qué haces llamándome a estas horas? Tendrías que estar celebrando el triunfo.

La llamada conectaba con mis deseos de que hablara con el líder portugués para solucionar el asunto Totta y Azores, pero, en cualquier caso, Felipe evidenciaba con su gesto el magnífico estado —teórico al menos— de nuestras relaciones personales llamando a horas tempranas del día siguiente a su triunfo electoral. Y no para algo que a él le interesara, sino para uno de mis sueños frustrados: una entidad financiera de dimensión ibérica.

En mitad de aquel gigantesco despacho comencé a sentir en mis carnes la inmensa inquietud que me provocó la victoria socialista y la pérdida de credibilidad de Aznar. Los medios no lo lapidaron porque carecían de alternativa. No quedaba más remedio que aguantar, pero presentí que la animadversión de Aznar para conmigo subiría enteros cada día. Hiciera lo que hiciera yo y aunque permaneciera en la más absoluta inmovilidad.

El 13 de julio resultó un día intenso. Almorzamos en casa de Paco Sitges. Don Juan Carlos ya tenía información del nuevo Gobierno.

Esa misma noche del 13 de julio Lourdes y yo cenábamos en el Ministerio de Defensa con Julián García Vargas y su mujer, Araceli Pereda, directora de la Fundación Cultural Banesto. Julián acababa de ser ratificado como ministro de Defensa, no sin cierta tensión previa.

Conocía poco, relativamente poco, a Julián García Vargas. En mis encuentros tuve la sensación de que estaba ante un hombre bien formado intelectualmente y con profundos conocimientos de economía, y que en general no encajaba demasiado bien en el biotipo del político triunfador porque creo que era buena persona. Mantenía buena relación de amistad con Antonio Torrero, que llegó de mi mano al Consejo de Banesto en 1987. Julián estaba casado con Araceli Pereda, una mujer guapa, trabajadora, inteligente, convencida de sus ideas. Me la recomendaron para el puesto de directora general de la Fundación Banesto y, después de entrevistarme con ella, acepté encantado la sugerencia. Algunos dijeron que fue nombrada para acercarme a su marido. Profunda idiotez. Araceli tenía méritos sobrados y capacidad sin fisuras. Además, para ese acercamiento no necesitaba más que una sintonía personal, que, por cierto, existió desde el primer momento.

—Fíjate que cuando Felipe me llamó a su despacho —me contó Julián— su primer ofrecimiento me desconcertó. Me propuso ser ministro de Industria, a lo que me negué en rotundo, asegurándole que si quería que ocupara alguna responsabilidad en el área económica, solo podría ser asumir la cartera de Economía. Felipe no se inmutó; permaneció unos segundos callado y, por fin, me dijo: «Bueno, quédate en Defensa, que, al fin y al cabo, es lo que quiere el Rey».

No quise desvelarle mis pensamientos íntimos. Mi convencimiento de que las relaciones de Julián conmigo evitaron su cartera de Economía disponía de profundas raíces. Es más que posible que don Juan Carlos, con esa habilidad para la sutileza de la que hace gala en algunas ocasiones, consiguiera sugerir el nombre de Julián como hipotético titular de la cartera de Economía, aunque con esa suavidad que utiliza en esos casos, añadiendo que si no podía ser, lo mejor residiría en su continuidad al frente de Defensa. No quise profundizar más en la herida por la que respiraba Julián, quien seguía interesado en hablar de política.

—Lo que resulta evidente es que el modelo socialdemócrata tradicional ha fracasado. El PSOE tiene que reconducirse por el campo del liberalismo. No podemos seguir aferrados a ideas que han saltado por los aires a golpe de realidad, pero, eso al margen, el gran problema de este país sigue siendo la sustitución de Felipe. Quiero que sepas que en el seno del PSOE lo hemos hablado y algunos creen que la solución eres tú, y que, además, tú lo sabes y por ello has huido del enfrentamiento público con Felipe.

—¿Yo? —pregunté elevando la voz y queriendo transmitir el máximo posible del asombro que me producía semejante confesión.

—Sí. Disponemos de encuestas que aseguran que en estos momentos tendrías, para empezar, el 20 o 25 por ciento de los votos.

Eso no te asegura mayoría absoluta, pero una fuerza de semejante calibre podría ser de enorme utilidad para el país.

La noche madrileña inundaba con tibieza la inmensa terraza de la planta en la que se encontraba la vivienda del ministro. Paseamos silentes, amparados por una luna menguante. No quise pronunciarme sobre la sugerencia de Julián. Dejé que la noche extendiera su manto. Mientras volvía a casa medité sobre mi situación: las cosas se me estaban complicando mucho. No fui capaz de llegar más lejos. Posiblemente no deseaba hacerlo.

En todo caso, yo no era solución para esos asuntos porque tenía los míos propios, además de los compromisos en firme ya suscritos con J. P. Morgan y un anhelo: el sueño ibérico.

Seguramente debido a que en la parte de mi familia gallega procedente del delicioso valle de Covelo algunos emigraron a zona lusitana, quizá porque he vivido en la sangre de mi sangre que España y Portugal constituían dos realidades que vivían de espaldas («de costas», que dicen ellos), quizá porque mi abuelo, Antonio Conde, fue muy activo como presidente de las Juventudes Gallegas, es posible que debido a que latiera en mi fuero interno algún atisbo de espíritu imperialista que, ante la imposibilidad de convertirse en realidad en países mejor dotados que los nuestros, buscara satisfacer sus ansias en Portugal, más asequible a nuestras capacidades reales, tal vez porque sintiera, como gallego, que la historia del reino de Portugal y del Condado Portucalense es debida al modo y manera en el que ciertos reyes trataron nuestras tierras, seguramente por todo ese conjunto de factores, soñé con constituir una gran entidad financiera que cubriera los mercados de España y Portugal.

La oportunidad se nos presentó cuando el Gobierno portugués, abandonando los impulsos dogmáticos que llevaron a los artífices de la llamada revolución de abril a nacionalizar cualquier vestigio de entidad financiera, comenzaron a privatizar las entidades que a golpe de decreto tiempo atrás habían pasado al erario público. Entre ellas, la estrella de las estrellas era el banco portugués Totta y Azores, un clásico lusitano del mundo financiero, una especie de símbolo, un emblema que traspasaba su dimensión bancaria, un cierto distintivo de la independencia financiera de Portugal.

En la subasta que se convocó al efecto concurrimos con nuestras mejores capacidades y conseguimos comprar un 10 por ciento del banco. Pero con semejante porcentaje no podíamos movernos con comodidad, ni desarrollar una estrategia de conjunto, ni aprovecharnos de las inversiones efectuadas en tecnología. En fin, que debíamos seguir comprando. El problema residía en que las autoridades portuguesas, en un movimiento extremadamente nacionalista, impidieron a cualquier entidad extranjera adquirir más allá de semejante porcentaje. Y los españoles en Portugal somos más extranjeros que otros. Sobre todo si se menciona el imperialismo españolista y se excita al alma profunda de los portugueses que late escondida en el espíritu de Aljubarrota.

No tenía alternativa. Si el mercado único financiero algún día dejaba de ser una entidad puramente virtual para consumo de discursos políticos y se convertía en algo tangible, las trabas a la compra de bancos portugueses por entidades españolas desaparecerían en la hoguera de la fuerza de los hechos. Mientras tanto, teníamos que actuar. Y en estos casos las cosas no son excesivamente complejas. Sencillamente, contratas a unos abogados portugueses, buscas unas pantallas jurídicas de su nacionalidad que compren acciones del banco, firmas con ellos unos acuerdos de fiducia y a esperar a que las cosas cambien. Se corren riesgos, no cabe duda, pero no existe actividad empresarial sin riesgo. Cuando los Estados, o sus Gobiernos, quieren poner puertas al campo, consiguen generar ciertas disfunciones, provocar algunos pequeños terremotos a corto plazo, pero cualquier iniciativa de semejante porte se encuentra condenada al fracaso. Más tarde o más temprano. En el espacio intermedio se asumen los riesgos y en paz.

Así lo hicimos. Apareció en mi vida un hombre difícil, de apellido Roquette, accionista del banco portugués. Nunca fui capaz de adivinar sus intenciones últimas. Creo que al igual que en muchos humanos que conocí a lo largo de mi vida latían en su interior dos fuerzas contradictorias, con distintos anclajes cada una. Por un lado quería ser un hombre de su tiempo, alguien abierto al pensamiento europeo, una persona decidida a enterrar el espíritu de Aljubarrota. Ahora percibo en Galicia que este sentimiento está cambiando. Sería muy recomendable en aras de una mejor convivencia entre todos. Por otro, sin embargo, no podía olvidar que trabajó como empleado de banca en el Espíritu Santo, una entidad dominada por una familia portuguesa que no le trató con excesivas consideraciones. Roquette siempre soñó con ser un Espíritu Santo. Más pequeño si se quiere, pero del mismo porte cualitativo. Para ello necesitaba ser dueño del Totta y Azores. Un sueño de muy difícil despertar. Entre ambos sentimientos modelaba una conducta que en la mayor parte de las ocasiones se convertía en incomprensible. Parecía aliarse con el Gobierno portugués en sus intentos de impedir nuestro dominio sobre el banco portugués, mientras, por otro lado, después de unas largas negociaciones que mantuvimos en La Salceda, aceptó, firmó y asumió el compromiso de vendernos las acciones de las que él y sus socios aparecían como titulares. Las cobró anticipadamente, por supuesto, porque la tercera derivada del carácter complejo de Roquette habitaba en el vil metal: le encantaba el dinero, se sentía a gusto poseyéndolo.

¿Y nosotros? Pues con independencia de este hombre y de sus fluctuaciones de carácter, vivíamos en la paranoia legal y política. Y digo esto porque, aunque cueste creerlo, ser dueños del Totta y Azores nos penalizaba ante el Banco de España porque no podíamos decir la verdad. Un objetivo loable, una estrategia acertada se traducía, por mor de las complejidades contables en España y de las adherencias nacionalistas en Portugal, en una especie de círculo diabólico en cuyo centro nos situábamos nosotros. Si queríamos comprar el banco teníamos que usar testaferros hasta que el Gobierno portugués entendiera lo inevitable. Pero con testaferros tampoco podíamos justificar la verdad ante el Banco de España, así que nos daban por los cuatro costados. Y, encima, como mis relaciones con el Gobierno no eran excelentes, pues ni siquiera podía pedir apoyo político. Vamos, un galimatías de esos capaces de acabar con los mejores deseos empresariales de cualquiera.

Pero, como ya he contado, a partir de un determinado momento, seguramente alimentado por la sensación de debilidad política en el presidente del Gobierno de entonces, mis relaciones con González mejoraron y ya dispuse de la oportunidad de contarle mi tesis, mi sueño de la Europa del Sur.

A Felipe González le gustan esos discursos grandilocuentes. Confieso que a mí también, pero solo cuando gozan de verdadera sustancia.

—Mira, presidente, yo veo que la llamada Europa Unida se traducirá en un nuevo eje de poder en el centro físico del continente, de modo que el papel de los países del Sur, más atrasados tecnológicamente y en acumulación de capital, podría sufrir las consecuencias de ese nuevo modelo en el que la colonización interna del Norte sobre los países ribereños del Mediterráneo más tarde o más temprano podría convertirse en una realidad imparable.

Desde 1989 había expresado mis reticencias al modelo de Unión Monetaria. La razón era muy clara: los países que van a constituir la Unión tienen economías asimétricas. Dicho en román paladino: que no son iguales y unos tienen mejor competitividad que otros. Y como el mero hecho de tener una moneda única no provoca mejora en eso de la competitividad, pues tendremos problemas, porque la única manera de evitarlos es llamar a las cosas por su nombre. Y si yo soy peor que tú, mi moneda no puede valer lo mismo que la tuya. Así que cuando entre dos países se producen esas diferencias, lo que hay que hacer es devaluar la moneda de los peores. Eso es llamar a las cosas por su verdadero nombre.

Pero, claro, si haces una unión monetaria y hay café monetario para todos y no puedes devaluar, entonces solo te queda una salida: reducir valor de bienes y los salarios que pagas a los empleados por cuenta ajena. Y eso es muy complicado. Sería mejor —decía a todos los que querían oírme— que primero ajustáramos los estados de las diferentes economías y después nos fuéramos a la moneda única.

Pues nada. No querían oír hablar de semejante cosa. A quienes opinábamos así, que éramos dos o tres, por cierto, se nos tildaba de antieuropeos. Como si Europa, la vieja Europa, fuera algo que dependiera de una creación financiera como es la moneda única. No se trataba simplemente de incultura. Se aproximaba más a la estupidez. Pero, como digo, nadie quería escuchar. El profesor Calaza, matemático, profesor de Economía en París, gallego, de erudición enciclopédica, expresaba sus argumentos con lucidez. No nos escuchaban. Y hoy, en 2010, lo sufrimos.

—¿Qué quieres decir con eso del eje de poder? ¿En qué afecta financieramente?

—Pues muy claro, presidente. Ya te he dicho lo de las economías asimétricas.

—Sí, siempre andas con esa cantinela.

—No es una cantinela, pero en fin. Sabes que en Europa es posible que una economía se encuentre en fase expansiva y otra, por el contrario, en recesiva.

—Sí, ¿ y...?

—Pues que en ese caso la clave son los tipos de interés, porque a la recesión le corresponden bajos y a la expansión más altos. Y si, por ejemplo, hay conflicto en este punto entre Alemania y España, ¿no crees que el Banco Central hará más caso a los alemanes que a nosotros?

Frente a argumentos de este tipo, que no consumen teorías, sino hechos, que se alimentan de comportamientos humanos más que de especulaciones de corte pseudometafísico, Felipe González abandona la escena de debate. Su silencio te obliga a continuar. Y eso hice.

—Por eso la idea de organizar una Europa del Sur me parece una exigencia incuestionable. Comencemos por nuestro entorno más próximo: Portugal. Si nosotros no tenemos capacidad de subsistir solos en el nuevo contexto, Portugal lo tiene todavía peor. Así que caerá en manos inglesas —ya lo está en gran medida— o en manos españolas. Mi misión es esa: conseguir acercar los dos países, destruir los nacionalismos mal entendidos y organizar en el prosaico mundo de las finanzas una entidad aceptada por todos que demuestra que eso del mercado único no se limita a dos palabras para los discursos políticos con ocasión de alguna celebración o encuentro, sino de una realidad tangible, mensurable y experimentable. A los políticos os toca crear el marco. A nosotros ponerlo en marcha. Vosotros diseñáis las normas. Nosotros extraemos las consecuencias que de ella se derivan en términos de vida real.

Yo era consciente de que este asunto le provocaría a Felipe emociones contradictorias. Por un lado, le gustaba la idea, le convencía. Por otro, podría sentir celos de un éxito personal mío, como sucedió, según me relató Polanco, con mi visita al Vaticano y la repercusión mediática. La verdad es que un hombre de su potencia, de su carisma, de su papel en la historia, que tuviera celos o algo parecido le empequeñecía. Felipe no quería compartir con nadie, al menos con nadie potente, la gloria de «modernizar» España. A su lado, en el mundo de las finanzas y de la política existían personajes obedientes, disciplinados, que vivían en el proyecto de González, lo que le permitía triunfar sin participar en la gloria. Pero compartir proyectos con alguien con presencia sólida en la sociedad española era otra cosa. A pesar de ello, formalmente decidió ayudarme. Le envié una nota con las características de lo que constituía nuestra idea básica y se comprometió a discutirla con Cavaco Silva, el presidente portugués.

Precisamente la llamada en la mañana del 7 de junio de 1993, después de su triunfo electoral, se centraba en este asunto.

—Mándame, por favor, una nota sobre el Totta y Azores porque voy a Suecia y quiero hablar con Cavaco de este tema.

—Ya tienes una, presidente.

—Sí, pero dime lo más relevante que haya sucedido desde que me enviaste esa, que la tengo en mi poder.

—Con mucho gusto y muchas gracias por ocuparte de esto en un día como hoy. Te reitero mi enhorabuena por volver a ganar las elecciones.

Pero nada avanzaba. No sé si de grado o de fuerza, pero el estancamiento era la norma. Con Felipe y sin él. Y, sin embargo, la fuerza de los acontecimientos empujaba imparable.

—Mario, no podemos ocultar este tema —decía Roberto Mendoza—. Vamos a hacer una exposición internacional del banco para la ampliación de capital, así que tenemos que decir la verdad, entre otras cosas porque eso es muy importante para el futuro de Banesto.

Tenía razón. No podíamos seguir ocultando un activo de semejante envergadura. Así que tiré por la calle de en medio y anuncié que, de una u otra manera, Banesto era el dueño del 50 por ciento del banco portugués. El ruido que provocaron las vestiduras portuguesas al rasgarse debido a la noticia todavía deben resonar con estrépito en mi despacho de Banesto, o lo que quede de él. Se armó la gris. Aljubarrota de nuevo en primera línea de fuego. Roquette asustado, el gobernador del Banco de Portugal aterrorizado. Cavaco Silva cabreado como una mona. De nuevo escenario de guerra. Era acojonante: terminada, en apariencia al menos, la guerra en España, comenzaba una nueva en Portugal...

Tenía que enfrentarme por mí mismo a los acontecimientos, tomar el toro por los cuernos y, con cierto susto en el cuerpo, me fui a Lisboa.

El martes 20 de julio me reunía con el primer ministro portugués, Cavaco Silva. Mientras esperaba en la antesala de aquel magnífico edificio en el que se albergaba la Presidencia del país vecino, no podía alejar de mi mente un hecho: en mi familia carnal directa teníamos más gallegos nacionalizados portugueses que españoles que conservaran esa nacionalidad. Porque mi madre fueron cuatro hermanos y mi padre hijo único, porque mi abuelo Remigio Conde murió de tuberculosis en Huelva cuando contaba poco más de treinta años de edad. Curioso eso de las enfermedades infamantes. En aquellos días morir de tuberculosis es casi como hoy en día de sida. Quizá no tanto, pero parecido. Vamos, que se ocultaba todo lo posible.

En 2008, antes de encaminarme a mi primera estancia en el monasterio cisterciense de Sobrado, me hice un estudio médico. Todo bien, pero me alertó que el doctor, al anunciarme el resultado de las radiografías de pulmón, me dijera que quería que volviera al día siguiente para hacerme un TAC de esa parte de mi cuerpo.

Extraño. Bueno, extraño no, más bien claro de toda claridad. Así que le dije:

—¿Qué pasa, que crees que pueden existir indicios de tumor pulmonar?

Confieso que el médico reaccionó bien, sereno, sin altisonancias que se convierten en sospechas de mentiras piadosas.

—No exactamente. He visto algo. Creo que son calcificaciones. Casi al cien por cien, pero quiero estar totalmente seguro y eso reclama un TAC.

—Bien, pues aquí estaré.

La razón para ese aparente exceso de prudencia consistía en que en aquellos días se decía por Madrid que mi estado físico, mi salud se encontraba en fase terminal. Incluso recibí cartas y correos lastimeros en ese sentido. Seguramente el médico recibió alguno de esos rumores y no quiso asumir responsabilidad alguna. Más sencillo el TAC. Un coste emocional indudable residía en tener que informar de ello a mis hijos. Sufrieron esa noche.

A la mañana siguiente me tumbé en la máquina. Mientras ese aparato raro recorría mi cuerpo desde una distancia de menos de cincuenta centímetros, pensé cuál sería mi reacción si me anunciaba un tumor de ese tipo. Me sorprendió la serenidad con la que me encontré conmigo mismo al vivenciar esa hipótesis.

Nada. Calcificaciones de tuberculosis. Por lo visto, este tipo de calcificaciones pulmonares era algo común entre los españoles de mi generación. Los de generaciones anteriores morían de tuberculosis. A nosotros nos queda una calcificación y cierto susto ante alarmas interesadas o cautelosas.

Abuelos y enfermedades infamantes aparte, ahora tenía que enfrentarme a ese sujeto. Me recibió frío acompañado de otro personaje que no consigo recordar, pero creo que no era nadie vinculado a las finanzas públicas, ni ministro de Economía, ni gobernador del Banco de Portugal. Tengo esa sensación, pero insisto en que el papel de ese invitado no lo recuerdo.

¿Mi impresión? Pues muy clara: altivo, orgulloso, distante, soberbio.

—Mire usted. El banco Totta y Azores es una joya de Portugal, una pieza clave del sistema financiero portugués. No vamos a dejar que se vaya. No lo privatizamos para que acabe en manos españolas.

Pues vaya comienzo, pensé. Este hombre no se andaba por las

ramas. Cuando inicias una conversación con semejante introito las posibilidades de salir ileso financieramente hablando son nulas de toda nulidad. No obstante, algo tenía que decir.

—Lo entiendo. Para nosotros es también una joya, y por eso lo hemos comprado. Sabemos que es portugués, pero se trata de que el Mercado Único...

Me cortó. Y además con un planteamiento de agresividad cuando menos idéntico al anterior.

—Mire, una cosa es hablar del Mercado Único, otra es vivir la política de cada día. A mí me pagan los portugueses y yo voy a hacer lo que sea bueno para Portugal.

—Pero ustedes hablan de eliminar fronteras, de mercados únicos.

—Le insisto, las palabras son una cosa, los hechos, otra.

Aguanté el temporal como pude, exponiendo con voz suave y terminología de compromiso unas ideas duras: no les entiendo a ustedes; por un lado se les llena la boca con el Mercado Único y, por otro, en cuanto alguien trata de actuar dentro del marco que ustedes definen, resulta que aparecen los vestigios históricos de un nacionalismo sin sentido. Pero a Cavaco eso le daba exactamente igual. Me despidió con igual frialdad con la que me había recibido.

Nuevamente en mi vida me encontraba frente a un político que obstaculizaba un proyecto empresarial. En India la razón residía en la necesidad de alcanzar una tasa de mortalidad mínima. En Argentina, conseguir un acuerdo con los amigos del presidente Alfonsín. Ahora, en Portugal, muchos años después, el fondo seguía siendo el mismo: los intereses políticos subterráneos se imponen sobre cualquier lógica empresarial. Si viene de un español, todavía más. Si además se llama Mario Conde, por mucho cuento que relate de sus antecesores que vivieron en Portugal, no hay tregua. No descarto ahora que entonces Felipe y Cavaco estuvieran de acuerdo para evitar el éxito personal que el proyecto en marcha habría significado. Pero a fuer de sinceridad no deja de ser una conjetura.

Algo nervioso con el asunto y sin ganas de dar mi brazo a torcer, diseñé una estrategia basada en el enfrentamiento entre Cavaco y

Mario Soares, el político socialista veterano, una institución en Portugal. Vamos a ver si forzando un poco por ese costado conseguimos que el señor Cavaco se apee de ese burro. Lo dudaba, pero...

Como Soares mantenía, según me dijeron, una muy buena relación con el Rey, decidí que el Monarca podía canalizar estos deseos de una institución financiera hispano-lusa. Así que, dejando de lado un triunfo de Induráin en el Tour de Francia, tomé mis maletas y me fui a mi tierra, concretamente a Santiago de Compostela, en donde Fraga, ya presidente de la Xunta, había organizado una celebración faraónica para conmemorar el Jacobeo 93. Mi intención no era otra que entrevistarme con el Rey y seguir trabajando en los planes de dominio del Totta y Azores buscando que la enemistad de Soares con Cavaco pudiera ayudar a implantar la racionalidad. En ocasiones —seguramente demasiadas— los sentimientos menores constituyen los mejores aliados para construir realidades que merezcan la pena. Así es el ser humano.

No tengo detalles de lo que hizo Soares con la información que le transmitió el Rey. Pero lo cierto es que Cavaco reaccionó de modo violento: contra todo pronóstico se anticipó y publicó un decreto ley que me ponía las cosas bastante difíciles. La guerra continuaba. Mi convencimiento del fariseísmo de los políticos aumentaba exponencialmente. No se puede ir por la vida predicando con palabras y manteniendo conductas totalmente contrarias a los discursos verbales. Se atrevían a llamar antieuropeos a quienes discutíamos la conveniencia en ese modo y manera de la moneda única. Pero los verdaderos antieuropeos eran ellos, los que hablaban de Europa llenándoseles la boca y luego, ante proyectos sólidos, reales, que encajaban con el devenir de los tiempos y con sus propios discursos, decían algo tan absurdo en ese contexto como «a mí me pagan los portugueses».

Hay sujetos que respetas mientras los contemplas desde fuera, pero que se te desmoronan en demasiadas ocasiones cuando penetras dentro. ¡Qué le vamos a hacer! A seguir peleando, claro.

Hoy, cuando esto escribo, es julio de 2010. Me asomé desde el mirador de A Cerca a contemplar el paisaje. Al fondo veía Portugal, lo que fue territorio del Condado Portucalense de genética gallega.

Arriba, a la izquierda, el Penedo de Os Tres Reinos... Desde aquella roca que simboliza la artificialidad de las fronteras parece resurgir de nuevo la voz de Cavaco Silva diciendo aquello de que «a mí me pagan los portugueses». ¡Qué pena!

Pero no todo eran desgracias de ese tipo. El 11 de agosto, miércoles, constituyó uno de los mejores días de mi vida en Banesto. Cerramos con éxito la ampliación de capital. Todo el importe cubierto y con exceso de dinero en el mercado solicitando acciones de nuestro banco. Algo sin precedentes en la historia financiera española. Enrique Lasarte y yo estábamos más que exultantes. Todo el Consejo de Banesto sentía lo mismo, pero nosotros habíamos seguido el proceso de manera directa, estando encima a cada minuto, como se corresponde a nuestra condición de presidente y consejero delegado y a la brutal importancia de lo que nos traíamos entre manos. Esa noche, envueltos en alegría, nos fuimos a cenar a un restaurante que se encuentra frente al conocido Lucio. Lo pasamos muy bien. No era para menos: haber concluido con éxito semejante aventura no te dejaba un resquicio para la melancolía o la tristeza.

Al día siguiente la prensa abordó el asunto de manera desigual. El *Abc* le dio un tratamiento acorde con la importancia real del acontecimiento en un momento extremadamente delicado para la economía española. *El País,* por el contrario, lo minimizó cuanto pudo. Curiosamente, esa noche cenábamos en Can Poleta, Pollensa, con los Polanco, que se encontraban de crucero por la isla. Se trataba de celebrar el cumpleaños de Mari Luz Barreiros, la segunda mujer de Polanco. Aparentemente reinaba la cordialidad entre nosotros. Una vez más no concedí suficiente importancia a la minimización de la noticia por parte de *El País*. La señal era inequívoca. Envuelto en el marasmo del éxito de la ampliación, aturdido con las voces clamorosas de felicitación, agitado por los movimientos de un mercado que parecía enfebrecido con nuestras acciones, no abrí los ojos con suficiente rotundidad a lo que verdaderamente debió reclamar mi atención.

Casualmente, esta mañana, aquí, en A Cerca, al rebuscar entre viejas fotografías que Lourdes tenía almacenadas en sus lugares privados, encontré unas cuantas de esa noche, de esa celebración. Las miré con detenimiento por si podía en ellas encontrar algún indicio de lo que sucedía por dentro de mis invitados, o de alguno de ellos. Nada. Al menos nada que yo fuera capaz de localizar.

A los pocos días de ese encuentro con Polanco me fui a navegar con el *Alejandra* por la costa mallorquina. Mi primer invitado fue Adolfo Suárez y su familia.

A pesar de los trescientos millones de pesetas invertidos por el CDS procedentes del acuerdo conmigo, el partido fracasó y Adolfo Suárez, con buen criterio, decidió retirarse de la política activa. Abandonó su partido con un portazo y desde aquella fecha el CDS no consiguió levantar cabeza. Adolfo sufrió de una manera terrible en su imagen pública las consecuencias de su fracaso político. A pesar de que, como dije, su textura personal no me evocaba una profunda admiración, decidí que al haber sido presidente del Gobierno merecía que se le recuperara o, al menos, que su imagen pública no se encontrara en una situación tan extraordinariamente deteriorada. Utilizando nuestra influencia en medios de comunicación social conseguí que poco a poco la percepción del personaje fuera mejorando entre el gran público. La cosa funcionaba y Adolfo lo notaba, hasta el extremo de que nos reunió a cenar en su casa de Madrid a Lourdes y a mí con lo mejor de su familia para agradecernos los esfuerzos que estábamos realizando con el propósito de recuperar para él y los suyos un papel digno en la historia. De esta manera y por este motivo se cimentó una relación entre nosotros que sin llegar a ser de amistad disponía de dosis de cordialidad abundantes, aunque ya se sabe que entre los políticos la cordialidad es uno más de los atributos con los que decorar el teatro de sus existencias. Adolfo asistió en primera fila al gran acontecimiento del doctorado honoris causa concedido por la Universidad Complutense y que fue presidido por su majestad el Rey.

El 15 de agosto del inolvidable 1993, Adolfo Suárez subía con su familia a bordo del *Alejandra*. En aquellas fechas, además de ayudarle a recuperar su imagen, le presté un apoyo económico de envergadura. Paco Sitges me contó que Adolfo consumía dinero de manera desordenada. No se daba cuenta de que ya no era presidente del Gobierno y, sin embargo, quería seguir utilizando la parafernalia propia del cargo que costaba millones de pesetas y pagarlos desde un bolsillo particular, sin disponer de una organización empresarial detrás, constituía una línea directa a la ruina.

Sus problemas económicos le afectaban sobremanera. Antonio Navalón me presionó lo indecible para que la Fundación Banesto alquilara a Adolfo unos locales que tenía libres por la zona del Retiro madrileño. Lo hicimos así con el propósito evidente de ayudarle. Poco después, relatándome las dificultades económicas que tenía para hacer frente a los gastos médicos de su hija Marian, aquejada de un cáncer, y hoy tristemente fallecida, le concedí una hipoteca sobre su casa de Ávila en la que fui particularmente generoso. De todos estos movimientos informaba puntualmente al Rey, entre otras cosas porque en las conversaciones que mantenía con Adolfo siempre percibí un poso de amargura para con su majestad. A pesar de haberle hecho duque y de las ayudas que le prestó, incluso en el terreno económico, el fondo de Adolfo hacia don Juan Carlos era complejo.

Aquel día, el *Alejandra* fondeaba en la bahía de Andraitx, en el norte de la isla. No me cansaba de contemplar la silueta de aquel maravilloso velero armado en Ketch. Una joya. Creo que es el barco a vela más bonito que jamás haya sido construido en un astillero español ostentando la bandera de España en su popa. Me considero un privilegiado por haber aportado al mundo de la vela semejante maravilla. No lo pude navegar demasiado, pero aun así. Lo botamos en un frío día de invierno de ese año en Avilés. Estaba previsto que don Juan asistiría a la travesía inaugural que se cerraría entre Avilés y Baiona, en Galicia. No pudo ser. Carecía de fuerzas para moverse. De hecho, la muerte le esperaba ya en la antesala de la habitación del hospital de Pamplona. Le llamé antes de zarpar para que Rocío Ussía le diera el mensaje. Esa noche sopló fuerte, sobre todo cuando dejábamos Finisterre por babor. Llegamos incluso a romper el timón. Pero el barco navegó maravillosamente. Llevar aquella gigantesca rueda de timón envuelto en mar, viento y olas es una de esas experiencias que no olvidas. En el fondo, tanto en la navegación marítima como en la industrial, política y financiera, me encontré siempre con viento, mar y olas. Cosas del destino, supongo.

Llegaron Adolfo, su mujer, su hija Marian y su hijo Javier. Me cae muy bien Javier. Me parece una excelente persona. Asistió a la boda de Alejandra en 2004. Subieron por la escalerilla del costado de babor, construida primorosamente con madera de teca en las carpinterías asturianas. Día de sol, escaso viento, fondeo en La Mola, cicatera navegación y abundante conversación que inevitablemente se centró en torno al difícil momento político que nos tocaba vivir. En el almuerzo, sentados en torno a la mesa de comedor del barco y ajustados los cuerpos a unas magníficas sillas de madera maciza, Adolfo tomó la palabra para, delante de su familia, en tono solemne y procurando aparentar la máxima sinceridad de la que era capaz, decir:

—Quiero agradecerte lo mucho que has hecho por mí, por mi imagen, y gracias a ti puedo disfrutar ahora de un aprecio público más lógico con lo que he hecho y con la dignidad de haber sido presidente del Gobierno de España.

Su mujer, también tristemente fallecida a día de hoy, su hija Marian —activa entre las activas políticas— y su hijo Javier asentían encantados a la declaración de gratitud que escuchaban de labios de su padre. Sintieron el descrédito y el abandono, tan característico de las orfandades políticas. Ahora percibían los efectos de cuanto yo estaba haciendo por ellos.

Años más tarde de esas muestras de agradecimiento, Adolfo Suárez se sentaba en el juicio Banesto. Tenía que declarar como testigo acerca de los trescientos millones de pesetas. Ningún riesgo para él. Me dolió su testimonio. Lo de menos es que me condenaran finalmente a seis años de prisión por los trescientos millones de pesetas. Lo doloroso, lo verdaderamente amargo para el espíritu, fue su declaración.

Al día siguiente, 16 de agosto, dejamos Puerto Portals a las nueve de la mañana y ante la ausencia de viento navegamos a motor con rumbo a Conejera. Cuando alcanzamos la isla y como suele ser habitual en los calurosos días del verano mallorquín, el embat, un viento del sureste, soplaba con cierta envergadura, unos quince nudos.

Magníficos, desde luego, para izar trapo, pero algo incómodos para fondear al ancla y almorzar con tranquilidad, por lo que bordeamos la isla y fondeamos en una pequeña cala al abrigo del viento dominante situada en la cara suroeste del promontorio.

A la una de la mañana divisamos la silueta del *Xargo VII* de Paco Sitges y una media hora más tarde la inconfundible traza del *Fortuna* real se aproximaba a nosotros con sus inmensos bigotes de espuma nacidos de los treinta nudos a los que el Rey somete a su embarcación. El Rey, acompañado de Fernando Almansa y de Paco Sitges, subió a bordo del *Alejandra*. Le presenté a la tripulación ante el entusiasmo de Steve McLaren, el capitán, y juntos recorrimos el barco, su cubierta y sus interiores. El Rey se emocionó cuando vio la foto de don Juan, la última de su vida, que nos dedicó a Lourdes y a mí cuando no le quedó más remedio que aceptar la imposibilidad de navegar conmigo en mitad del Atlántico porque las evidencias de su cita con la muerte se mostraban con fiera elocuencia.

Por cierto que aquella foto, que como digo fue firmada por don Juan poco antes de morir, se sujetó al panel situado en el costado de estribor del salón del *Alejandra*. Como sabemos de la fuerza de los pantocazos en el mar, la anclamos a la pared de manera que no pudiera desprenderse. De tal guisa atravesó el Atlántico, sufriendo y asimilando los movimientos, en ocasiones brutales, a los que el mar somete a los barcos por grandes y bien estructurados y diseñados que sean. La fotografía de don Juan permaneció en su sitio. Como un centinela disciplinado. Hasta que una mañana, fondeados plácidamente en la preciosa bahía de Antigua, la cocinera escuchó un ruido poco frecuente, como de cristales rotos. Atravesó la puerta de entrada al salón, buscó con tesón hasta que encontró la fotografía de don Juan en el suelo, con el cristal que cubría el marco hecho añicos. Nada ocurrió aquella mañana. La placidez reinaba por toda la isla. El viento descansaba. El mar le imitaba. Sin embargo, la foto, por alguna razón desconocida, se desprendió de la pared y se estrelló contra el suelo. Era el 28 de diciembre de 1993 y acababa de comunicar a Steve McLaren que no podía ir al barco porque habían decidido intervenir Banesto y mi viaje necesitaba cancelarse.

Después de un breve recorrido epidérmico por la política nacional situados en la bañera de popa, bajamos a almorzar al comedor. El Rey se encontraba feliz. No paraba de solicitar a un francés que le acompañaba que nos hiciera fotografías a los dos juntos. A los postres llegaron el príncipe Felipe y las infantas. Levamos anclas y pusimos rumbo a Portals. El viento entablado nos permitió izar el magnífico spinaker. Un verdadero espectáculo comprobar al *Alejandra* navegando sin inmutarse a trece nudos de velocidad sobre aguas de Mallorca. Ya cerca de Cabo Blanco cayó el viento y la familia real se pasó al *Fortuna*. Un inolvidable día. Las fotografías de ese día, en particular una mía con el Rey, me acompañan siempre. Ya digo que uno que no es monárquico siente un afecto sincero y de hondo calado por don Juan Carlos. En particular hay una fotografía en la que estamos los tres, el Rey, Lourdes y yo, y don Juan Carlos tiene para con Lourdes un gesto de afecto sincero muy poco usual, al menos para ser fotografiado. Fue la Casa del Rey quien me envió esa fotografía.

En los primeros días de septiembre de aquel año, con el éxito de la ampliación de capital anclado en mi vida, acompañado de la serenidad que proporcionaba la presencia de J. P. Morgan en nuestro Consejo y accionariado, con ese dulce sabor del deber cumplido que sentimos los que en él nos educaron, acepté la insistencia de Fernando Garro de acudir con él y su familia a consumir unos días en Tanzania, ocupados en un safari organizado a lo grande en la reserva de Seloux, al sur del país africano. Catorce días que comenzaron con una galvana considerable en los que, poco a poco, día tras día, contemplando los atardeceres y viviendo los amaneceres, sentí que África penetraba dentro de mí, me envolvía con alguna dulzura especial, la nacida de unos territorios en los que habita la vida y la muerte, sin solución de continuidad, sin lógica distinta al mero hecho de subsistir.

Allí permanecí aislado del mundo exterior por espacio de unos inolvidables quince días, y en las tierras africanas celebré mi cuadragésimo quinto cumpleaños, después de afeitarme la barba que durante mi aventura de cazador africano cubría buena parte de mi rostro. Tenía que volver a Madrid y en el avión atravesé el desierto, llegué al Mediterráneo, lo crucé desde las alturas y descendimos al aeropuerto madrileño.

Mi primer contacto con el mundo que había abandonado quince días atrás me trajo una sensación de locura. La crisis interna del partido socialista estalló ante la atónita opinión pública. Alfonso Guerra declaraba contra el Gobierno de González. Solchaga, inexplicable portavoz parlamentario del PSOE, se enzarzaba con Alfonso Guerra en un rifirrafe público en el que se decían lindezas del tenor de «si Guerra se va del partido, no pasa absolutamente nada». La crisis económica agudizaba hasta extremos lacerantes en medio de un país que parecía convertirse en una jaula de grillos, con un González de espectador noqueado y un Aznar que parecía incapacitado para moverse por ignorar la dirección en la que debería caminar.

El día 21 de septiembre retomé el contacto telefónico con el Rey. Sentí cierta preocupación por consideraciones que me trasladó con énfasis Paco Sitges acerca del comportamiento de Manolo Prado en los días de mi ausencia africana, queriendo —eso decía Paco— desprestigiarnos algo ante su majestad tanto a Paco como a mí. Los pequeños problemas humanos una vez más moviendo al mundo. Manolo llevaba muchos años a la sombra del Rey. Tal vez Manolo, ante la cruda evidencia de mi ascenso en flecha en estima e influencia sobre el Monarca, sintiera algo parecido a intensos celos y aprovechando que el Pisuerga pasa por Valladolid y que Seloux se encuentra en el sur de Tanzania, tratara, suave y dulcemente, de reducir en lo posible lo que parecía imparable. Es normal. No hay que rasgarse las vestiduras por ello. Ciertamente era poco inteligente de su parte, y no solo porque sus esfuerzos, conociendo al Rey como debería conocerle, resultarían exquisitamente estériles, sino porque, además, entre todos podríamos definir un papel ajustado a las realidades y potencias de cada uno, y sin la menor de las dudas Manolo ostentaría una posición privilegiada frente al Monarca, que ninguno de nosotros le discutiríamos. Si por algún momento llegó a pensar que mi intención residía en dedicarme a administrar bienes reales, de los que él parece que se ocupaba, su error pertenecía a la categoría de los de bulto. Ni por asomo me hubiera gustado dedicarme a tal misión.

Por otro lado, don Juan Carlos se sentía a gusto con Manolo. Yo creo que Manuel Prado siempre fue un hombre fiel a la Corona, pero no de palabra, no de discurso, sino en verdad, en realidad. Otra cosa es que quisiera monopolizar al Rey. Eso es posible. Paco Sitges no le preocupaba porque su sombra era de otro árbol. Pero en mi caso podía sentir esos celos. No se portó bien conmigo al final de sus días, pero da igual. Insisto en que siempre creeré que fue un hombre leal al Rey. Otra cosa, según dicen, es que él pudiera pensar que su majestad no le correspondió en los momentos difíciles. Por Madrid se comentaba, con la mala leche hispánica característica de ciertas zonas sociales, que Manolo prestó servicios al Rey y fue a la cárcel, pero los Albertos, sin embargo, no...

Esta mañana, por enésima vez, vuelven los rumores. Estamos en junio-julio de 2010. El debate del estado de la nación entre Rajoy y Zapatero se saldó con una petición del primero de que se convocaran elecciones generales anticipadas. Además, muchos dudaban de que Zapatero no volviera a ser candidato del PSOE. Así que Rajoy tendría más oportunidades. La verdad es que no vi el debate entre ambos jefes de partido, y como yo una inmensa mayoría de españoles hastiados del comportamiento de la clase política española, que tampoco difiere tanto de la occidental, dicho sea de paso y sin ánimo de ofender más allá de lo imprescindible para espolearlos. Pero cuando me contaron que en esto consistía ese enfrentamiento, que esa situación describía el estado actual de la política española, no pude menos que sonreír al recordar aquellos días del último cuatrimestre de 1993. La historia, la puñetera historia, se repite con una fidelidad a sí misma realmente alarmante.

En aquellos días de 1993 algunos españoles, singularmente Luis María Anson, que era muy importante en aquel contexto, se empeñaron en que, a la vista de la parálisis del país, resultaba imprescindible convocar nuevas elecciones generales y por todos los medios conseguir que Felipe no se presentara como candidato del PSOE. Ciertamente algo de difícil deglución, pero a Luis María no le asustan los retos que rozan lo imposible. Lo cierto es que el último cuatrimestre del año se presentaba con tintes de un dramatismo inusual.

Fue un cuatrimestre lleno de acontecimientos decisivos en mi vida y en el que comenzó a extenderse de manera incontrolada la necesidad de que penetrara en política y las presiones para ello llegaron a resultar asfixiantes.

El 23 de septiembre, en la casa que el banco tenía en La Moraleja por motivos de seguridad, almorzamos José Antonio Segurado y yo con Nicolás Redondo y José María Zufiaur, líderes del movimiento sindical español y, a pesar de su pertenencia a la UGT, enemigos del ministro Solchaga y, en tanto en cuanto Solbes parecía seguir las huellas de su maestro como un discípulo aplicado, del Gobierno de González.

El encuentro tenía importancia porque esa misma tarde, a las cinco, se reunirían en el Ministerio de Economía en un intento de alcanzar una especie de «pacto social» que pusiera fin a las tensiones políticas entre el sindicato socialista y el Gobierno de González. Les describí la situación con tintes del dramatismo real que la definía en aquellos días. El fracaso de la política económica monetarista no podía resultar ni más clamoroso en las evidencias ni más costoso en sus efectos.

—Seguramente —les dije— comenzará pronto un efecto dominó con suspensiones de pagos en cadena y eso llevará a un aumento cualitativo de la tensión social, independientemente de incrementar los niveles de paro. Todo ello por el craso error de querer ser lo que no somos, de olvidarse de la economía real, de entender que un país es una realidad virtual manejable como una especie de juego de ordenador.

Los dos estuvieron de acuerdo conmigo. Obviamente, llegaron al ministerio y oficializaron la imposibilidad del acuerdo. Si alguien hubiera tenido conocimiento del almuerzo previo al encuentro en la cumbre, no dudaría en sostener que conspiraba contra el Gobierno de González. Nada más lejos de mi intención, pero las imágenes transmiten informaciones que, aunque desajustadas de lo real, se perciben como ciertas.

El 30 de septiembre volví a almorzar con Adolfo Suárez en Banesto para retomar la conversación del *Alejandra*. Ese día el temario se concentró exclusivamente en política nacional, a la vista del derrotero de los acontecimientos desde que Felipe González volviera a ganar las elecciones generales de junio.

—A pesar de que no nos guste demasiado, no tenemos más alternativa que ayudar a Felipe González. El Rey me ha pedido que lo haga, que le aconseje por dónde tirar en momentos tan difíciles —comentó Adolfo.

No sé si fue o no cierto que el Rey le pidió semejante cosa a Adolfo, pero eso fue lo que me dijo, y posiblemente algo habría, porque el Rey, por muy limitados que fueran sus poderes constitucionales, era una persona y la situación que nos tocaba vivir preocuparía a cualquiera con un mínimo de sensibilidad. Si, encima, trabajas de rey, pues peor.

Felipe González, como yo le pronostiqué al Rey antes de las elecciones generales de junio de ese año, daba muestras de un indiscutible agotamiento personal y político. La situación económica, fruto de una política diseñada por monetaristas recalcitrantes bajo el magisterio de Rojo, gobernador accidental y teórico del Banco de España, mostraba perfiles de un dramatismo muy consistente. Lo peor radicaba en que —y en esto coincidíamos ambos— un fracaso de un Gobierno de derechas podría afectar a la Corona mucho más negativamente que los desastres que generara otro percibido por la masa como más o menos de izquierdas. El Rey es «clasificado» como más de derechas que de izquierdas. Por tanto, lo tolerable con «otros» no lo es tanto cuando se trata de «los suyos». Por cínica que pueda resultar la imagen, no por ello pierde su autenticidad para la masa.

—En este momento se siente con total nitidez la necesidad de un partido de centro como el CDS —aseguraba con énfasis Adolfo—; el problema es que se necesita a alguien para liderarlo que aporte credibilidad al proyecto. No puede ser Punset. Tampoco Federico Mayor. La única persona capaz de llevar el proyecto adelante eres tú.

Era la primera vez que Adolfo Suárez se decantaba con tan rotunda claridad. Decidí permanecer en silencio, incluso gestual, mientras desgranaba su discurso.

—Tienes dinero personal, experiencia profesional, prestigio en la sociedad española y, además, un control poderoso sobre medios de comunicación social. Incluso desde el partido socialista podrían ver con agrado la idea, aunque, obviamente, dispondría de la enemiga encendida del Partido Popular. Al Rey le gustaría, aunque lógicamente no podría apadrinarte porque debe permanecer en la estética externa de la neutralidad.

Preferí guardar silencio sobre la propuesta de Adolfo, además de no relatarle que en aquellos días, en el último trimestre de 1993, las presiones sobre mí para que me decidiera a entrar de lleno en el campo de la lucha política arreciaron de manera tan intensa como elocuente, provenientes de muy diversos ángulos, perfiles, rincones y cornamusas de la sociedad española.

El 4 de septiembre en mi casa de Triana 63 desayunaba con Antonio Asensio, para tratar juntos temas referentes a nuestros intereses comunes en medios de comunicación social. Después de relatarme el encuentro que había mantenido con Pujol, el President de la Generalitat al que Antonio cultivaba con esmero, comenzó a construir un discurso de corte político, lo que resultaba absolutamente extraño en un hombre como Antonio, acostumbrado a defender sus intereses empresariales y a opinar de política solo en la medida en que podía afectarle a la cuenta de explotación de sus empresas. Percibí que en ese discurso matutino vivía nítida la larga mano de Pujol.

El discurso de Antonio Asensio revestía un corte casi milimétricamente calcado del que había efectuado Suárez días atrás.

—Felipe no vuelve a ser presidente del Gobierno de España. Aznar no nos gusta y, además, sabemos que no es la solución, aunque si no queda otro remedio tendríamos que apoyarle. Lo que está claro es que el momento político reclama una nueva oferta política que sería muy bien recibida por la gente, que está cansada. Eso sí, se necesita que la encarne alguien con criterio y carisma y ese alguien, hoy por hoy, solo eres tú. Y tienes que tomar una decisión porque el tiempo apremia. No podemos ir más allá de marzo de 1994. Después de esa fecha, si no quieres asumir este reto, no nos quedará más remedio que apoyar a Aznar aunque no nos fiemos en absoluto de él.

Contemplaba a Antonio mientras me exponía su estructurado discurso y en el fondo me preguntaba a quién representaba en semejante escena, si a sí mismo, a los intereses de la Generalitat, a los de Pujol... Difícil de saber. Antonio no era un conspirador nato. En el fondo le horrorizaban este tipo de planteamientos; precisamente por ello presentía que actuaba por cuenta de terceros, pero, en todo caso, movido por la buena fe hacia mí. Por eso mismo le contesté con absoluta sinceridad.

—Antonio, estoy seguro de que te das cuenta de que estamos acumulando un poder muy importante en este país. Disponemos de un conglomerado financiero e industrial de gran envergadura, controlamos medios de comunicación, nuestra relaciones con la Corona son insuperables y, por si fuera poco, disponemos de un activo impagable: la edad. Nuestros años son pocos y si hacemos las cosas bien, el tiempo funcionará en nuestro favor. ¿Te parece sensato cambiar todas estas realidades tangibles por el albur de un proyecto político? Creo que no tiene el menor sentido. Carece de lógica. ¿Que el país está mal? Bueno, pues ayudemos a mejorarlo desde las instituciones de la sociedad civil, que, al fin y al cabo, es lo que verdaderamente cuenta.

—No puedo estar más de acuerdo, Mario, pero las cosas se precipitan porque Felipe se acaba y Aznar no convence, no llega. Si antes de seis meses no tenemos con nosotros un proyecto político nuevo liderado por ti, no nos quedará más remedio, aunque me repatee por dentro, que apoyar a Aznar.

Sentir el halago y la preocupación viviendo en tus adentros no constituía el mejor ansiolítico para los momentos que cada día se vestían con ropas de mayor dramatismo.

La escalada sobre mi participación activa en política continuaba impertérrita. El 13 de octubre almuerzo con Txiki Benegas en Banesto. Entonces era secretario de Organización del PSOE, persona cercana a Alfonso Guerra y uno de los hombres capitales del partido socialista en aquellos momentos. Estuvimos de acuerdo en la trágica situación de España, pero me cansaba algo que quienes estaban allí, en el marasmo de la política, se limitaran a criticar. Así que decidí ser crudo con Txiki, entre otras razones porque me cae muy bien y le sigo teniendo afecto.

—Joder, Txiki. Están claros los errores, pero tú eres secretario de Organización del PSOE, así que no eres un mero espectador, y si te limitas a serlo, que sepas que la historia te considerará corresponsable de lo sucedido. No vale con que almorcemos juntos y comentemos. Hay que hacer algo más que hablar.

—Sí, Mario, lo entiendo, pero tienes que entender mi posición. Tengo cuarenta y cinco años, no tengo fortuna personal, ¿qué opción tengo distinta de dedicarme a la política? ¿Qué posibilidad real diferente para enfocar mi futuro?

Realmente trágico. En este pensamiento emocionado de Txiki se esconde uno de los principales males de nuestra clase política: la obediencia en función de la subsistencia.

Ese mismo día, por la noche le tocaba el turno a una cena con los dos hermanos Anson, Luis María y Rafael. La tesis del mayor de ellos, el director de *Abc*, se concentraba monotemáticamente en Felipe González y en la necesidad de que abandonara la política activa. Luis María, consciente de la importancia del papel desempeñado por González y de sus relaciones cordiales con la Monarquía, propugnaba una salida digna para el político socialista, evitando arrinconarle en exceso para que no se aferrase al poder con las fuerzas del miedo a su salida. El problema, una vez más, residía en Aznar.

—Solicitar y conseguir la dimisión de González —aseguraba Luis María— no es una misión imposible si actuamos todos coordinadamente; el problema consiste en la salida que ofrecemos al país, porque si se trata de Aznar la debilidad del movimiento es incuestionable. Necesitamos una tercera fuerza que concurra a las próximas elecciones, una vez que se haya conseguido eliminar a González como candidato político. El mapa de un PP en solitario con Aznar de líder compitiendo con un PSOE sin González no es —aseguraba— ni mucho menos claro. En todo caso, jamás conseguiría mayoría absoluta, así que la política de pactos se convertiría en inevitable, con todos los riesgos reales que implica.

Hasta ese instante el razonamiento de Luis María encajaba con todo lo que había escuchado días atrás. La novedad la aportó de manera más que discutible.

—Por tanto, el objetivo es que dimita González y que le sustituya como jefe del Gobierno un socialista. Da igual quién sea, incluso si se trata de Serra, porque va a durar muy poco, dado que el pacto consiste precisamente en que convoque más o menos de inmediato las elecciones y en ese instante tenemos que tener lista y en marcha la nueva fuerza.

14 de octubre. Todavía bajo los efectos de la tesis de Anson, recibo en mi despacho la visita del embajador ruso, de la que di cuenta en páginas anteriores.

Eran ya tres personas cualificadas que en un mismo día insistían en la necesidad de cambiar el modelo político para conseguir superar la tensión en la que vivíamos, y todos ellos coincidían en que el problema era González y la necesidad de sustituirle. Efectuado el diagnóstico, lo complejo residía en el tratamiento.

El 19 de octubre de 1993, cinco días más tarde, almorzaba con Miguel Roca en el comedor de Banesto, en compañía de José Antonio Segurado. Como me recordó el propio José Antonio en estos días de julio de 2010 en el que comentamos algo de nuestra época juntos, antes de ese almuerzo viajamos él y yo a Barcelona para una cena con Jordi Pujol y Miguel Roca en el palacio de la Generalitat, que resultó interesante y fluida, pero en la que no abordamos de modo directo asuntos de calado político. En este de Banesto y en ese día sucedió todo lo contrario.

Después de los introitos de rigor pasó a tratar lo único que realmente le importaba: la situación política del país. Su comienzo no pudo ser más demoledor.

—No tenemos absolutamente ninguna confianza en Aznar. Más bien nos inspira cierto miedo. Si nos fuerzan a elegir entre él y Felipe González, lo tenemos claro: Felipe. Aunque sabemos que no es la solución, sino el problema.

Hasta el momento nada que no supiéramos, pero eso de remacharlo siempre añade carga adicional. Pero Roca no se detuvo ahí. Fue más lejos, mucho más lejos de lo que cabría sospechar.

—Por ello, ayer hablé con Pujol y te transmito oficialmente nuestra postura: si en algún momento lideras algún movimiento político, por nuestra parte estaríamos dispuestos a ayudarte.

¿Qué responder? ¿Cómo? Pues con una sonrisa algo de circunstancias, un agradecimiento verbal expresado en voz baja y sobre todo un desviar la conversación de semejante zona plagada de minas. A esas alturas del curso no debías fiarte de nadie. Creo que Roca es buena gente y hombre de fiar, pero en todo caso cuando las aguas de la política se manifiestan especialmente turbulentas, hay que tener especial cuidado, porque las riadas suelen ser demoledoras.

A partir de ese momento y a la vista de mi actitud de no penetrar a fondo en el ofrecimiento concreto, se extendió en una serie de consideraciones sobre el momento económico, la posibilidad de que empeorara de manera sustancial, la hipótesis nada despreciable de que el miedo se extendiera entre los inversores extranjeros, la escasa capacidad de Solbes para liderar el momento... En fin, Roca siempre expone las cosas sensatamente y nada de lo que argumentaba chirriaba. Salvo una: la posibilidad de crear esa tercera fuerza y que la liderara yo.

Mi contestación al catalán fue muy clara.

—Mira, Miguel, hay que empezar por reconocer que la política económica seguida ha sido equivocada. Lo he advertido en varias ocasiones. O rectificamos, o podemos perder un tren de la historia. Además es que con Solbes no tenemos dirección económica. Se necesita una persona y creo que podrías ser tú. Yo estaría encantado en ayudarte pero desde el banco.

—Creo que Felipe estaría dispuesto a ello, Mario, pero Pujol no quiere ni oír hablar de esa posibilidad.

—Pues entonces...

Cuando el político catalán abandonó el edificio central de Banesto y nos quedamos solos José Antonio Segurado y yo, le dije de manera rotunda:

—La idea de formar un tercer partido y que lo encabece yo no tiene ni pies ni cabeza. Seguramente tendría éxito y conseguiría un número sustancial de diputados. No lo dudo. Pero no es ese el asunto.

No se entendería que con todo lo que tenemos en nuestras manos, el banco, los medios de comunicación social, la capacidad de conectar con la opinión pública, disponiendo de todos estos activos de repente los tiráramos por la borda y nos metiéramos de lleno en una aventura política. No tiene sentido. Además, podría perder el control del banco. Incluso no podría responder ante hipotéticas maniobras hostiles, posibles si me encuentro fuera de su estructura. En fin, creo que sería de un aventurerismo más que exagerado. Posiblemente suicida.

Pero en esa conversación surgió una posibilidad. Yo tenía prestigio en el mundo económico y financiero. ¿Por qué no ocupar una cartera de Economía en un Gobierno de González? Sobre el papel una locura, pero sería la única alternativa para que lo pudieran entender los de J. P. Morgan y ayudar a este país. Sin embargo, coincidimos ambos en que resultaba atractivo, aunque impracticable.

—Pero en cualquier caso creo que es mucho más importante lo que estás haciendo, lo que puedes hacer desde la sociedad civil que lo que podrías llevar a cabo en la política. Esa es mi opinión sincera —decía José Antonio.

Al día siguiente volví a almorzar con Antonio Asensio. Dedicamos mucho tiempo a esta cuestión. Le planteé la idea que comentamos José Antonio Segurado y yo. Le pareció excelente, como idea, pero impracticable. La razón para tal juicio residía en las características personales de Felipe González. Me sobrecogió lo que Antonio, supuesto felipista, me dijo:

—Mira, Mario. Hace muchos años que le conozco. Tantos como veces me ha engañado. Felipe te usa cuando te necesita y después te deja tirado. No es una compañía aconsejable, sencillamente porque no puedes fiarte de él.

Me sentí conmocionado por esa forma de hablar de un líder como González. Estábamos solos, no quería nada, no pretendía ningún favor. Me estaba transmitiendo sus pensamientos íntimos, sinceros, exentos de motivos espurios.

Continuó:

—No puedo olvidarme del odio africano que vi en los ojos y gestos de Rosa Conde, la ministra, cuando tuve que hablar con ella del acuerdo contigo. No podemos olvidarnos de estas cosas. Hoy nos respetan, Mario, porque no tienen otra alternativa, porque están débiles y nosotros no. Pero no dudes que si hubieran sacado 180 diputados estarían intentando echarnos de España. No pueden resistir —grábate esto con letras de fuego—, no pueden resistir que la gente triunfe sin que ese triunfo haya sido bajo sus auspicios.

La verdad es que cuando releo estas notas diecisiete años después, me considero un profundo imbécil, porque creo que el único que realmente sentía respeto por el presidente del Gobierno de entonces, que creía en su palabra, que se convencía de la bondad y sinceridad de sus discursos de modernización de España, era yo. Así me fue, claro.

Las informaciones corrían por los mentideros de la villa madrileña a velocidad de vértigo. Por ello no me extrañó la llamada de Pedro J. Ramírez.

—Quiero que sepas que la tercera fuerza me parece muy bien, pero en estos momentos resulta imprescindible dejar que Aznar se presente en solitario a las siguientes elecciones, sin un nuevo partido que enturbie el mapa, y si nuevamente fracasa, entonces sería el momento ideal para ese nuevo partido.

Antonio Asensio, por su parte, almorzó con Felipe González, quien, ante la sorpresa de Antonio, abordó el tema de la tercera vía liderada por mí, asegurándole que le parecía lógico que a mis cuarenta y cinco años no quisiera extinguir mi vida rodeado de números bancarios, y que, además, era algo positivo para el país. Antonio, que no se fiaba ya de González, mantuvo una actitud de extrema prudencia, afirmando que, al margen de su opinión sobre ese hipotético nuevo partido, a mí me veía muy centrado en los números de Banesto y para nada con el menor interés de desembarcar en la política. Me llamó para insistirme.

—Mario, te digan lo que te digan, te lo diga quien te lo diga, no te fíes. Por una razón exclusivamente: porque no son gente de fiar. Ninguno.

25 de octubre. Almorzamos en Triana Alfonso Guerra, Txiki Benegas, José Antonio Segurado y yo. Ningún dato de especial inte-

rés salvo el volver a constatar el profundo abismo que se extendía entre los dos viejos líderes del socialismo español. Bueno, sí, y otra cosa, poco novedosa, por cierto, Alfonso Guerra —él también— quiso interesarse por saber qué había de cierto en la teoría del tercer partido y mi involucración en la política. Aquello dejaba de ser cansino para transformarse en agobiante.

En fin, el ambiente se caldeaba. Las descalificaciones sobre Aznar se convirtieron en lugar común de todos los foros madrileños. En mitad de tal clima me fui a pasar unos días a Jerusalén.

La religión ha ocupado un papel muy importante en mi vida. Sentía especial ilusión por ese viaje, y no preferentemente por conocer el modo y manera en el que los judíos se organizaron como Estado y como sociedad en convivencia. Eso me interesaba, sin duda, pero confieso que mucho más la reacción interna que me provocaría el contacto con los llamados por los cristianos los Santos Lugares. Para alguien que, como yo, es de tradición y vivencias cristianas, ese momento tendería a ser realmente inolvidable. ¿Qué sentí? Pues si ahora lo escribo es posible que no coincida con lo que redacté en su día, así que lo mejor es acudir a mis libros y transcribir mis vivencias de ese instante. Entonces escribí:

«Hoy es domingo, 31 de octubre, y me encuentro en Jerusalén. Desde hace muchos años he sentido curiosidad e interés por venir a tierras judías. Israel ha ejercido sobre mí una atracción curiosa y difícilmente explicable. Sin embargo, una vez aquí, lo cierto es que no he sentido ninguna emoción especial. Ni siquiera ayer noche cuando paseábamos por la ciudad vieja de Jerusalén. Ni cuando fuimos al muro de las lamentaciones y contemplaba cómo los hombres y las mujeres, estrictamente separados en bandos, se agitaban frente al muro, practicaban inclinaciones e introducían los papelitos con sus deseos en los resquicios libres entre las piedras. Me pareció un espectáculo curioso, pero no sentí la más leve alteración emocional».

Me invitaron oficialmente a visitar el Parlamento de Israel, di una conferencia a la que asistieron multitud de empresarios preparando el viaje del rey de España en su calidad de rey de Jerusalén, además, claro, de rey de Sepharad, cené con el eterno Simon Peres... En fin, cosas de esas, que no eran, ni mucho menos, lo que buscaba en mi viaje a Israel. Lo cierto es que lo que quería encontrar no logré identificarlo. Y es que no estaba en ningún lugar de Israel, sino dentro de mí mismo.

Miércoles 10 de noviembre de 1993. De nuevo por España, después de un muy interesante recorrido por tierras judías. Ahora tocaba retornar a lo prosaico, y me encontré en Moncloa en una nueva entrevista con Felipe González. Teóricamente la solicité para hablar con él sobre el Totta y Azores y, en concreto, sobre mi entrevista con Cavaco, las gestiones del Rey con Mario Soares y que, a pesar de todos esos importantes pesares, no avanzábamos ni un milímetro; al contrario, la tozudez del portugués nos retraía al máximo, hasta el extremo de que comenzaba a cansarme de pelear contra la irracionalidad, y si no se producía un cambio de rumbo que nos proporcionara al menos una esperanza, tendríamos que poner a la venta nuestro paquete, con lo que sin duda ganaríamos mucho dinero pero frustraríamos uno de los mejores proyectos de la historia financiero-política española.

González asentía, pero se manifestaba algo pesimista por el carácter «espeso» —así lo calificó— del líder lusitano. Volvimos sobre Banesto y le hice una exposición extremadamente detallada de nuestra situación actual real, de la importancia de la ampliación de capital culminada con gigantesco éxito, de los planes con los americanos, en fin, de nuestro repertorio para los próximos años. Consumido un turno sobre los ecos de mi viaje a Israel, que le impactó, sobre todo por mi capacidad para entrevistarme con todos los líderes políticos israelíes, y otro sobre la situación económica española, con cierto tono de seriedad en el que un buen actor vislumbraría una broma de mejor o peor gusto, mirándolo fijamente a los ojos, le dije:

—Bueno, ahora quiero que sepas que el próximo lunes presento el Partido Liberal.

Felipe se turbó por algo más de un segundo; concentró todas sus fuerzas en evitar cualquier gesto exterior expresivo de agrado, sorpresa o aprobación. Ni siquiera apartó de mí su mirada y con una voz que pretendía ser un ejemplo de desapasionamiento, preguntó:

—O sea, que el lunes, por fin.

Comprendí que no se había percatado de que le estaba gastando una broma y ya con un tono decididamente serio le abordé.

—Mira, presidente, hablemos unos segundos en serio. Todo este asunto de mi dedicación a la política me está causando serios problemas porque es evidente que he asumido unos compromisos fuertes que me tienen atado al banco y, precisamente por ello, las referencias a mi salida al ruedo político me causan perjuicio por lo que transmiten de provisionalidad en mi puesto en Banesto, sobre todo tratándose de una persona tan significativa para el banco como lo soy yo en estos momentos. No tengo idea de quién se encarga de mover el asunto, pero me siento realmente incómodo. Lo que quiero es que al menos tú dispongas de la información real: a pesar de que estos últimos días, incluso semanas, me encuentro casi a diario con una forma poco sofisticada de presión, mi sitio es el banco y no quiero hacer nada distinto de lo que estoy haciendo.

—El problema es que tu dedicación a la política tiene mucha racionalidad. Tienes cuarenta y cinco años y nadie te imagina jubilándote en Banesto con setenta. Ni eres el prototipo de banquero tradicional, ni perteneces a familia con tradición bancaria. La gente te atribuye el carácter de alguien a quien le gusta hacer cosas. Te asignan inquietudes políticas, entre otras razones porque tú las alimentas con tus discursos. Por eso es lógico que la gente se lo crea; porque todo cuadra.

El tono de Felipe no contenía ni un miligramo de ira, indignación, reprobación, aprobación o asentimiento. Hablaba procurando eliminar cualquier brizna de énfasis positivo o negativo, como si se tratara de una voz de ordenador que pretendiera explicar la asepsia de razonar con lógica esterilizada. Prosiguió:

—Además tenemos el dato cierto de que Aznar no puede ser la apuesta de la derecha de este país. En estos últimos días he tenido ocasión de hablar con él a fondo por primera vez y me he dado perfecta cuenta de que no hay fondo en él, no tiene ideas propias, es muy poca cosa y estoy seguro de que, como te digo, no puede ser la apuesta de la derecha española.

—Bueno, pero si por un casual algún día gana las elecciones, por lo menos dejarán de darme la lata a mí.

—Ni aun así —contestó rotundo—, porque no ganaría él, sino que perderíamos nosotros y eso la gente lo percibiría con claridad. Te vuelvo a insistir en que la apuesta de la derecha no puede ser Aznar y eso es claro como el agua.

Me encontraba sorprendido por la aparente sinceridad de una conversación que se deslizaba por terrenos altamente peligrosos en los que el voltaje de la comunicación convertía a nuestras palabras y frases en líneas de alta tensión. Era la primera vez que entre los dos hablábamos con semejante claridad. Me estaba demostrando, o eso creía yo, una confianza especial. Por ello traté de corresponder con mi pensamiento sincero.

—Mira, presidente. Tú has representado mucho para muchas personas de este país, entre las que me encuentro. Creo que tienes tres cosas fundamentales que hacer. La primera, tomar las medidas que el país exige, pese a quien pese y caiga quien caiga. La segunda, conseguir que el PSOE siga siendo un partido capaz de articular este país llamado España y que, sea en el Gobierno o en la oposición, permanezca como una fuerza política importante. La tercera, conseguir que tu sucesión se haga de tal manera que no comprometa los intereses de España. Me preocupa mucho que la Corona esté bajando al nivel de la política del día a día. Eso es malo. El Rey me consta que te respeta mucho. Hay que evitar ese daño.

Se recostó sobre el blanco sofá de su despacho, dejó caer la cabeza hacia atrás y con la mirada perdida en el techo, deseando traslucir un tono algo lastimero, comentó:

—Tengo que ser consciente de que este país no está preparado para que alguien sea presidente del Gobierno durante veinte años. Es sencillamente imposible. Por eso, a pesar de mi edad, tengo que entender que los ciclos vitales se colman. Voy a hacer lo que tengo que hacer, le pese a quien le pese, pero con la conciencia plena de que mi ciclo vital se está acabando.

—El problema es en qué situación dejas al país. Yo estoy seguro de que tú estarías dispuesto a ceder a los nacionalismos hasta un punto, más allá del cual preferirías abandonar el poder antes que provocar desmembramientos de la realidad española.

—No lo dudes. Mis vanidades están cubiertas y no cedería.

—Al margen de que las vanidades nunca están completamente cubiertas, creo que tú sí podrías plantarte ante determinadas exigencias de los nacionalismos, pero tengo muchísimas dudas de que esa fuera la posición de la derecha si necesitara sus votos para llegar a gobernar.

—Efectivamente, esa posibilidad existe y por eso sería bueno una fuerza nacional intermedia que, de esta manera, le diera estabilidad al país.

—Esa fuerza seguramente aparecerá. El asunto es si lo hará con carácter nacional o se circunscribirá a comunidades autónomas en las que el empuje de «lo nuestro» tal vez resulte suficiente para conseguir algunos votos. Bueno, si te parece ya no te entretengo más. Podemos seguir conversando en una cena en mi casa.

—Encantado.

De nuevo en mi BMW blindado camino del banco. La conversación con Felipe me pareció extremadamente importante, aunque, una vez más, no supe captar su trasfondo real. Creía que se preocupaba por el país, que lo que realmente le interesaba era una solución estable para España. Ahora, visto nuevamente con la perspectiva del tiempo, lo que realmente me dijo aquel día es que el tal Aznar le importaba tres pepinos, que no era el hombre de la derecha y que mientras yo estuviera allí, aunque Aznar consiguiera encaramarse al poder por alguna jugada del indescifrable destino, lo cierto es que no le considerarían el líder definitivo de la derecha. Ese papel la gente me lo atribuía a mí. Eso era lo que a Felipe realmente le preocupaba. La conclusión a obtener nacía diáfana: si eliminamos a este tipo y nos quedamos solos con Aznar, las posibilidades de seguir gobernando durante mucho tiempo aumentan exponencialmente.

El hastío llegaba hasta mí. Las presiones para mi entrada en política, la idea de un tercer partido, la necesidad de acordarlo con

Suárez, se convirtieron en una constante tan mecánicamente reproducida desde diferentes ángulos de la sociedad española que ni siquiera conseguía estimular mi ego; más bien me producía cansancio espiritual. Los escándalos de la época de poder prepotente de los socialistas comenzaron a salir a la luz. Uno de ellos residió en una red de espionaje que desde el Cesid se montó en torno a Javier Godó, propietario de *La Vanguardia*. La denuncia apareció en las páginas de *El País*, lo que no dejaba de ser sorprendente porque no cabía esperar semejante comportamiento del diario de Polanco cuando este y Narcís Serra cultivaban unas inmejorables relaciones personales. Por si fuera poco, de manera directa e indirecta se mezclaba en el fangoso asunto Javier Godó, con quien Polanco preservaba una alianza estratégica. Posiblemente fuera inevitable que un asunto turbio y sucio como ese tuviera que vivir en las páginas de los periódicos y, como suelen decir en estos casos los editores, mejor adelantarnos y construir nosotros la noticia.

Las fechas llamaban la atención: coincidían punto por punto con nuestro intento de entrada —y paralela actitud de destrucción de Serra— en el diario *La Vanguardia*, lo que, como relaté, irritaba hasta el éxtasis a los hombres fuertes del Gobierno, en especial a su vicepresidente. Por ello no me cabía la menor duda de que Serra, dueño absoluto de los resortes que dirigen las cañerías del Estado a través del Cesid, decidiera actuar ilegalmente para controlar todos mis movimientos y los del editor catalán, con el único y decidido propósito de conseguir a toda costa abortar la criatura del pacto antes de que viera la luz.

En medio del tumulto que rodeaba nuestras vidas surge un personaje como García Vargas, ministro de Defensa. Su mujer, Araceli Pereda, me informó con un evidente desasosiego de que Julián ignoraba todo sobre el tenebroso asunto del espionaje que, en su opinión, solo podía ser obra de Serra, dedicado como labor primordial de su ejercicio del poder a la de conspirador oficial y espía oculto del Reino.

El asunto se complicó políticamente y Julián tuvo que asistir a declarar a una comisión del Parlamento que investigaba las escuchas.

Pidió mi ayuda y se la concedí porque consideré que no tenía ni un ápice de responsabilidad en el manejo de las instituciones del Estado al servicio de intereses espurios de un personaje como Serra. Hablé con Luis María Anson y con Pedro J. para explicarles la posición real del ministro y de esta manera conseguir un tratamiento de la figura de Julián en que saliera lo mejor parado posible de la encerrona parlamentaria. Incluso más: conseguimos descubrir un real decreto en el que quedaba claramente establecida la doble dependencia, orgánica y funcional, del Cesid, de manera que aunque se nutría con dinero del Ministerio de Defensa, quien mandaba sobre él —eso que llaman dependencia funcional— era la Presidencia del Gobierno, y quien se ocupaba personalmente de ejercer ese mando era el inefable Narcís Serra.

Julián sentía pánico de aludir a semejante normativa ante sus señorías parlamentarias, no fuera a ser que se pusiera en marcha la venganza de Serra sobre su persona. Le insistí en que tenía que hacerlo. Incluso conseguí de Luis María Anson, que cenaba en Zalacaín, una aclaración del periódico *Abc* del día siguiente, incluyendo, precisamente, un recuadro en el que se explicaba abiertamente esa dualidad de dependencias, con el fin de exonerar de responsabilidad política —y, en su caso, penal— a Julián García Vargas.

Cuando concluyó su comparecencia parlamentaria acudió a mi casa de la calle Triana para agradecerme en persona lo que había hecho por él. Llegó en su coche particular, sin ninguna escolta, con el propósito de dotar al encuentro del máximo de privacidad posible. Julián comenzó a sincerarse. Dejó diáfano delante de mí, y de su mujer, que le acompañaba en el trance, que Serra tenía grabadas conversaciones de personajes importantes de la vida española. Concretamente sobre mí encargó informes al Cesid; además, a la Guardia Civil. Esta última información se la transmitió personalmente Roldán, director entonces de la Benemérita, enseñándole, además, copias resumidas del texto del informe que fueron remitidas directamente desde su despacho al del vicepresidente del Gobierno. Roldán le contó que la financiación necesaria para esos informes provenía de los fondos reservados que manejaba el Cesid. Lo que a Julián le indignaba sobremanera consistía en que, además de dedicarse a tales menesteres, Serra se convirtiera en una especie de paladín de la limpieza de comportamientos, y concretamente sobre mí se encargara de transmitir a los cuatro vientos que yo manejaba empresas especializadas en información secreta, cuando eran sus manos las que se mezclaban en esos lodazales.

Con el sentimiento de asco que todo ello me producía, y asumiendo que vivíamos en un mundo en muchos aspectos miserable, una llamada del Rey me devolvió a la realidad. Era el 17 de diciembre de 1993...

22

Enrique Lasarte, consejero delegado de Banesto, vino a verme a mi despacho en el primer trimestre de 1993. Desde finales de octubre del año anterior habíamos comenzado a detectar los problemas de la morosidad bancaria, es decir, aquellos clientes que como consecuencia del mal estado de la economía en general se resistían a pagar puntualmente sus créditos. Algo normal y corriente, que sucede siempre en todas las fases recesivas que afectan regularmente a las economías del mundo. La banca sabe de eso. Y precisamente por eso se hacen las anotaciones que se llaman las provisiones.

—Tenemos que prever que el año 1993 va a ser muy malo y nos va a afectar en morosidad.

El año 1993, como he repetido, fue uno de los peores que nos ha tocado vivir en la segunda mitad del siglo xx. Tuvimos crecimiento negativo del producto interior bruto, es decir, una recesión en toda regla. Creo que sobrepasó el 1 por ciento negativo, lo que hoy, mirado con ojos del 2009-2010, puede parecer de broma, porque hemos caído por encima del 3 por ciento, y en estos campos ese descenso adicional es cualitativamente superior en efectos devastadores. Pero ya teníamos suficiente con ese crecimiento negativo del 1 por ciento. Cuando tal enfermedad aparece, las empresas no tienen sobrante de caja y dejan de pagar sus créditos y después los sueldos de sus empleados, quienes, a su vez, al carecer de fondos, tampoco hacen frente a los compromisos financieros con sus entidades. El resultado: la morosidad bancaria se dispara y las cuentas de resultados de los bancos sufren una agresión de enorme cuantía.

—¿De cuánta morosidad me hablas, Enrique?

—Pues no puedo decírtelo exactamente. Hemos estado analizando la cartera y creo que tenemos la situación controlada, pero no cabe duda de que es un año en el que hay que tomar medidas. Pero hay que anticiparse porque ya sabes que todo esto depende de lo que quiera el Banco de España, porque es el dueño de las normas contables, y puede permitir a un banco reducir sus provisiones y a otro obligarle a elevarlas a la enésima potencia.

—Sí, claro, esa es la experiencia, pero creo que ahora no estamos en mala relación con ellos.

—No, creo que no, y por eso lo mejor es actuar claramente.

—¿Qué idea tenéis?

—Pues de momento tomar una decisión fuerte: destinar todos los beneficios del año a provisiones.

—¡Joder, Enrique! Eso es muy fuerte. ¿Dices declarar beneficio cero?

—No, digo declarar los beneficios propios de la gestión ordinaria, pero constituir provisiones extraordinarias para cubrir el año. De esta manera todos sabrán que ganamos dinero pero lo destinamos a provisiones, que no es lo mismo.

—¿Y qué dicen los de Morgan? Tenemos enfrente la ampliación de capital gigantesca que estamos negociando.

—Pues nada, que les parece muy buena medida. Aunque solo sea porque ellos hicieron lo mismo años atrás.

En efecto. La banca americana años antes se vio involucrada en un gigantesco problema por financiar deuda de países de América del Sur. J. P. Morgan tomó el toro por los cuernos, provisionó todo lo provisionable, declaró una cifra récord de pérdidas, y al cabo de un par de años era considerado el mejor banco del mundo. Así que no podía extrañarse de que quisiéramos dar una imagen de seriedad como la que ellos abordaron en su día.

—¿Y con ese planteamiento creen que podremos tener éxito en la ampliación de capital?

—Por supuesto. Los analistas financieros saben de estas cosas. La experiencia bancaria es terminante: a las épocas de morosidad las siguen otras de calma y, después, de euforia económica, de manera que una cosa es ser moroso y otra, dejar de pagar definitivamente un crédito. Los estudios demuestran que al menos el 70 por ciento de los créditos morosos se recuperan con el paso del tiempo, de manera que una cosa es la situación contable de la entidad y otra bien distinta, la situación real.

—Sí, de acuerdo, pero hay que mantener informado al Banco de España de todo.

—Sí, claro.

—Pero dime una cosa, ¿la morosidad de dónde viene?

—Hombre, hay dos focos. Los créditos a particulares y las empresas. En los primeros crecimos mucho y eso se nota. Las empresas están pasando por lo que todo el mundo sabe.

—Bueno, pues nada, al lío.

Eso de los créditos es el caballo de batalla de la banca. Cuando, en mi calidad de presidente, me recorría la geografía española de arriba abajo y de este a oeste para celebrar reuniones de trabajo con los directores, mi lema siempre consistía en el mismo principio: la sanidad del banco reside en la calidad de los créditos que concedamos. Los directores asentían, pero más tarde se veían asediados por la presión procedente del área comercial que quería crecer a toda costa porque sin crecimiento, sin volumen, las cuentas de resultados adelgazaban de manera notoria. Tal vez por ello, en algunos momentos de euforia se concedieron más créditos de los que en otras circunstancias hubieran pasado a formar parte de nuestra cartera. Esto suele ocurrir en todo tiempo, en mayor o menor medida. Pero, sinceramente, creo que no se localizaba en este terreno la raíz de nuestros problemas. Banesto y otros bancos españoles o extranjeros habían atravesado en otros momentos históricos semejantes cauces de aguas turbulentas y habían llegado sanos y salvos a la otra orilla. Pero como manda quien manda, nos pusimos a trabajar.

Acertamos. Frente al diagnóstico de algunos que decían que si hacíamos eso se hundirían las acciones en Bolsa y jamás cubriríamos la ampliación de capital, el resultado fue exactamente al contrario. Las acciones subieron y la ampliación se cubrió con exceso. El mercado financiero acaba aplaudiendo la seriedad, y todos los analistas conocían a la perfección que la situación económica no es que fuera mala, es que su ropaje era dramático, y en tales casos los bancos, pronto o tarde, sufren seriamente, precisamente por el incremento de la morosidad. Por ello mismo, aquellos que se anticiparan a los acontecimientos serían muy bien recibidos en la comunidad especializada de analistas financieros.

Con el éxito de la ampliación de capital dándonos impulsos, con los cien mil millones recaudados en las arcas del banco decidimos abordar un plan para los siguientes años. Porque una cosa es tener ese éxito y otra, que la economía española reaccionara. De esto último, nada. Al contrario. La situación empeoraba. Las empresas sufrían. Los del Banco de España estaban asustados con lo que ocurría en el sistema financiero, sobre todo porque nosotros teníamos empresas industriales localizadas en la Corporación Industrial. Recuerdo aquella mañana en la que Enrique entró en mi despacho con cara de particular cabreo.

—Me dicen los de control de gestión, los que llevan las relaciones con el Banco de España, que les están apremiando con los créditos a las empresas de la corporación.

—¿Qué quieren?

—Pues lo de siempre, que vendamos, que vendamos, que vendamos empresas.

—Ya hemos vendido algunas, como Valenciana y Petromed. ¿Qué pasa, que quieren destruir la corporación?

—Pues sí, porque han dicho una frase increíble.

—¿Cuál?

—Les dijimos que teníamos que ayudar a las empresas a pasar este bache y que eso les permitiría estar sanas enseguida. Y ¿sabes lo que contestaron?

—Pues no.

—Que a ellos no les interesan empresas sanas, sino bancos sanos.

—Pero ¿están locos? ¿Cómo vamos a tener bancos sanos con empresas quebradas? ¡Es que no tiene el menor sentido!

—Desde luego, pero es lo que dicen.

—Nunca imaginé que llevaran la locura esa de la riqueza financiera a tales extremos. Los bancos estamos para financiar a la economía real. Otra cosa es subvertir la función de la banca.

—Yo estoy de acuerdo, pero esto no es nuevo. Encima lanzan al mercado rumores de que prestamos demasiado a las empresas.

—¿Qué quieren? ¿Que las dejemos quebrar? ¿No es eso una locura? Aparte de quebrar empresas, eso se llevaría por delante a los propios bancos que prestan.

—Sí, desde luego, pero es que son solo funcionarios.

—Hay que joderse. Personas que no saben lo que es pagar una nómina, que no tienen responsabilidad porque no puedes echarlos a la calle, que ejercen un poder total, se permiten el lujo de decirte cómo tienes que gestionar tus dineros y los de tus accionistas... Es de locos.

—Sobre todo —añadió Enrique— porque esa gente, los inspectores del Banco de España, llevan con nosotros de modo constante desde 1988. Me dicen que hasta tenían un despacho especial en Banesto. Saben todo. Esos dos que llaman Román y Monje son los que más información tienen. Nunca se les ha negado nada. Al contrario, por tener disponen incluso de acceso a los archivos de informática.

—No solo lo saben, sino que, además, lo manejan según las circunstancias políticas. ¿No te acuerdas cómo cambió Mariano Rubio? Lo que era malo pasó a ser indiferente y cuando él entró en problemas, lo indiferente volvió a ser malo...

—Sí, así es.

—Bueno, pues al lío otra vez. Vamos a crear un equipo para trabajar en el plan a cinco años. ¿Qué te parece si metemos a Paulina Beato en el equipo?

—Me parece muy bien. Es consejera, catedrática de Economía, de esto entiende y además es amiga de Rojo, el gobernador, y de Pérez, el director de la Inspección.

—Eso de amiga puede ser engañoso...

—No, me refiero a que al ser amiga tiene con ellos confianza y saben que vamos a actuar seriamente.

—Para eso no necesitamos a Paulina porque ya tienen pruebas de cómo actuamos. Saben todo.

—Sí, pero es mejor, más rotundo. Un equipo formado por los servicios del banco, Paulina y Morgan es de seriedad total.

—Bien, tienes razón, pero voy a bajar a proponérselo al gobernador.

Rojo me recibió de inmediato porque nuestras relaciones desde la salida de Mariano Rubio eran fluidas. Le expliqué el propósito de alcanzar la máxima transparencia con el Banco de España, le propuse la idea de que Paulina colaborara con nosotros y, como es normal, le pareció muy bien, pero me puso un matiz de cierta importancia.

—Bien, Mario, pero es mejor que Miguel Martín no intervenga en esto.

Sorprendente. Martín no consiguió ser nombrado gobernador, pero le dejaron en un puesto nada despreciable: subgobernador. Bien es cierto que ahí lo que hacía fundamentalmente era figurar, pero cobraba un buen sueldo y podía vivir tranquilo. Lo curioso es que Rojo lo excluyera expresamente de intervenir en nuestros asuntos. No sabía exactamente a qué era debido, pero tampoco podía preguntárselo de modo demasiado directo, así que opté por algo suave.

—¿Por algo en especial, gobernador?

—No. Simplemente, que tengo confianza en Pérez. Ese es mi hombre para esto. Martín está en otras cosas.

—Entendido, gobernador. No le informaremos de nada.

—En su caso ya le diremos nosotros lo que tengamos que decirle.

Una vez que el Banco de España se encontraba al corriente, diseñamos el modelo financiero a seguir, lo que no revestía excesiva dificultad, a pesar de que las cifras que manejábamos eran importantes. J. P. Morgan colaboró con nosotros de manera activa. En las negociaciones se consumió parte de octubre y de noviembre. Por fin, el día 15 de diciembre me entrevisté con el gobernador Rojo en su despacho de Cibeles.

—Bueno, Mario, han llegado a un acuerdo tus servicios y los míos y para mí es satisfactorio. Ahora te pido que te «aburras» algo más concentrándote en el banco. Voy a hacer llegar este plan «arriba» porque ya puedes suponer que es muy importante y tienen que estar enterados, aunque estoy seguro de que no habrá dificultades. Dile a Lasarte y Paulina que se pongan en contacto con José Pérez para el tema de los asientos contables.

—Muy bien, gobernador. Muchas gracias. Ya sabes que tenemos previstos los viajes para exponer a los analistas y agencias de rating el plan. Según Morgan lo verán magnífico, porque todos conocen lo que está pasando con la economía española.

—Sí, claro...

Eso de mentarle la economía española le hacía poca gracia, porque había sido uno de los diseñadores del modelo que nos había conducido al desastre, pero no era político de mi parte recordarlo en ese momento, así que había que desviar un poco el asunto y por eso le pregunté:

—Por cierto, gobernador, ¿qué es eso que me dices de enviar el plan «arriba»?

Titubeó por unos instantes. Se agitó en el asiento. Dio ciertas muestras de incomodidad ante mi pregunta, pero nada en exceso. Quizá fuera solo que a nadie le gusta que le recuerden que tiene jefes que mandan sobre él siendo gobernador del Banco de España, sobre todo porque su lema cacareado a los cuatro vientos es la «independencia». Todos sabemos que eso es una coña marinera, pero no le gusta a nadie que le recuerden su verdadera condición. Por eso su respuesta fue un poco trémula.

—Bueno..., ya sabes..., el asunto es importante... Banesto, tú... En fin, que me dicen que informe, pues les informo, pero no tengas preocupación alguna porque esto es muy claro. Lo que han pactado los servicios de Inspección, pactado está.

Alea jacta est, pensaba para mí. El acuerdo cerrado con el Banco de España. La alegría de Lasarte y Paulina resultaba elocuente de la importancia de lo conseguido. Enrique se entrevistó con Pérez y quedaron en que el siguiente lunes, 20 de diciembre de 1993, se reunirían para trazar la estrategia concreta del acuerdo formal del Banco de España y los correspondientes asientos contables que necesitábamos practicar en nuestros libros. El director de la Inspección le dijo a Lasarte que quería avanzar pronto en los asientos porque tenía a su madre enferma en Marbella y quería ir a verla una vez concluido todo el asunto Banesto.

Mantuve al Rey alejado de este escenario de negociación, porque se trataba de algo a dilucidar exclusivamente entre nosotros, J. P. Morgan y el Banco de España y no presumía ningún tipo de dificultad política, máxime cuando mis relaciones con Felipe González parecían atravesar un excelente momento. Por eso me extrañó aquella llamada del día 17 de diciembre de 1993. Quedaban once días para que pusieran en marcha la operación contra mí mediante la intervención de Banesto. El asunto de fondo eran los espionajes del Cesid a las órdenes de Serra, el vicepresidente del Gobierno.

—Señor, en esto de los espías del Cesid Serra está involucrado hasta las patas. La información es incontestable porque me lo ha dicho, delante de su mujer, el ministro de Defensa, Julián García Vargas, a quien, como sabe, he ayudado en este caso por el convencimiento de que no tiene absolutamente nada que ver.

El Rey guardaba silencio. No se mete en asuntos concretos de Gobierno. Menos en estos escabrosos. Escucha pero no habla.

—Por si fuera poco, señor, me ha dicho que Serra ordenó al Cesid que me espiara y, además, utilizó a la Guardia Civil. Roldán le enseñó el informe que hicieron y que se remitió a Presidencia del Gobierno.

—¡Qué barbaridad! Por cierto, te quería decir que me ha llamado el presidente del Gobierno para hablarme de Banesto y de ti.

—¿De Banesto? Hace nada que le expliqué la situación al detalle.

—Sí, pero me dijo que como escuchó algunos rumores, incluso algunas noticias sueltas que aparecieron en prensa, llamó a Solbes y al gobernador para preguntarles si ocurría algo especial.

—Ya, y ¿qué le han dicho?

—Según Felipe me transmite, lo que le dicen es que existe absoluta tranquilidad. Que Banesto tiene problemas, como los tienen otros bancos, pero la diferencia es que vosotros, Banesto, queréis resolver los problemas de manera mucho más clara que los demás.

—Bueno, eso es cierto, pero lo que me preocupa es que alguien tiene que estar rondando al presidente del Gobierno con infundios sobre el banco hasta el punto de que tenga que llamar al ministro y este al gobernador.

—Felipe me ha dicho que él habló con los dos.

—No parece lógico, señor. Lo más normal es pensar que se dirigió a su ministro y este al gobernador, pero, en fin, a estos efectos es intrascendente. Lo importante sería saber quién es el que está enredando. Bueno, señor, ya hablaremos más despacio, pero la verdad es que estas cosas son difícilmente explicables.

Me quedé pensando. ¿Qué sentido tiene esa llamada al Rey? No lo entiendo. ¿Es lógico que el presidente del Gobierno llame al gobernador y al ministro de Economía? No parece. ¿Cuántas veces se ha dirigido al Rey para un asunto así, sea de bancos o de otras empresas importantes? No lo sé, pero me extrañaría.

Visto desde la plataforma de hoy, conociendo más al personaje, sabiendo que lo que sucedió nació de un pacto, esa llamada solo tiene un sentido: confundir al Rey. Es indudable que sabiendo mis relaciones con el Rey estarían convencidos de que nada más colgar me llamaría para contarme la conversación y eso me llevaría a pensar que todo estaba bien. Además, controlando como controlaban llamadas telefónicas, no les resultaría difícil pinchar la posible llamada del Rey a mi teléfono. En fin, una vez que entras en ese mundo... Pero lo cierto es que me quedé extrañado pero no hice nada más. Ya he dicho que en demasiadas ocasiones la vorágine de acontecimientos te supera y dejas de sacar conclusiones de los hechos que tienes delante, hechos que, por sí solos, son capaces de proporcionarte una explicación contundente.

De todas formas, algo positivo cabía extraer: el propio presidente del Gobierno le dijo al Rey que nuestros problemas era similares a los de otros, pero que nuestras soluciones tenían mucha mayor claridad y seriedad. El Rey lo oyó con sus propios oídos. Es cierto, pero con todo y eso la ejecución estaba decidida.

—Bueno, pues al menos el Rey conoce de boca del presidente del Gobierno, que habla con la información del gobernador del Banco de España y del ministro de Economía, nuestra verdadera situación. Mucho mejor que si yo mismo se la hubiera transmitido.

Todavía me quedaban algunas sorpresas más ese día. Me encontraba plácidamente leyendo en la biblioteca cuando sonó el teléfono. La voz excitada de Amusátegui, entonces presidente del Central Hispano, dotaba a su parlamento de un dramatismo mortuorio.

—Tengo información de que nos quieren plantear una encerrona a los dos, así que la única solución consiste en fusionarnos, en anticiparnos. Nos reunimos este fin de semana. Yo voy a donde digas con mi gente. Tú llamas a la tuya y el lunes nos presentamos con un acuerdo de fusión y las Juntas de Accionistas convocadas. Se verán atrapados y no podrán mover un dedo en nuestra contra.

No cabía duda alguna: Amusátegui tenía miedo; más aún: se encontraba presa de un pánico incontrolable. Eso de proponer una fusión de dos bancos del tamaño de Banesto y Central Hispano como algo que se acuerda en unas cuantas horas de charla en un fin de semana cualquiera del mes de diciembre no me parecía serio. Por otro lado, sus palabras evidenciaban una situación financiera complicada en su banco, como el mercado suponía y hasta cacareaba en rumores procedentes de diversos lugares «generalmente bien informados». Nosotros compartíamos problemas, como toda la banca en aquel año horrible, pero trabajamos muchas horas en buscar el modelo de solución, lo encontramos y lo aprobó el Banco de España. Mezclarme con los problemas de Pepe Amusátegui carecía de sentido. Pero no podía revelarle mis negociaciones y acuerdos. Mucho menos la conversación con el Rey y el mensaje de González.

—Bueno, Pepe, tranquilo. Creo sinceramente que las cosas no son tan graves como las pintas. Ahora, con los americanos dentro, una fusión así, deprisa y corriendo, me parece imposible. De todas formas, tomo nota de lo que me dices y la semana que viene nos ponemos en contacto.

Despaché como pude el dramatismo de Pepe. Tomé el teléfono y se lo conté a Enrique Lasarte, primero, y después al Rey, que no me hizo comentario alguno cuando le aseguraba que la llamada de Amusátegui era la prueba del nueve de que otros bancos tenían problemas y que los pensaban solucionar de manera mucho menos seria que la nuestra. Percibí una sonrisa de satisfacción del Monarca al otro lado de la línea.

No podía quitarme de la cabeza esa llamada extraña del presidente del Gobierno al Rey. Ahora, demás, Amusátegui y ese «nos quieren plantear una encerrona a los dos»... No sé... En ese instante me acordé de la conversación con José Antonio Segurado unos días antes.

Desgraciadamente, tuve que prescindir de sus servicios como asesor. Sucedió a comienzos de diciembre de ese año, sobre el día 3 o 4, más o menos. Me dolió especialmente porque entre nosotros con el paso del tiempo se había entablado una relación que iba más allá de la de un asesor. Funcionábamos con lealtad sincera en ambas direcciones. Y la razón para cancelar nuestra relación no fue que sus servicios o consejos me fueran ineficaces o que no cumpliera escrupulosamente sus funciones. Ninguna queja en ese aspecto. Al contrario. Fueron presiones procedentes de las áreas del Partido Popular, para ser más exactos de José María Aznar, y eso que José Antonio, con independencia de sus reticencias hacia el personaje, se mostraba leal en sus actuaciones. Pero las quejas, que me llegaban constantes, fuertes, agobiantes desde dentro y fuera de la casa, residían en dos planos. El primero, que la presencia de Segurado conmigo era la prueba del nueve de que tenía un plan de dedicarme a la política. José Antonio sabía que era exactamente al revés, pero... La segunda, que a los cuadros del PP no les gustaba en absoluto que actuara con ellos como intermediario entre sus dirigentes, sobre todo con Aznar. Querían contacto directo. Por si fuera poco, algunos banqueros que José Antonio consideraba amigos, resultó que no lo eran en modo alguno. No sé si motu proprio o motu ajeno, pero lo cierto es que me hablaban de manera conducente a romper mis relaciones de asesoría con él.

Uno de nuestros últimos encuentros tuvo precisamente lugar en casa de José Antonio. Allí fuimos a almorzar los tres: Aznar, José

Antonio y yo. Mi misión consistía, una vez más, en alejar de su mente mi posible dedicación a la política. Por eso le dije:

—José María, en un país suele suceder lo normal, y lo normal hoy, a la vista del deterioro brutal del PSOE, es que pierda votos y que algunos de esos votos o muchos de esos votos vayan al PP, así que es normal que las cosas puedan cambiar y que ganes las elecciones, que puedas ser presidente del Gobierno. Eso creo que es lo que ocurrirá.

Aznar me dio la razón, pero añadiendo a continuación en un tono algo desabrido:

—Sí, así es. Yo creo que si nadie hace el gilipollas, las próximas elecciones europeas las gana el PP.

Raro. No suele ser demasiado mal hablado Aznar, aunque la verdad es que le conozco poco. Pero ese «gilipollas» le salió muy de dentro, muy interiorizado. No sé. Algo rondaba por su cabeza, desde luego.

Pero lo más grave sucedió algunos días después. José Antonio Segurado y yo habíamos comentado los números del Banco Central Hispano y sinceramente nos parecía que tenían una posición algo difícil, pero como no era cosa nuestra... Así que no me sorprendió el comentario de Amusátegui buscando a la desesperada una fusión con nosotros, y por eso le despaché de la manera en que lo hice.

Aquella tarde, sin embargo, el tono de José Antonio era de máxima preocupación.

—Presidente, ¿estás en teléfono seguro? Tengo información muy importante que transmitirte.

—Hombre, José, seguro en este país parece que no hay nada, pero...

—Bueno, mira, es que me ha llamado Miguel Roca muy preocupado.

—Ya.

—Me dijo lo siguiente: «José Antonio, te lo digo por lealtad. Tengo información totalmente cierta de que van a por Mario. Está decidido. No hay nada que hacer. Van a por él y no hay solución».

—¡Joder! Y ¿quién?

—Eso le pregunté yo: «¿Quién, Felipe Gonzalez?». A lo que Miguel respondió: «Felipe González y Aznar. Es cosa decidida entre los dos».

—Pues sí que estamos bien...

—Tómatelo muy en serio, presidente, porque Miguel Roca es persona seria y está informando con lealtad.

—Hombre, yo creo lo mismo que tú, pero... ¿Te citó fuentes de información?

—Ya puedes comprender que no. Ni siquiera me planteeé el preguntarlo.

—Ya, pero ¿qué podemos hacer?

—Pues no sé, presidente. Pensar y ver cómo reaccionamos.

Aquel día, en Los Carrizos, después de la llamada del Rey pensé que lo de Roca carecía de sentido. Sin embargo, hoy tiene todo el sentido del mundo. Y, por si fuera poco, una vez que conozco la conversación entre Jesús Posadas y José María Aznar en aquella cena en su casa, se comprende bien aquella frase de Aznar:

—Jesús, Jesús, ya está. Acabo de terminar con Felipe y en días empezamos contra Mario Conde. Ya está decidido.

Y la respuesta de Posadas:

—Enhorabuena, presidente. Me alegro mucho de que os lo carguéis. Ahora sí que te veo presidente del Gobierno.

El lunes siguiente, 20 de diciembre, conforme lo previsto y acordado entre ellos, Lasarte llamó a José Pérez para poner en marcha el plan aprobado. Le extrañó encontrar dificultades en hablar con él, aunque finalmente lo consiguió, pero el mensaje del director de la Inspección distaba del planeado: se limitó a decirle a Enrique que previamente a su reunión tenía que producirse un nuevo encuentro entre el gobernador y el presidente de Banesto. Enrique no se alarmó. Supuso que ese nuevo encuentro, que no estaba programado, obedecería a algún perfil de índole política, porque yo le había contado que el gobernador iba a subir el asunto «arriba». Pedí a mi secretaria que me pusiera con Rojo y quedamos en que nos veríamos sobre las cinco de la tarde de ese día.

Crispado, nervioso, fumando sin cesar, con la mirada huidiza, evitando por todos los medios que sus ojos se clavaran en los míos, el hombre que me encontré sentado en el sillón de gobernador aquella tarde del día 20 de diciembre de 1993 nada se asemejaba con el sonriente Rojo que me aprobó el plan días atrás. Ahora recitaba una especie de lección aprendida: la situación del banco es dramática y no puedo aceptar el plan.

—¿Cómo que no puedes aceptar el plan? ¿Cómo que la situación es dramática? Obviamente, es la misma hoy que el pasado jueves cuando me diste tu visto bueno. Supongo que conocerás perfectamente todo lo que os expusimos, ¿no es así?

Inútil. No contestaba. Se aferraba a un guión. No admitía discusión. Ni siquiera entrar a debatir argumentos. Todo resultaba diáfano. Evidentemente, conocía con todo lujo de detalles nuestras propuestas antes de ser aprobadas por él el día 15.

—Pero vamos a ver, gobernador. Me dijiste que el plan estaba aprobado. Me pediste que se pusieran de acuerdo con Pérez para los asientos contables. Te dije que teníamos concertadas las citas con las agencias de rating. Todo esto se aprobó y te pareció bien. ¿Qué ha pasado?

Silencio, agitación, removerse, ni una palabra.

—¿Es que habéis descubierto algo nuevo, algo que yo no sepa? Si es así, dímelo.

Nada. Por fin dijo algo:

—Tengo dudas de que J. P. Morgan conozca la realidad del banco.

—¿Que tienes dudas de que Morgan conozca la realidad del banco? Pero si llevan aquí con nosotros más de un año estudiando a fondo. Si han hablado con vosotros, si...

Silencio. Agitación nerviosa. No podía decir nada. Supongo que sería consciente de que cualquier cosa que dijera quedaría inmediatamente contradicha por los hechos del pasado reciente. Tuve que insistir.

—Bueno, si es por eso, no te preocupes lo más mínimo. Precisamente el día 22 tenemos Consejo de Banesto, así que si te parece bien acudimos a verte con Roberto Mendoza y sales de dudas.

Masculló una respuesta en la que no tuvo valor de pronunciar palabra alguna. Cuando abandoné el caserón de Cibeles no percibía todavía con nitidez que se trataba de una ejecución política. Me preguntaba qué le habría sucedido a ese hombre. Era nítido que en el envío «arriba» de nuestro plan algún engranaje chirrió de manera vehemente, pero no acertaba a diseñar el cuadro completo del escenario en el que me veía obligado a moverme. Los rumores durante el fin de semana fueron intensísimos. Se comentaba por Madrid que Morgan vendía su paquete de Banesto a Bankinter. Otros aseguraban que era yo el que vendía mis acciones de Banesto al banco presidido por Jaime Botín sin contar con los americanos.

Día 22 de diciembre de 1993. Conforme a lo convenido nos presentamos en el despacho del gobernador Roberto Mendoza y yo. Mi primera sorpresa consistió en que entre los presentes, además de un abatido gobernador y de un asustado director de la Inspección, se encontraba Miguel Martín, el subgobernador, al que Rojo deliberada y conscientemente mantuvo alejado de nuestras negociaciones. ¿Qué papel jugaba en el encuentro? Algo sucedía. Alfredo Pastor, secretario de Estado de Economía, comentó con Paulina Beato, su amiga y socia, que se decía que los americanos ya no se comprometían conmigo. La vieja técnica del rumor, tan eficaz cuando se trata de entidades tan frágiles como las financieras, se utilizaba profusamente contra nosotros. Imposible describir un único foco. Las terminales que manejaba un individuo como Serra, controlador del aparato del Cesid, eran infinitas. Además, su amistad y complicidad con Polanco le dotaba de una caja de resonancia sin igual. El Grupo Prisa desplazó en los primeros compases su artillería hacia el diario económico *Cinco Días*, desde el que alimentaban esas informaciones tendenciosas con el propósito de crear el ambiente. Envueltos en semejante clima, la presencia inaudita de Martín se convertía en un pésimo augurio.

Tratando de aparentar que no me sentía impresionado por el

nuevo escenario negociador, con un tono que denotara absoluta seguridad en mí mismo y convencimiento en mis ideas, les dije:

—Bueno, pues ya tenéis claro que J. P. Morgan conoce a la perfección nuestros números, los ha estudiado y analizado con nosotros, los admite como tales, conoce el plan que os hemos presentado, está perfectamente capacitado para asegurar su incuestionable viabilidad y en modo alguno piensa vender sus acciones de Banesto, sino continuar con nosotros conforme a lo previsto y pactado.

Supuse que algo tan rotundo como lo que acababa de transmitir serviría para, como mínimo, apaciguar los ánimos que vislumbré en el turbado gobernador en mi alucinante encuentro del día 20. Nada más lejos de la realidad. La respuesta de Rojo me dejó helado. Delante de Mendoza y en un tono lastimero aseguró:

—La situación del banco es gravísima, y vuestro programa de recursos propios no da suficiente seguridad de que vaya a ser ejecutado con éxito. En tales condiciones le estáis pidiendo al Banco de España una apuesta excesiva y, por tanto, es necesario un compromiso de J. P. Morgan mucho más consistente y sólido.

Tuve la sensación de que aquello era el final. Ante palabras tan dramáticas, un espíritu dubitativo y algo diletante como el de Roberto se vendría abajo, se asustaría al imaginar el panorama que le tocaría vivir y se rendiría. Obviamente, era lo que pretendían. Si Morgan nos abandonaba, el estrépito financiero resultaría de tal calibre que la necesidad de intervenir el banco se convertiría en un inevitable imperioso para salvar al sistema financiero español de gravísimas turbulencias. Por ello se concentraron en los americanos y siguiendo su guion diseñaron de propósito una situación que sabían irreal, pero que presentada con la formalidad de una reunión en el Banco de España tomaba caracteres de irreversible.

Sin embargo, Roberto Mendoza no se amilanó. No se vino abajo. Al contrario, tomando el toro por sus afilados cuernos, sostuvo con fuerza:

—Conocemos perfectamente los números del banco, sabemos que se trata de una situación delicada, pero en la banca se dan estas situaciones regularmente, y creemos firmemente en el plan presentado y aprobado, en cuya confección hemos colaborado de modo muy activo.

Nadie esperaba semejante reacción, tan intenso compromiso. Roberto les estaba hundiendo el diseño que supuse confeccionaron entre el día 15, o cuando recibieran las órdenes de arriba, y ese momento de la entrevista que se celebraba ante ellos. Roberto continuó.

—Les aseguro que hemos llegado a Banesto como inversores, nuestros objetivos los diseñamos a medio y largo plazo y en ese contexto no tenemos preocupación real alguna y, en consecuencia, no tenemos la menor intención de alejarnos de Banesto.

Nuevo silencio. Cada segundo más espeso. Siguió Roberto.

—No solo no vendemos nuestras acciones —sentenció—, sino que ayudaremos a Banesto a colocar los títulos que necesiten en los mercados internacionales.

A la vista de la actitud de Roberto volví a tomar la palabra.

—Como puedes imaginar, gobernador, cuando tienes tu dinero invertido en el banco no bromeas con fantasmas; analizas la situación cuidadosa y meticulosamente porque lo que se encuentra en juego es mucho. Mi dinero está en el banco. Sé lo que hago. El de los americanos también. Saben lo que hacen.

No se amilanaron. No esperaban, desde luego, una respuesta como la que les proporcionó Roberto, pero no por ello iban a dejar de ejecutar un plan político diseñado con extremo cuidado. Martín tomó la palabra en un tono desabrido y ácido para afirmar que las cuentas de resultados que presentamos eran «humo», que no saldrían los números ni en el 94 ni en el 95. A continuación sentenció:

—Si de dinero se trata, te puedo asegurar que nosotros podremos encontrar mejores soluciones para tu dinero y para tu vida.

Le miré a los ojos. Había llegado su hora. Ahora se imponía ante el gobernador y el silente y asustadizo Pérez. Él parecía ser el encargado de ejecutar el diseño político.

—¿Así que tienes planes para mi dinero y mi vida? Pues vaya, vaya...

No contestó. Seguía relamiendo el instante.

—Bueno, quiero deciros que mañana, 23 de diciembre, tendremos en Nueva York una reunión con la Comisión Ejecutiva de Morgan. Ya os informaremos.

Abandonamos el despacho del gobernador. Ya en la calle, Roberto mostraba una palidez en su rostro que indicaba el sufrimiento vivido.

—Nunca hubiera imaginado una reunión así en un país como España. No solo han presionado políticamente a J. P. Morgan, sino que han amenazado con quitarte tus acciones y dejarte fuera del banco.

—Ya ves, Roberto, a esto lo llaman modernidad...

Volvimos a Banesto, celebramos el Consejo y salimos con dirección a Nueva York.

Aquel día, casualmente, abordamos el trayecto Madrid-Nueva York en el avión privado del Banco de Santander. Nos acompañaba Matías Cortés. Todos nos sentíamos algo anonadados por el devenir de los acontecimientos, pero confiábamos en que la sangre no llegaría al río. Mi estado de ánimo se aproximaba al agotamiento, no tanto físico como espiritual. Presentía que esta vez ganarían, que sonaba su hora, que la presión política se convertiría en irresistible.

En esos pensamientos me encontraba sumido cuando Roberto me contó algo alucinante.

—¿Sabes que una empresa de detectives internacional, denominada Kroll, ha elaborado un informe sobre ti a instancias del Gobierno español?

—Sí, Roberto, lo sabía.

En ese instante me acordé de las informaciones que me transmitió Julián García Vargas a propósito de los informes encargados por Narcís Serra sobre mí, encomendando el asunto a la Guardia Civil, en primera instancia, para después desplazar la investigación hacia los profesionales americanos. No era el primer informe que sabía ejecutaron sobre mí. Allá por el año 1988, muy poco después de mi llegada al banco, esa misma agencia de detectives, esta vez —según me dijeron— por encargo de los Albertos y De la Rosa, se ocupó de investigar en mi vida privada. Produjeron un papel ciertamente lastimoso y carente de un mínimo rigor. Me lo proporcionó Colo, que entonces era director general de la policía, y comprobé la sarta de estupideces que se decían, y, a pesar de que era un estudio elaborado contra una persona, bien leído no dejaba de ser elogioso para conmigo, mis contactos, mis capacidades intelectuales, mis relaciones político-sociales. Incluso describía, penetrando en la esfera de la intimidad, que mantenía relaciones con una italiana estupenda a la que visitaba en una calle de Madrid. Ciertamente en la dirección suministrada por los supuestos espías americanos no vivía ninguna italiana ni yo jamás traspasé las puertas de la casa, por lo que, aparte de sonreír un rato, no dediqué mayor atención al estúpido documento.

Las cosas, sin embargo, en esta ocasión parecían muy diferentes. Narcís Serra encargó el trabajo a esa empresa extranjera, a través de Roldán, entonces director general de la Guardia Civil, y de Julián Sancristóbal, que había sido director de la Seguridad del Estado. El trabajo costó mucho dinero que fue pagado con cargo a los fondos reservados del Cesid...

—Gente de esa entidad pidieron ver a Morgan, precisamente siguiendo instrucciones de vuestro Gobierno. El objetivo del encuentro consistía en relatarnos tus «andanzas» descubiertas por los agentes americanos.

—¡Qué hijos de puta, Roberto, qué hijos de puta!

Cuando los ejecutivos de Kroll pedían entrevistarse con la plana mayor de J. P. Morgan, resultaba necesario suponer que dispondrían de información de enjundia suficiente como para justificar semejante encuentro. La reunión se celebró. Así me lo relató Roberto en medio del silencio y mientras el avión del Santander, con nosotros dentro, cruzaba las aguas del Atlántico, cubiertas en aquel agitado día por un manto de espuma blanca que arrancaba de la cresta de las olas un poderoso viento del poniente.

—Lo bueno es que nos contaron que habías cobrado comisiones en los asuntos del cemento y en la adjudicación a la UBS de la colocación de acciones. Casualmente en ambas operaciones intervinimos nosotros —explicó Roberto con una mueca de tristeza en sus labios— y sabemos que nada de eso existió.

Empezaba a comprenderlo todo. Nuestros enemigos se dieron cuenta de que Morgan constituía un punto de apoyo capital para nosotros, así que el primer acto de su estrategia residía, precisamente, en romper nuestros pactos. Para ello diseñaron una estrategia bipolar: primero, un gobernador transmitiendo una imagen catastrófica de la situación del banco. Por otro, unos detectives contratados por el Estado español que, amparados en la presunción de veracidad de sus informaciones, relataban mi falta de honradez profesional. Así que si además de no ser honrado me dedicaba a cobrar dinero en operaciones del banco, lo mejor que podían hacer mis socios americanos era huir a toda velocidad de semejante basurero. Su abandono convertiría en imprescindible la decisión de intervenir.

Sentí una náusea interna. El fétido olor que desprendían actuaciones de tal bajeza ejecutadas por un Estado pretendidamente democrático y respetuoso del Derecho provocaba un asco indescriptible. Lo peor es que cuando tuve en mis manos un ejemplar de ese maldito informe, ni siquiera fui capaz de localizar en sus páginas las afirmaciones referidas a comisiones cobradas por mí...

El 23 de diciembre nos reunimos con la plana mayor de J. P. Morgan en sus oficinas de Nueva York. Confieso que me encontraba algo más que inquieto por tener que enfrentarme a cinco personajes de semejante talla para exponerles, con toda crudeza, una situación pesada, y, al mismo tiempo, el esquema de solución diseñado para superarla. Cinco horas de tensión, pero merecieron la pena. Concluida la reunión, el presidente de Morgan me aseguró:

—Entendemos muy bien la situación, estamos dispuestos a prestaros todo nuestro apoyo para superarla.

Reconozco que sentí una sincera y profunda satisfacción interior. Cuando me disponía a tomar el ascensor con el que descender al porche de entrada del gigantesco edificio, Roberto, con un brillo singular aparcado en sus ojos oscuros, me dijo:

—Has estado magnífico. Quiero que sepas que me siento orgulloso de ser socio tuyo.

Llegó la Nochebuena del 93. Nos reunimos en La Salceda toda la familia. Traté por todos los medios de que nadie percibiera el estado interior que vivía dentro de mí, cansado y agotado de pelear contra un grupo de gente que se había apoderado de un Estado y utilizaba todos los medios legales y, sobre todo, los ilegales contra una persona. Antes de que el Rey pronunciara su discurso de rigor llamé al ministro García Vargas para felicitarle las pascuas. Se encontraba en Santander con su mujer. Aproveché la felicitación para preguntarle si había detectado algo raro en contra nuestra.

—Al contrario. Ayer estuvimos en Moncloa, en la reunión que celebramos en estas fechas con el presidente del Gobierno. Hicimos un aparte Felipe, Serra, Solbes y yo. Casualmente salió de ellos decirme que no existía ningún problema especial contigo, así que puedes estar tranquilo.

Una vez más no supe calibrar tales palabras de manera adecuada. Felipe sabía que García Vargas es un ministro amigo y, además, lo había mantenido en Defensa para complacer al Rey, sabiendo que yo estaba detrás de la presión del Monarca para que continuara en su puesto. Era, por tanto, como dijo un miembro del Gobierno, un ministro de Mario Conde. Por ello, si algún plan secreto se implementaba desde el poder político, desde luego no le iban a informar a una persona de las características que ellos le atribuían, porque pensarían, con razón, que o bien él o bien su mujer, que para eso trabajaba como directora de la Fundación Banesto, me trasladarían la información de manera inmediata. Por tanto, Julián no era interlocutor. Asumiéndolo, carecía del menor sentido que Felipe, Solbes y Serra le dijeran motu proprio y casi sin venir a cuento que contra mí no existía nada especial. ¿Por qué semejante confidencia? ¿A santo de qué?

No supe, como digo, calibrar la situación porque jamás imaginé un comportamiento como el que se cernía proveniente de Felipe González. Ahora que conozco que en aquellos días, 24 y 25 de diciembre, el gobernador mantenía relaciones y reuniones con destacados personajes del BBV y del Santander para informarles de la próxima intervención de Banesto y solicitar su ayuda para digerir de la mejor manera el desaguisado, solo existe una explicación: Felipe y Serra engañaron deliberadamente a Julián, en el convencimiento de que me transmitiría esa información tranquilizadora y de esta manera conseguirían ejecutar su trabajo sin que yo sospechara que algo urdían a mis espaldas. Julián inconscientemente —eso creo— jugó el papel deseado por mis ejecutores. Debo reconocer que me sentí inquieto durante todo el fin de semana, pero no sospeché semejante villanía.

27 de diciembre de 1993. A las cinco de la tarde penetraba solitario en el despacho del gobernador del Banco de España. No albergaba esperanzas de solución porque presentía que la sentencia contra mí se dictó y el tiempo a vivir era de ejecución. Me reciben Rojo y Martín. Despacio y con buena letra les transmito el alcance, contenido y conclusiones de la reunión con la ejecutiva de Morgan en Nueva York. Pronto me di cuenta de que ni siquiera me escuchaban. Interpretaban el acto preparatorio del encendido de la luz de la silla eléctrica. Eso era todo.

—Pero bueno, ¿no tenéis nada que decir?

Nada nuevo. Silencio, absoluto silencio. Está claro que esperaban instrucciones.

Al llegar al banco lo comenté con Paulina Beato y con Enrique Lasarte. Acordamos contárselo a Roberto Mendoza. Hablé con él y me dijo que iba a tratar por todos los medios de obtener una carta oficial del banco manifestando su apoyo a nuestro plan. Creo recordar que la idea de dicha carta fue de Matías Cortés. Esperamos impacientes la llegada. A eso de las dos de la madrugada el fax reproducía los términos de la misiva enviada por los americanos al Banco de España. En ella se aseguraba que conocían los datos y las cifras de Banesto, que colaboraron en la ejecución del plan, que lo consideraban coherente y realizable, que se comprometían a ejecutar determinadas actuaciones tendentes a aumentar el nivel de recursos propios de Banesto, terminando con una frase inequívoca: «J. P. Morgan le pide al Banco de España la oportunidad de explicarles en detalle ese plan para hacerles comprender que, a juicio de J. P. Morgan, dicho plan es lo mejor para los accionistas de Banesto, para la institución y para el sistema financiero español». Permanecimos en mi despacho hasta las cinco de la mañana. Enrique y Paulina se mostraron contentísimos con el documento. El presidente de J. P. Morgan conocía y aprobó la carta enviada.

Me fui a casa lleno de profundo escepticismo. Me senté unos minutos en el sofá que mira hacia la puerta de entrada en el salón de casa. Agotado. Profundamente agotado. Pensé que ya no cabía la marcha atrás. Cuando me dormía percibí que al día siguiente mi vida en Banesto se habría terminado.

Precisamente por eso, antes de abandonar Banesto, le dije a Paloma, mi secretaria:

—Palo, retira todos los documentos de la caja fuerte y mis cosas personales. Es muy posible que mañana tengamos que abandonar Banesto.

Paloma me miró con los ojos incendiados. Llevaba viviendo conmigo todo el proceso y me conocía a la perfección, así que si le decía eso es que veía la situación límite.

—Por favor, recoge el cuadro del Rey, que es mío personal y quiero llevármelo por si sucede algo. Llévatelo a tu casa. Mira a ver qué cosas más son imprescindibles, personales mías, y, sobre todo, los documentos del Rey.

Así lo hizo. Años después, recordando ya sin dramatismo la escena, me dijo que su madre, al verla llegar a su casa con el cuadro del Rey, le dijo algo así como:

—Hija, a ver si te vas a meter en un lío trayendo cosas del banco.

—No son del banco, mamá, son de mi jefe. Son personales suyas. Y me ha pedido que se las guarde.

23

A las ocho de la mañana del día 28 de diciembre de 1993 penetraba nuevamente en mi despacho del banco. A las ocho treinta suena mi teléfono privado. Al otro lado de la línea la voz excitada del Rey.

—Me acaba de llamar el presidente del Gobierno. No entiendo nada. Me dice que van a intervenir Banesto. Le he pedido que no hagan ninguna barbaridad, que casos como este han existido siempre en la banca española, europea y mundial, y que se han solucionado siempre por métodos normales.

—¿Y qué le ha dicho, señor?

—Que no me meta en este asunto, que me mantenga al margen, que no me meta en temas políticos o algo así.

—Bueno, pues eso, señor: manténgase al margen.

—Pero es que se trata de una barbaridad...

—Por supuesto, señor, sobre todo si recuerda que hace unos días vuestra majestad me informó de que le había llamado el presidente del Gobierno para decirle que todo en Banesto iba bien.

—Sí, así es, me acuerdo perfectamente, por eso no entiendo nada.

—Sí, claro, o quizá se entiende todo con lo que le ha dicho, pero perdóneme, ya hablaremos, le tengo que dejar porque tengo por la otra línea al presidente del Gobierno.

El día anterior, a la vista de que no conseguíamos saber qué querían, qué esperaban de nosotros, qué alternativas existían, a sugerencia de Paulina Beato llamé a Felipe González. No se puso, pero dejé constancia de que quería hablar con él en cuanto le resultara posible. Ahora me devolvía la llamada. Tomé el teléfono en mis manos e inicié la conversación.

—Gracias por llamar. Quiero que sepas que estáis a punto de tomar una decisión equivocada. Sabes que J. P. Morgan es uno de los bancos más importantes del mundo y está con nosotros y nos apoya. Esta misma mañana el gobernador tendrá una carta en la que se explica hasta dónde llega ese apoyo. Por ello creo que deberías atender mi petición, que es tan concreta como lo que sigue: nos recibes a mí, a Mendoza y a la gente del Banco de España; te exponemos nuestras posiciones y tú, a la vista de todo ello, decides lo que estimes oportuno y si crees que la decisión es de intervenir, puedes contar en ese caso con que evitaré en lo posible cualquier trauma.

Su voz dejaba traslucir un ligero brote de cinismo profundo; algo escondido por algún rincón de su alma que brotaba con la suavidad de un tallo en los primeros compases de la primavera. Sus palabras tenían la textura de una sentencia.

—Mira, Mario, yo tengo que fiarme del gobernador, así que haz todos los esfuerzos posibles para ponerte de acuerdo con él. Ahora me tengo que ir al dentista.

—Sí, claro, presidente, pero es que el gobernador me dijo el día 15 que estaba todo bien.

Silencio de Felipe. La verdad es que casi no dejé espacio para que pudiera hablar y continué como una flecha.

—Ten en cuenta a Morgan. Son banqueros profesionales y los mejores del mundo. Se juegan su dinero y eso es muy importante. Creo que tienes que escuchar y después decides y te prometo que si es así, te ayudo a lo que sea, pero por lo menos escucha.

—Es que no es eso... No es eso... Haz lo que te diga el gobernador. Lo siento pero tengo que irme al dentista.

—Bueno, pues muchas gracias.

¿Qué sentido podía encontrarse en el hecho de que el presidente del Gobierno se negara a algo tan elemental como escuchar las diferentes versiones en un asunto de semejante envergadura? Se trataba ni más ni menos que de adoptar una decisión carente de precedentes en el mundo occidental. En el capital del banco, por si fuera poco, ocupaba una posición destacada un fondo de inversiones americano, apadrinado por el primer banco del mundo. ¿Qué podía leerse detrás de tal negativa? Obvio: que la cuestión no residía en los números del banco, no habitaba en sus necesidades de provisiones, no se concentraba en los problemas de la Corporación Industrial. Todo ese cúmulo de andrajos técnicos perfilaban una excusa, una mortaja para cubrir el verdadero objetivo político: echar a Mario Conde de Banesto. Ese es el primer instante en el que tomo plena conciencia de que estamos frente a una operación estrictamente política.

Mientras circulaba con destino al Banco de España, con el íntimo convencimiento de que la suerte estaba echada, me sentía tranquilo. Era perfectamente consciente de que la conspiración había funcionado a la perfección. Así son las cosas en este país, pensaba. Y en ese instante no tenía más datos que la conversación de Roca y Segurado, además, claro, de ciertos indicios. Pero sinceramente no pensaba en semejante brutalidad. Claro que tardaría años en recibir la información de lo que le dijo Aznar a Jesús Posadas en aquella cena de su casa unos días antes.

Curiosamente, en el Banco de España no habían advertido de mi llegada y tuve que buscar a un ordenanza que me condujera hasta la sala de espera del gobernador. Allí eché una ojeada a tres retratos al óleo: Mariano Rubio, López de Letona y Álvarez Rendueles. Tres enemigos que desde sus rostros ejecutados a golpe de óleo contemplaban inertes mi entrada en la sala de sentencias.

Se abrió la puerta y nuevamente me tropecé con esa mirada nerviosa, huidiza, temerosa, rezumando culpabilidad y aturdimiento, de aquel hombre llamado Ángel Rojo, profesor de Economía, transmutado en agente del poder en una operación de ejecución. Quizá más que de agente del poder deberíamos hablar de silente cómplice. Falsa la imagen de Rojo. Al final, cedió. Era también cliente de Ibercorp. A día de hoy no es profesor, sino consejero del Banco de Santander. Detrás de él vivía el aroma inconfundible de Miguel Martín.

Viscoso el silencio. Me senté a la derecha del gobernador ocupando la plaza que tantas veces sufrí en mis encuentros con su antecesor, Mariano Rubio. Martín a mi derecha, frente al gobernador. Encendí un pitillo. Tomé aliento y comencé a hablar, no sin antes percibir en el brillo de los ojos de Martín el entusiasmo que le generaba la escena que le tocaba vivir.

—Mi objetivo es deciros que ayer hablé con los de Morgan y el resultado es la carta que habréis recibido esta mañana.

Sin dejarme siquiera continuar, abalanzándose en dirección hacia Rojo, Martín tomó la palabra y con un tono festivo dijo:

—La verdad es que se trata de una carta muy meritoria pero sirve para muy poco, por no decir para nada.

Era lo que yo me imaginaba y que contrastaba con la alegría de Paulina y Enrique. Para mí un documento semejante solo servía para comprobar la fortaleza de su decisión política, pero no quise perder comba.

—¿No sirve para nada una carta en la que J. P. Morgan dice conocer el plan, aprobarlo, y estar seguro de que ejecutarlo es la mejor solución para todos, para Banesto, accionistas y sistema financiero? ¿Eso no sirve para nada? Vamos, que está claro.

—Mira, Mario —me dijo visiblemente nervioso el gobernador—, he convocado Consejo Ejecutivo para las doce de la mañana y voy a someter nuevamente tu plan. Creo que existen poquísimas posibilidades de que sea admitido. Seguramente no nos quedará más remedio que actuar y eso significa decidir una remoción de los administradores del banco. Nos queda muy poco tiempo.

Era la primera vez que pronunciaba esa palabra. La verdad es que me enteré de que pensaban intervenir Banesto en la conversación con el Rey a primeras horas de esa mañana. Hasta entonces navegábamos a ciegas. Incluso Paulina habló en la tarde del día anterior con el gobernador y no supo obtener información alguna de qué pretendían. Ella se inclinaba por una fusión obligada con otro banco, pero nunca jamás imaginó que pudiera tratarse de esa brutal decisión. Ahora, por primera vez, insisto, esas palabras acababan de ser pronunciadas. Frente a ellas solo cabía seguir conservando la calma, deglutiendo lo que fuera necesario deglutir, pero sin aspavientos ni salidas de tono, sencillamente porque en esos casos no sirven absolutamente para nada.

—Bueno, pues si es así, así será. Yo no puedo sustituiros en vuestras responsabilidades.

Mi respuesta provocó unas iras incontenibles en Martín, quien, con los ojos rezumando brillo, se puso casi de pie como impulsado por un resorte y, empleando deliberadamente un tono de rotunda autoridad y elevando la voz hasta la frontera del grito, exclamó:

—Hay tres posibilidades: primera, que seas tú mismo quien nos solicites tu remoción como presidente, caso en el que nombraremos nosotros a otro presidente de Banesto que será un banquero, quien procederá a designar un nuevo Consejo. Segunda, que tú nos pidas que cesemos a todo tu Consejo, por imposibilidad de solventar la situación por vosotros mismos, lo que haremos nombrando a las personas que tenemos previstas. Tercera, que seamos nosotros los que tomemos la decisión por imperio de la Ley. De ti depende.

Seguramente no se dio del todo cuenta precisa de lo que contenía su discurso. En el fondo las posibilidades eran una: que yo me fuera del banco y ellos nombraran un nuevo Consejo con esas personas que tenían previstas. Lo demás parecía que importaba mucho menos, por no decir casi nada. Obviamente, tenían que cambiar el Consejo porque no iban a dejar a personas que siguieran controlándolo y tuvieran profunda relación conmigo. Eso carecía de sentido. Por eso quise ser directo. En esos instante la diplomacia sirve para perder oportunidades de llamar a las cosas por su nombre, pero poco más.

—¿Por imperio de la Ley? ¿De qué Ley me hablas? Aquí no se trata de Ley, sino de...Vamos, que el problema soy yo.

—Efectivamente —contestó a voz en grito Martín ante el silencio de un aterrado Rojo—. Lo importante es que tú te vayas. En eso consiste, exactamente, esta operación.

—Bueno, bueno, pues ya está claro. Así que si se trata de eso cabe la posibilidad de que busque a un banco español que quiera cubrir el proceso, es decir, que quede claro desde el primer momento que si nuestro plan no funciona y no somos capaces de cumplirlo en un plazo razonable, ese banco se hará cargo de una parte determinante del capital de Banesto.

—¡Claro que el plan se puede cumplir! —contestó Martín mientras el silencio del gobernador se traducía en una muda elocuencia—. ¡Evidentemente! Basta con vender el Totta y Azores, pero es un gran activo de Banesto.

Supongo que debió de continuar algunos segundos más hablando pero ya no le escuchaba. Era alucinante comprobar como por un lado me penalizaban en los recursos propios por mantener el Totta y Azores en nuestros activos, y ahora que quería solucionar ese supuesto problema cortándolo de raíz, es decir, vendiendo un paquete del banco, decían que ni hablar, que el banco lusitano constituía un gran activo. La sorprendente ausencia de lógica desnudaba sus intenciones. Por eso contesté:

—En fin, que lo quieres decir, Miguel, es que no hay solución. Se trata de que busque un banco para que se haga desde ahora mismo con una participación importante en Banesto y yo me vaya del banco. ¿Es eso, verdad?

—Exactamente eso —apostilló Martín alargando cada una de las sílabas de la palabra—. Pero siempre que se trate de un banco español de los que no tienen problemas, de los bien capitalizados.

—Por ejemplo, el Central Hispano no sirve, ¿verdad?

—Por supuesto que no —señaló Martín—. Está en un proceso de digestión muy profundo y tiene unos problemas muy graves. Peores que los vuestros.

—¿Peores? ¿Vas a intervenirlo también?

—Ahora no se trata de eso. No cambies la conversación.

—No, si no la cambio. Vamos a ver, te refieres a que nos compre el BBV o el Santander, ¿es eso?

—Mi candidato es el BBV —gritó Martín con un tono que resonó como un estallido en mitad del silencio reinante en aquel despacho lleno de tensión por sus cuatro costados.

El tiempo se detuvo por un instante. El 16 de diciembre de 1987 era nombrado presidente de Banesto después de una frustrada opa del Bilbao que pretendía comprar nuestro banco. Aquello evidenció un modo y manera de actuar el poder en relación con el sistema financiero. Curioso que ese día, ese 28 de diciembre, seis años más tarde, lo que propusiera Miguel Martín fuera volver al escenario de entonces, que fuera el BBV quien adquiriera nuestro banco. Una especie de revival convertido en venganza histórica o algo así. Parecía como si el poder no perdonara. Cambiaba de agentes, mutaba los colores de sus ojos, la textura de sus pieles, pero con idéntica encarnadura moral se pretendía lo mismo. Buena lección, desde luego.

—Bien, me doy cuenta de que soy un follón para vosotros. Siendo un accionista tan significativo de la entidad, será difícil encontrar un banco que quiera comprar acciones de Banesto y mantenerme a mí con un paquete muy importante. Por tanto, se trata de que yo venda. ¿No es eso, Martín?

Opté por dirigirme a él ignorando a un gobernador que asumía cabizbajo el terrible papel de convidado de piedra. Además le llamé por su apellido para marcar distancias.

—Por supuesto. Lo que tienes que hacer es vender tus acciones. Ya te insinué algo delante de Mendoza. Ahora te lo digo con claridad meridiana: vende tus acciones, coge el dinero y vete de Banesto.

Ese era exactamente el diseño. Eso es lo que pensaban. La intervención en realidad no la contemplaban más que como amenaza porque daban por descontado que iba a aceptar esa oferta, a coger ese dinero, a salir corriendo a buscar refugio para mis capitales lejos de los terremotos del poder. Resultaba comprensible su pensamiento. Siempre se actuaba así por parte de los empresarios y financieros. Años más tarde tendríamos ejemplos evidentes en personas nombradas por Aznar. Era la regla. Por ello mismo no necesitaban planificar la intervención. Era solo una cuestión de precio. Martín me lo dijo delante de Roberto y ahora con más claridad que nunca: vendo y me voy. Problema concluido.

—Pero, vamos a ver, Martín. Si yo vendo mis acciones, eso tiene que saberse, y no solo la venta, sino el precio. Y si se paga el precio normal por mis acciones, ¿cómo va a justificarse la intervención? Es que no tiene sentido.

—De eso nos ocupamos nosotros. Sabemos cómo decir lo que tenemos que decir.

—Mira, Martín, tu propuesta es inmoral. Yo no puedo cobrar por mis acciones ni una sola peseta más que el resto de mis accionistas. Si estáis dispuestos a plantear una opa a todo el capital, podría considerarlo. En otro caso, no.

—No vamos a plantear esa opa en ningún caso.

—Pero ¿puedes decirme por qué? El precio es otro asunto, pero la opa tiene que plantearse. ¿Por qué no?

—Pues muy fácil: porque si les da a los accionistas por no vender nos quedamos colgados y el fracaso político es algo que aquí no se puede permitir. El asunto eres tú. Te tienes que ir. Dejar de controlar el banco y los medios. ¡A ver si te enteras! Además te ofrecemos la posibilidad de coger mucho dinero y largarte con él a donde te dé la gana.

—Pues lo siento, Martín. Pero vais a tener que seguir otro guión. Yo no he nacido en el seno de una familia rica, rebosante de dinero. El que tengo lo he ganado yo y si ahora lo pierdo, lo volveré a ganar algún día, pero no voy a aprovecharme de esta situación en perjuicio de mis accionistas.

El silencio se extendió sobre sus cabezas. Gestualmente entendían mi postura, al menos Rojo, porque Martín creo que pertenece a otra raza moral, pero no se atrevían a pronunciar palabra alguna. Seguramente mi respuesta había roto sus esquemas: después de anunciarme la inevitabilidad del desalojo de administradores, de mostrarme obscenamente que el problema era yo, que todo consistía en que me fuera de Banesto, se mostrarían total y absolutamente convencidos de que tomaría el dinero y saldría corriendo. Al comprobar que no me ajustaba a su diseño, les inundó el silencio y el asombro.

—Bueno, pues nada. Voy a hablar con Morgan, a ver si conseguimos reforzar algo más la operación de modo inmediato.

—Queda poco tiempo, pero, en fin, inténtalo —dijo Rojo.

—¡Ni hablar! El Consejo Ejecutivo eso no lo aprobará porque yo me opondré y votaré en contra —gritó Martín.

Se pasó treinta pueblos. No necesitaba hacer todo tan obvio. No era imprescindible humillar al gobernador. No necesitaba reducirlo a cenizas delante de mí. No era obligatorio decirme con su grito que ese hombre, al que llamaban gobernador, sería un profesor o lo que fuera, pero que allí mandaba él, que se haría lo que él dijera, que Rojo había pasado a ser un convidado de piedra porque no tuvo el valor de dimitir cuando le obligaron a romper el pacto que había concluido con nosotros. Era claro como el agua clara.

—Pero, vamos a ver, supongo que este tema lo habréis visto en el Comité Ejecutivo, lo habréis analizado en varias ocasiones, y sabréis la posición de cada miembro.

Curiosamente aquella pregunta les pilló como de sorpresa. Se quedaron algo paralizados. Noté una extraña inquietud que no sabía asignar a ningún motivo especial.

—Claro, claro, claro... —respondió Rojo con una escasísima convicción en el tono y volumen de sus palabras.

—Bueno, pues solo me queda hacer mis deberes. Me voy al banco, hablo con la Comisión Ejecutiva, después con Morgan, les digo que vengan a España e iniciamos un proceso de negociación con un banco español sabiendo que el candidato es el BBV. Para eso necesito tiempo.

—Tienes hasta el 31 de diciembre —contestó Miguel.

—Bueno, pues a eso voy.

Salí de aquel despacho con idéntica sensación a la que albergaba cuando penetré en él: todo estaba decidido de antemano. Me quedaban muy pocas horas en el banco. Desde el teléfono del coche llamé a Enrique para asegurarle que la suerte estaba echada y que iba en dirección a mi despacho.

Nada más llegar me reuní con Enrique y Paulina. Aparecieron Arturo Romaní y Ramiro Núñez. Les relaté con la mejor precisión que pude la conversación que acababa de mantener. Todos estuvimos de acuerdo en que no había nada que hacer, así que lo mejor era informar a la Comisión Ejecutiva.

La reunión comenzó a las doce de la mañana. Los miembros de la Comisión, salvo los que intervinieron de modo directo, no conocían el detalle de los planes presentados, ni mucho menos que existiera la menor posibilidad de una decisión de intervenir Banesto. Por eso mi exposición les ilustró por vez primera de lo que ocurría en el fondo. Relaté los hechos desde el comienzo y comencé a vislumbrar algunas caras de las que se apoderaba el asombro por semejante escenario.

—Acabo de llegar del Banco de España. Durante este tiempo hemos elaborado en conjunto con Morgan un Plan de Actuaciones que teníamos aprobado el pasado día 15 de diciembre pero que ahora nos dicen que ha sido rechazado. No sabíamos qué querían pero esta mañana, hace un rato, Rojo y Martín me han informado de su planteamiento. Es claro: quieren tomar la decisión de intervenir Banesto y remover a sus administradores. Así, con estas palabras, me lo dijo Rojo.

El silencio era total, pleno, y los rostros de los consejeros que se enteraban por primera vez de lo sucedido, que escuchaban las palabras «intervención» y «remoción de administradores», reflejaban, como digo, estupor.

—Me proponen varias soluciones. La primera es que yo me vaya, que venda mis acciones y ellos nombran un nuevo Consejo con las personas que, me dijo Martín, tiene previstas. No tengo ni idea de quiénes pueden ser, pero eso es lo que me dijo.

Arturo Romaní interrumpió mi parlamento.

—Quiero decir desde ya que si el presidente se va, yo me voy con él.

—Gracias, Arturo, pero déjame seguir, por favor. La segunda solución consiste en que yo les pida que renueven todo el Consejo porque no podemos por nosotros mismos solventar la situación, lo que es ridículo e inaceptable. La tercera, que busquemos un banco español que desde ya nos garantice que si fracasa el Plan de Actuaciones se haga cargo de Banesto. Vamos, que nos compre en un plazo corto, para entendernos. Para esta finalidad Rojo nos ha concedido un plazo hasta el 31 de diciembre para llegar a un acuerdo con un banco español. Martín dijo solvente y bien capitalizado. Excluyó al BCH, así que quedan Santander y BBV. Martín dijo que su preferido era el BBV. Muy corto el plazo, claro, pero es que encima he visto que a Martín no le gustaba nada esa idea del plazo... Pero, en fin, es lo que dijo.

Concluido el relato, añadí:

—El problema, en realidad, soy yo. Me piden que venda mis acciones, que me vaya y ellos nombran un nuevo Consejo. Así de claro y rotundo se ha expresado Miguel Martín mientras Rojo asentía. Desde luego, desean que me marche, pero lo que de verdad quieren es controlar nuestros activos reales. Es decir, el banco con todo lo que tiene dentro.

El primero en tomar la palabra fue César Mora para asegurar rotundo:

—Presidente, ni en el plano personal ni en el institucional tiene fundamento su propuesta de que dejes el banco. Es la solución que les conviene a ellos aunque no sea bueno para el banco.

—César, en realidad no se trata solo de que me vaya porque en todo caso hablan de sustituir al Consejo de Administración, de remover a sus administradores. La diferencia está en que yo lo pida, lo pidamos todos o lo acuerden ellos. Pero carece del menor sentido que este Consejo pida su remoción por imposibilidad de solventar el problema porque somos conscientes de que solos, y más con J. P. Morgan, tenemos soluciones reales y concretas. No podemos falsear la historia.

—En todo caso tenemos hasta el 31 de diciembre, así que vamos a ver qué podemos hacer en ese plazo.

Uno a uno apoyaron la tesis de César, a pesar de que presentían, en los linderos de la certeza, que nos encontrábamos en las puertas de la tragedia. Vicente Figaredo nos dijo:

—Voy a llamar a Rodri, a ver si nos dice algo.

Rodri era Rodrigo Rato Figaredo, primo carnal de Vicente, quien tenía cierta ascendencia sobre él. Rodrigo Rato se ocupaba del PP en su dimensión económica. Bueno, más que eso, porque era persona muy vinculada a Aznar, aunque eso de vinculada en un hombre como Aznar nunca se sabe exactamente en qué consiste, pero en fin.

—Bien, me parece bien que le llames, pero no sé si se pondrá. Si quieres Paloma te pone aquí en la sala de la Comisión.

Rato se encontraba en el Congreso de los Diputados. Allí le conectaron. Su expresión de sorpresa al decirle Vicente Figaredo que era posible una intervención de Banesto fue tal que creyó que le tomábamos el pelo. Ante la insistencia de Vicente dijo que iba a hablar con el uno y le devolvería la llamada. No tardó demasiado el teléfono en volver a sonar. Le dimos al manos libres para que pudieran oír la conversación.

—Pues sí, primo... Me dice que sí, pero que... pero que si Mario vende sus acciones al BBV y se va no pasa nada...

—Pero ¿con quién has hablado?

—Yo solo hablo con uno, primo.

—Gracias, Rodri.

—Suerte.

Aquello cayó como una losa entre los miembros de la Comisión y al tiempo abría esperanzas de que finalmente no se decidieran.

—Bien, hay dos cosas de esta conversación que resaltar. La primera, que Rodrigo no supiera nada. Es imposible que estuviera totalmente al margen si se tratase de un asunto económico. Es algo que lleva personal y exclusivamente Aznar, precisamente porque es político y no quiere que se sepa lo que está haciendo.

Constatar este extremo en personas que ninguna de ellas militaban en la izquierda fue especialmente doloroso, pero no queda alternativa diferente a deglutirlo. Algo comenzaba a derrumbarse.

—La segunda, que no se trata del banco, sino de mí. Aznar maneja exactamente la misma posición de Martín. Por ello es una posición políticamente decidida. No es que el banco tenga problemas, que tendrá los que sabemos tiene. El banco dispone sobre todo de soluciones, con o sin J. P. Morgan, pero desde luego con ellos. Ellos mismos lo admiten, así que el asunto es claro. Se trata de que me vaya.

De nuevo el silencio en las voces y la pena en los rostros. Las inteligencias de todos, los procesadores cerebrales funcionaban a toda velocidad tratando de asimilar las informaciones que recibíamos. Cada segundo, cada nueva información, el camino se estrechaba, la evidencia se imponía, el resultado final se corporeizaba.

—Lo impresionante es que Aznar no solo consienta, sino que además sea él quien me pida que venda mis acciones, sabiendo que eso es una inmoralidad. Es impresionante.

En esas consideraciones estaba cuando Paloma me avisa de una llamada urgente de Luis Carlos Croissier, el presidente, entonces, de la Comisión Nacional del Mercado de Valores.

—Mario, la cotización de vuestras acciones está bajando fuertemente debido a que hay rumores de intervención del Banco de España.

Obvio que aquello tenía que ser algo orquestado. ¿Quién iba a correr esos rumores sino el propio Banco de España?

—Pues Luis Carlos, te aseguro que en lo que sé no hay ninguna intervención y además te aseguro que en los próximos días no va a pasar nada. Acabo de llegar de hablar con Rojo y por eso te lo digo.

Supongo que no se quedaría demasiado contento. Pero, en todo caso, transmitiría esa información a su mensajero, lo que, supuse, no le gustaría demasiado. Quien me llamara a partir de ese momento sería el que estaría dirigiendo la operación. ¿Qué operación? Hombre, pues está claro.

Vamos a ver: me concedieron tres días. De nuevo un trozo de tiempo, como siempre ha sucedido en estos momentos graves de mi vida. En ese espacio podría hacer muchas cosas y no solo las que dije en la reunión con Martín y Rojo. Supuse que ellos pensarían lo mismo y la conclusión que obtendrían sería obvia: no hay que darle tiempo, tenemos que actuar ya, este tipo es capaz de cualquier cosa. Sí, claro, pero ¿cómo actuar cuando se habían comprometido a un plazo de tres días? Pues hay que buscar una excusa. ¿Cuál? Si provocamos la caída de las acciones en Bolsa, tenemos la excusa perfecta para intervenir en defensa de los accionistas. Suena a coña, claro, pero ya dijo Martín que con una excusa en la mano ellos tenían suficiente. Así que se pusieron en marcha. ¿Cómo? Pues llamando a personas para que vendieran acciones. En aquellos instantes eso era solo una suposición. Después, con el paso del tiempo y las investigaciones oportunas comprobamos la realidad. Llamaron a miembros de la familia Armada, por ejemplo, diciéndoles que vendieran. Llamaron al BBV para que pusiera en marcha el dispositivo tendente a provocar una baja en el mercado. Jesús Cacho, el conocido periodista, me certificó que Miguel Martín llamó a Javier Gúrpide, entonces vicepresidente del BBV, para pedirle que colaborara en provocar el descenso de la cotización de las acciones de Banesto. Lo más alucinante de todo es que el 5 de julio del siguiente año 1994, los periódicos daban una noticia terrible: «Un consejero del Banco de España vendió acciones de Banesto el día antes de la intervención».

Impresionante. Un consejero del Banco de España que, además, era catedrático de Derecho Administrativo y persona a la que yo admiraba profundamente en su calidad de profesor universitario, y uno de los que contribuyeron a la mejor doctrina del Derecho Administrativo español. Una calamidad. Le impusieron una multa de quince millones de pesetas por semejante actuación.

Pero no fue solo él. El 20 de julio de ese año 1994 el diario *El Mundo* publicaba otra noticia igual pero esta vez referida a una sociedad llamada Valores Bilbaínos. Esta entidad vendió acciones de Banesto el mismo día de la intervención, es decir, que todo indica que fue de las utilizadas para forzar la caída del título. Lo peor es que esa sociedad pertenecía a Emilio Ybarra, presidente del BBV.

Ningún consejero de Banesto vendió ni una sola acción.

Comprendería que se dudara de lo que escribo. Entendería que no se creyera que un consejero del Banco de España y que el presidente del BBV vendieran acciones en ese instante con un destino tan claro como forzar la intervención de Banesto. Pero así sucedieron las cosas. No se trata de apreciaciones subjetivas, sino de hechos constatados, probados, incuestionables. Tan incuestionables los hechos como la calificación moral que merecen.

Pero en aquella mañana del 28 de diciembre de 1993 solo disponíamos de sospechas y de una certeza: quien me llamara —como en la película *El Padrino*— sería el que estaba dirigiendo esa operación de supuesto desplome bursátil. No tardé en conocerlo. Sonó el teléfono. Era, claro, Miguel Martín. Sonreí.

—Mario, las cosas se ponen complicadas. La acción cae, no creo que podamos mantener el plazo que te hemos concedido...

Ciertamente aquella estrategia de dos llamadas combinadas, uno diciendo que suspendía la cotización porque existían rumores de intervención, y el otro asegurando que tenía que intervenir porque suspendían la cotización, me pareció un juego floral bastante pueril, pero el ritmo de los acontecimientos impedía disfrutar de excesivos minutos para meditar cada una de las informaciones que se acumulaban sobre nuestra mesa de reuniones. Algunos miembros de la Comisión, singularmente Abaitua, aseguraban que todas estas llamadas reflejaban un estado de debilidad en el contrario que no se atrevería a intervenir. Conociendo como conocía todo el cúmulo de circunstancias, la llamada de Felipe al Rey, la conversación con ambos, los ojos de Martín, el abatimiento del gobernador, no albergaba ni una mísera micra de esperanza. Tiempo después, en comparecencias parlamentarias, Luis Carlos Croissier declaró que suspendió la cotización de las acciones de Banesto porque desde el Banco de España el subgobernador Martín le aseguró que iban a intervenir. Rojo y Martín declararon que intervinieron el banco porque Croissier suspendió la cotización... En fin.

Poco después de Miguel Martín una nueva llamada. Esta vez del gobernador pidiéndome que bajara a verle a las cuatro y media.

—Imposible, gobernador. Estoy en plena Comisión Ejecutiva informando. Tengo convocado Consejo a las cinco. Si te parece a las seis bajo a verte.

Rojo aceptó, pero, claro, las mentes de quienes dirigían la operación estarían funcionando a todo trapo y pensarían que a lo mejor en ese Consejo convocaba Junta General o decidía cualquier otra cosa que entorpeciera sus planes. Definitivamente, no podían darme esa oportunidad. Tenían que acabar como fuera.

Nueva llamada de Rojo.

—Mario, ven a las cinco. Ya está decidido. Baja a verme.

No tenía opción. Le indiqué que me parecía como mínimo descortés que bajara antes de informar a mi Consejo, pero no tuve opción. Los que dirigían la ejecución lo habían impuesto. En ese instante no sabía que Narcís Serra, personalmente, estaba al mando de esa compañía y que, curiosamente, Luis María Anson se encontraba con él, oyendo todas las conversaciones.

A las cuatro y media en punto llegué a la antesala del despacho del gobernador. Me recibió Miguel Martín en plena soledad. Su rostro expresaba una indisimulada satisfacción. Se sentó en el sillón que ocupaba el gobernador. Ninguno de los dos pronunciamos una sola palabra hasta que Rojo penetró en la estancia.

—Bueno, pues el Consejo General, a la vista de la suspensión de la cotización, ha decidido intervenir el banco suspendiendo a los administradores.

De nuevo el silencio. Un fétido silencio.

Apareció en escena un tal Fanjul Alcocer, asesor jurídico del Banco de España. Traía en sus manos unos cuantos folios de papel escritos a máquina. Me los entregó. Miré al gobernador. Fumaba sin descanso retraído y cabizbajo en uno de los rincones de su inmenso despacho en actitud de quien siente miedo. Firmé los papeles. El gobernador me acompañó al ascensor en medio de un cruel silencio, tan cruel, tan hiriente como evocador. El sonido de nuestros pasos rebotaba sobre las paredes y los techos del viejo caserón.

Llegué al banco. El Consejo se encontraba reunido en la sala de sesiones porque por la mañana decidimos citar a todos los miembros para informarles de la situación. Cuando nos reunimos ya no éramos formalmente Consejo de Administración. Les informé de lo sucedido.

No era un Consejo fácil. No solo por el motivo que consistía, precisamente, en decirles que jurídicamente ya no éramos un Consejo. El plan que presentamos al Banco de España, como no podía ser de otro modo, lo gestionamos con la máxima discreción y solo los componentes profesionales de la línea ejecutiva directa, además de Paulina Beato, se encontraban plenamente informados. En el Consejo del día 22 de diciembre quería haber informado a todos de la aprobación del plan y de su puesta en ejecución inmediata, pero me lo impidió el gobernador el día 20, cuando cambió, mejor dicho, le cambiaron el criterio y anuló el acuerdo. Así que todo iba a resultar en cierta medida novedoso para los consejeros, pero la principal novedad residía en la intervención, en su cese como tales consejeros. Cualquiera entiende que una reunión de semejante urdimbre no resultaba especialmente confortable.

En los rostros de algunos de los consejeros se leía, dibujado con enormes trazos, el estupor. Inevitablemente cada uno, con independencia del dolor por lo que sucedía con el banco, pensaría en términos de consecuencias para sus vidas, sus negocios, sus planteamientos de futuro. No podía ser de otro modo. Pero tomando en consideración el drama del momento, la presión mediática, la conciencia de la politización, en fin, todo lo que componía aquel dramático decorado, la posición de los consejeros me pareció sencillamente ejemplar y digna de agradecimiento.

César Mora tomó la palabra.

—Si alguien sabe lo que realmente has hecho por esta casa, somos nosotros, los que hemos estado en ella, directamente o a través de nuestras familias, mucho antes de tu llegada.

Abandoné la sala de consejos. La puerta al cerrarse emitió el último gemido.

Descendí las escaleras hacia mi despacho.

Hablé con Paloma para pedirle que siguiera recogiendo mis cosas, porque ahora ya todo era definitivo.

Algunos consejeros nos reunimos por algunos momentos en el fondo del despacho, cerca de la chimenea de mármol blanco.

Anunciaron la llegada de Alfredo Sáenz, el hombre que peleó por la presidencia del BBV, que ahora había sido nominado con todos los poderes como interventor de Banesto. Le recibió Enrique Lasarte. Las primeras palabras de Alfredo Sáenz definieron con precisión lo ocurrido.

—No entendemos nada. Todos creíamos que iba a tomar el dinero e irse. Ahora la que se ha liado...

—Es que no le conocéis —sentenció Enrique.

Me reuní con el interventor y los directores generales de Banesto.

—Al margen de las razones de fondo, lo ocurrido es ya irreversible. Ahora de lo que se trata es del banco, de que no sufra más allá de lo inevitable, y por ello os pido que colaboréis todos con Alfredo Sáenz, que es la persona que el Banco de España ha designado como interventor de Banesto.

Salí de Banesto con la conciencia tranquila y el corazón encogido. Seis años de mi vida quedaban detrás. Esfuerzos, sufrimientos, ilusiones, esperanzas componían una sinfonía que desafinaba en mi alma a la vista de lo que habían sido capaces. En esos instantes no disponía de la información que hoy poseo. Cierto que lo evidente siempre es elocuente, pero a veces no disponemos de la serenidad de ánimo para mirar a los ojos a las evidencias. Nunca hasta hoy he vuelto a pisar el suelo sobre el que tanto sufrí.

Llegué a mi casa.

Muchas llamadas, claro.

Pero faltaban las imprescindibles, las de aquellos a quienes ayudé.

Polanco llamó. Su parlamento fue sencillo:

—Siempre has tenido suerte, así que sabrás salir de esta.

Al menos llamó.

Otros no.

Comenzaba la soledad, pero también el descubrir la grandeza de aquellas personas que arriesgaron mucho solo por ser dignas consigo mismas y por mantenerse fieles, no ya a mí, sino a la historia que conocía, que habíamos vivido juntos. Ellos, los que ejecutaron, con eso no contaban.

Frente a mí no solo tenía todo ese cúmulo de sensaciones, sino que, además y sobre todo, una terrible expectativa, un camino que se abría plagado de terribles presagios. Cuanto más pensaba y más se evidenciaban los factores políticos, más terrible se vislumbraba el futuro. Pero eso no me daba miedo, a fuer de decir verdad. El corazón estaba encogido por algo tan simple como esto: por darme cuenta de hasta dónde eran capaces de llegar por motivos políticos. Y ni siquiera sabía que a partir de ese instante tenía quince años de sufrimiento por delante, años en los que vivimos muertes físicas y morales. El ciclón de un poder desordenado e instalado en lo espurio arrasaría con casi todo. Menos con una cosa: la dignidad de quien prefiera sufrir a arrendarla. Así es el Sistema. Ninguna entelequia. Una terrible realidad.

24

El 29 de julio de este año 2010 me instalé en A Cerca, después de un viaje relámpago a Milán. Tenía que culminar la labor de escribir sobre estos acontecimientos de mi vida. Impresiona mirar hacia atrás. Algunos de ellos, como la ruptura con Juan Abelló, se produjeron hace más de veinte años. Toda una vida. Mis conversaciones con el Rey y con González, por ejemplo, tienen una antigüedad de cuando menos diecisiete años. Y la brutal decisión política de intervenir Banesto celebrará igualmente su diecisiete aniversario el próximo 28 de diciembre de este año. Y ciertamente impresiona percatarse de que de ese plazo, de esos diecisiete años, al menos quince de ellos fueron consumidos con una libertad total o parcialmente mutilada. Realmente sobrecoge. Porque, con independencia de esa mutilación de libertad, asombra la crueldad en la ejecución de ese diseño político, deslumbra la capacidad de poner a su servicio a todas las fuerzas reales del Estado, conmueve la unanimidad de fuerzas políticas y sociales en la finalidad que, se llame como se llame, se concentraba en la aniquilación de un individuo.

No tardé mucho en captar esa uniformidad de juicios porque el 30 de diciembre de ese año, ante la magnitud mediática del acontecimiento, convocaron una sesión extraordinaria del Parlamento español para que el ministro de Economía y el gobernador del Banco de España, sobre todo este último, dieran cuenta a sus señorías de lo acontecido. Aquello en mi opinión resultó esperpéntico, lo mires por donde lo mires.

—En esta crisis, en la de hoy, la de ahora, en ningún país del mundo —creo— se ha convocado al Parlamento para explicar crisis bancarias, y haberlas las ha habido, ¿o no? ¿Por qué, entonces, lo hicieron con Banesto?

Así se expresó Alfredo Conde cuando comentaba con él el tramo final de esta secuencia de mi vida, lo sucedido a partir del momento en que tomaron la decisión brutal de intervenir el banco. La sucesión de acontecimientos, de hechos, de brutalidades, es tan potente que cualquier mente inteligente tiene que formularse preguntas que surgen inevitables.

—Así es, Alfredo. Pero es que esas cosas suceden cuando tienes que justificar políticamente lo que económicamente no existió. Precisamente por ello en las crisis verdaderas estas cosas estrambóticas no se dan, porque nadie tiene que justificar lo cierto y evidente.

—Lo curioso es que González, según me dices, se negara a recibir explicaciones de Roberto Mendoza, de los expertos de J. P. Morgan, y obligue a hablar del asunto en el Congreso, en donde los diputados ni siquiera podían haberse leído los datos de Banesto, porque para entender un balance de más de un billón de pesetas hace falta tener tiempo y conocimientos técnicos contables.

—No solo eso; es que además se da luz y taquígrafos a supuestos problemas bancarios que pueden acabar con la vida de una institución financiera. Por si fuera poco, nadie podía haber leído esos informes por una sencilla razón: porque esos informes no existían.

—¿Cómo que no existían? ¿Intervinieron sin informes previos?

—Más o menos. Ya te he dicho que la decisión de intervenir se les vino encima a consecuencia de que no quise vender mis acciones y marcharme voluntariamente. Si esta idea la tienes en la mente, vas a comprender todo.

—Hombre, es duro de aceptar eso que dices. Comprende que suena a brutal.

—Sí, pero contamos no solo con el testimonio de Sáenz al entrar por primera vez en el banco, sino, además, que eso, exactamente eso fue lo que le dijo Polanco a Asensio tiempo después, que yo me había equivocado al no vender mis acciones, coger el dinero e irme, porque se habrían evitado muchos problemas. Además de estos testimonios, si examinas la secuencia de hechos, insisto, de hechos, todo encaja cuando eso se tiene in mente.

—¿Eso quiere decir que tuvieron que construir el escenario? —preguntó Alfredo.

—Bueno, en gran medida así es. Pero construir quiere decir crear un escenario que no existía, al menos en la versión oficial. Para entenderlo hay que atender hechos, no valoraciones. Los hechos son brutales. Ese es el problema. Mira un ejemplo. En la mañana del día 30 eché una ojeada a *El País*. Decía, entre otras cosas, lo siguiente: «Estos hechos se produjeron pocos días después de que las autoridades del Banco de España hubieran mostrado a Mario Conde el último informe de la Inspección —formada por diez equipos—, en el que se verificaba un agujero de 500 000 millones. Por otro lado, la autocartera del banco ascendía al 34 por ciento».

—Pues ahí dicen que te enseñaron el informe...

—A eso me refiero. No es verdad. Dicen que la autocartera era del 34 por ciento, es decir, una monstruosidad. Luego tuvieron que reconocer oficialmente, por boca del interventor Alfredo Sáenz, que no llegaba al 4 por ciento... No rectificaron. Y dicen que me enseñaron un informe, lo cual es rotunda y totalmente falso, porque como te digo no lo hubo.

—Pero ellos jamás reconocerán algo así, supongo.

—A veces la vida te sorprende... Mira, ese hombre del que te hablé, el catedrático de Derecho Administrativo que vendió sus acciones de Banesto y le multaron, ¿recuerdas?

—Sí.

—Bien, pues ese hombre tuvo que ir a declarar de testigo al juicio del caso Banesto. Le preguntaron mis abogados. Sus respuestas son acojonantes. Primero dijo que en todo el año 1993 nunca se trató el caso Banesto en el seno del Banco de España. Literal.

—Pero eso es inconcebible...

—Claro, mira las informaciones publicadas sobre Caja Castilla-La Mancha o sobre Cajasur y verás que antes de tomar decisiones han existido sesiones y más sesiones del Banco de España, de su

Comité Ejecutivo, reuniones con directivos... Es lo lógico, lo normal, lo evidente. ¿Cómo se va a actuar de sopetón?

—No sé... La verdad es que es extraño, pero si él lo dice no queda otra que admitirlo.

—Más que eso. Porque ese hombre declaró, además, que los que tomaron la decisión, los del Comité Ejecutivo del Banco de España, no vieron ningún informe escrito. No tuvieron delante ningún informe detallado de la inspección.

—Entonces, ¿con qué base tomaron la decisión?

—Según él mismo declara, porque oralmente les dijeron que había que intervenir, que la cosa estaba mal, que la inspección...

—No es serio, ¿no? Yo no soy experto en estas cuestiones financieras pero me parece poco razonable.

—¡Qué va! Es lo más serio del mundo, porque lo que dice es que les dijeron que había que intervenir. ¿Quién? Pues evidente...

—La verdad es que cuando tienes que enfrentarte a los hechos las cosas se ponen complicadas. Porque ese hombre, o dijo eso, o no lo dijo. Pero si lo dijo, cabe poco razonamiento.

—Así es. Por eso mi apego al hecho, a lo que llama Krishnamurti la dictadura del hecho.

—Y ¿qué dijeron en esa sesión del Congreso? La verdad es que retengo el día pero muy vagamente.

—Fue un despropósito. ¿Cómo iban a opinar los parlamentarios si ni siquiera tenían información? Y aunque la hubieran tenido, no dispusieron de tiempo y conocimientos para estudiarla. En fin, patético.

—Pero todos estuvieron de acuerdo, ¿no?

—Efectivamente, esta es otra. Todos de acuerdo en un asunto tan conflictivo como este. Esa unanimidad ya te habla por sí sola, ya te dice de qué iba la cosa, cuál era el objetivo, pero es que además si ves la postura del PP, ahora, con lo que sabemos, también sacas conclusiones claras.

—¿Por qué lo dices?

—El PSOE puso como portavoz a Hernández Moltó, que se largó un discurso moralizante sobre gestión financiera, pero sin demasiada agresividad. Está recogido en las actas del diario de sesiones.

—Pero ese es el que quebró la Caja Castilla-La Mancha, ¿no?, el del aeropuerto de Ciudad Real.

—Sí, ironías del destino. El que dio lecciones en un asunto político se ve envuelto por su mala gestión en una quiebra real de una entidad como Caja Castilla-La Mancha, pero en fin... Él tiene la protección de su partido.

—Pero ¿y el PP?

—Actuó Cristóbal Montoro. Fue ministro de Economía, creo, con Aznar, y actualmente sigue siendo el portavoz del PP para asuntos económicos. Estaba claro que en aquellos días recibió instrucciones de Aznar. Su obsesión era que me pidieran responsabilidades y llegó a decirle a Rojo si había comenzado, o algo así, las peticiones de responsabilidades penales. Por suerte lo preguntó...

—¿Por qué dices por suerte?

—Pues porque Rojo dijo que con los datos que tenía el Banco de España no existía base para la exigencia de responsabilidades que no fueran las mercantiles. Y obviamente el Banco de España tenía toda la información. Sin embargo, luego redactó la querella.

—¿Cómo que redactó la querella? No entiendo...

—Pues sí, Alfredo, este es uno de los episodios judiciales más vergonzosos de todo el proceso contra nosotros.

—Aparte de vergonzoso, es inconstitucional —terció María en ese momento.

Conocí a María Pérez-Ugena a finales de 2008. Cuando supe que su profesión era profesora titular de Derecho Constitucional, supuse que su aproximación a mi caso en sus dimensiones jurídicas sería como mínimo cautelosa, puesto que por medio existían sentencias del Tribunal Supremo y resoluciones del Constitucional, lo que le obligaba, en su condición de jurista y profesora, a mantener un respeto mínimo por esos órganos del Estado. Dicho en román paladino: tendía a creer que lo sucedido, lo relatado en esas resoluciones, se ajustaba a la verdad de los hechos y en su confección se respetaron las normas propias del Derecho en su sentido más amplio.

No me propuse una explicación sistemática de lo sucedido, es decir, no me dediqué a relatarle de modo estructurado los desperfectos jurídicos a los que, en mi opinión, fui sometido. Opté por actuar cautelosamente, es decir, en cada caso, cuando surgía en una conversación, le apuntaba algunos de esos desperfectos. La respuesta de María en los días iniciales era un gesto de incredulidad. Bueno, de incredulidad cariñosa y comprensiva, a la que yo respondía desgranando los hechos con suavidad. Poco a poco fue perdiendo esa incredulidad a base de la inevitable conclusión que se derivaba de comprobar lo real de mi relato. Primero, lo real de los hechos. Después, lo artificioso, por decirlo de modo suave, de las construcciones jurídicas que servían de soporte formal a las conclusiones prefijadas de antemano.

Dos años después de ese conocimiento contrajimos matrimonio. Para esa fecha, junio de 2010, ya tenía más que claro lo ocurrido en este plano. Y, al igual que sucedió con otros profesores que vivieron mi caso, sentía cierta indignación por dentro, porque le resultaba difícil hablar a sus alumnos acerca del Derecho Constitucional teórico cuando la comprobación fáctica de su funcionamiento se alejaba tanto de las explicaciones profesorales. Y ese alejamiento afectaba a la libertad de unas personas. Es difícil, muy difícil comprobar lo ocurrido y seguir como si nada desgranando clases teóricas de Derecho Constitucional.

Seguramente por ello pensé que lo mejor para este tramo final de mi libro era plantear las cuestiones en una conversación a tres bandas entre Alfredo, María y yo, dado que algunas de esas cuestiones tenían cierto cariz jurídico, y María, como profesora de Derecho Constitucional, estaba mejor capacitada para valorarlas en esa dimensión.

—Claro, María. Lo que pasa es que tú, como profesora de Constitucional, te has ido quedando de piedra a medida que ibas conociendo cosas y es que nunca pudiste imaginar que se hubiera actuado de ese modo.

—Desde luego que no, y no me lo he creído hasta que lo he visto por mí misma, y confieso que da un poco de reparo dar clases de Derecho cuando has visto cómo han funcionado en este asunto. Supongo que no será igual en todos.

—Cuando abres un agujero en el Derecho... Cuando has probado el poder de controlar la Justicia y ponerla a tu servicio... Aquí no es que se aplique eso del que hace un incesto hace ciento, sino que es un asunto más profundo: destruir la separación de poderes y seguir instalados en la llamada Justicia del Príncipe.

—Sí, pero eso que me has contado de los inspectores del Banco de España es demasiado. ¿Lo sabes, Alfredo?

—Es uno de los episodios a mi juicio más lamentables. Os lo cuento luego para no perdernos ahora. Lo importante es retener que todos, insisto, absolutamente todos los grupos parlamentarios y todos los intervinientes en esa sesión se felicitaban por la actuación del Banco de España. Nadie cuestionó un dato, una cifra, una alternativa de solución. Nadie preguntó si se había contrastado la información con Morgan. Nadie preguntó por la carta...

—La verdad es que leer eso en el diario de sesiones tiene que producir una sensación dolorosa —apuntó Alfredo.

—Fijaos que incluso cuando un doliente y apesadumbrado gobernador dijo que tal vez se hubieran equivocado al intervenir.

—¿Dijo eso? —preguntó María.

—Sí, exactamente. La frase creo que es: «No sé si nos hemos equivocado o hemos acertado». Está en las actas. Me parece una burrada porque da la sensación de que la intervención de uno de los mayores bancos de España puede hacerse a «cata y prueba». Bien, pues nadie se atrevió a pedir una ligerísima, siquiera epidérmica explicación de por qué aseguraba algo semejante. No cabía duda alguna de que lo que se cocinaba aquella mañana era una ejecución política. Recuerdo que Roberto Mendoza, llegado de urgencia a España a la vista de los acontecimientos, se sentó en el hotel Villamagna a contemplar por televisión el desarrollo de la comparecencia parlamentaria. Cuando concluyó vino hacia mi casa y nada más entrar me dijo:

—Después de escuchar al gobernador ante los parlamentarios te confieso que no tengo la menor idea de por qué han decidido intervenir Banesto. Suave manera de plantear el fondo político de la cuestión.

Sangrante. Todo el espectro de medios, orales, escritos y audiovisuales, se comportaron a partir del día 30 de diciembre de 1993 como si formaran parte de una orquesta entrenada. *El País* y *La Vanguardia* llevaron la voz más hiriente. Comprendía a Jesús Polanco. Siempre ha obedecido al poder, entre otras razones por las puramente económicas. Jesús era un hombre del poder y punto y final. Además, mis deseos de crear un grupo de comunicación que pudiera competir con el suyo quedaban arrancadas del campo en el que las sembré. Por si fuera poco, buscaría por todos los medios quedarse con algunos de nuestros activos.

Así sucedió. Poco después el Grupo Prisa se apropió de los derechos de transmisión de partidos de fútbol que nosotros conseguimos a través del Grupo Dorna. Ganó en esa operación decenas de miles de millones de pesetas que pertenecían a los accionistas de Banesto.

Pero no solo Polanco sobrevoló Banesto. La «comunidad financiera», eufemismo donde los críen, se apresuró a cumplir ese llamado deber de obediencia para con el poder. Los grandes bancos suministraron los nombres de los ejecutivos bancarios que se manifestaron dispuestos a ocupar nuestras plazas en Banesto. A partir de ese instante todos pretendían hacerse con algo tangible, contante y sonante. Por ejemplo, el BBV se llevó nuestra tecnología, en la que invertimos miles de millones de pesetas, y que constituía una de las más avanzadas de Europa. Literalmente se la llevó. Al menos eso me dijeron. Ganó en la operación no solo mucho dinero, sino, además, tiempo, porque los avances tecnológicos necesitan inexorablemente de un plazo temporal para implementarse, ese tiempo que nosotros consumimos silentes, callados, mientras recibíamos críticas inmisericordes de exceso de gasto.

Y lo mismo sucedió con el Santander. Un día en el que almorzaba con María en el restaurante Los Remos, en la carretera de A Coruña, de Madrid, a la altura casi de El Plantío, al salir una vez concluido el almuerzo, un hombre de edad media se levantó de una de las mesas colindantes y vino en directo a saludarme. Ocupaba un puesto de importancia en la banca y me ratificó, como experto, que el Santander vivía de nuestra tecnología, que era, con mucho, la mejor que existía en Europa y muchos años por delante de nuestros competidores.

—Lo cierto es que el follón nacional que se organizó con la decisión de intervenir y sus derivadas tenía proporciones bíblicas. Creo que ni ellos mismos se imaginaron que las cosas podrían tener un color tan oscuro. A pesar de los pesares, aun contando con que todos los grupos políticos apoyaron sin reservas la decisión, el público permanecía expectante. Yo recibía presiones a diario para hablar, para decir algo, para contestar los argumentos, los insultos, las descalificaciones, las aberraciones que se publicaban todas las mañanas, se emitían por la ondas, se construían con las imágenes de la televisión. Decidí convocar una rueda de prensa para el día 12 de enero. La expectación era máxima.

—Yo la recuerdo —dijo Alfredo—, pero creo que os equivocasteis en el planteamiento. Al menos esa impresión recibí de todos los que algo me dijeron.

—Sin duda, Alfredo. La llamada prudencia aconsejaba reducirla a términos técnicos, evitando la confrontación política. Ese mensaje era el que nos llegaba desde todos los ámbitos que nos rodeaban. Yo, en mi interior, presentía que no era ese el camino, conociendo como conocíamos que la operación se gestó por intereses políticos. Si teníamos alguna posibilidad de sobrevivir, era plantando cara. Seguramente seríamos ejecutados, pero si nos rendíamos desde el comienzo la ejecución se presentaba como absolutamente segura.

—Yo no hubiera tenido duda de que había que actuar de esa manera —remachó Alfredo.

—Supongo que ese enfrentamiento directo asusta —puntualizó María.

—Sí, claro, pero es que yo no estaba solo. Debía contar con los demás consejeros, que en ese momento ya tenían claro que todo el espectro político actuaba contra nosotros, y eso, como dice María, asusta, y mucho. Por eso confeccioné un documento muy bueno técnicamente que demostraba, con profusión de datos y cifras, que el banco no se encontraba, ni mucho menos, en una situación que obligara la intervención. Me reuní con los consejeros de Banesto en el despacho de Gómez de Liaño y lo leí, para que todos supieran cómo me comportaría el día de la reunión de prensa. Todos estuvieron conformes con el contenido y el modo de proceder.

Llegó el día 12. Cientos y cientos de periodistas, nacionales y extranjeros, abarrotaban el local en el que tendría lugar mi comparecencia. Días antes, fruto de la tensión, comenzó un dolor de muelas que se tradujo en un flemón de cierta envergadura. Afortunadamente, el día de la comparecencia se redujo en volumen, pero las fotografías de ese día son curiosas, precisamente porque se nota el flemón. Bueno, incidencias médicas aparte, a las nueve y media de la mañana me encontraba en la habitación del hotel en la que esperaba a que llegara la hora de bajar al ruedo. Apareció Antonio Torrero con signos evidentes de preocupación en su rostro. Me pidió un aparte y dijo:

—Me ha llamado Julián García Vargas. Habla en nombre del Gobierno. Me dice que lo que está sucediendo es gravísimo y que suspendamos la rueda de prensa. Como me lo dijo te lo transmito.

—Muchas gracias, Antonio.

—¿Que el Gobierno quería suspender la rueda de prensa? —preguntó Alfredo.

—Exactamente. Bueno, eso es lo que le dijo un ministro, García Vargas, a un ex consejero, Torrero, que, además, era amigo suyo. Los acontecimientos se les podían escapar de la mano precisamente por el lío que había organizado. Pero la decisión estaba tomada. Consumí mi turno ante los periodistas explicando el documento que leí a los consejeros de Banesto. Mientras, en la calle, más de veinte millones de personas seguían en directo mi explicación. Les defraudé de manera rotunda.

—Sí, esa sensación tuve yo entonces —remachó Alfredo.

—Esa es la pura verdad. Nadie esperaba que me pusiera a desgranar cifras y conceptos técnicos. Querían que les ofreciera una versión real de lo sucedido, lo que equivalía a desvelar el fondo político de la operación. No lo hice. Silencié las llamadas del Rey y de González. Oculté el ofrecimiento de comprarme mis acciones. Callé todos los pormenores políticos del mes de diciembre que ayudaban a entender la decisión. Me concentré precisamente en lo que nadie tenía el menor interés en escuchar. La mejor prueba consistió en las felicitaciones que recibimos del lado de nuestros enemigos. Siempre que desde el bando contrario te llegue una alabanza, puedes estar convencido de que has cometido un error.

—No sé por qué pero yo tengo en la cabeza que Felipe guardó silencio a partir de ese día y que quien te azuzaba era Aznar, pero puedo estar equivocado.

—No, no lo estás. A partir de ese instante, el líder político que se encargó de azuzar continuamente la hoguera contra nosotros se llamaba José María Aznar. Sabiendo ahora lo que sabemos, es algo que tiene coherencia con sus objetivos. Miguel Martín se reunió con Arturo Romaní en el hotel Miguel Ángel. Allí le reconoció que a pesar de que mi relación con el gobernador era muy buena, las cosas indefectiblemente se complicarían mucho porque dos personas presionaban de manera constante para que nos hicieran todo el daño posible. Una de ellas era José María Aznar. La otra, Jesús Polanco.

—Pero eso concuerda con lo que te dijo Roca y con lo que has contado de esa mujer en tu casa —señaló María.

—Bueno, lógico... Es coherente con sus fines. Os dije que Montoro quería responsabilidades penales en esa sesión del Congreso del día 30 de diciembre... Pues bien, Gonzalo del Río, que trabajó conmigo en la finca de Los Carrizos, me contó que un amigo suyo, que es íntimo de Aznar, escuchó al entonces líder de la oposición decir que necesitaba mi imagen con esposas entrando en la cárcel para poder llegar a ser presidente del Gobierno.

—¿Y no te dijo su nombre?

—Pues no, pero da igual, es una cosa más... Cuadra también con lo que decían los inspectores del Banco de España: que necesitaban mi fotografía entrando en prisión aunque fuera solo un día.

—No deja de ser curioso el reparto de papeles: Felipe González asume el coste formal de decidir a través del Ministerio de Economía y del Banco de España. A partir de ese instante más o menos se calla. Por el contrario, Aznar se convierte en el encargado de mandar a la sociedad mensajes de pura y dura descalificación sobre ti...

—Pues sí, pero eso solo evidencia el pacto que tenemos comprobado hasta la saciedad. Por cierto, que el domingo 23 de enero de 1994, Pedro J. Ramírez mantuvo una larga conversación con Aznar y Rato. Me llamó para relatarme su esencia: «Me he quedado altamente sorprendido de hasta qué punto Aznar y Rato han interiorizado tu posición como competidor político. Estaban absolutamente convencidos de que su vida política dependía de ti. Consideran que González ya no es un verdadero rival político porque han llegado a un acuerdo con él para que les ceda el poder. Por ello, su rival se llama Mario Conde y su objetivo consiste en destruirte. De ahí su comportamiento en todo el tema de la intervención».

—Y dadas tus relaciones con Alfonso Guerra, ¿no hablaste con él sobre el caso? —preguntó Alfredo, que conoce bien al ex vicepresidente del Gobierno de González.

—Pues no le busqué de propósito. Surgió de casualidad. En aquellos días descendí nuevamente hacia Sevilla en el Ave. Me encontré con Alfonso Guerra, que viajaba en el mismo compartimento que yo. Pasado Córdoba, encarando el trayecto final hacia la capital hispalense, se acercó a mi sitio y se sentó para charlar un rato conmigo. Le expliqué con el detalle debido lo sucedido, incluyendo, desde luego, la oferta para comprarme mis acciones en pleno despacho del gobernador del Banco de España, a lo que Alfonso, práctico, me preguntó si existían testigos que me permitieran atacar por esa vía, y le reconocí que no. Tuvo especial interés en preguntarme si era cierto que un conjunto de personas trabajaban para mí sondeando mis posibilidades electorales, a lo que contesté con total sinceridad: en absoluto.

»En ese instante me dijo que era obvia la naturaleza política de la operación, gestada en el entorno de Mariano Rubio, Solchaga y su grupo, pero —dijo literalmente— de la que «no puede llamarse a andana el presidente del Gobierno». Por aquellas fechas, aturdido como estaba y sin saber conjugar con acierto todas las informaciones, creía que Felipe González había sido engañado y que no había sido uno de los muñidores de la intervención. Craso error, pero era mi opinión y así se lo dije a Alfonso Guerra, quien escuchó con medida paciencia, pensó unos segundos y dijo: «Es posible que el tema se lo hayan dado cocido y no lo haya estudiado, porque la verdad es que en estos momentos no se ocupa de España. Estoy seguro de que ha llegado a un acuerdo con Aznar para cederles el poder».

—Ya, pero al margen de que decidiera darle el poder a Aznar, me parece poco creíble ese papel medio victimista de González. No es creíble. Es el presidente del Gobierno y decide, y si no quiere oír a Morgan ni a ti, si no quiere enterarse de la verdad, es que la verdad no le interesa. Lo demás es música celestial.

—Pues claro que es así, Alfredo.

—Y, además, ¿por qué iba a darle el Gobierno a Aznar? Claro que lo que dice Guerra es lo mismo que decían Aznar y Rato según Pedro J. Ramírez, ¿no?

—Yo creo que esa es una apreciación equivocada de Alfonso Guerra. Es posible que Felipe le dijera algo así a Aznar, pero en ese caso le engañaba. Ellos querían seguir, necesitaban otra legislatura para terminar con asuntos como el GAL, la corrupción, etcétera. Eso fue exactamente lo que dijo Barrionuevo en una entrevista a la que asistió Santaella en Valdemorillo, pero ese es otro tema.

—Por cierto, siempre apuntas a que el GAL tuvo que ver con el triunfo de Aznar en las elecciones del 96, ¿es así?

—Sí, y es asunto de primera magnitud.

—Pues yo que tú no lo dejaría en el tintero.

—No tengo hoy por hoy esa intención. Ahora sigo para que tengáis más datos. Si Banesto tenía ese problema tan profundo, lo lógico es que sus acciones no valieran nada. Pero el problema es que cotizaba en Bolsa y tenía que volver porque no podías tener a los inversores eternamente congelados en sus dineros en acciones. Así que llegó el día de volver a cotizar.

—¿Y...?

—Pues es también difícilmente creíble. Alfredo Sáenz era entonces interventor del banco. Salió en televisión el 31 de enero. Su objetivo era intentar a toda costa reducir el precio de cotización de las acciones de Banesto que, suspendidas el mismo día de la intervención, volvían a los mercados.

—Eso no tiene sentido, es absurdo que un presidente diga eso de su compañía.

—Sí que lo tiene. Nadie sabía qué niveles de precio alcanzarían las acciones. Seguramente muy bajos, porque día tras día se había transmitido con insistencia machacona, desde ámbitos políticos y financieros, que las acciones del banco valían cero pesetas. Por ello, obligado por las circunstancias, Sáenz dijo en televisión que en ningún caso deberían pagarse más de quinientas pesetas por acción.

—O sea, limitando el precio por arriba...

—Exacto. El adefesio de un presidente de una entidad privada esforzándose en tirar a la baja el precio de las acciones de la sociedad que regenta debió de helar la sangre de algunos.

—¿Y qué pasó? —preguntó María—, porque yo no me acuerdo de nada.

—No me extraña porque ha pasado mucho tiempo y no sentías especial interés por esas cosas financieras. Bueno, lo que pasó es que a pesar de sus esfuerzos, el mercado no le escuchó. Las acciones de Banesto cotizaron en el entorno de las mil pesetas, y eso que el banco y sus amigos habían vendido una ingente cantidad de títulos para conseguir reducir el importe final, conscientes de que si sobrepasaba esas quinientas pesetas, el veredicto del mercado sería negar la esencia de la intervención. El conjunto de inversores dio la espalda a la versión oficial.

—Pero a ellos, después de todo lo que ya habían hecho, el mercado les daba más o menos lo mismo, ¿no?

—Sí, pero no solo el mercado. Incluso la Ley les importaba tres pepinos y si había que cambiarla se cambiaba.

—¿Qué quieres decir? —preguntó María, siempre especialmente sensible a posibles ilegalidades, que uno es tributario de su profesión...

—Pues mira. Dado que ellos aseguraban que el banco tenía un fuerte déficit de recursos propios, la única manera de restaurarlo consistía en una ampliación de capital. ¿Quién debería suscribirla? Lo lógico, lo elemental, lo que se ajusta a la disciplina de la economía de mercado es que los accionistas del banco tengan la oportunidad, si quieren, de poner su dinero para el «salvamento» de su empresa. No hay que olvidar que un banco es una empresa privada y, por tanto, si tiene un problema, real o fingido, y necesita inyección de dinero, lo elemental consiste en preguntarles a los actuales accionistas si desean arriesgar dinero en la operación, y en el caso de que la respuesta sea negativa o insuficiente, entonces, para salvaguardar el sistema financiero, podría apelarse al Fondo de Garantía de Depósitos o cualquier otra entidad pública dedicada a tales menesteres. Precisamente eso es lo que decía el decreto regulador del Fondo de Garantía de Depósitos.

—Bueno, el decreto del Fondo, la lógica, el concepto de sociedad anónima, los Principios Generales del Derecho...

—Sí, ya lo sé, María, pero tenían miedo.

—¿Miedo de qué? —preguntó Alfredo.

—Pues del mercado y de nosotros. ¿Qué ocurriría si se pide dinero al mercado y el mercado lo pone? Se frustraría la intervención, porque volveríamos a estar en el mismo sitio.

—Y no solo eso —dijo Alfredo—, sino que si estabais en el mismo sitio la finalidad de quitarte de en medio se les volvería totalmente en contra.

—Y además —añadió María— al controlar el Consejo podríais demostrar que las cifras manejadas eran falsas, o que lo que se contó no era la verdad. Y ya no seríais solo vosotros, sino vosotros y eso que llamas el mercado.

—Efectivamente, así es.

—Pero si eso es lo que decía la Ley, ¿cómo lo solucionaron?

—Por la vía de en medio; modificando el decreto con efectos retroactivos.

—Eso, lo siento, pero no me lo puedo creer. Es demasiado —dijo Alfredo.

Preferí no contestar con palabras. Me moví hacia el ordenador. Tenía archivado el decreto. Lo localicé y di orden a la impresora de que lo tradujera en papel. Con esos folios en la mano retomé mi discurso.

—El real decreto es de 15 de marzo de 1994 y modifica el decreto de 1980 sobre el Fondo de Garantía de Depósitos. ¿Queréis verlo o preferís que lo lea?

—No, no hace falta, léelo tú...

—Bien, pues la modificación consiste en lo siguiente: se añade un segundo párrafo al apartado uno del artículo 6 del Real Decreto 567/1980, de 28 de marzo, sobre Fondo de Garantía de Depósitos en Establecimientos Bancarios: «Se entenderá, en todo caso, que las ampliaciones de capital a que se refiere el párrafo anterior no son cubiertas por los accionistas de la entidad cuando la Junta General de esta haya acordado la exclusión total o parcial del derecho de suscripción preferente conforme a lo previsto en la legislación aplicable».

—Hombre, eso es distinto de lo que dices tú, porque es la Junta la que aprueba esa exclusión del derecho de suscripción —precisó María.

—Teóricamente es así, pero eso es solo la corteza. Lo que hay que ver es cómo confeccionaron esa Junta de Accionistas. Pues aunque os parezca mentira, dijeron que si no se aprobaba la exclusión de ese derecho, disolverían el banco.

—¡Joder! —exclamó Alfredo.

—Sí, así fue. Está en los libros, en la historia. Por tanto, no se trataba de que los accionistas pudieran aprobar o no. Si no aprobaban, antes de disolver el banco tendrían que darles la oportunidad de poner el dinero encima de la mesa. ¿O no?

—Claro que sí.

—Pues no. Se trataba de evitar ese efecto como fuera. Así que les amenazaron con disolver. Es imposible. No podían hacerlo, pero eso fue lo que dijo el llamado Plan de Saneamiento. Recordarlo diecisiete años después produce ciertos escalofríos por cómo trata el poder al Derecho cuando lo subordina a intereses políticos.

—¿Y qué dijeron los accionistas? Bueno, qué podían decir... —señaló María.

—Fíjate porque esto te va a interesar especialmente a ti. Sáenz acudió a la Junta como interventor del banco. En su calidad de tal, de acuerdo con la Ley, dispone de un voto cualificado, es decir, su voto vale más que el de todos los accionistas, porque puede suspender un acuerdo de la Junta si no le gusta su contenido. Además, aparecía como teórico presidente del banco y en su calidad de tal recibió las delegaciones de voto de muchos accionistas que la confieren de un modo automático, gracias a la labor de zapa que ejecutan los directores de las sucursales bancarias. A mí me pareció elemental que eso implicaba una dualidad de posiciones incompatibles: si eres representante del accionista, no puedes ser, al mismo tiempo, representante de su opositor.

—Eso es burdo. Nadie puede actuar como interventor y como representante de accionistas. Realmente no entiendo cómo un tribunal puede aceptar eso.

—Pues porque el tribunal no es tribunal. Es una pieza del Sistema. Y todos los jueces que han intervenido en cualquier parcela del asunto Banesto han sido, digamos, aleccionados.

—¿No dijo Garzón algo de eso? Me pareció escucharlo en un programa de Intereconomía —señaló Alfredo.

—Sí, así es. Le dijo a Santaella que en aquellas condiciones políticas y mediáticas ningún juez se hubiera atrevido a absolver a Mario Conde, con lo que ya tienes claro su concepto de la Justicia.

—Pero ahora se trata de mercantil, no de penal —dijo María.

—Es lo mismo. Lo que hicieron fue presionar de manera brutal. Un mínimo resquicio por el que colarse la verdad y todo estallaría. Es como una mínima grieta en una presa: puede acabar rompiendo el muro y causando un desastre.

—Pero en el fondo eso es forzar y engañar a los accionistas de Banesto, ¿o no?

—Más que eso. Lo alucinante es que muchos siguen sin enterarse. Ya lo dijo Miguel Martín: nosotros sabemos cómo presentar las cosas. Recuerdo que un día, en casa de Romaní, cenábamos los tres. Martín hablaba y hablaba de cómo iban a hacer las cosas. Yo me atrevía a decirle que no sería fácil convencer a las auditorías de que dijeran algo diferente a lo real. Martín, sin cortarse un pelo, con ese tono de autoridad forzada que despliega siempre que se pone en escena, espetó: «Las auditorías dirán lo que digamos nosotros».

—Bueno, la verdad, no me sorprende. Si los jueces dicen lo que dicen ellos, lo de las auditorías sería más fácil, ¿no?

—Pues sí, la verdad. Y al final el beneficiario fue el Santander, al que el Banesto le resultó gratis.

—¿Cómo es eso?

—El Fondo de Garantía de Depósitos suscribió una ampliación de capital de 180 000 millones de pesetas, y el propio Fondo puso en Banesto unos 200 000 millones más. Esto quiere decir que en la caja del banco existía un líquido cierto de casi 400 000 millones para paliar unas pérdidas potenciales.

—Ya. ¿Y...?

—Un momento, que voy. En tales condiciones venden el banco al Santander, que ofrece un precio por acción que ronda las ochocientas pesetas, lo que significa quedarse con el banco por menos de 400 000 millones. Es decir, se pagan 400 000 millones por una caja en la que hay 400 000 millones. Es decir, no se paga nada. Me alucina, nueve años después, que nadie se haya percatado de algo tan elemental: el Santander se hizo gratis, absolutamente gratis, con el control de Banesto.

—Ya, pero el culpable no es el Santander...

—No, claro que no. Se aprovechó de una situación dada. Otra cosa es que esa forma de actuar se ajusta a unos mínimos patrones morales, pero eso tiene poco que ver con el papel tradicional de ciertos banqueros. Es más, Sáenz en su día hizo unas declaraciones a la prensa que causaron cierto escándalo. Dijo que para ser buen banquero había que tener instinto criminal...

—Eso es increíble... —dijo María.

—¿Qué es increíble, lo del instinto criminal o lo del caso Banesto?

—Me parece imposible que estas cosas sucedan —aclaró María.

—Esa palabra no funciona en el caso Banesto. Como tampoco lo de imposible jurídicamente hablando. Cada vez que mis abogados me decían, ante una hipótesis que yo les planteaba, que era imposible jurídicamente que hicieran eso, lo que sucedía es que lo hacían y se quedaban tan tranquilos, y además tenían jueces que les daban la razón.

—El negocio del Santander fue total.

—Por supuesto, pero no solo eso, sino que, además, como demostraba la estadística de tantos años de experiencia bancaria, los créditos «malos» comenzaron a recuperarse de manera progresiva a medida que se despejó el horizonte económico. ¿En qué bolsillos se quedaría ese dinero, el de los créditos llamados malos que ahora se demostraban buenos? Evidentemente, en el del nuevo accionista, el Banco de Santander, y no en el de sus legítimos propietarios, los antiguos accionistas de Banesto.

—¿Y cómo no se ha dado cuenta nadie de esto?

—Ya te lo he explicado: controlan medios de comunicación. Años más tarde, el historiador Ricardo de la Cierva me dirigía una carta firmada por él en la que me relataba un encuentro en Andalucía con un primo de los Botín que, al parecer, mantiene una relación de confianza con Jaime y Emilio. El primo en cuestión le contó al historiador que muy poco después de hacerse con el control de Banesto, se encontraban los dos hermanos charlando sobre el tema delante de su pariente, que, como es médico de profesión, carece de especiales conocimientos en materia bancaria y financiera. Pero no es sordo y, por ello mismo, pudo escuchar con nitidez cuando los dos hermanos le dijeron: «Podemos repartir dividendo desde el día siguiente de intervenir, pero no lo haremos porque eso sería reconocer palmariamente que le hemos quitado el banco a Mario Conde para quedárnoslo nosotros».

En mitad de ese ambiente espeso y cargado me reuní con Felipe González en la Moncloa el 30 de mayo de 1994, a la una del mediodía. Se trataba de ocultar la entrevista y por ello vino expresamente a recogerme, a mi casa de Triana, el jefe de seguridad de Felipe, y en un Range Rover entré en la Moncloa por la puerta trasera. Me recibió como siempre, dando la sensación de que nada había ocurrido entre nosotros. Mi entrada en la conversación fue, nuevamente, otro error.

—Mira, presidente. Sobre el asunto de la intervención de Banesto y tu participación, no quiero entrar ahora. Es pronto. Dejémoslo pendiente para más adelante. Ahora vamos a concentrarnos en otros asuntos.

—Como quieras —fue la respuesta aliviada de González.

—Bueno, ante todo tenemos el asunto Crillón. No digo que tú tengas nada que ver pero...

El asunto Crillón era el informe que Serra había encargado a la empresa Kroll, una entidad estadounidense dedicada a estos asuntos, pagando con fondos reservados del Estado. El huido Roldán, ex director general de la Guardia Civil, declaró a la prensa el espionaje y dio todos los detalles. Más tarde ratificó punto por punto ante el juez Garzón. Yo llamé a González desde la finca La Salceda. Me negó que tuviera algo que ver. Me extrañó que se pusiera al teléfono después de los escándalos que habían organizado con la intervención del banco...

—Ya te dije por teléfono que ni yo ni Serra teníamos nada que ver —contestó González.

—Hombre, me resulta increíble que Roldán quiera involucrar a Serra porque sí. No lo entiendo, pero en fin, todo es posible en esta vida. Lo importante es que nosotros tenemos una documentación de un representante del Estado que dice haberme espiado. Al margen de que Serra esté o no detrás, se trata de un órgano del Estado y por tanto sus actos son imputables a él.

Felipe me escuchaba con una atención superlativa. Lo que le contaba le interesaba sobremanera, hasta el extremo de que él, que trata siempre de ocultar sus pensamientos, no pudo contenerse y me preguntó:

—Bueno, eso sí, pero ¿qué pensáis hacer?

—Por el momento estamos evaluando las consecuencias jurídicas, y las alternativas que nos ofrecen los abogados, pero lo que quiero que sepas es que estando en ciernes unas elecciones europeas no quiero hacer absolutamente nada que pueda perjudicarte, porque el panorama ya lo tenéis bastante complicado.

—Alguna vez habrá que perder unas elecciones, y si son las europeas, creo que es para felicitarse —fue la respuesta de un soberbio González, empachado de poder, convencido de que frente a él tenía, en el campo político, un rival al que no consideraba ni valoraba en absoluto: Aznar.

—Si Aznar gana las europeas y luego las generales, supongo que sabrás que corres riesgos muy importantes, porque el odio de Aznar hacia ti es sencillamente terrible —le dije con toda crueldad.

—Seguramente, pero hay alguien a quien odia más que a mí, que eres tú, Mario. Yo sé que el día de la intervención se descorcharon botellas de champán a todo trapo en la sede del Partido Popular.

Me acordé de aquella frase suya a propósito de Aznar. Me la dijo en uno de nuestros encuentros en Moncloa: «Aznar quiere mi puesto y es posible que lo consiga, que llegue a presidente del Gobierno por errores nuestros. Pero en realidad quiere ser tú, y eso es imposible, eso no lo puede conseguir. Por eso el odio hacia ti es muy superior que el que me tiene a mí. No lo olvides nunca».

Debo confesar que la actuación de Aznar después de la intervención abonaba esa interpretación de González de modo harto elocuente.

El triunfo del PP en las elecciones europeas encendió los ánimos de sus dirigentes, que comenzaron a mostrarse ante la sociedad española muy crecidos, hasta el punto de que Pedro J., desde sus páginas de *El Mundo,* les sugería que solicitaran elecciones anticipadas, a la vista del cambio de mapa político producido en las celebradas para el Parlamento Europeo. A mí me parecía un error y así se lo dije expresamente a Pedro J. Unas elecciones europeas —razonaba— no constituyen un verdadero termómetro de la intención de voto. Expresan cabreo. Eso desde luego. Pero teniendo la gente conciencia de que vote lo que vote eso no va a afectar a su vida diaria en España porque el Parlamento de Europa se encuentra lo suficientemente lejos como para contemplarlo a mucha distancia.

En mitad de aquel tumulto, Manolo Prado se acercó a mí con signos de mucha preocupación. Quería contarme lo bien que estuvo el Rey en todo este proceso desde que decidieron intervenir Banesto. Yo le hice saber que fueron varias las personas que se acercaron a mí a contarme que su majestad no había actuado conforme a la lealtad que le demostré en muchas ocasiones, pero que no les creía en absoluto. Manolo insistía en que el momento de la Monarquía era algo delicado porque comenzaba a extenderse la versión de que era felipista, que no servía para nada y que más tarde o más temprano se demostraría que también era corrupta. Ciertamente todo se movía en una escena muy suave, pero este tipo de comentarios podrían acabar tomando cuerpo, fraguando entre la gente, y eso resultaría muy peligroso.

—Por si fuera poco, Javier de la Rosa está transmitiendo una serie de informaciones que me preocupan mucho, por el Rey y por mí. Estoy cansado, Mario, hasta el extremo de que estoy pensando si irme a vivir fuera de España unos años.

—Eso sería malo, Manolo, porque dejaríamos al Rey desprotegido. Almansa creo que se ha entregado a Aznar, quizá sea por el susto de la intervención y viendo cómo se comporta conmigo... Es posible que sea una apreciación mía algo influida por este mundo que me toca vivir.

—No, no estás equivocado. Y lo peor es la actitud de Aznar.

—¿Sobre mí o sobre la Monarquía?

—Sobre el Rey.

—¿Qué pasa?

—Antes de las elecciones europeas —dijo Manolo— fui a ver a Aznar a su despacho del PP para que me aclarara ciertos juicios de descalificación que Aznar, según me contaron, había hecho sobre mí. A propósito de ello y como era lógico, surgió el asunto de las relaciones del PP con la Monarquía. Ahí me quedé helado.

—¿Por qué? —le pregunté con muestras de evidente curiosidad.

—Porque Aznar me dijo que el clima entre los máximos dirigentes del PP no era bueno para el Rey, precisamente porque estaba soportando a Felipe y no lo cesaba.

—¡Pero qué bestia! Si no puede cesarlo.

—Eso le dije yo, pero Aznar no se amilanó y dijo que lo hizo con Arias Navarro, así que podría repetirlo ahora, y a pesar de que le insistí en que los poderes actuales, los que le atribuye la Constitución, nada tienen que ver con los que asumía antes, Aznar no cejaba y seguía insistiendo: si quiere lo puede cesar, así que allá el Rey.

Lo que se escondía detrás de esas palabras de Aznar no era exclusivamente una prisa enorme por llegar al Gobierno, sino, sobre todo, una inseguridad notable en cuanto al desenlace de las próximas elecciones generales. Si quería que el Rey cesara ilegalmente al presidente del Gobierno, es porque albergaba muy serias dudas sobre su acceso al poder por la vía legal de una votación en elecciones generales.

En noviembre de 1994, el equipo Tabula-V, bajo la dirección de Amando de Miguel —que no es precisamente admirador mío, y creo que ni siquiera simpatizante— y Roberto Luciano Barbeito, elaboró un profundo análisis sobre «La opinión pública ante la intervención del Banesto». El trabajo de campo se llevó a cabo en los quince primeros días de octubre de 1994. Estas palabras introductorias del estudio me parecen altamente interesantes: «Todavía no tenemos perspectiva para asegurarlo, pero da la impresión de que las fechas que corren, turbulentas y confusas, representan un "cambio de régimen". No llega a ser el paso de la dictadura a la democracia, de 1975-1978, pero sí el hiato que supuso la crisis de 1981-1982. El suceso que aquí nos ocupa es un elemento decisivo de esa turbulencia». Caracterizar a la intervención de Banesto como elemento decisivo de una turbulencia calificada como «cambio de régimen» no es una exageración. Yo, más modestamente, al despedirme del gobernador Rojo en aquella aciaga tarde de diciembre de 1993, le dije: «No sabéis la que habéis liado en este país, gobernador». Me anticipaba en un año a las palabras de Amando de Miguel. Entonces era una predicción. Hoy se constata su realidad. A la vista está el resultado.

La opinión pública se manifestaba terminante: «Las razones para la intervención de Banesto se entremezclan. Sobre todo sobresale la impresión de que se trata de una maniobra política (75 por ciento), y un 59 por ciento sostiene que la intervención de Banesto fue una operación de castigo contra Mario Conde y un 56 por ciento que hubo razones de revancha personal» (páginas 122 y 123).

Que hubo una decisión política es obvio, casi tautológico. Lo que, según el estudio, constituye la esencia de la intervención es que se trató de una decisión política intencionada contra alguien y desprovista de sustancia técnica. Así concluyen los autores del análisis: «Por tanto, habrá que concluir que el objetivo de la intervención era el hombre (Mario Conde), no la institución» (páginas 127 y 128).

Pero, se preguntan los autores del informe, «¿cómo es posible que se pueda compadecer la opinión de un Mario Conde muy influyente con la tesis de la eficaz conspiración política contra él?» (página 124). Obviamente, porque no se trata de una decisión adoptada exclusivamente por el Banco de España, porque necesariamente le trasciende. Ni siquiera fue, lo asumo nítidamente hoy, una decisión exclusiva del Gobierno socialista. Fue más allá. Necesitó del consenso, como mínimo, del Partido Popular, o, para ser más preciso, de Aznar.

Los propios autores del informe aluden a un libro escrito en 1966, *Liderazgo y grupos de interés en el empresariado*, de Juan Linz, en el que se llegaba a la conclusión de que los empresarios eran los privilegiados impotentes, es decir, estaban cerca del poder, se servían de él para enriquecerse, pero no tenían poder real, eran impotentes, porque el único poder autónomo era el Régimen. La misma idea, exactamente la misma idea, late en estas palabras de mi libro *El Sistema,* publicado treinta años después: «El poder económico privado no existe como poder independiente en nuestro país, porque solo existe el poder excluyente del Sistema. Habíamos cambiado los actores pero la letra y la música siguen siendo las mismas» (páginas 102 y 103).

La clase política creó la llamada Comisión para el Seguimiento de la Intervención de Banesto, con la que se pretendió acoger en el plano parlamentario la tesis del Banco de España. Su posición contra nosotros es el único caso que recuerdo de una decisión adoptada por unanimidad por todos los grupos políticos de la cámara. Todos compitieron en ferocidad contra Mario Conde. El libro que se publicó para recoger las actas de las sesiones parlamentarias recibió un título ilustrativo de en qué consistió realmente el «trabajo» de la Cámara: se llamó *El Congreso contra Mario Conde*. El Partido Popular, a través de un abogado del Estado llamado Trocóniz, batió en muchas ocasiones los récords de la agresión. Por cierto, ese abogado del Estado, que según dicen es bebedor potente, en una fiesta años después coincidió con Enrique Lasarte. Por lo que fuera se le acercó y comenzó a darle explicaciones de su actitud brutal en la Comisión en mi contra.

—Es que Aznar me llamaba siempre antes de empezar y me decía: «A muerte, a muerte contra Mario Conde».

Los autores del análisis de opinión se fijan en este punto y aseguran: «Es tan atractivo intelectualmente como preocupante políticamente ese contraste entre lo que dictamina la comisión del Congreso y lo que opina el público» (página 126). En la sociedad existe un consenso del 78 por ciento acerca de que la intervención de Banesto se hizo por razones políticas y en contra básicamente de una persona, mientras que los parlamentarios, votados por los ciudadanos que comparten tal opinión, resulta que opinan exactamente lo contrario, y ello con independencia de su adscripción al PSOE, al PP, a Izquierda Unida, al Partido Nacionalista Vasco o a Convergència i Unió, por citar los más significativos, porque hasta Coalición Canaria votó contra nosotros.

Fueron incluso más allá. Invadieron el terreno de lo penal. Jon Zabalía, del PNV, el 7 de noviembre de 1994, declara a la revista *Tiempo*: «Lo que no me explico es por qué Mario Conde no ha entrado ya en la cárcel». En ese momento ni siquiera se había presentado querella alguna. Zabalía denunciaba a los fiscales por no acusarme y a los jueces por no encerrarme. Zabalía tuvo su paga poco después: el 14 de noviembre de 1994 un fiscal llamado Orti, por orden del Gobierno, consensuada con otros grupos políticos, interponía la querella. El 23 de diciembre de 1994, el juez García-Castellón, nombrado ad hoc, me enviaba a prisión preventiva alegando que se había constituido una comisión de investigación en el Parlamento, casi insinuando que debía obedecer. Zabalía, los Zabalía, habían triunfado. Ayala, ex consejero delegado del Banco Popular, explicaba ante la Sala de lo Penal las razones por las que el Fondo de Garantía de Depósitos se sumaba a la querella contra nosotros: «Porque nos llegaban las indicaciones desde el Parlamento y si un órgano superior te manda, ¿qué le vas a hacer?». Gráfico. Estruendoso.

Terminó el verano del 94 y retorné a Madrid. El día 5 de septiembre veía la luz, en medio de un éxito más que notable, mi libro *El Sistema*. Además anuncié que a partir de ese instante iniciaba una serie de conferencias para explicar lo sucedido en torno a Banesto. Me estrené en Alicante con indudable éxito. Allí viví mi primera juventud. En esa ciudad viven mi hermana Carmen y su marido, Fernando Flores. Necesitaban la querella criminal contra mí.

Pero eso no es tan fácil porque tienen que disponer de un juez y un fiscal. Ante todo, un juez que no falle, que sepa de antemano lo que va a tener que hacer por «razones de Estado». ¿Cómo localizarlo? ¿Fue el juez García-Castellón? Siempre lo supuse, pero una cosa es suponer y otra, tener la certeza. Esta me vino de casualidad.

En aquella Navidad de 1994-1995, el funcionario de prisiones del módulo llamado PIN me entregó una carta recibida del exterior, más allá de los muros de cemento y alambres de espino. Manuscrita con bolígrafo azul, no demasiado extensa, la firmaba Daniel Movilla Cid-Rumbao. Algo había escuchado yo en mi casa sobre ese nombre, Rumbao, de indiscutible raigambre judaica, y se decía o me decían que por algún costado eran parientes nuestros, o nosotros de ellos, que llegamos antes que los Rumbao a la zona alaricana. Años después conocí a Paquita Rumbao. Una institución viva en la zona. Daniel me pedía un encuentro para cuando saliera de ese encierro porque algo importante debía contarme. Así que cuando me soltaron con aquella inconcebible fianza de dos mil millones de las extintas pesetas quedamos en almorzar juntos, y para hacer honor a nuestros comunes orígenes, aunque sean difusos, nos fuimos a un restaurante llamado Ponteareas, de filiación puramente galaica. Y particularmente por la rama materna, porque esa ciudad, Puenteareas, es próxima a Covelo, de donde venimos por ese costado, y muchas veces, cuando iba hacia y regresaba de la casa que mis abuelos maternos tenían en El Mangón, atravesaba la villa de Puenteareas. Ahora, en vez de ciudad, restaurante, y en vez de traviesas urbanas, una merluza a la gallega. Tampoco estaba mal el cambio.

Daniel Movilla no perdió excesivo tiempo en navegar por aguas genealógicas. Fue directamente al grano, al relato que motivaba nuestro encuentro.

—Aunque nuestro origen es Allariz, yo vivo en Valladolid y allí conocí a García-Castellón, el juez que te dictó el auto de prisión y te envió a Alcalá-Meco.

Pues vaya un inicio de encuentro. Ni más ni menos que me mentaba a aquel hombre que pusieron allí, en aquel Juzgado de la Audiencia Nacional, con un nombre un tanto irreverente, porque lo llamaban Juzgado 3 bis de apoyo... Aquel hombre que firmó el papel por el que me llevaron a la cárcel en la Nochebuena del 94. Estas cosas se avisan...

Daniel me observaba atento para comprobar qué efecto producía en mí el pronunciar el nombre del hombre que formalmente aparecía como responsable de mi nueva dimensión carcelaria. Comprobó que ya andaba lo suficientemente curtido por mis adentros y decidió continuar:

—Cuando vi que Garzón, después de fracasar en política, volvía al Juzgado y dejaba a García-Castellón compuesto en la Audiencia pero sin novia judicial, pensé que no tenía más remedio que volver a Valladolid, lo cual, para un hombre ambiciosillo como él, seguramente no le haría la menor gracia. Así que, como manteníamos cierta amistad, me fui a verle a su despacho de Madrid, para darle ánimos y decirle que tampoco se vive mal por tierras vallisoletanas.

—Hombre, no sabía que tenías tanta confianza con el hombre que me mandó a los dominios de Jesús Calvo, el director de Meco.

—Pues sí, porque coincidimos muchas veces en Valladolid. No te voy a decir que fuéramos íntimos, pero sí que teníamos confianza. Incluso bastante, me atrevo a decirte. Por eso fui a verle. Me recibió, charlamos un rato sobre su futuro y de repente se puso trascendente, abrió la ventana y extendió el brazo señalando un punto en la calle colindante al edificio del Juzgado, al tiempo que pronunciaba una frase con cierto tono entre enigmático y lastimero: «¿Ves, Daniel? Eso me toca a mí».

—¿Y qué era eso? ¿A qué se refería? —pregunté con poco entusiasmo.

—Pues al principio yo no caí —contestó Daniel—, pero él mismo me aclaró con una frase pronunciada como con cierta resignación: «Es una sucursal de Banesto. La querella me toca a mí, y haga lo que haga, siempre quedaré mal».

—¡Joder! Vaya coñas que se gastan con las querellas criminales... Pero supongo que te dijo eso cuando ya habían presentado la querella, ¿no?

—Pues no. Y en eso consiste la importancia de la información. No solo me habló así antes de que presentaran la querella, sino, incluso, antes de que le nombraran a él juez de apoyo en la Audiencia Nacional. Así que sabía que le nombraban para hacerse cargo del proceso contra ti. Todo apunta a que si lo sabía es que era consciente de que el cometido era enviarte a prisión...

Daniel tiene cierto tono de timidez aparente, que en realidad es respeto por algunas cosas que considera sagradas. Y como letrado que es, la Justicia se encuentra entre ellas. Cuando vio que le nombraban juez de apoyo, y que dictaba orden de prisión contra mí, se rebeló para su adentros, aunque nada pudiera hacer en las afueras de la vida.

Su información podría haberme dejado de piedra, como abogado del Estado y como antiguo alumno de Deusto, porque cuentan que Cromwell decapitó a Carlos I de Inglaterra entre otros delitos por el de confundir al rey con el juez, es decir, para conseguir una Justicia independiente del príncipe. Será verdad o no, porque Cromwell es personaje controvertido, pero a estas alturas de la civilización es diáfano que el poder judicial debe ser exquisitamente independiente del ejecutivo, precisamente para evitar que el Derecho se convierta en una herramienta de cobertura de los excesos de poder. Claro que la experiencia te garantiza que entre el deber ser y el ser en demasiadas ocasiones, sobre todo si andas a vueltas con el poder, la distancia tiende a lo sideral.

Para mí era evidente de toda evidencia, como dicen los letrados en el Foro, que el Gobierno y la oposición españolas, antes de presentar la querella contra mí, necesitaban asegurarse bien de que el juez la admitiría y resolvería la prisión. De otro modo el fiasco habría sido terrible y de consecuencias políticas impensables. No podían arriesgarse. Y no se arriesgaron. Nombraron a García-Castellón con un cometido concreto: encarcelarme. Era fácil suponerlo. Gracias a Daniel y a nuestra relación de parentesco, ahora la suposición se convertía en certeza. La verdad es que no me afectó demasiado ese tránsito. Cuando ya has vivido la prisión, cuando has dispuesto de tiempo para encajar bolillos, empiezas a encontrarte curado de espanto. Claro que no sabía en aquel entrañable almuerzo cuántos espantos me quedaban por vivir. Así que eso de curado de espanto vamos a dejarlo para unos cuantos años después...

—Oye, Daniel, esto es bastante fuerte. ¿Te atreverías a testificar un día si fuera necesario?

—No lo dudes, y no porque seamos parientes, sino porque es totalmente intolerable. Para mí, que creía conocerlo... En fin, me callo.

Una vez que disponen del juez, es necesario un fiscal que obedezca, pero, además, que sepa algo de cuestiones financieras. Y de eso los fiscales saben poco. Pero también encontraron solución.

Sucedió el día 4 de septiembre de 1996. Aquella tarde, a eso de las siete, acudí al despacho de Juan Sánchez-Calero, un poco para retomar contacto con él después de las vacaciones. Juan entró en la sala de Juntas llevando consigo unos voluminosos tomos encuadernados con tapas amarillas, de los que, de vez en cuando, salían unos papelitos, también amarillos, que constituían señales en las páginas que el abogado consideraba de interés.

—¿Qué es eso que traes? —pregunté a Juan.

—El expediente administrativo del recurso contencioso contra el acto de intervención que nos han puesto de manifiesto. Puede haber algo interesante, porque estoy seguro de que no todos los documentos han sido incorporados al sumario.

Tomé uno de los tomos entre mis manos y lo hojeé de manera rápida. Casualmente descubrí un documento de veintitrés páginas que tenía el siguiente título: «Nota sobre los hechos detectados por la Inspección del Banco de España, en relación con la actuación de los administradores sustituidos de Banesto». La fecha de dicho documento es 26 de octubre de 1994, es decir, días antes de que se interpusiera la querella contra nosotros. Está redactado en papel oficial del Banco de España, aunque no lleva firma.

Sin embargo, en la parte superior derecha de la primera página del texto, aparece lo siguiente: JRQ y JCMG. No hace falta ser ningún genio para darse cuenta que esas letras son las siglas de Juan Román Quiñones y Juan Carlos Monje García, es decir, los inspectores firmantes del informe de Inspección del Banco de España de 31 de enero de 1994 y que habían sido designados peritos por García-Castellón.

—Oye, Juan: este documento hay que verlo con todo cuidado, porque puede ser muy interesante.

—Ya lo creo, ya lo creo —dijo Juan.

—Mándame una copia para que lo estudie.

Pocos días después volví a pasar una semana en Los Carrizos. Encargué a Paloma que fuera cotejando el escrito de Monje y Román, comparándolo con el texto de la querella que presentó Florentino Orti el 14 de noviembre de 1994. Por su parte, Juan Sánchez-Calero realizaba un estudio similar. Cuando ambos estuvieran concluidos, unificaríamos las conclusiones.

Paloma, con esa meticulosidad que la caracteriza, propia de un artesano de mosaicos, fue leyendo línea a línea ambos documentos y escribiendo el texto de uno y otro con diferente letra para que pudieran compararse con facilidad. Poco antes de que se volviera a Madrid le pregunté por los resultados de su investigación.

—Es alucinante. Son idénticos.

Casi no podía creerlo. Esa Nota que encontramos era el verdadero texto de la querella. Las frases de Monje y Román eran literalmente reproducidas por Florentino Orti en el texto de la querella que presentó contra nosotros. Incluso más: hasta una misma errata relativa al nombre de Luis Díaz Orueta se encontraba en ambos documentos. No solo había copiado los hechos descritos por los inspectores del Banco de España, sino, incluso, hasta sus propios errores.

Pero no solo le habían confeccionado la querella, sino que luego el fiscal tenía que responder de lo que firmó. Y para eso necesitaba el concurso de estas personas, porque él firmó pero no sabía de qué iba la cosa. ¿Cómo conseguirlo? Pues nombrándolos peritos.

—¡Es alucinante! ¿Cómo se puede nombrar peritos a los autores de la querella?

—Pues nombrándolos, María, nombrándolos. Es así de fácil. Y no solo nombrándolos, sino asegurándose de que trabajan desde el primer momento.

—¿Qué quieres decir?

—Pues que el mismo día en el que el juez admite a trámite la querella manda una providencia al Banco de España pidiendo que le nombren dos peritos. Ese mismo día llega al Banco de España la decisión del juez. Ese mismo día se reúne el Comité Ejecutivo. Ese mismo día acuerda designar a Monje y a Román y el juez les da posesión al día siguiente...

—Increíble...

—Sí, claro, pero...

—¿Y qué hicisteis con eso?

Aquello era un descubrimiento sensacional. La aberración procesal no podía ser más monumental. La violación de las garantías del acusado alcanzaba límites de ópera bufa. La evidencia de la actuación coordinada del Sistema contra nosotros se convertía en una escena pornográfica.

Enrique Lasarte y yo comentamos el asunto. Ambos llegamos a la conclusión de que era especialmente grave y que podía afectar de manera terrible no solo a nuestro proceso penal, sino también al propio García-Castellón. Parece ridículo que nos preocupáramos de las consecuencias para nuestro juez natural, pero es que algo sucedió en aquellos días: el juez, en contra de Florentino Orti, decidió rebajar mi fianza carcelaria desde dos mil a cien millones de pesetas. La noticia corrió como la pólvora por los mentideros de la villa de Madrid, por los cenáculos políticos y judiciales. Todo el mundo se preguntaba qué había ocurrido, qué motivo último impulsó a García-Castellón a una rebaja de ese porte. La sombra del pacto comenzó a extenderse como la niebla del Támesis.

Nada oscuro podía encontrarse detrás de esa decisión. El propio juez se la sugirió a Juan Sánchez-Calero poco antes de que formuláramos nuestro escrito de defensa, e, incluso, en los primeros días de septiembre le proporcionó el texto de una sentencia del Tribunal Constitucional relativa al asunto Sotos, el de la Cooperativa de UGT, para que lo pusiera en su escrito solicitando la anulación o rebaja sustancial de la fianza. Eso fue todo, además de la presión de Jaime Cardenal. Nada de pacto con el Gobierno ni con ninguna fuerza política.

En realidad la rebaja de la fianza no significaba nada sustancial en el proceso penal, pero como la gente entiende por gestos y vive al margen de las profundidades —no solo en cuestiones jurídicas— percibió la decisión del juez como un cambio de viento, como una alteración del paisaje que estaba acostumbrada a contemplar en los inviernos, veranos, primaveras y otoños que transcurrieron desde aquel 23 de diciembre de 1994. En los círculos del Sistema comenzó a extenderse una especie de terror: mira que si García-Castellón ha cambiado y ahora resulta que entiende o se entiende con Mario Conde... Este era el pensamiento de muchos de los que de manera consciente o inconsciente habían ocupado papeles estelares y hasta de meros extras en el drama que nos tocaba vivir. El más gracioso de todos —no podía ser menos— fue el periodista argentino Ekaizer, que reaccionó a la noticia con una página entera en *El País* en la cual, bajo el título de «El hombre lobo de Allariz», llegaba casi a sugerir, con la metáfora de la antigua capital del reino de Galicia, que yo había conseguido encantar —en el sentido de encantamiento mágico-brujeril— al juez García-Castellón...

Lo cierto es que el juez había tenido un gesto y ahora podía ser el momento de devolvérselo. ¿Cómo? Advirtiéndole previamente de la presentación del escrito. Enrique y yo decidimos que eso era exactamente lo que convenía hacer y llamamos de urgencia a Jaime Cardenal, con el que nos reunimos en la casa de los Lasarte, en Puerta de Hierro, el miércoles 2 de octubre de 1996. Durante el desayuno le fuimos exponiendo la situación. Nuestro interlocutor, extraordinariamente rápido de mente, se dio cuenta de manera inmediata de la gravedad del asunto.

—Esto es la prueba del nueve de la conspiración contra vosotros. Pero ¿en qué papel queda García-Castellón?

—Este es el asunto. Si quieres que te diga mi opinión, me resulta muy difícil creer que no supiera que esto fue exactamente lo que sucedió.

—Y en la nuestra —intervino Enrique—. Se trata de ser positivo. Este documento demuestra que quien actúa por orden de los políticos es el Banco de España y que Florentino Orti funciona como la mano judicial acusadora de todos ellos.

—Comprendo —asintió nuestro interlocutor—. Pero una vez que tiene conocimiento del escrito, si no actúa se convierte en cómplice.

—¡Ese es exactamente el tema! —enfatizó Enrique.

—Por eso estamos aquí —dije tomando la palabra—. Tu amigo tiene ante sí una oportunidad: o integrarse de manera definitiva en la conspiración, o salirse de ella. Esto último tiene un coste: actuar como verdadero juez. Eso es todo.

—Bueno, voy a llamarle ahora mismo para quedar con él esta misma mañana o a lo sumo esta tarde.

Tomó su teléfono portátil, marcó un número que tenía en su memoria y habló con el juez.

—Manolo, tengo que verte hoy mismo. Es muy urgente.

Fijaron la entrevista, en principio, para la una de la tarde. Quedamos en que nos transmitiría noticias antes de cenar. Nos despedimos y Enrique y yo salimos hacia nuestro despacho de Gobelas. Durante el trayecto, como resultaba inevitable, seguimos dándole vueltas al asunto, convencidos de que estábamos en presencia de algo que podía poner punto y final a nuestra situación porque si el fiscal, fuera Florentino Orti u otro cualquiera, se quedaba sin el soporte de los dos inspectores del Banco de España, sostener una acusación contra nosotros iba a resultarle extremadamente incómodo, por decirlo de manera cariñosa.

Sobre las siete de la tarde sonó el portátil de Enrique. Al otro lado de las ondas nuestro interlocutor. La reunión con el juez se había celebrado, conforme a lo previsto. La primera reacción de

García-Castellón fue de distancia, pero cuando le puso al corriente de las consecuencias que sobre su propia situación personal podría tener el asunto, comenzó a ponerse nervioso.

—Bueno, y al final ¿cómo quedaron? —pregunté a Enrique.

—En que presentáramos el escrito y él daría traslado a las partes y después hablaría con Siro, el presidente de la Sala que tendría que juzgarnos.

—¿Para qué quiere hablar con Siro?

—Para cubrirse.

Necesitábamos reflejo en prensa y por eso con los papeles bajo el brazo me fui a ver a Luis María Anson, quien, a la vista de los documentos, entendió perfectamente la gravedad del asunto y al día siguiente el *Abc* apareció con despliegue memorable, demostrando la brutalidad de la agresión a los derechos constitucionales de unas personas. Bueno, pues nada sucedió. Se puso en marcha una campaña destinada a decir que lo probado no era tan grave. Todos se apuntaron al esperpento. La razón se la dio Jesús Polanco a Fernando Almansa:

—Este Luis María es idiota publicando esas cosas. ¿Es que no se da cuenta de que lo de meter a Mario en la cárcel es un tema de Estado y no de zarandajas procesales?

El viernes 4 de octubre de 1996, conforme a lo convenido, el escrito en el que se demostraba que Florentino Orti se había limitado a copiar un informe de los inspectores Monje y Román, «peritos» de sus propias acusaciones, quedó depositado en el Juzgado de García-Castellón.

La berrea había concluido casi definitivamente. En las primeras luces del alba, mientras contemplaba a los lejos un grupo de reses entre las que se distinguía el movimiento inequívoco, ascendente y descendente de la cabeza, con el que los machos acompañan su berrido de apareamiento, pensé en las reacciones que iba a provocar semejante descubrimiento. Era solo la evidencia documental de la conspiración. Nada más. Ni nada menos. A veces dejan papeles... Preguntas sin respuesta que interrumpió un macho de doce puntas, de cuerna gruesa, notable envergadura, que se desplazaba sobre la raña con el andar cansino —«aspeado», dicen por aquí— propio de quien lleva días, incluso semanas, sometido a la pelea del encuentro sexual con variación de hembras. Lo tenía en la cruz del rifle. A esa distancia no podía fallar. Por un extraño impulso interior alejé la mira del ojo, quité el rifle de la cara, lo introduje de nuevo en el coche, arranqué el motor, encendí las luces y continué mi camino hacia la sierra.

Nada ocurrió. Ni en el juicio oral ni en el recurso de casación.

La suerte de Mario Conde estaba echada: la cárcel.

Miguel Martín acabó teniendo razón en este campo singular. A los pocos días de la intervención de Banesto cenó en casa de Enrique Lasarte. Allí dijo muchas cosas, pero sobre todo una:

—Si el Banco de España se ha equivocado, peor para vosotros, porque el banco no puede equivocarse y en ese caso os mandaremos a Eligio.

Eligio era el fiscal general del Estado. Martín quería decir que si el fundamento de la intervención no era financiero, sino político, acabaríamos en la cárcel para dar la razón a quienes lo decidieron, para lavar el error.

En la Nochebuena de 1994, después de que dos inspectores, Román y Monje, pidieran al juez mi ingreso en prisión porque el Banco de España necesitaba esa foto para su credibilidad, traspasé por primera vez en mi vida la puerta de la cárcel de alta seguridad llamada Alcalá-Meco.

Comenzaba un nuevo periplo de mi vida que iba a durar quince años.

Me convirtieron en preso del Estado.

EPÍLOGO

No ha sido sencillo llegar hasta aquí. Y no me refiero a la labor de escribir, de construir estas páginas en las que relato el devenir de mi vida desde que entré en contacto con el mundo en el que confluyen economía, finanzas, política y medios de comunicación social. Cierto es que el recuerdo puntual es en ocasiones doloroso, pero seguramente lo es más la vivencia real, el instante en el que sufres el contacto con esa realidad confeccionada a base de ladrillos de la estructura espiritual humana, no siempre digna de la más excelsa de las alabanzas.

Pero hay algo que diferencia la vivencia puntual del relato global: la perspectiva temporal. El suceso que provoca dolor ocurre en el instante, y el tiempo que inmediatamente le sigue es una sucesión de instantes preñados de ese dolor agudo, punzante, lacerante. Es más que probable que en esos momentos el dolor participe de la esencia del arrebato místico y, por tanto, conlleve en el sujeto que siente la desaparición de la dimensión espaciotemporal. De ser así —y así es mi experiencia—, el sujeto no aplica el esquema de pensamiento racional, puesto que ese es incompatible con la ausencia de la noción espacio tiempo. En esos instantes de dolor, el conocimiento, en el más amplio sentido de esta palabra, proviene directo del corazón. Y no es literatura, sino esencia de vida lo que digo.

Ahora, desde la plataforma de los años, la visión unitaria y secuencial de la experiencia vital provoca un tipo de dolor diferente. Ante todo porque permite comprender. Sucesos aislados transmiten información, no cabe duda, pero la secuencia ordenada, comprensible para la lógica del raciocinio, aunque inaceptable en el plano moral, permite entender con mayor profundidad, con más carga de densidad. Si has conseguido superar los cánceres del alma, el odio, la envidia, el rencor y otros de la misma familia genética, el tipo de dolor que provoca la contemplación de la secuencia no es punzante, agudo, sino se desparrama por el alma entera, generando algo próximo a una tristeza apesadumbrada. Un sentimiento de ese porte debe ser el que germina cuando por dentro compruebas con cierta pesadumbre la evidencia de una enorme oportunidad perdida. Aunque el vivir te demuestra que una oportunidad perdida suele ser otra ganada, si bien no siempre en el mismo plano.

Durante mi etapa en el banco y antes de llegar a él siempre escribía, generalmente a mano y en libros a ello destinados, los momentos de mayor interés en mi vida. Comencé con esa costumbre allá por 1982, al darme cuenta de que mi discurrir vital tenía todas las trazas de no ser uno más de esos que se consumen dejando que el tiempo resbale sobre sus vidas, como suele ser característico de los patios de presos inundados de cuerpos hartos de droga, y en muchos salones en los que también abundan cuerpos con la misma inundación interior, de idéntica droga y de otras que tal vez causen menos desperfectos al cuerpo, pero que desmoronan el alma. Claro que no suele importarles demasiado. Basta con no creer en la dimensión espiritual del ser humano para que este tipo de consideraciones carezcan del menor interés entre esos colectivos, y que, incluso, contribuyan a provocar sonrisas de corte compasivo.

Por ello este libro no es un ejercicio de memoria. En muchos casos lo es de transcripción de escritos redactados en el pasado. En el costado izquierdo de mi mesa de trabajo en Banesto se instaló, como primer artefacto para mi uso personal, una pantalla de ordenador y un procesador de texto de lo más rudimentario que entonces se despachaba por el mercado. Bueno, rudimentario decimos hoy, porque entonces, en aquellos días algo lejanos, constituía una maravilla de la técnica informática. Pude dejar de escribir en las viejas máquinas, tanto las de golpeo seco y duro, como la que usé en mi examen práctico de oposición a abogado del Estado, como las más modernas conectadas a la red eléctrica. Es tal mi afición a la escritura que cuando nació mi primer hijo, Mario, y mis entonces suegros quisieron hacerme un regalo, pedí, ante el estupor de todos y sobre todo y por encima de todo de mi entonces mujer, una máquina IBM de las más modernas, eléctrica, por supuesto, con cartuchos en lugar de cintas de esas con las que te manchabas las manos al cambiarlas, y les pedí esa máquina porque disponer de ella me causaba mucha mayor felicidad que cualquier otro utensilio, de esos que los modernos llaman *gadgets*, dejando a un lado los equipos de alta fidelidad, porque esto sí, música y escritura han sido mis dos amantes predilectas. Aquí y ahora reconozco sin el menor pudor y con la máxima energía mi condición de bígamo practicante, aunque admito que soy un bígamo de segunda categoría porque nunca supe combinarlas al tiempo, manejarlas a la vez en el mismo lecho vital. O escribía, o escuchaba música. Las dos cosas al tiempo me resultaban incompatibles. Se ve que en vez de bígamo era monógamo sucesivo. Bueno, lo de llamarlo de un modo u otro tampoco es tan trascendente.

En los años de encierro tuve la oportunidad de estudiar las fotocopias de esas páginas que me traía diligente Paloma Aliende, mi secretaria. Y admito que en ocasiones me invadía la sorpresa porque me resultaba incomprensible cómo no supe sacar toda la evidencia que encerraban determinados sucesos aislados que yo transcribía en mis libros. Está claro que cuando atiendes al instante pierdes la referencia a la secuencia. El árbol y el bosque, que dicen los clásicos. Pues allí, en esas páginas existían muchos, pero que muchos árboles, algunos podados, otros florecidos, unos cuantos con ramas secas, pero, y esto es lo que cuenta, todos ellos formando parte de un bosque, que es el que ahora contemplo con claridad. Por ejemplo: hasta tiempo reciente no me percaté de la tremenda importancia de la llamada de Felipe González al Rey el 17 de diciembre de 1993, unos días antes de la intervención del banco. Es un dato sencillamente demoledor. Pero no solo para entender la esencia de la intervención, sino más cosas, muchas más cosas.

Y, lo admito sin la pasión de otros momentos de mi vida, de todo lo sucedido en el torno político, la decepción de mayor alcance me la proporcionó la conducta de Felipe González. No tengo el menor pudor en admitir que yo fui uno de aquellos españoles que en 1982 contribuimos a la mayoría abrumadora del socialismo encarnado en esos momentos por Felipe González. Es verdad que a personas que albergan mi modo de pensar, el socialismo de entonces nos presentaba muchas dudas, pero al tiempo disponíamos, con acierto o sin él, de una certeza, y es que España necesitaba pasar por una etapa de Gobierno de un socialismo moderado sin que se produjeran rupturas de vestimentas institucionales o convivenciales. Europa conocía el socialismo. En algunos casos no solo conocía, sino sufría las consecuencias de políticas equivocadas. Pero funcionaba un modelo pacífico en las alternancias y transferencias de poder. Y esto era lo que yo, como tantos otros, deseaba para mi país. Incluso yo, que, como he dejado claro, no aliento especial fervor monárquico anclado en concepciones míticas de la Corona, creía que el socialismo en el Gobierno serviría para dar mayor cimiento a la Monarquía en la jefatura del Estado. La Monarquía derivaba de una Ley del anterior jefe del Estado, del general Franco, y aunque don Juan Carlos encarnaba derechos históricos —dejando a un lado, como ya dije, la patología humana y dinástica de don Juan—, era conveniente para la estabilidad del país que los socialistas admitieran gobernar con un Rey que tenía esa causa eficiente.

En la siguiente legislatura ya no voté socialismo. Creo que no voté nada, pero socialismo seguro que no, porque comenzaron a pesar más las dudas que antes y, además, ya se consumó la premisa mayor, la de un Gobierno del PSOE sin altercados institucionales o callejeros. Pero admito que me mantuve en el plano de respeto —y seguramente algo más— por la figura de González. En 1989 ya había conocido demasiadas cosas. La actitud del gobernador Rubio, del ministro Solchaga, en fin, de todo lo que relato en las páginas anteriores. Pero lo malo, lo peor, es que el campo de la derecha andaba yermo, cuando no a tortas unos con otros por ver quién se sentaba en el sillón. Cuentan, no sé con qué rigor, que el verdadero candidato de Manuel Fraga era una mujer, Isabel Tocino, que, también, por cierto, me caía muy bien, aunque yo no sea tan ferviente como ella en determinadas convicciones religiosas. Pero siempre me pareció una mujer válida. Y dicen, cuentan, esto sí las lenguas malas, que no es lo mismo que las malas lenguas, que Aznar montó una operación de un corte, ¿cómo llamarlo?, ¿lo decimos en lenguaje de salón?, pues entonces contaré que dicen que montó una operación poco educada... que se tradujo en fagocitar la candidatura de Isabel.

Por alguna rara avis de mi personalidad, que no es fácil, desde luego, he debido sentir una especie de síndrome de Estocolmo con González, porque siempre he tenido la tendencia a disculparle de todo lo peor que sucedía en suelo patrio. Incluso en algunas de mis notas, que no he traducido en páginas anteriores porque me da ahora algo de vergüenza, he llegado a escribir para mi consumo personal que el Sistema tenía secuestrado a González. ¡Con dos narices! Creo que algo de eso incluso apunté en mi libro *El Sistema...* Más que síndrome de Estocolmo, ese pensamiento y esa escritura debieron ser un síndrome de todos los países nórdicos al unísono, porque... vamos... Pero esa es la verdad de lo que creía, así que lo siento mucho.

Sobre todo por mí, porque el proceso de desilusión ha sido progresivo tanto como implacable, y no se ha nutrido sino de hechos, de evidencias, de eso que llaman los juristas los incuestionables. No sé si son los juristas o los seguidores de la física de Newton, pero, vamos, que da igual, nos entendemos. Incluso aquella mañana de 1993, aquel inolvidable 28 de diciembre, aquella imborrable conversación tempranera que seguía a otra anterior con el Rey, aquel indeleble «haz caso al gobernador», aquel inmortal «no se trata de eso», seguía creyendo que la operación, como apuntaba Guerra en la conversación del Ave, era de otros escalones inmediatamente inferiores y que se la dieron mascada. Cualquier persona sensata diría que hay cosas que aunque te den mascadas no puedes tragar. Indudable. Y la barbaridad de lo que aprobó es sin la menor duda un intragable puro y duro. Pero...

¿Cómo es posible que el presidente del Gobierno de entonces atienda la llamada telefónica de un señor que ha sido intervenido en

835

un banco emblemático de España? Porque eso pasó en 1994 cuando le llamé desde La Salceda. ¿Cómo es posible que me reciba en Moncloa en 1994, en junio, como relaté en las páginas anteriores? Para esas fechas ya se habían dicho una sarta gigantesca de barbaridades, no solo financieras, sino personales. En aquellos días no era yo única y exclusivamente el presidente de un banco intervenido, ni siquiera un gestor de desperfectos varios, sino además un malo, malísimo de toda maldad, porque resultaba que nada había sucedido en España que no hubiera, directa o indirectamente, recibido el sello de mi perversidad absoluta. ¿Entonces? Pero lo peor no es eso.

En aquella conversación Felipe González me advirtió de un hecho claro: la Fiscalía había examinado el expediente de Banesto y no encontraba motivos para interponer querella criminal, de modo que se anunciaría el archivo en septiembre, a la vuelta de vacaciones. Poco antes, el fiscal Orti, en el pasillo de la Audiencia Nacional, me dijo exactamente lo mismo. Casualmente el Gobierno, es decir, Felipe González, dio orden en septiembre-octubre de interponer la querella contra mí, y el fiscal que la interpuso, copiando, incluso con erratas, el informe del Banco de España fue Orti... Cosas que pasan, no hay que escandalizarse. Claro que los hechos de la querella eran todos, absolutamente todos, conocidos del Banco de España, y algunos hasta de los porteros de ciertos inmuebles, porque lo de Navalón y lo de Suárez, por ejemplo, creo que lo ignoraban tres o cuatro de los peor informados del suelo patrio.

No hay más remedio que admitirlo. González fue coautor de la intervención y de la querella criminal, corresponsable de los años de prisión. Es muy posible que su diseño inicial no fuera ese. Es probable que el razonamiento que llevó a admitir la intervención fuera del siguiente tenor: «Mario tomará el dinero, se irá, estará unos años fuera de España, nosotros ganaremos a Aznar, la derecha entrará en crisis de liderazgo, aprovechamos para dictar leyes o lo que sea para arreglar GAL y otros asuntos, y dentro de cinco años, vuelve, la derecha descabezada o en situación penosa, y vuelve a tener las mismas oportunidades. Nosotros habremos conseguido que todo el problema de Banesto se solvente sin ruido...».

Pero, claro, dos fallos en ese razonamiento: primero, que no me dejé. Segundo, que alguien no estaba dispuesto a admitirlo y ese alguien se llama Aznar y de ahí su comportamiento tras la intervención. No hay que olvidarse de que la Comisión de Seguimiento del Caso Banesto en el Parlamento se creó porque la pidió el Partido Popular por orden de Aznar, y que contó con la entusiasta colaboración de personas de ese partido como Rudi y Montoro.

Me encarcelaron en 1994 y quisieron un acuerdo en 1995... Todo el doloroso asunto del GAL se encontraba detrás de esa posición. Es muy posible que, como bien dice mi pariente Alfredo Conde, estos años 1995 y 1996 deberían salir a la luz porque los episodios vividos lo merecen, porque la victoria de Aznar está directamente conexionada con ellos.

Quizá por ello me tocó vivir el momento más doloroso en mi percepción de González. A la vista de la debilidad de las acusaciones del caso Banesto, se decidieron por un absurdo: el chantaje al Rey. Precisamente al Rey... ¡Increíble! Pero ¿cómo montaron semejante historia?

Conscientes de que Javier de la Rosa andaba por Madrid y por Cataluña pregonando, con mayor o menor sordina, que disponía de informaciones capaces de afectar muy seriamente a la Corona, y sabiendo que existió un encuentro en mi campo La Salceda entre Javier y yo, encuentro propiciado, alentado y estimulado por Fernando Garro, diseñaron una estrategia: publicar en *Diario 16* que yo andaba envuelto en una operación de chantaje al Rey.

No disponían de datos. Es que, como es obvio, de mi costado sencillamente no existían. Todo lo contrario. Pero fue la única vez que me cabreé con una información periodística y convoqué a las cámaras en mi casa para decir muy seriamente que ojo con esas cuestiones, que constituían terreno de máxima potencia explosiva.

Seguramente entablarían contactos con Manolo Prado para ver si obtenían su testimonio, y no descarto que pudiera dárselo. ¿Qué pasó con Manolo Prado? Sinceramente no lo sé. Había mantenido relaciones muy cordiales, personales y económicas, con De la Rosa. Y de repente todo estalló. No sé calibrar el alcance real y menos los motivos, pero lo cierto es que saltó por los aires. ¿Y yo? Pues se ve que por ese encuentro en La Salceda se construyeron edificios que carecían de la menor entidad real, pero los fantasmas son responsables de muchas cosas, y no precisamente de las de menor importancia.

Lo cierto es que para mi asombro De la Rosa nos mostró a Mariano Gómez de Liaño y a mí en Los Carrizos unas cintas grabadas en las que se distinguía perfectamente la voz de Prado hablando en francés y asegurando que, además de que el diario *El País* era el único legible en España porque los demás se encontraban envueltos en la conspiración, aseguraba que entre Anguita, el líder comunista, y yo conseguimos destruir al Rey privándole de toda credibilidad. La estupidez es de las que hacen época, sobre todo escuchándola en boca de Manolo Prado. Tal vez el miedo a sus propios problemas judiciales y personales crearon en su mente un estado de perturbación capaz de producir frases de semejante porte. Tal vez. Debo reconocer que durante un tiempo pensé que aquello era un montaje, porque no podía creer que Manolo Prado llegara a pronunciar seriamente semejantes palabras. Pero lo cierto es que lo oí. Quizá fuera un montaje. Lo veo complicado.

La verdad es que el Consejo de Ministros, insisto, el Consejo de Ministros presidido por González adoptó formalmente un acuerdo de trasladar al fiscal general del Estado la orden de que investigara qué había de cierto en las informaciones periodísticas que me vinculaban con el chantaje a la Corona. Sinceramente, creo que De la Rosa no pasaba de ser un mero convidado de piedra en la operación. ¿Venganza por las informaciones del GAL? Pues es posible. Pero el GAL existió. El chantaje al Rey, cuando menos de mi costado, no. No es baladí la diferencia.

El fiscal general del Estado, Carlos Granados, al recibir la comunicación del Gobierno, llamó a Fernando Almansa, entonces jefe de la Casa del Rey, quien le dijo —según me contó— que carecían de cualquier información de que yo, directa o indirectamente, hubiera efectuado cualquier tipo de amenaza al Rey. Mucho menos chantaje. El fiscal general no tuvo más remedio que aceptar esa versión. Obviamente, quería que Almansa declarara como testigo en las diligencias que se abrieron con esa finalidad, pero Fernando se negó, o, en cualquier caso, lo que relataría si tenía que acudir a declarar formalmente sería lo mismo que comunicaba al fiscal general del Estado telefónicamente. Importante el gesto de Almansa. Hay que situarse en el contexto de una llamada ni más ni menos que del fiscal general del Estado y de un asunto ni más ni menos que de chantaje al Rey. Resistir no es tan fácil, porque en ocasiones la verdad te trae problemas. Pero Fernando aguantó. Y no solo eso.

Belloch, entonces ministro de Justicia e Interior y un hombre del que será necesario hablar, llamó a Almansa por teléfono para decirle que por qué se empeñaba en obstaculizar la investigación del fiscal general sobre mí, a lo que Fernando contestó que no ponía ninguna traba, sino que, simplemente, no estaba dispuesto a declarar algo distinto a la verdad. El ministro le insistió en que era imprescindible meter en la cárcel a Mario Conde por chantaje al Rey.

Mientras tanto, Felipe, en un mitin preelectoral pronunciado en Barcelona, se tiró al río y aseguró públicamente que el chantaje al Rey era la prueba de que todo provenía de una conspiración y, fracasado el intento de centrarla en el Gobierno, acudía, mediante un sofisma de cuarta fila, a ligar Corona con presidente del Gobierno, y presidente del Gobierno con candidato socialista a las elecciones generales que se avecinaban a pasos agigantados.

¿Cómo se atrevió a dar semejante paso sin tener los machos bien atados? Tal vez pensaran que el Rey cedería. De hecho, Felipe trató de convencerle. Tengo la certeza, pero solo certeza, de que llegó a pedirle al Rey que permitiera a Almansa declarar en mi contra. Si no lo hizo Almansa, es porque el Rey se negó. Aunque se lo hubiera permitido —imposible—, no habría declarado una falsedad semejante. La mejor prueba de cuanto digo es que Felipe González, léase, el presidente del Gobierno de España, cogió el teléfono y llamó personalmente a Almansa, en un último intento de presión. Fernando Almansa no atendió los deseos del presidente del Gobierno.

La tesis del chantaje al Rey murió.

La imagen que yo tenía de González falleció.

Aun así, a través de dos mensajeros diferentes, en tiempos recientes, le he hecho llegar un mensaje. ¿Por qué no contamos la verdad a este país? ¿Por qué no lo relatamos para que se conozca lo que sucedió? Es muy posible que le convencieran, o se dejara convencer, de que se estaba gestando una especie de Gobierno de coalición, de un asalto al poder que no siguiera el cauce de los partidos, de que tenían que hacer algo para defender el orden constitucional..., en fin, argumentos de ese tipo que son merecedores de atención. Quizá es más exacto asegurar que le convenía creérselo, pero en todo caso son consideraciones que pueden ser entendibles, aunque la reacción tan brutal resulte más que injustificada. Pero un hombre con grandeza moral se enfrenta a su propia historia y a la de su país tratando de poner orden en donde causó desorden.

No reaccionó a las propuestas que supongo le hicieron. Ya me dijo Luis María Anson, después de aquel almuerzo con González, que creía que Felipe nunca contaría la verdad. Y eso que Luis María admira a González como hombre de Estado. Es posible, supongo, que alguien que sea capaz de hacer cosas más o menos grandes como líder de un Gobierno, también lo sea de otras más bien diminutas moralmente como persona humana. Es posible. Lo cierto es que nunca recibí respuesta.

Alfredo Conde, en la conversación que mantuvimos como último capítulo de este libro, justo antes de dar comienzo a la escritura de este epílogo, en un momento dado, con un enorme ejercicio de sinceridad, me dijo:

—Yo creo lo que dices de la política, de que no te querías dedicar, de que estabas comprometido con el banco y Morgan, pero en Santiago un día me dijiste que no me comprometiera demasiado con Fraga por si acaso.

—¿Eso fue en 1993, no?

—Sí, recuerdo bien.

—Es verdad. Y es que en aquellos días, ante la situación general, se nos ocurrió una idea: crear una lista civil de cara a las elecciones europeas. Personas de la sociedad civil que, sin dejar sus trabajos y dedicaciones, formarían una lista independiente de los partidos y que irían al Parlamento Europeo para que la construcción de Europa no fuera exclusivamente una cosa de políticos obedientes de un partido, sino de personas que viven y sufren a diario la sociedad en su dimensión real, y digo sufrir porque no te olvides de que en 1993 la economía y la política estaban mal.

—Como están ahora.

—Bueno, ahora, peor, porque cuando no arreglas las causas de los problemas, las consecuencias se agravan.

—Pues esa idea de lista civil sigue siendo válida hoy en día.

—Quizá más válida que nunca, Alfredo. Pero la sociedad..., ¿la sociedad está preparada? Este es el gran asunto, porque vista desde fuera es penosa la situación.

A mi juicio lo peor del pacto González-Aznar para intervenir Banesto y ejecutar todos los desarrollos ulteriores que implicaban al Parlamento, a la clase política, a la judicatura, a los medios de comunicación social... Visto desde hoy, digo, lo peor de aquel pacto no fueron las consecuencias que me afectaron a mí, a mi familia, a mis amigos, a Paloma Aliende, a los consejeros del banco, a las personas que me han acompañado estos años, en fin, a todo nuestro círculo. Lo peor fue el mensaje que se transmitió a la sociedad española. El poder político no consiente voces independientes que procedan de la sociedad civil. El poder político, la clase política y los partidos políticos monopolizan el debate público. La democracia consiste en votar cada cuatro años. Punto y final. Quien se salga de este guión sufre las consecuencias del Sistema.

No es exagerado lo que escribo. ¿Qué voces reales de la sociedad civil hemos escuchado durante estos largos años? Hoy vivimos una de las crisis peores que jamás hemos padecido y que ni siquiera saben o parecen querer saber explicar con claridad su origen, causas, derivadas y consecuencias. ¿Dónde están las Universidades? ¿Qué Universidades han contribuido al análisis y tratamiento de la crisis? ¿Y las Academias? ¿Y los Colegios Profesionales? ¿Y los intelectuales, los así llamados intelectuales? ¿Quién no ha sucumbido de un modo u otro al poder del Sistema? ¿Quién no ha edificado toda su arquitectura de valores en el axioma de que lo bueno es lo conveniente y lo mejor lo muy conveniente? Y no hablamos de conveniencia de otro orden distinto al meramente material, económico, financiero, social...

Sinceramente, hubiera resultado inimaginable que nos tocara vivir, estando vivos y algo coleando, una verdadera crisis financiera como la que sufrimos en los días en los que escribo este epílogo, agosto de 2010, crisis derivada, entre otras cosas, de los no-valores en los que se instaló nuestra sociedad, y no solo nosotros, España, ni siquiera solo Europa, sino posiblemente sea extensivo a la sociedad occidental. No es este libro, como digo, el lugar adecuado para profundizar sobre ello, ¿pero quién se iba a imaginar que en 2008, el ministro Solbes, el que compareció ante el Parlamento el 28 de diciembre de 1993, iba a ser ministro con esta verdadera crisis financiera? ¿Cómo podría explicar el señor ministro que en 2008 hizo exactamente lo contrario que en 1993 con Banesto? Este dato ya sería de por sí suficiente. ¿Cómo explicar que en 2008 todos los Gobiernos del mundo hicieron lo que el Rey pedía a González, es decir, que a los bancos con problemas se les ayuda? ¿Cómo explicar...? En fin. Tengo multitud de preguntas sucesivas, pero resulta cansino al tiempo que innecesario. En el fondo se explica todo muy fácil, porque, como dijo Luis María Anson en un programa en Intereconomía, González me decía la verdad aquella mañana cuando le pedía subir a verle para explicarle la realidad de los números y con tono casi paternal me respondía: «No es eso, Mario, no es eso».

Pero por trágica que haya sido la conducta, el comportamiento de los políticos, que les ha llevado a convertirse en uno de los principales problemas de la sociedad española según indican las encuestas de opinión, lo verdaderamente trágico para mí es el comportamiento, la conducta de quienes vivíamos en el mundo empresarial. No estuvimos a la altura de lo que nos demandaba el país en esos momentos. No supimos ser empresarios reales, porque un verdadero empresario jamás sacrificará sus convicciones en el altar de un poder que alterando las reglas del mercado le concede favores a cambio de sumisión. Esa conducta corresponde a estereotipos diferentes del empresario. Pero lamentablemente de eso vivimos y sufrimos mucho. Intereses personales, egoísmos sociales, complejos de diferente textura, y... dinero, mucho dinero obtenido por procedimientos que no se ajustan a los estrictamente empresariales.

Este es para mí el aspecto que más tristeza me causa. Que no supimos estar a la altura de lo que demandaba nuestro país. Y hoy, cuando contemplas unos bancos que destrozan empresas porque no pueden prestar debido a problemas que tienen que ver con la riqueza financiera —así llamada— y no con la creación de riqueza real, cuando contemplas el despilfarro en especulación financiera y urbanística, cuando observas cómo más de 350 000 empresas han desaparecido en un año, cuando tienes que asumir que más de cuatro millones de personas se encuentran en paro, cuando te golpea un paro juvenil de más del 40 por ciento, cuando demasiadas personas se preguntan qué es lo que sucede, los acontecimientos vividos recobran su fuerza, su terrible potencia.

Mi sobrino me abordó secamente un día:

—Tío, me he comportado como me habéis pedido. Estudié carrera, y máster, y me casé, y soy decente, y no consumo drogas, y trabajo lo que me piden y más, y ahora, desgraciadamente, a mis treinta y seis años, me encuentro en paro sin expectativas... ¿Qué he hecho mal? ¿O es que me habéis engañado?

Es una terrible pregunta.

No tengo una única respuesta. Quizá este libro y su lectura contribuyan a averiguarla.

Es posible que algunos crean que este libro no debió ver la luz. Incluso pueden acusar de deslealtad a quien, transcurridos veinte años, relata parte de lo sucedido, cuando las consecuencias de esa verdad no pueden ser sino morales, mientras que otros las hemos sufrido de todo tipo. Quienes así piensan lo que desean es que no se siga instalado en la oscuridad. O en una verdad prefabricada con fines tan obvios como despreciables. Pero yo tengo un derecho y, más aún, un deber moral de contribuir a ella. Tengo el récord de libros escritos sobre mi vida. Cientos de miles de páginas. Cientos de horas de televisión. Informes semanales, reportajes, telediarios, programas de debate... Todo ello durante los años en que permanecía directa o indirectamente encarcelado. Sin capacidad de respuesta.

Aunque solo fuera por eso, podría decir que es mi turno, porque no vaya a ser que otros puedan escribir impunemente sobre mi vida y yo no pueda hacer lo propio, que otros puedan describir lo que no vivieron y yo me vea privado de la libertad de relatar lo que viví, presencié, sucedió, ocurrió. Lo peor es que lamentablemente conozco cómo se confeccionan algunos libros y artículos. En una de aquellas reuniones, cuando se trataba de escribir un libro sobre el llamado sindicato del crimen —un determinado grupo de periodistas— con independencia de consideraciones morales, le dije a Polanco que no creía que existiera persona capaz de ponerse a escribir un libro denigratorio y falso sobre alguien. La respuesta me dejó helado:

—Nosotros tenemos a alguien encargado de los trabajos sucios. Se llama Ernesto Ekaizer.

Lo curioso no es que alguien dedique su pluma a ese menester. Lo curioso fue la serenidad con la que se admitió que formaba parte de la plantilla. Desde la intervención de Banesto en 1993 pude comprobar hasta qué punto Polanco decía la verdad.

Pero no se trata de eso. No me importa reivindicar nada porque en el fondo nada tengo que reivindicar. Los hechos, los acontecimientos, lo obvio ha hecho ese trabajo por mí. Para eso no se necesita mi pluma. Y soy perfectamente consciente de que fueron muchos los que de un modo u otro colaboraron en los hechos descritos. No podrán admitirlos. Pero eso tampoco importa. No es mi problema que otro se instale en la mentira. Si así se encuentra a gusto, mejor no cambiar por si las moscas.

Pero tenía, al menos sentía cierta deuda moral por explicar a los empleados y directores de Banesto que convivieron conmigo lo que realmente sucedió. Me apetecía cumplir la deuda, aunque debo confesar que me causó cierta tristeza, un sentimiento agridulce, comprobar que se hablaba mucho del espíritu Banesto, pero lo cierto es que ante el acoso del poder, ante la brutalidad de una reacción en la que participó toda la clase política, financiera y mediática española, el comportamiento no fue diferente del que se habría producido en otra empresa, financiera o del sector real. En los días de la reunión de La Unión y el Fénix, de aquella inolvidable concentración de directores, arriesgué por una entidad llamada Banesto, que en el fondo son personas. Los directores fueron conscientes de todo cuanto hice por ellos en mis años de presidencia. La intervención se saldó con un elocuente silencio. Seguramente sería imposible pedir otra cosa. Es más, fui yo quien dijo que lo importante en aquellos instantes era el banco, ayudar a que no desapareciera, y así se lo pedía a los directores generales en presencia de Enrique Lasarte y Alfredo Sáenz. Pero siempre queda ese pequeño sabor agridulce. En 1987 la historia comenzaba de una manera épica. No fue la épica la que presidió los comportamientos de 1993 y 1994. Humano, sin duda.

Pero es claro que no sería suficiente ese motivo para el esfuerzo, de todo tipo, de escribir este libro. Es más profundo y amplio. Se trata de explicar a la sociedad española unos años de nuestra vida que se encuentran en la raíz de lo que nos sucede hoy. Porque si repasamos 1993 y 2010 veremos que son demasiadas las similitudes. La clase política de hoy, no solo es peor valorada que la de entonces, sino que, además, se ha convertido en un problema. La justicia alcanza grados de politización sin precedentes, y todo lo sucedido alrededor del caso del juez Garzón ha demolido los escasos ladrillos que soportan cierta credibilidad en la Justicia neutra, y se extiende, con una amplitud sin precedentes, el convencimiento de que seguimos teniendo una justicia del Príncipe. La sociedad, todavía más silente, desarbolada, asustada, incapaz de averiguar qué le sucede. Los partidos políticos, más desprestigiados que nunca. Los bancos, peor valorados, además de cuestionada su actuación y su servicio a la economía real. Las cajas de ahorro en proceso de concentración para evitar la quiebra originada por gestiones políticas de los ahorros en ellas depositados. Los medios de comunicación sometidos a una crisis de la que algunos seguramente no saldrán vivos. En fin, no sigo porque no es, como digo, el lugar.

Pero es posible que este libro contribuya a que se entienda que lo malo no reside exclusivamente en la intervención de Banesto. Ese acontecimiento fue dramático y cambió la vida política española, entre otras cosas porque propició —en esto no acertaron— el ascenso de Aznar. Quien acertó fue Jesús Posadas. Por eso lo importante reside en las causas, en el modo de entender el poder, en la forma en que se relaciona el poder con la sociedad civil, en la manera en que entiende la misión de las leyes y la Justicia, en el tipo de respeto que siente el poder por la dignidad, libertad y hacienda de las personas. Esto es lo verdaderamente trascendente a estos efectos.

En 2008 la Facultad de Teología de Múnich convocó un Congreso en Ávila sobre Ciencia y Mística. Me invitaron a clausurarlo. Acudí con susto en el cuerpo porque la asistencia no era para menos: ochenta catedráticos, cuarenta de Teología y cuarenta de Física. Y allí yo, siendo traducido por un carmelita. Por cierto, que mi intervención se publicó en una prestigiosa revista alemana dedicada a estos asuntos. Los editores de *Aufgang*, José Sánchez de Murillo y Martin Thurner, se comprometieron ante sus lectores, firmando de su puño y letra lo siguiente: «Se refiere al llamado "Caso Banesto", que, tras intervención del Banco de España el 28 de diciembre de 1993, fue abierto el 15 de noviembre de 1994 y cerrado el 29 de julio de 2002 con sentencia del Tribunal Supremo del Poder Judicial. Tanto en círculos competentes como en amplios sectores de la opinión pública se consideró entonces y se sigue considerando hoy el Caso Banesto como un oscuro proceso político». Se ve que a Alemania no llegaron los tentáculos del Sistema, al menos a la Facultad de Teología.

Decía que en ese Congreso, al tratar de levantar conclusiones, un catedrático de Física precisó:

—Señor Conde, el problema es el hombre, su educación, los valores en los que está formado. Tenemos que construir un nuevo hombre y debemos empezar por la enseñanza primaria.

Eso es exactamente. Este libro da cuenta de qué tipo de producto humano gerenció nuestras vidas durante estos años pasados y con qué resultados en algunos campos. Qué tipo de empresarios hemos ocupado puestos destacados. Qué modo de entender los medios de comunicación se instalaban en esos creadores de opinión.

El hombre. Al final el individuo. Y mientras no se cambie al hombre, es inútil de toda inutilidad seguir produciendo leyes, reglamentos, decretos, admoniciones, foros y demás.

Un hombre es un modo de pensar. Un modo de pensar es una arquitectura de valores. Un modo de pensar determina un modo de comportamiento. Con este libro quiero contribuir a que nos demos cuenta de que necesitamos cambiar nuestros modos de pensar si queremos conseguir diferentes modos de comportamiento.

Solo sabiendo lo que tenemos entre manos, el lugar en el que vivimos, quiénes somos como producto humano, de dónde venimos como estructura político-social, podremos aspirar a luchar por otro modelo mejor. No se trata de comodidad, ni de generosidad, ni de compasión. Es más grave.

ÍNDICE ONOMÁSTICO

Abad, Javier, 507-509
Abaitua, Juan José, 322, 326, 442, 791
Abelló, Ana, 39, 40
Abelló, María Teresa, 134
Abelló, Nieves, 134, 135, 226, 229, 230
Abelló Gallo, Juan, 30, 34, 35, 37, 40, 44, 47, 50, 51, 53-56, 58-61, 70-72, 77, 79, 80, 93, 97, 98, 108-125, 129, 130, 134-150, 153-162, 164-166, 175, 180, 184-186, 191, 192, 196, 214, 219-221, 224-238, 247-249, 251-264, 266-272, 285-288, 290-293, 295, 296, 298-301, 303, 304, 308, 313-323, 328-330, 336-342, 348, 352, 354, 366, 373-375, 377, 379, 380, 384, 387, 390, 391, 393-411, 417-419, 424-431, 440, 447, 448, 452, 454-458, 465-470, 472, 473, 478, 479, 495,
520, 546, 547, 600, 795
Abelló Pascual, Juan, 51, 122
Abril, Fernando, 373
Agnelli, Giovanni, 649-652, 655, 657-659
Aguirre, Esperanza, 360
Albiñana, César, 583, 584, 680
Alcocer, Alberto, 121, 318, 337, 338, 340, 371, 374, 376, 377, 412, 434-436, 455, 461
Alfonsín, Raúl Ricardo, 170, 171, 725
Alfonso XIII de España, 31, 51, 53, 549, 640, 641
Aliende, Paloma, 17, 202, 216, 218, 775, 787, 788, 793, 824
Almansa, Fernando, 283, 633-638, 661-669, 671, 680, 709, 731, 816, 828
Alonso, Alejandra, 673
Alonso, Jaime, 17, 673, 674, 676, 677
Alonso, José, 18

849

Alonso Manglano, Emilio, 640
Álvarez, Isidoro, 693
Álvarez Blanco, Germán, 494
Álvarez Rendueles, José
　Ramón, 779
Amusátegui, José María, 245,
　327, 365, 762-764
Anson, Luis María, 33, 34,
　214-218, 220-222, 224, 281,
　383, 530, 537, 545, 550,
　598, 613, 622, 625-630, 645,
　661, 663, 695, 696, 702,
　712, 713, 734, 739, 740,
　750, 791, 828
Ansón, Rafael, 282, 550, 739
Aparicio, Juan Carlos, 677
Arango, Plácido, 666
Argüelles, Jacobo, 192, 241,
　247, 254, 255, 260, 273,
　301, 321, 323, 382, 431,
　438, 440, 455, 476-478
Argüelles, Jaime, 35, 36, 291,
　452
Argüelles, Pedro, 35
Arienza, Arcadio, 136-139,
　141, 148, 149
Ariza, Julio, 677
Aroz, Mercedes, 314-317
Arroyo Botana, Carmen, 43
Arroyo Botana, Cucho, 154
Arroyo Botana, Lourdes, 17,
　22-24, 28, 34, 43, 45, 58,
　73, 75, 78, 91, 126, 129,
　133, 135, 154, 169, 173,
　174, 212, 222-224, 228-230,
　232, 234, 245, 270, 298,
　299, 303, 304, 323, 330,
　338, 355, 356, 390, 394,
　397, 400, 409, 415, 416,
　445, 455, 514, 521, 547-549,
　551, 563-565, 583, 614, 659,
　666, 695-697, 711, 715, 727,
　728, 731, 732
Arroyo Botana, Verónica, 583,
　680
Asensio, Antonio, 570, 575,
　613, 615-619, 621-623, 625,
　627-629, 643, 645, 702, 737,
　742, 743, 796
Auger, Clemente, 224
Ayala, Ildefonso, 819
Azcona, Lalo, 34
Aznar, José María, 11,
　214-216, 219-221, 258, 278,
　284, 311, 313, 336, 359,
　550, 565, 600, 601, 608,
　629, 669, 674-678, 689, 691,
　694-702, 709, 710, 714, 715,
　733, 737-740, 743, 744,
　746-748, 763-765, 779, 783,
　787, 788, 799, 805-807,
　815-819

Baixeras, Alberto, 125
Barbeito, Roberto Luciano, 817
Barreiros, Mari Luz, 126, 543,
　551, 630, 666, 727
Beato, Paulina, 325, 326, 329,
　330, 398, 400, 478, 485-488,

532, 615, 757-759, 767, 774, 777, 780, 785, 792
Belloch, Juan Alberto, 209
Belloso Garrido, Juan, 324, 325, 329, 361, 362, 378, 379, 428, 439, 442, 445, 462, 473, 474, 506-509, 513, 581, 582, 595, 596, 637, 679
Benedicto XVI, 564
Benegas, Txiki, 389, 494-496, 498, 499, 504, 507, 569, 692, 738, 739, 743
Berlusconi, Silvio, 613
Beteré, Antonio, 373
Boada, Claudio, 245, 365, 366
Bono, José, 339, 529, 530
Borbón, Juan de, 34-39, 161, 216, 339, 475, 547, 549-551, 561, 625, 626, 629, 638, 640, 641, 649, 650, 655, 711-714, 729, 731
Borbón y Grecia, Felipe de, 732
Borrell, José, 689, 690
Botella, Ana, 677, 695, 696
Botín, Emilio, 159, 161, 165, 192, 243, 290, 358, 590-597, 607, 813
Botín, Jaime, 154-161, 165, 326, 338, 374, 375, 377, 407, 505, 767, 813
Boyer Salvador, Miguel, 335, 414-418, 421, 432, 450-453, 458, 459, 469, 546
Brasi, Luca, 353
Bustamante, Ramón, 587

Bustelo, Carlos, 413, 420, 422, 478

Cacho, Jesús, 789
Calabria, duque de, 415
Calaza, José, 721
Calvo, Jesús, 821
Camacho, Vicente, 512
Campmany, Jaime, 331
Campo Vidal, Manuel, 624
Cano, Francisco, 141-143, 147-149
Cardenal, Jaime, 826
Carlos I de Inglaterra, 822
Carranza, José Antonio, 510
Carrillo, Santiago, 197, 198
Castedo, Fernando, 492
Castelao, 26
Castromil, Fernando, 327, 399
Cavaco Silva, Aníbal António, 722, 723, 725-727, 745
Cebrián, Juan Luis, 600, 601
Chelala, José, 34
Chillón, Fernando, 17
Choclán, José Antonio, 222-224
Cierva, Ricardo de la, 813
Collet, Marcel, 116
Concha, Manuel de la, 579-582, 588, 596, 597, 603, 609
Conde, Alfredo, 25-28, 33, 34, 63, 345, 346, 633-635, 796
Conde, Antonio, 717
Conde, Carmen, 208, 820

Conde, Pilar, 76
Conde, Remigio, 27, 723
Conde, Rosa, 432, 545, 546, 567, 568, 742
Conde Arroyo, Alejandra, 134, 212, 216, 223, 401, 444, 476, 677, 711, 730
Conde Arroyo, Mario, 223, 226, 311, 312, 401, 415
Corcóstegui, Ángel, 357, 358
Cortés, Matías, 114, 126, 404, 405, 407, 408, 411, 416, 438, 440, 450-453, 492, 528-530, 533, 543, 551, 568, 586, 600, 601, 630, 631, 680, 770, 774
Cortina, Alberto, 318, 337, 340, 371, 411-413, 419, 421, 423, 424, 427-430, 434-436, 439, 455, 467, 478
Cosío, Moisés, 431, 434, 439
Craxi, Bettino, 189, 190
Croissier, Luis Carlos, 188, 585, 597, 788, 789, 791
Cromwell, Oliver, 822
Cuervo, Carlos, 608
Cuevas, José María, 300, 319, 398, 600
Cusí, Josep, 30, 387

D'Abreu Da Paulo, Carlos, 86, 101
Di Bernardo, Giuliano, 277, 281

Díaz Casariego, Arturo, 141, 143, 147
Díaz Orueta, Luis, 824
Domenech, Gabriel, 17
Ducasse, Luis, 316, 324, 326, 398, 400, 440, 470, 471, 474

Echenique, Rodrigo, 76, 595
Eizmendi, Mercedes, 17
Ekaizer, Ernesto, 826
Elliot, Ralph Nelson, 92
Epply, Steve, 176, 178, 185
Escámez, Alfonso, 179, 245, 278, 300, 354, 365, 370-375, 377-385, 390, 405, 406, 410, 412, 434, 435, 437, 441-443, 450, 452, 497, 549, 586, 597, 706
Estefanía, Joaquín, 601
Etchegaray, Roger, 556, 557, 559-561, 563, 686

Fanjul Alcocer, Joaquín, 12, 17, 792
Fernández Bermejo, Mariano, 609, 610
Fernández Campos, Sabino, 283, 634, 635, 638, 639, 641, 646-649, 653-660, 664, 672
Fernández de Trocóniz, Fernando, 819
Fernández Marugán, Francisco, 389

Fernández Ordóñez, Francisco, 114, 404
Fernández Sousa, José María, 145-149, 162, 163, 536
Ferrrín, José, 249
Figaredo, Inocencio, 273, 321, 322
Figaredo, Vicente, 11-14, 16, 322, 323, 407, 410, 425, 432, 438, 787
Flores, Fernando, 820
Flores, Lola, 494
Fraga Iribarne, Manuel, 332, 336, 697, 704, 726
Franco Bahamonde, Francisco, 31, 36, 51, 80, 114, 116, 134, 241, 246, 247, 640
Frankl, Victor, 553
Fuentes Quintana, Enrique, 281, 604

Gaitanes, Luis, 475, 714
Galán Gil, Ángel, 512
Galobart, Ana, 695
Gamazo Arnús, Claudio, 54, 235, 261
Gamazo Hohenlohe, Ana, 35, 40, 51, 134, 235, 262, 298, 299, 330, 454
García, José María, 617, 621
García, Siro, 224, 828
García Ambrosio, Romualdo, 377, 419, 420, 424, 428, 451, 452, 537-540
García Añoveros, Jaime, 324, 458, 492
García de Pablos, Antonio, 222
García Díez, Juan Antonio, 466
García Pardo, Carlos, 587
García Serrano, Eduardo, 48, 50, 221, 554
García Vargas, Julián, 640, 715-717, 749, 750, 760, 770, 773, 804
García-Castellón, Manuel, 72, 819-821, 823-828
Gardini, Raul, 179-181, 183, 186, 187
Garí, Manuel, 442
Garnica Echevarría, Pablo, 253, 510
Garnica Gutiérrez, Pablo, 114, 246, 253, 431, 452, 478
Garnica Mansi, Gabriel, 273, 321
Garnica Mansi, Pablo, 123, 241, 247, 253-255, 272-274, 285, 287-289, 305, 315, 317, 319-321, 328, 340, 342, 381, 398, 419, 426, 431, 438, 439, 453, 462, 463, 476, 510-512
Garro, Fernando, 164, 208, 270, 271, 316, 328, 330, 337, 388-392, 399, 402, 403, 641, 732
Garzón, Baltasar, 369, 389, 811, 814, 821
Gauguin, Paul, 628
Gayarre, Miguel, 43

Gil, Jesús, 224
Gil, Miguel Ángel, 224
Godó, Javier, 533, 537-546,
  566-573, 579, 598, 601,
  610-613, 615, 616, 618-621,
  624, 627, 628, 700-702, 708,
  749
Gómez de Liaño, Mariano,
  316, 804
Gómez-Acebo, Ricardo, 322,
  381, 422, 425, 429, 430,
  432, 438, 444, 467, 586
Gonçalves Pereira, José, 454
González, Francisco, 129, 531
González Álvarez, Arantxa, 17
González Laxe, Fernando, 26
González Márquez, Felipe, 191,
  197, 202, 214, 216, 218-221,
  224, 243, 278, 284, 289,
  300, 311, 325, 329, 348,
  376, 384, 390, 415, 435,
  450, 459, 492, 494, 496-499,
  529, 537, 545, 550, 551,
  565, 568-570, 575, 576, 586,
  598, 601, 608, 613, 630,
  652, 656, 659, 664, 669,
  676, 685, 686, 689, 690,
  692, 693, 695-707, 709, 710,
  714-716, 720-722, 725,
  733-743, 745, 746, 748,
  760-762, 765, 773, 777, 778,
  791, 795, 796, 804-807,
  813-816
Gorbachov, Mijaíl, 196,
  199-201
Gorbachov, Raisa, 197, 200,
  201
Gracián, Baltasar, 13
Griñón, marqués de, 416
Gris, Juan, 509, 628
Gritti, Carlo, 177-182, 185,
  188, 189, 191, 378, 468
Guénon, René, 58, 555
Guerra González, Alfonso, 197,
  198, 202, 220, 389, 495,
  689-693, 733, 738, 743, 744,
  806, 807
Gúrpide, Javier, 789
Gutiérrez, José Luis, 478, 644,
  656

Hachuel, Jacques, 474, 490
Hamer, Ryke Geerd, 133
Harper, Violy de, 527-529, 681,
  683
Hermosilla, Ramón, 351
Hernández, Eligio, 829
Hernández Mancha, Antonio,
  332, 334, 336, 434, 697, 798
Hernández Moltó, Juan Pedro,
  609
Herrera Fernández, Juan,
  251-255, 260, 323, 413, 415,
  418-420, 422, 426, 431, 475,
  476, 478, 513
Herrera Martínez Campos,
  Juan, 476
Herrero, Antonio, 617, 618,
  621, 624

Herrero, Juan, 129, 134, 415
Herrero, Luis, 619, 621
Herrero y Rodríguez de Miñón, Miguel, 332, 333

Illana Elórtegui, Amparo, 459
Ivanov, Igor, 196, 201, 202, 214

Jaquotot, Mariano, 636
Javierre, Antonio María, 556, 557, 560, 686
Jesús de Nazaret, 554, 555
Jiménez de Parga, Rafael, 539, 570
Juan, Aristóbulo de, 368, 413
Juan Carlos I de Borbón, 19, 21, 22, 25, 26, 28-40, 156, 187, 212, 213, 215, 216, 219, 277-280, 282-284, 303, 333, 335, 348, 387, 475, 547-552, 561, 572, 573, 597, 599, 620, 629, 634, 635, 637-650, 652-672, 680, 697, 700, 702, 703, 708, 709, 711-716, 726, 728, 729, 731-734, 736, 737, 745, 747, 751, 760-763, 765, 773, 775, 777, 791, 795, 804, 815-817
Juan de la Cruz, san, 556
Juan Pablo II, 426, 563
Jurado Romero, José, 64

King, Bruce, 237, 584
Koplowitz, Alicia, 338
Koplowitz, Esther, 338
Krishnamurti, Jiddu, 50, 263, 798

Lago, Julián, 643, 649, 654
Lalanda, Marcial, 233
Larrinaga, Elena, 17
Lasarte, Enrique, 11-14, 16, 129, 130, 139, 140, 316, 398, 400, 422, 635-637, 666-668, 679, 680, 699, 727, 753, 754, 756, 757, 759, 760, 762, 765, 774, 780, 785, 793, 819, 825-829
Lasarte, Nicolás, 636
Launet, María José de, 13
Leguina, Joaquín, 280, 334
León, Javier, 677
Linde, Francisco (hijo), 46, 47
Linde, Paco, 44-47, 50, 59, 71
Linz, Juan, 818
Llull, Ramon, 165
López, Virginia, 641
López de Letona, José María, 193, 241, 246, 247, 254, 255, 259, 260, 262, 266, 267, 273, 285, 287, 288, 304, 327, 361, 471, 500, 779
López Ortiz, José, 67
Luca de Tena, Guillermo, 625, 626
Lucas, Juan José, 677

855

Macaya, Cristina, 666
Madariaga, Juan, 378, 379, 438
Magín Selva, Diego, 388, 390, 391, 393, 507-509
Maicas, María, 17
Manrique, César, 67
March, Carlos, 56, 57, 338, 348
March, Juan, 56, 57
March di Palmstein, Ferdinando, 189, 190
Marey, Segundo, 639
Martín, Miguel, 12, 239, 240, 324, 440, 458, 468-470, 492, 603, 604, 606, 685, 758, 767, 769, 774, 779-784, 786, 788-791, 805, 811, 829
Martín Alonso-Martínez, José Antonio, 34, 35, 124-126, 647, 648, 659
Martín Ferrand, Manuel, 537, 539, 570, 615, 617, 621, 622
Martín Pallín, José Antonio, 14, 222, 635
Martínez Campos, Lolín, 251, 255, 476
Martínez Marín, Alfonso, 71, 72, 80, 167, 454
Masaveu, Pedro, 254, 323, 425
Mayor, Jaime, 699
Mayor Zaragoza, Federico, 135, 736
McLaren, Steve, 237, 523, 641, 731

Medina, Enrique, 47
Mendoza, Roberto, 528-530, 680-684, 686, 694, 722, 767-772, 774, 778, 783, 796, 801
Meroño, Pedro, 324
Miguel, Amando de, 817
Mingo, Juan Manuel, 693
Monfort, Simón de, 302
Monje García, Juan Carlos, 757, 824, 825, 828, 829
Montoro, Cristóbal, 799, 805
Mora, César, 11-14, 16, 252, 253, 260-262, 273, 274, 323, 324, 400, 415, 420-422, 425, 428, 432, 438, 440-444, 476, 511, 518-521, 535, 633, 787, 793
Mora, Iván, 17
Moro, Carlos, 34
Movilla Cid-Rumbao, Daniel, 72, 820, 821
Mozart, Wolfgang Amadeus, 524
Muguiro, Santi, 549, 561

Navalón, Antonio, 369, 388-393, 404-406, 458, 460, 462, 464-466, 491, 492, 494-496, 499, 504, 505, 507-509, 528, 729
Núñez, Ramiro, 164, 299, 324, 327, 379, 395, 396, 398, 402, 440, 501, 596, 636, 688, 785

Oliva González, Luisa, 66
Ónega, Fernando, 331
Oriol, Íñigo, 326
Oriol, Jaime, 189
Oriol, José Luis, 326, 416
Orti, Florentino, 819, 824, 825, 827, 828
Ozores, Gonzalo, 17

Palomino, Francisco, 703, 707, 708
Pastor, Alfredo, 767
Pastor Ridruejo, Félix, 191, 395-398, 448, 452, 453, 512
Pedro II de Aragón, 301, 302
Peláez, Ignacio, 222, 223, 509
Pereda, Araceli, 715, 749
Pérez, José, 757
Pérez Escolar, Rafael, 114, 115, 214, 278, 281, 304, 404, 474, 475, 490, 530, 556, 626
Pérez Mariño, Ventura, 509
Pérez-Ugena, Álvaro, 43
Pérez-Ugena, María, 43, 799
Perote, Juan Alberto, 207, 209
Picasso, Pablo, 509
Piñeyro, Silvia, 324, 400
Polanco, Jesús, 126-128, 132, 281, 326, 407, 408, 411, 504, 505, 529, 530, 533, 538, 539, 541-547, 551, 563, 565, 567-570, 573, 574, 579, 598, 600, 601, 612, 619, 620, 622, 624, 625, 627, 630, 631, 664-666, 689, 690, 700-702, 722, 727, 728, 749, 767, 794, 796, 802, 805, 828
Posadas, Carmen, 592
Posadas, Jesús, 675-677, 765, 779
Prado Colón de Carvajal, Manuel, 282, 659-663, 665, 667, 668, 672, 703, 707-709, 714, 733, 734, 815
Preysler, Isabel, 416
Primo de Rivera, Miguel, 38
Pujol, Jordi, 348, 612, 623, 677, 737, 738, 740, 741
Putin, Vladímir, 196, 204, 205

Quiralte, Enrique, 134-138, 147, 149, 161, 226, 228-230, 415

Racionero, Luis, 165
Rajoy, Mariano, 360, 734
Ramírez, Pedro J., 206, 584-588, 594, 598, 600, 642, 644-647, 649-661, 663, 670, 671, 695, 704, 743, 750, 806, 807, 815
Rato Figaredo, Rodrigo, 11, 359, 691, 787, 788, 806, 807
Recarte, María Luisa, 410
Redondo, Nicolás, 735
Ridruejo, Epifanio, 241, 324, 478

857

Rigalt, Carmen, 657, 659
Río, Gonzalo del, 805
Rivas, Martín, 462, 463
Rivera, Maricarmen, 17
Rivero, Luis del, 224, 309
Rizzoli, Angelo, 649, 651, 655, 658
Roca, Miguel, 202, 740, 741, 764, 765, 779, 805
Rodrigo, Luis Carlos, 81, 85
Rodríguez, Mercedes, 282, 471
Rodríguez Colorado, José María, 636, 689, 771
Rodríguez Zapatero, José Luis, 49, 734
Rojo, Luis Ángel, 12, 281, 468, 597, 606, 678, 679, 685, 736, 757, 758, 766-768, 774, 779-781, 784-786, 789, 791, 799, 817
Roldán, Luis, 750, 760, 771, 814
Román Quiñones, Juan, 757, 824, 825, 828, 829
Romaní, Arturo, 36, 104, 105, 130, 139, 164, 303, 316, 324, 327, 379, 395, 399, 440, 458, 521, 522, 524, 539, 546, 570, 583-585, 611, 785, 786, 805, 811
Romero, Carmen, 348
Roquette, José, 718, 719, 723
Rosa Martí, Javier de la, 242, 246, 255, 285-287, 372, 376, 434-436, 438, 770, 816

Rubio, Mariano, 220, 243, 246, 248, 249, 253, 255, 259-264, 268, 287, 288, 295, 298, 309, 318, 324, 358, 362, 364, 365, 372, 382, 387, 409-411, 427, 431, 432, 441, 443, 444, 446-449, 453, 460, 462, 467-471, 489-491, 500, 514, 531, 532, 578, 579, 584, 585, 588, 589, 593, 595, 598, 604, 608, 609, 678, 685, 757, 758, 779, 780, 806
Ruigómez Iza, Juan Manuel, 76
Ruiz de la Prada, Ágatha, 651
Ruiz-Gallardón, Alberto, 714
Ruiz-Mateos, José María, 243, 367, 369, 391, 392
Rumbao, Paquita, 820

Sadam Husein, 525
Sáenz Abad, Alfredo, 356, 793, 796, 797, 807, 808, 810, 812
Sáez de Montagut, Antonio, 323, 414, 420, 660
Sáinz, Enrique, 452
Sáinz de Vicuña, José María, 273, 321
Salas, Juan Tomás de, 586, 587, 649
Salort, Salvador, 140, 158, 159, 191, 249, 251, 252, 515
Samos, Steven, 85, 86, 101
Sánchez Asiaín, José Ángel,

285, 288-291, 293, 297, 303, 307, 313, 351-353, 372, 511, 705
Sánchez Cano, Vicente, 620
Sánchez-Calero, Juan, 11, 12, 318, 823, 824, 826
Sancristóbal, Julián, 638-640, 771
Santaella, Jesús, 21, 807, 811
Schimberni, Mario, 175-183, 185, 186, 191, 257, 348, 378
Sebastián, Pablo, 356
Segurado, José Antonio, 600, 690-693, 695, 699, 735, 740-743, 763, 764, 779
Sela, José, 321, 322
Sela, Luis, 322
Serra, Narcís, 207, 209, 217-219, 221, 533, 567-574, 576, 601, 612, 635, 639, 640, 740, 749-751, 760, 767, 770, 771, 773, 791, 814
Serratosa, Emilio, 512
Serratosa Ridaura, José, 407, 431, 434, 510, 512-514
Shlomo Ben Ami, 281
Silva Muñoz, Federico, 273, 321
Sitges, Francisco, 35, 36, 40, 648, 650, 655-659, 662, 665, 667, 668, 672, 715, 728, 731, 733, 734
Soares, Mario, 726, 745
Sofía de Grecia, 509, 646
Solana, Javier, 586

Solbes, Pedro, 220, 735, 741, 760, 773
Solchaga, Carlos, 127, 128, 220, 249, 262, 279, 285, 298, 307, 318, 326, 329, 362, 365, 372, 373, 376, 387, 390, 427, 432-438, 451, 462, 485-488, 490, 492, 493, 495, 496, 498, 499, 502-504, 507, 514, 520, 521, 524, 526, 530, 568-570, 600, 601, 607, 608, 685, 686, 700, 709, 733, 735, 806
Sordi, Massimo, 154
Soto, Jaime, 415, 579-582, 590, 591, 595-597
Studer, Robert, 520, 522
Suárez González, Adolfo, 333, 334, 336, 373, 389, 420, 458, 459, 461, 463, 464, 466, 492, 604, 669, 728, 730, 735-737, 749
Suárez Illana, Javier, 730
Suárez Illana, Marian, 729, 730
Suñer, José, 273, 321, 322

Tapia, Joan, 545, 567, 598, 601, 627
Terceiro, José, 689, 693
Termes, Rafael, 368
Toledo, Pedro de, 151, 245, 336, 347, 349, 356, 705
Tolosa, conde de, 301
Torrero, Antonio, 249, 250,

859

272, 324, 325, 329, 330,
   359, 398, 509, 715, 804
Trujillo, María, 189
Tusell, Javier, 282

Urgoiti, Gonzalo, 150, 161, 286
Urgoiti, Juan Manuel, 150
Uribe, Álvaro, 309
Uribe, María, 665
Ussía, Luis, 640
Ussía, Rocío, 549, 650, 711,
   714, 729

Vanni, Raniero, 191
Veil, Simone, 561
Venter, Craig, 275
Vera, Victoria, 494
Viana, Jesús, 458
Vidal-Quadras, Alejo, 677
Villapalos, Gustavo, 196-198,
   277, 278

Ybarra, Emilio, 290, 296, 358,
   495, 531, 790
Young, K. K., 96, 99

Valcárcel, Darío, 559, 561
Valle, José Luis del, 413, 478
Valls, Javier, 369, 370
Valls Taberner, Luis, 249, 322,
   365-370, 389, 413, 462, 565

Zabalía, Jon, 819
Zamácula, Fernando, 677
Zarraluqui, Luis, 154
Zhuangzi, 78
Zufiaur, José María, 735